대만과 중국,
양안관계 20년의 기록

대만과 중국,
양안관계 20년의 기록

쑤치蘇起
지은주 옮김

KOREA
UNIVERSITY
PRESS
고려대학교
출판문화원

兩岸波濤二十年紀實
蘇起

이 연구는 교육과학기술부의 재원으로 한국연구재단의 지원을 받아 수행되었다(NRF-2014S1A3A2044032)

한국어판 저자 서문

내 책이 한국의 독자들을 만날 수 있게 된 것을 매우 영광으로 생각한다.

제2차 세계대전 이후, 중국, 한국, 베트남, 독일의 네 국가가 분단되었다. 이후 독일은 평화적인 통일을 이루었고, 베트남은 전쟁을 거친 후 통일되었다. 한국과 중국만이 여전히 분열된 분단의 상태로 남아 있다. 지난 수십 년 동안 남한의 대한민국과 대만의 중화민국은 그 정도는 다르긴 하지만 고난과 위기를 경험하였고, 복잡하고도 어려운 대내외적인 환경 속에서 정치제도의 변화와 빠른 경제성장을 이루어 왔다. 또한 대한민국과 중화민국은 서로 다른 정책과 방법으로 본래는 하나였던 상대방과 교류를 시도했다. 이를 통해 때로는 즐거움과 만족을 얻기도 하였으나 이러한 시도가 때로는 더 큰 고통으로 돌아오기도 하였다.

이 책이 기록하고 있는 것은 대만이 중국과 교류했던 중요한 20년간(1988년부터 2008년까지)의 경험이다. 현재 많은 사람들은 이러한 대만과 중국 간의 관계를 '양안관계'라고 부른다. 그러나 대만과 중국 간의 관계는 두 사람이 대만해협을 사이에 두고 탁구를 치는 방식은 아니었다. 여기에는 항상 중요한 제3자가 존재했는데 이는 곧 미국이다. 독자들은 미국이 이 책에서 상당히 중요하다는 것을 발견할 것이다. 베이징은 본래 미국의 역할을 환영하지 않았지만, 나중에는 그 중요성을 인정하지 않을 수 없었고, 나아가 워싱턴 측과 소통하기 위해 안간힘을 쓰게 되었다.

그 밖에도, 대만, 중국 그리고 미국의 국내 정치 역시 매우 중요하다. 특히 대만에서는 민주화 이후 정당 간 경쟁이 치열해졌고, 정치는 이전보다 훨씬 복잡다단하게 변화되었다. 대만의 국내 정치에는 한국에는 존재하지 않는 '대만독립', '대만인은 중국인이 아니다'라는 특수한 정체성이 존재하며, 따라서 대만 내부의 대중국정책과 관련된 논쟁은 아주 쉽게 감정적인 문제로 변화되어 정책의 수립에 어려움을 주고 있다. 따라서 이 책의 내용은 이러한 대만의 정책결정 환경을 고려해야만 했다. 다른 한편으로는 당연히 워싱턴과 베이징의 생각도 중요하게 살펴보아야만 그들이 어떠한 원인에 의해서 대만정책을 결정하는지를 이해할 수 있을 것이다.

지금의 한국은 과거보다도 더 중대하고 심각한 도전에 직면하고 있다. 생존의 위협과 외부 세력의 개입은 대만이 당면하고 있는 상황보다 더욱 심각하다. 따라서 이 책의 발간이 한반도의 정세완화에 기여할 수 있는 작은 영감을 제공해 줄 수 있기를 간절히 희망한다.

마지막으로 나는 이 책을 완역한 지은주 연구교수에게 특별한 감사의 말을 전하고자 한다. 그녀는 뛰어난 중국어 실력을 가지고 있다. 또한 이 책이 한국의 독자들과 만날 수 있도록 해 준 고려대학교출판문화원에도 감사드린다.

2017. 5.
쑤치

옮긴이 서문[1]

중국과 대만, '양안관계'

《대만과 중국, 양안관계 20년의 역사》(이 책의 원제는《양안관계 20년간의 기록(兩岸波濤二十年紀實)》)는 학자이자 정치가이면서 현재는 타이베이 포럼(Taipei Forum)의 이사장을 맡고 있는 쑤치(蘇起)가 집필하였다. 시기적으로는 1988년 1월부터 2008년 5월까지 약 20년 동안의 양안관계를 시간적 흐름에 따라 기술하고 있다. 이 책은 1971년 유엔에서 퇴출된 이후 국제사회에서 그 실체적 지위를 인정받지 못하는 중화민국 대만이 경쟁상대인 중국이 급성장하고 있는 가운데 어떻게 생존과 번영을 모색해 오고 있는지를 보여 준다. 특히 민주화 이후 성장한 대만의 독립 세력이 어떠한 과정을 통해서 독립의 의지를 표면화하였는지, 그 과정에서 중국과 미국의 강한 반대에 어떻게 대처했는지를 보여 준다. 따라서 이 책은 중국과 대만과의 관계를 다루면서 동시에 미국도 중요한 비중으로 다루고 있다. 그러나 여기에서의 주인공은 대만이다. 대만 내 독립을 추구하고자 하는 세력과 현상유지를 통해 안정과 번영을 추구하고자 하는 세력이 어떻게 경쟁해 오고 있으며, 중국의 압력과 미국의 모호한 태도 속에서 어떻게 최상의 이익을 끌어냈

1_이 서문은 2016년 5월《중국지식네트워크》에 게재된 서평의 내용을 수정 보완한 것이다. 지은주,〈양안관계 20년간의 기록〉,《중국지식네트워크》제7권(2016), pp. 269-280.

는지를 보여 주고 있다.

저자인 쑤치는 국립정치대학(政治大學) 외교학과를 졸업하고 미국 컬럼비아대학(Columbia University)에서 정치학 박사학위를 받았다. 국제관계를 연구한 그는 양안관계 연구로 관심을 돌렸고, 1993년 양안관계 실무를 담당하는 대륙위원회(大陸委員會)의 부주임위원으로 임명되면서 저자는 양안관계 실무에 관여하기 시작하였다. 그가 대륙위원회로 옮기고 난 이후부터 현재까지 대만과 중국 간에는 많은 충돌과 진전이 동시에 발생하는 격변의 시기가 지속되고 있다. 쑤치는 양안 관련 실무를 담당하면서 가장 가까이에서 양안관계를 둘러싼 정책결정과정을 지켜볼 수 있었다. 양안관계에 대한 대만의 입장을 사실적으로 기술하고 있는 이 책은 학자로서의 분석적 시각과 더불어 현장의 경험을 접목하여 양안관계의 20년간의 과정을 생생하게 보여 주고 있다. 따라서 문장의 전개가 기본적으로 서술적이기는 하나 대만과 중국 그리고 미국이라는 합리적인 세 행위자가 주어진 구조하에서 국익을 위한 최선의 선택을 하는 과정을 분석적으로 접근하고 있다. 한편 이 책은 중국과 미국과의 삼자적 관계에서 가장 열세에 위치한 대만이 생존과 번영을 위해 얼마나 치열하고도 힘든 싸움을 하고 있는지를 보여 준다. 저자는 이 저술의 집필을 결심한 것은 "보다 많은 정보를 공개함으로써 사회적 이해를 구하고, 더 나아가서는 정부가 잘못된 정책을 내리는 것을 막을 수 있을 것이라는 기대에 의한 것"이라고 설명하고 있다. 따라서 이 책에서 공개된 내용은 저자가 판단할 때 대만의 중대한 이익을 손상하지 않는 범위에서 민감하지만 반드시 공개가 필요하다고 생각되는 내용들을 담았다고 술회하고 있다.

이와 유사한 방식으로 양안관계를 설명하고 있는 저서로는 브루킹스 연구소(Brookings Institute)에서 동북아시아정책연구소(Center for Northeast Asian Policy Studies)를 담당하고 있는 리처드 부시(Richard C. Bush)의 저서가 있다. 2005년에 출간된 *Untying the Knot: Making Peace in the Taiwan Strait*(Brookings Institute)와 2013년에 출간된 *Uncharted*

Strait: the Future of China-Taiwan Relations(Brookings Institute)는 양안문제를 사건의 전개를 중심으로 접근하고 있다. 이 역서에서도 자주 등장하는 부시는 미국재대만협회(American Institute in Taiwan)의 이사장을 역임한 바 있으며 양안문제에 관한 서구 최고의 전문가이다. 그러나 부시의 저서가 미국의 입장에서 양안관계를 접근하고 있는 것이라면 쑤치의 저서는 대만의 입장에서 양안관계를 접근하고 있다. 이러한 점에서 볼 때 이 책은 양안관계를 대만의 입장과 시각에서 이해할 수 있도록 해 준다.

지난 20년간의 양안관계

이 책이 주목하고 있는 양안관계의 두 측면은 다음과 같다. 첫째, 저자는 양안관계를 다른 무엇보다도 "대만 주민들의 생활에 지대하고도 직접적인 영향을 미치는 핵심적인 변수"라고 보았다. 국공내전(國共內戰)에서 패한 장제스(蔣介石)가 대만해협을 건너 대만으로 이주한 후 중화민국과 중화인민공화국은 미국의 개입하에 비교적 동등한 경쟁을 할 수 있었다. 그러나 유엔에서 퇴출된 이후 중화민국 수교국의 수는 급격히 감소하였고 대외적 활동은 제약을 받기 시작했다. 1979년 개혁개방을 선포한 덩샤오핑(登小平)은 양안관계에 대해 새로운 제안을 했다. 그는 대만에게 통우(通郵), 통항(通航), 통상(通商)인 삼통(三通)과, 새로운 통일방안인 '일국양제(一國兩制)'를 제안했다. 장징궈(蔣經國)는 초기에 이를 거부하였으나, 이후 양안관계는 중국의 제안대로 확대된 경제교류로 발전해 오고 있다. 시간이 경과하면서 대만에서는 중국과 연계되어 경제적 수익을 올리는 인구가 증가하게 되었다. 이들은 양안교역을 지지하였고, 이들의 주장은 민주화 이후 성장한 대만독립세력과 충돌하였다. 중국과 달리 민주적 정치제도를 적용하고 있는 대만 정부로서는 교역의 확대를 주장하는 주민의 요구를 무시할 수 없었다. 또한 과거 권위주의 일당통치의 방식대로 정부가 경제교역을 규제한다는 것은 불가능한 일이었다. 2000년 독립지향적인 천수이볜(陳水扁)이 집권한 이후 양안교역을 규제하였으나 교역확대를 주장하는 아래로부터의 요구가 국민당의 이해와 결합하면서 정국이 교착상태를 맞기도 하였다. 이와 같이 양안관계는 대만의 정치적 그리고 경제적 영역에서 점차 그 중요성을 더해 가고 있다.

둘째, 이 책은 양안관계를 미국과의 연계 속에서 해석하고 있다. 양안관계는 중국과 대만 간의 양자관계가 아니라 미국이 개입되어 있는 사실상 삼자 관계이다. 냉전기 중국은 동아시아의 평화를 위협하는 세력이었고 미국은 이러한 중국을 견제하고 대만을 지원하여 동아시아의 안보를 유지해 왔다. 그러나 1970년대의 미중 화해는 이러한 구도를 전환시켰다. 미국은 중국이 요구하는 '하나의 중국' 원칙을 수용하는 대신 중국으로부터 대만문제에 대한 평화적인 해결의 원칙을 약속받았다. 이후 1978년 미국은 대만과 외교관계를 단절하였고, 대만 내 주둔하던 미군과 군사시설을 철수하였다. 그러나 대만의 안보를 지키기 위한 비공식적인 관계와 무기판매는 지속하였다. 한편 행정부와 다른 입장에 있었던 미국 의회는 대만의 입장을 두둔하여 유사시 미국이 군사적으로 개입할 수 있는 근거로 대만관계법(Taiwan Relation Acts)을 통과시켰다. 그러나 대만관계법은 법적 구속력이 없는 의회 차원의 조치이므로 유사시에 미국이 개입을 할 수도 혹은 하지 않을 수도 있었다. 결국 양안관계에서 미국의 입장은 '전략적 모호성(strategic ambiguity)'으로 요약될 수 있는데 대만으로서는 미국의 지원을 얻기 위해서는 최대한의 정치적 자원을 활용해야 함을 의미하는 것이었다.

한편 양안관계는 저자가 기술하고 있듯이 "경제적·문화적 교류가 빈번하게 이루어짐에도 불구하고 […] 대립은 지속되고 있고, 정치적 타협이나 협상은 미진하며, 더욱이 교류과정에 군사적 대립이 지속되는 특징"을 지닌다. 즉 양안 간에는 정치적인 갈등이 해결되지 않은 채 경제적인 교역의 규모가 확대되는 서로 다른 차원의 교류가 동시에 진행되고 있다. 정치적인 타협이나 협력이 부재한 가운데 경제적 교류가 활발히 이루어지는 사례는 1차 세계대전 직전의 영국과 독일의 관계, 혹은 냉전기의 독일과 동유럽의 교류에서 나타났으나 상당히 예외적인 현상이다. 서로의 불신이 근본적으로 해소되지 않은 가운데 어떻게 이렇게 활발한 경제 교류가 가능한 것인가? 이 책을 읽다 보면 이러한 현상이 양안관계에서는 자연스러운 과정으로 읽힌다. 중국적 사고방식이라 할 수 있는 '구동존이(求同存異)', 즉 양안에서는 가능한 부분에 있어서 우선적으로 타협을 하되 가능하지 않은 부분은 미래의 일로 남겨 둔다는 상당히 실리적인 발상이 작용하고 있다. 1979년 정치적인 화해가 불가능한 상황에서 중국이 경제적 교류를 제안한 것이나, 이후 1996년 미사일 발사 훈련을 하면서도 중국이 중국 내 대만 사업가들의 활동을 제약하지 않은 점, 그리고 2008년 대만이 중국과 ECFA로 알려진 경제협력기본협정(經濟協力基本協定)을 체결할 때에도 이러한 '구동존이'의 사고가 여지없이 발휘되었다. 정치적인 대화도 그리고 경제적인 교류도 모두 교착상태에 있는 한반도에서는 이웃의 이러한 교류가 낯설게 느껴지는 부분이다.

책의 구성과 전개

이 책은 총 12개의 장으로 구성되어 있다. 제1장부터 3장까지는 리덩후이 시기의 양안관계를 다루고 있다. 제1장은 양안관계의 첫 번째 해빙의 시점으로 1987년 11월 2일을 제시한다. 이 시기부터 대만이 일부 주민의 중국 내 친인척 방문을 허용함으로써 양안 간의 교류가 가능하게 되었다. 이러한 문을 연 것은 장징궈 총통이었고, 1988년 그의 사망으로 총통직을 승계한 리덩후이(李登輝)가 이를 이어받았다. 당시 양안 대화는 민간 차원의 협상과 비밀 채널이 함께 가동되고 있었고, 1992년 '하나의 중국, 각자의 해석'이라는 컨센서스를 형성한 후 해빙무드가 지속되고 있었다. 제2장은 양안관계의 전환점을 가져온 리덩후이 총통의 미국 방문과 코넬대(Cornell University) 사건으로 구성되어 있다. 코넬대에서의 연설은 대만의 대중국정책과 양안관계를 변화시켰을 뿐만 아니라 중국의 대만정책과 대미정책 그리고 나아가 양안관계에서 미국의 역할에도 변화를 가져왔다. 제3장은 리덩후이가 1999년 7월 제시한 '양국론(兩國論)'의 배경을 보여 주고 있다. '특수한 국가와 국가의 관계'를 의미하는 양국론은 리덩후이가 즉흥적으로 제시한 것이 아니라 리덩후이의 지시에 의해 별도로 편성된 특수 예산으로 약 9개월에 걸쳐 준비된 연구결과의 일부분이었다. 3장에서는 양국론의 주요 내용과 참여인사들 그리고 중국과 미국의 대응에 대해 다루고 있다.

제4장과 5장은 2000년 총통선거 직후의 양안관계를 다루고 있다. 제4장은 2000년 총통선거에서 당선된 민진당 천수이볜의 취임 초기 정황을 다루고 있다. 독립지향적인 천수이볜에게 중국은 '하나의 중국'의 원칙을 지켜갈 것을 주문하였고, 천수이볜은 취임사에서 '4불 1무'를 발표하면서 독립을 추구하지 않을 것이라는 입장을 표명하였다. 그러나 근본적으로 독립지향적인 천수이볜은 권력이 안정되면서 본래의 위치를 찾아갔다. 제5장은 천수이볜 집권 초기의 비교적 안정적이었던 양안관계에 대해 설명한다. 표면적으로는 안정적이었으나 천수이볜 집권기의 양안관계는 상호신뢰의 정도가 낮았으며, 서로 다른 계산이 있었다. 당시 임기의 마지막 해를 맞은 클린턴 대통령은 양안관계의 변화보다는 안정을 원하고 있었다. 이러한 가운데 양안관계의 실질적인 키를 쥐고 있는 것은 천수이볜이었다.

제6장부터 8장까지는 천수이볜의 입장이 독립으로 선회한 2002년부터 2004년 총통선거 시기까지의 양안관계를 다루고 있다. 제6장은 미국의 신대만정책을 다루고 있다. 대선에서 승리한 조지 W. 부시는 전임 대통령인 클린턴의 대중정책을 폐기하였고, 대만에 대한 지원을 강화하였다. 이러한 배경하에 천수이볜은 집권 초기의 조심스러운 행보에서 탈피하여 2002년 8월 대만이 독립된 국가라는 것을 의미하는 '일변일국(一邊一國)'론을 발표하였다. 발표 이후 중국의 강한 반발이 있었고 미국으로부터도 제지를 받았는데 당시 미국은 '9 · 11테러'와 북핵위기로 인해서 국제사회에서 중국의 도움이 필요했기 때문이었다. 제7장은 대만독립을 강하게 주장하는 천수이볜의 행보에는 미국뿐만이

아니라 대만 내부의 요소도 중요했음을 보여 준다. 대만의 정치발전과 정치지형의 변화는 천수이볜에게 많은 힘을 실어 주었고, 자신감을 얻게 된 천수이볜은 '일변일국'론을 발표하기에 이르렀다. 제8장은 미국과 중국 그리고 대만 간의 밀고 당기는 상황을 보여 주고 있다. 천수이볜 총통은 대만의 독립을 위해서 신헌법이 필요하고, 이를 위해 공민투표를 실시할 것을 제의하였다. 그러나 미국은 이를 양안의 현상유지를 변화시키려는 시도로 보았고, 강하게 반대하였다.

제9장부터 11장까지는 2004년 이후 천수이볜 두 번째 임기의 양안관계를 다루고 있다. 민주화 이후 실시된 선거 중 2004년 총통선거는 가장 치열한 선거였다. 또한 이 시기를 전후로 하여 대만 내 통일 혹은 현상유지를 지향하는 세력과 민진당을 중심으로 독립을 지향하는 세력 간의 대립이 뚜렷이 형성되었다. 제10장은 2004년 총통선거 이후 중국과 미국의 대응을 중심으로 다루고 있다. 천수이볜 재선 이후 중국은 대만해협 부근에서 군사훈련을 강화하였다. 이러한 가운데 대만 내 민진당 지지세력과 국민당 지지세력은 양안관계에 대한 입장을 두고 첨예하게 대립하기 시작했고, 이는 2004년 말의 입법원 선거에 중요한 영향을 미쳤다. 제11장은 2004년 입법원 선거와 이후의 대만의 정세를 다룬다. 2004년 입법원 선거에서 민진당은 크게 패하였다. 이후 2008년 총통선거를 준비하는 과정에서 천수이볜 가족과 측근의 부패사건이 드러나면서 천수이볜 정권의 정당성은 크게 손상되었다. 당시 미중 간에는 화해의 분위기가 조성되었고, 잇따른 경기침체로 인해 대만 주민들은 총통선거에서 안정된 양안관계를 통해 경제성장을 추진할 수 있는 국민당 마잉주(馬英九) 후보를 선택했다. 마지막 장인 제12장은 양안관계를 결정짓는 여섯 가지 변수(대만, 중국, 미국, 대만-중국관계, 대만-미국관계, 미국-중국관계)를 제시하고, 20년의 양안교류 기간 동안 이 변수들이 어떠한 상호작용을 해 왔는가를 종합적으로 분석한다.

번역을 마치며

번역은 오랜 시간이 필요했다. 이 책을 처음 접했던 것은 2014년《아주주간(亞洲週刊)》의 신간소개란을 통해서였다. 이후 책을 구해서 읽어 보았을 때 이 책이 양안관계에서 대만의 입장을 상당히 잘 설명하고 있다는 것을 발견했고, 한국어로 번역된다면 많은 사람들이 대만에서 바라보는 양안관계의 본질을 이해할 수 있을 것이라고 생각했다. 저자인 쑤치는 역자가 박사학위 논문을 준비하던 2007년경 타이베이에서 처음 만난 적이 있었다. 당시 역자는 국민당의 중국정책을 조사하기 위해 저자를 인터뷰하였다. 2015년 여름, 이 책을 번역하기로 결정한 이후 저자에게 다시 연락을 취했고, 쑤치는 당신의 책이 한국어로 번역된다는 말에 무척 기뻐하였다.

번역을 시작한 또 다른 이유는 양안관계를 심도깊게 연구하고 싶었던 역자 스스로의 학업을 위해서였다. 따라서 비록 시간은 오래 걸렸지만 고된 작업은 아니었다. 그러나 부족한 중국어 실력으로 전문용어와 은유적 표현이 많은 저서를 번역한다는 것은 쉬운 일이 아니었다. 이를 위해 국방부 정보본부 중국정세분석관으로 계셨던 김명철 님께서 많은 도움을 주셨다. 역사와 배경을 담고 있는 난해한 표현, 은유적인 표현, 그리고 특히 군사 용어는 김명철 님의 도움이 없이는 해결할 수 없는 부분이었다. 또한 번역본의 중문표기와 도표의 작성은 고려대학교 정치외교학과의 이희재 학생이 도와주었다. 스웨덴에서 교환학생으로 공부하던 기간에도 책을 가지고 다니면서 작업을 도와준 열정에 깊이 감사한다. 오랜 기간 번역하다 보니 용어의 일관성에 문제가 있고, 또한 중국어 인명표기의 어려움으로 인해 번역 결과에 많은 아쉬움이 남는다. 정확한 번역을 위해서 여러 번 확인하고 많은 신경을 썼지만 여전히 오류가 있을 것이라 생각한다. 이러한 오류에 대해서는 오롯이 본인의 책임이라고 생각한다.

이 역서는 한국연구재단의 사회과학지원사업(NRF-2014S1A3A2044032)의 지원으로 진행되었다. 역자가 참여하고 있는 SSK의 '불평등과 사회

통합의 정치경제' 연구단은 불평등이 확산되는 시기에 통합을 위한 정치경제적인 문제들을 연구해 오고 있다. 이 역서는 국제적 차원 혹은 지역적 차원에서의 힘과 경제적 자원의 불균형이 초래하는 정치적 갈등과 통합의 문제를 다루고 있다. 따라서 이 역서의 출간을 가능하게 해 준 한국연구재단, SSK 불평등과 사회통합의 정치경제 연구단, 그리고 고려대학교 평화와 민주주의연구소에 감사드린다. 마지막으로 이 역서가 출간되기까지 도움을 주신 둥쓰지(董思濟) 국립대만사범대 박사후 과정과 타이베이 포럼의 황윈루(黃韻如) 연구보좌관, 그리고 고려대학교출판문화원 여러 분께 깊은 감사를 드린다.

2017. 5.

지은주

차례

서문 — 양안관계 20년의 총정리

중국과 대만의 관계를 의미하는 '양안관계(兩岸關係)'라는 개념은 1980년대만 하더라도 지금의 빅데이터(big data)만큼이나 생소한 개념이었다. 사실상 당시의 중국과 대만의 관계는 대립만 있었을 뿐 왕래는 없었다. 따라서 양안관계라는 용어 자체가 존재하지 않았다. 저자의 기억 속에는 이 단어가 서서히 구체화되기 시작할 때 대만 학술계에서는 이를 어떻게 영어로 번역할 것인가에 관한 열띤 토론이 있었고, 그 과정에서 영어로 'cross-strait relations'으로 하기로 한 것이 오늘에 이르고 있다.

대만 주민에게 영향을 미친 가장 크고도 직접적인 정책

당시만 해도 양안관계가 1988년 1월 장징궈(蔣經國) 총통의 서거로부터 2008년 5월 마잉주(馬英九) 총통이 취임하기까지 20년 동안 이토록 복잡다단하게 전개될 것이라고는 생각하지 못했다. 중국과 대만의 관계는 '무'에서 '유'로, 탐색에서 긴밀화로, 긴장에서 평화로 진행되었고, 그 과정에서 군사적 충돌의 일보직전까지 간 경우도 있었다. 지난 20년간 어떻게 변화되어 왔든 간에 현실은 양안관계가 대만 주민의 생활에 가장 크고도 직접적인 영향을 미치고 있는 정책인 동시에 미국과 중국이라는 두 강대국과 연계된 변수라는 것을 말해 주고 있다. 제2차 세계대전 이후의 국제관계를 보더라도 양안관계와 같은 사례는 찾아보기 어렵다. 중국과 대만 주민들이 방대한 경제적 문화적 교류를 해왔음에도 불구하고 정부 간의 대립은 계속되어 왔고, 정치적 접촉, 협상, 타협이 미미하였을 뿐만 아니라 군사적 대립이 지속되었으며, 외교적 암투가 진행 중이었다.

나는 지난 20년간 운이 좋게도 양안관계에 학자 및 실무자로 직접 참여할 수 있었다. 나는 대학에서 국제관계를 전공하면서 프랑스어와 러시아어를 배웠고, 주로 중러관계를 연구하면서 부차적으로 미국연구도 병행하였다. 이후 '양안관계학(兩岸關係學)'이 부각되기 시작하면서 경제, 정치, 법학, 인문교육학의 여러 연구자들과 함께 이 새로운 분야에 뛰어들었다. 한편 개인적으로는 1991년에 받은 간암수술은 일생의 중대한 전환점이 되었고 사람과 사물에 대한 관점에 많은 변화를 가져다주었다.

1993년 말 정치대학 재직 시 중앙정부의 대륙위원회(大陸委員會) 부주임위원으로 차출된 것은 또 다른 전환점이었다. 이후 나는 양안관계와 불가분의 인연을 맺게 되었다. 그 후 정부 신문국장(新聞局長)(정부 홍보담당부서의 장, 이하 공보국장이라 함—옮긴이), 행정원 정무위원(무임소 장관—옮긴이), 총통부 부비서장, 대륙위원회 주임위원, 단장(淡江)대학의 교수, 입법위원(立法委員)(국회의원—옮긴이), 국가안보회의(國家安全會議) 비서장, 타이베이 포럼(臺北論壇) 이사장 등 여러 직책을 역임하였지만, 나의 업무내용이나 관심은 시종일관 양안관계와 긴밀하게 연결되어 있었다.

이는 어쩌면 나의 숙명일지도 모르겠다! 격동의 1949년, 어머니는 나를 뱃속에 품고 대만해협을 건넜고, 나는 타이중(臺中)에서 태어났다. 만약 내가 중국에서 출생하였더라면 내 일생은 결코 안정되고 순조로울 수 없었을 것이다. 내가 대만에 있었기 때문에 완벽한 교육을 받을 수 있었으며, 내가 소망하는 일에 매진할 수 있었다. 이 모든 것에 대해 나는 진정으로 그 은혜를 고맙게 생각한다.

나는 대만이야말로 천혜의 복된 땅이라고 생각한다. 천연자원이 거의 없고 자연재해 또한 적지 않은 곳이기는 하나 100여 년이 넘는 기간 동안 주변 국가에서는 제2차 세계대전, 한국전쟁, 베트남전쟁, 냉전 등으로 적게는 수백만에서 많게는 수천만 명의 사상자가 있었음에도 불구하고 대만은 상대적으로 인위적인 파괴를 가장 적게 경험하였다. 대만 주민들은 아주 적은 피를 흘렸고, 위험한 고비를 넘겼을 뿐만 아니라 때로는 전란으로 인해 덕을 보기도 하였다. 따라서 나는 대만 주민들이 스스로의 역사나 지리에 대해 전전긍긍하는 대신 은혜에 대해 고마워해야 하며, 동시에 복잡하고 변화무쌍한 동아시아라는 거대한 환경 속에서 어떻게 하면 암흑을 멀리하고 광명을 추구할 수 있는가를 터득함으로써 안정과 번영을 누릴 수 있도록 해야 한다고 생각한다. 나아가 시간이 '하나의 중국'으로 통일이냐, 대만의 독립이냐라는 문제를 결정짓기 이전에 중국과 공존하고 공영하는 방도를 모색해야 하며, 또한 동아시아 지역에서 환영받는 구성원이 되도록 해야 한다.

이 중에서도 양안관계를 어떻게 처리하느냐가 가장 중요하다. 이는 대만의 안위와 흥망과 직결되어 있을 뿐 아니라 가장 민감하고 복잡하며 난해한 문제이다. 따라서 관련된 무수히 많은 정보가 안보 또는 정책적 판단에 의해 장기간 양측 정부에 의해 의도적으로 감추어져 왔다. 저자로서는 보다 많은 정보의 공개는 보다 나은 사회적 이해를 가져다주고 정부가 잘못된 정책결정을 하는 것을 막는 데 도움이 된다고 생각한다. 이에 따라 국가기밀에 저촉되지 않고 국가이익에 중대한 손실을 입히지 않을 범위에서 양안관계와 같은 민감한 정보일지라도 최대한 공개할 필요가 있다고 생각했다.

따라서 이 책에서는 공개된 자료와 개인적 차원의 경험의 일부를 바탕으로 하여 지난 20년간 양안관계의 맥락을 깊이 있게 요약하는 한편, 중대한 사건의 발생 원인과 그 결과를 검토하였다. 논지를 전개하면서 시각은 대만을 위주로 하되 중국과 미국의 의도를 고려하였다.

이 책은 회고록이 아니며 또한 정치적 논술도 아니다. 집필 방식은 이성적인 분석을 주로 하면서 되도록 자료의 뒷받침을 추구하였으며, 그 증거로서 이 책에는 600여 개의 주석을 덧붙였다. 부분적으로는 긴장감을 살리기 위해 개인적인 경험도 포함시켰다.

이성적인 분석, 자료가 말하도록 하다.

이 책은 총 12개의 장으로 나누어져 있다. 앞부분의 8개 장은 대부분 저자가 2003년에 출간한 《위험한 변경(危險邊緣: 從兩國論到一邊一國)》에서 발췌하였으며, 제9장과 10장은 저자가 2009년에 출간한 영문저술인 *Taiwanese Relations with Mainland China: A Tail Wagging Two Dogs*에서 인용하였다. 이들 장과 절은 모두 다 부분적으로 보완하였다.

양안관계는 그 영향이 지대하기 때문에 대만 내부에서 가장 논쟁이 격렬한 정책이다. 입장이 다른 사람들은 논쟁을 전개하고 있으며, 입장이 가까운 사람일지라도 서로의 견해가 다르기도 하다. 이 책은 저자가 경험하고 참여했던 20년간의 양안관계를 기록으로 남기려는 데에 그 취지가 있다. 간혹 누락되었거나 틀린 부분도 있을 수 있어 향후 각계 전문가 및 독자 여러분의 질정을 바란다.

앞만 보고 달려오는 동안 고마움을 표시해야 할 사람들이 너무나도 많아졌다. 스승, 상관, 교우, 동료, 친구, 보좌진, 타이베이 포럼 이사 및 조력자들, 산학관계의 친구들, 국내외의 지인 등 실로 일일이 다 열거할 수 없는 정도이다. 삼가 이 자리를 빌려 정중한 인사를 드리고자 한다. 이들이 나에게 준 가르침, 지도, 협조 및 지원에 대해 진심으로 고마움을 표한다. 또한 부친 쑤잔우(蘇展武)와 모친 니궈잉(倪幗英)은 나를 낳으시고, 양육하여 주셨으며, 룽종(榮總)병원 의사인 레이융야오(雷永耀) 선생과 리서우둥(李壽東) 선생은 나에게 새로운 삶을 주었다. 아내와 아이들은 내가 간암 치료 및 정부기관에서 근무했던 12년간 고락을 같이하였다. 모두 다 나의 은인이다. 바라건대 후대에서 우리 세대와 마찬가지로 안정된 가운데서 끊임없이 새로운 것을 창출해 낼 수 있는 삶을 가질 수 있기를 바란다.

제1장 양안관계의 첫 번째 해빙

"해협회는 이번 홍콩에서의 협상 중 '하나의 중국' 원칙과 관련하여 어떤 방식으로든 의견 개진이 있어야 한다는 것을 재확인하였다. 본 협회는 주무부처의 동의를 얻어 구두성명의 형식으로 각자의 입장을 개진하여도 가능하다고 하였다. 구두성명의 구체적인 내용과 관련하여, 대만은 '국가통일강령' 및 금년 8월 1일자 국가통일위원회의 '하나의 중국'의 함의에 의거하여 표명할 예정이다."[1]
—해협교류기금회, 1992년 11월 3일

"11월 3일 해기회가 해협회에 '대만 관계부처의 동의를 얻어 구두성명의 형식으로 각자 개진하기로 하였다'라고 공식 통보한 데 대하여 해협회는 해기회의 선의를 존중하고 그 건의를 수락하는 바이다. [···] 해협회가 구두 설명하고자 하는 요점을 다음과 같이 서면으로 답한다. 즉 중국과 대만은 모두 '하나의 중국' 원칙을 고수하면서 국가의 통일을 추구한다. 다만 양측의 실무급 협상에서는 '하나의 중국'의 정치적 함의는 배제한다."[2]
—해협양안관계협회, 1992년 11월 16일

양안관계를 연구하는 다수의 국내외 학자들은 최근의 양안관계의 시작점을 1987년 11월 2일로 잡고 있다. 이 시점부터 대만이 일부 주민의 중국 내 친인척 방문을 허용함으로써 양측 간의 긴밀한 문화 및 경제 교류가 가능해졌기 때문이다. 그 이전의 38년 동안 대만과 중국 간에는 군사적 충돌, 외교에서의 힘겨루기, 그리고 정치적 암투만이 있었다. 그러나 이 시점을 계기로 하여 중국과 대만 간에는 군사적 대치와 외교 면에서의 암투가 지속되면서도 민간의 경제적·문화적 왕래가 가능해졌고, 나아가 협상의 진행도 포함하는 상호 간의 정치적 움직임

1_蘇起, 鄭安國 編,《'一個中國各自表述'共識的史實》(臺北: 國家政策研究基金會, 2003), p. 28.

2_蘇起, 鄭安國(2003), p.44.

이 생겨났다. 양안관계는 이로 인해 강하면서도 유연한 면이 있는 동시에, 모순적인 부분도 포함하는 등 상당히 복잡해지고 그 의제도 더욱 다양해졌다. 또한 이에 영향을 미칠 수 있는 요소도 자연스럽게 더욱 많아졌다.

1987년 말에서 1999년 7월까지, 즉 리덩후이(李登輝) 전 총통이 '양국론(兩國論)'을 제창하기 이전, 양안 간에는 화해와 갈등이 공존하였다. 화해 중에 갈등이 있었고, 갈등 중에 화해가 있었다. 이 12년은 대략 1995년 6월 리덩후이 전 총통이 모교인 미국 코넬대(Cornell University)를 방문한 시점을 전환점으로 할 수 있다. 코넬대 사건 이전의 양안관계는 경쟁보다는 대화가 많았으며, 전략적으로 대만이 능동적 위치에 있었던 반면, 그 후로는 대화보다는 경쟁이 우세하였으며, 중국 측이 능동적 위치에 있고 대만이 피동적인 위치에 있었다. 시간의 흐름에 따라 지금까지 중시되고 있는 미국 요소도 점차 직접적인 역할로 작용하게 되었다.

역사가 남긴 과제

제2차 세계대전 이후 중국은 숨 돌릴 틈도 없이 대규모의 내전에 휩싸였으며, 대만해협을 가운데 두고 두 개의 정치실체가 탄생하였다. 한국전쟁의 발발과 미 제7함대의 개입은 1949년 이후 대만해협을 사이에 둔 분단 상태를 고착시켰다. 하지만 중국과 대만의 쌍방은 그 누구도 이러한 현실을 받아들이기를 거부한 채 각자 나름대로 현실타파에 열중하였다. 이로 인해 대만해협은 국제정치무대에서 중요한 불씨로 등장하게 되었다. 이와 무관하지 않은 초강대국 미국의 역대 대통령들은 예외 없이 이 불씨를 처리해야 했다.

초기 근 20년 동안, 양안관계는 군사적 충돌이 핵심 포인트였다. 한편에서 '본토수복, 주더(朱德)를 죽이고, 마오쩌둥(毛澤東)의 목을 뽑자(殺朱拔毛)'를 내세우는가 하며, 다른 한편에서는 "무력으로 대만을 해방시키겠다"를 외쳤다. 세월이 흐름에 따라 이상과 같은 구호는 '정치 70%, 군사 30%' 및 '평화적으로 대만을 해방시키자'로 대체되었다. 1980년대에 들어선 후 쌍방이 각각 '삼민주의(三民主義)에 의한 중국통일'과 '평화통일', '일국양제'를 내세우면서 군사적 요소가 차지하는 비중이 점점 더 최소한에 이르게 되었다.

그러나 외교적 경쟁은 상술한 기간 중에도 멈추지 않았다. 1971년까지의 12년간 유엔 안보리 상임이사국인 중화민국은 미국의 협력으로 다소 우세한 입장에서 유엔 의석을 성공적으로 지켜 냈다. 그러나 1971년 미국의 닉슨(Nixon) 정부가 '중국과 연합하여 소련을 억제'하는 전략적 구도를 완성하기 위해 대만을 희생시킴으로써 정세는 이 시기부터 역전되었다. 중화민국은 절대다수의 정부 간 국제기구에서 퇴출당했을 뿐만 아니라 수교국가의 숫자도 1971년의 54개국에서 1979년(미국과 단교)에는 22개국으로 급감하였고, 1988년(장징궈[蔣經國] 총통 서거)에는 21개국이 되었다.

정치적인 대결 또한 그치지 않았다. 현재 시각으로 본다면 양측의 어느 누구 할 것 없이 최대한으로 가능한 고자세를 취하였다. 대만의 중화민국 정부는 일관되게 자신이 정통이며 전체 중국을 대표하고 있다고 주장하면서 베이징(北京) 정권을 '반란집단'이라고 폄하하였다. 베이징의 중화인민공화국 정권은 새로운 중국이 탄생했다고 하였고, 중화민국은 이미 멸실되었으며 '장제스 무리들(蔣幫)'이 장악하고 있는 대만을 포함한 전체 중국을 대표한다고 주장하였다. 이와 같은 이념의 배경에다가 20년간 지속되었던 국공내전으로 축적된 증오까지 겹쳐 양 정부는 '접촉하지 않으며, 담판하지 않으며, 타협하지 않는다(不接觸, 不談判, 不妥協)'(이를 '삼불정책[三不政策]'이라고 한다—옮긴이)를 유지하였다. 또한 서로 간의 주민 교류도 전혀 없었다.

1980년대로 접어들면서 정세가 변화하기 시작하였으며 특히 대만의 변화는 지대하였다. 30여 년간의 와신상담 끝에 대만은 활발한 경제력을 창출하였으며, 이 경제력은 다원적인 사회적 역량을 잉태하였고, 이 사회적 역량은 또다시 팽창된 정치력을 소생시켰다. 이 세 갈래의 힘이 하나로 뭉치면서 대내적으로 민주화와 자유화를, 부차적으로는 국제사회로의 재진출 및 중국과의 관계를 발전시키고자 하는 욕구의 분출로 이어졌다.

장징궈 총통은 현실을 직시하고 시대의 흐름을 따라 서거 직전 최후의 몇 년 동안 잇달아 중대한 정책적 전환을 만들어 냈다. 1986년 6월, 그는 '중공과는 양립하지 않는다'는 정책을 포기하고, 대신 '항의하는 가운데의 참여'하는 방식으로 이미 변경된 국가 명의로 아시아개발은행(ADB)에 계속 참여하여 그 후의 실리외교(實利外交)의 기초를 다졌다. 같은 해 9월 28일 민진당(民進黨)이 위안산호텔(遠山大飯店)에서 창당대회를 개최하는 것을 묵인하는 등 장징궈 총통은 시대의 조류에 따라 대만 정당정치의 시작을 알리는 첫 테이프를 끊었다. 1987년 11월 2일 장징궈 총통은 한걸음 더 나아가 일부 주민의 중국 내 친인척 방문이 가능하도록 함으로써 유연한 양안관계의 새로운 장을 열었다. 이러한 점에서 볼 때, 최근 양안관계는 처음부터 민주화 그리고 실리외교와 공동 운명체였으며, 이후 이들 삼자 간의 관계 변화와 상호 연결되어 있다고 할 수 있다.

모든 일은 시작이 어렵다

중국으로의 친인척 방문이 가능해진 초기의 양안관계는 당시 양측 대부분의 사람들이 처음 경험하는 것이었다. 중국의 관리나 주민들 중에서 대만과 접촉해 본 경험이 있는 사람이 거의 없었을뿐더러, 대만에서도 중국에서 출생한 대만 주민이 전체 인구에서 차지하는 비율도 3% 미만이었다. 대만의 대중국업무 담당부서의 공무원을 포함한 그 밖의 사람들 중에서도 누구도 중국과 접촉해 본 경험이 없었다. 이 모두 다 '무'에서 '유'가 된 것이다.

대만 내부의 정치정세는 더욱 복잡했다. 중국 본토 친인척 방문이 가능해진 지 2개월 만인 1988년 1월 장징궈 총통이 불귀의 객이 되었다. 당시부총통이었던 리덩후이가 총통직과 국민당(國民黨) 주석직을 승계하여 당과 정부의 보수 세력들이 예의주시하는 가운데 민주화, 양안관계, 실리외교를 추진하기 시작했다. 소위 장징궈 스쿨(리덩후이식 표현) 출신인 데다가 미국과 일본의 유학 경력이 있는 리덩후이로서는 이미 이들 문제에 대한 준비가 있었던 것으로 보인다. 양안관계와 관련하여 그의 초기 국내적인 주안점은 제도와 인식의 공유와 확립에 있었던 듯하며, 대외적으로는 양안 간의 소통 채널을 개설하는 데 있었다.

1988년 8월 18일, 정부는 특설부처인 대륙사무회보(大陸工作會報)를 발족하여 각 부처의 대중국업무처리를 도왔다. 이 협의체의 위상은 매우 높아서 행정원 부원장인 스치양(施啓揚)이 위원장을 맡고, 행정원연구발전심사위원회(行政院硏究發展考核委員會) 주임위원인 마잉주(馬英九)가 사무총장을 맡았다. 1990년 10월 7일, 리 총통은 총통부로 여야 정당 및 사회 각계 저명인사들을 초청하여 국가통일위원회(國家統一委員會)를 발족하는 한편, 수십 명의 각계 엘리트(가오잉마오[高英茂], 톈훙마오[田弘茂], 린비사오[林碧炤] 등)를 연구위원으로 임명하였다. 1991년 1월 30일에는 정부 대중국업무의 총괄처리 공식부처로 대륙위원회를 출범시켰고, 스치양 부원장이 위원장직을 겸임하였다. 2월 19일 대륙위원회는 직접 일선에서 소통, 대화 및 교류 업무를 대행하는 기구로서 재단법인 해협교류기금회(海峽交流基金會, 이하 해기회)의 설립을 허가하였으며, 덕망이 높은 구전푸(辜振甫)가 이사장직을 맡았다. 대륙위원회는 즉시 각 부서의 의견을 수렴한 후 공동으로 〈양안주민관계조례〉 및 시행령을 제정하여 1992년 9월 18일부로 공포 시행하였다. 이로써 제도와 법규가 상당 부분 준비되었다.

그러나 인식의 통일은 제도의 확립보다 훨씬 어렵다. 리덩후이 총통 집권 초기 여당인 국민당 내에서는 정쟁의 소용돌이가 거셌다. 보수파와 민주파의 대중국정책에 대한 관점도 상이하였는데, 전자를 '반공통일파'로 후자를 '현상유지 속의 반공파'로 분류할 수 있었다. 야당인 민진당의 도전이 날로 첨예해지는 가운데 사회 각계의 자동적이고도 자발적인 여론도 빗발쳤다. 이들 세력이 국민당의 정책결정 능력을 마비시킬 정도는 아니었지만 그렇다고 무시할 수도 없었다.

이와 같은 험악한 분위기 속에서 리덩후이 총통은 대만 내부의 국론통일을 위해 몇 단계의 조치를 취하였다. 당과 국가의 원로들을 다독이기 위해 장징궈 총통이 말년에 가장 신임했던 세 사람(정계: 위궈화[兪國華], 당: 리환[李煥], 군부: 하오바이춘[郝栢村])을 행정원장(한국의 국무총리—옮긴이)에 임명하였다. 500인 이상의 원로 입법위원과 국민대표대회(國民代表大會) 대의원(당시 이들은 종신직이었다—옮긴이)을 직접 만나 특혜제공을 약속하는 한편, 사회여론을 구실로 하여 강경책과 회유책을 모두 사용해 정계에서 은퇴하도록 설득하였다. 리 총통은 국가통일위원회를 설립하면서 당내의 반대세력, 야당 및 사회엘리트 등을 폭넓게 수용하였다. 마지막으로 1991년 3월 14일 행정원 원회에서 대중국정책의 기본방침으로 국가통일위원회가 제정한 〈국가통일강령(國家統一綱領)〉을 통과시켰다.

수 년이 지난 후 리 총통은 한 서방 학자와의 인터뷰에서 국가통일위원회와 〈국가통일강령〉은 자신의 권력을 공고화하기 위한 전략적 절차였으며, 그 목적은 당내 원로세력을 물리치는 데 있었다고 밝혔다.[3] 〈국가통일강령〉은 전형적인 타협문서로서 총 824자로 되어 있고, 글자마다 상당히 융통성이 있으며, 국가통일을 목표로 설정하였고 이를 초기단계(상호교류), 중기단계(상호신뢰, 협력), 최종단계(협상, 통일) 등 3단계로 구분하였다. 당시의 양안관계가 초기단계에 머물러 있다고 규정짓고, '삼통(三通)'(통상, 통항, 통우—옮긴이) 및 국제기구의 참여가 이루어져야 비로소 중기단계에 들어섰다고 할 수 있고, 마지막으로 중국에서 정치민주화, 경제자유화가 구비되어야 비로소 최종단계를 가동한다는 것이었다. 이렇게 함으로써 각계 인사의 수요를 충족할 수 있었다. 다른 한편 국가통일위원회는 위원 위촉을 수락한 일로 인해

3_Dennis Van Vranken Hickey, *Foreign Policy Making in Taiwan: From Principle to Pragmatism* (NYC: Routledge, 2007), p. 94.

제명을 당한 민진당 원로인 캉닝샹(康寧祥)을 포함한 그 밖의 야당 및 재야 인사를 포함하여 일정한 정도의 대표성과 공신력을 지닐 수 있었다. 이로써 〈국가통일강령〉은 단계성에 대한 인식을 공유하는 문서가 되었다.

1992년 8월 1일, 국가통일위원회는 양안 간 논쟁 중이었던 '하나의 중국' 문제에 관한 대만 측 입장을 뒷받침하기 위해 〈하나의 중국에 관한 함의〉를 채택하였다. 이들 문건은 2000년 정권교체 전까지 끊임없이 인용되었고, 일반 국민들에게도 잘 알려진 것이었다.

〈국가통일강령〉보다도 더 중요하고, 근원적이며, 포괄적인 것은 1991년 4월 30일 리덩후이 총통의 '반란세력 토벌을 위한 국가동원시기(動員戡亂時期)'의 종결이었다. 여기에는 두 가지 의미가 있다. 첫째, 대내적으로 1949년부터 실시되어 온 계엄이 공식으로 해제되었고 동시에 민주화와 개헌이 진행되었다. 둘째, 중국공산당의 통치하에 있는 중국을 더 이상 반란단체로 간주하지 않을 뿐만 아니라 중국을 또 다른 한 부분이며 대등한 정치실체로 여겼다. 이에 따라 민간의 중국 방문, 무역, 투자 등의 행위가 더 이상 '적과의 내통', 또는 '이적'이 아니었다. 정부 간의 '접촉하지 않으며, 담판하지 않으며, 타협하지 않는다'의 정책도 이와 함께 변화되었다. 이는 정부가 대만으로 천도한 후 중화민국의 중국정책이 완전히 새로운 단계로 진입하게 된 것이있다.

대만의 대중국업무 체계는 그 시작부터 내부분쟁으로 인해 심각한 전력의 저하를 초래했다. 사실상 문제의 본질은 당시의 리덩후이와 하오바이춘 간의 권력투쟁을 초월한, 즉 본성인(本省人)과 외성인(外省人) 간의 갈등을 초월한 구조적인 것이었다(대만 주민은 국민당의 국민정부와 함께 이주한 외성인과 대만에서 출생한 본성인으로 구별되기도 한다. 본성인은 민난어[閩南語]를 사용하는 집단과 객가어[客家語]를 사용하는 집단으로 구별되며 그 외에도 말레이계의 원주민도 포함한다—옮긴이). 양안 문제를 처리할 해기회는 민주화를 지향하는 대만에서 설립되었기 때문에 그 제도와 규정은 종전과 같은 임시변통이 아니고 반드시 법 규정에 의해 움직여야만 했다. 이에 따라 해기회의 구성원은 정부 관리가 편법으로 참여하고 있는 중국의 해협회와 달리 정부에서 직접 파견한 극소수 요원 외에도 민간에서 공모한 사람들도 참여하였다. 따라서 기구 내의 업무분할, 보수, 복지, 업무처리와 참여하는 사람들의 태도는 당연히 해협회와 같을 수 없었다. 또한 해기회가 중국대륙과 직접적인 협상을 위임받은 반면, 대륙위원회는 후방에 들어앉아 있었기 때문에 정세 판단 및 대처방안 등에서 박자가 맞지 않았다. 이와 같이 두 집단의 구성원과 두 개의 기구라는 구조적 요인은 권력, 본성인과 외성인의 갈등, 사적인 은혜나 원한 또는 체면 등 그 어느 하나에 의해 도전을 받게 되어도 '타는 불에 기름을 얹는 격'이 되어 수습이 불가능하였다.

이것이 곧 해륙대전(海陸大戰, 해기회와 대륙위원회 간의 대립—옮긴이)이 그 시작에서부터 서로 간에 기세등등하고, 1992년 하오바이춘 원장과 해기회 초대 사무총장인 천창원(陳長文)이 사퇴한 후에도 수그러지지 않았던 원인이었다. 본성인인 천룽제(陳榮傑) 사무총장과 같은 본성인인 황쿤후이(黃昆輝) 위원장 간의 갈등은 그 전임자에 비해 결코 덜하지 않았다. 총통부 부비서장이었던 추진이(邱進益)가 총통의 지시로 4단계 강등(본인의 원망 섞인 표현)된 채 해기회에 돌아온 후 대륙위원회가 구왕회담(辜汪會談) 시 양복은 어떠한 것을 입어야 하며, 넥타이는 어떤 것을 매야 한다는 것까지도 참견한다고 공개적으로 불만을 토로하였다. 1992년부터 1995년까지 쉬리더(徐立德) 부행정원장이 대중국정책활성화팀을 이끌면서 해기회와 대륙위원회 간의 협력을 강화시켰지만 효과는 미미하였다. 이러한 상황은 1990년대 후반이 되어서야 다소 진정될 수 있었다.

이 시기 대만의 빠른 변화에 비해 중국은 상대적으로 반 박자 정도 느린 편이었다. 1956년 설립된 정부의 대대만 업무감독위원회는 1987년 12월 24일(즉 대만이 본토 내 친인척 방문을 허용한 직후) 2차 개편을 단행하여 중국공산당 중앙군사위 부주석을 맡고 있는 양상쿤(楊尙昆)을 위원장으로 임명하였다(양상쿤은 그 후 국가 주석이 되어서도 이를 계속 겸직하였다). 대만에서 대대륙사무협의회(對大陸事務協議會)가 설립된 2개월 후인 1988년 10월 중국은 국무원 산하에 대만업무 담당사무소인 대만사무변공실(臺灣事務辨公室, 이하 국대반)을 설립하였는데 이는 간판만 다를 뿐 사람은 동일하여 기본적으로는 모두 중국공산당 중앙 대대만업무담당 사무소(이하 중대반) 소속의 일원이었다. 중국은 본래 국가공무원 대 국가공무원의 방식으로 협상을 진행하였다. 그러나 장고 끝에 대만의 해기회가 설립된 지 10개월 후인 1991년 12월 해기회를 모방하여 해협양안관계협회(海峽兩岸關係協會, 이하 해협회)를 구성하여 대만과의 대화 창구로 삼았다. 이는 명칭만 다를 뿐 사실상 구성원이 동일한 세 번째 기구였다. 한편 정책 결정 부서인 정무대대만업무감독위원회는 장쩌민(江澤民)이 당 총서기로 취임하고 4년이 지난 후 그리고 국가주석을 겸임하던 3개월 후인 1993년 6월 24일에야 양상쿤으로부터 영도권을 인수받았다.

대만해협 양측의 정치적 접촉은 1990년대 초 각각 새로운 기구의 수립, 기존 부서의 개편, 내부의 여론수렴 및 관련 법규의 수정을 거치면서 비교적 성숙한 기초를 닦을 수 있었다.

민간 차원의 협상과 비밀채널

1990년대 중국과 대만의 관계에서 가장 중요한 부분은 미사일 위기와 양국론 위기를 제외하고는 아마도 상호 간의 협상 진행이라고 할 수 있을 것이다. 해기회와 해협회가 각각 공식 대표로서 협상을 진행하기 전에 이미 양측은 두 건의 민간 차원의 협상과 여러 건의 밀사교환이 있었다.

첫 번째 민간 차원의 협상은 양측 항공회사협상이다. 1986년 5월 왕시줴(王錫爵)가 조종하던 중화항공의 화물기가 중국 광저우(廣州)에 불시착하였다. 당시 교통부 장관이었던 롄잔(連戰)은 장징궈 총통의 명을 받아 중화항공사에 상대편의 중국항공 회사와 협상을 진행하도록 지시하였으며, 그 결과 조종사만 중국에 잔류시킨 채 승무원, 기체, 화물을 모두 대만으로 이송할 수 있었다. 이 협상은 지난 수십 년간 쌍방이 망명 조종사와 기체를 억류해 왔던 관행에 종지부를 찍은 것이었다.

두 번째 민간 협상은 1990년 9월에서 12월까지 진행되었던 진먼회담(金門會談)인데 협상의 당사자는 양측 적십자사 대표인 천창원(陳長文)과 한창린(韓長林)이었다. 여기에서는 민간단체 간의 첫 번째 합의문서인 진먼협의(金門協議)를 체결하여 서로 간 비밀운항, 형사피의자의 송환 등에 관한 처리문제를 규정하였다.

밀사회담은 극소수 일부 인사를 제외하고는 대외적으로 철저히 감춰져 왔다. 입법위원을 역임한 위무밍(郁慕明)이 1995년 그 일부를 폭로하였으나 즉각 강력한 부인에 가로막혔다. 그 후 2000년 7월 말 타이베이에서 발행하는 《상업주간(商業週刊)》의 보도(〈표 1-1〉 참조)로 인해 1990년 12월부터 1992년 8월까지 밀사들이 각각 홍콩, 베이징, 타이베이에서 9차례 접촉한 사실이 알려졌다. 여기에는 리덩후이 총통이 타이베이에서 중국공산당 원로인 쉬밍전(許鳴真)(중국 국가안전부장 쉬융웨[許永躍]의 부친)과 직접 회담한 것도 포함되어 있다.[4] 대만은 일관되게 리덩후이 총통의 비서 쑤즈청(蘇志誠)과 당시 중화TV 기획실장인 정수민(鄭淑敏)이 주로 업무를 맡았고, 기업가 인옌량(尹衍樑)이 간헐적으로 참여하였다. 중국 측에서는 차례로 국대반 위원장인 양쓰더(楊思德)(1991년 6월 이전), 국민당 혁명위원회(민혁) 부의장 자이빈(賈亦斌), 국대반 위원장인 왕자오궈(王兆國)(1991년 7월 이후) 및 해협회 회장인 왕다오한(王道涵)(1992년 6월부터) 등이 참가하였다. 중간에서 매개 역할을 한 사람은 홍콩에 장기 거주해 있던 국학대사 난화이진(南懷瑾)이었는데, 쑤즈청, 정수민, 인옌량은 모두 다 난화이진의 제자였다.

2001년에 출간된 《리덩후이 집정고백실록(李登輝執政告白實錄)》에 따르면 밀사의 왕래는 난화이진이 중재하였던 9차례 이외에도 1995년

4_魏承思, 〈리덩후이 시대, 양안 간 9차례 밀실담화의 실록〉, 《商業週刊》 661기(2000년 7월 24일), pp. 60-82.

〈표 1-1〉 9차례의 밀사회담 요약

차수	시기	장소	참여인사		성과
1	1990. 12.31	홍콩 소재 난화이진 자택	난화이진, 쑤즈청, 양쓰더, 자이빈	최초로 '반란세력 토벌을 위한 국가동원시기' 종결문제 거론. 난 씨는 중국과 대만 간 경제특구 제의	첫 상면
2	1991. 2.17	홍콩 소재 난화이진 자택	난화이진, 쑤즈청, 정수민, 인옌량, 양쓰더, 자이빈	'반란세력 토벌을 위한 국가동원시기' 종결과 관련된 문제토의 계속	중 · 대만 간 평화협정체결 거론
3	1991. 3.29	난화이진 홍콩 케네디로드 강당	난화이진, 쑤즈청, 정수민, 양쓰더, 샤오다이, 샤오왕	'반란세력 토벌을 위한 국가동원시기' 종결과 관련한 쌍방의 반응 및 중국과 대만 간 평화협정체결 문제	평화협정체결 주장으로 인해 협상 결렬
4	1991. 6.16	홍콩 소재 난화이진 자택	난화이진, 쑤즈청, 정수민	중국 측, 대만 측의 '반란세력 토벌을 위한 국가동원시기' 종결에 관한 '6 · 7담화'에 대한 반응 전달, 중국공산당의 공식 통보	구체적 성과 없음
5	1991.7	베이징	정수민, 양상쿤, 왕자오궈	해상 밀수 공동단속 문제 협의	해상 밀수 공동 대응 합의
6	1991. 11.16	홍콩 힐튼호텔	쑤즈청, 정수민, 왕국장, 샤오왕	세계무역기구 가입문제	가입 시 명칭과 관련하여 대만 측에서 양보 결정
7	1991. 12.2	홍콩 소재 난화이진 자택	난화이진, 쑤즈청, 인옌량, 쉬밍전	새로운 비밀 협상 추진	새로운 비밀협상추진
8	1992. 6.16	홍콩 힐튼호텔	난화이진, 쑤즈청, 정수민, 왕나오한, 인옌량, 쉬밍전	작성한 〈평화상호부조 협상통일건의시〉 양측 대표에게 전달	구전푸, 왕다오한 간 첫 번째 회담 진행 확정
9	1992.8	타이베이		쉬밍전, 비밀리에 리덩후이 총통 예방	없음

이전에 일회성의 방식으로 열여덟 차례나 만나는 등 총 27회로서 같은 시기에 있었던 중재협상의 횟수를 크게 상회하였고, 장소 또한 주하이(珠海)와 마카오가 추가되었다. 밀사의 신분과 관련하여 대만은 이전과 다름없이 쑤즈청과 정수민 두 사람이었으나 중국은 권력의 승계로 인해 왕다오한 및 장쩌민의 측근이기도 한 신임 당 중앙위 주석 비서

실장인 쩡칭훙(曾慶紅)이 맡았는데(1994년 3월 이후), 쩡칭훙이 가장 중요한 교류상대였다.

상기 두 자료를 통해서 볼 때, 밀사협상은 중국이 먼저 제의해 온 것이 분명하다. 1988년 1월 리덩후이 총통이 대권을 장악한 후인 2월 5일 중국은 서둘러 난화이진과 접촉하고 중개를 희망한다는 표명을 하였다. 2년간의 상호 탐색 끝에 1990년 9월 난화이진이 대만을 방문하여 리덩후이 총통을 면담하였다. 12월 31일 쑤즈청과 양쓰더, 자이빈은 난화이진의 홍콩 자택에서 최초의 접촉을 가졌다. 27차례의 비밀협상 끝에 1995년 쑤즈청과 쩡칭훙은 마카오에서 만났으며, 쑤즈청은 리덩후이 총통이 중동 및 미국을 방문할 것이라는 것을 쩡칭훙에게 보고하였다. 리 총통의 코넬대 방문 직후 양측의 접촉은 중단되었으나 1999년 '양국론'을 발표한 후 대만 측은 전화를 통해 "이는 기존의 사실에 대한 부연일 뿐, 대만이 새로운 정책을 추구한다는 것을 의미하는 것이 아니라는 것을 서로가 이해하기를 희망한다"고 전하기도 했다.[5]

이상과 같은 27차례의 비밀협상에서 양측이 거론하였던 의제는 양안경제특구, 해상밀수행위의 공동대응, 대만이 세계무역기구에 가입할 경우 호칭의 문제(대만, 펑후[澎湖], 진먼, 마쭈[馬祖] 관세구역) 및 대만, 중국, 싱가포르의 공동 국제 해상운수 운영, 양안 간 항공로와 해로 개통의 문제 해결 등 매우 광범위하였다. 그러나 가장 중요한 것은 고도의 정치적 사안이었을 것이다. 쑤즈청은 중국에게 리덩후이 총통이 대만독립주의자가 아니며, 리 총통이 중국과의 적대적 관계를 해소하기 위해 머지않아 '반란세력 토벌을 위한 국가동원시기'의 종결을 선언할 예정이라는 것, 〈국가통일강령〉과 국가통일위원회, 대륙위원회, 해협재단기구에 대한 소개, 총통직선제 추진이 불가피한 이유, 평화협정체결 제의, 구왕회담을 개최하되 장소를 싱가포르로 하자는 것 등을 설명하였다. 한편 중국에서는 '3개 항의 중지(군사대치의 중지, 일체의 적대행위의 중지, 양측 관계 통일을 위태롭게 할 수 있는 일체의 언론과 행위의 중

5_鄒景雯,《李登輝執政告白實錄》(臺北: 印刻, 2001), p. 204.

지)' 협정의 체결, 당 대 당 협상으로 통일문제를 협의할 것을 제의하면서 '강팔점(江八點)'이 곧 발표될 것임을 통보하였다.

이러한 밀사회담은 다음과 같은 함의를 가지고 있다. 첫째, 중국은 리덩후이 총통이 한때 공산당에 가입하였고, 공산당원이었다는 점을 감안해서인지 리덩후이에 대해 상당히 큰 기대감을 가지고 있었고, 그의 총통 취임 3주째 되었을 때 먼저 협상을 제의하였다.[6] 《제임스 릴리 회고록》에 따르면 리덩후이 총통은 주중대사로 부임 예정이었던 제임스 릴리에게 결코 대만의 독립을 선포하는 일은 없을 것이라는 점을 장쩌민에게 전달해 달라고 부탁하기도 하였다.[7] 이는 중국 측의 신뢰를 얻는 데 도움이 되었을 것이다.

둘째, 1988년 2월에서 1990년 12월까지, 양안은 약 3년간의 극비 접촉 끝에 홍콩에서 첫 비밀협상을 하기로 합의하였다. 그러나 1990년 12월에서 1991년 11월까지 또다시 약 1년간의 비밀협상을 거친 후에야 싱가포르에서 구왕회담을 열기로 합의하였다. 이는 양안 간의 골이 깊은 불신으로 인해 지켜보는 사람이 없는 상태에서조차 다년간의 모색과 시행을 거치고 나서야 초기 단계의 상호신뢰를 구축할 수 있었음을 시사해 준다.

셋째, 대만 측의 밀사는 일관되게 리덩후이 한 사람에 의해 운영되어 왔기 때문에 당과 정치권, 그 밖의 고위층과의 정보 공유가 결여되었을 가능성이 있었다. 반면 중국은 제도화된 가운데서 움직였기 때문

6_문화역사 분야 연구가인 쉬종마오(徐宗懋)의 우커타이(吳克泰)(1940년대 말엽 중국공산당의 대만성 당위원회 서기) 인터뷰에 따르면, 우커타이는 1946년 리덩후이의 (공산당) 입당을 추천하였으며, 가장 인상 깊었던 것은 리덩후이가 반미운동을 적극 주도한 것이라고 하였다. '2·28사건' 이후 우커타이는 중국 본토로 도피하였고 이후 대만으로 귀환한 후(시기는 알 수 없음)에 리덩후이가 공산당에서 탈당을 희망하며, "중국공산당을 위험에 빠뜨리는 일은 하지 않을 것"이라고 밝히면서 중국공산당 측에서도 자신의 입당 사실을 함구해 줄 것을 요구했다고 하였다. 徐宗懋, 〈2·28사건 당시 리덩후이는 위험한 친구인 공산당 천빙지의 인터뷰를 측면에서 지원하였다〉, 《亞洲週刊》, 2002년 11월 17일, pp. 14-24; 曾令儀, 〈2·28 당시 리덩후이가 중국공산당의 편에서 일을 하였다는 설〉, 《聯合報》, 2004년 2월 26일, p. 22 참조.

7_제임스 릴리, 《제임스 릴리 회고록》, 林添貴 역(臺北: 時報, 2003), p. 352.

에 매번 실무책임자가 회담에 참여하였다. 이는 양안관계에 있어서 중국은 비교적 집단으로 의사를 결정한 반면, 대만은 독재적이었다는 것을 말해 준다.

넷째, 밀사회담이 실현된 것은 양안 간의 크고 작은 환경에 질적인 변화가 있었기 때문이었다. 대만 측에서는 수십 년간 실력을 비축한 대만 민중들이 대만 밖으로의 진출, 즉 중국대륙을 지향하면서도 전 세계로 진출하기를 희망하였다. 리덩후이 총통은 집권 초반부터 창의적인 조치를 통해 권력을 굳건히 하려 하였다. 때마침 미국은 1992년 8월, F-16 첨단 전투기를 대만에 판매하는 것에 동의함으로써 중화민국 조야로부터의 믿음을 강화시켰다. 중국은 당시 천안문 사태로 인해 세계적인 제재를 받고 있었기 때문에 대만을 협상테이블로 끌어냄으로써 평화통일 사업을 순조롭게 추진하고, 외국자본을 유치하고, 국제사회에서 이미지를 재건하는 데 기여하고자 했다. 따라서 양안 양측은 모두 관계의 진전을 추진해야 할 충분한 이유가 있었다.

장장 5년간의 밀사회담은 40년간 대결해 왔던 양측 정부에게 자유로운 전진과 퇴보가 가능한 탐색의 기회를 가져다주었다. 이로 인해 양안관계는 초보적이며, 기본적인 상호신뢰를 구축할 수 있었다. 상호신뢰가 일정한 정도까지 축적된 이후 이를 수면 위로 부상하도록 하였고, 이와 동시에 대외적으로는 해기회와 해협회를 통해 협상을 진행하도록 하였다. 코넬대 방문 전까지 양측은 공개와 비공개의 두 트랙에서 동시에 협상을 진행해 왔다. 지금 돌이켜 보면, 이러한 비밀채널이 없었다면 유일한 공개 채널만으로 상호 적대의식, 불신과 기대를 모두 소화할 수 있었을지는 실로 의심스럽다.

'하나의 중국, 각자의 정의'에 대한 공동의 인식

난화이진의 표현에 따르면 밀사회담이야말로 주요 채널이며, 해기회와 해협회의 협상은 부수적인 것이었다. 공개된 자료를 볼 때 이 말은 틀리지 않았다. 1991년 11월 초 천창원(陳長文) 해기회 사무총장이 최초로 베이징을 방문하여 해상범죄 공동대응에 관한 절차상의 문제를 협의했을 때는 이미 다섯 차례의 밀사회담이 있고 난 다음이었으며, 국대반의 탕수베이(唐樹備) 부위원장(당시 해협회는 설립되어 있지 않았다)과의 회담 또한 제5차 밀사회담에서 결정된 사항이었다. 공개와 비공개 채널 간의 두 번째 접촉은 1992년 6월의 제8차 밀사회담이었다. 쑤즈청과 차후의 구왕회담 당사자의 한 사람인 왕다오한은 비밀접촉 과정에서 "무엇보다도 권한을 위임받은 공식적인 고위급 대화체제의 확립이 필요"하며, 그 첫 대화는 싱가포르에서 구전푸와 왕다오한의 두 원로에 의해서 이루어져야 한다고 합의를 보았다.[8]

비공개채널에서 기초적인 상호신뢰가 구축되었기 때문에 양측은 공개채널에서 상호 양보할 수 있었다. 실례로, 의제와 관련하여 베이징 측은 먼저 원칙을 논하고, 이후 세부사항을 논하기를 희망함에 따라 중요 안건을 협의한 후 구체적인 내용을 논하기를 원했다. 반면 대만은 작은 일을 먼저 의논한 후 단계별로 진전해 나가자고 요구하였다. 제5차 비공개 협상에서 타이베이 측은 해상범죄 문제를 다루자고 하였고, 중국은 흔쾌히 동의하였다. 그러나 협상 장소와 관련하여 중국은 베이징을 선호하였으며, 대만은 이의를 제기하지 않았다. 협상대표와 관련하여 대만은 해기회가 있는 반면, 중국은 아직 해협회가 설립되어 있지 않아서 전과 같이 탕수베이를 파견하여 '정부 대 민간' 방식의 회담 진행을 희망하였다. 그 다음 달에 해협회가 설립되어 이후 협상의 주체가 되면서 간접적으로 대만 측의 협상 주체의 구상을 따랐다.

그러나 공식채널이 열리기 시작하자 양안 간의 근본적인 갈등과 불신이 바로 표출되었다. 그중 가장 핵심적인 것이 위상정립의 문제였다. 1949년 이후 양측은 모두 스스로를 정통 혹은 중앙정부라고 하면서 상대방을 반란단체 혹은 지방정권으로 치부해 왔는데 시대와 환경이 바뀌면서 양측이 마주보고 앉게 되자, 국제적·국내적 여론은 모두 양측이 어떠한 방식으로 방향을 전환할 것이며, 어떠한 방식으로 변명

8_鄒景雯,《傳略蘇志誠》(臺北: 四方書城, 2002), pp. 86-90.

을 할 것인가에 주목하게 되었다. 위상정립의 문제가 쉽사리 해결되지 않은 데에는 국내, 상대편 그리고 국제사회라는 세 차원의 청중을 의식하지 않을 수 없었던 데 있었다. 이들 삼자는 나름대로의 권력, 이익 및 정서적인 고려가 있기 때문이었다. 사정이 이러하니 천창원과 탕수베이의 베이징 회담이 비록 해상범죄 공동대응 원칙과 같은 소소한 일을 다루었음에도 불구하고, '하나의 중국'이라는 큰 문제를 피해 갈 수 없었으며, 따라서 이 문제를 짚고 넘어가야만 했다. 그 후 1992년 3월과 10월에 해기회의 법률분과 쉬후이유(許惠祐) 위원장이 베이징과 홍콩으로 가서 '문서검증' 및 '등기우편물 검색' 문제를 협상할 때에도 대만 역시 이 문제가 걸림돌이 되었다.

1992년 양측은 모두 다 위상정립 문제를 피할 수 없다는 것을 인식하게 되었다. 같은 해 3월, 베이징 측이 5가지의 문안을 제시했으나 타이베이 측은 거부하였다. 4월 말 타이베이 측도 5가지 문안을 제시했다가 3가지로 축소하였는데, 이 중 1개 안에서 처음으로 "쌍방은 모두 다 하나의 중국이라는 원칙을 고수하되, 하나의 중국에 대한 함의와 해석은 상이하다"라는 주장을 내세웠다. 8월 1일, 국가통일위원회는 〈하나의 중국에 관한 함의〉를 의결하였다. 이 가운데 가장 중요한 첫 번째 항은 다음과 같다. "대만해협 양측은 모두 다 하나의 중국이라는 원칙을 고수하고 있으나, 양측이 주장한 그 함의는 상이하며 [⋯] 우리의 생각으로 '하나의 중국'이란 1912년에 건립하여 오늘날까지도 존재하고 있는 중화민국을 가리켜야 하며, 그 주권은 중국 전체를 포함하나 현실적으로는 대만, 펑후, 진먼, 마쭈까지만 통치권이 미치고 있을 뿐이다. 대만이 중국의 일부분인 것과 마찬가지로, 중국 본토 또한 중국의 일부분이다." 상기 결의는 '하나의 중국'에 대한 대만 내부의 공통된 인식을 나타낸 것으로서 해기회와 대륙위원회에 최대의 교섭재량권을 부여하였다.

11월 초에 있었던 홍콩협상이 결렬된 후, 11월 3일 해기회는 언론을 통해 각계의 구두성명의 형식으로 상기한 중대 이슈를 해결하자고 제의하면서 대만 측 성명의 구체적 내용은 8월 1일자 국가통일위원회의 심의에 따를 것이라고 하였다. 해협회는 당일 즉각 전화를 걸어 "해기회의 제의(각자 구두 성명 방식으로 하는 개별 표명)를 충분히 존중하며 수락한다"고 밝히는 한편, 16일자의 서면을 통해 해기회에 중국 측 성명의 구체적 내용은 양안이 모두 다 '하나의 중국' 원칙을 존중하면서 국가의 통일을 적극 추구하나, 중국과 대만 양측의 실무자급 접촉에서는 '하나의 중국'의 정치적 함의는 포함하지 않는다고 밝혔다. 11월 30일 해협회는 서면을 통해 12월 초에 예비협상을 진행하고, 12월 말에는 '왕구회담(汪辜會談)(중국 측 용어)'(왕다오한과 구전푸 간의 회담을 의미—옮긴이)을 개최할 것을 희망하였다. 베이징 측이 상당히 서두르는 상황이었다.

대만 측은 후일 이상과 같은 경과를 '하나의 중국, 각자의 정의'에 인식을 같이하였다는 주장으로 결론지었으며, 1992년에서 1995년까지의 기간 중 중국은 이를 부정하지 않았다. 네 차례나 대표단을 인솔하여 양안 협상에 참여했던 자오런훠(焦仁和) 해기회 사무총장은 사석에서 밝히기를 협상이 열릴 때마다 양측 단장은 '하나의 중국'에 관한 자기 측의 입장을 먼저 표명하였으며, 그런 이후에야 의제 토의에 들어갔다고 하였다. 중국은 이를 전혀 인정하지 않았으나 전적으로 이를 부정하지도 않았다. 그러나 코넬대 방문 직후 중국은 공동의 인식의 존재 자체를 부정하지는 않았으나 '하나의 중국, 각자의 정의'라는 용어는 "고의적으로 왜곡된 것"이라고 비난하기 시작했다. 2000년 대만의 정권교체 이후 국민당은 '하나의 중국, 각자의 정의'와 '92공동성명'이라는 표현을 번갈아 사용했던 반면, 민진당은 때에 따라서 '하나의 중국 원칙'과 '하나의 중국, 각자의 정의', '92공동성명' 등의 용어를 전면 부정하고, '항복에 관한 공동성명', '대만을 팔아먹으려는 공동성명'이라고 신랄하게 비판하면서 나아가 1992년에 그 어떠한 성명도 존재한 적이 없다고 주장하였다. 이러한 주장은 두말할 나위 없이 민진당과 중국 측이 화해할 수 있는 기회를 원천봉쇄하였다.

심층적으로 분석하자면 '하나의 중국, 각자의 정의'에 대한 공식(共識)은 다음과 같은 네 가지 중요성을 갖는다. 첫째, 공식의 형식이 서신의 왕래와 각자의 구두성명일 뿐, 양측의 서명이 첨가된 단일 문서가 없다. 따라서 국제법상에서, 그 등급은 조약 혹은 협의보다 하위에 있다. 그러나 서신교환도 문서교환(exchange of notes or letters)의 한 종류로서[9] 최근 국제적으로는 상호 간 특정 문제에 관한 공통된 견해를 표명하기 위해 자주 사용되고 있으며, 당연히 일정한 정치적 구속력을 지니고 있다. 따라서 논자에 따라 여기에 단일 문서가 결여되어 있다고 지적할 수는 있으나 문서가 존재하지 않는다든지 혹은 인식을 공유하지 않는다고 비판할 수는 없다.

두 번째 중요한 점은 '공식(共識)'이라는 용어에 있다. '공식'은 외래어의 한문식 표현으로서 영문의 컨센서스(consensus)를 번역한 것이며, 1980년대 대만이 다원화 및 민주화하는 과정에서 유행하기 시작하다가 1990년대에는 중국에서도 사용하기 시작했다. 엄밀히 말하자면 이는 분명 법률적 용어는 아니다. 그러나 앞서의 문서교환에 대해 양측이 밝힌 공통된 견해를 매우 간단하고도 적절하게 대변하고 있었다. 이로 인해 1992년 이후 대만의 관계와 언론계에서는 앞 다투어 '공식'이라는 용어를 1992년의 공통된 시각을 설명하는 데 사용하였다. 중국도 1995년 4월 28일 구왕회담 2주년에 맞추어 최초로 '인식의 공유'라는 용어를 처음 사용하였다.[10] 이는 중국과 대만이 서로 간에 인식의 공유가 있을 뿐만이 아니라 '공식'라는 용어의 선택에 대해서도 인식을 공유하고 있음을 확실히 말해 주고 있는 것이다.

세 번째의 중요성은 '하나의 중국, 각자의 정의'이다. 비판하는 사람들의 주장과 같이 1992년에 중국과 대만 간에 오간 서신 중에는 이러한 표현이 없다는 점은 분명하다. 그러나 관련 서신의 원문을 검색해

9_현 UN Office of Legal Affairs, 〈Treaty Reference Guide〉.

10_〈양회 제1기 이사회 제3차 회의결과 보고〉(발췌), 海峽兩岸關係協會 編, 《兩岸對話與談判重要文獻選編》(北京: 九州出版社, 2004), p.297.

본 사람이라면 '하나의 중국, 각자의 정의'의 의미를 곧 알아차릴 수 있다. 이 표현은 곧 1992년 중국과 대만의 핵심적인 인식을 담고 있다. 1992년부터 1995년까지 대만의 언론은 이러한 공식을 표현하기 위해 "중국과 대만이 하나의 중국이라는 용어를 각자가 구두로 표현하는 것에 동의했다"는 표현을 잇달아 쏟아 냈다.[11] 1995년 8월, 자오런훠 사무총장이 최초로 '하나의 중국, 각자의 정의'라는 표현을 사용하였으며,[12] 이로부터의 4년간 중화민국 정부 내 모든 부처는 이 표현과 더불어 '일중각표(一中各表)'라는 축약된 표현도 빈번하게 사용하였다.

네 번째의 중요성은 '공식'의 핵심적인 내용이다. 이는 다시 두 가지로 구분할 수 있는데, 하나는 절차로서 즉 각자가 구두의 방식으로 입장을 표명한다는 것이다. 또 하나는 실질적인 방식인데 이는 매우 중요한 부분이다. 당시 양측의 입장은 차이점과 더불어 공통점이 공존하고 있었으며, 주된 차이점 중 하나는 대만이 '하나의 중국'을 중화민국이라고 주장하는 반면, 중국은 '하나의 중국'에 대한 정치적 함의는 의제에 포함되지 않는다고 말하면서도 이것이 중화인민공화국이어야 한다는 주장을 분명히 하였다. 또 다른 차이점은 대만이 "대만과 중국대륙은 모두 다 중국의 일부분이다"라고 주장하고 있는 반면, 중국은 "대만은 중국의 일부분이다"로 생각하고 있는 점이다. 즉 대만이 '대등'을 고집한다면, 중국은 '주종관계'를 요구하고 있다는 것이나. 한편 공통점이란 양측 모두 '하나의 중국'이라는 원칙에는 이의가 없다는 것이다. 이러한 공통점이 있음으로 해서 중국은 "대만이 독립을 추구하지 않는다"는 확신을 갖게 되었고, 〈국가통일강령〉의 존재와 비공개 채널이 계속 가동되고 있다는 사실은 중국의 이러한 확신을 더욱 강화시켰다. 이로 인해 비록 양측의 입장에 현격한 차이가 있고, 적대의식의 골이 깊음에도 불구하고 서로 간에 첫째, 공통점이 있고, 둘째, 기본적인

11_당시의 언론보도 발췌, 蘇起, 鄭安國 編, 《'一個中國各自表述'共識的史實》, pp. 56-60.

12_李榮莉, 〈샤오완창(蕭萬長)—양안 간 항시 평화협상 진행 가능〉, 《臺灣新生報》, 1995년 8월 8일, p. 4.

상호신뢰가 있고, 셋째, 각자의 필요가 있음으로 인해 서로가 '차이점을 남겨 둔 채 공통점을 추구하기(求同存異)'로 결정하였다. 따라서 비교적 단순한 사무적인 문제로부터 출발하여 협상을 진행하였고, 그 결과 최종적으로 구왕회담과 이후의 협상의 서막을 열 수 있었다.

'하나의 중국, 각자의 정의'라는 공동의 인식은 양안관계 40여 년 역사상 최초의 정치적 타협이었다. 여기서 직면한 것은 '하나의 중국'이라는 양측 간의 가장 핵심적이며 결정적이면서도 골치 아픈 문제였다. 이러한 매듭이 풀리고 나니 문서검증이나 등기우편물 검색과 같은 문제들은 한 번의 회담으로도 합의에 이를 수 있었다. 또한 두 차례의 예비접촉 끝에 양측은 1993년 4월 말 싱가포르에서 역사적인 구왕회담(辜汪會談)('왕구회담'의 대만식 표현, 구전푸와 왕다오한의 회담이라는 의미—옮긴이)을 거행할 수 있었다.

구왕회담과 양회협상

구왕회담의 거행과 장소를 싱가포르로 선택한 것이《리덩후이 집정고백실록》에서 언급된 것과 같이 대만의 제의를 왕다오한이 수용했다는 것이 맞을 경우, 실제 회담 중의 여러 세부적인 문제에서 중국이 대만의 필요에 호의적으로 호응하였다고 볼 수 있다.

대략적으로 두 가지 대원칙이 국민당 집권 시기의 대중국관계 처리의 기본사상으로 자리잡았는데, 이는 '민주'와 '대등'이었다. '민주'란 반드시 여론에 책임을 져야 한다는 것이며, '대등'이란 양측은 그 누구도 고위층이라 할 수 없고 서로 대등한 위치여야 한다는 것이다. 이러한 원칙은 추진이(邱進益) 해기회 부이사장과 탕수베이 해협회 부회장 간의 예비접촉에서 협의되었고, 본 회담에서 실현되었다. 필자는 당시 정치대학의 교수 신분으로 싱가포르 현지에서 양측의 회담을 관찰할 수 있었다. 그렇기 때문에 일부 실제 상황을 관찰할 기회가 있었으며, 회담 참여인사로부터 이러한 양측의 움직임에서 나타난 중요한 의미를 확인할 수도 있었다.

실례로, 대만 측 민의의 요구를 충족시키기 위해 양측은 매일 언론 브리핑을 하였을 뿐만 아니라, 서로 시간대별로 상이한 언론매체의 필요에 맞추어 1일 3회(정오, 저녁 및 만찬 종료 후) 실시하였다. 이러한 조치는 국제관례와 크게 어긋나고, 협의의 타결에도 도움이 되는 것이라고는 할 수 없었으나, 대만이 고수하니 중국은 이에 협조하였던 것이다. 기자 브리핑에서 '대등'을 구현하기 위해 발언의 순서와 발언의 시간 등에 대해서도 사전에 조율하였다.

또 한 가지 예는 양측회담은 반드시 긴 테이블의 양측에 마주보고 앉아야 하며, 회담 시작 전 양측 수석대표는 먼저 자리에서 일어나 테이블을 사이에 두고 미소를 지으며 악수를 한 후 다시 양측 수십 개의 카메라와 마주 보아야 했다. 이러한 움직임이 TV와 신문에 보도되었을 때 양측이 대등하다는 그림이 그려지는 것이었다.

안건의 서명의식은 더더욱 까다로웠다. 그 어떠한 안건도 정본자(중국은 번체자라고 호칭)와 간체자로 작성되었으며, 문서상의 날짜의 표기와 관련하여 '월', '일'만 있을 뿐 '연도'는 없었는데 이는 서로 '중화민국 82년'과 '서기 1993년'으로 기록할 수 있도록 하기 위해서였다. 중국식 전통에 따르면 좌석의 우측이 상석인데, '대등'을 강조한 나머지 구전푸와 왕다오한은 어느 한 사람이 상석을 차지하는 경우를 방지하기 위해 서명 도중에 자리를 옮겨야만 했다. 한편 양측의 많은 대표단원들이 두 수석대표를 따라 자리 바꾸기가 어려웠기 때문에 서명할 때만 되면 약 절반의 시간 동안 괴이한 장면이 연출되었다. 이는 바로 구전푸가 앉아서 서명할 때에는 왕다오한의 부인과 중국 측 대표단원이 미소를 지으며 그 뒤에 서 있고, 반대의 경우 구전푸의 부인과 대만 측 대표단원이 뒤에 서 있었다. 이 장면은 아마도 당시 국민당이 통치하고 있는 대만이 중국공산당이 통치하고 있는 중국과 '대등'하다는 것을 보여 주고자 한 것 중 가장 극적인 일 막이었을 것이다.[13]

구왕회담을 통해 체결한 4개의 안건 가운데 문서감정과 등기우편물

13_이 사진은 오랫동안 해기회의 사무실에 걸려 있었다.

검색은 소소한 일이었다. 보다 중요한 내용으로는 〈양회연락 및 회담제도 협의〉와 〈구왕회담공동협의서〉였는데, 전자는 이후 양측의 사무차장급이 분기별로 한 번씩, 부이사장과 부회장급이 반년에 한 번씩, 이사장과 회장이 필요에 따라 회담한다고 약정한 것이다. 이것이 곧 1993년부터 1995년까지의 협상을 '제도적인 협상'이라고 호칭하게 된 이유이다. 공동협의서와 관련하여 회담의 성격을 '민간 차원, 경제 차원, 사무적 및 기능적 회담'이라고 규정지었다. 이러한 위상정립은 대만의 필요에 비교적 부합하는 것이었다. 그 밖에 공동협의서에는 다음 단계 회담 의제를 정하였는데, 이는 곧 법률규정을 위반하고 상대편 지역에 진입한 사람(즉 대만 측이 말하는 밀항사범)의 송환, 해상밀수, 어로분쟁, 사법공조 등이다. 이들 의제들은 모두 문서검증이나 등기우편물 검색에 비해 중요했고, 또한 중대한 법률적 소지도 내포하고 있었다. 이러한 측면에서 볼 때 양안관계는 또다시 진일보한 것이다.

〈표 1-2〉에서 나타난 바와 같이 싱가포르 회담에서 코넬대 방문 시기까지 양안 간의 해기회와 해협회는 2년간 11번의 모임을 가졌는데, 이 중 베이징에서 다섯 차례, 타이베이에서 네 차례, 샤먼(廈門), 난징(南京)에서 각 한 차례씩 있었다. 특이한 사항으로는 1995년 5월 하순 탕수베이가 제2차 구왕회담 협의차 대만을 방문하기로 한 즈음 미국이 리덩후이의 미국 방문 비자를 발급하였다는 점이다. 대부분의 사람들이 탕수베이가 이에 대한 항의의 표시로 대만 방문을 연기할 것으로 예측하였다. 그러나 그는 비교적 냉담한 태도를 취하긴 하였으나 약속대로 대만에 도착하였다. 11차례의 회담에서 양측 대표는 관례에 따라 구두로 '하나의 중국'에 대한 각자의 입장을 표명한 이후 핵심 의제에 대한 협상을 전개하였다. '민주'와 '대등'을 구현하기 위해 앞서 지적한 각종 제스처도 양측 대표에 의해 어김없이 이행되었다.

1993년에서 1995년의 기간 중 양안 간 양회는 불법입경자(밀항자)의 송환, 어업분규 및 항공기 귀순범 등 3개의 의제 타결에 주목하였다. 필자는 1993년 12월부터 대륙위원회 부주임을 맡음으로써 이들 의제

〈표 1-2〉 양안 양회 협상 개황

회담 명칭	시기	장소	의제	대표자	성과
양안 해상범죄 공동대응절차 문제 회담	1991. 11.4-7	베이징	양안 간 해상범죄 공동대응절차문제 관련 사항 협의	탕수베이 천창원	상호협력 항목, 실제 협상 시기, 장소 등 광범위한 내용과 관련한 의견을 교환하였으나 구체적인 성과 없음 * 비고: 해협회 미설립, 탕수베이가 국대반 부주임으로 선정
양안 간 〈문서검증〉 및 〈등기우편물〉 관련 첫번째 회담	1992. 3.23-25	베이징	양안 간 〈문서검증〉 및 〈등기우편물〉에 관한 사항	리야페이(李亞飛) 쉬후이유	첫 번째 의견 교환으로 구체적인 성과 없음
양안 간 〈문서검증〉 및 〈등기우편물〉 관련 두번째 회담	1992. 10.26-29	홍콩	상동	저우닝(周寧) 쉬후이유	양측의 '하나의 중국'에 대한 견해의 불일치와 중국측이 이를 명문하자고 요구하여 성과가 없었음
양안 간 〈문서검증〉 및 〈등기우편물〉 관련 세번째 회담	1993. 3.25-28	베이징	상동	리야페이 쉬후이유	중국이 '하나의 중국'에 관해 자신의 주장을 의제에서 배제하기로 함으로써 양측은 이들 두 개의 의제에서 합의도출이 가능해짐
구왕회담을 위한 제1차 예비접촉	1993. 4.7-11	베이징	1. 〈문서검증〉 및 〈등기우편물〉 2개 의제 가조인 2. 구왕회담 개최 관련사항	탕수베이 추진이	두 개 협의 가조인, 구왕회담 관련 수 개 항 합의 도달
구왕회담을 위한 세2차 예비접촉	1993. 4.23-26	싱가포르	구왕회담 관련 세부내용 확정	탕수베이 추진이	〈2개 회간 제도적 접촉과 회담방식〉, 〈경제교류〉, 〈문화, 교육, 과학 기술교류〉 및 구왕회담 공동 코뮤니케 관련 의견교환
구왕회담	1993. 4.27-29	싱가포르	양안 간 조인예정의 4개 항 협정 토의 및 확정	왕다오한 구전푸	〈양안 간 공정문서의 사용 및 검증에 관한 협의서〉, 〈양안 간 등기우편물 검색, 보상문제 합의서〉, 〈양회 간 접촉 및 회담제도 관한 협의서〉 및 〈구왕회담 공동협의서〉 등 4개 항 협의서 조인
제1차 구왕회담 후속 실무협상	1993. 8.28-9.3	베이징	〈구왕회담 공동협의서〉에 포함된 연도별 우선 의제 협의	쑨야푸(孫亞夫) 추진이	중국 측에서 경제 관련 의제 포함 요구 및 '듣기만 하고 의논은 배제한다'는 요구로 성과 없음

제2차 구왕회담 후속 실무협상	1993. 11.2.-7	샤먼	〈불법입경〉, 〈항공기 귀순범〉, 〈어업분규〉 및 〈양회 소속요원의 입출국 편리제공 조치〉 확정	쑨야푸 쉬후이유	상술한 문제에 대한 최초의 실질적 협상 진행
제1차 자오탕회담	1994. 1.3-2.5	베이징	〈구왕회담 협의서〉의 구체적 실천방안 및 후속 실무협상 의제 협의	탕수베이 자오런훠	1. 〈자오런훠와 탕수베이 회담에 관한 공동코뮤니케〉 발표 2. 〈양회 소속요원의 입출국 편리제공 조치〉 확정
제4차 구왕회담 후속 실무협상	1994. 3.24-31	베이징	〈불법입경〉, 〈항공기 귀순범〉 및 〈어업분규〉 등 의제 관련 협상 진행	쑨야푸 쉬후이유	양측의 〈자오런훠와 탕수베이 회담에 관한 공동 코뮤니케〉에 대한 해석 불일치로 합의 도출 실패
제5차 구왕회담 후속 실무협상	1994. 7.30-8.3	타이베이	〈불법입경〉, 〈항공기 귀순범〉 및 〈어업분규〉 등 의제 관한 협의	쑨야푸 쉬후이유	양측 충분한 의견교환
제2차 자오탕회담	1994. 8.4-7	타이베이	양회의 업무 및 실무협상 등 의제 관련 회담 진행	탕수베이 자오런훠	〈해기회와 해협회간 타이베이 회담 공동 코뮤니케〉 발표
제6차 구왕회담 후속 실무협상	1994. 11.21-28	난징	〈불법입경〉, 〈항공기 귀순범〉, 〈어업분규〉, 〈공증서 사본〉 및 〈속달우편물〉의 발송 증대	쑨야푸 쉬후이유	공증서 사본 발송 종류에 세무, 병력, 경력 및 전공 종사 증명서 등 4개 항 추가
제7차 구왕회담 후속 실무협상	1995. 1.23-25	베이징	〈불법입경〉, 〈항공기 귀순범〉, 〈어업분규〉	쑨야푸 쉬후이유	쌍방 간 충분한 의견교환 실시
제3차 자오탕회담	1995. 1.21-28	타이베이	양회의 업무, 실무협상 의제 및 양안 간 교류 문제 협의 진행	탕수베이 자오런훠	쌍방 간 충분한 의견교환 실시
제2차 구왕회담을 위한 제1차 예비접촉	1995. 5.27-29	타이베이	제2차 구왕회담 개최 관련 세부내용 협의	탕수베이 자오런훠	제2차 구왕회담을 위한 제1차 예비접촉 합의 내용 발표

와 그 밖의 양측관계의 실무에 참여하였다. 항공기 귀순범건은 구왕회담 후 중국의 요구로 인해 포함하게 되었다. 당시 중국의 항공 안전의 통제가 매우 느슨했던 관계로 수 개월마다 한 대씩 중국 항공기가 대만으로 투항하는 사례가 속출하였다. 중국은 대만과의 협정체결을 통해 유사사건의 재발방지 효과를 노렸다. 한편, 밀항자의 송환과 어업분규의 문제는 대만 측에 유리한 것이었다. 이는 대만이 (진먼협의에 의해) 피동적으로 밀항사범을 송환하기보다는 능동적으로 하는 것이 훨씬 부담을 경감시킬 수 있으며, 해상 어로작업 중 주로 손해를 입어 온 대만 어민들로서는 양회의 협의를 계기로 보다 유리한 보장을 받을 수 있기 때문이었다.

이들 3개 항 협의서는 법률적 요소가 내포되어 있었고, 법률은 통상적으로 정치와 정책을 대변하고 있어서 그 협상 과정이 1993년에 체결된 4개 협의에 비해 난이도가 있었다. 그 외에도 이들 협의서의 내용은 장차 타 정부기구에 의해 집행될 수 있다는 점에서 협상 과정에서 해당 부처의 의견을 무시할 수도 없었다. 샌드위치 신세의 양측 대표(대만 측의 자오런훠, 쉬후이유와 상대방의 탕수베이, 쑨야푸[孫亞夫])는 어쩔 수 없이 이 중의 자세한 내용을 어떠한 형식의 문자로든지 표현해야 했을 뿐만 아니라, 그 문구가 서로의 정치적 입장에 부합해야(최소한 거부감이 없어야 한다) 하는 한편, 장차 순조롭게 진행될 수 있도록 구체적이어야 했다. 양측에 있어서 모두 고난도의 도전이었다. 11차례의 협상 결과 항공기 귀순범과 밀항자의 송환 등 2개 안건은 완전 타결되었고, 어업분규는 법률 관할권 문제와 얽혀 있어 상당히 예민하였으나 많은 부분이 타결되었다. 당시 대만은 이 세 의제가 반드시 일괄 타결되어야 하고 하나라도 제외될 수 없다는 방침을 세웠으며, 이에 따라 1995년 5월 28일 탕수베이가 타이베이를 떠나는 순간이 되자 3개 항목에 대한 협의가 더욱 요구되었다.

만약 1995년 여름, 양안 간의 정치적 분위기가 악화되지 않았다면, 그리고 만약 제2차 구왕회담이 예정대로 타이베이에서 개최되었다면,

양 수석대표에 의해 부족했던 마지막 일격이 가해짐으로써 3개 항 협의서의 조인이 완결되었을 것이다. 한편 5월 말에 있었던 자오련훠와 탕수베이의 예비 성격 회담에서는 투자보장, 농업교류, 언론교류, 과학기술교류 등 다음 단계 양회 협상 의제에 대해서도 대체적으로 합의를 보았다. 따라서 이들 의제의 중요성이 상기 3개 항 협의서보다도 높았던 점을 감안할 때 향후 양안 회담은 크게 전진했을 가능성이 농후하였다.

그러나 모두 알고 있듯이 '만약'은 일어나지 않았으며, 3개 항 협의서는 그야말로 "적은 분량의 흙이 부족하여 산을 쌓지 못한(爲山九仞, 功虧一簣)" 격이 되었다. 즉 양안관계는 이후 완전히 다른 단계로 접어들었다.

유연한 것은 더욱 유연해지고, 강경한 것도 유연해지다

1990년대 초 양안 정치관계의 완화로 인해 민간경제와 문화교류가 큰 폭으로 증가되었을 뿐만이 아니라 지금까지 첨예했던 군사적 및 외교적 갈등도 비교적 유연하게 변화하는 등 분명한 양안관계의 전면적 유연화가 진행되었다. 1995년 이후 군사 및 외교적 대치가 강경하게 치달았지만 경제무역과 문화교류 열기의 가속화는 지속되었다.

〈표 1-3〉에서 나타나는 바와 같이 양안 간 간접무역은 1994년부터 급속히 증가하였으며, 거의 매년 두 자리 수 이상의 폭으로 증가하였다. 대만의 통계에 의하면 누계의 총규모가 1,890억 달러에 달하였으며, 대중국 무역이 대만의 대외무역에서 차지하는 비중 또한 1987년의 1.7%에서 1999년의 11.1%로 상승하였다. 같은 시기 대중국수출이 대만의 총 수출에서 차지하는 비중도 2.3%에서 17.5%로 상승하였다. 대홍콩무역까지를 포함하는 경우 1999년 양안 무역이 차지하는 비중은 대만 총 대외무역의 15%, 총 수출 규모의 23%에 이른다.

투자와 관련하여, 투자심의위원회의 통계(〈표 1-4〉 참조)에 의하면 1999년 말 현재 대중국투자 건수는 누계 2만 2천여 건에 총 금액 약

〈표 1-3〉 양안 간접 무역(행정원 대륙위원회 추산)

기간	대만 대본토 무역 총액	대만무역총액	비중(%)	대본토수출	대만 총 수출	비중(%)
1987	1,515.4	88,662	1.7	1,226.5	53,679	2.3
1988	2,720.9	110,340	2.5	2,242.2	60,667	3.7
1989	3,918.8	118,569	3.3	3,331.9	66,304	5.0
1990	5,160.0	121,930	4.2	4,394.6	67,214	6.5
1991	8,619.4	139,039	6.2	7,493.5	76,178	9.8
1992	11,666.6	153,477	7.6	10,547.6	81,470	12.9
1993	15,096.7	162,152	9.3	13,993.1	85,091	16.4
1994	17,881.2	178,398	10.0	16,022.5	93,049	17.2
1995	22,525.2	215,209	10.5	19,433.8	111,659	17.4
1996	23,787.1	218,312	10.9	20,727.3	115,942	17.9
1997	26,370.6	236,506	11.1	22,455.2	122,081	18.4
1998	23,951.4	215,247	11.1	19,840.9	110,582	17.9
1999	25,834.7	232,281	11.1	2,132.5	121,591	17.5

단위: 백만 미달러
출처: 〈대만 대 중국 본토 지구 무역통계〉, 행정원 대륙위원회, 《양안 경제무역 통계연보》; 국가무역국 웹 사이트

〈표 1-4〉 대만 대본토 투자금액 통계(대만 대외 공포 자료)

기간	본토 투자 심사비준 건수	본토 투자 심사비준 금액	대만 대외 투자 금액 (중국 제외)	대외투자에서 차지하는 비중(%)
1991	237	174	1,656	51
1992	264	247	887	22
1993	1,262(8,067)	1,140(2,028)	1,661	66
1994	934	962	1,617	37
1995	490	1,093	1,357	45
1996	383	1,229	2,165	36
1997	728(7,997)	1,615(2,720)	2,894	60
1998	641(643)	1,519(515)	3,296	38
1999	488	1253	3,269	38
누계	22,134	14,495	18,802	43.53

단위: 백만 미달러
출처: 《화교와 외국인 투자 통계연보》, 경제부 투자심의 위원회(표 내 괄호 부분은 건수와 금액을 보충하기 위함)

145억 달러로서 대만 전체 대외투자비중의 43%를 차지하고 있다. 중국 측 통계(〈표 1-5〉 참조)에 의하면 1999년 말 현재 투자협의는 총 약 4만 3천여 건이며, 이행된 투자는 238억 달러이다.

〈표1-5〉 대만상권 대중국 투자 금액 통계(중국 본토 대외 공포자료)

기간	중국 투자 심사비준 건수	협의 투자 금액	실제 투자 금액
1991	3,446	2,783	844
1992	6,430	5,543	1,050
1993	10,948	9,965	3,139
1994	6,247	5,395	3,391
1995	4,778	5,777	3,162
1996	3,184	5,141	3,475
1997	2,014	2,814	3,289
1998	2,970	2,982	2,915
1999	2,499	3,374.44	2,598.7
누계	43,516	43,774.44	23,863.7

단위: 백만 미달러
출처: 행정원 대륙위원회, 《양안 경제무역 통계연보》, 제124호.

〈표 1-6〉 양안 인적 교류

기간	대만주민 본토 방문 여행객 수	중국 주민 대만 방문 여행객 수	양안 전화 교류 (발신,수신)
1988	437,700	381	*
1989	541,000	4,838	1,497,957
1990	948,000	7,520	8,830,093
1991	946,632	11,074	16,745,167
1992	1,317,770	13,134	30,509,699
1993	1,526,969	18,343	47,958,683
1994	1,390,215	23,562	61,165,801
1995	1,532,309	42,634	77,805,672
1996	1,733,897	58,010	96,497,184
1997	2,117,576	72,346	125,730,622
1998	2,174,602	90,626	149,139,800
1999	2,584,648	106,699	178,328,419
누계	17,251,318	449,167	783,881,047

단위: 횟수/번
출처: 행정원 대륙위원회, 《양안 경제무역 통계연보》, 제124호.

인적 교류의 경우, 〈표 1-6〉에 나타나는 바와 같이 1988년에서 1999년 말까지 대만 주민의 본토 방문 인원은 연 1,700만 명을 상회하고 있으며, 1999년 한 해 동안만 해도 연인원 258만 명 이상이다. 중국 측 주민의 대만 방문은 1999년 말 누계 연인원 45만 명에 육박하고 있다. 양안 간 전화통화는 1999년 말 누계 7억 통화를 넘었으며, 최근 5년간 연간 25%의 증가율을 보이고 있는바, 연간 총 통화 규모는 대만과 미국 간의 통화량을 뛰어넘었다. 양안 간 결혼과 관련하여 1993년부터 2000년 2월 현재까지 총 8만 쌍의 남녀가 혼인하였다.

이상과 같은 민간 경제문화교류는 절대적으로 민간의 진심과 수요를 반영하고 있으며, 정부에서 영향을 미칠 수 있는 범위와 정도는 극히 제한적이었다. 1990년대 대만은 이미 대외개방을 하였다. 중국 측은 1980년대 성공적인 '시험장소(試點)', '특구(特區)'의 경험에 힘입어 대외개방의 속도와 폭을 더욱 확대하였는데 이로 인해 양안 교류지표는 거의 모든 분야에서 꾸준히 상승(부분적으로는 대폭 상승)해 왔다.

여기에서 당시는 그냥 지나쳤으나 사후에 그 파장이 매우 컸던 예외적인 두 사건이 있었다. 하나는 1994년 3월 31일 발생한 첸다오후(千島湖) 참사이다. 24명의 대만 관광객이 저장성 깊은 산속의 첸다오후에서 선상화재 및 약탈로 희생되었다. 그러나 중국 정부의 사고수습은 적절하지 못했으며, 이로 인해 대만 주민의 감정에 커다란 상처를 주었다. 그 결과 당해 연도의 중국 여행의 인원수와 투자금액이 동반 하락하였다. 그러나 다음 해에는 이들 모두가 1993년 수준으로 회복되었다. 또 다른 예외적인 사건은 1994년 4월 리덩후이 총통이 일본 작가인 시바 료타로(司馬遼太郎)와의 대화에서 "국민당은 외래정권", "대만사람일 수밖에 없는 슬픔"이라고 솔직히 털어놓았던 사실이다. 이러한 주장은 양안 양측의 정계를 강타하였으며, 이로 인해 정책이 완전히 바뀌지는 않았으나, 양안 양측에 많은 의구심을 남겨 놓았다.

1990년대 전반기에서 가장 주목해야 할 현상은 경제무역, 문화교류의 확대보다 군사, 외교 대립의 완화를 들 수 있다. 1949년 이후 양안 간에는 수차례의 유혈충돌이 있었으며, 외교 영역에서도 한 치의 땅이라도 더 차지하려는 첨예한 대치가 이어져 왔다. 그러나 몇 가지 자료를 통해서 볼 때 이 기간 중 군사적 대치가 완화되었다는 것을 알 수 있다. 첫째는 대대만 무기판매에 관한 중국의 태도였다. 1990년대 초반,

대만에 대한 미국의 신예 F-16 전투기 판매, 프랑스의 미라주 전투기와 라파예 구축함 판매 등에 대해 중국은 미국과 프랑스 양국에 항의하였다. 그러나 그 강도는 다수의 사람들이 예측했던 것보다 약한 것이었다. 두 번째 자료는 대만을 향한 중국의 미사일 배치다. 서방 측이 공개한 자료에 따르면 코넬대 방문 이전의 중국의 미사일 배치는 한 자리 수인 데다 성능도 좋지 않았던 단거리 미사일이었다.[14] 그러나 코넬대 방문 이후에는 연평균 50기의 속도로 그 수가 증가되었다. 세 번째 자료는 국방예산이다. 중국 측 국방예산의 정확한 액수는 국가별 공식기구나 학자가 제시한 숫자가 모두 다르며, 더욱이 그간 나타나는 차이가 매우 현격하여 이 분야의 전문가들에게도 수수께끼이다. 이 중 국제위기기구(International Crisis Group, 이하 ICG)의 연구는 비교적 특별하다. ICG는 다국적 산업, 정부, 학술기구로서 이사회 이사에 중화민국 관리가 포함되어 있으나 중국 측 관련 인사는 포함되어 있지 않다. 이 연구소는 오스트리아 국방정보기구의 자료(〈표1-7〉 참조)를 인용하여 매년 중국 국방지출의 '명목상 숫자'가 아닌 '실질적 숫자'를 분석하는데, 이에 따르면 중국의 국방예산은 일반적으로 주장해 온 "90년대 이후 매년 두자리 수로 성장"한 것이 아니라 1997년부터 두 자리 수 성장을 시작했으며, 1993년만 해도 마이너스 성장(-4.1%)이었다는 것을 밝혀냈다. 미 국방부가 간행하는 〈연례 중국 군사력 보고서〉(2002년 및 2003년판)의 표현을 빌리자면 "중국 군사현대화의 가장 중요한 추진력은 대만해협에서의 충돌대비"라고 할 수 있다.[15] 이는 중국이 리덩후이의 코넬대 방문 이후부터 군비확장에 돌입하였으며, 그 이전에는 대만해협에서의 충돌을 생각하지 않았다는 것을 의미한다.

이 세 가지 군사적 자료와 일치하는 것은 양안 간 외교적 경쟁이 완

14_Harold Brown, Joseph W. Prueher and Adam Segal, "Chinese Military Power", *Council on Foreign Relations,* 2003, p. 58.

15_The US Department of Defense's annual report to congress: Military Power of the People's Republic of China. http://www.defenselink.mil/pubs/china.html,p.56for2002reportandp.51for2003report.

〈표 1-7〉 중국공산당 국방지출 관련 수량 (1999–2000)

기간	명목지출 (RMB, 10억)	실질지출 (RMB, 10억)	실제성장률(%)	정부지출률(%)
1990	29.0	53.4	없음	8.4
1991	33.0	57.1	6.9	8.7
1992	37.8	61.4	7.5	8.6
1993	42.6	58.9	-4.1	8.1
1994	55.1	62.8	6.7	9.5
1995	63.7	63.7	1.3	9.4
1996	72.0	67.6	6.1	9.6
1997	81.3	75.7	12.0	9.1
1998	93.5	88.0	16.3	6.6
1999	104.6	102.6	16.6	8.0
2000	120.4	117.5	14.5	8.6

주: 실제 지출은 1995년 RMB 가치를 기준으로 함.
출처: Taiwan Strait II: The Risk of War, p.19, issued by International Crisis Group, June 6, 2003.

화되었다는 것이다. 이 중에는 중국이 천안문 사태로 인해 고립에 빠지게 된 반면, 대만은 경제기적과 정치민주화로 인해 존경과 우의를 쟁취할 수 있었다는 특수한 요소가 있었지만, 무시할 수 없는 한 가지 중요한 요소는 양안관계 자체가 긴장에서 화해로 나아가고 있다는 점이었다. 1988년 이전 중화민국의 수교국가 수는 계속 내리막길을 달려, 21개국이라는 최하위까지 도달하였지만 1988년 이후에는 계속 상승하여, 1995년에는 30개국이라는 최고점에 이르렀다.

국제기구 면에서 1990년대 중화민국이 거둔 수확은 매우 풍성하였다. 자료에서 나타난 바로는 중화민국이 회원 자격을 보유하거나 가입한 정부 간 국제기구는 총 35개에 이르고 있다.[16] 이 중 9개는 1988년 이전, 12개는 1990년대에 가입하였으며, 또 하나(세계무역기구 WTO)는 리덩후이 시절에 가입협상을 마친 후 2002년에 공식 가입하였다. 그 밖에 중화민국이 옵서버 자격으로 가입한 국제기구는 총 22개로서 이 중의 하나는 1988년 이전에, 7개는 1990년대에 가입한 것이었다.

더욱 중요한 상징적 의미가 있는 것은 총통과 부총통의 비수교국 방

16_Http://www.mofa.gov.tw/igo/cp.aspx?n=DED5DAB06C7BED6.

문이었다. 이는 장징궈 총통 시기에는 실현될 수 없었던 일이었다. 천수이볜(陳水扁) 총통 시기에는 이것이 실현되어(뤼슈롄[呂秀蓮] 부총통의 세계자유연맹 연례회의 참석차 헝가리 방문 및 매우 유쾌하지 못하였던 인도네시아 방문은 제외), 1990년대 이후에는 가벼운 일상사처럼 되었다. 〈표 1-8〉에서 나타나듯이 리덩후이 총통이 '대만에서 온 총통'의 신분으로 한 1987년 싱가포르 방문을 시작으로 하여 리덩후이 총통은 임기 중 각기 다른 7개의 비수교국을 방문하였다. 롄잔은 부총통 또는 행정원장 임기 중 15개 비수교국을, 샤오완창(蕭萬長)은 행정원장 임기 중 2개의 비수교국을 방문하였다. 세 사람의 발자취는 서유럽, 중부유럽, 동유럽, 중동, 동남아 지역 등에 이르렀다. 이 가운데서도 가장 극적인 것은 두말할 나위도 없이 리덩후이의 코넬대 방문이라고 할 수 있다.

상기 분석을 통해 1990년대 전반기 양안관계는 전반적으로 완화되었다는 것을 알 수 있다. 이는 또한 공개와 비공개 두 트랙으로 진행되었다. 1992년 당시 양측 간에는 곤란하고도 핵심적인 위상정립 문제에서도 인식을 공유한 바 있었다. 대화를 할 때 양측은 자신의 주장을 고집하였지만 베이징은 자발적으로 중요한 고비(구왕회담의 개회, 의제의 설정, 대등하다는 분위기 연출)에서 대만의 제의에 이의를 제기하지 않았다(또는 이의를 제기하지도, 제의를 수락하지도 않았다). 그 밖에 양측은 경제무역과 문화교류에서도 큰 진전을 이루었으며, 군사적 대치가 완화되는가 하면 외교적 경쟁도 눈에 띄게 줄어들었다. 이 시기의 양안관계는 20세기 역사라는 큰 흐름에서 의심할 여지없이 가장 두드러진 것이었다. 양안관계의 해빙으로 말미암아, 중화민국의 "일어서서, 걸어 나가자"가 가능했을 뿐만 아니라 정상적으로 대량의 무기 구매도 가능했으며, 대내적으로 민주화 추진과 신속한 경제성장도 가능했다. 당시 여당인 국민당 내의 합의에 기반한 추진과 국내 대부분 주민들의 성원으로 이루어진 이러한 결과들은 1996년의 총통선거에 그대로 반영되어 '리덩후이-롄잔 러닝메이트'가 최다득표로 당선될 수 있었다.

〈표 1-8〉 국민당과 민진당 집정시기 총통, 부총통, 행정원장 방문국가 기록 (1989-2003)

시간	수장	수교국	비수교국
1989	리덩후이	없음	싱가포르
1991	리원추	코스타리카, 온두라스, 니카라과	없음
1993	롄잔	없음	말레이시아, 싱가포르
1994	리덩후이	니카라과, 코스타리카, 남아프리카, 스와질란드	필리핀, 인도네시아, 태국
1994	롄잔	온두라스, 바하마, 엘살바도르, 과테말라	멕시코
1995	리덩후이	없음	아랍에미리트, 요르단, 미국
1995	롄잔	없음	오스트리아, 헝가리, 체코
1996	롄잔	도미니카 공화국	우크라이나
1997	리덩후이	파나마, 온두라스, 엘살바도르, 파라과이	없음
1997	롄잔	니카라과, 로마 교황청, 도미니카 공화국	아일랜드, 오스트리아, 아이슬란드
1998	롄잔	온두라스, 코스타리카, 과테말라, 엘살바도르, 니카라과, 그레나다	싱가포르, 아랍에미리트, 말레이시아, 요르단, 바레인
1998	샤오완창	통가왕국, 피지, 솔로몬 제도	필리핀, 인도네시아
1999	샤오완창	니카라과, 엘살바도르, 마케도니아, 세인트 키츠네비스, 도미니카 공화국, 파나마, 벨리즈, 아이티	없음
2000	천수이볜	도미니카 공화국, 니카라과, 과테말라, 감비아, 부르키나파소, 차드	없음
2000	뤼슈롄	엘살바도르, 온두라스, 벨리즈, 과테말라	없음
2001	천수이볜	엘살바도르, 과테말라, 파나마, 파라과이, 온두라스	없음
2001	뤼슈롄	감비아	없음
2002	천수이볜	세네갈, 상투메 프린시페, 말라위, 스와질란드	없음
2002	뤼슈롄	바티칸, 니카라과, 파라과이	헝가리, 인도네시아
2003	천수이볜	파나마	없음
2003	뤼슈롄	파라과이, 파나마	없음

제2장 미국 코넬대에서의 이변

"우리는 대만의 독립을 지지하지 않으며, 또한 두 개의 중국, 혹은 하나의 중국과 하나의 대만도 지지하지 않는다. 우리는 대만이 국가 명의로 참여하는 국제기구에 가입해야 한다고 생각하지 않는다."[1]
—클린턴, 1998년 6월 30일

"솔직히 말해서 대만문제를 무한정 방치해 둘 수 없으며, 반드시 타임테이블이 있어야 한다. [⋯] 나는 미국 정부가 이해관계를 잘 선별하여 중국의 통일을 분명히 지지하기를 바란다."[2]
—장쩌민, 1998년 6월 27일

1991년 '반란세력 토벌을 위한 국가동원시기'의 폐지 선포가 중화민국 대중국정책의 새로운 이정표라고 한다면, 1995년 리덩후이의 코넬대 방문의 파장은 더욱 결정적인 것이었다. 이는 중화민국의 대중국정책과 양안관계를 변화시켰을 뿐 아니라 중국의 대대만, 대미국 정책과 미국의 역할과 미국과 양안 간의 관계에도 변화를 가져다주었다. 이는 또한 대만 내부의 정치 환경에도 강한 일격이 되었다. 현재 나타나고 있는 수많은 일들의 근원은 코넬대 방문으로까지 거슬러 올라갈 수 있다.

세월이 한참 흘렀기 때문에, 코넬대 현장을 재구성하기란 쉽지 않다. 내막을 모르는 사람은 정보의 부족으로, 내막을 아는 사람은 주관적이며 일방적인 견해를 내놓을 수가 있기 때문이다. 특히 코넬대 사건의 영향은 만만치 않다. 이를 거론하면서 책임을 언급하게 된다면

1_White House, Office of the Press Secretary, "Remarks by the President and the First Lady in Discussion on Shaping China for the 21st Century," Shanghai, China. 30 June 1998. 클린턴 대통령의 담화 전문은 Shirley A. Kan, "China/Taiwan; Evolution of the 'One China' Policy-key Statements from Washington, Beijing and Taipei," Congressional Research Service Report for Congress, updated 24 June 2011, p. 59. http:// www.fas.org/sgp/crs/rpw/RL30341.pdf 참조.

2_江澤民, 〈대만문제 해결의 원칙과 입장〉, 《江澤民文選》, 제2권(北京: 人民, 2006), p. 154. 인터넷 판; http://cpc.people.com.cn/GB/64185//180138/10818635.html.

갑론을박이 불가피해진다. 지금까지 가장 많이 언급된 것은 다음과 같다. 중국은 "미국의 리덩후이에 대한 비자발급이 문제였다"고 주장하고 있고, 미국은 대만이 "트러블 메이커"라고 하는 반면, 대만은 중국이 "너무나도 몰인정하다"고 한다. 그러나 사건의 진상이 그렇게 간단한 것 같지는 않다. 미국, 중국, 대만 모두에게 책임이 있으며, 그 책임의 근원은 바로 각자 내부에 있다.

코넬대 이변의 근본적인 원인은 1994년 5월 리덩후이가 하와이를 경유하던 중 당한 굴욕사건으로까지 거슬러 올라갈 수 있을 것이다. '하와이 사건'(하와이 사건은 리덩후이가 탑승한 항공기가 급유를 위해 하와이에 머물렀을 때 항공기에서 내리지 못하고 그 내부에만 머물렀던 사건을 말한다—옮긴이)의 근본적인 원인은 민주화 과정에서 터져 나온 대만 주민들의 "걸어 나가자"라는 강한 목소리에서 비롯된 것이었다. 이와 함께 '하와이 사건'은 미국 여론을 떠들썩하게 만든 도화선이 되었다. 처음부터 대만의 민주화로 인해 대만에 우호적이었던 미 의회는 이를 계기로 하여 여당과 야당 할 것 없이 모두 격분하였다.

1994년 11월 미국에서는 총선이 실시되었는데, '공화당 혁명'이라고 불린 그 선거에서 공화당이 선전하여 상원과 하원 모두에서 다수당이 되었다. 지난 1940년대와 1960년대, 공화당은 한 번도 양원에서 주도권을 장악해 본 적이 없었던 소수당이었다. 또한 1995년 초 미국의 행정권과 입법권을 민주당과 공화당이 각각 장악하게 되면서, 대외정책에서 정당 간 대결의 요인이 가미될 수밖에 없었다.

민주당 소속의 클린턴 대통령이 1993년 1월, 43%라는 높은 득표율로 백악관에 입성했지만, 그의 정치적 기반은 미약했다. 그의 초기 국정의 중점은 외교가 아닌 내정이었으며, 그나마 '인권'이라는 안건이 중요한 위치를 차지하고 있었다. 1994년 5월 클린턴이 '인권'과 '최혜국대우'를 분리하고 난 이후에야 비로소 정책의 공간이 넓어지게 되었다. 이 중에서 대만과 관련하여 비교적 새로운 것으로는 다음 몇 가지가 있다.

첫째, 명의 변경이다. 북미업무협조회(北美事務協調會)를 타이베이 경제문화대표처(臺北經濟文化代表處)로 변경하였다. 둘째, 공무협상이다. 대만 정부 관리가 백악관과 국무부를 제외한 미국의 다른 정부기구와 업무를 협의할 수 있게 되었다. 셋째, 각료의 상호방문이다. 경제 및 기술 분야의 각료는 상대국의 수도를 상호 방문할 수 있게 되었다. 그러나 대만 주민들이 변화를 피부로 느낀 것은 가시도가 높은 국가원수의 해외방문이었다. 이에 따라 리덩후이 총통은 모교인 코넬대 방문을 목표로 대만의 모든 외교역량을 투입하였다. 코넬대에 200만 달러를 기부하는 한편, 연간 150만 달러라는 천문학적인 가격으로 미 카시디 PR회사(Cassidy & Associates)와 3년간 계약을 체결하여 미국의 정계, 재계, 언론, 민간단체를 대상으로 하는 대대적인 홍보활동을 전개했다. 결국 1995년 5월 초, 미국의 상원과 하원에서 각각 396 : 1과 97 : 0이라는 압도적인 숫자로 리덩후이에 대한 행정부의 비자발급촉구결의안이 채택되었다. 50개 주 의회 중 30곳에서 이를 지지하였다. 5월 22일 클린턴 대통령은 정책보좌관들의 반대를 무릅쓰고 리덩후이에게 비자를 발급하였다.

충격에 빠진 베이징 지도부

이러한 소식을 접한 베이징 지도부는 상당히 놀랐으며, 또한 껄끄럽기도 했다. 놀란 이유는 얼마 전인 4월 중순에 크리스토퍼(Warren Christopher) 미 국무장관이 중국의 첸치천(錢其琛) 부총리에게 리덩후이의 방미는 미국과 대만 간의 비공식관계와 부합하지 않는다고 했었기 때문이다. 반면 껄끄러웠던 부분은 당시 미중관계 문제가 산적해 있는 데다 중국 내부의 권력상황도 미묘하여 중국이 취할 수 있는 행동이 크게 제약되어 있었기 때문이다.

중국의 입장에서 보면, 미중관계는 클린턴이 취임한 이후부터 순탄하지 않았다. 무엇보다도 클린턴은 '인권'을 물고 늘어지기를 좋아해서 미 국무부 내에 인권담당 차관보 자리를 신설하는 한편, 해마다 유엔에 중국의 인권 실태를 비난하는 결의안을 제출했다. 둘째, 미중 간에는 다음과 같이 사사건건 대립이 있어 왔다. 즉 미국은 중국이 파키스탄에 무기를 수출하는 것을 비난했고, 1994년 동중국해에서는 미국의 키티호크 항모와 중국의 항공기 및 함정이 충돌 일보직전까지 갔으며, 1993년 미국이 중국의 인허호(銀河號) 화물선이 규정을 어긴 화학약품을 적재했다는 이유로 등선 검사를 요구했고, 클린턴은 달라이 라마를 접견하기도 했다. 셋째, 장쩌민과 클린턴은 다자 모임에서 수차례 상면하였지만, 모두 다 형식적인 것이었다. 이와 동시에 미국은 세계 유일한 초강대국으로서 기세가 하늘을 찌르고 있었지만, 중국은 구소련, 동구 붕괴의 충격 속에서 빛을 감추고 정기를 축적하되 결코 앞으로 나서지 않는다는 '도광양회 절부당두(韜光養晦, 絕不當頭)'를 지속해야 했으며, 개혁개방을 하려면 미국의 자금과 기술이 필요한 상황이었다. 따라서 미국과 맞설 수 있는 카드가 제한적인 중국으로서는 기분이 몹시 껄끄럽다고 해도 어찌할 도리가 없었다.

중국의 대내정세를 돌아볼 때, 1989년 6월 자오쯔양(趙紫陽)의 뒤를 이어 장쩌민이 중국공산당 총서기직을 맡은 이후, 11월에 덩샤오핑으로부터 당 중앙군사위 주석직을, 1995년 3월 양상쿤으로부터 국가주석직을 넘겨받았으며, 같은 해 11월 공식적으로 당내 대대만 업무지도위원회의 위원장직을 맡게 되었다. 그 외에도 한참 뒤인 1997년에야 그는 리펑(李鵬)이 담당해 왔던 당내 외교사업지도위원회 위원장직을 넘겨받았으며, 동년 제15차 당대회가 끝난 후에야 비로소 최고권력자의 위치에 오를 수 있었다. 장쩌민은 2002년 제16차 당대회에서 세 개의 권력 중 2개를 내놓을 때까지 동년배의 당과 정계의 인사들(리펑, 주룽지[朱鎔基], 차오스[喬石] 등)과 통치권을 나누어 가져야 했다.

길고도 험난한 장쩌민의 권력 장악 과정은 부분적이나마 중국과 대만의 비공개협상이 집단의사결정이었음을 말해 준다. 1994년과 1995년 즈음 중국에서는 새로운 이념논쟁이 발생했다. 좌파의 신념을 대표한다고 여겨지는 〈일만자 성명(萬言書)〉(제목은 '대만의 안보에 영향을 미칠 수 있는 몇 가지 요인')이 언론을 휩쓸었는데,[3] 이 글의 기조는 개혁개방의 반대, 사유제 부활 반대, 부정부패 반대, 평화적 방법으로 체제 변경 반대였다. 다른 한편, 45인의 지식인과 학자들이 '6·4사태'의 재평가와 모든 정치범의 석방을 촉구하는 글을 발표하였다.[4] 덩샤오핑(鄧小平)의 딸인 덩룽(鄧榕)은 공개적으로 서구의 매체에 그녀의 부친은 이미 거동할 수 없을 정도로 병세가 악화되었으며, 건강상태가 하루가 다르게 나빠지고 있다고 밝혔다.[5] 원로인 천윈(陳雲)이 1995년 4월 별세하고, 같은 달 자타가 보수파의 거두로 인정해 온 정치국원이자 베이징 시장인 천시퉁(陳希同)이 부정부패 혐의로 투옥되었다. 이와 동시에 1995년 1월 장쩌민은 이른바 4대 사회악의 엄벌을 단행하였는데여기에 관련된 사람 중 대부분이 보수인사로 분류되어 오던 사람들이었다.[6] 1995년 1월 장쩌민이 그 유명한 대만정책인 '강팔점'을 발표하였을 때 중국 내 언론의 반응은 예상했던 것에 미치지 못했다.

이상과 같은 현상은 모두 1994년과 1995년의 중국이 평온하지 못했고, 각종 정치세력과 사상의 물결이 상호 경쟁하고 있었음을 시사해 준다. 이러한 때에 코넬대 방문 건은 즉각적으로 강경세력에 힘을 실어 주게 되어 한편으로는 왕다오한이 대표로 있는 공개협상채널에 압력을 가했으며, 다른 한편으로는 쩡칭훙을 전면에 내세워 비공개 채널을 조종해 온 장쩌민에게 양보하도록 만들었다. 일부 서구 인사는 장쩌민과 첸치천이 이후에 열린 확대 정치국 회의에서 자아비판을 했다고 주장하기도 하였다. 어쨌든 간에 중국은 리덩후이의 방미와 관련하여 몇 배나 더한 대가를 치르도록 할 것이라는 강력대응의 방침을 세웠고, 이로 인해 대미관계와 대대만관계는 완전히 다른 방향으로 전환되었다.

3_馬立誠, 凌志軍, 《交鋒:當代中國三次思解放實錄》(北京: 今日中國, 1998), pp. 243-251.

4_傅依傑, 〈45인의 지식인들, '관용'을 요구하는 글을 발표〉, 《聯合報》, 1995년 5월17일, 제10면.

5_〈덩룽, 덩샤오핑의 건강이 악화되었음을 밝히다〉, 《聯合晚報》, 1995년 1월13일, 제1면.

6_鄒景雯, 《李登輝執政告白實錄》(台北: 2001), p. 267.

베이징과 타이베이의 밀고 당기기

워싱턴 측의 결정에 대해 대만 역시 의외라고 생각했다는 점은 당시의 미국과 중국도 알지 못했을 것이다. 예기치 못했던 경사라는 데에는 정부도 민간도 다를 바 없었다. 일부 언론에서는 예상되는 파장에 대해 우려하기도 하였으나, 리덩후이 총통이 미국을 방문할 수 있다는 것에 대해 소속 정당이나 파벌의 구분 없이 모두 다 긍정적으로 평가하였다. 갑작스런 경사인지라 리덩후이 총통에게는 '백성이 원하는 것은 항상 내 마음속에 있다(民之所欲, 長在我心)'라는 연설문 작성 시간을 포함하여 겨우 2주라는 준비기간밖에 없었다. 연설문에는 '대만에 있는 중화민국', '통일'이라는 문구가 수차례 언급되었는데 미국과 중국은 이에 대해 사후 시시콜콜 시비를 걸었다. 그러나 대만의 절대 다수에게 이러한 것들은 하나도 중요하지 않았다. 그저 중화민국 국가원수가 최초로 미국을 방문한다는 점이 자랑스러웠다. 리덩후이가 대만인의 기를 살렸다는 것이다. 이러한 사실 하나만으로도 리덩후이는 대만의 민주화와 수년간 이어 온 실리외교로 인해 상당한 성과를 거둬들인 것이었다. 그의 이러한 성과는 또한 그간 이 두 정책의 구현을 위해 희생했던 많은 사람들을 위로해 줄 수 있었다. 이러한 수확 앞에서 리덩후이는 아마도 대중국관계에 다소간 손실이 있다 하더라도 큰 문제가 되지 않는다고 생각하였을 것이다. 더욱이 쑤즈청이 마카오에서 쩡칭훙에게 "양해하기를 바란다"고 사전에 통보하였기 때문이다.[7]

그 후 베이징 측이 '양해'하지 못함을 넘어 매우 분노하였지만, 이 분노가 폭발할 때까지는 약 3주가 지체되었다. 5월 22일 미국이 리덩후이의 방미 허용을 발표했을 때 중국은 즉각 항의하였다. 츠하오톈(遲浩田) 국방장관과 리구이샨(李貴鮮) 국무위원의 방미계획을 연기하였고, 미중 간 핵에너지 관련 협의의 연기를 선포하였다. 그러나 탕수베이는 26일 예정대로 대만을 방문하여 제2차 구왕회담 개최를 위한 예비회담에 참가하였다. 이는 중국이 회담에 상당한 기대감을 갖고 있음을

7_鄒景雯,《李登輝執政告白實錄》, p.203

보여 주었다. 28일 탕수베이가 대만을 떠났고, 6월 7일 리덩후이 총통이 방미 길에 올랐으며, 미 의원들과 현지 교포들의 열렬한 환영을 받은 후 6월 13일에 귀국하였다. 이상의 3주 동안 중국에서는 더 이상의 특이한 동향이 없었다. 그러나 6월 15일 롄잔 당시 부총통 겸 행정원장의 오스트리아, 헝가리, 체코 방문이 공개되자 다음 날 주미대사 리다오위(李道豫)를 소환하는 한편, 7월 20일에 거행하기로 되어 있던 자오탕회담(焦唐嗟商)과 제2차 구왕회담을 연기시켰다.

결정적인 3주 동안 중국 내 지도부에서는 어떠한 식으로 반응해야 하는가를 놓고 격론이 있었을 것이다. 롄잔의 유럽행이 최후의 마지노선으로 작용한 데에는 아마도 중국이 더 이상 방치하였다가는 대만의 실리외교가 미국에서부터 유럽으로 확대되면서 남은 중국의 국제 방어선이 붕괴될 수도 있다는 우려에서 비롯되었을 것이다. 더욱 중요한 것은 코넬대 방문 건이 중국 지도부로 하여금 리덩후이에게 기만당했다는 느낌을 갖게 하였을 것이라는 점이다. 1994년 리덩후이가 시바료타로에게 '대만인으로서의 비애'를 언급했을 때 이미 불만의 목소리가 있었다. 1995년 사건은 공식, 비공식 채널의 모든 사람들로 하여금 지난 수년간 대만에 호응하여 '하나의 중국, 각자의 정의', '대등', '한걸음씩 차례로 나아가자'를 연출하고, '휴가외교', '의전외교', '국경통과외교'에 협조하는 등 각종 선의로 응대하였던 것이 결과적으로 대만을 국제무대에 올라서게 하였으며, 더욱이 장쩌민보다도 먼저 미국을 방문하도록 하였다는 것이었다.

이러한 느낌에 더하여 베이징 지도부 내의 권력요인 등은 중국의 대만정책을 급선회하게 하였다. 회담을 동결하는 외에 중국은 일방적으로 문무 양수겸장이라는 대응을 하였다. '문'과 관련하여서 중국의 언론들은 리덩후이에 대한 일련의 비난 글을 게재하였다. 1단계는 7, 8월 두 달간 지속되었으며, 2단계는 12월부터 시작하여 다음 해 3월 총통선거가 끝난 후에야 종결되었다. '무'와 관련된 '무력위협'은 7월부터 시작하여 1년간 지속되었으며, 전 세계를 놀라게 한 두 차례의 미사일 시험발사를 포함하여 여섯 차례의 대대만 군사훈련이 있었다.[8] 첫 번째는 1995년 7월 말 동중국해에서 실시한 미사일 시험발사로서 총 6기를 발사하였다. 중국은 6기 모두 다 목표지점에 명중하였다고 주장했지만, 그중 1기가 약간 빗나갔다는 것이 미국 측 관계자의 평가이다. 두 번째는 8월 중순과 말에 실시한 미사일 및 화포 사격훈련이다. 세 번째는 11월 둥산다오(東山島)에서 있었던 육·해·공군의 합동훈련작전이다. 네 번째는 1996년 3월 중순의 미사일 시험발사로서 총 4기를 발사하였으며, 지룽(基隆)과 가오숑(高雄)에 보다 근접한 탄착 지점에 명중하였다. 다섯 번째는 3월 23일 선거 직전에 둥산다오 근처의 해상에서 실시한 해공(海空) 실탄연습이다. 여섯 번째는 6월 하순 핑탄다오(平潭島)에서 실시한 3군 합동 상륙작전이었다. 중국은 이들 연습에 모두 대대적인 병력을 투입하였는데 언론보도에 의하면 1996년 실시했던 세 차례의 훈련만 해도 해당 연도 중국 국방비의 3%를 투입하였다.[9] 3월의 해군과 공군 연습 시에 중국은 무려 15만 명이라는 대부대를 동원하였다. 이와 같은 규모는 중국이 언제라도 대만의 외곽도시를 탈취할 가능성이 있다는 것을 의미하는 것이었다. 이와 관련하여 미국 고위 군사관계자들은 대만해협에서 실제 전쟁이 발생하여 결국 미중 간의 핵대항전으로 비화되는 것이 아닌가 우려하기도 했다.

미국, 주도권 장악 결심

중국의 격렬한 반응은 미국을 크게 놀라게 하였다. 미국은 지난 3년간 자국의 대중국정책의 추진에 있어서 지나치게 피동적이고 소극적인 나머지 항상 사건이 발생한 후에 깨닫거나 혹은 타인에 끌려 다녔다는

8_'海峽之聲'(중국해방군 난징군구 방송국)에 따르면, 중국군은 1995년 7월부터 2001년 6월까지 10차례나 대만을 상정한 군사연습을 실시하였다. 이 중 네 차례는 대만의 총통선거 및 그 직전에, 나머지 6차례는 각각 1996년 10월, 1999년 12월, 2000년 4월, 5월 및 2001년 6월이다. 〈6년간 6차례의 중국의 대대만 군사연습〉, 國民黨中央政策會,《大陸情勢雙週報》, 1368호, 2001년 6월 25일, pp. 43-44 참조.

9_You Ji, *The Armed Forces of China* (N.Y.: IB Tauris & Co Ltd,1999), p. 215.

것을 깨달았다. 베이징, 타이베이, 의회, 언론, 인권단체 등에 밀려 미국의 대만해협정책이 완전히 엉뚱한 방향으로 흘러간 것은 베이징의 미움을 샀고, 대만도 별로 감격해하지 않았으며, 다른 아시아 국가들의 호의적인 태도마저도 잃어버렸다. 이리하여 클린턴은 다시 조종석으로 돌아가 능동적으로 대처하기로 하였다.

중국이 7월과 8월에 실시한 시험발사 및 군사훈련과 관련하여 미국의 반응은 극히 냉정하였으며, 의도적으로 대만에게 불쾌감을 시사하려는 듯 중대한 항의와 같은 대응을 하지 않았다. "우리는 이번 시험발사가 지역 평화와 안보에 도움이 될 것이라고 생각하지 않는다"는 피상적인 논평을 발표하는 한편, 로드(Winston Lord) 미 국무부 아태담당 차관보는 "마찬가지로 우리는 이번 일을 부풀리거나 과장할 생각도 없다"고 덧붙였을 뿐이었다.[10] 그 밖에도 유사한 방문의 재발을 방지하기 위해 백악관과 국무부는 합동으로 향후 대만 고위관리의 방미는 개인적인 용무(private), 절대적으로 비공식적인 성격(unofficial), 사안별(case-by-case)(관례가 아닌) 동의 그리고 예외적인 것(rare)이어야만 한다는 기준을 제정하였다.[11]

다른 한편 중국을 달래기 위해 클린턴은 상당히 의미 있는 후속 제스처를 취하였다. 1972년 닉슨 대통령이 최초로 중국을 방문했을 때 "대만독립을 옹호하지 않는다"고 약속했고, 중국 측은 이에 대해 "평화적으로 해결할 것이다"라고 응답했다. 1972년 이후 미국은 거듭하여 중국에 대해 '평화적 해결'을 촉구하면서도 '대만독립을 지지하지 않는다'는 것을 언급하지 않았는데 이는 장제스 부자 시대에는 문제도 되지 않았으며, 1995년 이전에는 언급할 필요도 없었기 때문이었다. 그러면서 중국 측이 의구심을 표명할 때마다 미국은 항상 "이미 하나의 중국 정책을 갖고 있다"고 답변해 왔다. 그러나 코넬대 사건이 발생하고

10_1995년 7월 24일 로드의 워싱턴 외신기자센터 브리핑 참조.

11_Robert L. Suettinger, *Beyond Tiananmen: the Politics of US-China Relations, 1989-2000* (Washington, D.C.: Brookings, 2003), pp. 231-232.

난 후에는 중국의 보이지 않는 압력 때문인지 클린턴은 지금까지의 '하나의 중국' 표현으로는 충분하지 않다고 생각하여 중국을 보다 안심시키면서도 대만에 경고할 수 있는 "대만독립을 지지하지 않는다"는 분명한 입장 표명을 하기로 결심하였다. 그러나 외부(특히 의회)로부터의 격렬한 반발을 우려하여 이를 공개적으로 할 수도 없었다. 이리하여 클린턴은 크리스토퍼 국무장관이 8월 1일 브루나이에서 열린 APEC각료회의에 참석할 때 대통령 비밀 친서를 첸치천에게 전해 주어 장쩌민에게 전달하도록 하였다. 비밀친서를 통해 클린턴은 처음으로 장쩌민에게 미국은 두 개의 중국 또한 하나의 중국, 하나의 대만을 "지지하지 않으며", 대만독립을 "지지하지 않고", 대만의 유엔가입도 "지지하지 않는다"('신삼불[新三不]'로 약칭)고 확약하였다. 첸치천 회고록인 《외교십기(外交十記)》에 따르면, 클린턴은 장쩌민에게 워싱턴을 방문해 줄 것을 요청하는 한편, 중국과 동등한 동반자 관계의 수립을 강하게 희망한다고 하였다.[12]

당시 워싱턴과 타이베이 외교가에서 클린턴 친서 건을 알고 있는 사람은 많지 않았을 것이다. 친서는 일단 정세를 진정시켰으나 베이징측에서 클린턴의 압력대응성에 대해 재평가했을 가능성도 있었다. 10월 클린턴과 장쩌민이 뉴욕에서 재회했을 때 장쩌민은 자신감 있는 태도로 원고를 읽는 대신, 자연스럽게 말을 하고 웃으며 상대편의 눈을 똑바로 쳐다보는 등 클린턴의 장쩌민에 대한 이미지를 크게 변화시켰다.[13]

11월부터 중국공산당은 처음보다 규모가 더욱 큰 두 번째 문무 양수겸장 위협을 결심한 듯하였다. 대대만위원회 구성원이며 중국군 부총참모장인 슝광카이(熊光楷)는 미국 관리에게 "당신들은 타이베이에 대한 관심보다는 LA에 대한 관심이 더욱 클 것"이라고 말했는데,[14] 그 함

12_錢其琛,《外交十記》(北京: 世界知識, 2003), pp. 310-312.

13_워싱턴 소식통 의거.

14_James Mann, *About Face* (New York: Knopf,1998), p. 334.

의는 대만을 위해서 미국이 핵무기 발사능력이 미 서해안까지 도달할 수 있는 중국과 전쟁을 치르기를 원하지는 않을 것이라는 것이었다. 이후 이러한 주장은 불식되었지만 이미 워싱턴에 영향을 미쳤다. 따라서 미국은 중국이 작심하고 한 위협을 어떻게 하면 해소할 수 있을까에 대해 신중하게 고민하였다. 특히 이번의 경우 대만에서는 중화민국 역사상 최초의 정·부총통 직접 선거의 준비에만 열중하고 있을 뿐, 아무런 도발도 하지 않았다. 지난 번 교훈을 거울로 삼아, 미국은 워싱턴과 베이징, 타이베이 간의 소통채널이 끊어지지 않도록 하기 위해 류화추(劉華秋) 중국 외교부 차관 겸 국무원 외교사업부 위원장을 3월 초에 방미하도록 초청한 후 미국 백악관 안보보좌관, 국무장관, 국방장관과 만나도록 하였다. 다른 한편으로는 이로부터 수일이 지난 후 딩마오(丁懋) 중화민국 국가안전회의 사무총장을 뉴욕으로 초청하여 미 국가안전보장회의 부보좌관, 국무부 차관 등이 워싱턴에서 뉴욕으로 달려가 비밀회담을 하도록 하였다. 이 만남이 계기가 되어 이후 상호 간 비정기적인 고위급 실무회담 개최의 모델을 만들었다. 미국의 투트랙(two-track)의 위기 대처 방식은 이후 발생한 여러 차례의 비상사태 때마다 재활용되었다.[15]

중국의 군사연습 동향이 날이 갈수록 거세지자 미국은 대화의 방법 외에 무력 대응도 병행하였다. 이번에는 충분한 시간적 여유를 가지고 두 개의 항공모함을 대만 근해로 이동시켰다. 가깝게는 인디펜던스호가 일본의 요코스카 모항을 떠나 가장 먼저 대만 근해에 도착하였고, 멀리 있는 니미츠호는 페르시아만에서 출발하여 2주가 지난 후에 정위치하였다. 미국의 우세한 전력 앞에 중국의 문무 양수겸장은 제 역할을 하지 못했다. 언론 보도에 의하면, 당시 중국의 정찰탐지 장비가 너무나 낙후된 나머지 언론 보도가 있은 후에야 미 항공모함이 대만 근

15_리덩후이는 2000년 5월 그가 퇴임할 때까지 이러한 종류의 회의를 평균 매 6개월에 1회씩, 총 8차례나 개최하였으며, 한 번을 제외하고는 모두 다 뉴욕에서 열렸다고 주장하였다. 鄒景雯,《李登輝執政告白實錄》, pp. 282-286 참조.

해에 와 있다는 것을 알았다고 한다.[16] 그러나 미사일 시험발사는 대만 정권에 강력한 역효과를 가져와 국민당 소속의 리덩후이와 롄잔 총통·부총통 후보가 54%라는 득표율로 다른 세 후보군을 누르고 중화민국 제9대이면서 초대 직접 민선의 총통과 부총통에 당선될 수 있도록 도왔다.

코넬대에서부터 문무 양수겸장의 위협까지, 항공모함의 출동에서 총통선거에 이르기까지 이 모든 것은 비록 대만이 아주 작지만, 두 거인의 정책과 상호관계에 영향을 미칠 수 있는 정도로 성장하였음을 말해 주고 있다. 한편 대만의 민주화는 그 동향 파악을 더욱 힘들게 만들었는데, 이로 인해 미국과 중국은 새롭고도 적극적인 대응방안을 모색해야만 했다. 그러나 문무 양수겸장 위협이나 항공모함의 출동 등은 모두 다 일시적인 응급처치일 뿐, 코넬대 이변의 진정한 파장은 이제부터가 시작이었다.

중국으로 기울어진 미국

코넬대의 이변은 미국에게 깊은 교훈을 주었다. 항공모함 두 척의 출동은 미국이 베트남전 종식 20년 후 동남아지역에서 실시한 가장 큰 병력이동이었으며, 또한 미중 간 한국전쟁 종전 이후 42년 만에 중국과의 교전에 가장 근접한 것이었다. 따라서 미 고위층은 이와 같은 내리막길 정세는 막아야 할 뿐만 아니라 반전시켜야 하며, 중국 및 대만에 대한 정책전환이 불가피하다고 생각하게 되었다.

미국은 1991년 소련이 붕괴하고 냉전이 종식된 후로부터 미국과 중국의 관계가 정견없이 시대에 따라 흘러가는 상태에 있다는 점을 깨달았다. 그 이전의 20년간은 소련대항이라는 전략적 안전판이 있어서 미중 간에는 설사 갈등이 크고 많다고 해도 흔들리지 않고 잘 버틸 수 있었다. 그러나 1990년대에는 이러한 전략적 안전판이 사라졌고, 새로운

16_Nancy Bemkopf Tucker, *Strait Talk: US-Taiwan Relations and the Crisis with China* (Cambridge, MA: Harvard University Press, 2009), p. 220.

지주가 아직 출현하지 않은 상태인 데다가 공동의 적이나 이념도 없었다. 양측의 경제관계도 상호 의존할 정도로 크지 못한 상태에서 인권, 대만, 티베트, 무역역차, 무기기술 이전 등의 오래된 문제는 그 어느 하나도 해결되지 못했다. 설상가상으로 이와 같은 정책 표류현상은 양측 최고지도자의 관심을 끌지 못했고, 각자의 시선이 다른 곳으로 향한 채 상대편의 심기를 등한시하였던 것이다.

이상과 같은 것들을 감안하여 미국은 대중정책을 조정하기 시작하였다. 사후에 많은 사람들에 의해 '왕래' 또는 '개입(engagement)'이라고 불린 이 정책은 그 핵심을 고위지도자 간의 상호방문, 전략적 대화 및 상호신뢰 구축에 두었으며, 위에서 아래로의 비교적 안정된 관계 구축을 희망하였다. 클린턴은 1997년 1월 자신의 두 번째 임기의 시작과 더불어 장쩌민의 미국 국빈방문을 적극 추진하였다. 10월에 있었던 이번 방문을 통해 양측은 '건설적 전략적 동반자 관계'의 점진적 확립과 9개 정책분야(핵에너지, 환경보호, 해양군사협정 등)에서 협력을 진행하기로 의견 일치를 보았다.

인권과 대만문제는 두말할 나위도 없이 양측 공방의 주요 의제였다. 중국은 대만과 관련된 〈제4호 연합공보〉의 체결에 열중하였으나, 미국이 수락하지 않았다. 미국은 중국에 대해 서구에서 지명도가 높은 웨이징성(魏京生)의 석방을 촉구하였으나 중국은 거절하였다. 장쩌민이 미국을 떠난 후 이틀째인 10월 31일 루빈(James P. Rubin) 국무부 대변인은 정례 브리핑에서 대수롭지 않은 일을 언급하듯이 '신삼불'을 밝혔는데,[17] 이는 비밀친서에 이어 두 번째이며 공개적으로는 첫 번째의 '대만독립을 지지하지 않는다'는 다짐이었다. 이로부터 2주 뒤, 중국은 웨이징성을 석방할 용의가 있다고 하였다.

1998년 1월, 클린턴의 성추문 사건이 드러나면서 국내에서의 운신의 폭이 좁아지자 가까운 시일 내 중국을 방문하여 외교적 성과를 추

17_James P. Rubin, US Department of State, Daily Press Briefing, October 31,1997, see http://secretary.state.gov/www.briefings/9710/97103 idb.html.

구하고자 하였다. 아쉬운 쪽은 미국이었던 만큼 클린턴은 중국의 압력을 감당하기 힘들었고, 단 며칠 사이에 대만 측에 불리한 발표들을 잇달아 쏟아 냈다. 6월 말 클린턴 내외는 제일 먼저 시안(西安)을 방문하여 병마용을 관람한 후 베이징으로 향했다. 장쩌민은 6월 27일 베이징 인민대회당에서 클린턴에게 "솔직히 말해서 대만문제를 무한정 방치해 둘 수 없으며, 반드시 타임테이블이 있어야 한다. […] 나는 미국 정부가 이해관계를 잘 선별하여 중국의 통일을 분명히 지지하기를 바란다"고 하였다.

장쩌민의 이와 같은 발언은 2006년 《장쩌민선집(江澤民選集)》이 출간될 때까지 외부에 알려지지 않았으며, 그 자리에서 클린턴이 무어라고 답변을 했는지도 공개되지 않았다. 이틀 뒤 클린턴은 중국 전역 및 전 세계로 중계된 베이징대의 연설에서 미국의 민주주의와 관련하여 일장 연설을 하였다. 그러나 질의응답이 진행될 때 그는 "현재 미국과 중국은 우리가 따르게 될 하나의 정책에 관한 협정을 타결하였다. 이와 동시에 우리는 통일이 평화적 방식으로 진행되어야 한다고 합의하였을 뿐만 아니라 줄곧 대만해협 양측이 대화를 통해 통일을 이루도록 촉구해 왔다"고 하였다.[18] 이러한 언론보도가 대만을 크게 경악시키자 백악관은 재빨리 공식 발표를 통해 이는 '평화적인 해결'이 와전된 것이라고 해명하였다.[19] 당시 타이베이 측의 정부나 민간 모두 다 장쩌민이 클린턴에 대해 '통일촉진'을 언급했다는 것을 몰랐으며, 클린턴이 〈제4호 연합공보〉를 하지 않았다는 자체만으로 만족해야 했기 때문에 백악관의 '와전'이라는 해명을 어쩔 수 없이 수용해야만 했다. 세월이 지난 후에 돌이켜 보니 클린턴의 답변은 '와전'이 아닌 장쩌민이 사석에서 한 '통일촉진' 발언에 대한 공개적 답변이었다고 할 수 있으며, 전체적인 질의 답변 내용도 사전에 조작되었을 가능성이 높았다. 장쩌민

18_"Questions for the President: Give and Take with China's Students," *New York Times*, June 30, 1998.

19_Http://www.nytimes.com/1998/07/01world/clinton-in-china-the-overview-clinton -tells-df-hopes-and-risk-on-trade.html.

은 '통일촉진'을 성공적으로 이끌어 냈고, 클린턴은 미국식 민주주의를 홍보했다는 것만으로도 자국민에게 위안을 줄 수 있었다.

클린턴은 7월 1일 상하이의 TV 방송 대담 프로그램에 출현하였다. 분명히 사전에 말을 맞추어 놓은 인터뷰에서 클린턴은 재차 대통령 자격으로는 처음으로 '신삼불'을 공개적으로 언급하였다. 내막을 모르는 대만은 베이징이 삼 년 만에 클린턴을 '리덩후이 입국비자 발급 대통령'에서 '통일촉진' 및 '신삼불'을 지지하는 미국 대통령으로 변신시킨 것을 보지 못하고, '신삼불'에만 초점을 맞추었다.

이는 분명 중국 측으로 기울어진 행동들이었다. 그러나 이는 대만에게 불안감을 심어 준 것 외에 미중 쌍방의 관계개선에 대한 기여는 미미하였다. 인권쟁의, WTO와 무기 확산 등 기존의 문제들은 잔존한 채, 중국 간첩이 미국의 핵무기 기밀을 절취하였다는 〈콕스 보고서(Cox Report)〉와 같이 더욱 심각해진 것도 있었다. '정치헌금'과 같은 새로운 문제들도 끊임없이 발생하고 있었다. 주룽지 총리가 1999년 4월 성과 없이 방미를 마치고 귀국할 때 '동반자 관계'는 이미 흔들렸고, 5월 7일 두 대의 미국 스텔스 폭격기가 수천 마일 밖의 유고의 벨그라드 주재 중국대사관을 폭격함으로써 '건설적 전략적 동반자 관계'를 풍비박산 냈다. 이 기간 동안 대만은 '중국과 등돌린 미국의 러브콜'을 만끽하였다. 코넬대 사건 이전에, 대만의 경제 기적과 정치 민주화는 미국 여야와 각계 각층으로부터 격찬의 눈빛을 끌어들이기에 충분하였다. 매년 대만에 호의적인 수백 건의 언론보도와 논평이 미국 각지의 언론에 등장하였고, 대만을 네 차례 방문한 경력이 있는 클린턴 또한 공개석상에서 대만의 성취를 극찬해 마지않았다. 그러나 이 모든 것들은 코넬대 사건을 계기로 하여 완전히 바뀌게 되었던 것이다.

클린턴 이하 미국 정부 관리들은 대만, 특히 리덩후이를 '트러블 메이커(trouble-maker)'로 지목하였다. 지난날 끊임없이 대만을 방문하였던 그 많은 의원, 의원 보좌관, 학자들의 발걸음이 눈에 띄게 감소하였고, 언론은 대만의 카시디를 통한 로비활동, 학술단체에 대한 기부, 의원

보좌관의 대만 방문 등의 실상에 대한 폭로를 시작하였다. 나아가 미국무부 대만 담당 관리들은 부임하고 이임할 때까지도 대만에 단 한 발자국도 들여놓지 않았다. 더욱 중요한 것은 거물급 관리와 학자들이 양안 간 '중간단계 협의'를 통한 관계 변화의 가능성에 대한 토론을 시작함으로써 미국이 양안 간(미중 양 대국이 아닌)의 모종의 정치적 결단을 통해 관계가 정착되기를 희망하고 있음을 시사하였다.[20] 이러한 구상 자체는 호의였을 가능성이 있으나 미국의 대중국 일변도라는 상황에서 본다면 대만으로서는 더 큰 걱정거리가 아닐 수 없었다.

중국, '독립방지'에서 '통일촉진'으로 전환

코넬대 방문의 충격은 미국보다 중국이 월등히 컸다. 미국에 미치는 영향이란 외교 분야 중 대중국정책일 뿐이지만 중국의 경우 심리적인 충격 외에도 베이징 당국으로 하여금 보다 광범위하고도 뼈저린 반성을 하도록 하였다. 대만과 관련하여 중국은 '대만문제는 장기적이고, 험난하고, 복잡한 문제'라는 점을 고통스럽게 터득하였으며 리덩후이를 오판하였다면 대만 사회에 있어서의 리덩후이 현상의 기초까지도 과소평가한 것이 아닌가를 자문하게 되었다. 미국과 관련하여 중국이 얻은 최대의 교훈은 미국이야말로 '대만문제 해결'의 핵심이며, 장차 대미활동과 대대만활동을 반드시 전향적으로 통합해야만 한다는 것이었다. 중국은 또한 과거 미국에 대한 인식에 많은 오차가 있었음을 깨달았다. 그 예로서 4월 중순 크리스토퍼가 첸치천에게 미 의회의 압력이 무척 크다고 시사했을 때 중국은 이를 대수롭지 않게 받아들였다.

20_이와 같은 중간 단계 협의를 주장했던 학자와 장소는 다음과 같다. 로스(Stanley Roth)가 윌슨센터(woodrow Wilson Center)에서, 리버설(Kenneth L. Lieberthal)이 1998년 1월 미국 외교정책 전국위원회(National Committee of American Foreign Policy) 회의석상에서이다. 이때는 그가 국가안전보장회의 선임비서관에 임명되기 전이었다. 孫陽明, 〈미국 학자, 대만해협 양측에 50년 중기 의정서 체결촉구〉, 《聯合報》, 1998년 2월 10일 제1면 참조. 한편 존슨(Darryl N. Johnson)의 주장은 http://www.ait.org.tw/en/officialtext-bg9905.html: 참조. 하딩(Harry Harding)의 주장은 중앙연구원(中央硏究院) 미국 지부 주최 학술 세미나(1999년 4월 9-10일)에서 발표한 논문 〈Toward a Modus Vivendi in the Taiwan Strait〉 참조.

그 밖에 "겨뤄 봐야 서로를 알 수 있다"는 말이 있듯이 중국은 미국의 전체 국력이 너무나도 강대하여 중국이 국방현대화와 외교운용 면에서 더욱 힘을 쏟아야만 하고, 양측 관계의 지속적인 악화도 방지해야 한다는 것을 피부로 느끼게 되었다.

덩샤오핑이 개혁개방을 실행한 이후, '4개 현대화' 중 국방현대화는 다른 공업현대화, 농업현대화 그리고 과학기술의 현대화에 한참 뒤떨어져 있었다. 1990년대 초 국방예산의 부담을 경감하기 위해 인민해방군은 스스로 재원을 개척해야 했다. 이로 인해 훈련이 황폐해지고, 기율이 해이해졌다는 지적이 들끓었다. 더 나아가 서구 전문가들은 사적인 자리에서 인민해방군이 "1/3이 훈련을 하고, 1/3은 장사를 하며, 1/3은 훈련 중 장사를 한다"고 비웃었다. 코넬대 방문 건은 중국을 잠에서 깨어나게 하였고, 막강한 미군과 맞서기 위해 군사력 구축에 전력투구하도록 하였으며, 군의 기강 확립, 경상행위의 엄금, 국방예산 100%의 국고 부담, 훈련강화와 더불어 각종 첨단무기의 자체 개발, 생산과 배치는 물론 러시아로부터의 무기도입도 강화하도록 하였다. 이 모든 것은 대만해협에서의 작전과 장차 있을 수도 있는 미군의 개입을 저지하기 위한 필요에 맞추어져 있었다.

그 밖에 베이징은 그들의 대대만, 대미국 정책을 전반적으로 수정하였는데, 핵심개념은 '대만을 뛰어넘어 대만문제를 해결'하는 데 있었다.[21] 다시 말하면, 중국의 대만정책은 대만이 아닌 미국을 주 대상으로 하며, 미국만 길들이면 대만은 저절로 승복하게 된다는 것이었다. 과거의 구왕회담 혹은 비공개 채널을 모두 다 제외시키는 가운데 군사적 발전, 외교적 교섭, 민간의 통일전선 활동 등 그 모든 것을 미국에 올인하기로 하였다.

이러한 사고방식에 따라, 중국은 대미관계를 대폭 조정하였으며, 클린턴 이하 각 행정부서와 수평적인 접촉의 증대에도 온갖 힘을 기울였다. 클린턴과 장쩌민 간의 수차례 회담 외에 각료급의 상호방문도 빈

21_중국 내부 문서 발췌.

번해졌다. 가장 주목할 점은 중국의 군고위인사들의 방미도 활발해졌다는 것이다. 미국 또한 이러한 교류를 통해 적대의식의 희석, 상호신뢰증진이 이루어지기를 기대하였다.

과거의 친대만 반중국의 보루였던 미 의회에 대해서도 중국은 크게 공을 들였다. 코넬대의 교훈을 계기로 중국 고위층은 미국에서 활동 중인 중국 학자들을 본국으로 초청하여 미국의 정치와 문화에 관한 강좌를 개최하여 과외공부를 하였다.[22] 중국은 과거에 대만이 해 왔던 방식을 모델로, 주미대사관 직원을 보강하는 한편, 미 국회의원과 의원보좌관들의 중국 방문을 활성화시켰다. 미 의회에서 관심을 갖고 있는 인권, 환경보호, 군사력 등의 문제와 관련하여 백서의 발행 또는 다른 방식으로 자신의 입장을 해명함으로써[23] '투명화'의 조류에 순응하고자 하였다.

아마도 재계에 중국은 가장 큰 심혈을 기울였을 것이다. 세계 최대의 시장 및 노동력 공급원인 중국은 또한 많은 미국 다국적회사의 최대 해외투자 수익원이었다. 따라서 어떻게 이들을 쌍방 간 공동이익의 유세에 동원하느냐가 중국 정부 관계부처의 최대 현안이 되었다. 1990년대 미국과 중국의 상호 무역이 연간 약 100억 달러의 속도로 증가하면서 단시간 내에 미중무역과 미대만무역 간의 간격을 넓혀 놓았다. 이로 인해 중국은 미국 재계가 중국이 워싱턴의 정책결정에 영향을 미칠 수 있는 중요한 우군이 되도록 하였다.

그 밖에도 중국은 지금까지 서구 언론매체를 적대시해 온 태도를 일신하여 이들에게 가까이 다가가고 이해하기 위해 노력했다. 과거에 항의하거나 반격만 해 온 방식에서 막후의 소통과 해명을 추구하는 한편, 때로는 독자투고라는 형식을 빌려 이성적으로 해명하기도 하였다. 오랜 세월 동안 대만에 우호적이고, 중국에 대해서는 비판적인 태도

22_미국에서 교편을 잡고 있는 어느 본토 학자의 구술.

23_1995년에서 1998년의 기간 중 중국은 다음과 같은 분야의 많은 백서를 간행하였다. 1995년: 농업, 산아제한, 무기통제, 인권; 1996년: 아동, 환경보호, 외교업무, 식량; 1997년: 대미 무역, 인권, 종교; 1998년: 티베트, 해양, 대외 무역, 국방.

를 취해 온《타임(*Time*)》지에 대해 장쩌민은 편집국장을 뉴욕에서 베이징으로 초청하는 한편, 관사연회에 초대하고 특별인터뷰도 실시하였다.[24] 또한 싱크탱크 및 그 밖의 중요 민간단체에 대해서는 대규모의 접촉과 방중초청 등 인해전술을 동원하여 점진적으로 이들의 대중국 및 미중 상호관계에 대한 관점을 전환시켜 나갔다.

그 밖의 국가에 대해 중국은 전방위 외교 출격에 유리한 '대국구도'의 확립을 꾀했다. 1997년 미국과 '건설적인 전략적 동반자 관계'를 확립한 외에도, 1996년 4월 러시아와의 '전략적 협력 동반자 관계', 같은 해 11월 인도와 '건설적 협력 동반자 관계', 1997년 5월 프랑스와 '전면적 동반자 관계', 같은 해 11월과 12월은 캐나다 및 멕시코와 각각 '전면적 협력 동반자 관계', 12월 아세안과의 '선린 상호신뢰 동반자 관계', 1988년 영국과 '건설적 동반자 관계', 같은 해 11월 일본과 '평화 및 발전적 우호 협력 동반자 관계' 등을 확립하였다.[25]

이러한 출격은 한편으로는 미국에 대해 일정한 견제 역량을 구축하였고, 다른 한편으로는 대만의 지속적인 '실리외교' 추진에 제동을 걸었다. 중국의 거센 압력으로 인해 리덩후이가 민선 총통에 당선되고도 비수교국의 방문이 불가능하였으며, 롄잔과 샤오완창만이 각각 부총통과 행정원장의 자격으로 해외순방을 할 수 있었다. 중화민국의 수교국도 1995년 약 30개국에서 감소하기 시작하여 1997년 12월에는 마지막 지역 대국인 남아프리카공화국도 잃었다.

새로운 판을 짠 중국의 대만정책 중 대미국 부분은 '발본색원'이라고 할 수 있었다. 또한 다른 나라에 대한 정책이 '집단 포위를 통한 대만 접근 가능성의 차단'이라고 한다면 대만을 직접 겨냥해서는 '동시다발적인 압박'으로 묘사될 수 있었다. '핵심'이 된 '하나의 중국' 문제와 관련하여 중국은 압박을 가하기 시작하였다. 코넬대 방문 건이 있

24_"US and China: Ups and Downs," *Time*, October 27, 1997, http://www.time.com/time.com/time/magazine/article/0,9171,987240-1.00.html 참조.

25_〈본국과 일부 국가 간에 동반자 관계를 수립하다〉,《新華社》, 2005년 7월 19일, http://news.xinhuanet.com/banyt/2005-07/19/content_3238994.htm 참조.

기 직전인 1995년 1월, 왕다오한은 대만 방문객 사오위밍(邵玉銘)을 접견할 때 "중국은 하나뿐이라는 원칙하에 홍콩에 대해서는 '연방제(confederation)'를, 대만에 대해서는 '국가연합(federation)'을 채택하는 것이 가능하다"고 말하였다(당시 왕다오한은 이는 개인적인 생각일 뿐 정부의 공식 입장은 아니라고 보충 설명하였다).[26] 1997년 11월 다시 대만 방문객을 접견할 때에도 왕다오한은 "하나의 중국이란 중화인민공화국을 가리키지 않으며, 또한 중화민국을 지칭하는 것도 아닌 양측의 주민들이 공동으로 건립한 중국을 말한다", "하나의 중국은 매우 곤란한 관계로 '현재형'은 아니고, 그렇다고 '미래형'도 아니다, 이는 바랄 수는 있으나 당장 실현할 수 없는 것이고 세월의 흐름에 따라 변수가 많다. 그렇다면 '현재진행형'이라고 부르는 것이 어떠한가?"라고 덧붙였다.[27]

그러나 서서히 중국은 '내외유별(內外有別)'이라고 선수를 쳤다. 국제사회에 대해 중국은 "중국은 오직 하나일 뿐, 대만은 중국의 일부분이며, 중화인민공화국은 중국의 유일 합법정부"라고 밝혔다. 대만에 대해서는 "중국은 하나일 뿐, 대만은 중국의 일부분이며, 중국의 주권과 영토는 분리될 수 없다"고 주장하였다. '내외유별'의 진정한 의도는 국제무대에서 대만의 '실리외교'를 봉쇄하고 대만의 독립을 저지하는 데에 있었다. 그동안 '하나의 중국, 각자의 정의'에 대한 의견일치를 "부인하지 않는다"고 해 왔던 것도 1995년 이후에는 그 해석을 제한해 왔는데, 처음에는 '하나의 중국, 각자의 정의'에 대한 의견의 일치가 양안에만 적용되기 때문에 대외적으로는 효력이 없다고 하였으나, 이후에는 "해기회와 해협회 사이에만 적용된다", 더 나아가서는 "두 단체의 실무협상에만 적용된다"라고 하면서 그 범위를 점차 좁혀 갔다.

가장 공격적인 것은 '대만은 중국의 일개의 성(省)'이라고 주장한 것이었다. 본래 '대만은 중국의 일부분이다'라는 표현만으로도 대만 주민

26_邵玉銘,《此生不渝: 我的臺灣, 美國, 大陸歲月》(臺北: 聯經, 2013), p. 401.

27_〈왕다오한, 신동맹회 담화를 요약하다. 중국은 무력을 포기할 수 있으나 대만독립과 외부의 침략은 예외이다〉,《聯合報》, 1997년 11월 17일, p. 2.

들의 귀에 크게 거슬렸는데, '중국의 일개의 성'이라는 표현은 말할 나위 없이 도발적인 것이었다. 대만 주민의 감정을 자극하지 않기 위해 중국은 1980년대 및 1990년대 전반기까지 공개석상에서 이러한 언급을 자제해 왔다. 그러나 코넬대 사건이 있고 난 후에는 이러한 표현을 사용하는 빈도가 부쩍 늘어났다. 〈표 2-1〉에서 나타난 바와 같이 장쩌민, 첸치천, 천원린(陳雲林), 츠하오톈 등 모두 예외 없이 공식석상에서 이러한 표현을 사용했다.

코넬대 사건 이후 중국의 대만정책에서 핵심적인 부분은 '의제에 포함할 것인가'와 '무엇을 논할 것인가'를 포함한 협상 문제에 있어서의 대응 방법이었다. 이 시기 중국의 지도원칙은 '선미후대(先美後臺)'였는데, 이는 미국을 먼저 공략한 후 대만을 상대하겠다는 의미였다. 베이징이 1995년 대만과의 공식, 비공식 협상채널을 단절한 후로 대국구도(大國構圖)의 구축에만 전념할 뿐, 대만의 지속적인 회담재개 요구와 해기회 측이 네 차례나 해협회 앞으로 보낸 공식적인 협조의 요청에 일체 응답하지 않았다. 그러나 장쩌민이 '건설적 전략적 동반자 관계'에 서명한 미국 국빈방문을 마치자마자 11월 6일 해협회는 자오런훠 해기회 이사장 앞으로 이사진을 인솔하여 샤먼에서 협상의 재개를 요청하는 서한을 보내왔다. 이와 같은 시기 선택은 미중 간 새로운 관계를 그 배경으로 한 것이 분명하였다. 이 제의는 사전에 해기회 측과 협의가 없었던 데다 그 진행 내용 등이 다분히 '골탕 좀 먹어라'는 의도가 보여서 해기회는 당연히 수락을 거부하였다. 그러나 이는 2년 만에 나온 중국의 긍정적인 반응이었다는 점을 감안하여 해기회는 7일자 회신을 통해 구전푸 이사장이 직접 대표단을 인솔하여 회의에 참가하는 한편 관계 인사와의 면담도 추진하자고 역으로 제의하였다.

그러나 양측 모두 '무엇을 논의할 것인가'에 대한 의견이 없었기 때문에 대만의 제의는 다시 깊은 늪에 빠지게 되었는데, 이 시기의 양측은 이미 밀사가 완전히 사라지고 공개적으로 말을 주고받는 소통만이 남아 있어서 상당한 어려움이 있었다. 코넬대 이변을 겪은 베이징 당

〈표 2-1〉 중국이 하나의 성(省)을 사용한 부분적 사례

	담화일	담화자	담화장소	담화내용
1	1995. 8.8	친화쑨(秦華孫) (중국상주 UN대표)	중국 언론 방문을 받아들여 담화	대만을 중국의 일개 성이라고, 국제적으로 충분한 무대를 갖고 있다고 말할 수 있다.
2	1996. 6.9	츠하오톈	아부다비를 방문해 취재 허락	대만은 중국의 하나의 성으로, 중국의 신성하고, 침범할 수 없으며, 절대 분리할 수 없는 부분이다.
3	1996. 6.18	탕자쉬안	일본《아사히 신문》 기자 인터뷰	중화인민공화국 정부는 중국을 대표하는 유일한 합법 정부이다, 대만은 중국의 하나의 성으로, 중국에서 분리할 수 없는 한 부분이다.
4	1997. 1.30	천윈린	장쩌민의 대대만 중요 발언 2주년 기념 좌담회	대만 동포를 포함한 전 중국인들은, 이제까지 대만을 중국의 하나의 성으로 여겨 왔다.
5	1997. 3.7	첸치천	제8회 전국인민대회 제5차 회의 중 외국 기자 초대석	최근 대만의 국가발전회의는 국가의 통일이나, 하나의 중국을 주장하지 않고, 대만성이라는 명칭을 허구화하거나 동결, 혹은 폐지하자고 주장한다. 실제로는 대만이 중국의 하나의 성이라는 지위를 바꾸려 하는 것이다.
6	1997. 12	장쩌민	멕시코 방문 담화 클린턴-장쩌민 회담 기자회견 문답	대만은 중국의 절대 분리할 수 없는 영토의 일부분이고, 중국의 하나의 성이다.
7	1998. 6.27	장쩌민		만약 그(달라이 라마)가 티베트를 중국의 절대 분리할 수 없는 일부라고 인정한다면, 동시에 그는 대만 역시 중국의 하나의 성이라고 인정해야만 한다.
8	2000. 6.15	츠하오톈		대만은 중국 영토에서 절대 분리할 수 없는 일부이며, 중국의 하나의 성이다. 중국 정부는 대만문제 해결에 '평화통일, 일국양제'의 방법을 고수할 것이다.

국은 한걸음씩 걸어 나가는 방식의 과거 실무 접촉에 완전 흥미를 잃은 채 정치적 대화에서 시작하여 정치적 교섭에 이르는 협의 과정을 거쳐 궁극적으로 '하나의 중국'이라는 원칙하에서 정치적 협상을 진행하기를 희망하였다. 대만은 "끊겼던 데서부터 이어 나가자"라는 식으로 제2차 구왕회담을 속개하고, '교류로 인해 파생된 관련 문제' 협의, 즉 실무적 성격의 의제 논의를 희망하였다. 여기에 미국의 '중간단계

협의'라는 화법이 나타나기 시작하였다.

대만은 양안 협상의 장기간 침체를 회피할 생각에서였는지, 양보하기로 결정하면서 실무성 의제와 정치성 의제의 혼합을 통한 회담재개를 추구하였다. 이러한 결정은 1998년 2월 20일 샤오완창 행정원장의 시정보고를 통해 대외적으로 공개되었다. 샤오완창 행정원장은 "제2차 구왕회담을 기점으로 하여 양측의 평화적인 발전과 국가통일에 대한 의제라면 어떠한 것이라도 차례로 회담 테이블에 올려놓을 수 있으며, 특히 양측이 의제에 포함하기로 합의한 양측 주민의 권익과 관련성이 높고 교류로 인해 파생된 문제들이 우선적으로 다루어져야 한다"고 하였다.[28] 해협회는 24일 바로 협상할 용의가 있다는 전문을 보내왔다.

수차례에 걸친 전문 교환과 세 차례에 걸친 실무 대면 준비협상(베이징 두 차례, 타이베이 한 차례) 끝에 결국 구왕회담이 10월 말 상하이에서 개최되었으며, 회담 직후 구전푸는 베이징으로 가서 장쩌민, 첸치천, 천윈린 등과 만났다(〈표 2-2〉 참조). 절차상 문제와 관련하여 중국은 '선미후대' 원칙을 재차 적용하였다. 해협회 리야페이(李亞飛) 대표는 4월, 베이징에서 있었던 해기회 대표와의 첫 번째 대면과정에서 말하기보다는 듣기에만 주력하였으며, 클린턴의 '신삼불'이 발표된 다음이었다는 점을 감안하여 7월 말에 타이베이에서 접촉할 때에는 가을에 구왕회담을 추진하자는 애매한 답변만을 하였고, 9월 말 베이징에서 만났을 때에야 구전푸의 10월 중순 중국 방문 일정을 확정지었다.

이번 구왕회동을 진행하면서 중국은 '선미후대'의 고자세를 취하였을 뿐 아니라, 분명히 1990년대 전반기에 있었던 두 회담에서 '교훈'을 얻었다는 것을 보여 주었다. 첫째, 구왕회담의 성격과 관련하여 이를 1993년과 같은 '회담'이 아닌 '회동'으로 규정지었다. 다시 말하자면 공식적인 것이 아니라는 것이다. 또한 과거에는 대만의 요청을 받아들여

28_본보 기자 종합보도, 〈양안협상, 정치적 의제를 배제하지 않는다〉, 《聯合報》, 1998년 2월 21일, 제1면.

연출하였던 '민주'와 '대등'의 형식을 철저히 배제하였다.

중국은 과거에 쌍방 협상 시 긴 테이블에 따라 착석하고, 그 사이를 넘어 악수를 하였던 장면도 극력이 회피하였다. 베이징이나 상하이 그 어디를 가도 긴 테이블은 자취를 감추었고, 접견실용 소파를 ┌─┐ 형태로 모으거나 상하이 신진장호텔(新錦江大酒店)의 경우에는 여러 개의 작은 원탁에 둘러앉도록 하였다. 중국 대표가 대만을 방문할 때 긴

〈표 2-2〉 구왕회동 개황

회담명칭	시간	장소	주제	주요 담화인	성과
제1차 구왕회동 단계적 배치	1998. 4.22-24	베이징	구전푸 이사장의 중국 참관 방문을 협상	잔즈훙(詹志宏), 리야페이	양안 협상교류의 재시작과 양회의 지속적인 대화, 소통 및 연내 구왕회동 달성에 대한 인식 일치
제1차 구왕회동 단계적 배치	1998. 7.26	타이베이	구전푸 이사장의 중국 참관 방문을 협상	잔즈훙, 리야페이	리야페이가 구왕회동은 정식 협상이 아니라고 주장하여 양측이 구체적인 세부달성에 인식 일치 불가
쉬장회담(양회 책임자가 구왕회담의 과정에 대해 협의)	1998. 9.22-24	베이징	구왕회담 일정 진행 협상	쉬후이유, 장진청	양측이 구왕회동 일정을 협상
구왕회담	1998. 10.14-18	상하이, 베이징	왕다오한, 천윈린, 첸치천, 장쩌민 등과 대화	구전푸, 왕다오한	양측이 대화 증진에 동의하여, 제도화 협상의 회복을 촉성, 양측이 양회 각 계층 인사교류활동의 추진 보강에 동의, 양측이 인민 권익의 개개안에 대한 관여와 적극적인 상호협조 해결에 동의, 대만 측이 왕다오한의 답방 요청, 왕다오한이 적당한 시기에 대만 방문을 동의 등의 대한 인식 일치를 달성
왕다오한 제1차 답방 관련 예비성협의	1999. 3.17-19	타이베이	양측은 구왕회동의 달성, 네 개 항에 대한 인식의 일치 및 왕다오한의 대만 방문 문제 협상	잔즈훙, 리야페이	양측은 원칙적으로 왕다오한이 올해 가을에 대만을 방문하며, 기간은 5-6일 경으로 확정
왕다오한 제2차 답방 관련 예비성협의	1999. 6.27-29	베이징	왕다오한 대만 방문 문제 절차 협상	잔즈훙, 리야페이	

테이블이 있을 경우 리야페이가 언론사의 플래시 속에 긴 테이블의 한 쪽 끝으로 걸어와 대만 측 대표와 악수하는 장면을 연출하였다. 이와 같이 과거와 상이한 제스처의 속뜻은 양측이 대등하다는 인상이 부각되는 것을 거부한다는 것이었다. 그 밖에도 양측의 공동 기자회견도 없어졌다.

이번 구왕회동과 관련하여 구전푸는 대비책을 준비해 두었다. 전해 2월 필자가 행정원 공보국에서 국장직을 맡고 있을 때, 양안 양측의 입장을 다 같이 살릴 수 있는 '분단된 하나의 중국(One Divided China)'이라는 독창적인 아이디어를 내놓은 적이 있었다.[29] 필자의 이론은 지극히 간단했다. 오늘날 아무도 '하나의 독일' '하나의 베트남'이라고 하지 않듯이 '하나의 중국'을 운운하는 것은 실질적으로 중국이 아직 통일이 되지 않고 있다는 점을 시사하는 것이다. 더욱 중요한 점은 중국이 단 하루도 대만 내에서 통치권을 행사한 적이 없을 뿐만 아니라 대만 주민 또한 중국의 통치를 받아들이겠다고 한 사실도 없다는 것이다. 비록 중화민국이 작다고는 하나 단 하루도 소멸된 적이 없었기 때문에 실질적으로 중국은 '분단된 통치'의 상태에 있다는 것이다. 구왕회담 시 구전푸는 이러한 논거를 들어 '분단된 하나의 중국은 역사적 사실이며, 엄연한 정치적 현실'이라고 강조하였다. 나아가 포츠담 선언을 중화민국 지위론의 근거로 제시하자 첸치천과 장쩌민 등이 반발하였나. 구전푸는 '민주'라는 주제를 부각시키면서, 왕다오한에게 대만의 선거를 참관하도록 초청하는 한편 장쩌민, 첸치천을 상대로 민주화의 경험담을 설명하였다.

중국의 가장 결정적인 조치는 대만에 대한 '하나의 중국'과 관련된 86자(字)의 설명이었다. 이 86자는 〈국가통일강령〉과 마찬가지로 온갖 심혈을 기울여 다져진 결론임에 틀림이 없었다. 그 전문은 다음과 같다.

이 세상에 중국은 하나밖에 없으며, 대만은 중국의 일부분으로서 현재는

29_사설, 〈'하나의 중국'을 분석하다〉, 《聯合晩報》, 1997년 2월 23일, 제2면.

> 통일이 미달성되어 쌍방은 서로 힘을 합하여 '하나의 중국'이라는 원칙 아래 평등한 협상과 통일을 공동으로 논의하여야 한다. 하나의 국가의 주권과 영토는 분리될 수 없는 것이며, 대만의 정치적 지위는 마땅히 '하나의 중국'이라는 전제하에서 토론되어야만 한다.[30]

엄격히 말해서 이는 '하나의 중국'에 대한 설명이라고 할 수 없다. 86자 중 '하나의 중국'을 세 차례 언급한 나머지 갈수록 더 애매해졌기 때문이다. 자세히 보면 이 설명의 핵심은 "대만의 정치적 지위는 마땅히 하나의 중국이라는 전제하에 토론되어야만 한다"는 새로 등장한 마지막 구절에 있다. 이 표현은 강력한 도발성을 내포하고 있는데, 이는 토론의 대상이 양안 상호관계나 양측의 특정 분야 혹은 특정 문제에 있지 않고, '대만의 정치적 지위'에 있기 때문이다. 중국이 대만에 직접적으로 '대만의 정치적 지위'를 논하자고 제의했다는 것은 대만의 지위를 격하하였다는 것을 의미하는데, 이는 당연히 해기회 대표단의 격심한 거부반응을 불러일으켰다.

그러나 더욱 중요한 사실은 상술한 86자가 중국의 대만 정책의 방향이 '독립방지'에서 '통일촉진'으로 전환되었다는 것을 입증하는 것이었다. 코넬대 사건을 통해 미국을 상대하는 법을 터득한 중국은 과거와 달리 자신만만하였다. 이러한 자신감의 원천은 물론 다방면에 걸친 것이었다. 가장 주된 것은 두말할 나위 없이 워싱턴의 태도 변화, 특히 클린턴의 '통일촉진'에 대한 동의와 '신삼불'에 있었다. 그 다음은 국제사회에서 대만의 영향력이 날로 퇴색하고 있고, 양안 간의 무역, 투자와 문화교류의 규모와 속도는 늦춰지기는커녕, 더욱 활성화되고 있다는 점이었다. 마지막으로 1997년 홍콩이, 1999년 마카오가 순조롭게 귀속된 데 따른 중국 내부에서 발생한 새로운 민족주의의 발흥을 들 수 있다.

이러한 자신감에 더하여 대만의 나아갈 길에 대한 강한 의구심은 당

30_〈제1차 구왕회담—왕다오한 담화전문〉,《聯合報》, 1998년 10월 15일, 제13면.

시 '통일 타임테이블'에 관한 설을 확산시켰다. 앞서 언급했던 클린턴에 대한 장쩌민의 대면 당부와 공공연한 주장도 잇달았지만 이는 '초조감'만 확실하게 드러냈을 뿐, 궁극적으로 '타임테이블'에서 대만문제를 해결하고자 하는 시기에 대해서는 정확한 답이 없었다. 그 실례로 장쩌민은 1998년 8월 미국의 AP통신과 단독 인터뷰에서 "우리는 대만과 평화적으로 화해하기를 희망한다. 대만문제를 무작정 미결의 상태로 방치할 수는 없다"고 하였다.[31] 같은 해 10월, 장쩌민은 중국공산당 제15기 3차 중앙위 전원회의 석상에서 "조국의 통일을 완성하는 데 기약 없이 방치할 수는 없으며, 어떠한 식이든지 타임테이블이 있어야 한다"고 언급하였다. 천원린은 1999년 1월《인민일보》에 기고한 글을 통해서 "조국의 통일을 완수하는 문제를 실현하는 데 기약 없이 지체해서는 안 된다"고 촉구하였고,[32] 1999년 3월 장쩌민은 홍콩 언론의 질의에 대한 답변에서 "조국의 통일완성의 실현 소망은 간절한 것"이라고 말하였다.[33]

이 시기의 양안 간 직접 대결 외에도 국제무대에서의 경쟁 또한 치열했다. 중화민국의 국제적 존재감을 부각시키기 위해 신임 민선 롄잔 부총통은 1996년, 1997년, 1998년에 대표단을 인솔하여 9개의 비수교국(우크라이나, 아일랜드, 오스트리아, 아이슬란드, 싱가포르, 아랍에미리트, 말레이시아, 요르단, 바레인)을 방문하였으며, 그중 1996년 8월의 우크라이나 방문이 가장 특별했다.

당시 베이징의 압력행사를 방지하기 위해 롄잔은 비공개 내부회의에서 "방문건은 이 문 밖으로 새어 나가서는 안 된다"고 말하였다. 명령의 이행을 위해 당시 공보국장이었던 필자는 언론 관계자들에게 시종일관 단 한 자도 언급하지 않았다. 그 후 대표단원들이 도미니카 방문을 마치고 뉴욕을 경유할 때 대부분의 대표단원과 언론사 기자들

31_Http://www.cnd.org/CND-Global/CND-Global.98.4th/CND-Global.98-08-26.html 참조.

32_〈천원린—광대한 교류의 증진은 평화통일의 과정의 추진을 이해하게 한다〉,《人民日報》,1999년 1월 4일, 제1면.

33_〈장쩌민—대만과의 통일, 심리적인 압박〉,《中國時報》,1999년 3월 8일 , 제1면.

은 계획대로 타이베이로 향하는 비행기에 환승하였으며, 필자를 포함한 극소수의 인원만이 공항 내에서 한가롭게 구경 다니는 듯하다가 다른 탑승구를 통해 비엔나를 경유하여 키예프에 도착하였다. 대표단 일행이 타이베이에 도착한 후에야 롄잔이 실종된 것을 확인하였고, 이어 정치계와 언론계는 일대 수색전을 벌였다. 이후에 아내로부터 전해 들은 바에 의하면 자오서우보(趙守博) 행정원 비서실장조차 다급하게 그녀에게 롄잔의 행방을 확인하려 했다고 하였다. 그제서야 필자는 롄잔이 보안을 위해 비서실장에게도 모든 것을 함구하였다는 것을 알 수 있었다.

또 다른 비수교국을 방문하던 기간 중 해당 국가의 외무부 차관보가 파티석상에서 필자의 옆 좌석에 앉아 있었는데 그의 말로는 자국 주재 베이징 대사가 우리들의 방문을 저지하기 위해 자신의 집무실을 여러 차례 방문하여 항의하였으며, 한번은 그 차관보의 집무실에서 흥분한 나머지 눈물까지 보임으로써 내심 베이징 중앙정부도 많은 스트레스를 받고 있다는 것을 알려 주었다고 했다.

그 밖에 1997년 여름, 행정원 정무위원으로 재직 중이던 필자는 총통의 특사 자격으로 7년간의 내전이 종식된 후 최초의 직접 선거에서 당선된 테일러(Charles Taylor) 대통령의 취임식 참석차 아프리카의 라이베리아를 방문하였다. 당시 라이베리아의 정국은 여전히 혼란스러웠고, 경제 또한 피폐의 연속이었다. 중국과 대만은 모두 다 외교관(대만은 대표부)을 파견하여 동일하게 취임식 참석 초청을 받았다. 취임식은 매우 간소하였는데, 초등학교 강당과 같은 곳에서 진행되었으며, 통상적인 외교 의전에 따른 배려나 준비가 없었다. 강단 위에 있는 몇 안 되는 귀빈석 의자를 차지하기서 위해 필자는 시작 약 2시간 전부터 정장을 입고 꼼짝도 하지 않으며, 땀이 비 오듯 쏟아지는데도 불구하고 귀빈석을 지키고 있었다. 다소 늦게 도착한 중국 외교관이 단상에 있는 필자를 발견하고는 행사 참석을 거부하고 현장을 떠났다. 이상과 같은 세 차례를 포함한 수없이 많은 현장체험은 필자로 하여금 양안 간 외교쟁탈전은 이미 불가사의한 단계로 접어들었으며, 양측 모두 존엄을 내동댕이쳤음을 알 수 있었다.

베이징 측의 '통일 촉진 초초감', 양안 간의 힘겨루기, 여기에 미국의 편향성은 대만에게 비할 수 없는 심각한 압력을 조성하였다. 결국 이러한 압력은 1999년에 반작용을 불러일으켰다.

민주적인 대만, 독재하는 총통

미국과 중국에 비교해 볼 때 대만은 코넬대 방문과 문무 양수겸장의 위협사태 이후에도 가장 반성을 하지 않은 한 축이었으며, 정책변동의 폭과 정도도 가장 적었다. 전반적으로 1996년에서 2000년까지 대만은 1996년 이전과 같이 대외개방, 대내민주도 아니었고 내향적이었다. 내향적이 된 원인은 외부 여건이 더 이상 대만의 실리외교와 양안화해에 유리하지 않다는 외적 요인과 이 기간 중 정부, 사회 엘리트와 일반 주민들은 다같이 민주화의 영광과 기쁨에 빠져 있었다는 내적 요인 때문이었다. 두 척의 항공모함이 대만을 지키기 위해 달려옴으로써 조성된 안전한 분위기 속에서 일반 대중은 그 누구도 중화민국의 안보와 대외 여건이 급속하게 악화되고 있다는 것을 알지 못하였다. 정부의 절대다수 관리도 모르고 있었다. 대만 내의 정책결정기구에서조차 미처 예상하지 못했던 부분에서 변화가 일어나고 있었다.

이 기간 중 가장 큰 변화는 리덩후이 전 총통의 역할이었다. 그가 정상에 오른 1996년 이전 그는 너무 신중한 나머지 소심해졌으며, 동원 가능한 모든 역량을 결집하여 완전히 새롭고 개방적인 대중국정책을 펼쳐 나가려 하였다. 당시 국민당 내에서는 정부 및 당내 중량급 인사를 포함하는 대중국정책지도위원회(大陸工作指導小組)가 있었고, 밖으로는 국가통일촉진위원회가 여야 각계의 엘리트를 포함하여 머리를 맞대고 있었다. 여기에 리덩후이 총통은 매년 입법원에 출석하여 비판과 건의를 수렴하곤 하였다. 따라서 대중국정책은 대부분 내부 협의의 과정을 거친 후 총통의 신중한 최종결정을 거쳐야 했다.

1996년에서 2000년의 기간 중 리덩후이는 높은 득표율로 총통에 당선되었으며, 또한 'Mr. 민주'라는 닉네임까지 얻었다. 그는 이 여세를 몰아 당내 엘리트와 야당 인사까지도 지지세력화할 수 있었다. 외부의 여건이 험악한 관계로 인해 리덩후이는 국정의 중점을 개헌, 대만섬으로 국가의 통치범위를 국한하는 것, 정신 개조, 사법혁신, 교육개혁 등 국내문제에 두었다.

또한 대중국 및 외교 정책과 관련된 그의 의사결정 스타일은 대폭 변화하였다. 이후 언론에 의해 폭로된 바에 의하면 당시 리덩후이 총통은 임의로 활용할 수 있는 35억 대만달러(한화 약 1,270억)에 달하는 국가안보비밀예산(대중국정책위원회의 수년치 예산 상당)을 보유하고 있었고,[34] 풍부한 지식과 경험, 강력한 자신감 및 국가안보체계에 심어 놓은 심복들로 인해 관계부처를 뛰어넘어 많은 대외정책을 독단적으로 처리할 수 있었다. 또한 이전에는 자주 소집했던 국가통일위원회 및 대중국정책지도위원회 회의는 그 횟수를 줄이거나 혹은 아예 개최하지 않았다. 그 결과 대중국정책은 과거의 중지를 모은 후 신중하게 결단하는 것에서 자의에 의한 독단으로 바뀌었다. '서두르지 말고 인내하자(戒急用忍)'는 사전에 경제부나 대륙위원회와 사전 조율이 없이 결정되었으며, 양국론은 대륙위원회, 외교부, 그리고 그 이상의 상위기관과 사전에 협의하지 않았다. 코소보에 3억 달러의 원조제공을 결정할 때에도 외교부 등에 통보하지 않았던 것이 그 실례이다. 모든 중대 정책의 뒤집기는 모두 다 자의에 의한 독단의 산물이었다.[35]

그러나 리덩후이의 독단이 아무런 사회적 기반이 없었던 것은 아니었다. 이러한 사회적 기반이 형성된 원인의 일부는 코넬대 사건과 문

34_謝忠良,〈리덩후이, 35억 불법지출〉,《壹週刊》, 2002년 3월 21일, pp. 10-23.

35_'서두르지 말고, 인내하자'의 정책적 결정은 2002년 감사원의 조사시점이다. 전 행정원장인 샤오완창과 전 대륙위원회 주임위원인 장량위 그리고 필자의 방문을 통해 감사원의 보고는 이러한 정책 결정을 확정하였다. 이는 행정원 내부나 다른 부서의 결정이 아니었다. 黃煌雄, 黃勤鎭,《從「戒急用忍」到「積極開放, 有效管理」相關措施的檢討調查報告》(台北: 監査院, 2002), pp. 3-38.

무 양수겸장에 있었다. 정치대학 선거연구센터(選擧硏究中心), 행정원, 대륙위원회, 《연합보(聯合報)》는 각기 다른 시점에서 대만 내부의 정체성의 문제와 통일, 독립문제에 관한 여론조사를 실시하였는데 결론은 상당 부분에서 일치하였다. 정체성과 관련하여 과거에 줄곧 우세를 차지하였던 '중국인이다'라는 의견이 1995년경부터 점차 '대만인이다'라는 대답에 의해 추월당했으며, 양자의 격차는 1990년대 후반에 지속적으로 벌어졌다. 다른 한편 '중국인이면서 대만인이기도 하다'라는 인식은 약 40%를 차지하여 비교적 안정적이었다. '통일이냐 독립이냐'라는 문제에 대한 여론조사 결과는 응답자의 50-80%(어떻게 정의하느냐에 따라 상이함)가 1990년대에 일관되게 '현상유지'를 선호하였으며, '통일'과 '독립'은 줄곧 소수의견이었다.

이와 같은 새로운 여론구조가 1995년경에 출현하였다는 것은 곧 대만 주민의 감성과 이성이 일련의 중대사건을 겪고 난 후부터 각자의 길로 가기 시작하였음을 의미하며, 날이 갈수록 벌어진 가위와 같은 형상이 되었다. 감성 쪽은 날이 갈수록 자신을 대만인이라고 인식하고 있는 반면, 이성 쪽은 여전히 대만독립이나 통일보다는 '현상유지'가 좋다는 선택을 하였다. 이와 같은 '벌어진 가위와 같은 차이'는 감성 타기에 능숙한 리덩후이가 정책결정 시 '이성'적 사고만을 할 줄 아는 국민당 및 정부 관리에 비해 훨씬 탄력을 받았다. 그러나 이러한 '가위 모양의 차이'는 어디까지나 국내용이었다. 1997년 7월 리덩후이가 '양국론'을 제기했다가 '현상태'라는 금기와 조우하자 즉각적으로 대내적으로 '양국론'이란 '바로 현상태'라고 둘러대어 내막을 모르는 대중으로 하여금 수용하도록 하였으며, 미국 및 중국에 대해서는 이성적인 처리 방식으로 전환하였다.

평화의 마침표

1988년부터 1999년까지 양안 간의 긴장과 화해가 공존했던 관계를 종합해 볼 때, 우리는 다음과 같은 몇 가지 사항을 발견할 수 있다.

첫째, 양안관계는 화해무드 없이 계속 긴장관계만 있었던 것은 아니었다. 1988년부터 1995년까지의 7년 동안 양쪽 주민의 왕래가 점차 빈번해졌고, 경제무역의 교류가 점차 긴밀해졌으며, 비공식채널과 공식채널을 통한 협상이 차례로 또는 동시에 진행되었다. 중국 측에서는 대만을 목표로 하는 대규모 미사일 배치가 없었으며, 대만 주민을 겨냥한 대규모 군사연습도 없었을 뿐만 아니라, 중화민국의 외교활동무대가 확장되어, 수교국가의 수, 비수교국의 방문, 국제기구의 참여 등이 모두 증가하였다. 이는 양안 간에 충분한 상호신뢰가 존재하고 '하나의 중국'이라는 결정적인 문제에서 교차점을 찾을 수만 있다면 안정되고 윈-윈하는 상호관계의 정립이 절대적으로 가능하다는 것을 시사하는 것이었다. 이 7년간은 대만 정부가 본토에서 이주한 이후의 골든 타임이었으며, 경제, 외교, 국방, 내무 등이 모두 큰 폭으로 발전하였다.

둘째, 리덩후이의 코넬대 방문은 1990년대 양안관계의 중요한 전환점이었다. 좀더 세부적으로 나눈다면 양안관계를 군사, 외교, 정치, 경제, 문화 등 5개 분야로 구분할 수 있다. 이 중 군사, 외교는 하드웨어에 속하고 거의 100% 정부가 장악하고 있으며, 경제와 문화는 소프트웨어에 속하면서 대만에서는 대부분 민간이 주도하고 있으나, 중국에서는 여전히 정부의 통제하에 있었다. 정치 분야는 비록 정부가 주도하고 있으나 코넬대 사건 이전에는 양측 정부가 모두 다 유연한 대처를 지향하고 있어서 결과적으로 5개 분야 모두가 유연해질 수 있었다. 그러나 코넬대 사건 이후 양측 정부는 모두 다 대립을 추구한 나머지 군사, 외교 분야의 대립이 다시 첨예해졌을 뿐 아니라, 소프트웨어인 경제, 무역, 문화 교류에서도 정의의 차이는 있으나 '서두르지 말고, 인내하자'의 영향을 받게 되었다. 이렇게 하여 코넬대 사건은 1990년대 양안관계를 경계가 분명한 두 국면으로 갈라 놓았다.

셋째, 대만의 민주화는 1990년대에서 가장 새로운 요소였다. 대만의 대중국정책에서 민주화란 양날의 칼이다. 이는 대만 민간 차원의 본토와의 능동적인 교류를 확대시켰으나, 다른 한편으로는 농후한 감성의 요소를 주입하기도 하였다. 일부 인사는 그 후자를 선동하여 점차 '민주화'를 '본토화'로 규정하였을 뿐만 아니라 나아가 '중국화'로 결부시켜 양측의 안정을 해치는 부정적인 요소로 만들었다. 양안관계에 있어서도 민주화는 역시 양날의 칼이 되었는데, 대만의 민주화는 대만 내부에 오랫동안 잠재되어 있던 역량을 분출하도록 하였으며, 이 중 일부는 정부로 하여금 중국 본토로 나아가 더욱 개방적인 대중국정책을 펼치게 하였다. 반면 다른 일부는 정부로 하여금 세계로 나아가 '실리외교'를 전개하도록 하였다. 베이징 당국은 눈치 빠르게 전자를 움켜쥐어 양측의 관계개선을 가능하게 하였으나 중국의 구시대적인 사고방식은 스스로 후자를 터득할 수 없도록 하였으며 나아가 코넬대 사건 이후에는 국제무대에 대한 대만 주민의 갈망에 야만적인 타격을 가했다. 그 결과, 대만 내의 감성적인 부분을 크게 희석시켰으며, 1995년부터 지금까지 대중국정책이 대만 내부에서 분열되도록 한 사회적 기초를 형성하였다.[36]

넷째, 대만 민주화와 감성의 성분과 동등하게 성장한 것으로서 중국측의 자신감과 민족주의가 있었다. 중국이 대만의 '느낌'을 감지하지 못하고 있다고 말할 수 있지만 대만 내 대부분의 사람들 역시 중국의 이러한 '심정'을 파악하지 못했다. 큰 범위에서 1990년대의 양안관계는 날이 갈수록 두 개의 평행적이며 감성적인 민족주의 또는 준민족주의 간의 상호 자극 및 대항이라고 말할 수 있다.

1990년대 초, 양측이 대결에서 화해로 전이한 데에도 모종의 기대감이 있었다. 대만은 기대로 인해 '본토붐'이 일어났고, 중국도 기대 때문에 과거에는 용납할 수 없었던 많은 사항을 묵인하였다. 그러나 1994년의 첸다오후 참사와 시바 료타로와의 인터뷰 기사 건은 각각 양측 국민의 감정에 상처를 입혔다. 뒤이은 1994년의 '하와이 사건'은 대만

36_보다 심도 있는 분석은 Wu Yu-Shan, "Taiwan's Domestic Policies and Cross-Strait Relations," *The China Journal* 53 (January 2005), pp. 35-60 참조.

의 정서를 자극하여 태평양에 회오리 바람을 일으키면서 1995년의 코넬대 방문으로 이어졌다. 코넬대 사건은 중국 본토의 정서를 자극하여 중국의 언론을 통한 대대적인 비난전과 무력위협을 일으켰다. 언론을 통한 비난과 무력위협은 미국의 대만해협정책을 완전히 변화시켰으며, 미국의 편향성은 중국을 '대만독립방지'에서 '통일촉진'으로 전환시켰다. 그 결과, '통일촉진'은 역으로 대만의 불안감을 자극하여 결국 '양국론'이 출현하게 되었고 정권교체로 이어졌다. 정권교체 후 천수이볜 총통이 이끄는 민진당 정부는 한 발 한 발씩 대만을 독립으로 몰아 갔다. 이상과 같은 일련의 전환 가운데 이성적으로 계산하는 부분이 물론 있었지만, 더욱 큰 것은 감정적인 역량의 대결이었을 것이다.

다섯째, 미국은 대만해협 양측 모두와 긴밀한 관계가 있는 중요한 국가이다. 미국, 중국과 대만을 삼각관계로 볼 때 미국과 중국의 사이는 실선(實線), 미국과 대만의 사이는 허선(虛線)인 반면, 대만과 중국의 사이는 무선(無線)이다. 대만해협 양측의 이성적 측면과 감성적 측면 간의 갈등이 심화되고 있다는 것은 손에 두 개의 선을 동시에 쥐고 있는 미국으로 하여금 그 책임을 더욱 무겁게 만들었다.

1990년대 미국은 세 차례나 대만해협 충돌의 회오리에 말려들었으며, 이때마다 미국의 처리방식은 워싱턴의 기본적인 태도를 여과 없이 반영하였다. 1995년 코넬대 사건으로 촉발된 중국의 비난전과 무력위협은 미국으로 하여금 대만을 '트러블 메이커'로 인식하도록 한 나머지 중국의 강력한 반발에 대해서는 별일 아닌 듯이 대하게 되었다. 역으로, 미국은 중국에게 맹세코 '대만독립을 지지하지 않는다'고 통보함으로써 베이징의 의구심을 해소시켰다. 1996년 대만에서 총통선거가 실시되었을 때 중국이 무력위협을 가하자, 미국은 중국을 도발자로 규정하고 대만 보호를 위해 항공모함을 출동시켰다. 1999년 대만은 기습적으로 '양국론'을 제시했으나, 이어 바로 태도를 완화했다. 그러나 이는 미국을 다음과 같은 두 갈래의 길로 나오게 했다. 정세가 악화되지 않도록 하기 위해 중국을 무마시키는 한편, 다른 한편으로는 대만을 억

압하는 것이었다. 중화민국에서 정권교체가 이루어지고 난 이후 균형자와 관리자라는 미국의 역할은 더욱 분명해졌지만, 그만큼 어려운 일이었다.

제3장 '양국론'의 출현

"1991년 개헌 이후 대만해협 양측의 관계는 국가와 국가의 관계로 자리매김하였다. 최소한 하나의 합법적인 정부, 하나의 반란단체, 또는 하나의 중앙정부, 하나의 지방정부라는 '하나의 중국'의 내부관계가 아닌 특수한 국가와 국가의 관계이다. 따라서 베이징 정부가 대만을 '반란을 일으킨 하나의 성(省)'으로 간주한다는 것은 전적으로 역사와 법률상의 사실을 무시하는 행위인 것이다. 또한 양측의 관계는 특수한 국가와 국가의 관계로 자리 매기고 있는 관계로 새삼스럽게 대만독립을 선언할 필요가 없다."[1]
—리덩후이, 1999년 7월 9일

"금번 양국론의 위기처리는 1996년에 비해 훨씬 멋있었습니다."[2]
—쑤즈청, 1999년 8월 중순

오늘날까지도 리덩후이의 '특수한 국가와 국가의 관계(特殊國與國關係)'는 여전히 대만에서 별로 알려지지 않은 정계의 비밀이다. 리덩후이 및 극히 일부의 관련된 관료, 학자 외에 그 내용의 전부를 알고 있는 사람은 별로 없다. 당시 참여했던 인사들은 퇴직과 동시에 관련 자료를 총통부 내의 국가안보회의에서 반출하였다. 이 외에도 리덩후이를 제외하고는 당시 참여했던 사람 등 극히 일부만이 당시 자신이 맡았던 역할과 들었던 내용을 언급했을 뿐이다. 필자는 초기의 검토와 기획에는 참여하지 않았으나, 리덩후이의 '양국론'이 발표된 후 위기처리위원회에 합류하였기 때문에 다수의 사람들에 비해 그 개요를 심도 있게 알 수 있었다.

주지한 바와 같이 '양국론'이란 '특수한 국가와 국가의 관계'의 약칭이다. 이 용어가 최초로 등장한 것은 1999년 7월 1일자 《대만시보(臺灣

1_리덩후이 총통의 〈독일의 소리〉 방송 인터뷰 전문, http://www.mac.gov.tw/ct.asp?sItem=61697&ctNode=6232&mp=1.

2_1999년 8월 12일 필자에게 직접 이야기한 내용.

時報)》 2면의 제목에서였으며, 그 후 중화민국 조야, 나아가 국제적으로도 중국대륙에서도 통용되는 용어가 되었다.[3] '특수한 국가와 국가의 관계'란 같은 해 7월 9일 오전 11시 리덩후이 총통이 총통집무실에서 〈독일의 소리(Deutsche Welle)〉 방송 기자와의 인터뷰에서 했던 말이다. 이때 각계에서는 경악을 금하지 못하였으며, 리 총통의 즉흥적인 발언일 것이라는 평가가 대부분이었다. 그러나 리 총통이 퇴임한 후 출간한 첫 번째 저서인 《리덩후이 집정고백실록》에 따르면 이는 리덩후이가 "3일간의 장고 끝에 내린 결정이며, 오랜 세월 동안 마음속에 쌓아두었던 응어리였다"는 것이다.[4] 뿐만 아니라, 여러 가지 증거에서 나타나듯이 이는 리덩후이의 지시로 국가안보회의의 주관하에 별도로 편성된 특별예산으로 정계와 학계의 여러 엘리트들을 동원하여 9개월이라는 시간을 들여 완성한 연구 결과의 일부였다. 이를 빙산의 일각이라고 해도 결코 지나친 것이 아니었다.

리덩후이 책의 집필자는 장기간에 걸쳐 총통부를 출입한 《자유시보(自由詩報)》의 쩌우징원(邹景雯) 기자인데 그가 리덩후이 총통부의 가장 직접적인 소식통이라는 것은 언론계의 정설이다. 정치권에서는 다년간에 걸쳐 그를 리덩후이의 기분과 생각을 알아내는 바로미터로 삼아 왔다. 이 책에는 그간 공개되지 않았던 많은 중대한 자료가 포함되어 있는데 이 중 '사람과' 관련된 부분은 많은 당사자들에 의해 "사실을 왜곡한 일방적인 주장"이라는 부인이 있었고, 이들은 《장난 그만하라, 등휘선생(別鬧了, 登輝先生)》(天下文化)이라는 책을 통해 해명하기도 하였다.[5] 그러나 '실질적인 업무'와 관련된 주장은 대부분이 리덩후이가 집권 중이었을 때 측근 관료들에게 절대적으로 보안을 당부하였던 정보이다. 쩌우징원의 대변인 스타일 언론과 마찬가지로 리덩후이의 저서는 리덩후이와 그 측근의 진정한 의도를 반영하고 있다. 양국론은

3_〈첸수이볜—리덩후이 양국론은 시대의 조류에 부합된 것〉, 《臺灣時報》, 1999년 7월 11일, 제2면.

4_鄒景雯, 《李登輝執政告白實錄》, p. 228.

5_陸鏗, 馬西屏, 《別鬧了, 登輝先生》(臺北: 天下文化, 2001).

그중 한 부분이다.[6]

리덩후이가 '양국론'을 발표할 당시 총통부 국가안보회의의 일부 참모 및 양국론 기안팀 인사 외에 정부 관리 중 누구도 이를 알지 못했다. 황쿤후이(黃昆輝) 총통 비서실장 및 장샤오옌(章孝嚴) 국민당 사무총장조차도 〈독일의 소리〉 인터뷰 1시간 전에야 겨우 알았다고 분명히 밝히고 있다. 딩위저우(丁渝洲) 당시 국가안전국장(국가정보원장격—옮긴이)은 자신의 회고록에서 자신은 다음 날 언론 보도를 보고서야 '양국론'의 존재를 알았다고 기록하고 있다.[7] 내용을 알고 있던 정부 관리들은 당시 공개 시기에 대해 관망적이었으나, 리덩후이는 "공표하면 비난을 받게 된다"는 것을 분명히 알고 있으면서도 결심을 하였다. 그는 자신이 새로운 역사의 장을 열려 한다는 것을 모르는 독일 언론 기자가 질문한 "베이징 측은 대만을 반란을 일으킨 하나의 성(省)"으로 보고 있다는 것에 대해 자신이 준비한 다음과 같은 내용으로 답변하였다. "1991년 개헌 이후 대만해협 양측의 관계는 국가와 국가의 관계로 자리매김하였다. 최소한 하나의 합법적인 정부, 하나의 반란단체, 또는 하나의 중앙정부, 하나의 지방정부라는 '하나의 중국'의 내부관계가 아닌 특수한 국가 대 국가 관계이다. 따라서 베이징 정부가 대만을 '반란을 일으킨 하나의 성'으로 간주한다는 것은 전적으로 역사와 법률상의 사실을 무시하는 행위인 것이다. 또한 양측의 관계는 특수한 국가와 국가의 관계로 자리매김 하고 있으므로 새삼스럽게 대만독립을 선언할 필요가 없다."

이와 같은 선언은 중화민국이 1991년 4월 30일 '반란세력 토벌을 위한 국가동원시기'를 폐지한 이후의 대중국정책의 기조를 뒤엎고, 완전히 새로운 정책 기조를 확립한 것이었다. 1995년과 1996년의 대만해협 위기에 대한 기억이 아직 생생한 가운데, 바로 2개월 전(1999년 5월) 유고 주재 중국 대사관이 미 공군기의 폭격을 당한 직후에 나타난 전

6_鄒景雯,《李登輝執政告白實錄》, pp. 222-226.

7_丁渝州,《丁渝州回憶錄》(臺北, 天下文化, 2004), pp. 192-193.

혀 예상하지 못했던 '양국론'의 선언은 미국 · 중국 · 대만의 삼각관계에 엄청난 충격을 주었으며, 대만은 사상 처음으로 미국과 중국을 동시에 분노에 빠뜨렸다.

양측의 군사적 충돌 또한 첨예해졌다. 중국의 첨단 전투기는 대만해협 상공에서 비행하는 것을 자제해 왔던 관례를 깨고 해협으로 나왔을 뿐만 아니라 수시로 중간선에 근접하거나 넘어서 비행함으로써 양측의 공중전은 일촉즉발의 상황까지 치달았다. 그 후의 사태 진전은 '양국론'의 파장이 양측 관계의 범위에만 국한되지 않았음을 입증해 주었다. 단기적으로 이 선언은 당시 여당인 국민당을 총통선거에서 고전을 면치 못하도록 만들었다. 애초에 대중국정책은 국민당의 롄잔-샤오완창 정·부총통 후보에게 유리한 선거 이슈였는데, 이것이 순식간에 아군을 분열시키고, 상대편의 사기를 드높여 주는 역효과를 초래하였다. 이것이 정권교체의 핵심요소 중 일부로 작용하였음은 자명하다.

더욱 장기적이며, 전반적인 영향으로는 '양국론'에 기반한 대중국정책이 차후의 민진당 정부의 정책기조로 지속되면서 대만 내부에서는 그간 단결하여 외부에 맞서왔던 대만 주민들을 끊임없이 분열시켜 간접적으로는 자신감의 결여와 경제적 쇠퇴를 초래하였으며, 대중국관계에 있어서는 지속적으로 베이징 정권을 자극하고 도발함으로써 대만에 우호적이었던 해외 인사들로 하여금 전전긍긍하도록 만들었다. 더욱 중요한 것은 이러한 현상으로 인해 중국은 정치적으로 대립하고 경제가 쇠퇴하고 사기와 민심이 떨어진 대만, 인재와 자본이 끊임없이 유실하는 대만, 국제사회에서 급속도로 소외당하는 대만 등 지난 50년간 중국이 기대해 왔던 결과를 너무나도 손쉽게 얻을 수 있게 되었다.

그 근원을 파헤쳐 보면, 이와 같은 침통한 결과는 부분적으로 1997년 7월의 '양국론' 의 결정과정에서 철저히 베일에 가려진 채 한 사람이 정책결정을 내렸던 데에서 비롯되었다. 이는 대만 주민들 간의 토론은 고사하고 정부 내 부처 간 협의조차 거치지 않은 정책결정에서 비롯된 것이었다. 명색이 민주국가의 발전과정에서는 더 없는 해프닝인 것이다.

양국론의 탄생배경

리덩후이 전 총통의 '양국론'은 1999년 7월에 등장했는데 물론 나름대로의 대내외적인 환경과 배경이 있었다. 앞의 장에서 언급한 바와 같이 당시 중화민국의 국제적 조건은 매우 불리하였고, 그 심각한 정도는 미국과 대만의 국교단절 20년 후 극히 드물게 나타난 현상이었다. 중국은 더 이상 북방 러시아의 견제를 받지 않게 되면서 대외정책의 핵심을 과거의 '3북(즉, 동북[東北], 화북[華北], 서북[西北])'에서 '3남(동남[東南], 남중국해[中國海], 서남[西南])'으로 전환하였으며, 이 중에서도 동남쪽의 대만을 정책의 최대 핵심으로 두었다. 1997년 홍콩이 순조롭게 반환된 데다가 마카오가 1999년 말 반환 예정되어 있던 것들은 한결같이 '대만문제'의 긴박성을 더해 주었다. 중국 내부에서는 장쩌민을 정점으로 하는 제3세대 핵심 지도층이 이미 상당히 높은 차원의 대대만 정책의 공감대를 형성하고 있었는데 그 기조는 '독립 방지'에서 '통일 실현 촉구'로 바뀌었고, 그 주요 방법으로는 무력 위협과 정치협상의 교차운용이었다. 무력위협은 대만해협 맞은편에 미사일을 배치하고, 신속하게 현대화되고 있는 해군과 공군을 수단으로 하며, 정치 협상은 왕다오한의 대만 방문을 시발점을 하여 86자로 된 '하나의 중국'에 대한 최신 해석을 기초로 하여 점진적으로 '대만의 정치적 지위'에 대한 토론으로 끌고 가려는 데에 있었다.

이와 때를 같이하여 대만 내부에서도 10여 년 이래 초유의 국면이 형성되었다. 1996년 이후 리덩후이는 그야말로 천하무적이었다. 거듭된 개헌을 통해 총통의 권한은 더 이상 내각 수반의 견제를 받지 않게 되었고, 권력이 더욱 집중되었다. 대중국정책에 있어서 국민당 내 대중국업무추진위원회(大陸工作指導小組)의 국가통일위원회 개회 횟수도 급격히 감소되었다. 정책 결정을 내리는 권력은 리덩후이와 그가 신임하는 일부 국가안보회의 참모들, 특히 무소속의 자문위원인 장룽펑(張榮豐)과 차이잉원(蔡英文) 등에 집중되어 있었다. 이러한 추세는 1999년 6월에 있었던 마케도니아에 대한 3억 달러 원조 건에서도 그 징후를 찾을 수 있었지만 그 깊이와 범위는 필자를 포함한 많은 정부 관계자들이 그 당시로서는 전혀 알 수 없었다. 그러나 국가안보회의의 비밀 지출내역인 원금 35억 대만달러와 적금이자 약 9억 8천만 대만달러가 폭로됨으로써 비로소 완전한 그림이 그려질 수 있었다. 그러면서 과거에 알 수 없었던 여러 단서들이 결국 의미를 갖게 되었다.[8]

본래, 'Mr. 민주'로 불리던 리덩후이는 중화민국의 신생 민주제도의 최상층에 자리잡으면서 사실상 감독을 받지 않는 독재 미니정부를 만들었고, 인력과 재력을 갖추고 있었기 때문에 독자적인 대외정책을 추진할 충분한 능력이 있었다. 중국 측의 장쩌민과 마찬가지로 리덩후이도 압박감이 있었다. 다만 그의 압박감은 중국의 '통일추구'의 압력에서 온 것임에는 틀림이 없었지만, 보다 근본적인 것은 그의 총통 임기가 곧 완료되어 물러나야 한다는 사실이었다.

따라서 '양국론'의 구상은 압력에 대항하겠다는 요소도 있었지만, 보다 중요한 것은 리덩후이가 당시 더없이 강력한 권력에 의지하여 대내외적인 현상을 타개해 나가고자 하였으며, 새로운 국가에 대한 자리매김과 양안관계의 위상 정립을 통해 후임자(누가 되든지 불문하고)가 쉽게 바꿀 수 없는 리덩후이 노선을 확립하려는 데에 있었다.

오늘날까지도 '양국론'의 내용은 공개되지 않았고, 또한 당시 참여했던 인사들에게 내려진 함구령으로 인해 제3자는 극히 일부의 내용만을 알 수 있을 뿐이다. 여기에서는 필자 개인의 경력과 그 후에 차례로 공개된 정보를 근거로 하여 간단히 윤곽을 제시해 보고자 한다.

리덩후이의 책에서 언급되었듯이 1998년 8월, 즉 클린턴 대통령이 베이징을 방문하여 상하이에서 '신삼불'을 제시한 지 1개월이 지난 후, 리덩후이는 국가안보회의에 '중화민국 주권국가지위강화위원회'를 설치했고, 위원장으로는 일전에 국가안보회의 자문위원으로 위촉한 차이잉원 정치대학 교수를 임명하는 한편, 다른 2명의 국가안보회의 자문위원인 장룽펑과 천비자오(陳必照), 그리고 총통부 비서실 차장이었

8_謝忠良, 〈리덩후이, 35억 불법지출〉, 《壹周刊》, 2002년 3월 21일, pp. 10-23.

던 린비자오(林碧炤)를 특보로 임명하였다. 차이잉원은 별도로 대만 내 일부 법학자와 정치학자들을 공동 연구자로 참여시켰다.[9] 이들 학자들의 명단은 공개되지 않았으나, 이 중 일부가 차후에 민진당 정권(나아가 대법관 회의)에 진출하여 요직을 맡았을 것으로 추정된다. 핵심인물은 차이잉원과 장룽펑이었다.

차이잉원은 법학 및 경제무역을 복수 전공하였으며, 수시로 관련 부처의 국제 활동에 참여해 왔다. 그녀는 1년간의 안식년을 활용하여 국가안보회의라는 비밀무대를 바탕으로 국내 학자 및 국외 자원(헤이그, 로마, 뉴욕 등)을 이용하여 신출귀몰식 연구를 진행하였다. 한편 장룽펑은 오랫동안 베일에 감추어져 있던 리덩후이의 대중국정책 집사이다. 장룽펑은 1991년 중화경제연구원(中華經濟研究院)에서 총통부로 보직 이동한 후부터 줄곧 막후에서 리덩후이를 위해 연구하고, 참모 및 대언론 소식통으로 일해 왔다. 1996년 중국의 미사일 발사 및 총통선거를 거치면서 그는 더욱 중용되었고 수시로 야밤에 총통 관저를 출입하도록 지시를 받는 등, 리덩후이와의 친밀도는 국가안보회의 사무국장을 능가할 정도라고 할 수 있었다. 동 위원회의 운영과 관련하여 국가안보 비밀예산의 부분적인 지원도 있었을 것이다.

리덩후이의 저술에 의하면 위원회의 연구는 1999년 5월에 종결되었다. 차이잉원에 의해 당시의 국가안보회의 사무총장 인쭝원(殷宗文)을 경유하여 리덩후이 총통에게 보고되었으며, 연구의 결론은 대중국정책, 외교정책, 헌법수정의 세 부분으로 되어 있었다. 같은 해 6월 말(리덩후이 책에 언급되어 있는 7월 초가 아니다) 차이잉원과 장룽펑은 워싱턴에서 개최 예정이었던 '북아메리카 중국인 학술 세미나'에 참석 예정이었던 필자(당시 대중국사무위원회 위원장이었다)에게 구두로 '양국론' 중 대중국정책의 일부분을 설명하였다. 린비자오는 후즈창(胡志強) 외교부장에게 대외정책의 일부분을 구두로 보고하였다. 필자에게 구술한 내용은 매우 간략한 것이었음에도 불구하고, 당시 방향을 벗어났다는

9_鄒景雯,《李登輝執政告白實錄》, p. 223.

사실은 분명하였다.

당시 필자는 위원회의 존재와 그 배경을 전혀 알지 못하고 있었을 뿐만 아니라, 구술해 준 내용이 사실은 위원회가 내린 결론 중 극히 일부분이었다는 것도 몰랐다. 그러나 피상적인 내용만으로도 필자는 크게 경악했고, 즉석에서 그들에게 상부에 최종 보고를 하기전에 반드시 정부의 관계부처 실무자를 소집할 것과 가능하면 주말을 이용하여 한적한 교외에서 합의를 이룰 것을 제의하였다. 당시만 해도 필자는 이는 어디까지나 차이잉원과 장룽펑 등 몇몇 사람들의 의견이고, 다수의 정부 관계자와의 토론을 통해 반대에 부딪혀 대폭 수정된 다음에야 상부에 보고될 것으로 생각하였다. 두 사람은 필자의 제의를 바로 수락했다. 집무실로 돌아온 후 얼마 되지 않아 이들로부터 시기는 필자가 귀국한 후의 첫 번째 주말(7월 17일, 18일)로 할 것이며, 장소는 다시(大溪)에 있는 홍시(鴻禧)빌라로 정했다는 연락을 받았다.

이러한 통보를 받은 필자는 크게 마음을 놓았다. 그러나 그래도 미흡하다고 생각되어 국가안보회의 인쭝원 사무총장의 의견도 들을 겸 그의 집무실로 찾아갔다. 인쭝원 사무총장은 필자에게 위원회의 부분적인 명단을 전해 주었고, 그로부터 받은 전반적인 인상은 관련 사안이 아직 최종 확정되지 않은 것이며, 인쭝원 자신도 전적으로 동의하지 않는다는 내용이었다. 이와 같은 이중의 보증을 확인하고 나서야 필자는 안심하고 워싱턴으로 출발하여 황쿤후이(黃昆輝) 총통부 비서실장과 공동 활동에 참가하였다. 그러나 7월 10일(토요일) 장제스공항에 도착하여 항공기 탑승교를 완전히 통과하기 전에 필자는 TV 카메라가 통로의 끝에 포진되어 있으며, 마중 나온 가족들이 긴장된 표정을 지으면서 손에는 당일자 신문을 쥐고 있는 것을 보았다. 가족과의 대화를 나누기도 전에 필자는 기자들에 의해 완전히 포위당했고, 그제야 있어서는 안 될 일이 터졌다는 것을 알았다.

양국론의 개략적인 내용

양국론과 관련된 연구는 대중국정책, 외교, 개헌의 세 부분으로 구성되어 있다. 이 중에서도 대중국정책이 가장 핵심이면서도 중요했는데, 이는 대만해협 양측의 위상정립의 문제가 얽혀 있었기 때문이었다. 양국론위원회의 가장 기본적인 인식은 대만(중화민국이 아닌)은 주권독립국가이며, 공교롭게도 이름이 '중화민국'이라고 불리고 있을 뿐이나 '중화민국 대만'의 주권과 치권(단순히 치권만은 아님) 중 그 어느 하나도 중국대륙까지 미치지 못하고 있고 또한 국민과 영토 또한 대만, 펑후, 진먼, 마쭈에 국한되어 있을 뿐이라는 것이다. 즉 이들은 대만은 중국의 일부분이 아니며, 대만과 대륙은 두 개의 상호 예속되어 있지 않은 국가이며, 양측의 관계는 내정문제가 아닌 국제관계이므로 국제법과 국제규범의 적용대상이라고 인식하고 있었다. 연구서의 최종 마지노선은 양측이 서로를 중화민국 및 중화인민공화국으로 승인한다는 데 있었다.

이러한 기본인식을 바탕으로 하여 양국론에서는 향후 "1912년부터 중화민국이 존재해 왔다"고 주장하지 말 것을 건의하였는데, 이는 중화민국이라는 것은 단지 이름뿐이며, 현재로서는 마지못해 사용하는 이름이기 때문이다. 한편 "1912년부터 중화민국이 존재해 왔다"고 주장한다면 '중화민국'에 역사를 내포시켜서, 이후의 변경을 더욱 어렵게 한다는 것이다. 분단국과 "1949년부터 중화민국은 해협의 다른 한편에서 통치해 왔다"는 주장 또한 거부하고 있는데 이는 대만과 중국 간에 역사적인 관련성이 제기되어 이후의 단절을 어렵게 한다는 것이다. 이들은 마지못해 '대만에 있는 중화민국'이라는 주장을 수용하였지만, 그러면서도 1991년의 개헌을 계기로 하여 '중화민국 대만'으로 전환하였으며, 법률적으로나 본질적으로 '제2공화국' 또는 '새로운 공화국'이 된 것과 마찬가지이므로 과거의 '중국', '중화민국' 그리고 현재 대륙에 있는 '중화인민공화국'과 전혀 관련이 없으며, 따라서 '대만'이라고 호칭하는 것이 제일 낫다고 주장하였다.

따라서 양국론에 의하면, 향후 대만해협 양측의 관계를 더 이상 동서독 또는 남북한과 같은 분단국가라고 해서는 안 되며, 통일을 언급하지 않는 것이 최고라는 것이다. 불가피한 경우라면 '통일'이라고 말할 수 있어도 '재통일'이라고 해서는 안 되며, 특히 영어로 사용할 때 'reunification'이 아닌 'unification'만을 사용해야 한다는 것이다. 또한 불가피하게 통일을 언급해야 할 경우 되도록 '통합', '결합' 등으로 표명하는 동시에 최대한 이를 유럽연합과 같은 집단 내의 국가 간의 관계로 해석해야 한다는 것이다.

양국론의 "대만은 중국의 일부분이 아니다"라는 주장은 이른바 '대만 주권 미정론'에 입각하고 있다. 위원회 구성원들은 연구의 결과 서구에서 '지위 미정론'으로 보는 견지가 여전히 무시 못할 정도인 점을 감안하여, 대만은 설사 중국의 주장과 정면 충돌한다 하더라도 이에 개의치 않고 대담하게 자신의 목소리를 내야 한다는 입장이었다. 이들은 "대만은 중국의 일부분이 아니다"라고 주장하고 있기 때문에 중국의 '하나의 중국' 원칙에서 말하는 '대만은 중국의 일부분'이라는 논리에 반대할 수밖에 없었다. 또한 이들은 국민당이 오랜 세월 동안 견지해 온 "대만과 본토는 모두 다 중국의 일부분"이라는 것을 받아들일 수 없었다. 2000년 7월 중국이 내놓은 개정판(〈대만과 대륙은 동일하게 하나의 중국에 속한다[臺灣與大陸同屬一個中國]〉)은 국민당의 관점에서 볼 때 진일보한 것일 수 있었으나, 대만이 중국의 일부분이 아니라고 주장하는 양국론위원회로서는 여전히 받아들일 수 없는 것이었다. 그 연장선상에서 '하나의 중국이란 곧 중화민국이다', '하나의 국가, 두 개의 정부', '하나의 국가, 두 개의 지역', '분리 통치되고 있는 하나의 중국', '하나의 국가, 두 개의 대등한 정치 실체' 등도 모두 받아들일 수 없는 것이었다. 나아가 타이베이 측에서는 위로는 총통, 아래로는 해기회 소속의 관리들이 입버릇처럼 말해 온 '하나의 중국, 각자의 정의'조차도 '하나의 중국'이라는 문구가 있다는 이유로 거부하였다.

그렇다면, 대만해협 양측의 '하나의 중국'과 관련된 논란을 어떻게 해야 할 것인가? 이 점에서 양국론위원회는 딜레마에 빠진 듯하다. 원칙적으로는 이들이 국민당이 집권하고 있던 1992년에 어렵게 일궈 놓은 '하나의 중국, 각자의 정의' 합의를 폐기해야 한다고 주장한 이상, 이를 대체하는 새로운 논리적 기초를 제시해야만 했다. 같은 논리의 기조는 대다수의 대만 주민들이 받아들일 수 있어야 함은 물론이고, 상대편인 중국 당국도 인정할 수 있어야만 했다. 그러나 양국론위원회는 새로우면서도 각 측의 논의 기조를 두루 포용할 수 있는 논술기조의 제시에는 별로 관심이 없었던 것인지 혹은 관심은 있었지만 어떤 식으로 추진해야 하는가를 알지 못했던 것 같다. 그리하여 최종적으로 나온 건의는 향후 '당분간 거론하지 않기' 또는 '교류, 대화, 쟁점을 일단 피해 가기'로 1992년 대만해협 양측의 합의를 대체하자고 하였다. 또한 고위층의 태도표명이 불가피할 경우에는 "대만은 주권 독립국가이며, 그 이름은 중화민국이라고 한다"는 민진당의 〈대만의 장래에 대한 결의문(臺灣前途決議文)〉(1999년 5월 8일)의 표현을 수용하자고 했다. 양국론위원회의 이러한 제의는 국민당 주석인 리덩후이를 아예 민진당과 같은 소속이라고 말하고 있는 것과 마찬가지였다.

리덩후이의 저술에 따르면, 공교롭게도 양국론을 탈고한 시기는 1999년 5월(일자 미상)인데 이는 〈대만의 장래에 관한 결의문〉이 발표(5월 8일)된 5월이었을 뿐만 아니라 핵심 내용 또한 거의 100% 일치하였다(이에 대해서는 다음 장에서 서술). 이는 당시 여당인 국민당의 지붕 아래서 연구에 참여하고 있던 양국론위원회가 이미 비밀스럽게 민진당의 고위층과 상당 기간 내통하였을 뿐만 아니라 대중국정책이라는 핵심의제와 관련하여 의견의 일치를 보았을 것이라는 추측을 하지 않을 수 없게 하였다.

동년 4월, 또 다른 해프닝이 있었다. 당초 리덩후이가 국가통일위원회(9월 8일)에서 발표할 예정이었던 '중국과 대만 간 상호군사시스템 구축' 제의가 천수이볜에 의해 4월 1일 먼저 공개되었다. 4월 중순, 천수이볜은 미국 방문 중 공개적으로 대만과 중국은 '국제적인 특수한 관계'로 발전해야 한다고 주장하였다.[10] 장룽펑은 사석에서 이 일로 인해 리덩후이 총통이 대노하였으며, 문안 작성 책임자인 장룽펑이 비밀을 누설해서는 안 된다고 질책했다고 밝혔다. 이러한 해프닝은 양국론위원회의 일부 구성원이 주군보다 한발 앞서 민진당과 내통했다는 것을 말해 준다.

국민당 집권 시기 중 가장 중요한 대중국정책 문건인 〈국가통일강령〉은 '하나의 중국'과 '통일'을 포함하고 있어서 '죄악'의 집대성이라고 볼 수 있기 때문에 양국론위원회가 이를 눈엣가시로 여기는 것이 당연하였다. 양국론에서는 〈국가통일강령〉이 반드시 폐기되어야 한다고 주장하였다. 이 일은 양국론위원회로서는 가장 중요한 해체공사였는데 이는 대중의 사상적 전환과 직결되어 있기 때문이었다. 8년이라는 시간이 지난 뒤 1999년 〈국가통일강령〉은 이미 국내 대다수 주민들의 공감을 얻고 있던 상태였다. 일반 사람들은 이 '강령'이 비록 '통일'을 최종 목표로 하고 있지만, '중국대륙의 민주화'라는 단서와 이를 단계적으로 촉진해 나간다는 점 등은 실질적으로 '현상유지'를 위한 최상의 설계라는 것을 체감하고 있었다. 더욱 중요한 것은 이는 '하나의 중국, 각자의 정의'의 바탕에서 대만이 주장한 내용의 핵심이며, 중국의 실질적인 묵인을 지탱하고 있는 핵심이며, 또한 대만과 중국과의 관계의 화해의 기초로서 대만의 입지에 손상을 입히지 않으면서도 양측이 이견을 남긴 채 공통점을 추구(求同存異)할 수 있는 중요한 문건이기도 했다.

이로 인해 양국론위원회는 〈국가통일강령〉을 폐기하려면, 이를 무력화시키는 과정이 필요하다고 생각했다. 이 과정에는 국가통일위원회 소집의 금지, '국가통일강령'이라는 명칭과 그 내용의 인용 금지, 〈국가통일강령〉이 포함된 모든 정부 간행물 중지, 입법위원 또는 조작된 여론을 이용하여 정부에 〈국가통일강령〉의 적절성에 대한 질의 등

10_劉其筠, 林美玲, 〈천수이볜, 중국과 대만 2개의 중국인 국가 간 특수한 관계의 발전 필요〉, 《聯合報》, 1999년 4월 21일, 제2면.

이 포함되어 있었다. 이 중 핵심은 어떤 방식으로든 〈국가통일강령〉을 통일 찬성 세력의 문건으로 격하시키고, 현상유지 추구라는 실질적인 기능을 무시함으로써 현상유지를 선호하는 주류 민심을 흔들어 놓겠다는 것이었다. 일정한 시간이 흘러 〈국가통일강령〉에 대한 대중의 신뢰가 점차 저하되면, 이때를 틈타 새로운 양안관계강령(兩岸關係綱領)을 무임승차시켜, 완전히 새로운 시대로 진입하겠다는 것이었다.

필자를 매우 당혹스럽게 했던 것은 양국론위원회가 대만과 중국 간의 교류조차도 적대시하는 태도를 취하고 있는 점이었다. 이들은 양안교류가 대만의 대규모 경제적 사회적 자원을 상실하게 할 뿐만 아니라, 대만 내부의 심리적 방어막도 약화시켜, 적과 아군의 개념을 혼란스럽게 할 수 있다고 생각하였다. 따라서 만약 전면적인 금지가 불가능하다면 엄격한 통제가 있어야 한다고 보았다. 위원회의 구성원들은 각별히 중국 정부 인사의 대만 방문을 반대하였는데, 이들의 방문으로 인해 대내외 여론을 오도할 수 있다고 생각했던 것이다. 이에 따라 위원회 측은 왕다오한의 1999년 대만 방문의 실패가 안타까운 일이 아니라고 생각했다. 따라서 교류를 엄격하게 통제하기 위해 자문위원인 차이잉원으로 하여금 전 분야를 망라한 '국가안전망(國家安全網)'을 발족하도록 하였으며, 모든 정부부처가 이를 시행하기를 희망했다.[11]

'개헌'과 '법률수정'은 이와 관련된 양국론위원회의 가장 중요한 구상이었다. 양국론의 선포는 일시적일 수 있지만 일단 개헌이 이루어지면 오래 지속될 수 있기 때문이다. 개헌의 가장 큰 뜻은 양국론자들이 주장하는 '현상타파'를 현실화할 수 있고, 양국론에 의해 달라진 새로운 현상을 헌법을 통해 고착시켜, 이후 쉽게 바꿀 수 없도록 할 수 있기 때문이었다. 따라서 개헌의 공격적인 의도는 사실 '양국론' 선호보다 더 강력했다. 아마도 이것이 실패한 후 위원회 구성원들이 한사코 개헌

11_차이잉원은 한 인터뷰에서 자신은 전체 대만의 대중국 업무체계를 총망라한 '국가안전망'을 확립할 예정이라고 밝혔다. 黃忠榮, 〈차이잉원, 상호신뢰를 구축하고 협상으로 나아가다〉, 《自由時報》, 2001년 3월 4일, 제2면.

문제에 대한 언급을 피하고, 7월 9일의 발표만을 얘기할 뿐만 아니라, 나아가 발표의 동기를 '중국의 압력에 항거하는' 방어적 행위라고 둘러댄 이유일 것이다. 위키리크스(Wikileaks)에 따르면 리덩후이는 2007년 말 미국 관리에게 '양국론'을 선포한 것은 어디까지나 왕다오한의 대만 방문 기간에 제시 가능한 정치적 협상에 대한 방어였다고 말했다.[12] 리덩후이는 공세적인 개헌 문제는 단 한 자도 언급하지 않았다.

1999년 여름과 가을 즈음하여 열린 제3기 국민대회(國民大會)의 마지막 회기에서 개헌과 법률수정이 일사천리로 처리될 수 있다면 리덩후이 총통의 임기 내에 역사적인 과업을 완수하게 되는 한편 자신의 역사적 위상도 더욱 확고하게 할 수 있는 것이었다. 장차 신임 총통에 대한 리덩후이의 영향력을 통해 '새로운 공화국'의 자리매김도 저절로 견고해질 것이었다. 양국론의 개헌 구상 중 가장 중요한 부분은 "중화민국 영토는 그 고유의 경계에 따르며, 국민대회의 동의 없이는 변경해서는 안 된다"는 현행 헌법 제4조 영토에 관한 규정을 "중화민국 영토는 헌법이 효과적으로 실시될 수 있는 지역으로 한다"로 수정하는 것이었다. 이렇게 할 경우 헌법은 영토를 대만, 평후, 진먼, 마쭈로 국한시키게 됨으로써 '대만(중화민국인 아닌)은 주권국가다'라는 전술한 새로운 구상과 일치되는 한편, 위원회 측이 주장하는 헌법 내에 '공민투표를 실시한다'는 규정을 삽입하는 법적인 근거를 마련하게 되는 것이었다. 세 번째로 조항을 추가했던 현행헌법의 전문 중 '국가의 통일이 이루어지기 전의 상황에서…'라는 표현도 반드시 삭제되어야 하는 동시에 '중화민국 대만'은 이미 민주화라는 정세의 변화를 거쳤기 때문에 또 한 번의 개헌이 필요하다는 것이었다. 이렇게 될 때 '새로운 공화국'이라는 구상과 일치할 수 있다는 것이었다.

외교 분야와 관련하여 양국론위원회의 주장은 의도적으로 대만과 중국대륙을 구분하여 그 어떠한 애매모호함도 배제해야 한다고 요구하는 것 외에는, 당시 여당인 국민당의 외교정책과 다르지 않았다. 그

12_夏珍, 郭崇倫, 吳典蓉,《維基解密, 臺灣》(2006-2010)(臺北:時周文化, 2011), p. 535.

예로서 여당과 위원회는 모두 다 유엔 및 산하 전문기구(WHO와 같은)에 가입을 희망하였다. 그러나 양국론위원회는 향후 '중화 타이베이(中華臺北)(Chinese Taipei)'라는 명칭을 사용해서는 안 되며, '대만' 혹은 '중화민국 대만'으로 해야 한다고 하였다. 그 밖에도 다국 간 조약에 적극적으로 가입하여 주권을 널리 알리고, 댜오위타이(釣魚台, 일본명 센카쿠열도, 중국명 댜오위다오[釣魚島]—옮긴이)와 남중국해 분쟁과 관련하여 '오래전부터 중국에 속해 왔다' 혹은 '역사적인 수역(水域)'이라는 표현의 사용을 지양함으로써 대만해협 양측의 서로 다른 입장을 부각시켜야 한다고 하였다.

양국론 위기의 초보적인 대응

갑자기 등장한 양국론은 일시적으로 각계를 어리둥절하게 하였으며, 정부도 예외는 아니었다. 총통부와 공보국이 7월 9일부터 11일까지 3일간 연속 침묵을 지키는 가운데 목마른 언론매체는 목표를 찾기 위해 사방을 뛰어다녔다. 당시 부총통이었던 롄잔은 확실한 대중국정책을 견지하고 있었는데, 항상 해 오던 대로 "중화민국은 지속적으로 주권이 독립되어 있던 국가이며 […] 우리의 대중국정책에는 변함이 없다. 대만해협의 문제는 통일, 독립의 문제가 아니며, 또한 군사적인 대치도 아닌 체제에 대한 비교 평가의 문제"라고 되풀이하였다.[13] 민진당은 양국론이 민진당의 일관된 정책입장이라고 강조하면서, 이것이 천수이볜이 총통후보로 지명된 당일에 발표된 것은 천수이볜에 대한 큰 선물이라고 언급하였다. 천수이볜 역시 "리 총통의 발언은 민진당이 장기간 주장해 온 바와 일치한다"고 덧붙였다.[14]

직책 때문에 구전푸 해기회 이사장의 발언이 가장 주목을 받았다. 10일(토요일) 구전푸 이사장이 옌푸(嚴復)(부인의 작고한 조부)의 전집

13_何振忠, 〈롄잔, 대만해협 양측관계는 통일과 독립의 문제가 아니다〉, 《聯合報》, 1999년 7월 13일, 제2면.
14_簡余晏, 〈총통, 본인의 국가 위상 정립 주장 찬성〉, 《聯合報》, 1999년 7월 11일, 제2면.

발표회를 주재할 때, 순식간에 기자들에게 둘러싸여 "대만해협 양측의 관계가 양국의 대등한 정치적 실체라는 주장에서 특수한 국가 대 국가의 관계라고 말을 바꾼 데에 대해 어떻게 생각하느냐?"는 질문을 받고 "대만과 중국의 양측과 관련하여 우리의 일관된 입장은 '대등'이다. 상대가 무엇이라면, 우리 또한 그 무엇이다"라고 조심스럽게 대답하였다.[15] 당시의 분위기를 감안하여 구전푸 이사장의 발언 내용은 타이베이 언론에 의해 '국가와 국가 간의 관계'로 받아들여졌다. 이에 대해 왕다오한 해협회 이사장은 12일 《인민일보》를 통해 경악을 표시하면서, 구전푸 위원장의 해명을 촉구하였다.[16] 이는 중국의 7월 한 달간의 핵심 논조가 되었고, 구전푸 이사장은 이에 대해 매우 어이없어했다.

동일한 일이 필자에게도 일어났다. 10일 비행기에서 막 내린 필자는 기자들에게 나는 전혀 아는 바가 없어서 다음 주 월요일(12일)에 출근한 이후에야 답변할 수 있다고 하였고, 언론도 현장에서 더 이상 추궁하지 않았다. 12일 오전은 위기처리의 첫날이었다. 인쭝원 사무총장은 국가안보회의 긴급회의를 소집하였으며 차이장린(蔡張林) 및 관계 국정 자문위원, 국가안보회의 사무부총장 등도 참석하였다. 리덩후이의 저서에는 "(쑤치[蘇起]가) 정부 내 일부 안면이 있는 관리들과 접촉하였으나, 총통부에서 이와 관련된 고위각료회의를 소집하고 추인한 바 없었으므로, 이는 전적으로 대륙위원회의 행정적 재량의 범위에 속하는 것"이라고 적혀 있다.[17] 장룽펑 또한 기자들과 만나, 13일(화)이 되어서야 인쭝원이 국가안보회의 대책회의를 소집하였다고 말했다. "쑤치는 그보다 하루 먼저 기자회견을 하였으며 […] 쑤치가 자의적으로 앞서 나갔던 것이며, 이는 그 자신이 저지른 일"이라고 주장하였다.[18] 이

15_〈구전푸, 대만해협 양측의 접촉은 국가 대 국가 간의 대담이다〉, 《臺灣新生報》, 1999년 7월 11일, 제2면.

16_〈왕다오한, '국가 대 국가' 간의 회담은 두 위원회 간의 기초를 부정한 것이라고 언급〉, 《中國時報》, 1999년 7월 13일.

17_鄒景雯, 《李登輝執政告白實錄》, p. 240.

18_王銘義, 《對話與對抗》(臺北: 天下文化, 2005), p. 249.

들 발언은 전혀 사실과 다르며 이들은 책임을 모두 대륙위원회와 필자에게 전가하려 한 것이었다.

12일 오전 국가안보회의에서 회의를 소집하였고(물론 필자는 개별적으로 연락할 필요가 없었다), 오후의 기자회견까지 매우 지루하게 오래 진행되었으며, 중간에 도시락 먹는 것을 포함한 여러 차례의 정회도 있었다. 회의는 매우 중요했다. 극도로 경악한 외부에 대해 어떻게 일차적인 공식 반응을 내놓을 것인가를 결정해야 했기 때문이다. 이날 회의는 인쭝원이 주재하는 가운데 제일 먼저 정부의 공식성명의 기조 및 대강을 결정한 후에 문서화하였으며, 회의 참석자들이 각 단락별로 첨삭한 끝에 문안을 확정했다. 중간에 일시적이나마 몇 차례의 휴식이 있었는데 그때마다 인쭝원이 리덩후이 총통에게 가서 성명의 문의, 기조 및 문안에 대한 결재를 요청했을 것으로 추정된다. 이것은 리덩후이가 양국론이라는 충격적인 발표를 한 이후에 제시하는 정부의 첫 번째 공식 선언인 만큼, 당연히 그 후의 여러 발언들을 구속하게 될 것이었다. 이 밖에도 12일 회의에서 위기처리 체제를 구축하였다. 그로부터의 2개월간 양국론 위기처리위원회(대부분 12일 회의에 참가했던 인사)가 국가안보회의에서 수시로 모여 도시락을 먹고, 철야로 회의를 진행했던 경우가 비일비재하였다.

그 밖에도 필자는 이번 회의를 통해 리덩후이가 어찌하여 왕나오한의 대만 방문 수개월 전, 특히 미국에 사전 통보도 없이 '양국론'을 폭로하게 되었는지를 비소로 알게 되었다. 그 원인은 차이잉원과 장룽펑이 리덩후이에게 양국론의 연구결과 이외에도 양국론 발표 이후에 예상되는 파장을 함께 보고했기 때문이었다. 그러나 이 보고는 전문가가 했다고 보기 어려울 정도로 아전인수격이었다.

요약해 보면, 이들은 미국의 경우 대만 측의 해명을 들은 이후에는 '양국론'에 대해 과도하게 반박하기보다는 '양해와 수용'을 제시할 가능성이 있다고 보았다. 또한, 중국의 경우는 대만의 외곽 도서의 공격, 주둔군을 납치하여 포로화하는 것을 포함한 강한 반발을 할 수도 있으나 중국의 관료체제가 워낙 방대하다 보니 제대로 된 반응이 나올 때 즈음이면 양국론이 이미 기정사실화된 연후일 것이라고 예상하였다. 이들은 또한 왕다오한의 내방이 중요하긴 하지만, 개헌에 따른 이익이 훨씬 크다고 보았다.

아마도 이와 같은 낙관적인 전망이 리덩후이로 하여금 사후에 정부 관계자의 신중론이 제기되었음에도 불구하고, 양국론을 공개하도록 결심하게 하였을 것이다. 발표와 동시에 미국과 중국이 보여 준 격렬한 반발은 양국론위원회가 얼마나 정세를 오판한 것인가를 증명해 주었다. 문서화된 오판의 내용은 12일 오전 회의에서 나누어 준 〈양국론 개요〉(이는 필자가 보았던 유일한 서면 자료)에 기록되어 있었다.

이러한 오류를 은폐하기 위해 휴회시간을 이용하여 참석자로부터 〈양국론개요〉를 모두 회수하였으며, 회의 속개 시에는 새롭게 작성된 개요가 배분되었다. 필자는 이때 첫 번째 개요의 심각한 오판을 발견할 수 있었고, 신판과 구판의 중대한 차이점은 구판에 있던 오판의 내용이 신판에서는 완전히 삭제되었다는 것이었다. 핵심 멤버였던 장룽평은 오판한 내용을 감쪽같이 가렸다고 자신해서인지 사후에 미국 학자와 만나는 자리에서 자신이 "리덩후이 총통에게 지금은 선포할 시기가 아님을 건의하였고, 위원회 측에서는 워싱턴과 베이징에 사전 통보해야 할 뿐만 아니라, 왕다오한을 곤혹스럽게 해서는 안 되며, 그가 대만에 도착한 연후에 양국론을 설명해야 한다"는 입장이었다고 하였다.[19] 그는 아직까지도 국내에서 인터뷰를 할 때 더욱 완벽하게 양국론의 정당성을 옹호하기 위해서 12일의 회의가 열린 적이 없다고 주장하고 있다.[20] 이러한 논조가 성립될 수 있다면, 9일(금요일)에 양국론이 발표된 이후 리덩후이 정부는 13일(화요일)이 되어서야 관련 회의를 소집했다는 것을 의미한다. 정부의 운영체계를 아는 사람이라면 이것이 전

19_Nancy Bernkopf Tucker, *Strait Talk*, p. 240.

20_張瑞昌, 〈쑤치, 장룽펑에 답하다—이념을 역사 속으로 끌어들이지 마라〉, 《中國時報》, 2004년 1월 2일, 제13면.

혀 상식과 맞지 않다는 것을 알 수 있다.

12일 오전의 첫 번째 위기처리위원회 회의에서는 차이잉원과 장룽평이 저지른 사고를 검토할 여념이 없이 두 가지 일의 처리가 급선무였다. 첫째는 누가 위원회의 대외 창구역을 맡을 것인가였고, 둘째는 이날 오후의 기자 회견에서 정부는 양국론과 관련하여 어떠한 식의 성명을 내야 할 것인가였다. 첫 번째 안과 관련하여 회의 의장을 맡은 인쭝원 사무총장이 보다 자격 있는 인사의 의향을 먼저 물었다. 차이잉원은 즉각 사양하였고, 지금껏 공개발언 대신에 막후에서만 움직여 왔던 장룽펑도 물론 거부하였다. 린비자오(林碧炤)는 총통부 대변인이기는 하나 평소에 말을 아껴 왔기 대문에 이때는 더더욱 사양하였다.

남은 사람은 대중국 업무를 맡고 있는 필자밖에 없었으며, 이때 필자가 선택할 수 있는 것은 세 가지였다. 첫째, 공개적으로 양국론에 대한 우려를 표명하는 한편 사임을 통해 항의를 표시하는 것, 둘째, 총통부와 국가안보회의의 사태수습을 믿고, 정면에 나서는 것을 거부하는 것, 셋째, 양국론의 시비를 일단 뒤로 미룬 채 우선은 전력을 다해 당면한 위기를 처리한 후 다른 일을 의논하는 것이다. 첫 번째를 선택할 경우 나의 개인의 양심과 상식에 부끄러움이 없겠으나 사태의 해결에는 득보다는 실이 더 많을 것이었다. 두 번째를 선택할 경우에는 여러 관계지기 나서기를 꺼리는 상황으로 인해 필연적으로 정부의 마비를 초래하게 될 것이며, 국익에도 손상을 입히게 될 것이었다. 그리하여 필자는 일단 개인의 명예와 신념을 무시하고 백의종군의 심정으로 '트러블 메이커'를 대신하여 전면에 나서서 설명함으로써 위기를 해소하기로 하였다.

당시 필자의 결심은 다음과 같은 세 가지 인식에 기인한 것이다. 첫째, 중화민국은 1996년보다 더욱 심각한 위기에 직면해 있었다. 당시의 정부는 오직 중국으로부터의 위협에만 직면할 뿐 국내의 민심과는 거리가 있었으며, 국제사회로부터 강한 성원도 받았다. 그러나 '양국론'이 발표된 후에는 중화민국이 미국과 중국의 양측으로부터 불만을 얻게 되었고 동시에 국내의 반대여론도 만만치 않았다. 이러한 위기의 출현은 필자가 기억하기로는 처음 있는 일이었고, 이러한 위기에 적극적으로 대응해야겠다는 결정을 내리도록 하였다. 둘째, 당시 필자는 리덩후이의 '특수한 국가와 국가의 관계'가 사실은 거대한 연구의 빙산의 일각에 불과하며, 양국론은 대중국정책 연구의 일부이며, 대중국정책 외에도 외교정책과 개헌도 포함하고 있다는 것을 모르고 있었다. 셋째, 당시 필자는 양국론이 차이잉원, 장룽펑, 린비자오 등 리덩후이 측근들만 관련되어 있던 것이 아니라, 민진당과도 일부 연계되어 있었으며, 사실상 베일에 가려져 있던 사람은 국민당 당적의 내각 구성원이었다는 사실을 전혀 모르고 있었다.

당시 필자는 이 일과 관련하여 전혀 아는 바가 없었기 때문에 위기처리의 난이도를 낮게 평가하여 '특수한 국가와 국가의 관계'라는 주장을 서서히 '하나의 중국, 각자의 정의'로만 돌려놓으면 위기가 해소될 것으로 생각하였다. 필자의 이러한 결정은 '트러블 메이커'의 올가미를 벗겨 주었지만 대신 필자가 안팎으로 딜레마에 빠지는 위기에 봉착하게 되었다. 외부 환경으로 말하자면, 그 이후 3주 동안 양안 간 군사적 정황이 매우 심각하였으며, 정부가 얻을 수 있는 대내외적 지원 또한 극히 제한적이었다. 위기처리위원회의 구성원인 동시에 유일한 대외 창구로서 필자는 한편으로는 정부의 존엄을 수호하기 위해서 '양국론'을 대변해야 했고, 다른 한편으로는 국가의 이익을 수호하기 위해 '양국론'을 점진적으로 모두가 받아들일 수 있는 수준으로 변화시켜야 했다. 이는 고난도의 도전이었다.

더욱 곤란했던 점은 대외문제에 있어서 서로가 한마음일 것으로 여겼던 위원회의 나머지 구성원들이 실제로는 다른 마음을 품고 있었으며, 필자는 단지 위기에 대응하고 그들에게 가해진 외부의 비난을 막아주는 방패였을 뿐, '양국론'이 이미 정한 방향을 전환하는 것이 결코 허용되지 않았다는 것이다. 그 후 한 달 동안, 위기처리에 참여하면서 필자는 보다 많은 사실들을 알게 되었고, 또한 필자가 파악하는 사실들이 많으면 많을수록 그들과의 충돌도 같이 증가하여 표면화되기도 하였다.

12일 오전에 결정했던 또 다른 중요한 이슈는 위기처리의 기조를 확립하는 동시에 대외활동용 서면 성명문을 작성하는 것이었다. 회의 참석자들은 위기를 해소하기 위해서는 국내 민심 수습과 미국과 중국의 불편한 심기를 해소시키는 것이 필요하다고 쉽게 결론내렸다. 이러한 목적을 달성하기 위해서는 반드시 '기존 정책의 고수'를 기조로 하는 한편, 대만의 선의를 강조해야만 했다. 그리하여 몇몇 사람들이 단시간에 성명문의 뼈대를 완성하였고, 이를 바탕으로 글자 하나, 논조 하나의 소홀함 없이 약 1천여 자의 문안을 작성하였다.

발표문에서 리덩후이 전 총통의 선포는 다음 세 가지 의미를 내포하고 있다는 것을 강조하였다.[21] 첫째, '실질성', 즉 중화민국과 중화인민공화국이 각각 대만과 중국대륙을 통치하고 있다는 것은 부인할 수 없는 정치적 현실과 법률적 사실이다. 둘째, '지속성', 즉 금번 선포는 양안관계의 현상을 강조하려는 데에 주안점을 두었으며, 대중국정책 자체는 이렇다 할 궤변이나 수정이 없었다. 셋째, '창의성', 즉 양국론은 양안으로 하여금 '하나의 중국'의 개념에 대한 논란에서 벗어나, 대륙에서 희망하는 정치협상을 포함한 새로운 개념을 통해 양측이 서로 움직이는 새로운 시대를 열려는 데에 있다는 것이다. 추가적으로, '특수성'이란 양측에 민족적 감정과 문화적 요소가 존재하고 있기 때문이라고 주장하였다. 이러한 내용의 성명서가 마무리될 때 즈음 대륙위원회에서 장시간 대기하고 있던 언론기자들은 거의 지친 상태였다.

언론 앞에 나서다

12일 오후 4시에 거행된 내외신 기자 브리핑에서 필자는 준비된 원고를 한 자 한 자씩 읽어 내려간 것 외에도 28건의 질의에 응답했다. 이

21_대륙위원회 발표문, 〈중화민국의 특수한 국가 대 국가의 관계에 대한 입장〉, 1999년 8월 1일, http://www.mac.gov.tw/ct.asp?xItem=49756&ctNode=5842&mp=4 참조.

는 필자가 공보국장 및 대륙위원회 주임위원 재직 기간 중에 겪었던 헤아릴 수 없이 많은 기자 인터뷰 중 가장 시간이 길고 까다로웠던 인터뷰였다. 워낙 긴박했던 터라 예상 질의 답변서를 사전에 준비할 겨를도 없이 오전 회의의 기조를 중심으로 즉석에서 답변할 수밖에 없었다. 그리하여 '특수한 국가와 국가의 관계'를 어떻게 영어로 번역할 수 있는가에 대한 질문을 받았을 때 필자에게는 모범 답안이 없었다. "이를 근거로 하여 양측주민관계조례(兩岸人民關係條例)를 수정할 계획이 있는가"의 질문에 대한 필자의 부정적인 답변은 사실 양국론 원칙자들의 의도와 동떨어져 있었다. 양국론의 동기에 관해서는 "'구왕회담'을 맞아 동 회담은 더욱 생산적이고 의미 있는 대화를 촉구하려는 데에 있다"고 해명하였다.[22]

그러나 이번 언론브리핑의 핵심은 '하나의 중국'에 있었다. 당시 '하나'와 '양국'의 간극은 현장에 있는 기자들의 마음속에만 있는 것이 아니라 필자의 머릿속에도 있었다. 그리하여 '하나의 중국'과 관련하여 답변할 때마다 조심스럽게 그 앞에 '중공의', '베이징의', '그 쪽의…' '그것…'이라는 등의 수식어를 붙였다. 여기에 숨은 뜻은 우리가 맞서고 있는 것은 '중국의 하나의 중국'이지, '하나의 중국' 자체가 아니라는 것이었다. 예를 들면 일반적으로 가장 오해가 심한 것으로 "하나의 중국이라는 환상을 깨뜨리자"라는 표현이 있는데, 이 말의 전문은 "우리는 중국의 '하나의 중국'이라는 환상을 깨뜨려야 하는데, 중국이 이를 대만을 압박하기 위한 도구로 사용하였기 때문…"이다. 필자는 이와 같은 중요하고도 미묘한 차이를 확실하게 알고 있었지만, 양국론이 이미 고착화되어 있는 분위기 속에서 이미 많은 이들이 그 차이를 간과하고 있었다. 특히 양안관계를 표면적으로만 알고 있는 외신기자들로서는 이들 수식어가 있고 없음이 곧 중요한 정책적 함의를 결정한다는 것을

22_何明國, 何振忠, 〈대륙위원회 쑤치 주임위원 기자회견 요약〉, 《聯合報》, 1999년 7월 13일, 제3면. 기자회견 전문 및 이에 따른 28개 항의 질의 응답내용은 대륙위원회가 간행한 《李總統登輝特殊國與國關係: 中華民國政策說明檔》(대륙위원회 1999), pp. 10-22 참조.

알 길이 없었다. 예를 들어 《워싱턴포스트(*The Washington Post*)》는 (타이베이가 아닌) 베이징발로 타이베이가 '하나의 중국'을 포기했다고 타전했다.[23]

이와 유사한 보도로 인해 많은 사람들이, 중화민국 정부는 지금까지의 자신의 '하나의 중국'에 대한 인지(認知)에 의거하여 '하나의 중국' 원칙에 대한 반대를 지양했던 것을 넘어, '하나의 중국' 자체를 거부하기 시작했다고 인식하게 되었다. 더욱 아이러니컬한 것은 이는 필자의 생각이 아닌 양국론자들의 본래 의도였다는 점이다.

사후에 검토해 보니 필자는 당시 이와 같은 중대한 오해를 더 주시했어야 했다. 필자로서는 언론브리핑이 기사화된 당일(13일)자 《연합보(聯合報)》가 세 면에 걸쳐 대서특필한 대륙위원회 대언론브리핑 요약문을 보고, 거기에 나타난 형용사들을 본다면 필자의 의도를 알 수 있을 것으로 생각했기 때문이다. 그러나 아쉽게도 이토록 엄청난 사건에 대해서조차 대부분의 사람들은 전문을 읽지 않고 소제목만으로 고정관념을 갖게 되었다. 이러한 연유에서 필자는 앞서 언급한 구전푸 위원장의 유감을 이해할 수 있었다. 다행히 이러한 오해는 국내외 정부에게 발 빠르게 해명되어 위기 처리의 진행에는 차질이 생기지는 않았다.

뒤이은 3주 동안, 필자는 모든 통상적인 업무를 뒤로한 채, 위기처리에 전력투구하였다. 위원회에서의 거듭된 회의 결과 'special state-to-state relationship'이라는 영문표기가 탄생하였다. 여당 중앙 상무위원회 및 행정위원회에 제출해야 할 보고서도 종결되었다. 언론브리핑의 전문, 영역 및 관련 배경자료도 모두 마무리되었다. 그리고 외교부에 의뢰하여 대만 주재 모든 외교사절단을 초청하여 상세하게 설명하였다. 이 기간 동안 필자는 안팎으로부터 거대한 압력, 특히 외부로부터 스트레스를 상당히 느꼈다. 외부로부터 스트레스를 경감하기 위해, 무엇보다도 먼저 내부의 양해와 협조가 있어야 했는데, 국내의 성원을

23_Michael Laris, "Taiwan Jettisons 'One China' Formula," *The Washington Post*, July 13, 1999, p. A14.

얻기 위해서는 국외로부터의 스트레스 중 일부를 숨길 수밖에 없었고, 이를 위해 위기처리위원회의 단일 창구로서 필자는 때때로 아무런 일도 없는 듯이 보여야 했다. 그럴듯한 위장을 하기 위해 가족들도 모르게 하였고, 사무실 내 참모들 앞에서도 흔들림 없는 모습을 보여 주어야 했다. 그렇지 않을 경우 이것이 대륙위원회 소속 모든 직원에게 파급될 뿐만 아니라 궁극적으로 언론계 기자들에게도 영향을 미치게 될 것이 명약관화했기 때문이었다. 상술한 3주간은 필자 EQ의 최대의 시련이었다.

사후에 많은 사람들로부터 당시의 여론조사에서 '양국론'에 대한 지지율이 높았으며, 일반 주민들이 보편적으로 '양국론'을 지지했다는 말을 들었다. 이러한 논조를 접할 때마다 필자는 만약 그 당시 "정책의 변화는 없다"고 강조하고, "현상 유지"를 지속한다고 하지 않았다면 주민들의 지지도가 이렇게까지 높을 수 있었을까라는 생각을 한다. 더욱 중요한 것은 양안 군용기가 대만해협 중간선에서 빈번하게 조우한 것을 은폐하지 않고 대중들이 중국으로부터의 무력위협이 크게 증가했다는 것을 알고, 또한 미국이 상당히 불만을 가지고 있었다는 점을 알았다면 주민들의 지지도가 이토록 높을 수 있었을까 하는 점이다. 아마도 어려웠을 것이다.

미국과 중국의 일차적 반응

'양국론'이 발표된 직후 미국과 중국의 반응은 차이잉원과 장룽펑 등의 평가와는 완전히 달랐다. 중국의 반응은 신속하고도 강경하였는데 외교적으로는 미국에 압력을 가하는 한편 대만에 대해서도 직접적인 군사적 압박을 가하였다. 미국의 반응은 경악, 곤혹, 분노였고, 파국 수습에 나서지 않을 수 없었기에 '유감'이라는 감정이 섞여 있었다. 중국의 첫 번째 공식 성명은 7월 11일 중대반과 국대반 대변인 명의로《신화사》통신을 빌려 발표되었다. 성명에서 리덩후이의 실명을 거론하며 "중국 영토 주권을 분단시키고, 대만을 분리시키려는 정치적 본질을 드러냈다", "대만 내 분단 세력에게 벼랑 끝에서 걸음을 멈출 것과 불장난을 포기할 것을 경고한다"고 언급하였다.[24] 12일, 중국 외교부가 리덩후이를 거명하여 비난하였으며, 왕다오한은 "리 선생의 해명을 기대한다"라는 담화를 발표했다. 사태 이후의 첫 주 동안 중국은 미국을 주 대상으로 했으며, 대대만 군사적 압박은 특별한 것이 없었다. 기습당했다는 분노 외에도 중국은 혹시 미국이 '양국론'의 배후세력이 아닌가를 의심했다. 중국의 의식 속에 있는 미국은 항상 대만해협 양측에서 '이중 플레이'를 해 왔다. 7월 초라면 유고 주재 중국 대사관 폭격의 분노가 아직도 가시지 않은 상태였던 만큼 미국이 자연스럽게 연상되는 것이 당연했다.

그러나 미국 역시 한 방 맞았다는 기분이었다. 이러한 기분은 임기 만료가 임박한 존슨(Darryl Norman Johnson) 미국재대만협회(American Institute in Taiwan, 이하 AIT) 처장이 가장 크게 느꼈다. 7월 13일(화) 오전, 존슨의 대만 임기가 만료되기 하루 전에 그는 영(Stephen Young) 부처장과 함께 리덩후이 총통을 면담하였다. 당시 현장에 있었던 인사의 말을 빌리면, 당일 리덩후이의 표정은 전례 없이 긴장되어 있었다.[25] 존슨은 사전에 준비한 〈중화민국헌법〉 및 과거의 관련된 정책성명을 제시하면서 리덩후이 총통에게 양국론이 헌법과 동떨어진 것이 아닌지와 정책의 변화인지의 여부를 따져 물었다. 리 총통이 다각적으로 해명하였음에도 불구하고, 존슨이 당일 워싱턴에 보고한 내용은 불만으로 가득 차 있었을 것으로 짐작할 수 있다. '양국론'은 코넬대 사건이 유발한 미사일 위기와는 달리, 대만 측에 의해 일방적으로 발생한 사건인 데다가 당시 미국과 중국은 대사관 피폭사건으로 인해 감정이 악화되어 있었기 때문에 이 일의 처리와 관련하여 워싱턴 측은 각별히 신중을 기했다.

리덩후이와 존슨의 총통부에서 회견 이후 미국의 공식 반응이 쏟아

24_〈중국, '특수한 국가 대 국가' 주장 비난〉, 《聯合報》, 1999년 7월 12일, 제1면.
25_타이베이 소식통에 의거.

져 나왔다. 미국 시간으로 13일 미 국무부 부대변인이 제일 먼저 미국의 '하나의 중국' 정책을 재확인하면서 양측이 대화할 것을 촉구한다고 밝혔다.[26] 14일에는 대변인이 직접 나서서 '하나의 중국'을 거듭해서 강조하는 한편, 대만이 가장 싫어하는 '신삼불'을 거론하면서 리덩후이의 언동이나 중국의 반응 모두 다 양측의 대화에 도움이 되지 않는다고 하였다.[27]

미 의회는 본래 초당적으로 대만을 지지해 왔었는데, 이번에는 상원과 하원에서 의견이 갈라졌다. 여당인 민주당 소속 의원들은 대체적으로 정부와 동일한 입장에서 '양국론'에 대해 반대의 입장을 보였다. 여기에는 민주당 수석 상원의원인 바이든(Joe Biden)이 있었다. 반면 대만에 우호적인 입장을 보낸 토리첼리(Robert Torricelli) 등도 있었고, 지속적으로 대만에 우호적이었던 공화당 의원으로 보수 성향의 상원 외교상무 위원장인 헬름스(Jesse Helms), 상원이자 공화당 원내총무인 롯(Trent Lott), 하원 공화당 사무총장인 딜레이(Tom DeLay) 등이 있었다. 그러나 공화당 상원 외교담당 상무위원의 아태분과위원장인 토머스(Craig Thomas)는 공개적으로 '양국론'을 반대하였다. 미 주 의회의 의견 분열은 두말할 나위 없이 당시 타이베이가 처해 있는 어려움을 심화시켰다.

미국의 반응이 주는 보편적인 느낌은 타이베이로부터 사전에 통보를 받지 못한 것에 대한 불쾌감이었다. 다수의 워싱턴 인사들은 1996년 워싱턴이 대만의 위기를 해소하기 위해 항공모함을 파견했던 만큼 타이베이가 가장 기본적으로 해야 할 일은 중대한 정책을 발표하기에 앞서 워싱턴에 미리 알려 주었어야 했다는 점이었다. 7월 초 황쿤후이 총통부 비서실장과 대륙업무 담당위원장인 필자가 워싱턴에 체류하고 있었음에도 불구하고 이번 일을 통보해 주지 않았던 부분을 특히 이해

26_冉亮, 〈미·일, 하나의 중국 정책 불변 재천명〉, 《工商時報》, 1999년 7월 14일.
27_藍大衛, 〈미국, 양국론 논쟁 주시, 대만해협의 대화 속개 희망〉, 《民衆日報》, 1999년 7월 15일, 제2면.

하지 못했다. 다수의 관리들이 대중국정책에 변화가 없다는 대만의 발언을 불신임했으며, 관계의 정부 관련자들은 사후에 타이베이가 "구왕회담에 맞추어 시기를 정했던 것"이라는 해명에 대해서도 불신하였다. 타이베이 측의 그 어떠한 말도 일단 의심하고 보자는 입장에서는 리덩후이의 숨은 동기가 왕다오한의 타이베이 방문을 고의적으로 방해하려 했던 것이 아니면 혹은 미중관계가 악화된 틈을 이용하여 한몫 챙기려 했던 것이라고 보았다. 또한 나아가 이들 두 가지 모두를 노렸을 수도 있다고 추측했다.[28] 이러한 분위기 속에 초기 미국의 대만에 대한 대응은 차이잉원과 장룽펑 등이 예상했던 '양해와 지지'와는 완전히 상이한 매우 강경한 태도였다. 여기에는 타이베이의 해명을 위한 사절단 파견 요청에 대한 우회적인 거절, 대만의 공중방어 및 미사일 방어 체제 평가를 위한 미 국방부 실무자의 대만 방문 연기, 대대만 무기판매 발표의 보류 등이 포함되어 있었다.

위기의 고조와 미국의 역할

7월 16일 이후 위기는 눈에 띄게 고조됐다. 본래 중국에서는 7월 중 중국 연해에서 대만을 겨냥한 두 개의 예정된 기동훈련이 있었다. 7월 6일부터 9월 8일까지 장장 2개월간에 걸친 저장(浙江) 저우산(舟山) 군도에서 정규 상륙작전과 정크선을 이용한 도하공격인 성공8호(成功八號)와, 광둥 양장(陽江)과 하이링다오(海陵島)에서 7월 8일부터 29일까지, 8월 21일부터 9월 14일까지로 두 단계로 나뉘어져 실시하되, 9월 4일부터 7일까지가 본 훈련으로서 첨단과학기술 신속반응부대의 도해기습인 광자20호(廣字二十號)였다.[29] 이와 같은 통상적인 훈련에 대한 뉴스는 공개할 수도 있고 안 할 수도 있는 것이었다. '양국론' 이후 중국은 7월 중순에 의도적으로 홍콩의 매체를 통해서 이와 같은 뉴스를

28_타이베이 및 워싱턴 소식통에 의거.

29_盧德允, 〈군부, 최초로 양국론 후의 중국 군사연습 세부사항 공개〉, 《聯合報》, 1999년 12월 13일, 제13면.

흘렸다. 홍콩 매체는 이에 더해 '수십 명의 중국군 장성들이 전투개시 청원서에 공동으로 서명했다', '중국의 잠수함들이 대만의 외해에 잠복해 있다', '중국은 언제라도 대만의 작은 도서를 공격할 준비가 되어 있다'는 등의 충격적인 기사를 보도했다.[30] 이때 국가안전국장이었던 딩위저우는 당시 중국의 제2포병(즉 미사일부대)에서도 특이한 동향을 보였다고 사후에 밝혔는데, 대만과 바로 마주보고 있는 난징군구(南京軍區), 지난군구(濟南軍區), 광저우군구(廣州軍區) 등 3대 군구에 전원 비상 대기령이 내려졌다는 것이었다.[31]

그러나 진정으로 위험했던 것은 양측의 전투기들이 여러 차례에 걸쳐 충돌 일보 직전까지 갔던 일이었다. 1999년 이전 중국의 전투기들이 해협 상공에서 활동하는 경우가 극히 드물었기 때문에 대만은 비행훈련 및 외곽 도서에 대한 보급물자의 수송 등을 포함하여 걱정 없이 대만해협의 공역(空域)을 이용할 수 있었다. 그러나 리덩후이의 저서에서 언급되어 있듯이 16일 이후에는 중국 전투기의 해역 상공 비행이 빈번해졌고 그 빈도는 1996년 3월의 미사일 시험발사 및 대규모 기동훈련 기간까지도 능가하였다. 《워싱턴 포스트》에 의하면 양국론이 불거진 이후 3주간 중국의 약 100여 대의 전투기가 대만해협으로 진출하였으며,[32] 이들 첨단 전투기들은 두 차례나 중간선을 넘어선 것을 포함하여 대만해협의 중간선을 빈번하게 근접 비행하였고, 쌍방 전투기들이 고속으로 근거리 대치 비행하는 경우도 있었다.[33] 또 다른 언론 보도에 의하면 중국 전투기가 레이더를 통해 대만의 첨단 전투기를 압박한

30_Michael Laris, "China Shows off Its Military Might," *The Washington Post* (17 August, 1999), p. A10; Michael Laris, "China Mulls Use of Force off Taiwan, Experts Say," *The Washington Post* (13 August 1999), p. A1; "China Spread War Rumors, Taiwan Charges," *The Washington Post* (8 August 1999), p. 24.

31_丁渝州, 《丁渝州回憶錄》, p. 195.

32_John Pomfret, "China, Taiwan Step Up Sorties Over Strait," *The Washington Post* (3 August 1999), p. A1; 〈대만해협 양측 전투기 출동 빈번, 중국 미사일 시험 발사, 푸젠 연해 전쟁 대비 상태 제고설〉, 《聯合報》, 1999년 8월 4일, 제2면.

33_丁渝州, 《丁渝州回憶錄》, p. 196.

것은 그야말로 일촉즉발의 위기였다.[34]

이와 같은 긴장된 분위기는 8월 초까지 지속되다가 완화되기 시작했다. 8월 초 중국은 또다시 미국의 본토까지 도달할 수 있는 동풍31호(東風三十一號) ICBM을 시험 발사하였다. 이 미사일 시험발사의 준비는 '양국론' 이전에 시작되었을 가능성이 있었지만, 워싱턴의 경계심을 불러일으키기에는 충분하였다. 대만해협의 긴장된 정세가 군사적 충돌로까지 고조되면서 미국의 깊은 관심을 불러일으킨 것은 당연한 일이었다. 2개월 전 유고 주재 중국 대사관 피폭사건의 여파가 가시기도 전에 대만이 또 다른 중대한 충돌을 야기한 것에 대해 미국은 불쾌하고 초조해하며 분노했을 것임을 짐작할 수 있었다.

미국의 위기대응 태도는 더욱 적극적이었으며, 그 등급도 상향조정되었다. 버거트(Raymond F. Burghardt) 신임 AIT 타이베이 처장은 리덩후이 정부에게 유사시 대만에 체류하고 있는 교민철수에 대한 지원을 요청하였다. 타이베이 측은 미국에게 미국 교민의 집결장소, 수송수단, 철수인원의 규모, 의료 서비스 필요 여부, 통신 서비스 제공 필요여부 등의 정보 제공을 요구하였다. 이때 미 7함대 블루힐(Blue Hill)호가 마침 마닐라에 있었고, 키티호크와 컨스텔레이션 항모전단도 서태평양에서 정기적인 연습을 진행하고 있었다. 따라서 대체적으로 정세가 걷잡을 수 없는 상황으로까지 치달을 것 같지는 않았다. 그러나 이전과 다른 점이라면 이번 도발은 중국이 아닌 대만에서 일으킨 것이었기 때문에 미국의 처리 방식도 다를 수밖에 없었다.

7월 18일, 클린턴 대통령은 먼저 장쩌민과의 전화를 통해 미국의 '하나의 중국' 정책에는 변화가 없으며, 중국은 그간 미국이 수차례 발표한 내용을 전적으로 신뢰해도 좋다는 뜻을 전했다.[35] 그 의도는 미국과

34_傅建中, 〈미국 측, SU-27기가 대만 측 요격전투기를 레이더로 조준한 사실 확인〉, 《中國時報》, 1999년 8월 11일, 제2면.

35_UPI, 〈클린턴, 베이징 측에 대만과의 이견, 평화적으로 해결 촉구〉, 《中國時報》, 1999년 7월 19일, 제1면. 당시 해기회 상무부회장 탕수베이의 말에 의하면, 장쩌민은 클린턴에 보내는 메시지에서 양국론을 헌법에 포함시키는 것은 법 이론적으로 중화민국의 독립을 의미하는

'양국론'의 관계를 정중하게 배제함으로써 중국의 의구심을 해소하려는 데에 있었다. 올브라이트(Madeleine Albright) 미 국무장관은 20일 리버설(Kenneth Lieberthal) 미 국가안전보장회의 아태담당 선임장관과 로스(Stanley Roth) 아태담당차관보를 베이징에 파견하고, 미국의 리처드 부시(Richard Bush) AIT 이사장을 타이베이로 파견하여 직접 대면하여 소통하고 파악할 예정이라고 발표하였다. 21일 클린턴 대통령, 코언(William Cohen) 국방장관, 루빈 미 국무부 대변인과 토머스 미 상원 아태분과위원장이 각각 다른 각도에서 대만해협의 분쟁이 평화적으로 해결되기를 바란다는 미국의 일관된 입장을 밝힘으로써 은연중 중국에 대해 무력시위가 도를 넘지 말아야 한다는 점을 촉구하였다.

21일, 클린턴 대통령은 최초로 '세 개의 기둥(three pillars)'이라는 표현을 제시하였다. '세 개의 기둥'이란 '하나의 중국의 인정', '양안 간의 대화에 대한 기대', 그리고 '이견의 평화적 해결'이었다.[36] 전문가들의 눈에는 이들 모두가 과거에도 있었던 것이며, '양국론'의 위기를 해소하기 위해 단지 하나로 묶어 놓았을 뿐이었다. 또한 '하나의 중국'이라는 처방은 중국을 안심시키기 위한 것이며, '평화적 해결'은 대만의 민심을 안정시키기 위한 것이었고, '양안 대화'의 촉구는 미국이 구왕회담의 속개를 포함한 양측의 대화를 희망한다는 점을 암시하는 것이었다.

미국의 잇따른 위기해소를 위한 조치 중에서 대면 소통이야말로 가장 직접적인 것이었다. 리처드 부시는 타이베이에서 리덩후이를 비롯한 모든 관련 정부 인사와 면담하였으며, 그중 리덩후이와 리처드 부시의 회담이 당연히 가장 중요했다. 현장에 배석했던 관계자는 리덩후이가 특별히 5월에 출간될 중국어로 된 저술인 《대만의 주장(臺灣的主張)》(遠流)을 꺼내어 이 중 127쪽에 있는 그림을 가리키면서 자신은 대

것으로 이를 수용할 수 없다고 밝혔다. 紀碩鳴, 〈탕수베이 단독 인터뷰—대만해협 양측, 단절, 적대에서 평화, 화해, 평화협상으로 가다. 양측 관계 20년의 숨가쁜 미스터리〉, 《亞洲週刊》, 2007년 12월 26일, pp. 38-39 참조.

36_傅建中, 〈클린턴, 미국은 양안 정책에 대해 3개의 기둥에서 벗어나지 않음〉, 《中國時報》, 1999년 7월 23일, 제2면.

중국관계와 외교관계 모두가 개선되기를 진정으로 희망하고 있다고 설명했다고 하였다. 그는 필자가 1997년 공보국장에 재직 시 제시했던 '분할 통치되고 있는 하나의 중국'의 내용을 인용하면서 '특수한 국가와 국가의 관계'는 '분할 통치되고 있는 하나의 중국'이라는 틀을 깨뜨리기 위한 것이라고 해명하였다. 그는 특히 대만의 독립을 반대하며, 이른바 '대만 공화국'도 반대한다고 주장하면서 과거에 스스로 국가통일위원회와 대륙위원회를 설립하여 평화통일을 추진해 왔는데 이제 와서 자가 당착하여 대만의 독립을 주장할 이유가 없다고 강조하였다. 리덩후이가 거듭하여 대만독립을 반대한다고 말할 때의 굳건한 표정과 몸짓은 현장에 있는 사람들에게 깊은 인상을 주었다.[37]

양국론의 발표 시기와 관련하여 리덩후이는 이것이 왕다오한의 대만 방문에 맞춰져 있는 것이었다고 해명하였는데, 이는 중국이 왕다오한의 대만 방문 직전인 10월 1일 중화인민공화국 건국 50주년 기념식에서 '일국양제(一國兩制)'를 공표하고 왕다오한은 이를 기조로 삼아 대만과의 협상에 임할 가능성이 크기 때문에 이에 대한 대만 측 협상카드의 준비가 불가피했다고 해명하였다. 선포 시기와 관련하여 리덩후이의 언급은 그 후에도 대만 내의 여러 자리에서 반복되었다. 이와 같은 전술적이고도 방어적인 주장은 그 배후에 개헌이라는 거대한 구상이 숨겨져 있다는 것을 알지 못하는 대다수 국민들에게 7월 9일 '양국론' 선포 당시의 발언에 대한 해명으로는 상당히 설득력이 있었다.

타이베이에 도착한 후 분주하게 다녔던 리처드 부시 AIT 이사장은 24일 가벼운 마음으로 골프를 치러 갔다. 겨우 초보 수준의 필자도 겁없이 함께 어울렸는데, 같이 걸어가면서 골프공을 찾으러 다니는 것이 고작이었다. 부시의 내방은 타이베이에 커다란 반향을 불러일으켰으며, 보안 유지를 위해서 그는 호텔 대신에 시내에 있는 영(Stephen M. Young) AIT 부처장의 관사에 머물렀다. 부시는 일부 언론매체의 기자가 취재를 위해 관사의 담장 위로 올라가 내부의 동정을 촬영하는 사

37_李登輝,《台灣的主張》(臺北: 遠流, 1999), p. 127.

례도 있었다고 밝혔다.

25일 리처드 부시는 방문을 마치면서 출국 성명을 발표하였다. 그는 자신의 대만 방문은 조정 또는 압력 행사의 목적이 아닌 실태의 파악에 있었다고 말하였다. 성명의 핵심은 클린턴의 '세 개의 기둥'을 반영하였다. 그러나 그보다 "'하나의 중국'의 원칙은 미국의 정책적 기조이다. 지난 20여 년간 네 차례의 공화당과 두 차례의 민주당을 포함한 여섯 정권은 모두 다 이 원칙을 지켜 왔으며 […] '하나의 중국' 원칙을 확실하게 정의하고, 또한 이를 구체적으로 실현하기 위한 가장 좋은 방법은 대만해협의 양측에 맡겨 쌍방이 모두 다 받아들일 수 있는 기초 위에서 결정하는 것이다. 양측의 대화, 교류, 협력을 촉진하는 방법은 양측이 하기에 달려 있다"고 각별하게 강조하였다.[38] 이번 성명은 대만의 체면을 생각해서 리덩후이에게 '양국론'을 철회하라고 요구하지는 않았으나, 대만으로 하여금 본래의 '하나의 중국, 각자의 정의'의 입장으로 돌아갈 것을 촉구하는 의도는 분명했다.

간과된 하나의 전장(戰場) — 개헌과 법률의 수정

1999년 7월, 대부분의 사람들이 '양국론' 성명의 발표와 그 후속의 진행과정에 관심이 쏟고 있을 때 동시에 진행되고 있던 개헌론을 주목한 사람은 매우 드물었다. 이들 양자는 겉보기에는 각기 다른 축에서 진행되고 있는 사건이었기 때문에 완전히 같은 것이었다고 생각했던 사람은 소수에 불과했다. 당시 양국론의 위기 대응에 전력투구하고 있던 필자로서도 막연하게 그 연관성을 감지했을 뿐, 다른 한 축에서 진행되고 있는 것에 대해서는 알지 못했고, 개입할 여지도 없었다.

사실상 7월 9일, 리덩후이 총통이 〈독일의 소리〉에서 밝힌 '양국론'은 전적으로 개헌을 그 바탕에 깔고 있었던 것이었다.

38_"Departure Statement by AIT Chairman and Managing Director Dr. Richard Bush" (25 July 1999). 중국어 전문은 〈리처드 부시, 대만을 떠나며〉, 《聯合報》, 1999년 7월 16일, 제3면.

1949년 중화인민공화국이 수립된 이후 단 하루도 중화민국이 관할하고 있는 대만, 펑후, 진먼, 마쭈를 통치한 적이 없다. 우리는 1991년의 개헌 및 제10조[현재는 제11조] 추가조항에서 헌법의 효력이 미치는 범위를 대만으로 국한하는 한편, 본토에서의 중화인민공화국의 합헌성을 인정하였다. 추가된 헌법 조문의 제1조와 4조에서 입법원, 국민대회 등 민의 기관의 구성원은 오직 대만 주민 중에서 선출한다. 1992년 수정헌법에서는 더 나아가 추가 조문 제2조에서 총통, 부총통을 대만 주민의 직접선거로 선출한다고 규정함으로써, 이로 인해 탄생한 국가기관은 오직 대만 주민만을 대표하며, 국가 권력 통치의 합법성 역시 대만 주민들의 권력의 위임에 따른 것일 뿐 중국 본토의 주민들과는 전혀 무관하다고 볼 수 있다. 1991년의 개헌을 계기로 이미 본토와 대만의 관계를 국가 대 국가로, 최소한 특수한 국가와 국가의 관계로 정립하였으며, 이는 결코 하나의 합법정부 대 하나의 반란집단, 또는 하나의 중앙정부 대 하나의 지방정부라는 '하나의 중국'의 내부 관계가 아니다.[39]

여러 가지 징후를 종합적으로 분석해 볼 때 상술한 발언은 양국론위원회의 핵심 결론 중 하나로 보아야 한다. 즉 1990년대 중화민국의 무소속들이 애써서 가꾼 '민주화'가 여기에 이르러 이미 일부 세력에 의해 '국가 위상의 재정립'으로 변화하였다는 것이다. 사후에 돌아보니, 리덩후이 및 차이잉원, 장룽펑 등의 위원회 구상에 따른 '양국론' 발표의 배후에는 이른바 '왕다오한의 대만 방문에 대한 반대'를 위한 목적이 아닌 '국가의 위상의 재정립'과 직접적인 관련이 있었던 것으로 확신할 수 있었다.

제3대 국민대회가 6월 8일에 열렸고, 2개월간의 회기 동안 개헌을 할 예정이었다. 이는 1990년대의 다섯 번째 개헌이며, 이듬해 3월에 국민대회 선거가 있었기 때문에 제3대 국민대회의 마지막 회의였다. 개헌과 관련된 법률안은 49건이나 되었으며, 이 중에서도 국민대회의 권

39_〈리 총통의 1988년 7월 9일 독일의 소리 특별인터뷰〉(중문과 영문 전문), 1999년 7월 9일, http://www.mac.gov.tw/ct.asp?xItem=48807&c7Node=5842&mp=4.

한 증대 및 총통의 임기 연장이 가장 주목을 받았다. 당시 국민대회 의장을 맡고 있던 쑤난청이 사후에 토로한 바에 의하면, 민진당은 당시 쑹추위(宋楚瑜)가 선거에서 승리할 것을 우려하여, 총통의 임기 연장을 희망하였다. 리덩후이 본인 또한 동일한 생각을 가지고 있었으나, 양국론의 소용돌이와 미국의 직접적인 개입을 거치면서 최종적으로 생각을 바꾸었다.[40]

국민당과 민진당은 세 차례에 걸친 당 대 당 협상을 하였으나, 다수의 안건에 대한 합의를 이루지 못한 채 6월 30일부터 1개월간 휴회한 후 7월 29일에 회의를 속개하였다. 그러나 휴회기간 중인 7월 14일에서 23일까지 '국민대회 헌정개혁을 위한 확대 자문회의'를 소집하여 논의를 계속하였으며, 정당별로 27명씩의 전문가, 사회지도층 인사 33명 등 총 60명이 참여하였다. 신속한 진행을 위해 협상팀은 정당 간 협의와 병행하였으며, 7월 29일 국민대회 속개 후 8월 초에서 9월 초까지 조별 토의를 거쳐, 9월 초에 실질적인 토론을 한 후 개헌을 완료할 계획이었다. 이러한 일정을 고려했을 때 당시 리덩후이 총통은 분명 엄청난 압박을 느꼈을 것이다. 그렇지 않고서야 앞뒤를 가리지 않고 7월 9일에 양국론을 공개하지는 않았을 것이다.

리덩후이의 계산에 의하면, 과거 네 차례의 개헌이 새로운 국가정립을 합리화하였던 만큼, 당연히 또 한 번의 개헌—즉 자신의 개헌이면서도 제3대 국민대회의 마지막 개헌—과정에서 새로운 국가정립을 통해 현행 중화민국 영토를 명확히 규정함으로써 주권의 범위를 확립하고자 했다. 개헌 외에도 차이잉원과 장룽평 등은 '양국론'의 정립에 부합되도록 국내 관련법의 전면적인 수정을 제의하였다. 따라서 7월 9일의 양국론이라는 정치선언에 뒤이어 개헌이라는 축도 움직이기 시작했다.

12일, 국민당과 민진당 소속 국민대회 의원단은 원칙적으로 14일

40_何振忠, 〈쑤난청, 리덩후이 총통 임기 연장안 동의한 바 있다 폭로〉, 《聯合報》, 2003년 5월 20일, 제13면.

에 개최하게 될 개헌 자문회의에 국가주권과 관련된 의제를 포함하기로 합의하였다. 같은 날《리덩후이 집정고백실록》의 저자인 쩌우징원《자유시보》기자는 신문의 1면에 정확한 소식통을 인용하여, "정부는 적절치 못하고, 국제법상의 대만의 위상 정립에 손상을 가져다줄 수 있는 법률 조문과 관련하여 이미 그 상세한 리스트를 추려 냈으며, 일일이 검토한 후 법률의 수정을 통해 바로잡을 예정"이라고 보도하였다. 동 신문의 제2면에서 쩌우징원은 헌법 제4조("중화민국의 영토는 고유의 경계에 따르며, 국민대회의 의결을 거치지 않는 한 변경해서는 안 된다"), 국가안전법, 국가안전법시행세칙, 양안주민관계조례 및 동시행세칙, 국적법, 나아가 〈국가통일강령〉, '이육조(李六條)'를 상세하게 나열하면서 장차 반드시 수정하여야 할 항목이라고 주장하였다.[41] 13일《자유시보》는 사설을 통해 조속한 개헌을 촉구하였는데, 이는 동 신문이 연이어 발표한 여러 사설 중 최초의 것이었다. 민진당의 선푸슝(沈富雄) 입법위원은 자신의 통계에 의하면 총 23개의 법률과 158개 조문이 수정 대상이라고 주장하였고, 14일 천수이볜 민진당 총통선거 후보는 '양국론'을 지지한다고 하면서 개헌은 물론이고, 〈국가통일강령〉도 폐기해야 한다고 촉구하였다. 같은 날 쩌우징원은 "혹자는 개헌을 하지 않아도 법률의 수정이 가능하다"고 했다고 지적하면서도 개헌의 필요성을 거듭 강조하였다. 17일, 민진당의 원내대표단은 양국론을 헌법에 포함시켜야 한다고 하면서, 대만 지역과 대륙 지역으로의 분리가 완료되면, 바로 중화민국과 중화인민공화국으로 구분되며, 행정원 대륙위원회를 대중국사무위원회로 그 명의를 변경해야 한다고 주장하였다.

아이러니컬하게도, 이 시기에 국민당에서 오히려 상이한 목소리가 나왔다. 국제 및 중국과 대만 관계 업무에 정통한 장샤오옌(章孝嚴)(이후 장샤오옌[蔣孝嚴]으로 개명) 국민당 사무총장은 당내에서 '양국론'을 헌법 조문에 포함시키는 것과 관련하여 결정된 방침이 없다고 밝혔다.

41_鄒景雯,〈대만해협 양측, 국가 대 국가의 관계로 정립, 관련 법률 대대적인 정비〉,《自由時報》, 1999년 7월 12일, 제1면.

그는 또한 국민당 내부에서 단 한 차례도 양국론을 헌법에 포함시키는 문제를 논의해 본 일이 없었다고 강조하였다. 그는 또한 개헌의 필요 없이 조문의 추가 혹은 결의문 채택의 방식으로도 규정지을 수 있다고 분명하게 말하였다. 같은 날 언론 매체에서는 국민대회 고위층이 개헌을 적극적으로 추진함으로써 국가 영토를 확정할 계획이라고 보도하였다.

20일 중국도 개헌과 관련된 입장을 표명하였다. 중대반과 국대반 책임자가 《신화사》 통신을 통해 대만이 양국론에 의거하여 헌법 및 법률을 수정함으로써 중화민국이라는 이름으로 대만독립을 꾀하고 있으며, 이는 무척 심각하고도 위험한 분단을 향한 걸음이라고 지적하면서, 만약 이것이 현실화될 경우 "평화적인 방법에 의한 통일"은 불가능하게 될 것이라고 강력하게 주장하였다.[42] 미국 역시 거의 동시에 대만에 관심을 표명하였을 것이다. 이러한 압박은 국민대회 정세를 더욱 복잡하게 만들었다. 민감한 민진당 지도부는 즉각 자세를 낮추었으며, 국민대회 소속 의원들에게 단독으로 '양국론'과 관련된 개헌안을 제의하지 말라고 하면서 미국에게는 타고 있는 불길에 기름을 붓는 일은 없을 것이라고 다짐하였다. 그러나 민진당 외곽 단체들은 중단하지 않았다. 쉬즈슝(許志雄) 대만법률학회 이사장은 18일 "리 총통이 과감히 말을 하였는데, 왜 개정할 수 없다는 것인가?"라고 말하였다.[43] 대만교수협회 등 여러 민간단체도 23일 외교부를 찾아가 개헌 및 유엔 가입을 요구하였다. 23일 개헌자문회의 폐막 시, 양국론에 대한 긍정적인 평가를 '다수의 의견'이라고 하면서 헌법에 포함시키는 문제를 "신중하게 검토할 필요가 있다"고 하였다. 그러나 국민당은 당시 개헌 준비가 되어 있지 않다고 밝혔다.

42_石開明, 〈중국, 양국론 관련 개헌 중지 경고〉, 《聯合報》, 1999년 7월 21일, 제4면.

43_張啓楷, 〈개헌으로 양국론 정착—국민대표대회 개헌 자문회의 21일 변론 실시〉, 《中國時報》, 1999년 7월 19일, 제2면.

헌법 조문 추가를 늦추다

7월 29일 국민대회가 속개된 첫날, 민진당 소속 의원들은 개헌안의 수리(修理) 기간을 연장하여 양국론 의제가 개헌안에 포함될 수 있도록 하기 위해 의사일정 변경을 제의하였다. 국민당과 신당(新黨) 소속 의원들은 즉시 연대하여 동 안건의 상정을 저지하였다. 그러나 회의 속개 후 국민대회의 상황이 더욱 복잡해진 듯하였다. 국민당과 민진당의 국민대회 원내 지도부는 헌법을 동결하고, 기본법의 제정을 희망하였다. 민진당 신세기(新世紀) 계파 의원들은 양국론을 헌법에 포함시킬 것을 강력하게 요구하였고, 국민대회의 권한 확대 및 의원 임기 연장을 주장하는 목소리가 다시 고조되었다. 이를 틈타 '양국론' 지지세력과 국민대회 권한 확대와 의원의 임기 연장을 지지하는 세력 간에 막후거래가 있었는지는 알 수 없었다. 분위기의 미묘함을 감안하여 필자는 수차례에 걸쳐 차이잉원 및 장룽펑과 개별 접촉하여 만약 양국론이 헌법으로 파급될 경우, 필자는 대륙위원회 주임위원에서 물러날 것이라고 분명히 하였다.[44]

8월 12일에 이르러 임기 연장안에 대한 여론이 비호감으로 나타나서인지, 혹은 외부의 압력이 너무나도 커서인지, 혹은 국민대회의 흐름이 쉽게 장악되지 않아서인지는 몰라도 리덩후이가 쑤난청에게 양국론을 헌법에 포함시키지 말라고 지시했다는 내용이 언론에 보도되었다.

이러한 결정은 양국론 기획세력들에게는 매우 고통스럽지만 받아들이지 않을 수 없는 결정이었을 것으로 보인다. 양국론은 미국과 중국의 분노를 불러일으켰으나 대내적으로는 대다수 국민이 정부의 홍보를 액면 그대로 받아들여, 양국론이 현상유지에 그 취지가 있는 것으로 믿고 일정한 정도에서 지지하고 있었기 때문이다. 여론이 호의적인 이때 중지한다면 장차 양국론에 기사회생의 기회가 있을 수도 없을 수도 있었다. 그러나 중지하지 않고 양국론을 즉각 헌법에 반영시키려

44_鄒景雯,《李登輝執政告白實錄》, p. 248.

하고 그것도 현 국민대회 임기 중 관철시킨다면, 당시 국민대회의 이미지가 임기연장안으로 인해 여론으로부터 "자기 자신만 살찌우려 한다"는 비난이 일고 있었음을 감안했을 때 양국론을 헌법에 반영하는 것은 불가능했을 것이다. 또한 그 반대로 여기에 연루됨으로써 국내적 기반이 흔들리게 됨은 물론이고, 장차 재기할 수 있는 기회에도 영향을 미치게 될 수 있었다.

이러한 결정은 매우 현명한 것이었다. 리덩후이의 지시가 있은 후 양국론 의사안은 국민대회에서 그 자취를 감추었다. 그러나 임기연장안은 국민대회에서 여전히 중요한 논의의 대상이었으며, 여론의 빗발치는 비난에도 불구하고 통과되었다. 그 결과 쑤난청 의장은 "리 총통이 임기연장안을 반대하지 않았다"고 밝혔음에도 불구하고 소속 정당에서 제명당하는 엄중한 문책을 당했다. 반대여론이 계속 비등하자, 대법관회의는 그 다음 해 3월 4일 국민대회의 '자기 살 찌우기 연장안'을 무효화한다는 유권해석을 내렸다. 결국 정당 간의 협의를 거쳐 4월 25일 최종적으로 국민대회 공동화 조항을 통과시킴으로써 국민대회는 역사 속으로 사라지게 되었다.

양국론은 8월에 이미 국민대회와 분리됨으로써 임기연장안에 연루되는 일을 피할 수 있었고 국내에서 존재 기반을 유지하다가 궁극적으로 2000년 5월 정권교체 이후 부활되었다. 이후 미국에서도 정권교체가 이루어진 2001년 초반 이후에 이는 더욱 빠르게 발전하여, 천수이볜 정부의 대중국정책의 기본 노선이 되었다.

1999년 9월 이후 일반에 잘 알려져 있지 않은 해프닝이 있었는데, 이는 입법원 내 민진당 위원단이 새로운 회기에서 양국론을 기초로 한 법률수정을 위한 활동에 전력을 기울였던 것이다. 동 법률의 수정작업은 50여 가지의 상이한 법률안과 연관되어 있었으며, 양국론이라는 시나리오가 그 바탕이 된 것임이 분명하였다. 만약 이것이 통과될 경우, 대만, 중국과 관련하여 중화민국 내의 모든 법률 조문이 양국론을 기초로 재정립되는 것이 불가피하였다. 중국군 대부대가 곧 공격해 들어

올 듯한 상황에서 필자는 국민당 소속 입법위원들의 협력을 얻어 연속 14주간 이들 안건들이 입법원 절차 소위원회에 상정되려는 것을 여러 차례에 걸쳐 봉쇄하였다.

해협회와 해기회의 '하나의 중국, 각자의 정의' 성명

리처드 부시가 미국으로 돌아간 후 공이 타이베이 측에 남겨져 있음이 매우 분명하였다. 최소한 공개되는 부분에 관한 한 미국은 할 수 있는 모든 것을 다했지만, 당시 미국의 공개적인 그리고 비공개적인 반응은 여전히 타이베이에 대한 고도의 불안감이었다. 7월 25일, 올브라이트 미 국무장관은 탕자쉬안(唐家璇) 중국 외교부장과 싱가포르에서 회동하였다. 올브라이트는 대만을 '트러블 메이커'라고 직설적으로 언급한 탕자쉬안의 비난에 대해 아무런 반응도 하지 않은 채 침묵을 지켰을 뿐만 아니라, 양국론에 대한 대만의 해명은 "여전히 미흡하다(didn't quite do it)"고 하였다.[45] 《워싱턴 타임스》의 보도에 따르면 블레어(Dennis C. Blair) 미 태평양함대 사령관은 사석에서 대만을 미중 관계에 있어서의 '칵테일 잔 속의 똥덩어리(Turd in the Punchbowl)'로 빗대기도 했다. 사후에 당연히 블레어는 이 발언을 부인하였다.[46]

중국에서는 장쩌민이 7월 말 클린턴 대통령에게 서한을 보내어 미국으로 하여금 대만이 '양국론'을 거두어들이도록 압력을 가할 것과 대대만 무기판매의 중지 및 타이베이 측으로 하여금 베이징과의 정치협상 테이블에 나오도록 해 줄 것을 촉구하였다. 이 밖에도 대만에 대해서는 중국이 7월 12일 왕다오한의 담화 발표를 필두로 하여 줄곧 구전푸에게 '양국론'을 배제할 것과 "양안회담이 국가 대 국가 간의 회담이 아님"을 밝힐 것을 촉구하였다. 이와 때를 같이 하여 신화사 및 《인민일보》는 10여 편에 이르는 칼럼 또는 궈타이원(郭泰文)의 글(즉, 국무원 대

45_梁東屏, 〈올브라이트—대만해협 양측 분쟁의 평화적 해결이 시급하다〉, 《中國時報》, 1999년 7월 26일, 제1면.

46_Bill Gertz, "Abandoning Taiwan," *The Washington Times* (30 July 1999).

대만업무 담당부서의 글을 의미함)을 게재하여 리덩후이를 강력하게 비난하고, "대만 당국은 양국론을 철회하고, 하나의 중국의 원칙으로 돌아오는 것만이 유일한 살 길"이라고 강조하였다.[47]

이때, 위기대책위원회의 수습은 한 걸음 더 나아가야만 했다. 여러 차례에 걸친 심층토론 끝에 구전푸의 명의로 성명을 발표하고 대만의 입장을 설명해야만 해명의 효과를 거둘 수 있는 동시에 눈앞의 위기를 완화시킬 수 있다고 결론 내렸다. 이어서 발생하는 문제는 성명서에 어떠한 내용을 담느냐의 문제였다. 대책위원회는 이때 의견이 일치된 부분이 있었지만, 내부의 엄청난 의견 차이도 있었다. 당시 의견이 일치되었던 부분은 양국론의 옳고 그름에 관한 것이 아니라 중국으로부터의 강한 압력에 직면하더라도, 국가의 존엄 수호를 위해서 '양국론'을 거두어들여서는 안 되며, 더더욱 사과를 해서는 안 된다는 것이었다. 그렇지 않을 경우 중국이 장차 압력의 수위를 높이게 된다면 대만은 계속 뒷걸음칠 수밖에 없기 때문이었다. 그렇다면 어떠한 방식으로 양국론을 지금까지 줄곧 지켜 온 '하나의 중국, 각자의 정의'와 연결지어서 여러 당사자 모두가 만족스럽지는 않지만, 받아들일 수 있도록 하느냐가 남은 과제였다.

'하나'와 '양국'을 어떻게 접목시키느냐를 논의하는 과정에서 어디에 무게를 두느냐가 태풍의 눈이 되었다. 혹자는 '하나'에 무게를 두었고, 혹자는 '양국'에 무게를 두었는데, 최종 타협안으로 구 위원장은 1천여 자로 된 담화문을 발표하였다. 여기에서 '특수한 국가 대 국가의 관계'를 재차 언급하면서, 이와 관련된 여러 가지 해석을 내놓았다.[48] 그러나 이러한 해명도 따지고 보면 모두 다 지난 3주간 거론되었던 것들이어서 새로운 내용은 없었다. 한 예로, 대만의 대본토정책에는 변화가 없다; 민주, 자유, 다 함께 잘사는 전제하의 통일의 추구에 변화가 없다;

47_〈핵심은 리덩후이의 양국론을 끝까지 지키려는 데에 있다—구전푸의 4월과 7월 30일 담화원고를 논평함〉,《新華社》, 1999년 7월 31일.

48_〈구전푸 발표문 전문〉,《經濟日報》, 1999년 7월 31일, 제5면.

양안은 동일 민족, 동일 언어권이면서 긴밀한 경제, 사회적 교류에 기초한 '특수한' 관계이다; 대만은 대등한 상태에서의 분리통치, 평등한 협상을 적극 추구할 뿐이다; 왕다오한의 내방을 여전히 적극 환영한다 등이었다. 가장 중요한 예외라고 한다면 '하나의 중국, 구두상으로 각자 정의하기에 대한 의견의 일치' 및 '하나의 분리 통치되고 있는 중국'을 포함시켰다는 것이다. 그 밖에 '하나의 중국'은 미래형이며, 현재는 양측이 대등하게 분리 통치하고 있다는 점을 강조하였다.

구 위원장의 담화 발표 이후 몇 시간이 지나고 나서 필자는 내외신 기자회견을 열어 구 위원장의 담화 내용을 재확인하는 동시에 "우리는 단 한 시라도 '하나의 중국, 각자의 정의'의 기조에서 벗어난 적이 없다", "우리가 줄곧 반대해 온 것은 중국의 하나의 중국 원칙일 뿐"이라고 강조하였다.

구 위원장의 담화문에 대한 중국은 반응은 신속하고도 강경하였다. 불과 몇 시간 만에 구 위원장의 담화 내용을 "양국론이라는 낡은 틀에서 벗어나지 않았으며, 하나의 중국 원칙으로 돌아오지 않았다"는 이유로 수용을 거부하였다. 7월 31일,《인민일보》와 신화사는 초청 시사평론가의 "결정적인 오류는 리덩후이가 양국론을 고집하고 있다는 것이다"라는 제목의 발표문에서, 대만이 양국론에 따른 개헌을 감행하지 못하고 있지만, 양측 관계의 본질은 이미 달라졌고, 안정된 양측의 기초는 이미 사라졌다고 설명했다. 또한 중국은 리덩후이가 이끄는 집권세력에 대해 더 이상 희망을 갖지 않을 것이며, 장차 다시 대만 정부를 소통의 대상으로 삼지 않을 것이고, 이와 동시에 양국론에 대한 대만의 어떠한 해명도 수용하지 않겠다는 내용을 기술하였다.

구 위원장의 담화문이 발표된 이후, 위기대책위원회는 회의를 속개하여 대륙위원회 명의로 성명서를 발표하여, 대만의 입장을 한 번 더 설명하기로 하였다. 내부의 토론 과정에서 양국론 측 인사들의 '하나의 중국, 각자의 정의'에 대한 적대감은 여전하였으며, '개헌하지 않음'에 대한 반발도 거세었지만 대부분의 사람들이 큰 틀을 중요시해야 한다고 주장하였다. 그 결과 8월 1일, 대륙위원회의 "대등, 평화와 윈윈" 이라는 제목의 성명서가 발표되었다.[49] 여기에서 양측 문제의 근원은 중국의 "파쇼적인 하나의 중국 원칙"이라고 지적하면서 양측이 '하나의 중국, 각자의 정의'에 대한 공식으로 돌아올 것을 촉구하였으며, 끝으로 양국론은 양측의 대등한 지위를 확립하는 데에 그 취지가 있는 것일 뿐, 각종 관련 정책에는 변화가 없다고 하였다. "정책에 변화가 없으므로, 이른바, 개헌, 법률개정, 〈국가통일강령〉 개정 등의 문제는 애초부터 존재하지 않았다"는 것을 강조했다.

대륙위원회의 이와 같은 발표문은 국내외적으로 정반대의 반응을 불러일으켰다. 미국의 반응은 양호하였는데, 많은 정부 관리가 사석에서 이를 구 위원장의 성명보다도 더 '하나의 중국, 각자의 정의'를 분명하게 재확인한 것이기 때문에 효과가 좋았다고 언급하였다. 일부 반대의견을 가지고 있던 사람들은 대륙위원회가 함량 미달이며, 리덩후이가 전면에 나서서 몇 마디를 해야 효과가 있을 것이라고 표명하였다.[50] 8월 4일 로스(Stanley Roth) 미 국무부 아태담당 차관보는 하원의 〈대만안보강화법안〉 청문회석상에서 한 발 더 나아가 대륙위원회의 성명에서 '하나의 중국' 정책을 언급했다는 것은 대만이 사태를 진정시키려는 또 하나의 노력이라고 공개적으로 호응하였다.[51]

그러나 같은 시기, 양국론위원회는 3일에서 9일까지 《자유시보》 기자인 쩌우징원을 통해 신문 2면에 연속 일곱 차례에 걸친 신랄한 비판 기사를 게재하였다. 이 글들은 주로 대륙위원회 및 동 위원회의 발표문을 대상으로 하였고, 한편으로는 지난날 내부 토론 시 양국론위원회가 필자 및 구 이사장에 대해 가졌던 불만을 여지없이 쏟아 냈다. 예를

49_대륙위원회, 〈중화민국의 특수한 국가 대 국가의 관계에 대한 견지〉, 1999년 8월 1일, http://www. mac.gov.tw/ct.asp?xItem=49756&ctNode=5842&mp=4.

50_이는 미국의 권위 있는 채널에서 획득한 정보임.

51_〈The Taiwan Security Enhancement Act〉, Hearing before the Committee on Foreign Relations United States Senate (Washington, DC: Government Printing Office) (4 August 1999). 〈미 의회 대만 안보 강화 법안 청문회 답변자료 요약〉, 《聯合報》, 1999년 8월 5일, 제13면.

들자면 구 이사장의 발표문에서 언급하였던 '하나의 분할 통치되고 있는 중국'을 쩌우징원 기자는 다짜고짜 이를 필자가 공보국장 재직 시에 만들어 낸 단어라고 단정하고 이는 더 이상 통용되지 않는다고 강조하면서 그 이유로 "7월 9일 이후 리 총통 자신이 이미 열 번도 넘게 국내외 내방객에 대해 '특수한 국가 대 국가의 관계'의 정립과정을 설명한 바 있으며, 매번 사용했던 단어는 달랐지만 그 기조는 한결같았고, 더욱이 이는 갈수록 정착시키려는 추세"라는 것이다. 루스와의 담화 내용에 대해서도 쩌우징원 기자의 글에서는 정부가 '하나의 중국, 각자의 정의'의 입장으로의 복귀를 촉구한 것은 "이들 위원회가 방향감각을 잃어버렸음을 드러낸 것"이라고 주장하였다.

이들 비판의 글은 지난 한 달간의 위기대책위원회 내부의 한계점을 영락없이 드러냈다. 해기회와 대륙위원회의 성명이 채택될 수 있었던 것에는 차이잉원과 장룽펑 등 핵심 멤버들이 그 당시 소수 세력이었음을 시사하고 있으며, 바로 이러한 이유에서 이들의 분노는 짐작할 만하였다. 이는 또한 양국론 발표에 앞서 정부와 여당 내부의 충분한 토의를 거쳤었다면(이를테면, 당초 계획대로 다시에 있는 홍시빌라에서 주말에 걸쳐 머리를 쥐어짜 냈다면) 받아들여질 가능성은 극히 희박했을 것이며, 그 후의 '양국론' 위기도 없었을 것임을 입증하였다. 아마도 리덩후이와 양국론위원회가 당시 이 점을 간파했기 때문에 정당한 절차를 거치지 않고 공표했던 것이다.

최후의 결과는 국민당 주석이 이미 민진당과 내통한 무소속 인사와 연대하여 양국론위원회를 만들어 국민당과 관련된 정부 관계자를 우회하여 미증유의 '양국론'을 갑작스럽게 제시하여 1996년보다도 더 곤란한 위기를 불러일으켰다는 점이다. 이들 무소속 인사들은 스스로 정세를 오판한 책임을 질 용기가 없었고, 역으로는 국민당 소속의 정부 관리로 하여금 위기 해소에 나설 것을 적극 촉구하였다. 그러면서도 배후에서는 수시로 방해를 놓았다.

미국의 불만과 타이베이의 승복 거부

해기회와 대륙위원회의 성명이 발표된 후 위기의 전개에 미묘한 변화가 나타났다. 미국, 대만, 중국을 거의 모두 정황에 대해 '만족스럽지는 않지만, 받아들일 수는 있는' 상태로 돌려놓은 것이다. 다시 말하자면 3자 모두 자기 주장만을 고집하였고, 양국론 이후의 새로운 상황을 받아들이지 않았으나 그 누구도 정세를 더욱 악화시킬 수 있는 새로운 행동은 자제한다는 의미였다. 미국의 대만에 대한 분노는 해소되지 않은 듯, '실망', '경악', '불쾌' 등의 표현을 사석에서 자주 들을 수 있었을 뿐만 아니라, 관례를 깨고 공개적인 장소에서도 나타났다. 실례로, 9월 11일 샌디 버거(Sandy Berger) 미 국가안전보장회의 자문위원은 뉴질랜드의 오클랜드에서 거행된 클린턴과 장쩌민의 정상회담 후의 기자브리핑 석상에서 클린턴이 정상회담 중 장쩌민에게 "리덩후이의 성명(양국론) 발표는 미국과 중국 모두에게 더 큰 골칫거리를 만들었다"고 했다고 밝혔다.[52] 9월 중순, 유엔 총무위원회의 대만의 회원가입안에 관한 토의 석상에서 미국 대표는 전례 없이 반대한다고 발언하였다. 이는 1993년 대만 측이 전개한 유엔가입 요청안과 관련하여 미국이 최초로 '침묵' 대신 '반대'라고 입장을 표명한 것이었다. 대만을 징계하겠다는 의사가 매우 분명하였다.[53]

그럼에도 불구하고, 미국은 선불리 중국을 방임하지 않았다. 클린턴은 7월 말 장쩌민이 보내온 서한에 대한 답장에서 다만 양국론을 옹호하지 않는다고만 밝혔을 뿐 장쩌민이 바랐던 대만에 대해 양국론을 철회하도록 하지는 않았다. 또한 양안의 대화를 촉구했지만, 장쩌민이 희망한 대대만 군사무기 판매 중지에는 동의하지 않았다. 뉴질랜드에서 열린 정상회담에서 장쩌민은 계속 다그쳤지만, 클린턴은 지난 2개

52_"11 Sep. White House Briefing on Clinton-Jiang Meeting," Press Briefing by National Security Advisor Sandy Berger, National Economic Advisor Gene Sperling, and Press Secretary Joe Lockhart, Office of the Press Secretary (11 August 1999).

53_傅依傑,〈대만 유엔가입안, 미국, 영국, 프랑스가 최초로 지지하지 않음을 발언〉,《聯合報》, 1999년 9월 17일, 제1면.

월간 미국 내 각급 관리들이 거듭하여 거론했던 '세 개의 기둥'만을 되풀이하였다.

대만의 '만족스럽지는 않으나, 받아들일 수는 있는' 태도는 리덩후이의 자기억제적인 심정 및 극히 불안한 대외적 표현을 통해 확인할 수 있었다. 항상 당당하게 공개적인 장소에 출현했던 리덩후이 전 총통은 양국론이 발표된 후로는 모습을 드러내는 일이 극히 드물었다. 필자 또한 양국론이 등장한 가장 긴박했던 초기와 독자적으로 외부의 공격을 막아 냈던 3개월 동안, 단 한 번도 그와 만난 적이 없었다. 그는 8월 초에 위기가 다소 완화된 후에야 전면에 나서서 발언하기 시작했으며, 필자를 접견하기도 하였다. 이후 리덩후이 전 총통의 가장 측근인 비서 쑤즈청이 만면에 웃음을 띠며 필자에게 다가와 "금번 위기의 대응은 1996년에 비해 훨씬 멋있었습니다"라고 말하였다.

8월 10일, 리덩후이는 국민당 내의 엘리트(국책반[國策班])와의 접견 시 양국론은 시끄러우면 시끄러울수록 더 좋은 것이라면서, "내가 국가의 위상정립을 밝혀내면, 누가 총통이 되더라도 일하기가 수월해질 것"이라고 솔직히 말하기도 하였다. 12일 로터리클럽 대표를 회견하는 자리에서 그는 "국가권익수호 및 국제사회에 중화민국이 존재하고 있다는 사실을 알리기 위해서"라고 하였다. 9월 3일 국군의 날 서면 축사에서는 전과는 달리 방어적인 태도를 밝혔다. 국경일(역대 총통의 가장 중요한 담화 발표 장소이기도 하다)(10월 10일의 국경일은 중화민국 건국일로, 쌍십절이라고 부른다. 이는 신해혁명의 발단이 된 1911년 10월 10일의 우창봉기[武昌起義]를 기념하는 날이다—옮긴이)에 이르자 그는 한걸음 더 나아가 '하나의 중국'을 거론하면서, "우리는 현재 국가가 통일되지 않고 있으며, 대만해협 양측이 '하나의 중국'에 대해 각기 상이한 견해를 갖고 있다는 점을 잘 알고 있다. 그러나 우리는 양측 관계가 특수한 국가 대 국가의 관계라는 것은 역사와 법률적인 사실이라고 인지하고 있다. 대만해협 양측은 이와 같은 사실을 직시해야만 할 것이다"고 하였다.[54] 이와 같은 발언은 7, 8월의 해기회와 대륙위원회의 성명으로 되돌아간 것이나 다름없었으며, 그 후에 나온 양국론위원회 및 그 추종 세력의 비난을 반박한 것과 마찬가지였다. 이는 다시 한 번 '하나의 중국, 각자의 정의'와 '특수한 국가 대 국가의 관계'를 하나로 묶었기 때문이다.

양국론위원회로서는 이는 분명히 후퇴였다. 그리하여 양국론위원회는 다시 글을 쓴 후 리덩후이의 명의로 미국의 가장 인기 있는 저널인 《포린 어페어스(*Foreign Affairs*)》에 "Understanding Taiwan: Bridging the Perception Gap"이라는 글을 발표하였다. 리덩후이의 저술 중에서 '가장 순도 높은' 문장이라고 칭찬한 이 글에서 그는 '하나의 중국'에 대한 대만의 견해를 조금도 언급하지 않았는데, 이는 리덩후이가 의도적으로 한 것이었다.

이러한 와중에 한번은 필자가 장룽펑이 리덩후이가 중요한 회의에서 낭독할 발표문을 준비하던 것을 우연히 본 적이 있었는데, 그 안에 '제2공화'라는 문장을 발견하고 크게 놀란 나머지, 그에게 양국론 위기가 겨우 가라앉았는데 또 새로운 위기의 폭발을 방지하기 위해서는 이러한 표현은 삭제해야 한다고 말했다.[55] 다행히 그는 필자의 의견을 받아들여 '제2공화'라는 네 글자를 삭제했다. 이로써 일부 양국론에 대한 신념은 말로 표현되었고, 이러한 신념은 상당히 확고했다는 것을 알 수 있었으며, 1999년 대내외 여건이 눈에 띄게 좋지 않다 보니 잠시 후퇴한 것이었지만, 일단 대내외 여건에 변화가 생기면 다시 수면 위로 올라오는 것은 너무나 자연스러운 일이었다.

중국의 일시적인 후퇴와 장기적인 포석

중국이 안도할 수 있었던 것은 미국이 대만과 음모하여 양국론을 추진하지 않았던 것이 사실일 가능성이 높다는 점이었다. 그러나 만족스럽

54_Teng-hui Lee, "Understanding Taiwan: Bridging the Perception Gap," *Foreign Affairs*, no. 78 (November-December 1999), pp. 9-14.

55_'제2공화'라는 말은 시바 료타로의 저술에서 최초로 등장. 賴秀珍 譯,《蔣經國與李登輝》(臺北, 遠流, 1998), p. 217.

지 못한 부분은 미국이 대만에게 양국론을 철회하라고 압력을 행사하지 않았으며, 대만 또한 미국의 방기 하에 계속적으로 대만 내에서 양국론을 홍보하고 있어서 사태가 장기간 지속될 경우 중국에서 주장하고 있는 양안해협 양측에 대한 위상 정립을 무력화시킬 수도 있다는 점이었다.

그러나, 당시 중국의 실력으로 미국과 겨루기에는 역부족이었다. 그 당시 대만해협 양측의 군사력의 차이와 무관하게 중난하이(中南海)의 상황에 대해 말하자면, 1999년 4월 말경에 부상하여 7, 8월경에 대만과 수차례의 충돌을 일으켰던 파룬궁(法輪功)의 충돌이야말로 중국의 정권까지도 흔들 수 있는 최대의 위협이었다. 이 문제는 미국의 양해는 물론이고 큰 역량을 동원하여 처리해야만 했다. 그리하여 장쩌민은 9월 오클랜드에서 거행된 정상회담의 특별선물로 파룬궁을 비난하는 서적을 클린턴에게 전달했다. 또한 중국 경제발전의 미래에 사활이 걸린 WTO 가입안도 미국의 결심에 달려 있었다. 주룽지(朱鎔基)가 연초에 방미했을 때 WTO 가입문제를 타결하지 못해 중국 내부에서 커다란 압력이 형성되었는데 이를 더 이상 지연할 경우 완전히 무산될 수도 있었다. 그 밖에도 유고 주재 중국대사관 피폭건은 국내의 민족주의 징시와 결부되어 있어서 그 해소가 결코 쉽지 않은 점도 미국과의 사이좋은 타협을 요구하고 있었다.

이러한 객관적인 대내외 큰 환경적 요소는 중국으로 하여금 이번 회합에서 일보 후퇴하게 하였다. 그러나 장기적으로 대만이 양국론을 지속적으로 추진한다면 반드시 통일에 부정적인 영향을 미칠 것이었다. 따라서 중국은 잠시 주춤하였지만 이와 동시에 대만에 대해 압박을 지속 혹은 증대시키기 위한 다양한 장기적인 포석도 내놓았다.

8월 18일, 중대반과 국대반은 베이징에서 회의를 거행하였다. 부총리 겸 대대만업무위원회 부위원장인 주룽지는 양국론 이후의 중국의 정책방향을 설정하였다. 그는 화살의 촉을 리덩후이에게 겨냥하면서, 양국론이란 장기간에 걸쳐 꾸며진 분단된 획책이며, 대만이 양국론을 포기하지 않는다면 양측 위원회 간 회담을 속개할 여지가 없다고 하였다. 그러나 양측의 대립으로 말미암아 경제, 무역거래 및 중국 내의 대만 기업인의 합법적인 권익까지 지장을 초래할 필요는 없다고 주장하였다.[56] 이와 같은 논조는 양국론 위기에 종지부를 찍은 것이나 다름이 없었다. 한 달 뒤 클린턴과 장쩌민의 오클랜드 회담에서, 장쩌민은 파룬궁과 WTO 가입 문제를 보다 더 걱정하는 듯하였으며, 양국론 문제에 관해서는 첸치천의 베이징 회동 발언 내용을 되풀이했다. 9월 21일 대만에서 막대한 피해를 초래한 지진이 발생한 후 양국론 위기는 완전히 해소되었다. 다행인지 불행인지, 인재(人災)의 소용돌이가 아이러니컬하게도 천재(天災)로 말미암아 종식된 것이다.

위기는 해소되었으나, 중국이 대만에 대해 가지고 있던 긴장감은 양국론으로 인해 더욱 높아졌고, 행동 또한 더욱 구체화되었다. 첫째, 지금까지 대만해협으로 진입하지 않았던 중국 전투기가 양국론 위기 부터 수시로 대만해협 중간선 서측에서 활동하였다. 이러한 움직임이 섬으로의 보급물자의 수송이나 민간 여객기의 통상적인 비행에 지장을 가져다주지는 않았지만 대만에 다음과 같은 두 가지 '즉각적이고도 분명한' 손해를 가져다주었다. 첫째, 중화민국 공군전투기의 통상적인 비행훈련 공역이 제약을 받게 되었다. 리덩후이는 류타이잉(劉泰英)을 필리핀으로 파견하여, 인도적 기금의 명목으로 에스트라다(Joseph Estrada) 필리핀 대통령에게 100만 달러의 원조를 제공하는 대가로 훈련공역을 빌려 쓰는 문제를 협상하도록 하였다. 그러나 결과는 성사되지 않았다.[57] 이 일은 타이베이 측이 항상 자랑해 온 공군 조종사들의 숙련도와 직결된 것인 만큼 결코 작은 일이 아니었다.

더욱 중요한 것은 대만해협 중간선은 애초부터 실체가 없는 선이었

56_梁實華, 〈중국, 평화통일, 일국양제와 장쩌민의 8개 항 지속 유지〉, 《工商時報》, 1999년 8월 19일, 제10면.

57_周德惠, 〈류타이잉—나는 국가를 위해 이토록 많은 일을 했기 때문에 리 전 총통이 나를 외면할 이유가 없다〉, 《聯合報》 2002년 12월 3일, 제3면; 宋伯東, 〈류타이잉, 고위층을 고발하다〉, 《聯合報》, 2003년 6월 7일, 제3면.

으며, 구체적으로 표시할 수도 없었다. 대만해협이 상당히 좁은 데다가(70마일), 이를 반으로 나눈 상황에서 전투기가 빠른 속도로 비행하게 되면 서로 조우하는 경우나, 나아가 접촉사고, 혹은 충돌로도 이어질 수 있는 가능성이 훨씬 높아진다. 대만해협 양측 관계가 긴장으로 치닫고 대화의 채널이 결핍된 상황에서 충돌 발생의 가능성이 극대화되고, 미국을 소용돌이 속으로 끌어들일 수 있는 가능성도 그 어느 지역보다도 높아지게 되었다. 따라서 양국론의 후유증은 중화민국의 국가적 안보에 구체적으로 해를 가하게 했을 뿐만 아니라, 미국으로 하여금 대만해협의 군사적인 문제에 대한 관심의 수위를 높이도록 하였다.

다음으로, 장기적으로 볼 때 앞에서 지적한 것보다도 중요한 것은 중국이 대만문제 해결과 관련된 타임테이블을 작성한 징후가 과거보다 훨씬 분명해졌다는 것이다. 그 어떤 정부에 있어서도 타임테이블은 동원의지와 자원을 집중시킬 수 있는 가장 좋은 방법이다. 이는 정책이 구두의 표명에서 행동으로 옮겨질 것이라는 것을 의미할 뿐만 아니라, 행동 속에 긴박감과 우선순위가 정해진다는 것을 말한다. 따라서 이것의 대만에 대한 위협의 심각성의 정도는 상당한 것이었다.

셋째, 중국군은 1999년 12월 대폭적인 고위 인사이동을 단행하였는데, 이 가운데에서 가장 주목을 받은 인물은 신임 난징군구 사령관인 량광례(梁光烈)였다. 그는 1979년 중국과 베트남전쟁 당시에 최일선에서 무공을 세웠으며, 1989년에는 소속 부대를 인솔하여 베이징 계엄에 투입되었다가 이후에는 지난군구 신속 반응부대 군단장, 베이징군구(北京軍區) 부사령관 및 선양군구(瀋陽軍區) 사령관을 역임하였다. 2001년 난징군구 사령관 재직 시《도해상륙작전—중외 상륙작전 계시록(渡海登陸作戰:中外登陸作戰啓示錄)》이라는 책의 편찬을 주도하기도 하였다. 이 책은 과거와 최근의 16개 해협 도하작전의 사례를 포함하고 있으며, 서론에서 "향후 상륙작전은 역사상 있었던 상륙작전의 단순한 재현이 아니다. 군대 건설의 발전, 전쟁 개념의 선진화, 첨단 기술 무기의 광범한 사용은 필연적으로 독창적인 상륙양식, 상륙전술을 가져올 것이다"고 하였다.[58] 2003년 3월, 량광레는 중공중앙군사위원회 위원 및 해방군 총참모장으로 승진했다.

넷째, 이상과 같은 세 가지 비교적 내부적인 조정 외에 중국은 다음과 같은 공개적인 거대 모션을 취하였다. 2000년 2월 22일 국무원 대만담당관실과 공보담당 부서가 《하나의 중국원칙과 대만문제(一個中國的原則與臺灣問題)》라는 백서를 발표한 것이다. 이는 1993년 8월 31일의 《대만문제와 중국의 통일(臺灣問題與中國的統一)》 백서 이후 대만을 대상으로 한 첫 백서였다. 문장은 지루할 정도로 긴 데 반해 새로운 내용은 많지 않았으며, 다만 두 부분을 주목할 만하다. 한 부분은 중국 고위층의 리덩후이에 대한 적대감이 이미 역사의 정점에 이르렀음을 나타낸 것으로서 "리덩후이는 이미 대만 분단세력의 최고 대표가 되었으며, 대만해협 안전 국면의 파괴자이며, 미중관계 발전의 걸림돌인 동시에 아태지역 평화와 안정의 사고뭉치이다"라고 하였다. 이는 리덩후이가 양국론을 기회로 하여 후계자를 위해 길을 닦으려 한다는 중국 당국의 의구심과 우려를 여지없이 드러낸 것이다.

보다 많은 사람들, 특히 미국의 관심을 불러일으킨 것은 다음과 같은 내용이었다. "만약에 대만이 전통적인 명의로 중국으로부터 분할되어 나가는 중대 사변이 출현할 경우, 만약에 제3국이 대만을 점령하는 것이 현실화될 경우, 만약에 대만이 협상을 통한 양측의 평화적인 통일문제의 해결을 무기한 거부하는 경우, 중국 정부는 중국의 주권 및 영토의 보존 및 수호, 중국의 통일 위업의 완성을 위해 무력 사용을 포함한 모든 단호한 조치를 취할 수밖에 없다"였다. 여기서 열거한 '3개의 만약에'는 일반적으로 '중국의 무력 행사를 가능하게 하는 3개 전제'로 해석되고 있으며, 이 중에서도 가장 눈길을 끌었던 것은 제3항인 "만약 무기한으로 협상에 임하기를 거부할 경우"였다. 중국의 영문판 공식 문건에는 일반 사람들이 극히 드물게 사용하는 라틴어 표현

58_梁光烈, 《渡海登陸作戰: 中外登陸作戰啓示錄》(北京: 國防大學, 2001).

인 *sine die*(무한정으로)라는 문자를 사용하여 서구인들에게 깊은 인상을 갖도록 하였다. 그러나 그보다도 더욱 중요한 것은 여기에 은연중 '타임테이블'의 개념이 포함되어 있다는 것인데, 이는 지금까지 없었던 일이었다. 3월 13일자 《인민일보》 사설에서는 "정치적, 전략적 구상에 따라 대만문제 해결에 타임테이블이 있어야 한다. 또한 이를 무작정 지연할 수는 없다"고 더 분명하게 밝혔다.[59]

백서의 발표 시기는 특히 논란을 불러일으켰다. 중화민국의 제10대 총통 선거일이 불과 4주밖에 안 남은 시기에 중국이 이와 같은 위협을 했다는 것은 사람들로 하여금 지난 번 총통선거 때 언론과 무력을 병행한 문무겸장의 위협을 떠올리게 하였다. 대만 주민들의 격분된 감정은 고사하고, 미 행정부조차 불쾌감을 느꼈다. 클린턴 대통령은 리처드 부시 AIT 이사장의 건의를 받아들여 1997년 10월, 베이징 방문 시 "중화인민공화국과 대만 간의 관계는 반드시 중국인 자신에 의해 해결되어야 한다"고 표명했던 태도를 바꾸어 "대만의 미래는 반드시 대만 주민의 동의를 얻어야 한다"고 하였다.[60] 〈대만안보강화법률안(Taiwan Security Enhancement Act)〉을 심의 중이던 미 의회는 특히 더 분개했다. 대만은 이를 틈타 이지스 구축함, 잠수함, 패트리어트 미사일, AIM-120 장거리 공대공 미사일 등을 포함한 일련의 첨단무기 구매 희망 리스트를 내놓았다. 미 국방부는 8일 상징적으로 일부 공중방어 미사일과 공중탐색 레이더를 판매하기로 결정했다고 공표하였다. 중국은 즉각 항의하였다. 이러한 상호 간의 활동은 2000년의 총통선거에 짙은 화약 냄새를 풍기도록 하였다.

59_사설, 〈빠른 시일 내 대만문제 해결을 위한 준비작업에 적극 나서라〉, 《人民日報》, 2000년 3월 13일, 제3면.

60_Charles Babington, "Clinton Urges Trade, Shrinking US Debt" (Clinton's speech at University of Pennsylvania) *Washington Post* (25 February 2000), p. A4. Transcript: "Clinton Urges Business to Support China WTO Deal," USIS Washington File (24 February 2000). Nancy Bernkopf Tucker, "Strategic Ambiguity or Strategic Clarity," in Nancy Bernlopf Tucker ed., *Dangerous Strait: The U.S-Taiwan-China Crisis* (New York: Columbia University Press, 2005), p. 200.

머리끝까지 화가 났지만, 4년 전의 전철을 다시 밟을 수 없었던 중국은 주룽지 총리를 내세워 대만에 위협적인 메시지를 전달했다. 대만 주민들은 선거전이 팽배하고 해협 양측 감정의 골이 깊어지고 있는 때에 이러한 위협은 역효과를 초래하게 될 뿐이라는 것을 잘 알고 있었다. 아니나 다를까 롄잔 국민당 총통후보와 필자가 주룽지의 발언을 강력하게 반박했지만, 대세를 만회하는 데에는 역부족이었다. 중국 당국은 아마도 자신의 개입이 결과적으로 자신들이 가장 받아들이기 싫은 결과, 즉 대만독립을 주장해 온 민진당이 정권을 장악하게 될 것이라는 점을 예견하지 못했을 것이다.

제4장 중화민국 신임 총통

"향후 양국론을 다시 거론하지는 않을 것이나, 그 실행은 멈추지 않을 것이다."[1]
—차이잉원, 2000년 5월 6일

"국민당과 중국공산당의 주장에는 거리가 존재한다. 민진당은 더욱 멀어져 있다. […] '92공식'으로 '하나의 중국' 논쟁을 종식시키기 위해 양측이 각각 한 발짝씩 물러날 것을 제의한다."[2]
—쑤치, 2000년 4월 28일

뜻밖의 승리

2000년 총통선거는 국민당의 분열, 즉 롄잔과 쑹추위가 분열되면서 최종적으로 민진당 소속의 천수이볜과 뤼슈롄이 4,977,697표, 약 39.9%의 득표율로 중화민국 총통과 부총통에 당선되었다. 중화민국에서 최초로 정권교체가 이루어진 동시에 최초로 소수세력의 총통이 탄생한 선거였다.

이는 완전히 새로운 판도로서 아무도 장차 나아갈 길을 알 수 없었다. 당시 탕야오밍(湯曜明) 국방부 참모총장은 투표가 마감되고, 개표결과가 공포되기 전에 막간을 이용하여 국군은 곧 탄생할 국군 최고통수권자에게 충성할 것이라고 하면서, "군은 모든 역량을 발휘하여 절대적인 충성을 다할 것이며, 희생하며, 봉사하여 중화민국 국가의 안전을 수호할 것임을 굳게 맹세한다"고 선언하였다. 여기에서 관련 인사들이 가장 우려한 것은 국가안보와 중국과의 관계라는 것을 알 수

1_이는 차이잉원이 2000년 5월 6일, 필자에게 직접 말한 내용이다.

2_張慧英, 〈쑤치—중국과 대만간 92공식으로 하나의 중국 논쟁 대처 촉구〉, 《中國時報》, 2000년 4월 29일, 제2면; Larry Dong, "'1992Consensus' Urged as Basis for Talks," *Taiwan News* (29 April 2000), p. 1.

있다.[3] 국민당 중앙당사 앞에서 수일간 항의 데모가 계속되었던 것을 제외하고는 일반 사람들이 가장 걱정한 일은 다음과 같았다. 오랜 세월 동안 대만독립을 주장해 온 민진당이 집권한다면 대만해협 양측의 관계가 악화되지 않을까? 전쟁이 일촉즉발의 상황으로 치닫는 것은 아닌가? 대만의 미래는 어디로 가게 될 것인가? 이들 문제는 대만 주민들은 물론이고, 세계 각국에서도 주목하는 것이었다.

이러한 이유로 인해 천수이볜의 대만해협 양측과 관련된 담화는 특히 주목을 받게 되었다. 선거 결과가 공표된 당일 저녁, 천수이볜은 다음과 같은 당선 소감을 밝혔다.

> 대만해협의 평화와 안정은 양측 주민 모두가 바라는 바이다. 향후 우리는 최대한의 호의와 결심으로 전방위적이고 건설적인 소통과 대화를 희망한다. 국가안보와 국민의 이익을 확보한다는 전제하에 우리는 양측의 직접적인 통항, 통상, 무역, 평화협정, 군사신뢰체계 등 각종 의제와 관련하여 대만해협 양측이 협상을 진행하기를 희망한다. 우리는 또한 진심으로 장쩌민, 주룽지 및 왕다오한의 대만 방문을 환영한다. 본인과 뤼슈롄 또한 취임하기 전에 중국대륙을 방문하여 화해와 소통의 여행을 하기를 희망한다. 우리는 양측 지도자 모두가 미래의 상호 관계의 호의적인 발전을 위해, 있는 지혜와 용기를 모두 바쳐 '선의, 화해, 적극협력, 영구평화'라는 영구적인 목표를 향해 매진할 수 있을 것이라고 믿고 있다.[4]

이와 같이 선의로 가득 차고, 대다수 사람들의 기대에 부응하는 연설은 국내외 각계의 긍정적인 반응을 얻어 일시적으로 정세를 안정시키는 역할을 하였다.

선거 결과가 공표된 이후 중국의 초기 반응은 매우 신중했다. 첫 번째 성명은 중대반과 국대반 명의로 나왔으며, '하나의 중국' 원칙을 재

3_呂昭隆, 〈국군은 헌법에 의거하여 새로운 군 최고 통수권자에게 충성할 것을 밝힌다〉, 《中國時報》, 2000년 3월 19일, 제3면.

4_〈국민의 승리, 책임의 시작—중화민국 제10대 총통, 부총통 당선 소감〉, 2000년 3월 18일.

강조하고, 대만의 독립주장에 대해 반대의 입장을 재확인하면서, "대만의 새로운 지도자와 관련하여 우리는 그 '말 한마디, 행동 하나도 주시'할 것이며, 이들이 양측의 관계를 어디로 끌고 가려는지를 예의 주시할 것이다"라고 하였다.[5] 대만해협 양측은 이로부터 '언행을 주목한다'는 주시의 단계에 돌입하였다.

며칠 후 장쩌민은 대만의 총통선거 결과에 대해 발언하였다. 그는 "대만의 지방선거가 이미 종료되었다. 지난날에도 그랬고, 지금도 그대로인 것은 그 누가 대만의 권력자가 되든지 간에 본토에 와서 협상하는 것을 환영하며, 또한 우리도 대만으로 갈 수 있다는 것이다"라고 하였다. 이는 천수이볜의 '화해와 소통의 여행'에 대한 화답이라고 할 수 있다. 그러나 장쩌민은 "반드시 하나의 중국 원칙을 인정해야 하며, 이 전제하에서라면, 무엇이든지 논의가 가능하다"는 점을 되풀이하는 것을 잊지 않았다.[6]

뜻밖의 사태가 벌어진 것이었기 때문에, 중국은 사실 대만의 총통선거 결과에 대해 뚜렷한 대책이 없이 다만 일시적이고도 소극적으로 '말 한마디, 행동 하나도 주시'한다고 하였고, '하나의 중국' 원칙을 반복하는 것으로 대응할 수밖에 없었다. 이때 총체적인 정세는 여전히 안개 속과 같은 불확실한 긴장 상태에서 모호한 가운데 상당히 사람을 불안하게 하는 것이었다.

3월 18일부터 5월 20일에 이르는 2개월 동안, 민진당 관련 인사들의 대만해협 양측의 문제에 관한 발언은 매우 신중하였다. 천수이볜이 총통 당선인의 자격으로 각계 중진들을 방문했을 때 했던 발언들은 과거에 비해 이상할 정도로 온화하였다. 예를 들면, 쑨윈쉬안(孫運璿) 전 행정원장의 연방제(confederation)로 양국론을 대체하자는 제의와 관련하

5_중국공산당, 〈'중앙위 대대만업무 담당기구'의 대만 선거결과에 관한 성명 발표 전문〉, 대륙위원회 홈페이지. 〈대륙업무참고자료〉 http://www.mac.gov.tw/ct.asp?xItem=61847&ctNode=6231&mp=2.

6_林美玲, 〈천수이볜—하나의 중국 원칙이 아니라면 협상 가능; 장쩌민—하나의 중국이 대화의 전제〉, 《聯合報》, 2000년 3월 21일, 제1면.

여 천수이볜은 “연방제는 획기적인 새로운 사고를 내포하고 있으며, 그 시행 가능 여부는 여야 간에 인식을 공유할 수 있어야 하는 동시에 여기에는 상당한 토론이 필요하다”고 답변하였으며, 차오위청(曹興誠) 연합전기(聯合電器) 이사장의 방문 시에는 “대만의 경제발전은 대륙을 중심으로 해야 한다”고 말했고, 3대 상공단체 회장단 방문 시에는 “양측 간 삼통은 피할 수 없는 문제로서 가까운 시일 내에 가닥이 잡힐 것”이라고 말하였다.

4월 14일 오후, 천수이볜은 총통 당선인 자격으로 뤼슈롄 부총통 당선인 및 장쥔슝(張俊雄), 추이런(邱義仁), 커청헝(柯承亨) 등 인사들을 인솔하여 대륙위원회를 방문하였다. 필자는 린중빈(林中斌), 탕페이(唐飛), 정안궈(鄭安國) 등의 세 명의 부주임위원을 인솔하여 귀빈 접대실에서 90분에 걸쳐 브리핑과 질의응답을 진행하였다. 장쥔슝은 이때 정권 인수위원회 민진당 측 책임자였으며, 그 후 총통부 비서실장, 행정원 부원장을 거쳐 탕페이의 후임으로 행정원장을 역임하였다. 추이런은 당시 민진당에서 임명한 주미 대표를 맡았는데, 천수이볜의 선거기간 동안 핵심 대책본부장이었다. 그는 보기 드물게 민진당 내에서 국제 및 양안 관계에 흥미 있는 상당한 연구를 한 바 있었다. 이들이 일선에 배치되었다는 점은 놀라운 일이 아니었다. 커청헝은 장기간에 걸쳐 천수이볜의 참모를 맡아 왔으며, 1991년 천수이볜의 최초 중국 방문 시 수행한 적이 있었다. 이번에 다시 천수이볜을 수행하기 위해 대륙위원회에 참여한 것으로 보아 그가 국가안보시스템에서 대만해협 양측의 문제와 관련하여 중책을 맡을 것으로 예상되었다. 그 후 그는 국가안보회의 자문위원의 신분으로 비밀스럽게 행동하여 왔는데, 이로 인해 그를 천수이볜의 ‘숨겨진 인물’이라는 데에 의문을 제기하는 사람이 없었다.

브리핑에서 필자는 대륙위원회 편성, 인력 및 예산을 보고하고 대만해협 양측 협상 및 민간교류의 개황과 문제점을 중점적으로 설명하였다. 천수이볜은 1992년 ‘하나의 중국, 각자의 정의’ 공식의 내용에 대해 달리 말하는 것을 들은 바 있다고 말하면서 대륙위원회 측이 관련된 문서를 보유하고 있는지를 알고 싶다고 하였다. 필자와 정안궈 부주임위원은 즉각 당일 준비된 서면보고 자료 중 리덩후이 전임 총통 및 구전푸 해기회 이사장이 '하나의 중국, 각자의 정의'를 언급한 내용이 포함되어 있다고 보충 설명하였다. 다른 한편으로 필자는 정안궈 부주임위원으로 하여금 최대한 빠른 시일 내에 원본 자료를 전부 모아 추이런을 경유하여 총통 당선인에게 제출하도록 하였으며, 정안궈는 바로 다음 날 임무를 완수하였다.

2개월 후인 6월 27일, 총통으로서 천수이볜은 집무실에서 미국 방문객 접견 시 새로 출범한 정부는 '하나의 중국, 각자의 정의' 공식을 수용할 의사가 있다고 밝혔다. 그러나 이러한 주장은 바로 다음 날 차이잉원 대륙위원회 주임위원에 의해 부인됨으로써 부하가 상관의 발언 내용을 부정하는 보기 드문 사례가 되었지만, 최소한 6월 말까지도 천 총통은 '하나의 중국, 각자의 정의'를 인정하고 있었다. 그러나 앞서 4월 중순에, 천수이볜이 이와 관련된 문제를 제기했다는 것은 그의 마음속에 이미 의문이 생겼음을 말해 주고 있다. 그는 이미 '하나의 중국, 각자의 정의'에 대한 '다른 식의 해석'을 들은 적이 있다고 말한 적이 있었다.

필자가 '92공식'의 명칭을 시험적으로 만들어 내다

5월 20일 총통 취임식 이전의 2개월간 대만해협 양측의 관계는 온통 저기압이었으며, 금세라도 전쟁이 터질 것만 같은 묘한 분위기가 조성되어 있었다. 중국과 새로이 집권한 민진당 간의 상호 불신에 대해서는 말할 여지가 없었고, 짧은 기간 동안 자아억제가 기능하고 있었다. 이러한 자아억제가 언제까지 지속될 것인지 혹은 순간적인 오판으로 인해 충돌을 야기하지 않을까에 대해 모든 사람들이 우려하고 있었다.

당시 문제의 핵심은 이른바 '하나의 중국'이었다. 이 문제는 필자를 포함하여 대만에 있는 다수의 사람들이 좋아하지 않았는데, 왜냐하면 이것이 미국과 중국 간의 상하이 연합공보(1972년)에서 파생된 것이기 때문이었다. 장기간에 걸쳐서 베이징은 이를 양측 관계 설정의 기준으로 삼아 왔고, 나아가 '원칙'이라는 두 글자를 첨가하여 모든 분야로의 확대 적용을 용이하게 만들었다. 미국 또한 1972년부터 '하나의 중국'이라는 표현을 수용하고 활용하였으나 중국과 같이 '원칙'이라는 표현을 사용하지 않았으며, 반대로 그 앞에 '우리의(our)'를, 뒤에는 '정책(policy)'이라는 단어를 첨가하여 차별화시켰다. 사적으로 우리(국민당과 민진당 포함)에게 우호적인 인사들은 이것이 마치 '유일신(one God)'과도 같은 것이기 때문에 타이베이가 이를 무효화해서는 안 된다고 충고하였다.

제1장에서 밝혔듯이, 1992년 대만해협 양측의 해기회와 해협회 간의 만남이 있기 직전 '하나의 중국'의 원칙이 암초에 걸렸다. 그러나 같은 해 11월 '하나의 중국, 각자의 정의'라는 공식이 형성된 다음에는 매듭이 풀려, 1993년 구전푸와 왕다오한의 싱가포르 회담과 그 이후의 2년간 계속된 실무협상 등이 순조롭게 뒤를 이었고, 이로 인해 50년간 대립해 왔던 대만해협 양측 관계에 몇 년 동안의 화해의 무드를 조성하게 되었다. 1992년에서 1995년까지의 경험에 비추어 볼 때, '하나의 중국' 문제는 해결이 불가능한 것이 아니라 각자가 받아들일 수 있는 방안을 모색할 수도 있었다.

천수이볜이 당선인의 신분으로 대륙위원회를 방문하고, '하나의 중국, 각자의 정의'에 대해 질문하고 난 이후 며칠 동안 필자는 민진당이 집권한 이후 양안이 이 핵심 문제에 있어서 견해의 차이가 더욱 심해질 것이라고 생각했다. 따라서 과연 양안의 세 정당이 모두 수용 가능한 타협방안은 없을까를 고민하였다. 만약 중국공산당의 '하나의 중국'에 대한 입장을 Yes라고 한다면, 국민당의 '하나의 중국, 각자의 정의'는 Yes, but(여기서 Yes는 양안의 평화적인 공존의 기반을 조성할 수 있다는 것이며, but은 대만의 자주적인 공간을 말한다)이라고 할 수 있다. 또한 민진당의 '하나의 중국'에 대한 적대적인 태도는 No라고 할 수 있을 것이다. Yes와 Yes, but 간에는 공통된 부분이 존재하지만, Yes와 No 사이에는 대립만이 있을 뿐, 타협의 여지는 없어 보인다. 따라서 국민당이 집권하던 시기에는 국민당과 공산당 간에 의견이 일치되는 점은 취하고(Yes), 서로 다른 점(No)은 잠시 보류할 수 있었다. 현재 민진당과 공산당 간에 타협점을 찾지 못할 경우, 양측 관계는 계속 대립하든가 혹은 더 후퇴할 수도 있었다. 만약 어느 일방이 의도하거나 혹은 오판하게 되는 경우, 일찍이 없었던 유혈충돌이라는 상황으로 돌아갈 수도 있는 상황이었다.

이러한 상황에서 어떻게 해야 공통점을 찾아내어 교착상태를 타개할 것인가? Yes와 No 사이에서 과연 타협할 수 없단 말인가? 며칠간 곰곰이 생각한 끝에 필자가 도출한 답안은 Yes와 No, 나아가 but까지도 포함하여 세 가지 주장으로 하여금 큰 테두리 안에서 각자의 말을 계속할 수 있도록 하는 것이었다. 삼자가 이 큰 테두리를 인정하는 한 상호 타협할 수 있는 기반이 갖추어지는 것이었다.

그리하여 4월 28일, 필자는 단장대학에서 주최한 국제세미나에 참석하여 하나의 큰 그림으로서 중국어와 영어로 '1992년 공식' 혹은 '92년 공식'이라는 새로운 단어를 제시하였다. '공식'이라는 용어를 쓰는 것은 이 용어가 애매모호한 정치적 술어이지 법률적 의미가 없기 때문이었다. '92'를 사용한 것은 1992년에서 95년까지 양안해협의 양측이 화해했었던 경험을 가리키는 것으로 그 기조는 유연한 것, 선의의 것이었다. 선의의 애매함이 있는 이상 포용성도 있게 된다. 장차 '92공식으로 돌아가자'라는 전제만 인정된다면 중국은 중국대로, 대만은 대만대로의 주장을 지속할 수 있으니 모두 다 서운하지는 않을 것이었다. 이 중 핵심은 '하나의 중국'을 거론하기 싫은 사람의 경우 일체 그 이야기를 하지 않아도 된다는 것이었다. 이렇게 할 때 새롭게 출범한 민진당 정부의 요구를 만족시킬 수 있을 것이며, 또한 양안해협의 가장 껄끄럽고 골치 아픈 문제를 한편에 내려놓을 수 있었다.

필자가 이러한 건의를 한 것은 당파를 초월하고 나아가 양안해협 양측을 고려한 '창조적인 애매모호함'의 구상을 통해 양측 관계에 새로운 타협점을 찾아내어 Yes와 No 사이의 대립으로 대항이라는 옛길로의 회귀를 피하고자 함에 있었다. 이러한 건의가 공개되자 민진당 정부의 반응은 차가웠다. 같은 해 7월 미국 모 전직 주요 관리가 대만을 방문했을 때 천수이볜 총통에게 '92정신(九二精神)'이라는 용어를 사용하도록 건의하였고, 천 총통은 이를 수락한 후 31일에 이 용어를 공개적으로 사용한 바 있었다. 그러나 이 용어도 10월 중순 한 번 더 등장한 이후에는 사라져 버렸다.

이러한 에피소드는 천수이볜이 쉽게 미국의 영향을 받는다는 것을 말해 주는 것 외에도 천수이볜 정권 초기에 양안관계의 해빙을 위해서는 그 중간에 무언가 '다리'를 하나 놓아야 한다는 점을 절실하게 느끼고 있었음을 시사했다. 과거 '하나의 중국, 각자의 정의' 또는 새로운 명칭인 '92공식'은 고사하더라도 새로운 그 무엇인가가 필요하였다. 그러나 천수이볜 8년의 임기 동안 이러한 대체용 '다리'는 공식적으로 출현하지 않았다. 역으로 그는 '92정신'을 가장 먼저 무시하였고, 2001년 11월 입법원 선거전이 치열할 때에는 한걸음 더 나아가 '92공식'을 '대만을 팔아넘기려는 것'이라고 하는 한편, 2008년 퇴임 직전까지도 이러한 기조를 변화없이 이어 갔다.[7] 유일하게 반짝이다가 사라진 것은 2004년 9월의 '준준참수사건'(이 책 제10장 참조) 직후였다. 놀란 가슴을 쓸어내린 천수이볜은 국경일 경축사에서 "92년 홍콩회담에서의 위기 처리를 기초로 하여 담판을 속개하자"고 말하였다. 그러나 그 누구도 이러한 제의에 대해 공개적으로 해석하지 않았고 11월 10일 한 번 더 거론되었다가 이후 소리없이 사라졌다. 이는 천수이볜이 오래전부터 중국과 양자 간의 화해의 다리를 놓는 것을 포기하였다는 것을 시사한다. 그의 정책기조는 궁극적으로 '일변일국(一變一國)'이라는 새로

7_温貴香,〈롄잔, 92공식이 어째서 대만을 팔아먹은 것이 되나?〉,《臺灣日報》, 2001년 10월 22일, 제3면; 范振和,〈천수이볜, 일국양제, 92공식 수용 못함〉,《聯合報》, 2001년 10월 22일, 제6면; 陳素玲,〈천수이볜, 92공식 보이코트〉,《聯合晚報》, 2001년 10월 21일, 제2면.

운 구도를 구축하기 위해 대항과 배척으로 초점을 맞춘 듯하였다. 다만 대내외 여건이 무르익지 않은 2000년에는 이를 참을 수밖에 없었던 것이다.

중국에서는 '92공식'라는 새로운 용어가 등장한 후 수개월에 걸친 관망 끝에 7월 13일이 되어서야 신화사 통신이 대만해협 양측 학술세미나에 참석한 학자의 입을 빌려 공개적으로 '92공식'을 언급하였다. 8월 29일 쑨야푸(孫亞夫) 해협회 부회장은 공개적으로 '92공식'을 원칙으로 한 양자 간 회담재개에 동의한다고 말하였다.[8] 11월 15일 왕짜이시(王在希) 국대반 부주임은 더욱 분명하게 '92공식'과 '하나의 중국' 원칙을 하나로 묶어서 발언하였다.[9] 다시 말하자면, 반년에 걸친 장고 끝에 중국이 '92공식'이라는 큰 틀을 사용하는 것에 동의하였다는 것인데, 이에 대해 자신들이 생각하고 있는 내용이란 "대만해협 양측이 모두 하나의 중국 원칙을 고수한다"는 것이라고 덧붙였다.

차이잉원, "말이 아닌 행동으로 양국론을 실행한다"

4월 중순, 천수이볜은 당시 국가안보회의 자문위원이었던 차이잉원을 대륙위원회 주임위원으로 내정하였다. 차이잉원은 양국론의 핵심 기안자였기 때문에 천수이볜의 인사결정이 리덩후이 시기의 양국론의 연장선에 있는 것이 아닌가 하는 점을 놓고 이견이 분분하였다. 차이잉원은 기자들로부터 질문을 받았을 때 양국론에 대해서는 시종 말을 아낀 채, 다만 양국론은 매우 복잡하며 오해를 사기 쉽기 때문에 5월 20일 취임 이후 양국론을 다시 거론하지 않을 것이라고 공개적으로 선언하는 한편, 이후 대만해협 양측의 관계는 경제무역발전을 주축으로 할 것이라고 강조하였다.[10]

8_朱建陵, 〈첸치천—국가통일강령 수정은 양측 소통에 장애 요인〉, 《中國時報》, 2000년 8월 30일, 제3면.

9_黃少華, 〈왕짜이시—대만 당국, 92공식 준수를 분명하게 표명할 필요에 대해 언급〉, 《中新社》, 2000년 11월 16일, http://news.china.com/zh_cn/domestic/945/20001116/27491.html.

10_羅如蘭, 〈차이잉원, 양국론 미언급으로 중국과의 대화의 길을 닦다〉, 《中國時報》, 2000년

그러나 5월 20일 취임식을 2주 앞두고 차이잉원은 단독으로 대륙위원회 주임위원 사무실을 찾았다. 두 시간에 가까운 면담을 통해 필자는 정권교체의 민주적 정신에 입각하여 관련 업무를 최대한 성실하게 인계하였다. 이날의 면담이 끝날 무렵 차이잉원은 묻지도 않았는데 "향후 양국론을 다시 거론하지는 않을 것이나, 그 실행은 멈추지 않을 것이다"라고 하였다.

이러한 발언으로 필자가 받은 당시의 충격은 1999년 7월 9일 귀국할 당시 장제스공항 탑승교에서 양국론이 공식 발표되었다고 들었을 때보다 더한 것이었다. 문제의 해 7월, 차이잉원이 참여하여 만들어 낸 양국론 위기가 천신만고 끝에 해결되었던 험난했던 나날들이 눈에 선명해졌고, 차이잉원의 새로운 직책이 발표된 후 "양국론을 다시는 거론하지 않겠다"라는 공식 발언이 아직도 귓전에 울리고 있었다. 그러한 상황에서 그녀로부터 "거론하지는 않을 것이나, 실행은 멈추지 않는다"는 말을 직접 들었으니 필자가 받은 충격을 짐작할 수 있을 것이다.

이는 정부 관리의 언행일치의 여부 및 정부의 대국민 기만이라고 하는 심각한 문제와 직결된다. 다른 민주주의 국가 같으면 이러한 관리 혹은 정부는 사퇴 이외에는 다른 선택이 없었을 것이다. 당시 필자가 우려한 일은 양국론이 실제 적용될 경우 국가 이익과 국민복지에 어떠한 영향을 가져다줄 것인가 하는 문제였다. 그녀의 말로 인해 필자는 매우 무거운 심정으로 머지않아 이 사무실의 주인이 될 그녀를 배웅하였다.

차이잉원이 취임 전에 발언한 "말이 아닌 행동으로 양국론을 실현하겠다"라는 놀라운 고백과 관련하여 필자는 엄청난 충격을 받았음에도 불구하고 당시는 그 공개를 보류하였다. 사정이야 어찌되었든 간에 한 사람의 발언이 곧 정부 전체의 의사라고 볼 수 없었을 뿐 아니라 순간의 발언이 깊은 생각 끝의 발언이 아닐 수도 있었기 때문이었다. 한편

5월 9일, 제4면.

으로는 신생 민주주의인 중화민국에서 민진당이 비록 소수의 세력으로 집권하였다고는 하지만 전 국민이 부여한 합법적인 정부인 이상 당연히 스스로 적절하다고 생각하는 정책을 집행할 권리가 주어진 것이다. 객관적으로 국가와 국민에게 유리한 것과 불리한 것 역시 일정한 시간이 흘러야 판단이 가능한 것이다. 5월 20일 이후 약 일 년간 필자는 재야의 몸으로 국민당의 싱크탱크에서 보직을 맡고 있었다. 그럼에도 불구하고 필자는 민진당의 대중국정책에 대한 직접적인 비판을 삼갔으며, 많은 언론계의 인터뷰 요청도 사절하였다. 2001년 5월, 여러 가지 징후를 볼 때 천수이볜 정부가 차이잉원의 양국론을 실행하고 있는 것이 틀림없었으며, 필자는 이러한 정책이 계속될 경우 국가와 국민의 권익에 심각한 손상이 가해질 것이라 판단하여, 결국 1년 전 차이잉원의 충격적인 고백 내용을 공개하기로 결정하였다.[11]

여기에서 강조하고 싶은 점은 차이잉원의 발언은 5월 20일 이전이었으나 필자가 이를 공개했을 때에는 그 발언의 시기와 장소를 언급하지 않았다는 점이다. 차이잉원은 언론기자들의 "말을 하지는 않지만" 계속적으로 "양국론을 실행할 것"이라고 발언한 사실의 유무에 관한 잇따른 질문에 대해 내막을 모르는 기자들에게 "5월 20일 이후 쑤치와 단 한 차례도 만난 적이 없다"고 답변하였다.[12] 이 말은 '시기 관련' 문제로 교묘하게 빠져나갔지만 각도를 달리해서 본다면 실질적으로 발언의 진실성을 시인한 것이나 마찬가지였다.

'4불 1무'

5월 20일, 천수이볜은 각계가 기대하는 취임연설을 하였다. 사전에 그는 이번 연설이 "미국이 만족하고, 국제사회가 받아들일 수 있고, 중국이 트집 잡을 수 없도록 할 것"이라고 하였다.[13]

11_蘇起, 〈말 안 하고 실행하는 양국론〉, 《國家政策論壇》, 제1권 제5호(2000년 7월).
12_張瑞昌, 〈차이잉원, 양국론 주도자 아님을 해명〉, 《中國時報》, 2000년 5월 14일, 제8면.
13_彭威晶, 〈천수이볜—취임연설, 중국 측이 구실을 찾지 못하도록 할 것임〉, 《聯合報》, 2000년 5월 4일, 제1면.

양안관계와 관련하여 천수이볜은 연설을 통해 우선적으로 대만과 중국은 동일하게 제국주의 침략을 받았던 역사적 경험이 있다고 한 후, 양측이 자유, 민주, 인권을 추구하는 공통된 기초가 있으며, 대만해협 양측이 장기간 떨어져 지냄으로써 생겨난 적대감을 해소하고 다시 사이좋게 지낼 것을 기대한다고 하였다. '하나의 중국' 문제와 관련하여 천수이볜은 "기존의 기초 위에 선의로 협력할 수 있는 여건을 만들어 장래의 '하나의 중국' 문제를 공동으로 처리하자"고 주장하였다.

이어서 천수이볜은 국가원수의 이름으로 다음과 같이 선언하였다. "중국이 대만에게 무력행사를 할 뜻이 없는 한 본인은 임기 내에 독립을 선포하지 않고, 국호를 변경하지 않으며, 양국론을 헌법에 포함시키지 않고, 현상변경을 위한 통일과 독립과 관련된 공민투표를 실시하지 않을 것이며, 또한 〈국가통일강령〉과 국가통일위원회를 폐지하는 문제도 없을 것이다."[14] 이것이 곧 일반 사회에서 말하는 '4불 1무(四不一無)'이다. 국민당 집권 시기에 당연시했던 이러한 내용들은 신임 총통이 선포하고 나서는 가산점이 붙었다. 그중에는 미묘한 심리적인 요소가 작용하였는데 대만의 유권자들은 천수이볜이라는 '사람'을 뽑았지만 '정책'에 있어서는 사실상 국민당의 안정정책을 선호하였다는 점이다.

그리하여 천수이볜이 '4불 1무'를 선포한 이후, 양안해협의 양측은 극적인 변화 없이 현상유지가 가능했고, 따라서 모두 안도의 한숨을 쉴 수 있었다. 당시 대륙위원회가 실시한 여론조사에 따르면 응답한 대만 주민의 90%가 천수이볜의 '4불 1무'를 찬성한다고 하였고, 83%의 응답자가 천수이볜의 취임연설에 대해 중국이 호의를 표시하였으며, 중국도 대만에 호의적인 반응을 보일 필요가 있다고 주장하였다.[15] 최소한 '언술'의 차원에서 천수이볜의 첫걸음은 옳은 것이었다.

14_천수이볜 총통 취임연설, 〈대만, 일어서라—업그레이드 하는 새로운 시대를 맞이하자〉, 2000년 5월 20일.

15_楊羽雯, 〈대륙위원회 여론조사, 천수이볜의 '5불' 주장 찬성률 90% 육박〉, 《聯合報》, 2000년 5월 26일, 제13면.

천수이벤의 권력기반

1947년 제정된 중화민국헌법은 1990년대 리덩후이가 주도한 여섯 차례의 개헌 후에는 '준대통령제'로 전환하였다. 그러나 총통은 '명목상의 국가원수'가 아니라 더 많은 실질적인 권력을 갖게 되었다. 의회의 다수당이 총통과 동일한 정당일 경우 당연히 총통은 같은 당 소속 인사를 정부의 수반(행정원장)에 임명하게 되며, 통상적으로 총통은 실질적인 최고의 권력을 누릴 수 있다. 그러나 의회 내 다수당이 총통과 다른 정당의 소속일 경우, 행정원은 여전히 헌법에서 보장하고 있는 '최고의 행정기관'인 동시에 입법원에 대해 책임을 지기 때문에 행정원장은 당연히 입법원의 다수정당의 대표가 되며 총통과 소속 정당이 상이하므로 총통의 실질적인 권력이 제약받게 된다. 준대통령제가 정치 세력의 변화에 따라 최고 권력의 궤도를 전환하는 시스템을 낳기 때문에, 이를 두고 학계는 '행정권의 궤도전환제(行政權雙軌制)'라고 부르기도 한다.

여러 차례의 헌법수정을 거쳐 총통에게 부여한 실질적인 권력은 다음과 같다. 총통은 입법원의 동의를 거치지 않고 행정원장을 임명한다(조문추가헌법의 제3조 제1항), 총통은 국가안보와 관련된 총체적 방침의 제정권을 갖는다(조문추가헌법의 제2조 제4항), 총통은 피동적인 국회해산권을 갖는다(조문추가헌법의 제2조 제5항), 총통은 행정원장의 재심의 허가권을 갖는다(조문추가헌법의 제3조 제2-2항) 등이다. 이 중 총통은 국회의 동의 없이 행정원장을 임명할 수 있기 때문에 영향력이 가장 크며, 천수이벤 또한 이를 근거로 하여 헌법체제를 '총통제에 편중된 준대통령제'라고 생각하였다.

천수이벤의 첫 번째 임기를 거치면서 정부제도는 거의 완전한 총통제가 되었다. 주된 원인으로 행정원장으로서는 자신의 권력의 합법적인 원천이 총통 한 사람의 임명에서 비롯된다고 생각하기 때문에 나머지 내각 인사의 임명과 행정 정책결정 모두에 있어서 총통의 눈치만 보게 되어 스스로 총통의 참모로 격하하였기 때문이었다. 천수이벤이 총통에 취임한 후 임명했던 세 명의 내각수반(탕페이, 장쥔슝, 유시쿤[游

錫堃]) 중 두 명(장쥔숑, 유시쿤)을 총통부 비서실장에서 행정원장으로 전보시켰다는 것은 천수이볜이 내각의 수반을 자신의 참모 정도로 여기고 있다는 것을 전혀 감추려 하지 않았음을 드러낸 것이다.

그 밖에도 천수이볜의 장관 및 장관급 인사에 대한 개입정도는 전임 리덩후이 총통 집권 후반기를 능가하였다. 통상적으로 어느 기관 또는 회사의 책임자는 부서의 책임자의 의지를 관철하기 위해 필연적으로 인사, 예산, 감독, 발언권을 충분히 행사할 수 있는 자를 임명하고자 한다. 리덩후이의 집권 시기의 몇몇 행정원장(위궈화[俞國華], 리환[李煥], 하오바이춘[郝柏村], 롄잔, 샤오완창)은 상당한 주도권을 행사하였다. 그러나 천수이볜이 임기 중 첫 번째로 임명한 탕페이 행정원장이 임명한지 얼마 되지 않아 입원하였음에도 불구하고 그 기간 중 인사 명령이 속속 발표되었다. 그 결과 행정원 인사행정국장에는 천수이볜의 대학 동창 겸 같은 기숙사 출신의 주우셴(朱武獻)을, 재무총괄에는 타이베이시 예산국장 출신의 린취안(林全)을, 연구조사위원회 책임자에는 타이베이 시 부시장이었던 린자청(林嘉誠)을 각각 임명하였으며, 공보국장만이 탕페이가 추천한 중친(鐘琴)을 임명하였다. 이는 내각인사에 대한 천수이볜 독선의 심도를 여실히 보여 주는 것이었다.

또한 국민대회가 이미 유명무실화(수정 헌법 제1조)됨에 따라 총통은 더 이상 국민대회의 견제를 받지 않게 되었으며, 매년 국민대회에 출석하여 시정방침을 보고할 필요가 없었고, 국민대회 의원의 건의를 듣지 않아도 되었다. 기자회견 실시의 여부는 더욱이 총통 개인의 의사에 달려 있었다(천수이볜은 첫해에 네 번의 기자회견을 실시한 이후 나중에는 언론사 대표 혹은 편집 총책임자를 인솔한 지방시찰 외에는 단 한 번의 기자회견도 갖지 않았다). 중화민국 정계에서 총통은 4년마다 유권자에 대해 직접적인 책임을 지는 것 외에 나머지 기간은 철저하게 후방으로 물러선 채 입법원, 국민대회, 언론매체와 대면할 필요가 없었던 것이다. 그 권력은 대통령책임제를 택하고 있는 미국보다도 막강하였다. 개헌의 결과로 인해 중화민국 총통은 전적으로 권한만 있고 책임질 일이 없는 막후 조정자가 되었다 해도 과언은 아니었다.

그러나 헌법에서 부여한 권력(power)은 그렇다고 하더라도, 사실상 법안과 정책을 관철할 수 있는 권위(authority)가 있었는가는 또 다른 문제였다. 천수이볜이 집권했던 대부분의 시간 동안 실질적인 권위가 결여되어 있었는데 그 원인은 다음과 같다.

첫째, 그에 대한 국민의 신임도는 이후 당선 시의 39%를 크게 넘어서지 못했다. 배타적인 정체성과 대항적인 시정방식은 많은 온건한 중도 인사들의 접근을 막았다. 집권 초기, 그에 대한 여론조사는 80%까지 지지도까지 올라간 바 있었으나 취임 6개월 후 제4기 원전을 철폐하자 바로 40%로 떨어졌고, 수년간 더 이상 오르지 못했다. '3·19총격사건' 및 가족들의 부패 관련 혐의가 잇달아 터지면서 그 지지도는 더욱 바닥권에 머물렀다.

둘째, 입법원에서 민진당은 단 한 번도 과반의석을 넘지 못했다. 2001년 12월 총선 이전, 민진당은 입법원에서 겨우 1/3의 의석(225석 중 70석)을 차지하고 있었던 반면 국민당은 절반에 가까운 108석을 차지하고 있었다. 총선 후 민진당 의석수가 87석으로 증가하여, 대만독립연맹(臺灣獨立聯盟)의 13석과 합한다 해도 겨우 100석으로 과반을 넘지 못했다. 당시 국민당과 친민당(親民黨) 간의 관계가 좋지 않았던 것을 감안할 때 만약 천수이볜이 유럽에서 흔히 볼 수 있는 정당 간 협상방식을 포함하여 야당과 상호 교류할 수 있는 정책을 협의하고, 이 협의를 바탕으로 인사를 공유했다면 여야 간에 상당히 큰 협력공간이 형성되었을 것이다. 아쉽게도 천수이볜은 일을 묻지 않고 사람을 스카우트했으며, 정책협의 대신 다른 정당에서 이탈하는 사람을 수용하였다. 그 결과 여야 간 대립은 끊임없이 증가하였으며, 자연스럽게 국정의 어려움도 증가하였다.

셋째, 민진당 내부에는 처음부터 계파 간 대립이 있었으며, 단 하루도 당대표를 맡은 적이 없었던 천수이볜은 취임 직후 전민정부(全民政府)를 수립하겠다고 주장했고, 나아가 민진당에서 탈당하겠다고도 하였다. 그 외에 중대한 정책이나 인사를 발표하기 전에 민진당의 다른 임원들을 종종 무시하였다. 그 후 당주석직을 맡고도 독불장군의 행각은 계속되었다. 그 결과 민진당의 동지들은 존중받지 못한다고 생각한 나머지 천수이볜의 의사에 동의하여 그의 정책이나 법률안을 관철시키는 일에 소극적일 수밖에 없었다.

정치적인 권위가 부족한 것 외에도 개인적인 자질도 부족했다. 천수이볜이 리덩후이로부터 총통직을 넘겨받았을 때 두 사람 간의 차이는 단순히 연령의 차이와 '대만의 아버지'와 '대만의 아들'(리덩후이가 '대만의 아버지'로 불린 것과 같이 천수이볜은 '대만의 아들'로 불리었다. 이는 천수이볜에 대한 긍정적이고 친근한 호칭이다—옮긴이) 간의 차이에 그치지 않았고, 학식, 경륜, 안목, 외국어 능력의 면에서도 현격한 차이가 있었다. 이러한 차이는 대중국 및 외교 정책에서 가장 두드러지게 나타났다. 천수이볜 취임 전 인맥은 모두 국내에 머물렀고, 해외를 접촉한 경험과 지식이 극도로 결핍되어 있었다. 따라서 그는 극도로 자신감이 결여되어 있었을 것이다.

더욱 난감한 부분은 천수이볜에게 있어서 국가안보와 관련된 싱크탱크의 역할을 하고 고통을 분담할 수 있는 중량급 가신이 없다 보니 리덩후이 시기의 차이잉원, 장룽펑 등 기존의 인물에 기댈 수밖에 없었다. 이 중에서 차이잉원에 대해서는 관행을 뛰어넘을 정도로 순종적이었는데 천수이볜의 '하나의 중국, 각자의 정의' 담화가 대륙위원회에 의해 새롭게 해석된 사실이 그 실례이다. 이러한 상황에서 총통의 권위가 크게 손상된 것은 당연한 것이었다.

민진당의 대륙정책관

민진당이 1986년 창립된 이래, 대만해협 양측의 위상정립과 대중국정책에 대한 태도는 '애매모호한 주민자결(住民自決)'에서부터 '분명한 대만독립강령'을 거쳐 '중화민국을 명의로 한 대만주권독립'에 이르기까지 큰 폭의 변화가 있어 왔다. 변화의 고비마다 민진당의 이념과 계파의 대립 및 시공간적인 환경의 영향을 받았다.

1986년 9월 28일, 민진당 창립 초기, 당규에 의해 '대만의 미래는 대만 전체 주민에 의해 결정되어야 한다'고 규정하였으나 통일이나 독립의 추구에 관한 분명한 언급은 없었다. 이는 당시 권위주의 시대라는 환경의 현실적인 필요에 부응하기 위한 것이었다. 장징궈 총통은 9월에 "11월 초부터 중국대륙으로 친인척 방문을 허용할 것"이라고 발표하였다. 그리고 이것이 실현되기 직전인 1987년 10월, 민진당 중앙 상무위원회는 〈현 단계의 중국대륙정책〉을 통과시켜 '대만해협 양측의 대결 종식'을 강조하면서 양측 민간 차원의 '직접적이고 동등한 왕래, 대등한 문화, 학술, 예술, 과학기술, 스포츠, 경제 분야의 전면적인 교류와 경쟁'을 촉구하였다.

리덩후이가 총통을 연임한 후인 1988년 4월 17일, 민진당 제2차 전당대회 제1차 임시총회에서 '4·17결의문'을 채택하여 처음으로 "대만주민은 대만독립을 주장할 자유가 있다"는 것을 분명하게 밝히면서 '대만의 국제적 주권독립'과 대만이 베이징을 수도로 하는 중화인민공화국에 예속되어 있지 않다고 강조한 데 이어, '4가지의 경우(四個如果)'를 통해 대만이 반드시 독립해야 하는 조건을 설명했다. '4가지의 경우'란 국민당과 공산당이 단독으로 평화협정을 체결하는 경우, 국민당이 대만 주민의 이익을 배반하는 경우, 중국이 대만을 통일하고자 하는 경우, 국민당이 민정헌정을 시행하지 않는 경우이다.

1989년부터 대만 정국은 빠르게 변화하였다. 오랜 세월 동안 형성되어 온 각종 사회 세력이 시대의 조류를 타고 일어나 당시의 권위체제에 지속적으로 충격을 가했다. 1990년의 '2월 정쟁(政爭)'은 전체 사회에게 국민당 상층부가 이미 분열되었다는 것을 분명하게 전해 준 것이었다. '3월 학생시위'는 지식층의 소요를 상징하는 동시에 체제의 전면개편이 필요하다는 목소리였다. 5월에 취임한 리덩후이 총통은 6월 중국시회의(國是會議)를 개최하여 여야 각계와 함께 국정을 협의하겠다고 선언하였다. 이로부터 민진당은 집권자가 마련한 체제 외의 발판을 통해 처음으로 권력의 맛을 볼 수 있었으며, 대만해협 양측의 관계에 대한 발언은 더 대담해졌고 국민당과 차별성도 뚜렷해졌다.

1990년 1월 7일, 국가통일위원회가 정식으로 제1차 회의를 개최하였다. 민진당에서는 원로급의 캉닝샹 한 사람만이 국가통일위원회 위원으로 참석했다. 민진당은 국가통일위원회와의 맞불작전으로 같은 날 제4기 2차 중앙위원회 회의를 개최하여 '1007결의'를 채택하고 중화민국의 '실질적 주권'은 중국대륙과 외몽고까지 미치지 않는다고 선포하였다.

1991년 2월 국가통일위원회는 〈국가통일강령〉을 채택하여 '통일'의 목표를 제시하는 한편, 각종 조건을 내세워 그 시기를 상당히 오래 잡음으로써 '통일' 및 '현상유지'의 양쪽 세력을 만족시킬 수 있었다. 1991년부터 2000년까지 리덩후이는 여섯 차례에 걸쳐 개헌을 단행하였다. 《리덩후이 집정고백실록》의 내용에 따르면 개헌이 "한걸음씩 진전될 때마다 국민당의 정치독점 위상이 1cm씩 줄어들었고, 야당의 영역은 1mm씩 확대되었다."[16] 당시 '하나의 기관, 두 개의 단계'라는 구상에 따라 먼저 노령 국민대표에 의해 '절차적인 헌법개정'을 실시하고, 1991년 4월 30일로 계엄 해제를 선포하며, 수정 헌법에 포함시킬 조문을 공포함으로써 새로운 세대의 대표 선출을 위한 법적인 기반을 마련하였다. 두 번째 단계에서는 새로 선출된 대표들에 의해 실질적인 개헌을 실시하였다. 이와 같은 중대한 변화는 재야의 민진당에게 언론 및 정치적 활동공간을 증대시켰다.

1991년 12월 31일, 중화민국 정부가 대만으로 천도한 이래 정통의 상징이었던 원로 중앙 민의 대표가 완전히 퇴직하게 되었다. 민진당은 이들이 퇴직하기 직전의 10월 13일 서둘러서 제5차 전당대회를 소집하여 전례없던 급진적인 조항을 채택하였다. 즉 기본강령에 '주권이 독립된 자주적인 대만공화국 확립'이라는 속칭 〈대만독립강령(臺灣獨立綱領)〉을 채택하였다. 한편 민진당의 '대만해협 양측의 교류정책 또한

16_鄒景雯,《李登輝執政告白實錄》, p. 333.

전면적인 접촉을 권장한다'라는 입장에서 '교류를 견제하고 지연시켜야 한다'로 전환하였다.

그러나 중국은 리덩후이의 1992년 연초(1월과 2월) 남부 지역 순회 이후 개혁개방의 속도를 더욱 확대하여 많은 수의 대만 상인들이 중국으로 서진하게 함으로써 양측 민간교류는 날로 발전하였다. 민진당 내에서는 중국과 상호 관계발전과 관련하여 장려해야 할지 제한해야 할지를 놓고 심각한 의견의 대립이 나타나기 시작했다.

1994년 6월, 민진당이 주최한 제2차 '대만주민 제헌회의'가 개최되었는데 1991년 8월의 제1차 제헌회의 당시 기안한 〈대만헌법안〉을 수정하는 외에도 새로운 국기와 새로운 국가(國歌)를 채택하는 등 대만공화국이라는 새로운 국가건립을 위한 캠페인을 적극적으로 전개하였다.

1998년 2월 민진당은 제1차 중국 정책 세미나를 개회하였고 이때 쉬신량(許信良) 당주석은 "대담하게 중국 본토로 진출하자"고 주장했으나, 신조류(新潮流)파는 "대만 내에서 기초를 더욱 굳건히 한 후 점차적으로 진출하자"는 등 양자 간의 간극이 컸었다. 당시 시장 재선을 앞두고 있던 천수이볜은 토의할 때 어느 한편을 지지하기에 곤란했던지 영리하게도 불참을 택하였다. 회의 중 열띤 공방 끝에 일차적으로 다음과 같은 4개 항에 대해 의견의 일치를 보았다. 정책의 기조는 "대만에서 기초를 강화하면서 대륙으로 진출한다"로 절충했고 중국에 대해서는 상호 간의 주권협상을 피하고, 대만의 주권은 독립되어 있지만 이를 흥정의 대상으로 삼지 않으며, 전방위 협상전술을 구사하는 것 등이었다. 이번 회의에서 절충이라는 결론에 도달하였음에도 이후 쉬신량은 여기에서 이탈하여 "대담하게 서진(西進)하자"고 주장하였으나, 이후 이는 민진당에서 자취를 감추었다.

1998년 7월 클린턴 대통령이 상하이에서 발표한 대만과 관련된 '신삼불'(대만의 독립을 지지하지 않는다. 하나의 중국, 하나의 대만 및 두 개의 중국을 수용하지 않는다. 대만의 국가 명의로 회원이 될 수 있는 국제기구 가입을 지지하지 않는다)의 정책에 충격을 받은 민진당은 중앙상무위원회

명의로 "대만은 이미 독립된 국가로서 독립의 현상을 변경하려는 그 어떤 요구도 전체 주민의 공민투표의 방식을 통해 동의를 얻어야 한다"라는 내용이 포함된 성명을 발표하였다. 이로써 당초 공격적이었던 '대만독립 공민투표'가 방어성의 개방형 공민투표로 바뀌게 되었다.

1999년 5월, 민진당 제8기 제2차 전당대회는 〈대만의 앞날에 관한 결의문(臺灣前途決議文)〉을 채택하였다. 이는 이후 민진당이 사실상 독립으로 체제변경을 추구하기 위한 하나의 지도적 문건이 되었다. 이 결의문에서는 최초로 중화민국이라는 호칭을 인정하였으나 사실상 이는 '대만은 주권이 독립된 국가'로서 '독립과 관련된 현상을 변경하려는 시도는 반드시 공민투표에 의해야 한다'는 것이 핵심이었다. 이러한 문건이 나타난 배경과 관련된 일반적인 해석은 천수이볜이 시장 재선에 실패(1998년 말)한 이후, 소위 '국가적 정체성'의 저주에 걸려 한 단계의 도약을 위해서는 당 규약 중에 있는 '대만공화국'을 엄폐하여야 한다고 생각했던 것에 기인한다. 그렇기 때문에 민진당은 결의문의 형식을 빌려 〈대만독립강령〉의 부정적 효과를 희석하려고 했다. 천 총통은 2002년 7월 당주석에 오른 후 〈대만의 앞날에 관한 결의문〉이 "현 시점에서 우리가 중국과의 문제를 처리하는 데 있어서 최고의 원칙"이라고 말하였다.

당규약, 결의문과 양국론의 비교

그러나 〈대만독립강령〉과 〈대만의 앞날에 관한 결의문〉을 앞 장에서 거론한 양국론의 내용과 비교해 본다면 이들이 사실상 일맥상통하며 형식과 실제가 모두 같다는 것을 발견할 수 있다(〈표 4-1〉 참조).

이 중에서도 가장 의미심장한 것은 공개 시기가 불과 2개월밖에 차이가 나지 않는 양국론(1999년 7월)과 〈대만의 앞날에 관한 결의문〉(1999년 5월)의 핵심적인 관점은 거의 일치했다. 대만의 위상정립, 국가명칭에 대한 태도, 국가주권 및 통치권의 영역, 대만해협 양측 관계에 대한 설정, '하나의 중국'의 원칙에 관한 견해 및 양측 관계의 미래에 대한 전망 등 그 어떠한 것을 막론하고 완전히 동일했다. 두 문건의 작성 시기도 같았으며 대외적으로 공개된 시점도 겨우 2개월 차이로 극히 근접하였다. 이러한 점에서 양국론과 〈대만의 앞날에 관한 결의문〉은 비록 하나는 국민당 주석에 의하여, 다른 하나는 민진당에 의하여 만들어졌지만 우리는 이들의 각료들이 이미 오래전부터 내통하고 있었고 각자의 지붕 밑에서 양국론과 〈대만의 앞날에 관한 결의문〉을 만들었다고 믿어 의심치 않는다. 이는 또한 선거가 끝난 이후 어떻게 양자가 자연스럽게 천수이볜 정부의 국가안보팀으로 뭉쳐서 공동으로 양국론에 대해 "실천하되 말하지 않는다"를 이행할 수 있게 되었는가를 말해 주고 있다.

한편 〈대만독립강령〉과 그 밖의 두 개의 문건은 대만의 위상정립, 국가주권과 통치권의 범위, 양측 관계에 대한 설정, 하나의 중국의 원칙에 대한 관점 및 양측 미래관계 전망 등에서 완전히 일치한다. 삼자 간의 차이가 있다면 국가 명칭에 관한 점이다. 〈대만독립강령〉에는 '대만공화국'을 수립하겠다고 한 반면, 결의문과 양국론에서는 전과 같이 '중화민국'이라는 명칭을 계속 사용하여, 마치 '중화민국'을 외피로 하여 각계에서 반대하고 있는 양국론과 〈대만독립강령〉을 숨기려는 듯하였다. 먼저 국내외의 '대만독립'에 대한 의구심을 경감시킨 이후에 적절한 시기를 골라 그 외피를 제거하려고 하는 것이나. 그 밖에도 주목할 만한 점은 삼자 모두 '공민투표'의 중요성을 강조하고 있다는 것이다. 그러면서도 차이가 있다면 〈대만독립강령〉은 앞장서서 공민투표를 통해 국가 수립과 헌법을 제정하자는 것이고, 결의문은 피동적으로 공민투표를 통해 독립적인 현상의 변동을 승인받자는 것, 그리고 양국론은 공민투표를 통해 대만의 최종적인 장래(독립)를 주장하고 있는 것이다.

민진당의 대중국정책관을 종합해 볼 때 다음의 네 가지로 집약해 볼 수 있다. 첫째, 대만이 중국과 분리하여 독립하려는 것은 민진당의 일관된 핵심적인 주장이다. 1986년 창당한 이래로 아무리 다른 문건으로

〈표 4-1〉 대만독립강령, 대만의 앞날에 관한 결의문과 양국론의 비교

	대만독립강령	대만의 앞날에 관한 결의문	양국론
연구와 제출 시간	1991년 10월 통과	1998년 성숙, 1999년 5월 9일에 민진당 제8회 제2차 전국당원대표대회에서 통과	1998년 8월 연구시작, 1999년 5월 연구 완성, 7월 9일 리덩후이 총통이 〈독일의 소리〉와 인터뷰 시 제의
대만의 위상정립	대만은 주권독립국이다	대만은 주권독립국이다	대만은 주권국가다
국가 명칭	주권독립의 대만공화국 건설	현행 헌법에는 중화민국이라고 명시되어 있다.	중화민국, 중화민국의 대만은 점차 대만중화민국으로 진전될 것이다.
국가 주권과 통치권의 범위	대만의 주권이 중국대륙에 미치지 못한다.	주권영역은 대만, 펑후, 진먼, 마쭈와 그 부근 섬, 그리고 국제법으로 규정된 해양과 인근 수역을 포함한다.	주권과 치권(통치권뿐만 아니라)은 모두 대륙에 미치지 못한다. 대만의 유효지배 구역은 대만, 펑후, 진먼, 마쭈이고, 그것이 곧 국가의 영토다.
양안관계의 위치 정립	대만해협 양안은 국제법에 의거해 교류질서를 정한다.	대만, 중국 양측은 지역적인 연계상 가깝고, 경제상 상호 이익이 되며, 문화상으로는 같은 뿌리를 가진 국가다.	양안관계는 국가와 국가 간의 관계로, 적어도 특수한 국가와 국가 간의 관계이다.
하나의 중국 원칙에 대한 시각	받아들이지 않는다.	대만은 '하나의 중국'이라는 주장을 포기해야 한다.	중국의 '하나의 중국'이라는 시각을 받아들이지 않고, 국민당식의 '하나의 중국'의 시각도 받아들이지 않으며, '하나의 중국, 각자의 정의', '일국양부', '하나의 분리통치되는 중국', '하나의 중국, 두 개의 대등한 정치실체' 등도 모두 받아들이지 않는다.
양안 미래에 대한 시각	대만 주권 현실을 토대로 독립적으로 건국하고, 신헌법을 제정한다. 주권 독립의 자주대만공화국을 건립하고, 신헌법 제정의 주장은 대만 전체 주민과 공민투표방식의 선거에 의해 결정해야 한다.	대만과 중화인민 공화국은 서로 예속하지 않는다. 독립적인 현 상태에 대해 어떠한 변동이 있다면, 반드시 대만 전체 주민이 공민투표의 방식을 통해 결정해야 한다.	양국론은 각 입장을 예정하지 않고, 과정에 대한 설명만 제시한다. 대만의 미래는 대만 인민이 결정한다. '민주통일', '통일'등 주장은 모두 다시 사용하지 않는다.

덮으려 해도 이러한 핵심은 변화가 없었다. 정권교체 이후 이러한 핵심을 드러내고 말하지는 않았으나 정치, 군사, 외교, 경제, 문화 등의 구체적인 행동에 투영되었다.

둘째, 이러한 핵심적인 주장을 실현하는 주요 수단으로 공민투표와 신헌법을 제정하는 것이 있다. 전자는 정치적 결심을 펼쳐 보이려는 데 있으며, 후자는 대만의 주권은 대만, 펑후, 진먼, 마쭈 및 그 부속도서로 한다는 것을 법적으로 확정짓고자 하는 것이었다. '4불 1무'는 이들 두 수단과 관련되어 있고, 천수이볜의 8년 임기를 마칠 때까지 두 문제는 내내 타이베이 정가의 뜨거운 감자였다.

셋째, 민진당은 대만독립 주장을 지속하고 공민투표와 제헌의 수단을 홍보하는 동시에 현실적인 차원에서 발전의 고삐도 늦추지 않았다. 예를 들면 장징궈 총통 시대에는 직설적인 대만독립의 언급은 가급적 피해 왔지만, 리덩후이가 등장하고 특히 국민당에서 정쟁이 일어난 이후에는 발언이 점차 대담해졌다. 〈국가통일강령〉이 등장하고 원로 민의대표의 퇴직이 임박하자 공식적으로 '대만독립'을 제시하였으며, 형법 제100조 수정안 이후에는 더욱 구체적으로 새로운 국기, 새로운 국가를 제시했다. 이후 권좌에 한 발짝씩 다가가게 되면서는 중도 유권자들의 표를 얻기 위해 급진적인 주장을 숨기는 등[17] 민진당은 시종일관 '나아갈 때는 판단할 줄 알고, 대세에 편승할 줄 아는' 특징을 반영하였다. 이 중에서도 가장 중요한 요인은 당의 단계별 수요(예를 들면 선거)와 자신의 실력에 대한 평가였는데, 5월 20일 취임 이후 천수이볜의 대중국정책의 발전과정에서 이러한 특징을 보여 주었다.

넷째, 민진당의 잠재적이고도 가장 중요한 관점은 스스로를 중국인으로 인정하기를 거부하는 것이다. 이러한 특성이 자주 눈에 띄지는 않았지만, 집권한 후에는 매우 분명해졌다. 1999년 4월, 천수이볜이 시장직에서 퇴임하고 미국을 방문했을 때 "자신을 대만인, 중국인, 신대만인 중 무엇이라고 생각하는가? 혹은 두 가지 모두로 생각하는가?"라는 질문에 대해 "나는 대만에서 태어났으니 대만인이고, 헌법에 따라 중화민국 국민이기도 하다. 신대만인가 혹은 구대만인인가에 대

17_中央社, 〈천수이볜 선생, 대만인이라는 데에 긍지를 느낀다〉, 《民衆日報》, 1999년 4월 22일, 제1면.

해서는 리덩후이 총통이 신대만인이라는 개념을 제시한 이후에는 대만인이라는 정체성만 있을 뿐 신대만인과 구대만인을 구분하는 것은 불필요하게 되었다"라고 답변하였다. 그는 이때부터 이미 '중국인'이라는 개념을 회피하고 있었던 것이다. 집권한 후 독일의《슈피겔(*Der Spiegel*)》과 인터뷰를 했을 때《슈피겔》이 천수이벤이 스스로를 '중국인(Chinesisch)'이라고 말했다고 보도하자, 총통부에서 원문은 '화인(華人)'으로 번역해야 한다고 정정 발표를 했다.[18]

그 밖의 민진당 정부 관리들도 '중국인'이라는 표현을 가능한 한 회피하려고 하였다. 장쥔슝 행정원장은 입법원에서 중국인인지의 여부와 관련된 질문에 대해서 "기본적으로 유사하다고 보아야 한다"라고 얼버무렸다.[19] 차이잉원 대륙위원회 주임위원은 만약에 대륙위원회 주임위원의 신분이 아니고 정치대학 교수의 신분이라면 "나는 중국인이면서도 또한 대만인이다"라고 인정하고 싶지만 현재로선 답변이 곤란하다고 밝혔다.[20] 이 말은 '중국인'이라는 선택은 '정치적인 정확성'의 문제일 뿐 '혈통'의 문제가 아님을 시사하고 있다. 그러나 '정치적인 정확성'이 중국 정부와 본토 주민들의 가장 민감한 부분과 관련되어 있기 때문에 민진당 관리들은 오늘까지도 우회적으로 태도의 표명에 그칠 뿐 공개적으로 속마음을 드러내기를 거부할 뿐만 아니라 더욱이 지금까지도 여러 해를 거듭하여 공개적인 문서상에 기록되는 것을 막아왔다.

그럼에도 불구하고 이와 같은 감성적인 요소가 존재하고 있는 것은 의심할 여지가 없다. 민진당은 재야 시절, 중국을 배척하고자 하는 마음이 뿌리 깊게 박혀 있어서 전체 당 차원에서 장기간 중국대륙에 관

18_〈총통의 독일 슈피겔 주간지와의 단독 인터뷰 중 잘못 보도된 부분에 대한 시정문〉, 총통부 홍보물 참조.

19_郭瓊俐, 李志德, 〈중국인인가 아닌가? 쫓는 자와 숨는 자〉, 《聯合報》, 2000년 10월 21일, 제3면.

20_黃國樑, 〈차이잉원—특수한 국가 대 국가의 관계는 실재 존재한다〉, 《聯合報》, 2000년 5월 13일, 제4면.

련된 연구를 경시했고, 관련된 인재의 육성을 무시했다. 집권한 이후 이러한 것들은 각 분야에서의 양안관계를 심각하게 제약하였는데, 이는 정부 차원의 회담 접촉에서부터 민간의 경제 문화 교류에 이르기까지 하나같이 심각한 영향을 주었다.

천수이볜의 대중국정책(2000년 이전)

양안 양측과 관련된 의제는 예전부터 국내 정치의 중요한 부분이었다. 따라서 입법위원, 타이베이 시장 및 총통 경선기간 동안 천수이볜의 양안관계에 대한 발언은 여론의 고도의 관심사항이었다. 그러나 천수이볜 자신이 이 분야의 전문가가 아니었기 때문에 양측에 대한 완벽하고 체계적인 주장이 부재했고, 그때그때의 발언 내용에는 자가당착이나 중심을 잡지 못하는 것들이 있어서 천수이볜의 대중국정책을 체계적으로 소개한다는 것은 매우 어려운 일이다.

그러나 그가 여러 장소에서 했던 발언 내용을 자세히 정리해 보면 나름대로 다음과 같은 다섯 가지 주축을 도출할 수 있다. 이를 통해 그의 과거의 대중국정책 관점을 이해해 보고자 한다.

주축 1—일변일국(一邊一國), 일관된 주장

천수이볜 총통은 2002년 8월 3일 TV 생중계로 진행된 세계대만출생인연합회(世界臺灣同鄉聯合會)에서 "대만은 해협 건너의 중국과 일변일국이다. 이 점을 분명히 해야 한다"고 언급했다. 이 말은 곧바로 국내외를 크게 경악케 했다. 그러나 천수이볜의 입법위원과 시장 재직 시기의 발언을 되돌아볼 때 '일변일국론'은 지금까지 늘 해 왔던 것임을 알 수 있다.

민진당 설립 초기에 채택된 몇몇 대만독립과 관련된 안건의 거의 모두가 천수이볜과 관련이 있는 것으로 보인다. 물론 당시 천수이볜보다 더 급진적인 사람도 적지 않았지만 1988년 4월 7일의 민진당 제2기 전당대회 제1차 임시회의 석상에서 천수이볜은 세창팅(謝長廷)과 공동으로 '대만독립'의 전제조건으로 '4가지의 경우'를 발의하였고, 이는 대회에서 채택되었다. 그가 1990년 10월 7일의 제4기 전당대회 제3차 회의에서 발의한 "대만의 사실상의 주권은 중화인민공화국과 몽골 공화국에 미치지 못한다"라는 수정안도 채택되었다. 1991년 10월의 제5기 전당대회에서 천수이볜의 당 규약 중 "국민주권의 원리에 입각하여 주권이 독립된 자주적인 대만 공화국 건립 및 새로운 헌법을 제정하자는 주장을 전체 주민이 공민투표 방식으로 선택하여 결정하도록 해야 한다"하는 조항을 추가하자는 것도 대회에서 채택되었다.

그 밖에도 〈표 4-2〉에서 보이듯이 천수이볜이 1990년 증액입법위원(민주화 이전의 대만에는 입법원 선거가 실시되지 않았으며, 기존의 입법위원이 공석이 되는 경우에 한하여 이를 보충하였다. 이를 증액입법위원이라 한다—옮긴이)이었을 때 당시 법무부가 작성한 〈양안인민관계조례(兩岸人民關係條例)〉와 관련하여 중화민국과 중화인민공화국 기초조약안을 발의한 바 있다. 이 기초조약은 1972년 동독과 서독 간에 체결한 기초조약을 모방한 것으로서 독일모델로 양안해협 양측의 관계를 설정하는 한편 "국제법상의 국가영토 또는 주권의 절대 존중원칙에 따라 상호 간에 정상적인 선린관계를 건립"하자는 것이었다. 다시 말한다면 곧 '국가와 국가 간 관계'를 의미한다. 그 후 타이베이 시장 시기에는 거침없이 대만해협 양측의 미래는 '일변일국'을 향해서 발전할 것이라고 주장하였다. 그는 당내 총통 후보 지명과 관련하여 쉬신량과 경쟁했을 당시에 이러한 주장을 비교적 많이 하였다. 1999년 7월 10일, 후보로 선출된 후에는 어느 날 가신(대만독립단체)들 앞에서 흥분한 나머지 "대만독립 만세, 만만세"를 소리 높여 부르기도 하였다.

주축 2—헌법제정, 국가건립 및 공민투표

헌법 제정을 위한 공민투표 또한 천수이볜의 일관된 주장이다(〈표 4-3〉). 1991년 4월 26일 대만대학 학생회와 각민학회(覺民學會)가 공동으로 '마잉주 대 천수이볜, 개헌과 제헌에 관한 대토론회'를 주최하였

〈표 4-2〉 천수이볜의 일변일국론의 화법

발언일	신분/장소	발언 개요	출처
1999. 11.15	중액입법위원으로서 양안인민관계조례 초안에 대해 다른 법안을 제시함	〈양안기초조약〉 중 제4조: '중화민국과 중화인민공화국 간에는 어떤 쪽이라도 국제사회에서 다른 쪽을 대표하거나 다른 쪽의 국호를 사용하여 성과를 낼 수 없다.' 이 조문은 곧 '본 국가, 국호와 독립자주의 원칙은 다른 한쪽이 국제사회에서 임의적으로 다른 쪽을 대표해서 행위하는 것을 금지하여 국제분쟁의 발생을 예방한다.'	1990.11.16 〈중국시보〉
1992. 8.2	입법위원으로 언론사 인터뷰	(국가통일위원회를 평론하기 전에 '하나의 중국' 함의를 확립함) 현재까지 국가통일위원회는 아직도 애매한 태도로 결론을 말하고 있다. 진심으로 논쟁을 해결하고자 한다면, 양측 모두를 국가라고 승인하고, '일국양국'의 위치 선정으로 가야 한다.	1992.8.3. 〈민중일보〉
1995. 9.23	타이베이 시장 신분으로 '삼당 대륙정책의 다방면의 관찰'에 출석	민선총통 탄생 이후, 양안은 '일변일국'의 방향으로 발전했다.	1996.4.22 〈연합보〉 제4면
1996. 4.21	타이베이 시장으로 〈자립조보〉와의 특집인터뷰	대만의 독립은 그저 외치는 것이 아니다. 만약 민진당이 건국과 집권을 원한다면, 반드시 꾸준히 준비해야 한다. 내가 타이베이 시장으로 재임하는 기간 동안, 도시의 외교에 종사할 수 있고, 이는 미래에 국제관계에서 대만독립운동의 지지를 쟁취하기 위함으로 보여질 수도 있다. […] 그렇기 때문에 대만독립을 할 수 없는 곳은 없다.	1996.4.22 〈자립조보〉 제4면
1996. 12.15	타이베이 시장으로 대만국가발전회의 참석	사실 건국당, 건국회와 민진당은 모두 하나로 단결해야 한다. 모두가 더 가까워져야 대만이 독립건국을 이룰 수 있다.	1996.12.15. 〈중국시보〉
1998. 2.20	타이베이 시장으로 국책원(國策院)에서 연설	대만은 주권독립의 국가다, 중화인민공화국을 제외한 독립국가들로부터 독립되어 있다. […] 민진당은 대만과 중국의 관계를 '일변일국'이라고 주장한다.	1998.2.21. 〈민중일보〉 제2면
1998. 12.25	타이베이 시장 퇴임 연설	대만과 중화인민공화국은 두 개의 독립된, 상호 예속하지 않는 화인(華人)의 국가다. 이 두 화인 국가들은 특수한 국제관계로 발전해야 한다.	2000.2.19. 〈중국시보〉 제4면(인터뷰 중 강조)
1999. 4.20	시장 퇴임 직후 방미, 워싱턴 National Press Club에서 연설	대만과 중국은 상호 예속하지 않는, 독립된 두 개의 화인 국가다, 미래에는 일종의 새로운 '국제적인 특수관계'로 발전해야 한다.	1999.4.21. 〈중국시보〉 제2면
1999. 12.2	민진당 총통 후보인 천수이볜이 대만 의학연맹이 거행한 만찬에 참여	천수이볜은 대만독립문제에서 명망있는 의학계의 리전위안(李鎮源)을 축하하며 "만세, 만만세"를 외쳤고, "대만독립 만세, 만만세"를 외치는 것도 잊지 않았다.	1999.12.3. 〈중국시보〉

다. 당시 행정원 연구소 시위원회 주임위원인 마잉주와 천수이볜 입법위원 간에는 국민당이 주장해 온 '하나의 기구, 두 단계에 걸친 개헌'과 민진당이 내세운 '제헌'의 주장 간에 불꽃 튀는 논쟁이 있었다. 이때 천수이볜은 이미 "대만이라는 어린 아이에게 중국헌법이라는 어른의 코트를 입힐 수 없다", "미국과 영국의 헌법의 관련 정신과 규정을 참고하여 새로운 대만 헌법을 제정한다는 것은 아주 쉬운 일이다"라고 하였다.

공민투표를 통해 대만의 앞날을 결정하자는 주장과 관련하여 '8·3 발언'에서 언급된 "공민투표 입법의 중요성과 절박성"은 최초의 발언이 아니며, 과거에도 수차례 걸쳐 포퓰리즘식의 말투로 "만약 진정으로 대만을 사랑하고, 인정한다면, 대만 주민들이 자신의 국가의 앞날과 생활방식을 결정할 권리가 있다고 인정해야 한다"라고 주장하는 등 공민투표를 어떠한 제약도 가해서는 안 되는 국민의 지상 권리로 간주했고 나아가 이는 헌법을 초월한 규범이며, "헌법에 관련된 조항이 없어도 공민투표는 할 수 있다"고 말하였다.

주축 3—수차례에 걸쳐 중국 방문 희망을 언급

'중국대륙 방문'은 천수이볜이 총통 취임을 하기 전, 양안 양측 간의 관계와 관련된 발언 중 가장 많이 나타났고, 내용 또한 상당히 일관된 부분이다. 그 자신이 입법원 질의 답변 시 밝힌 바에 의하면 1991년 7월 대륙을 방문한 일이 있었다. 1993년에는 대표단을 이끌고 방문하는 문제를 협의한 적이 있으나 사정이 있어서 성사시키지는 못했다. 1995년 이후 총통에 취임할 때까지 그는 최소한 11번의 대륙 방문의 희망을 공개적으로 피력한 바 있었다(〈표 4-4〉 참조). 그가 내세운 방문의 목적은 호화찬란했으며 언론홍보의 효과도 컸었는데 이들 명목 중에는 '리덩후이 평화 여행의 선봉', '양안 대화의 여행', '화해와 소통의 여행', '평화의 여행' 등이 망라되어 있다. 5월 20일 취임하기 전의 일 년 동안 천수이볜의 발언은 7번이나 되어 그 빈도가 가장 높았고, 자세도 상당히

〈표 4-3〉 천수이볜의 제헌과 공민투표의 화법

발언일	신분/장소	발언 개요	출처
1991. 4.25	입법위원으로 당시의 연구회 주임위원이었던 마잉주와 함께 대만대에서 실행한 〈개헌과 제헌에 관한 대토론회〉에 참석	민진당은 제헌을 주장하고, 그 어떠한 형식의 개헌도 받아들이지 않는다. 현과 시단위의 민진당의 목표와 노력의 방향은, 3/4의 의석을 장악할 수 없더라도, 이 목표를 포기하지 않는 것이다.	1991.4.26 〈중앙일보〉
1994. 10.25	민진당 타이베이 시장 후보로, '제4기 원전 반대운동, 천리 고행' 활동 중 서면 성명을 제시	만약 진정으로 대만을 사랑하고, 대만에 공동체 의식을 갖는다면, 대만 인민이 자국의 전망과 원자력 발전소 건설과 같은 중대 의제를 포함한 생활방식을 결정할 권리가 있다는 것을 인정해야 한다. 국민당과 신당처럼 공민투표를 반대해서는 안된다.	1994.10.26 〈연합보〉
1997. 12.8	타이베이 시장으로 '양안 신문기자 친목회'의 요청을 받아들여, '민진당 선거 승리 후의 양안관계'에 대해 연설	공민투표가 헌법에 포함되지 않아도, 공민투표는 진행할 수 있다. 미래에도 그는 공민투표의 입헌을 지속적으로 추진할 것이다 만약 성공하지 못할지라도, 공민투표를 통해 대만의 미래를 결정할 수 없다는 것을 뜻하지는 않는다. 그러나 민진당 집정 이후 바로 공민투표를 통해 대만의 발전 방향을 정한다는 것을 의미하는 것은 아니다. 공민투표는 정부의 정책을 결정하는 유일한 선거가 아니기 때문이다.	1997.12.9 〈중국시보〉 제2면
1999. 4.20	시장직 퇴임 이후, 방미, 워싱턴 National Press Club에서 연설하고 질문에 대답	그는 대만 측의 공민투표 조건의 입헌 혹은 입법 운동의 추진에 낙관적인 태도를 보였다.	1999.4.21 〈중국시보〉 제2면
1996. 7.14	민진당 총통 후보로서, 민진당 중앙당부에서 '국민대회 폐지를 위한 공민연맹'방문시 표시	대만, 중국이 양국 관계라 할지라도, 헌법상의 국가는 고유한 영토와 강역에 대한 수정은 합의하에 이뤄져야 한다. 대만을 정치적 실체로 정립하는 통일강령 역시 반드시 지양되어야 한다.	1999.7.15 〈중국시보〉

낮추면서 "순진하게 중국 국가지도자와 대등한 위치에서 대화를 요구하지 않을 것"이라고도 밝혔다.

주축 4—동요하는 양안 간의 '삼통(三通)'

양안 양측의 교류가 날로 활성화됨에 따라 중국의 경제정세와 양측의 경제, 무역 거래도 갈수록 대만 정계의 중요한 이슈로 등장하였다. 중국과의 '삼통' 의제와 관련하여 천수이볜의 핵심적인 고려사항은 정책 그 자체보다도 선거 혹은 정치적 조건에 두고 있는 듯하였다. 그리하여 외형적으로 드러난 것은 전적으로 그가 그때그때의 정치적인 필요

〈표 4-4〉 천수이볜의 중국대륙 방문의 화법

발언일	신분/장소	발언 개요	출처
1995. 10.16	타이베이 시장으로 군대 위문 위해 진먼 방문	양안이 평등하고, 서로에 이익이 되는 상황에서 타이베이 시장 신분이라는 전제하에, 그는 베이징 시장의 대만 방문이나, 자신의 베이징 방문의 가능성을 배제하지 않았다.	1995. 10. 17 〈연합보〉 제2면
1996. 5.17	타이베이 시장 취임 후 시 정부에서 처음으로 대륙사무회의의 담화를 진행	시 정부의 정무관은 각종 기회를 이용해 중국을 방문할 수 있다고 하였다. 우선 선도적인 '중국방문' 시도를 통해, 각 도시 간의 양호한 상호작용을 촉진하여 도시의 자매결연의 기초로 삼을 수 있다. 동의가 이루어진다면 그는 타이베이 시장으로 어느 때나 중국을 정식으로 방문할 의향이 있다고 하였다.	1996. 5. 18 〈자립조보〉 제2면
1998. 2.20	국책연구원의 〈중국공산당 15대 회의를 통해 본 덩샤오핑 이후 대륙의 정치와 경제발전 동향〉 학술회의에 참가. 오찬 연설 후 미국 학자 배럿의 질문에 대답	그는 리덩후이를 위한 (중국으로의) 평화의 여정에 앞장 설 의향이 있다. 그러나 반드시 세 가지 전제를 만족시켜야 한다: 첫째, 중앙 정부의 법령에 부합해야 한다; 둘째, 민진당 내에 공감대가 형성되어야 한다; 셋째, 타이베이 시장의 신분이어야 한다.	1998. 2. 21 〈연합보〉 제2면
1998. 12.25	타이베이 시장 고별 연설(의제: 꿈이 계속 타오르게 하라, 역사가 대화를 시작하게 하라)	양안은 상대방의 역사적 현실을 존중하고, 평화의 건물을 건설해야 한다. 그 건물 안에는 후진하는 사람과 전진하는 사람이 동일한 존엄을 가지고, 강자와 약자가 모두 안전해야 한다. 대만해협의 평화와 상호 존중에 이익이 되는 것이라면, 양안 대화의 여정을 시작하고 싶다.	1999. 12. 25. 〈연합보〉 제3면
1999. 4.20	미국 National Press Club 기자회견(타이베이 시장의 신분으로 워싱턴 방문, 해당 클럽에서 연설)	중국으로의 '대화의 여정'을 진행할 수 있는 기회를 바랐으나 현재까지 중국공산당의 정책적 고려로 인해 그의 홍콩 입국조차 막고 있다는 점을 안타까워했다.	1999. 4. 21. 〈연합보〉 제2면
1999. 9.20	민진당 총통 후보의 신분으로 '중국정책 확대회의'에서 '젊고 새로운 대만, 정상적인 새로운 관계'를 주제로 특집연설 발표. ('5대 방안' 혹은 '양안관계 정상화 5원칙')	만약 총통에 당선된다면, 나는 5월 20일 취임 전에, 전문가들과 당내의 각 리더들과 함께 정식으로 '중국' 방문단을 꾸리고 싶다.	1999. 9. 21 〈연합보〉 제3면
1999. 12.1	국제방송매체가 파견한 베이징, 홍콩 기자 방문단 특집보도	만약 총통에 당선된다면, 그는 5월 20일 취임선서 전에 중국을 방문할 수 있기를 희망했다. 또한 그는 중국 국가 지도자와 대화에 대등한 참여와 같은 순진한 요구를 하지 않을 것이다.	1999. 12. 2 〈자유시보〉 제4면

2000. 1.30	양안관계 7항의 주장을 발표	상호신뢰를 이루고, 이해를 증진하며, 양안 지도자의 상호 방문을 적극적으로 추진하기 위해, 나는 당선 직후와 취임 직전에, 중국을 방문을 열렬히 원한다는 것을 다시 한 번 공개적으로 제시한다.	2000. 1. 30 〈연합보〉 제3면
2000. 3.18	개표 시기, 미국《타임》지 동아시아 기자 맥카시 특집보도	(기자 질문: 당신은 어떻게 대만 동포와 전 세계인들에게 대만해협에서 다시는 전쟁이 없을 것이라고 보증할 것입니까?) 우선, 우리는 초당파 연합을 추진하여 양안관계의 난제들을 처리할 것입니다. […] 그리고 나는 5월 20일 취임 전에 중국으로의 우호적 방문을 희망합니다.	2000. 3. 19. 〈연합보〉 제3면
2000. 3.18	총통 당선 선언 발표	우리는 진심으로 장쩌민 선생과, 주룽지 선생, 그리고 왕다오한 선생의 대만 방문을 환영합니다. 천수이볜과 뤼슈롄 역시 취임 전에 중국으로 화해와 소통의 여정을 시작하기를 원합니다.	2000. 3. 19 〈연합보〉 제3면
2000. 5.19	〈민시(民視)〉 인터뷰	미래에 만약 필요하고, 또 가능하다면, 그는 대만인의 최대한의 평화를 위해 공헌과 노력을 추구할 것이며, 이를 위해 중국대륙으로의 평화 여행의 가능성을 배제하지 않고 있다.	2000. 5. 20 〈연합보〉 제2면

에 의해서 태도를 정했다는 것이다. 예를 들면, 리덩후이가 '서두르지 말고, 인내하자'(1996년 9월)고 선언하기 전만 해도 '삼통'에 대해서는 매우 개방적인 태도를 보였는데 '서두르지 말고 인내하라'고 한 후에는 바로 보수적인 태도로 돌아섰다. '대담하게 서진하자'라고 주장하는 쉬신량과 민진당 총통 후보 지명의 경쟁 단계에 있을 때만 해도 '삼통'에 대한 천수이볜의 태도는 부정적이었다. 그러나 총통 후보로 지명되고, 특히 선거가 가까워지면서 개방적인 태도로 되돌아가 '신중도 노선'의 이미지를 심으려 하였다. 그러나 대만독립 교조주의 세력의 힘을 의식해서인지 개방 속에서도 온건을 유지하여 대만 주권의 독립을 희생하지 않겠다고 강조하였다.

주축 5—경제 무역을 중시하나 안보가 더 중요하다

양안의 삼통 및 경제무역과 관련된 것은 〈표 4-5〉 〈표 4-6〉에서 나타나는 바와 같이 천수이볜은 2000년 이전에 수차례에 걸쳐 중국의 시장이 대만의 발전에 매우 중요하다고 인정했었다. "대만은 하나의 알이며,

중국대륙의 드넓은 시장이 품고 부화하는 것이 중요하다"고 비유하면서, "아시아에 발을 딛고 있는 대만의 경제발전은 중국대륙을 베드타운으로 해야 한다"고 솔직한 표현도 하였다. 그럼에도 불구하고 천수이볜은 "국가의 안보를 더욱 중요시한다"는 구실로 중국에 진출한 대만 경제인으로부터 방위세를 징수해야 하며, 납세의 규모는 "업체의 종류, 규모 및 대만에 대한 중국의 적대감"에 따라서 정해져야 한다고

〈표 4-5〉 천수이볜의 삼통의 화법

발언일	신분/장소	발언 개요	출처
1996. 4.21	타이베이 시장으로 〈자립조보〉 특집인터뷰	97년이 되면, '불통'하고 싶어도 할 수 없을 것	1996.4.22. 〈자립조보〉 제4면
1997. 10.21	타이베이 시장으로 '세계전망회의'의 일본 기자단 대만 방문 취재	'삼통'은 민진당의 정책이 아니다, 민진당의 중앙상임위원회와 중앙집행위원회의의 권리위임도 받지 못했다.	1997.10.22. 〈연합보〉 제2면
1999. 8.17	민진당 총통 후보로서 타이난(臺南) 시 기업계와의 담화	대만이 WTO에 가입한다면, 양안 간의 항로가 반드시 필요한지 모르겠다.	1998.8.15. 〈중국시보〉 제2면
1999. 11.2	민진당 총통 후보로 인터뷰 시	양안 '삼통'은 건드리지 않을 수 없다. '삼통'이 민감한 주제이긴 하지만, 절대로 회피할 수는 없다. 직항은 "선바다 후항공, 선화물 후사람"이 될 수 있고, 만약 항공이라면, '위치 지정 후 원웨이 직항'의 방법을 선택해, 우리 쪽 비행기만 운항시키거나, 중국의 몇 개 도시로 집중시키는 방법이 있다.	1999.11.3. 〈연합보〉 제4면
1999. 11.11	민진당 총통 후보로서 〈월스트리트저널〉 특집인터뷰	양안의 항공/항로 개통은 단번에 이루어지는 것이 아니다, 반드시 점, 선, 면의 단계적 발전을 통해 이루어야 한다.	1999.11.12. 〈중국시보〉 제4면
1999. 11.15	〈세기를 뛰어넘는 중국정책 백서〉의 발표와 담화	그는 절대 순진하게 '삼통'과 대만의 주권독립을 교환하지 않을 것이다.	1999.11.16. 〈중국시보〉 제4면
1999. 11.15	〈세기를 뛰어넘는 중국 정책 백서〉 중 양안 항공 운항에 관하여	기업의 운영 자본을 낮추기 위해, 다국적기업의 대만 방문 투자를 유치하고, 대만의 전체 아시아 시장의 운수 중심을 경영할 수 있도록 한다. 우리는 국가 안전과 대등한 상호이익이라는 전제하에, 중국에게 항공운항에 대해서 우리 측과의 협상을 호소할 수 있다.	
2000. 3.18	총통 당선 시 감사 인사	국가 안전과 인민의 이익을 보장한다는 전제하에, 우리는 양안의 직접적인 통운, 통상, 투자, 평화협정, 군사상호신뢰기제 등의 각종 의제에 대해 협상을 진행할 의향이 있다.	총통부 홈페이지

주장했다.

이상과 같은 2000년 이전의 천수이볜의 5대 주축으로 된 정책적 발언과 그 자신이 스스로를 '중국인'이라고 언급하기를 꺼려 온 사실 등을 종합해 볼 때 총통 취임 이전 천수이볜의 대중국정책관은 다음과 같은 세 가지 특징이 있다고 할 수 있다.

첫째, 대만독립, 제헌 및 공민투표 등 정치적인 핵심이념은 변하지 않았다. 그가 총통 취임 전에 한 발언으로 볼 때 많게 혹은 적게 언급하는 차이가 있을 뿐, 물러서거나 포기한 경우는 없었다.

둘째, 그의 경제문제('삼통', 경제무역 등)에 관한 견해는 비교적 유연하다. 그러나 이 문제에 관한 그의 표현은 시종일관 간단하였으며, "대담하게 서진하자"라고 한 쉬신량과 같은 체계적인 이념은 없었다.

셋째, 천수이볜의 선거에 대한 고려는 모든 것을 초월한다. 1999년

〈표 4-6〉 천수이볜의 양안경제무역의 화법

발언일	신분/장소	발언 개요	출처
1996.5.17	타이베이 시장으로 시정부의 최초 대륙사무회의 담화를 진행	정치적으로, 중국은 늙은 암탉이고, 대만은 한 톨의 쌀이다. 이 노계는 대만을 먹어 버리려고 호시탐탐 노리고 있다; 그러나 경제적으로, 대만은 계란이다. 중국대륙의 넓은 시장의 비호하에서 건강한 병아리로 부화해야 한다.	1996.5.18.〈자립조보〉 제2면
1998.3.19	타이베이 시장으로 미국 방문, 뉴욕 WTO 건물에서 대만인사단에게 연설하고 기자의 질문에 답하며 담화	대만의 중국으로의 특수히면서도 거대한 두사안의 실시는 개방을 통제하고, 산업성질과 규모 크기 그리고 중국의 대만에 대한 적의의 정도를 분석하여 국가 안전을 고려해야 하며, 수시로 상황의 변화에 따라 조정해야 한다.	1998.3.19. 중앙사 뉴욕전선 1998.3.21.〈연합보〉 제9면
1999.10.29	민진당 총통으로 타이난 통일단체 방문 및 총재 가오칭위안(高淸愿)과 담화	양안 경제무역 발전은 필연적인 추세이다. 만약 양안에 시장법규와 지불의 원칙이 있다면, 양안 경제무역관계의 정상화를 이룰 수 있다. 그는 대만 기업의 중국에서의 발전에 찬성한다.	1999.10.30.〈연합보〉 제4면
1999.11.2	민진당 총통 후보로서 언론 인터뷰	우리는 양안 경제 무역관계의 정상화를 추진해야 경제 발전을 촉진할 수 있다. 그러나 국가의 안전을 더욱 중시해야 한다.	1999.11.3.〈연합보〉 제4면
2000.3.28	총통 당선인 신분으로 리엔디엔(聯電) 이사장 차오위청(曹興誠)과의 담화	대만은 아시아에 입지해 있다, 경제의 발전은 대륙을 내지로 삼아야 한다.	2000.3.29〈공상시보〉 제2면

시장 재선에서 실패하자 그는 그 원인을 생각하다가 불쑥 '신중도 노선'을 제기하였으며, 중국과 관련된 언행도 일대 방향전환을 하였다. 중국 본토 방문 희망, 경제무역, '삼통'에 관한 언급이 빈번해지는 반면, '일변일국', 제헌, 공민투표 등, 핵심적인 이념은 마음속에 깊이 숨겨놓은 채 드러내지 않았다. 이러한 각도에서 볼 때, 5월 20일의 '4불 1무'의 발표는 선거 일 년 전 기조의 연장선일 뿐, 오랫동안 그가 일관되게 해온 발언 혹은 이념을 대표하지는 않는다. 그러나 선거 전술의 면에서 볼 때 이것이 성공적이었음은 의문의 여지가 없다.

제5장 명암이 교차하는 '4불 1무'

"중국공산당이 대만에게 무력행사를 할 의사가 없는 한, 본인은 임기 중 독립을 선포하지 않을 것이며, 국호의 변경도 시도하지 않을 것이며, 양국론의 헌법 내의 포함 또한 시도하지 않을 것이다. 현상을 변화시키기 위한 통일과 독립과 관련된 공민투표를 하지 않을 것이며, 또한 〈국가통일강령〉을 폐기하거나 국가통일위원회의 해산도 하지 않을 것을 약속한다."[1]
—천수이볜, 2000년 5월 20일

"대만해협 양측은 실질적으로 존재하고 있는 두 개의 실체이다."[2]
—차이잉원, 2000년 5월 30일

정권교체 후 첫해의 양안관계는 알 수 없고 불안한 분위기로 가득 차 있었다. 모든 사람들이 겨우 39%의 득표율로 당선된 중화민국 신임총통인 천수이볜에게 회의의 눈초리를 보내고 있었다. 그는 5월 20일 취임연설에서 유명한 '4불 1무'를 제시함으로써 정세를 어느 정도 가라앉힐 수는 있었다. 이 연설이 큰 힘을 발휘할 수 있었던 것은 '4불 1무'의 내용이 기본적으로 국민당 집권 시기의 상황을 지속하고 있다는 것 외에도 천수이볜이 막후에 노력해 왔던 것과 관련이 있었다. 그는 미국, 중국, 대만 관계를 깊이 연구했고, 수많은 전현직 관리들과 접촉하였다. 한편, 비밀이 해제된 미국 측의 문서를 검토했던 터커(Nancy Bernkopt Tucker)가 밝힌 바에 의하면 천수이볜의 취임연설문은 리처드 부시 AIT 이사장의 협조하에서 작성되었으며, 사전에 연설내용을 중국에 통보했다는 것이다.[3]

1_천수이볜 총통 취임연설, 〈대만 일어서라—위로 치솟는 새로운 시대를 맞이하자〉, 2000년 5월 20일.

2_楊羽雯, 〈차이잉원—양측은 공존의 새로운 구도를 담판하여야 한다〉, 《聯合報》, 2000년 6월 1일, 제1면.

3_Nancy Tucker, *Strait Talk*, pp. 253-254.

그러나 대만해협 양측의 상호신뢰의 정도가 지극히 낮고, 각자 모두 다른 속셈을 가지고 있었다. 타이베이의 경우 차이잉원의 "양국론을 다시 거론하지는 않을 것이나, 그 실행은 멈추지 않을 것"이 가장 좋은 사례이다. 한편 베이징은 천수이볜을 신임하지는 않지만, 전술적 차원에서 나름대로 유연한 움직임을 보였다. 미국의 역할은 과거에 비해 적극적이었으며, 중국으로 기울지 않는 등 나름대로 균형을 잡았다. 하지만 임기 마지막 해를 맞은 클린턴 대통령은 기껏해야 대만해협을 안정시킬 수 있었을 뿐 능동적으로 새로운 국면을 창출할 수 없었다. 주도권의 절대적으로 많은 부분이 새로 취임한 천수이볜에게 있었고, 그가 취임연설에서 말한 '4불 1무'는 정세를 안정시키는 작용을 하였다. 그러나 또 다른 '4불 1무'가 은연중에 자라면서 천수이볜 총통의 새로운 정무 첫해의 대중국정책의 실질적인 기조가 되고 있었다.

깜짝 쇼로 끝난 연방제(confederation)

취임 전의 천수이볜은 극도로 신중한 언행을 보였다. 그는 차례로 많은 국민당 원로(루왕승[如王昇], 하오바이춘, 리위안추[李元簇], 가오쿠이위안[高魁元], 류훠첸[劉和謙], 리궈딩[李國鼎], 쑨윈쉬안[孫運璿], 셰둥민[謝東閔] 등)들을 예방하였다. 이 중 쑨윈쉬안 전 행정원장은 연방제로 '양국론'을 대체하자는 주장을 내놓았다. 천수이볜은 이에 대해 "연방제는 획기적인 새로운 사고방식이다. 이것이 가능할 것인가에 대해서는 반드시 여야가 합의를 이루어야 하며, 이를 위해 여야 간 폭넓은 토론이 필요하다"고 하였다.[4] 6월 미국의 싱크탱크 측의 손님을 접견할 당시 천수이볜은 또다시 "연방제는 새로운 구상이고 새로운 사고방식으로서 국민들의 공감대를 형성할 수 있는 진일보된 생각"이라고 말하였다.[5] 이러한 주장은 국민당 측의 사고를 자극하였다.

4_林晨柏, 〈천수이볜—연방제로 양국론을 대체할 넓은 협상의 공간이 있다〉, 《中國時報》, 2000년 4월 22일, 제1면.

5_張瑞昌, 〈천수이볜—연방제라는 새로운 사고방식, 공감대 형성가능〉, 《中國時報》, 2000년 6월 6일, 제1면.

정권교체 후, 최초로 정권을 잃은 국민당은 롄잔으로 하여금 리덩후이의 자리였던 당주석직을 맡도록 하였다. 롄잔은 여름 즈음 일부 퇴임한 각료 출신과 학자들을 모아 국가정책연구기금회(國家政策研究基金會)를 구성하여 국민당의 싱크탱크로 삼았다. 필자는 국가안보 분과위원회의 위원장직을 겸하였다. 장기간의 숙고 끝에 국가안보 분과위원회는 통일을 주장하는 공산당과 독립을 주장하는 민진당의 틈새에 끼어 있는 국민당이 대중의 기운을 하나로 모으고, 시대 조류를 이끌면서 다시 일어서기 위해서는 양측의 앞날과 관련하여 새롭고도 호소력 있는 발상이 있어야 한다고 결론지었다.

초보적인 연구를 통해 연방제를 천수이볜이 거부하지 않을 듯하였고, 중국대륙의 왕다오한, 미국의 전 국가안보자문위원인 스코크로프트(Brent Scowcroft), 추훙다(丘宏達), 대만의 왕융칭(王永慶), 위지중(余紀忠) 등의 명사들도 연방제는 모두를 만족시킬 수는 없으나 받아들일 수는 있는 대만해협 양측의 미래의 통일방안이라는 데에 의견이 일치하였다.[6] 국가안보 분과위원회는 스위스 연방, 미국 연방, 구소련 붕괴 후의 독립국가협의체 및 그 밖의 역사적인 선례를 놓고 연구하였다. 그 결과 역사적으로 연방제 중에는 궁극적으로 통일로 연결된 스위스와 미국이 있는가 하면, 그 후 갈라선 이집트와 시리아(1922-1977)도 있었고, 500년간 지속된 스위스(1291-1789)와 12년만 비텼던 미국(1777-1789)이 있었음을 알 수 있었다. 다시 말하자면 통일이냐 독립이냐로 논쟁이 치열한 대만에 연방제가 적용가능하다는 것을 말해 주는 것이었다. 따라서 모두 다 롄잔에게 이와 같은 새로운 구상을 건의하기로 결정하였으며, 당내 대중국 담당부서들도 찬성하였다. 롄잔은 우리의 건의에 동의했을 뿐만 아니라 2001년 1월에 간행되는 신작인《새로운

6_丘宏達, 〈연방제, 통일지향의 선택가능한 모델〉, 《聯合報》 2001년 7월 9일, 제15면; 邵玉銘, 《此生不渝: 我的臺灣.美國.大陸歲月》(臺北: 聯經, 2013), p. 401; 余紀忠, 〈대대적인 결단만이 평화와 존엄의 새로운 국면을 열 수 있다—대륙정책에 대한 관찰 및 기대〉, 《中國時報》 2000년 10월 2일, 제4-5면; 李尚華, 〈왕융칭—천수이볜의 연방제 언급은 곧 선의의 회답이다〉, 《中國時報》, 2000년 4월 30일, 제2면.

청사진, 새로운 동력—롄잔의 주장(新藍圖,新動力:連戰的主張)》의 제2장에 이를 포함시키기로 하는 한편, 7월 소집 예정인 국민당 제16기 전당대회에서 당의 새로운 정강으로 공식 제출할 예정이었다.[7]

그러나 그 후 당내에서 이견이 속출하였다. 한 당내 원로는 롄잔에게 개인적인 서신을 보내 연방제란 "양국론의 수정안과 같으며, 대만독립을 주장하는 세력에게 어떤 구실을 줄 수 있다"고 의구심을 표시했다. 롄잔은 당내 대륙업무위원회(위원장 장룽궁[張榮恭]) 및 싱크탱크인 국가안보 분과위원회로 하여금 대만 전도를 순회하며 해명하도록 하는 한편, 연방제에 대한 의견을 청취하도록 하였으며, 또한 중앙당에 두 차례의 여론조사를 실시하라고 하였다. 그 결과 대부분의 민중들은 아예 국가연합(federation)과 연방제(confederation)의 차이를 구별하지 못하며, 두 차례의 여론조사 결과는 공교롭게도 찬성 44% 대 반대 35%였다. 최종적으로 롄잔은 연방제를 찬성하는 세력이 다수였지만, 그 차이가 근소한 나머지 하나의 새로운 대중국 정책백서를 뒷받침하기에는 미약하다 생각하였다. 따라서 이를 포기하는 동시에 16기 전당대회에서도 상정하지 않기로 결정하였다.[8] 이로 인해 연방제안은 종료되었다. 베이징 측 또한 외교부 대변인을 통해 공식적으로 "연방제안을 반대한다"고 밝혔다.[9] 이로부터 국민당은 점차 〈국가통일강령〉을 언급하지 않게 되었으며, 공산당과 민진당과 달리 현상유지만 강조할 뿐 미래에 대한 청사진의 제시는 더 이상 하지 않게 되었다.

중국, "그의 말을 들어 보고, 그의 행동을 지켜보겠다"

천수이볜이 중화민국 제10대 총통에 당선된 사실과 관련하여 중국의 초기 반응은 소극적이었으며, 어찌할 바를 모르는 것 같았다. 소극적이라 함은 선거전에 보여 주었던 서슬이 퍼렇던 경고("대만의 독립은 곧

7_정강초안 '연방'설명서 전문,《中央日報》, 2001년 7월 8일 제2면.

8_田世昊,〈국민당 제16기 전당대회 정치요강, 연방제 주장 퇴장〉,《自由時報》, 2001년 7월 25일, 제2면; 馬道容,〈롄잔—연방제, 유일한 방향이 아니야〉,《聯合報》2001년 7월 13일, 제4면.

9_張撥塵,〈대륙, 연방제 반대〉,《環球時報》, 2001년 7월 13일, 제1면.

전쟁을 의미한다" 등)를 거두고, 일관되고 차분한 표현을 사용했기 때문이다. 어찌할 바를 모르는 것 같다는 것은 중국이 당장 취할 수 있는 수단이 별로 없다는 것을 의미했다. 따라서 3월 18일 당일, 중국은 '그의 말을 들어 보고, 그의 행동을 지켜보겠다(聽其言, 觀其行)'고 발표하였던 것이다. 이러한 주장은 2년 후인 8월 3일 "일변일국론, 공민투표가 시급하다"라는 말이 나올 때까지 지속되었다.

그러나 "그의 말을 들어 보고, 그의 행동을 지켜보겠다"고 한 것은 초기에 중국이 놀란 나머지 어디서부터 손을 써야 할지 갈피를 못 잡았던 시기에 어색함을 잠시 감추기 위한 것이었고, 이는 중국이 당시 아무런 생각도 조치도 취하지 않았다는 것을 시사하고 있다. 중국 내부의 자료를 보면 천수이볜에 대한 베이징의 불신은 골이 깊었다. "천수이볜의 뼛속까지 대만독립적 정향은 매우 뚜렷하다", "고집불통의 대만독립 지지자이다", "전략적으로 볼 때 그는 반드시 대만독립 쪽으로 발전할 것이다", "천수이볜의 취임 초기에는 각계로부터의 압력을 못 이겨 '공개적인 독립주장'에서 '수면 밑의 독립주장'으로 전환하며 선불리 대만독립의 실현을 위한 가시적인 발걸음을 삼가고 유연한 입장을 보이겠지만 […] 일단 지지세력이 성장하고, 권력의 기초가 확고해지면 대만독립의 발걸음도 빨라질 것이다. […] 따라서 우리는 그와 장기간 동안 겨룰 준비를 갖추어야 한다"고 표현하고 있다.[10] 이러한 의구심은 중국 내부에서 보편적인 것이었다.

의구심이 있다 해도 중국이 선택할 수 있는 것은 별로 없었다. 강경책을 취한다면 필연적으로 미국으로부터의 거대한 압력에 직면하게 될 것이고, 반드시 이길 수 있다는 보장도 없었다. 대만 내의 민주적인 선거에 대해서도 손 쓸 명분이 없었을뿐더러 국제사회로부터 외면을 당하게 될 것 같았다. 유연책을 취하자니 몇 년 전의 문무 양수겸장식의 위협에 대해 "서두르지 말고, 인내하자"를 겪은 바가 있었기 때문에

10_〈대만정세를 어떻게 해석할 것인가〉, 新華社, 《內參選編》, no. 30 (2000), 國民黨中央政策委員會, 《大陸情勢雙週報》 2000년 11월 8일, pp. 32-34.

이는 근본적으로 성사될 수 있는 여건이 갖추어져 있지 않았다. 더욱이 이 시기에 유연하게 나간다면 중국 내부에 대해 설득력이 없었다. 득실을 따져 본 결과, 중국은 하는 수 없이 "그의 말을 들어 보고, 그의 행동을 지켜보겠다"라고 선언함으로써 한편으로는 정세를 다소 진정시키고, 다른 한편으로는 압력을 유지하면서 본능적으로 대만독립에 대한 의구심에서 넘지 말아야 할 선을 그어 놓고자 하였다. 이는 곧 '하나의 중국'원칙이다. 외부세계로부터 익히 들어서 알고 있는 이 원칙에도 두 개의 지향점이 있다. 하나는 위협으로서, 2000년 3월 18일 중대반과 국대반이 밝혔듯이 "평화통일은 '하나의 중국' 원칙을 전제로 한 것이며, 그 어떠한 형태의 대만독립도 절대 허용되지 않는다"이다. 또 다른 하나는 조건을 제시한 것으로서, 장쩌민이 3월 20일에 한 발언이다. 그는 "우리는 대만의 집권자가 누가 되든지 간에 본토에 와서 대화하는 것을 환영한다. 동시에 우리도 대만에 갈 수 있다. 그러나 대화와 담판에는 기초가 있어야 하는바, 다름 아닌 먼저 '하나의 중국'의 원칙을 인정해야 한다. 이러한 전제하에서라면, 못 할 이야기가 없다"고 하였다.[11] 다음 날 주룽지는 이를 강조하면서, 장쩌민의 이상과 같은 담화는 "바로 우리의 마지노선"이라고 말하였다.[12]

일차적으로 안정된 후, 중국의 사고와 행동이 점차 그 모습을 드러내기 시작했다. 쉽게 말해서, 중국은 '유연한 것은 더욱 유연하게, 강경한 것은 더욱 강경하게'라는 방향으로 나아간다는 것이다. 초기에 그 방향은 불분명하였으나, 세월이 흐르면서 특히 "대만의 독립으로 향하는 열차"가 움직이기 시작함에 따라 더욱 뚜렷해졌다.

'강경'의 부분은 다음과 같은 몇 개의 방향에서 나타났다. 첫째, '긴박감'이다. 덩샤오핑이 '조국 통일'을 1980년대와 1990년대의 3대 임무 중 하나로 규정지을 때만 해도 이는 비교적 막연한 제시였다. 이때 후

11_中央社, 〈장쩌민, 하나의 중국 원칙하에 무엇이든지 대화 가능〉, 《自由時報》, 2000년 3월 21일, 제2면.

12_大陸新聞中心, 〈주룽지—하나의 중국원칙은 우리의 데드라인이다〉, 《聯合報》, 2000년 3월 22일, 제14면.

야오방(胡耀邦) 총서기와 리펑(李鵬) 총리는 공개적으로 "통일을 위한 타임테이블이 없다"고 말하기도 했다. 이 책 제2장에서 지적하고 있듯이 1998년 10월의 중국공산당 제15차 3중전회에 이르러서야 장쩌민에 의해 최초로 타임테이블이라는 표현이 사용되었다. "조국의 통일 완수를 무한정으로 끌어서는 안 되며, 어떻게 하든지 타임테이블이라는 것이 있어야 한다"는 주장이 나왔다. 이는 중국의 대대만정책이 '독립 방지'에서 '통일 촉구'로 전환된 결정적인 이정표라 할 수 있다. 2000년 2월의 대대만정책 백서에서 "무한정 지연한다"를 대대만 무력행사의 세 가지 경우 중 하나로 규정짓자, 즉각적으로 세계 여론의 폭넓은 주목을 받게 되었다.

천수이볜이 당선되자, 중국의 긴박감은 즉각 고조되었다. 비밀이 해제된 중국의 비밀문서 중에는 일반적으로 최근에서야 대대만문제에 참여하게 되었다고 알려진 후진타오(胡錦濤)가 천수이볜이 당선된 후 며칠이 지나지 않아 대외적으로 공개되지 않은 발언을 통해 명확한 '통일 타임테이블'을 언급했다고 기록되어 있다. 후진타오는 천수이볜의 집권으로 인해 "대대만 평화통일의 가능성이 감소하고, 무력을 통한 해결의 경우가 증가했다"고 하면서, "전쟁이 일어날 수도 있다는 인식에서 전쟁을 준비한다로 업그레이드할 것"을 촉구했다. "대만문제 처리의 대전략 원칙"과 관련하여, "조국의 통일을 목적으로, 촌각을 다툰다는 전제로, 결정적 시기 포착을 전술로, 그리고 군사적 해결로 전기를 마련"해야 한다고 덧붙였다.[13] 상기 문서에서는 "대만문제를 무한정 지연시킬 수 없다"는 주장이 세기의 전환 시기에 수차례 나타난 바 있음을 드러내는 것이었다.[14] 중앙군사위원회, 군수 사령관, 언론매체의 글에서도 이러한 논조가 드러내 놓고 반복되었고 결국 2002년 장쩌민의 제16차 당대회 정치보고에까지 출현하는 등 이것이 중국의 대대만

13_〈후진타오 처음으로 대대만정책 전방적으로 언급〉, 國民黨中央政策委員會, 《大陸情勢雙週報》, 2003년 3월 26일, p. 22; 〈천수이볜의 일변일국론에 대한 중국의 후속반응〉, 국민당 중앙정책위원회, 《大陸情勢雙週報》, 2002년 9월 4일, p. 19.

14_상동.

정책의 일부분임을 분명히 하였다.[15]

둘째, 대대만정책의 결정에서 군인들의 참여를 넓혔다. 장쩌민 시기, 대대만 관계 담당부서의 구성원은 7명이었는데, 2000년 가을 군사위 부주석 장완녠(張萬年)이 추가되어 슝광카이(熊光楷)와 함께 2명이 늘어났다. 이로 인해 16대 이후 대대만 관계부서의 구성원은 9명으로 증편되었으며, 이 중 궈보슝(郭伯雄)이 장완녠과 교대하였다. 그 밖에 2000년 여름, 국무원 대대만 업무부서에 인사개편이 있었다. 탕수베이와 왕융하이(王永海) 등 부주석은 정년으로 물러났으며, 상하이 외사업무 담당관실 실장 저우밍웨이(周明偉)와 총참모부 제2부(정보담장)의 왕짜이시 소장이 그 자리를 메웠다. 이는 정책결정팀에서 군부와 외교계 출신의 비중이 상향 조정되었음을 의미하는 것이다.

셋째, 2000년 4, 5, 6월 대만해협에서 세 차례의 대규모 군기동훈련이 있었다. 중국의 〈해협의 소리〉 방송에 따르면, 이들 세 차례의 기동훈련은 과거와 상이하였다. 과거에는 미사일 시험 발사, 또는 난징군구, 광저우군구의 훈련이었지만, 2000년 4월의 연습의 핵심은 멀리 있는 타군구에서 서둘러 난징군구로 달려와서 연습에 참여하거나 합동훈련을 하였으며, 5월에는 대만의 외곽도서를 표적으로 하는 훈련, 6월에는 공군의 대규모 편대들이 북에서 남으로의 먼 곳까지 기동하는 훈련을 하였다. 〈해협의 소리〉 방송에 의하면, 이들 연습의 "궁극적인 목적은 천수이볜의 환상을 깨트리는 데 있다"는 것이었다.[16]

'강경'한 조치와 대조적인 중국의 '유연'한 조치는 내부의 부단한 연구와 검토 끝에 탄생되었다. 천수이볜의 5월 20일 취임연설은 미국을 안심시켰지만, 중국의 눈에는 여전히 부정적이었다. 중국의 중대반과 국대반은 천수이볜의 연설문이 공개된 지 세 시간도 채 안 되어서

15_장쩌민의 〈풍요사회를 적극적으로 육성하여 중국적 특색이 있는 사회주의 사업의 새로운 국면을 열어 가자〉 참조. 2002년 11월 8일 중국공산당 제16기 전국인민대회 개막식에서 한 발언. http://www.china.com.cn/chinese/2002/Nov/233867.htm.

16_〈중국, 6년간 10차례 대대만 군사연습 실시〉, 國民黨中央政策委員會, 《大陸情勢雙週報》, 2001년 7월 25일, pp. 43-44.

1,900자의 성명을 발표하였다. 여기에서 그가 말한 '4불 1무'를 주시한다고 하면서도 '하나의 중국' 원칙을 받아들인다는 결정적인 문제에서는 우회적이고 불투명한 태도를 취하였다고 보고, 그의 "'선의의 화해'가 성의를 결여한 것임을 분명히 했다"고 하였다. 같은 달 26일, 첸치천은 베이징대에서의 연설을 통해 "천수이볜이 '공개적인 독립주장'에서 '수면 아래의 독립주장'으로 전환했다"는 기조를 재확인하였다.[17] 6월 2일, 중국 신화사는 논평을 통해 차이잉원, 쉬후이유(許惠佑), 천밍(陳明) 등이 1992년에 공식('92공식')이 있었다는 자체를 부인하고 있다고 비난했다. 또 다른 중국의 내부 문서에서는 리덩후이와 천수이볜의 취임연설을 비교하면서, 당시 리덩후이는 '중국인'이라는 단어를 12번 언급했고, '중화민국'은 7번, 그리고 '중화문화'를 언급했던 것에 반해 천수이볜은 '대만 문화', '본토문화'와 '화인문화'만을 언급했다고 하였다. 그러면서 천수이볜은 '하나의 중국'의 승인을 거부하기 위해 스스로가 중국인이라는 것도 인정하기를 거부했다고 하였다.[18] 5월과 6월까지도 베이징은 머리끝까지 화가 나 있었음을 말해 준다.

중국의 새로운 관점

그러나 7월에 접어들면서 중국의 태도에 변화가 나타났다. 13일 첸치천은 대만 인론계 책임자 빙문단을 집견한 자리에서 두 개의 새로운 관점을 제시하였다. 하나는 '하나의 중국'을 지향하되, '하나의 중국'의 함의 논의를 제외시킬 수 있다는 것이었다. "'하나의 중국'의 함의는 이것이 아니면 저것이다"가 아니라는 것이다. 두 번째는 해기회와 해협회가 정치적 쟁점을 접어 둔 채 '삼통'을 협상할 수 있다는 것이다. 전자는 중국이 '하나의 중국' 문제의 해석에 있어서 양보했음을 시사하고 있다. 국민당 집권 시기에 양측은 "각자 구두의 방식으로 표출한다"라

17_大陸新聞中心, 〈중국, 천수이볜의 취임연설 전문에 반응하다〉, 《中國時報》, 2000년 5월 21일, 제4면

18_〈중국 내부문서—대만 당국자의 취임연설 해부〉, 國民黨中央政策委員會, 《大陸情勢雙週報》, 2000년 8월 16일, pp. 31-33.

고 했으며, 국민당 정부는 대외적으로 〈국가통일강령〉과 국가통일위원회의 '하나의 중국의 함의' 결의를 그 바탕으로 하고 있었다. 첸치천의 표현대로라면 민진당은 그 함의에 대해 표명할 필요도 없이 '하나의 중국'을 지지한다고만 밝히면 그만이었다. 전자는 중국의 대대만정책이 장차 '삼통'을 주축으로 하면서 한편으로 타이베이 신정부의 '삼통'에 대한 성의를 탐색하고 또 다른 한편으로는 대만 안팎의 '삼통'에 대한 지지세력을 동원하려는 것을 시사하고 있었다.

8월 24일, 첸치천은 더욱 구체적인 발언을 하였다. 중난하이에서 《연합보》 계열의 방문단과 회견시, '하나의 중국'에 관해 소위 '새로운 세 마디(新三句)'를 밝힌 것이다. 이는 "이 세상에는 단 하나의 중국밖에 없으며, 대륙과 대만은 동일하게 '하나의 중국'에 속한다. 중국의 주권과 영토의 완전함을 분단시키는 것을 용납하지 않는다"이다. 이와 같은 비교적 느슨한 '새로운 세 마디'는 "이 세상에는 단 하나의 중국밖에 없다, 대만은 중국에서 분리할 수 없는 일부분이다, 중화인민공화국 정부는 중국 유일의 합법적인 대표이다"라는 베이징 측이 1993년 《대만문제와 중국통일》 백서에서 밝혔던 '과거의 세 마디(舊三句)'를 대신하는 것이었다. 첸치천은 '삼통'과 관련하여 대만 측이 "한 국가 내부의 항로로 인정하기만 하면 되며, 한 국가인지 두 국가인지를 따지지 말고, 선박 왕래 시 깃발을 달지 않으면 해결될 수 있다"고도 하였다. 이러한 발언은 7월 당시에 비해 더욱 구체적이었는데, 시기적으로는 베이다이허(北戴河)에서 있었던 의례적인 고위급 회담 직후에 발표되었기 때문에 표면상 개인의 말이었지만, 실질적으로는 중국의 집단적인 의사를 대변한 것이었다. 9월 5일 국대반은 첫 언론브리핑에서 장밍칭(張銘清) 대변인이 공식적인 발언을 통해 '새로운 세 마디' 표현을 다시 확인하였다.[19]

2001년 1월 4일, 첸치천은 미국 《워싱턴포스트》와의 인터뷰에서 "과

19_王緯中, 〈양측의 결정적인 문제는 통일, 독립논란이다〉, 《中國時報》, 2000년 9월 6일, 제1면.

거에 대만 사람들은 의구심을 가졌다. […] 그들은 '대만은 중국의 일부분이다'는 표현을 쌍방이 평등하지 않다는 뜻으로 해석 […] 이들의 불신을 불식시키기 위해 우리는 "대륙과 대만이 똑같이 하나의 중국에 속한다"고 말하기로 하였다. 이로써 어느 정도 쌍방이 대등하다는 것을 나타낼 수 있다"고 하였다. 동 신문은 또 다른 대대만관계 관리가 "오랫동안 활동해 온 간부들에게 대만을 대등하게 본다는 것은 매우 어려운 일이다. […] 그래서 수개월 전에 그(첸치천)가 처음으로 한 말을 들었을 때 크게 경악하였다"고 말했던 것을 덧붙였다.[20]

이 밖에도 7월 이후로 중국의 관련된 발언은 모두 유연해졌다. 츠하오톈 국방장관은 12일 코언(W. Cohen) 미 국방장관과 회담 시 중국이 대대만 무력행사를 포기하지 않지만, 대만을 공격할 의사는 없다고 했다. 왕다오한은 13일 대만 측 인사와의 회견시 "천수이볜은 우리가 생각했던 것만큼 대만독립 지향적이지 않다", "언제라도 대만 방문이 가능하다"고 하였다. 주야옌(朱亞衍) 샤먼 시장은 대만 방문이 여의치 않자 셰창팅 가오숑 시장을 샤먼으로 초청하였다. 또한 앞서 인용한《워싱턴포스트》의 보도와 같이 중국 내 매체에서 대만독립을 비난하는 글도 날이 갈수록 줄어들었다.

이러한 발전은 5월 20일 이후 중국의 대대만정책에 빠른 조정이 있었음을 나타내고 있다. 4, 5, 6월의 군사훈련을 통해 강경파 군부의 숨통을 터 주는 한편, 당지도부에서는 군사대비태세의 강화와 군부의 정책결정 참여의 증대에도 동의해 주었다. 7월에 이르자 중국은 가장 핵심적이면서도 곤란한 '하나의 중국' 문제와 대만에 대한 기본적인 태도를 조정하였지만, '새로운 세 마디'는 분명히 대만이 과거에 주장해 온 "대만과 대륙은 모두 다 중국의 일부분이다"의 입장에 근접한 것이었다. 동시에 표현방법에서도 베이징 측은 과거의 고압적인 자세에서 미소를 띤 얼굴로 바뀌었고, 방법에 있어서 대만 언론과의 소통에 역점

20_John Pomfret, "Beijing Signals New Flexibility on Taiwan: Comments Appear Aimed at Bush," *The Washington Post* (6 January 2001), p. A1.

을 두었다. 구체적인 정책 면에서 중국은 '삼통'을 전략적 차원으로 끌어올려, 가능한 한 유연하게 처리하고자 하였다. 그 밖에 중국은 미국을 중시하기 시작하여 정계, 재계, 학계, 언론계 등 각계 인사와의 소통을 강화하였다.

이러한 신정책은 수년 전의 '강경, 유연 양면정책'에 비해 현저하게 '유연한 면은 더욱 유연해졌고, 강경한 면도 그 강도가 더해진' 것이었다. 만약에 대만해협 양측이 '유연'한 부분에서 일치하는 부분이 생기면 관계가 개선될 가능성도 컸다. 그러나 만약 '강경'한 부분에서 부딪힌다면, 충돌이 있게 될 것이었다. 만약에 '유연'함도, '강경'함도 안 될 경우에는 대치상태로 이어질 것이었다. 대치의 유연성이나 강도는 정세가 어떠한 방향으로 기우느냐에 달려 있었다.

미국 대선의 해의 대대만해협 정책

2000년의 중화민국 정권교체와 관련하여 미국 대부분의 여론 지도층은 긍정적으로 평가하였다. 이들이 긍정적으로 평가한 것은 새롭게 당선된 천수이볜 혹은 민진당이 아니라 정권교체가 되었다는 그 사실이었다. 대다수 미국인의 눈에는 국민당이 대만에서 50년간 집권하면서 장기적인 경제발전, 사회안정 나아가 민주화의 '제3의 물결'이라는 민주화의 모범적인 사례를 보여 주었음에도 불구하고 단일 정당의 장기집권은 어찌하든 민주국가의 정상적인 모습은 아니었던 것이다. 이번 대만의 정권교체는 평화적인 절차 속에서 그것도 중국의 위협적인 발언이 있던 상황 속에서 만들어 낸 최초의 정권교체라는 점에서 대다수 미국인들이 박수를 쳐 준 것이었다.

중화민국의 1996년과 2000년의 총통선거 기간 동안 미국은 매번 실질적인 '보호자'의 역할을 했다. 1996년 중국이 언술과 군사연습을 통해 대만을 위협했을 때 미국은 하는 수 없이 두 척의 항공모함을 출동시켜 방위를 협조하였다. 2000년 중국은 2월의 《대대만정책백서》 및 선거 직전의 주룽지 담화발표 등 비폭력적 공격에 치중하였다. 미국은 클린턴 대통령이 2월 24일 직접 나서서 미국은 "대만문제 해결의 수단으로 무력 사용을 거부한다"고 강조하였다. 민주적 절차의 가치가 돋보이도록 하기 위해 그는 대만문제의 해결에는 "반드시 대만 주민의 동의를 얻어야 한다"는 말을 덧붙였다.[21]

3월 18일 선거가 순조롭게 진행된 후, 미국은 단순히 대만의 '보호자' 역할에만 머무를 수 없었고 다각적인 고려를 해야 했다. 미국은 하나의 국가로서 중국을 중시할 수밖에 없었으며, 쌍방 간의 관계를 개선할 수 있다면 최상일 것이나 혹시 잘못되더라도 이를 더욱 악화시킬 수는 없었다. 퇴임을 앞둔 대통령으로서 클린턴은 후세에 칭송받을 수 있는 어떠한 정책적 유산을 남길 것인가를 염두에 두지 않을 수 없었다. 민주당 당원으로서 클린턴은 그의 부통령이면서 대통령 선거 후보인 앨 고어(Al Gore)를 도와서, 중국에게 강경한 입장을 취하고 있는 공화당 후보인 조지 W. 부시에 맞설 수 있도록 해야만 했다. 11월 초 미국 대선을 앞둔 몇 개월 동안 양당의 후보진영은 정치적 이익이라는 의제보다는 가치관(민주, 인권)을 더 중요시할 수밖에 없었다. 이는 유권자들이 통상적으로 정치적 이익보다는 가치관을 더 쉽게 이해할 수 있었기 때문이었다. 달리 표현하면 민주주의를 대표하는 대만을 끌어안는 것이 인권 탄압으로 정평이 나 있는 중국을 끌어안는 것보다 선거정세에 유리하다는 것이었나. 이와 같은 복잡하고도 상호 대립적인 사고방식이 교차하면서 2000년 미국의 대대만해협정책이 만들어졌다.

여기에는 다음과 같은 몇 가지의 지향점이 있다. 첫째, 미국은 '민주주의가 공고화된' 대만을 지지한다. 미국이 대만 민주주의를 지지하는 것은 전술한 바와 같으나, 2000년에는 그 강도가 더해졌다. 이는 공화당 캠프에서 상대적으로 클린턴 측이 베이징에게 지나치게 연약했음을 공격하는 한편, 공화당이 장악하고 있는 하원에서 같은 해 2월, 341

21_Charles Babington, "Clinton Urges Trade, Shrinking US Debt" (Clinton's speech at University of Pennsylvania), *The Washington Post* (25 February 2000), p. A1. Transcript: "Clinton Urges Business to Support China WTO Deal," USIS Washington File (24 February 2000).

표 대 7표라는 현격한 차이로 〈대만안보강화법〉을 통과시켰기 때문이다. 이 법안이 상원에서도 통과될 경우 미국과 중화민국 간의 군사적 협력을 크게 향상시키게 될 것이었다. 2000년 한 해가 다가도록 찬반 격론이 진행되었으며, 연말에 하원이 이를 심의보류로 결정하면서 변론이 끝났다. 이러한 줄다리기 기간 중 〈대만안보강화법〉은 아주 미묘하게 중국을 견제하는 역할을 발휘했다.

둘째, 미국과 중국과의 전략적 동반자 관계를 희석하고, 영구적인 정상 무역 관계(Permanent Normal Trade Relations, 이하 PNTR)의 확립에 전력투구하는 것이었다. 이는 미국, 클린턴, 미중관계에 하나같이 중대한 전환이었다. 클린턴은 1993년 취임 이래로 최혜국대우 문제를 인권문제와 결부시켰다. 이로 인해 양측 지도층 내부 및 상호 간에 논쟁이 이어져 왔다. 1994년 5월 클린턴은 이를 인권에서 분리시켰고, 97년 쌍방이 건설적 전략적 동반자 관계가 수립되었다고 발표하였다. 그러나 이는 상황을 잠시 완화시켰을 뿐, 골치 아픈 문제들을 해결하지는 못했다. 그 후 1998년과 99년의 시끄러웠던 쌍방관계(도청, 콕스 보고서, 유고 주재 대사관 피폭, '양국론' 등)를 거치면서 클린턴은 전략적 동반자 관계를 희석하기로 결정하였다. 이에 따라 정부 각료들도 공화당으로부터의 비난을 피하기 위해서 공개적인 장소에서 이 용어의 사용을 중지하였다.

2000년 대선의 해에 클린턴은 공화당 캠프의 중국위협론을 견제하는 한편, 자신의 멋진 정책적 유산을 남기기 위해 PNTR에 전력투구하기로 결정하였다. 그는 정부 관리와 여러 명의 전임 대통령을 동원하여 대의회 유세를 진행하는 데 그치지 않고, 하원의원의 별난 요구를 충족시키기 위해 여러 개의 시정계획도 내놓았다. 미국의 재계도 자동적, 자발적으로 유세에 적극적으로 나섰다. 유세 과정에서 미국은 대만을 들고 나와 PNTR이 통과되면 대만의 FTA의 가입에 유리하다고 주장함으로써 친대만계 의원들의 찬성을 이끌어 내려고 하였다. 이와 같은 엄청난 노력은 2000년 5월의 하원(237표 대 197표), 9월 상원(83표대 15표)에서 각각 통과됨으로써 최종적으로 결실을 맺었다. 이로부터 미국과 중국과의 관계는 하나의 새로운 단계에 진입하였다. 장쩌민은 이 일에 대해 클린턴과 직통 전화로 40분간 통화하면서 고마움을 표시하였다. 이러한 매듭이 풀린 지 1년 후, 중국과 대만은 순조롭게 WTO에 가입하여 공식 회원이 되었다.

미국 정책의 세 번째 지향점은 다름 아닌 대만해협의 안정 유지에 대한 희망, 즉 양측 정부의 어느 쪽도 말썽을 일으키지 않기를 바란다는 것이다. 이는 평상시에도 일관된 미국의 정책적 목표였으나, 미국 대선의 해에 대만에서의 정권교체라는 큰 일을 맞게 되자 더욱 그러하였다. 미국은 긴장 속에서 겨우 '양국론'의 위기를 넘긴 대만해협에서 그 어느 일방이 경거망동 또는 서로의 의도를 오판한 나머지 또다시 충돌이 발생하지 않을까를 크게 우려하였다. 따라서 선수를 쳐서 예방외교라는 큰 모션을 취했다.

선거가 끝난 지 1개월 후 미국은 전해의 '양국론' 위기처리 경험을 살려 비중이 있는 인사들을 모아 두 대표단을 구성하여 대만해협 양측에 파견하였다. 베이징 대표단에는 홀브룩(Richard C. Holbrooke) 유엔 주재 미국대사, 버거 백악관 국가안보자문위원, 로스 국무부 아태담당 차관보, 글리크먼(Dan Glickman) 농업부 장관 및 데일리(William M. Daley) 상무부 장관 등으로 이루어졌다. 그 후 6개월간 양측은 상호방문을 지속해 왔는데 최고위급은 클린턴과 장쩌민의 9월 뉴욕회담이었다.

한편 대만 대표단에는 클린턴의 가까운 친구이며 전 하원 국제관계 상임위의장이었던 해밀턴(Lee Hamilton)과 AIT 이사장인 리처드 부시가 있었다. 그 후속으로 4월에는 로드 전 국무부 차관보, 팔(Douglas H. Paal) 국가안전보장회의 전 아태관계 선임위원장이, 6월에는 페리(William Perry) 전 국방장관 등이 대만을 방문하였다. 이 중 해밀턴의 방문 시 미국은 천수이볜에게 선거기간 중 미국에 약속했던 '3불(대만독립 미선포, 양국론의 헌법 미포함, 통일과 독립에 관련된 공민투표 하지 않음)'을 취임연설문에 구체적으로 포함시켜 줄 것을 요구하였다. 내용은 버거트

(Raymond Burghardt) 대만 주재 미국대표가 천수이볜을 도와 기안하기로 하였다.[22]

다양한 자료를 통해서 볼 때, 이들이 베이징과 타이베이에서 한 말은 거의 유사했는데, 기본적으로는 클린턴의 '세 개의 기둥'을 벗어나지 않았으며, '하나의 중국'으로 중국을 안심시키고, '평화적 해결'로 대만을 안심시키고, '양측 대화'로 대만해협 양측이 상호신뢰를 증진시켜 긴장을 낮추는 것이었다.

과거와 비교해 볼 때, 클린턴 정부는 2000년 중 '대만해협 양측의 대화'를 유난히 중요시한 것 같았다. 3월 18일 선거가 종료된 이후 몇 시간 뒤 클린턴은 축전을 보내어 "대만 민주의 역량과 활력"을 치하하면서, '하나의 중국' 정책 및 〈대만관계법〉을 언급한 것 외에도 "이번 선거가 대만해협 양측에 대화를 통해 이견을 해소하는 새로운 계기를 마련할 것으로 믿는다"고 각별히 강조하였다.[23] 이틀 후 버거 국가안전보장회의 자문위원도 "나는 지금 타이베이와 베이징이 대화의 재개 시기를 잡아야 할 때라고 생각한다"고 하였다.[24] 9월의 클린턴과 장쩌민의 뉴욕회담 시, 미국의 설명에 의하면 클린턴은 "미국의 기본 목표는 대만해협 양측의 대화를 촉구하는 것"이라고 재차 강조하였다. 7월에 중국을 방문했던 코언 국방장관은 10월 2일 공개석상에서 중국의 대만에 대한 태도는 1년 전에 비해 완화되었다고 밝히면서, "선의와 창의력이 있는 사람이 목전의 기회를 포착하여 평화적으로 대만해협 양측의 이견을 해소할 수 있는 방식을 찾아내기를 바란다"는 의미심장한 말도 하였다.

이러한 신호들은 분명히 공식, 비공식 채널을 통해 타이베이와 베이이

22_Nancy Tuker, *Strait Talks*, pp. 253-254; 劉世忠,《歷史的糾結:臺美關係的戰略合作與分歧(2000-2008)》(臺北: 新臺灣國策智庫, 2010), pp. 19-23.

23_"Statement by the President," The White House (18 March 2000). Available at http://clinton6.nara.gov/2000/03/2000-03-18-statement-by-the-president-on-taiwan-election.html.

24_"Berger Briefing on President's Meeting in Dhaka March 20," The White House, Office of the Press Secretary (8 September 2000).

징에 전달되었으리라고 믿는다. 과거와 다른 점은 이번 중국에 대해 미국은 PNTR라는 당근을 주면서도 한편으로는 〈대만안보강화법〉이라는 채찍을 사용하여 중국으로 하여금 독립을 주장하는 민진당의 등장에 대해 경거망동할 수 없도록 하였다. 대만에 대해서는 미국이 '세 개의 기둥' 외에 "반드시 대만 주민의 동의를 얻어야 한다"는 말을 추가함으로써 대만이 안심하도록 하였다.

이들 세 개의 지향점이 하나로 모아지면서 미국은 2000년 대만해협의 안정을 가져온 핵심적인 역량이 되었다. 가장 중요한 것은 이를 통해서 호혜의 그리고 경제무역을 주축으로 한 안정된 미중관계를 만들어 냈다는 것이다. 양국 간의 대만문제와 인권과 같은 중요한 이견은 소멸되지 않았으나 PNTR를 통해 마찰 요인을 하나 줄일 수 있었고, 호혜의 기반을 확대하여 장기적인 관계의 확립에 유리해졌다. 이러한 기회는 수년 전과 비교해 볼 때, 미중 관계의 안정은 대만해협 양측 관계의 개선, 특히 대만해협 쌍방이 모두 이러한 기회를 놓치지 않는다면 양측 대화의 부활에 매우 유리한 것이었다.

잃어버린 '기회의 창'

2000년 5월 20일 중화민국 제10대 총통에 취임한 천수이볜은 임기 내의 고난도 정책분야는 중국과의 관계라고 확신했을 것이다. 당시 어느 누구라도 중국과의 관계는 대만 주민 대부분의 생활과 직결되어 있다는 점들을 분명하게 인식하고 있었다. 또한 중국과의 관계는 대만의 현재의 위상 그리고 미래의 나아갈 바와 직결되어 있었다. 이는 민진당의 '신주위패'(신주위패는 민간신앙으로 각 가정에 마련해 놓은 작은 신당과 같은 것이다. 즉 복과 안녕을 비는 대상이라고도 할 수 있다—옮긴이)와 그 밖의 많은 사람들의 근본적인 신앙과도 직결되어 있었으며, 또한 전쟁과 평화와도 직결되어 있었다. 또한 많은 사람들은 천수이볜과 민진당이 이 문제를 처리하는 데 인재가 결핍되어 있고, 아는 바가 없으며, 경험이 미천한 데다가 상대하고 있는 중국은 적대감이 깊다는 것을 알고 있었다. 따라서 천수이볜은 민심을 안정시키기 위하여 5월 3일에 이미 그는 이 문제에 깊은 관심을 가질 것이며, 취임연설이 "미국을 만족시키고, 국제사회로부터 긍정적인 반응을 얻고, 중국에게 빌미가 잡히지 않도록 할 것"이라고 표명하였다.[25] 따라서 천수이볜이 '4불 1무'를 선포하자 대부분의 사람들은 가슴을 짓누르고 있던 돌덩어리를 내려놓을 수 있었다.

그러나 대부분의 사람들은 천수이볜에게 다음과 같은 세 가지의 '비밀병기'가 있었다는 것을 모르고 있었다. 첫째, 리덩후이는 임기의 마지막 2년 동안 '양국론' 연구를 시작하였다. 리덩후이 자신은 이를 실천에 옮길 수 없었지만, 차이잉원, 장룽펑의 주도하에 '양국론'은 새로운 주권에 대한 논술을 확립하였으며, 새로운 행동지침을 마련했고, 그리고 주권, 양측 관계 외교 등 중대한 문제상에서 나타날 수밖에 없는 모든 상황에 대처 가능한 새로운 용어를 창출했다.

둘째, 리덩후이는 국내외에 있는 자신의 국가안보라인의 인맥을 천수이볜에게 넘겨 주었다. 국내 부분에서 혹자는 이념의 동일성으로 인해, 혹자는 맡은 바의 직책에 복종하는 천성으로 인해 민진당을 위해 계속 일하기로 하였다. 이 중에서도 차이잉원과 장룽펑이 가장 각별하였다. 차이잉원은 실질적으로 양국론위원회를 이끌면서 국가안보망의 확립에 책임을 지고 있었다. 따라서 새로운 정세와 관련하여 그 누구보다도 깊이 장악하고 있었다고 말할 수 있었다. 그녀로 하여금 대륙위원회를 맡아 코치 겸 골키퍼의 역할을 수행하도록 하는 것은 가장 적절한 것이었다. 장룽펑은 오랫동안 리덩후이의 밑에서 일하면서 미사일 시험발사 및 '양국론' 위기를 경험하였기 때문에 그를 국가안보회의에 포함시켜 부사무총장을 맡게 한 것도 나무랄 것이 없는 일이었다. 그 밖에도 좡밍야오(莊銘耀) 전 해군총사령관을 국가안보회의의 책임자로 임명하고, 탕야오밍(湯曜明)를 국방장관직에 유임시켰고, 천비자

25_彭威晶, 〈천수이볜: 취임연설은 중국 측에서 구실을 찾지 못하게 할 터〉, 《聯合報》, 2000년 5월 4일, 제1면.

오(陳必照)를 국방차관으로, 무소속의 톈훙마오(田弘茂)를 외교부장(외무부 장관)에 임명하였다. 이는 매우 분명한 방어형 포석이었다. 두 집단에 속하는 사람들은 국가안보회의 자문위원으로 신분을 감춘 심복인 커청팅(柯承亭)을 포함하여 대부분이 신인이었고, 이들은 일정한 기간 동안 경험을 쌓고 무대의 전면에 나올 수 있었다. 해외 부문에는 처음부터 리덩후이와 친분이 있던 미국과 일본의 인사들이 협조를 지속하였고, 그 다음 해 미국에서 정권이 교체된 이후 이들의 역할은 더욱 커졌다.

셋째, 이른바 국가안보를 위한 비자금이다. 천수이볜은 2년 동안 이를 사용하다가 2002년 3월 언론에 폭로된 이후에야 국고에 반납하였다. 딩위저우 전 국가안전국장이 밝힌 바에 의하면, 국가안보를 위한 비자금은 총 35억 대만달러(한화 약 1,223억 500만 원—옮긴이)에 이르며, 장제스 부자 집권 시기 정보예산의 잉여자금이라는 것이다.[26] 리덩후이는 1994년과 1997년 각각 이 중의 절반을 여러 은행에 분산 입금하여 이자를 챙겼다. 2000년 당시 이자만 하더라도 여러 정부 부처의 연간 예산을 뛰어넘는 8억 4천만 대만달러(한화 약 295억 9,300만 원—옮긴이)에 달했다. 전혀 감독받을 필요가 없는 자금들은 리덩후이와 천수이볜의 코넬대 방문 추진, '양국론'의 연구 및 외국 인사와의 친분 구축을 포함하여 최대의 행동의 자유를 가능하게 하였다.[27]

이상과 같은 세 가지 비밀 병기가 있었기 때문에 겉으로는 경험이 없이 보였던 천수이볜 총통이었지만, 사실상 내면적으로는 믿는 구석이 있었으며, 사소한 착오가 있을 수 있지만 총체적으로는 그가 모든 것을 제대로 파악하고 있었음을 알 수 있다.

5월 20일 취임 이후 대만해협 양측 관계는 객관적인 환경과 타이베이 측이 주관적으로 움직이는가의 여부에 달려 있었다. 5월 20일에서 제4기 원전 중지를 선포한 10월 27일까지의 5개월 동안 객관적인 환경

26_丁渝州,《丁渝州回憶錄》, pp. 435-436.

27_謝忠良,〈리덩후이 35억 불법 사용〉,《臺週刊》, 2002년 3월 21일, pp. 10-23.

은 천수이볜 임기 중 또한 코넬대 사건 이후 최대의 '기회의 창'이었다. 국내외 여건은 양측이 대화를 회복하고, 긴장을 낮추며, 완화하기에 더없이 적합하였다.

가장 먼저, 국제적인 구도의 면에서 볼 때, 중화민국은 민주화의 덕택으로 인해 이 기간 동안 줄곧 호의적인 국제 환경 속에 있었다. 이 중 미국이 대만에 대해 가장 호의적이었으며, 미국은 양측이 대화를 재개하기를 기대하였다. 클린턴은 이 한 해 동안 북한을 방문하는 해빙의 여정도 추진하였다(이는 성사되지 못했다). 만약 대만해협 양측도 담판을 부활시켰다면 미국의 환영을 받았을 것이라는 점을 믿어 의심치 않는다. 이와 동시에 대만의 안보와 '민주주의 공고화'에 대해 미국이 크게 중요시하였으며, 현안의 양대 법안(PNTR 및 대만안보강화법)이 당근과 채찍이 되어서 정확히 중국의 행위를 견제하고 있었다. 이들은 모두 지난 수년간 경험해 보지 못한 유리한 조건들이었다.

이어서 중국의 정책의 측면에서 본다면, 중국의 통일과 관련된 긴박감과 대만에 대한 고답적인 정책은 1990년대 말부터 눈에 띄게 강화되었다. 그러나 이른바 '3·18사건' 직후 미국의 강경하고도 유연한 양면적인 접근으로 제약을 받게 된 중국은 화를 내지는 못하고 대신 '그의 말을 들어 보고, 그의 행동을 지켜보겠다'를 내세움으로써 양측 관계는 잠시 숨통이 트일 수 있었다. 이때 만약 타이베이 측에서 능동적으로 대화재개의 모션을 취했는데 중국이 거절했다면 베이징 측이 약점을 드러내는 것이었고, 반면 수용했다면 대만해협 양측의 관계는 개선될 수 있었을 것이다.

마지막으로 국내적 상황을 볼 때, 천수이볜이 이끄는 새로운 정부는 다양한 면에서 얻기 어려운 좋은 조건들을 갖추고 있었다.

첫째, 신임 총통의 밀월기간이 있었다. 천수이볜의 지지율은 치솟고 있었고(약 80%의 지지율), 당내 엘리트들이 순종하였다. 이러한 배경하에서 선거공약('삼통'의 실시, 중국 본토 방문, 관계 정상화, 군사적 상호신뢰체제 등 포함)을 이행하기 위한 '신중한 노선'을 추진한다고 할 때 반대할 사람이 없었을 것이다(누가 이를 적절치 못하다고 했겠는가?).

둘째, 국민당은 처음으로 패배한 이후 사기가 추락하여 일어설 힘이 부족한 시기에 새로운 총통의 시정을 막을 수 있는 힘은 애초부터 없었다. 더욱이 대만해협 양측 관계의 완화는 국민당에 의해서 최초로 제기되었던 것인 만큼 국민당이 이를 막을 힘이 없음은 물론이고 아마도 양측 관계를 개선하려는 천수이볜의 노력을 반대할 명분도 없었을 것이다.

셋째, 대만 주민들은 당시 중국에 대한 정책과 관련하여 논란이 있었지만 한편으로는 매우 높은 합의가 형성되어 있었다. 쉽게 말하자면, 여기에는 다음과 같은 내용이 포함되어 있었다. 통일에 목매지 않으며, 독립을 서두르지 않는다. 현상유지가 최상이다. 전쟁은 반대하고 평화를 원하며, 변화의 추구보다는 안정을 바라고, 교류도 대화도 필요하다. 다만 국가의 안보와 존엄이 유지되어야 한다. 이러한 공식 위에서 만약에 천수이볜이 대화 재개를 적극적으로 모색하였다면 대만 내에서 그의 명망은 더욱 높아졌을 것이고, 추락은 없었을 것이다.

넷째, 대만 민중들은 새로운 정부에 대해 매우 관대한 심리를 가지고 있었다. 이는 천수이볜으로 하여금 정권운영에 매우 큰 '시행착오의 감행'의 공간을 마련해 준 셈이었다. 또한 당시 행정원장은 국민당 소속의 탕페이였기 때문에 최악의 경우 그가 이러한 시행착오의 방패막이가 될 수 있었다. 따라서 천수이볜과 민진당은 결코 밑지지 않는 장사를 할 수 있었다.

국내외의 이러한 유리한 조건들의 대부분은 리덩후이가 민선 총통으로 있던 4년간 전혀 존재하지 않았던 것들이다. 그러나 정권교체 이후 시대와 상황이 바뀌었고 미묘한 심리적인 요소까지 더해지면서 이러한 것들이 뜻하지 않게 한꺼번에 몰려와 양측 관계에서 보기 드문 '기회의 창'을 만들어 냈다. 당시 이 창을 열 수 있는 사람으로, 미국은 당사국이 아니기 때문에 앞장설 수 없었고, 중국은 언론매체를 이용한 협박을 한 적이 있는 데다가 '3 · 18' 이후의 화를 완전히 삭이지 못하고 있었기 때문에 국내적 여건이 그동안 성난 얼굴을 하고 있던 것을 갑자기 미소 짓는 얼굴로 바꾸는 변신을 허락할 리가 없었다. 따라서 해외, 중국, 대만 내부 등 세 측면에서 유리한 고지를 차지하고 있던 천수이볜이야말로 호기를 잡고, 양측의 관계를 위험에서 안전으로, 저주에서 상서로움으로 전환시킬 수 있었다. 아쉽게도 이러한 객관적인 환경은 만반의 준비를 갖추고 있었으나 최후의 일격, 즉 대만의 주관적인 의향이 없었다. 그 결과 차일피일 미루는 가운데 기회는 흘러가고, 천수이볜 총통 정부가 10월에 제4기 원전 건설공사의 중단을 선언하고, 대만 내의 정세가 급변하게 되자 창은 그만 닫혀 버렸다. 이러한 '기회의 창'이 결국 열리지 못한 가장 중요한 원인은 다름 아닌 '4불 1무'의 배후에 사실상 그 위력이 더 막강한 또 다른 '4불 1무'가 있었기 때문이었다.

'하나의 중국 각자의 정의'가 없었다

처음으로 정권을 잡아 기초가 튼튼하지 않은 데다가 안팎으로부터의 압력이 매우 거세었던 천수이볜으로서는 첫해 국정은 실적의 창출보다는 오류를 범하지 않는 데에 있었을 것이다. 비록 '4불 1무'의 선포로 일시적인 흔들림을 방지할 수 있었으나 전반적인 큰 환경은 경거망동해서는 안 되는 것이 분명했다. 중국의 뿌리깊은 불신에 대비해야 함은 물론이고 미국이 선거에 올인하여 다른 일에 신경 쓸 수 없는 것이 더욱 결정적이었다. 그러나 가장 중요한 점은 역시 현상유지를 바라는 국내의 보편적인 민의였다. 천수이볜 총통은 당선 이후 낮은 자세로 각계각층으로부터 자문을 구하면서 때로는 '전민정부'라고 말했다가, 때로는 '신중도 노선'을 언급하면서 여론조사상의 지지율을 당선되던 해의 39%에서 순식간에 78%로 치솟게 하였다. 그리고 이는 현상유지를 바라는 민의를 반영한 것이었다.[28] 여론 조사의 응답자들은 과거의 '중화민국', '〈국가통일강령〉', '하나의 중국, 각자의 정의' 등의 논조에 익숙한 반면 '대만은 주권독립의 국가', '대만 장래에 대한 결의문',

'공민투표', '일국일변론' 등의 주장은 비교적 낯설어했다. '양국론'에 대해서는 낯설지는 않았지만 위기를 경험하고 난 이후라서 당분간은 금기시하며 입 밖으로 꺼내기 불편한 것이 분명하였다. 이러한 상황에서 가장 안전하고도 효과적인 조치는 바로 '양국론'에서 제의한 대로(마침 작성된 행동요강이 있었다) 우선 과거의 기반을 약화시킨 후에, 집권역량이 확고해지고 대중의 사상이 대략 돌아설 때까지 기다렸다가 새로운 이론체계를 펼쳐 나가는 것이었다.

5월 초에 차이잉원이 직접 필자에게 "향후 양국론을 다시 거론하지는 않을 것이나, 그 실행은 멈추지 않을 것이다"라고 했을 때 이러한 계획의 청사진은 아마도 이미 완성되어 있었을 것이다. 그러나 최초의 2개월 동안 관련된 관리들은 자리를 잡고, 업무의 파악에 분주한 나머지 서로 호흡을 맞출 겨를도 없었으며 천수이벤 자신도 6월 말까지 '하나의 중국, 각자의 정의'에 관해 변죽을 울렸는데, 다른 사람들의 경우는 아마도 더더욱 '인식의 부족'이 있었을 것이다. 그러나 이번 사건 이후의 엇박자는 더 이상 제대로 호흡이 맞지 않기 때문이라고만은 할 수 없었으며, 정치 관계의 친밀함과 소원함, 나아가 관점의 차이를 반영한 것이라 할 수 있다.

요약해 보면, 5월 20일에서 다음 해 4, 5월까지 천수이벤 정부의 대중국정책은 대체적으로 다음과 같은 다섯 가지의 핵심적인 면을 가지고 있다. 첫째, '하나의 중국'과 '하나의 중국, 각자의 정의'가 부재하다는 것이다. 이는 양국론의 핵심이며, 또한 "말이 아닌 행동으로 한다"는 전술의 핵심이기도 하다. 4월 29일 구왕회담 7주년을 맞아 해기회 구전푸 이사장은 그가 항상 주장해 온 대로 1992년 해기회와 해협회는 '하나의 중국, 각자의 정의'라는 공식이 있었기 때문에 다음 해 싱가포르에서 구왕회담이 성사될 수 있었다고 밝혔다.[29] 이 발언과 관련하여

28_聯合報系民意調査中心, 〈82%, 양측 지도자의 악수 지지〉, 《聯合報》, 2000년 5월 29일, 제4면.

29_蘇永耀, 〈구전푸의 '하나의 중국' 일단 유보 촉구, 상대측 주시〉, 《自由時報》, 2000년 4월 30일, 제1면.

새롭게 승리한 민진당 인사들은 일체 그 언급을 회피함으로써 주목을 끌었다. 5월 28일 뤼슈롄 부총통이 먼저 '대만지위 미정론'을 제기하였다.[30] 이어서 천밍퉁(陳明通) 대륙위원회 부주임위원은 1992년 해기회와 해협회는 하나의 중국과 관련하여 "논쟁만 있었을 뿐 공동의 인식은 없었다"고 주장하였다.[31] 쉬후이유 해기회 사무차장은 1992년에는 공식이 없었고, 다만 "각자 하고 싶은 말을 하자는 공식"이 있었을 뿐이라고 하였다.[32] 그 다음 날, 차이잉원은 입법원에서 쉬후이유의 주장을 되풀이하는 한편, 나아가 "미래에 '하나의 중국'이 존재하는가? '하나의 중국'이란 무엇인가? 나중에 '하나의 중국'이 필요한지를 결정짓자"고 덧붙였다.[33] 31일자 《중앙일보》가 차이잉원이 구전푸의 '하나의 중국, 각자의 정의'를 수용하였다고 보도하자 차이잉원은 중앙통신사를 통해 이 보도는 사실과 다른 것이라고 밝혔다.[34] 5월 31일 차이잉원은 대륙위원회에서 기자회견 중 기자의 질문에 대해 "대만해협의 양측은 현실적으로 존재하고 있는 두 개의 thing"이라고 답변했지만 'thing'이란 무엇을 가리키는 것인지에 대해 설명하지 않았다. 분명한 것은 천수이볜 정권은 집권 초기부터 이미 과거의 '하나의 중국, 각자의 정의', 나아가 전체 '하나의 중국'의 개념(중국의 '하나의 중국 원칙'만이 아니다)까지도 부정하기로 한 것이다. 6월 27일 천수이볜은 미국의 아시아재단 대표단을 접견하는 가운데 1992년의 '하나의 중국, 각자의 정의' 공식을 받아들일 용의가 있다고 밝혔다가[35] 차이잉원에 의해 즉각 정정되었으며, 이로 인해 '하나의 중국' 및 '하나의 중국, 각자의 정의'를 결

30_〈뤼슈롄—대만은 독립국가〉, 《聯合報》, 2000년 5월 29일, 제4면.

31_梁天健, 〈海, 陸고위간부—1992년 양측은 '하나의 중국'과 관련하여 공식이 없었다〉, 《青年日報》, 2000년 5월 29일, 제1면.

32_張青, 〈쉬후이유—양측은 '각자 하고 싶은 말을 하기'로부터 재출발 가능〉, 《聯合報》, 2000년 5월 29일, 제4면.

33_楊羽雯, 〈차이잉원—통일, 하나의 중국, 양측관계에 적용할 수 있는 선택 항목이다〉, 《聯合報》, 2000년 5월 30일, 제1면.

34_曾淳良, 〈차이잉원, 구전푸에 대해 하나의 중국, 각자 언급하기 지지의사 표명한 바 없었다〉, 《中央社》, 2000년 6월 1일.

국 부정하는 기본 입장을 여지없이 드러내게 되었다.[36]

또 다른 에피소드는 리위안저(李遠哲) 중앙연구원 원장에 관한 것이다. 그는 대권 직전 대만 주민에게 "아래로 가라앉지 말고, 위로 솟아오르라"라고 공식적으로 천수이볜을 지지한 것으로 인해 천수이볜이 당선된 이후 조각의 인기 후보자가 되었음은 물론이고 국정자문팀의 수석대표가 되어 9월에 개최될 초당파 집단회의를 이끌도록 하는 등 극진한 예우를 받았다. 최초의 초당파 집단회의에서 리위안저는 '하나의 중국, 각자의 정의'를 받아들일 것을 건의하였으며, 스스로를 '대만인이면서도 중국인'이라고 하였다.[37] 그러나 그의 이와 같은 두 관점은 천수이볜 및 양국론위원회의 진노를 샀던 것이 분명하였다. 이후 천수이볜의 대중국정책 기획팀에서 그의 그림자를 보기가 어려워졌다. '헌법일중(憲法一中)'을 포함한 '3개 항 인지, 4개 항 건의' 등 초당파 집단회의의 결정사항도 먼지만 쌓이게 되었다. 그 밖에 셰창팅 민진당 주석이 공개적으로 "헌법이 정한 하나의 중국 구도"로의 복귀를 주장한 것은 그와 천수이볜 간의 정치적 거리를 스스로 폭로한 결과가 되었다.[38]

이상과 같은 사례들은 '하나의 중국'과 '하나의 중국, 각자의 정의'가 없다는 것이 천수이볜 정권에서 얼마나 핵심적이었는가를 나타내 주고 있다. 예상할 수 있는 충격을 완화하기 위해 천수이볜은 미국 방문객의 건의를 수용하여 '92정신'이라는 대체 용어를 내세웠으며, '92정신'이란 바로 '대화 교류, 쟁의 유보'라고 풀이했다.[39] 이 여덟 글자는 전적으로 '양국론'의 시나리오에 따라 연출된 것이었다. 그러나 '정신'이

35_張瑞昌, 〈천 총통, 최초로 하나의 중국, 각자 언급하지 수용의사 표명〉, 《中國時報》, 2000년 6월 28일, 제5면.

36_〈대륙위원회, '하나의 중국' 문제, 세 가지의 핵심 설명〉, 《聯合報》, 2000년 6월 29일, 제3면.

37_鍾年晃, 〈리위안저, 1992년 공식으로 복귀 주장〉, 《聯合報》, 2000년 9월 30일, 제2면.

38_陳萬強, 〈셰창팅, 하나의 중국 언급하며, 헌법으로의 회귀 재표명〉, 《中國日報》, 2000년 11월 21일, 제2면.

39_천수이볜 총통 기자회견, 2000년 8월 2일.

라는 단어는 '제네바 정신', '캠프 데이비드 정신' 등과 같이 서구 정계에서 즐겨 써 온 것이었는데 천수이볜의 제의는 자신의 사고방식이 미국의 영향을 많이 받고 있다는 점을 드러낸 것이었다. 이러한 용어가 나온 후 각계의 반응이 좋지 않았으며, 이후 천수이볜 자신조차 이를 언급하지 않아 이는 유야무야되었다.

그 밖에 천수이볜 정권은 '양국론'의 제안에 의거하여 과거의 주장들을 전면적으로 약화시켰다. 중화민국이라는 국호는 가끔 사용했고, 그나마 횟수도 최소화하였다. 정부 관리나 공식 문서에서도 "중화민국은 1912년부터 존재해 왔다" 혹은 "중화민국은 1949년부터 해협을 사이에 두고 분할 통치하고 있다" 등의 문구가 사라졌다. '1·23자유의 날', '7·7 대일항전', '8·23포격전', '8·14공군의 날', '대만광복절', '헌법시행기념일' 등의 중요한 역사적 의미가 있는 수많은 기념일들도 행사없이 지나갔다. 중화민국은 날이 갈수록 역사도 내실도 없는 빈껍데기가 되어가고 있었다. 이와 함께 '분단된 국가', '일국양제', '한 국가 두 지역', '하나의 분할 통치되고 있는 중국', '하나의 국가, 두 개의 대등한 정치 실체' 등의 용어도 자취를 감췄다. 국가통일위원회는 열리지 않게 되었고 '국가통일강령'이라는 명칭 또는 내용도 더 이상 인용되지 않았다.

직접적인 표현을 삼가기

천수이볜 정권의 두 번째 핵심은 '고차원적인 문제는 직접적으로 표현하지 않는다'이다. 중국에서 특히 관심을 갖고 있는 위상의 정립, 목표, 원칙 등에 대해 모두 동일하게 은유적인 표현을 사용했다. 이 중에서 천수이볜의 유명한 '4불 1무'가 분명한 사례이다.

천수이볜은 2001년 5월 라틴아메리카 방문 중 과테말라에서 '신오부(新五不)(미국의 대대만 무기수출과 대만 총통의 미국 경유는 결코 중국에 대한 도발이 아니다. 정부는 대만해협 양측의 정세를 잘못 평가하거나 오판하지 않을 것이다. 대만은 결코 다른 국가의 홍정대상이 아니다. 대만은 결코 양국관계를 개선하려는 성의와 노력을 포기하지 않을 것이다. 양측 관계는 결코 제로섬 관계가 아니다)'를 제시했다.[40] 유시쿤 부행정원장은 2000년 6월 '신사부(新四不)(양측 관계의 그 어떠한 미래의 나아갈 바를 배제하지 않는다. 양측을 연동하는 그 어떠한 왕래의 모델도 배제하지 않는다. 그 어떠한 대화를 위한 전제 또는 조건도 고집하지 않는다. 스스로를 그 어떠한 이념의 틀에 가두어 두지 않는다)'를 제시하였다.[41] 같은 날 민진당 중앙위원 천자오난(陳昭南)은 7월 개최 예정의 당대회에서 당 강령에 '대만 공화국'이라는 용어를 삭제할 것을 건의할 예정이었으나 그 내용이 알려지자 곧 윗선의 명령으로 취소하였다.[42] 이는 천수이볜과 민진당이 태도의 표명 요구에 직면할 것이 우려되어 당분간 이 문제를 거론하는 것을 원하지 않았다는 것을 시사하고 있다. 앞서 밝힌 대로 차이잉원이 영문인 'thing'으로 묘사하면서도 'thing'이란 '국가', '정부', '정치실체'인지 아니면 그 밖의 다른 것인지에 대해 언급하지 않은 것이야말로 걸작 그 자체였다.

다른 한편으로, 천수이볜 정부는 WTO, '삼통', '소삼통', 올림픽, 나아가 상호방문 등 차원이 낮은 문제에 대해 표면상으로는 하나같이 직접적이거나 긍정적인 태도를 취하였는데 이러한 식의 일처리는 민감한 의제에 대한 주장과 태도의 표명을 회피할 수 있도록 해 주었다. 이를 회피함으로써 과거 국민당 집권 시기의 입장을 약화시킬 수 있었으며, 자신의 좌우 입장을 숨길 수 있었다. 이와 동시에 구체적으로 양측이 연결되어 있는 문제와 관련하여 이를 정면으로 긍정할 경우 적극적이고 능동적인 이미지를 조성할 수 있었겠지만 이것이 성사될 것인가의 여부는 별개의 문제였다.

단 하나의 예외는 천수이볜이 2001년 신년사에서 언급한 통합론이었다. 〈세기를 뛰어넘는 담화〉에서 천수이볜은 "양측의 경제, 무역과

40_鍾年晃, 陳敏鳳, 〈천수이볜 총통 새로운 양측관계 5단계 제시〉, 《聯合報》, 2001년 5월 28일, 제1면.

41_黃國樑, 〈양측 관련 유시쿤, 신사부를 제시〉, 《聯合晚報》, 2000년 6월 25일, 제2면.

42_郭瓊俐, 〈천자오난, 대만독립주장 당요강 철폐 주장 번복〉, 《聯合報》, 2000년 7월 16일, 제4면.

문화의 통합에서부터 시작하여 점진적으로 대만해협 양측 상호 간의 믿음을 구축하고 나아가 공동으로 양측의 영원한 평화를 누리고, 정치가 통합되는 새로운 구도"를 제의하였다.[43] 그 후《세기의 첫 출항—정권교체 500일간의 숙고(世紀首航: 政黨輪替五白天的沉思)》라는 저술에서도 천수이볜은 "양측의 통합은 3단계로 나눌 수 있는데, 제일 먼저 경제적 통합, 다음으로 문화적 융합, 제일 마지막으로 정치적 통합이다"라고 주장하였다. 정치적 통합과 관련하여 우리는 '통일과 독립'이라는 이분법적 사고방식에서 탈피하기를 희망하며, 핵심은 지금 당장 하향식으로 결론을 내려 후세를 위해 어떻게 통합해야 하는가를 결정할 것이 아니라 상향식으로 공감대를 형성하여야 하며, 서로가 이념에 집착할 것이 아니라 현실의 삶에서 양방향으로의 교류를 강화하여야 한다고 하였다.[44]

이는 천수이볜 임기 중 보기 드문 직접적인 표현이다. 이 표현의 장점으로는 여기에서 미래의 정치적 목표는 정치적 '통합'(통합의 함의가 다소 불분명하지만)이며, 이 목표를 향하는 과정은 점진적이어야 하며, 방식은 상향식인 데다가 시점은 미래에 두고 있으면서 현재는 양방향적인 교류를 강화해야 한다고 밝혔다는 점이다. 그렇기 때문에 이 정치적 의미는 '4불 1무'보다 적극적인 것이며 진전된 것이었다. 그러나 여기에서의 단점은 현황에 대한 설명이 결여되어 있고, 양측 간의 차이를 극복하기 위한 제의('92공식' 등)가 빠져 있다는 점에서 이는 마치 그림의 떡처럼, 볼 수는 있되 만질 수는 없는 것이 되었다.

'통합론'이 공개되기 전에 어느 정도로 내부의 토의가 있었는가와 관련하여 매체마다 다른 보도가 제시되고 있었다. 〈연합보〉는 이를 "천수이볜 총통이 보좌진 및 관련된 각료를 한자리에 모아서 만든 거듭된 토론의 산물"[45]이라고 주장했고, 《자유시보》는 총통 비서실 및 국가안

43_〈총통, 세기를 뛰어넘는 담화 발표〉, 《總統府新聞稿》, 2000년 12월 31일.

44_陳水扁, 《世紀首航:政黨輪替五白天的沉思》(臺北: 圓神, 2001), p. 113.

45_彭威晶, 楊羽雯, 〈통합론, 양측관계의 최대 변수〉, 《聯合報》, 2001년 1월 15일, 제4면.

보회의 고위층의 말을 인용하여 천수이볜은 공표 전에 그 어느 부처에도 관련된 제의를 기안하라고 지시한 바 없었으며 공표된 후에는 정부 측에서 더 이상 이와 관련된 설명을 원치 않았다고 하였다.[46] 셰창팅 당주석 또한 '통합'이라는 개념과 관련하여 총통부 9인 집단회의, 민진당 중앙상무위원회 또는 국무회의에서 단 한 번이라도 거론된 바가 없었으며, "외부에서 과대평가하고 있다"고 말하였다.[47] 여하튼 통합론 역시 '4불 1무'와 마찬가지로 갑자기 등장하였다가 그 후로는 천수이볜이나 그 밖의 관리들의 공개적인 발언에서 거의 나타나지 않았다.

공감대 형성의 미실시

세 번째의 중요한 핵심은 '민진당과 정부 간의 공감대를 형성하지 않기'이다. 어떠한 정부라도 내부적으로 공감대의 형성이 우선시되어야 효과적으로 국정을 운영할 수 있는 것이며 더욱이 대내적으로 의견의 일치가 되어야 외부를 상대할 수 있다. 새로운 여당으로서 양측의 관계를 효과적으로 처리하기 위해서 민진당은 통념에 따라 세 단계를 구분하여 나아가야 했었다. 1단계는 먼저 민진당 내부와 정부 내부의 의견일치를 도모한다. 2단계는 재야의 세력을 최대한 규합하여 대만 내의 공감대를 형성한다. 3단계에서는 대만 내의 공감대를 바탕으로 하여, 협상이라면 협상, 대결이라면 대결로써 중국과 겨루는 것이다. 이 3단계를 밟았다고 해서 반드시 성사된다는 보장은 없지만 1단계 없이는 결코 2단계로 옮겨 갈 수 없으며, 2단계 없이는 절대로 3단계로 옮겨 갈 수 없었다.

국제사회를 보면 유사한 사례가 상당히 많다. 리덩후이 총통의 초기에도 이와 유사한 도전에 직면한 바 있었다. 제1장에서 언급했듯이 국민당 내의 '반공통일파'와 '현상유지 속의 반공파' 간에도 당시에는 새

46_鄒景雯, 〈총통의 5·20연설 중 통합을 언급하지 않을 것이다〉, 《自由時報》, 2001년 3월 21일, 제1면.
47_張宗智, 〈셰창팅, '통합'은 통일이 아니다〉, 《聯合報》, 2001년 2월 3일, 제13면.

로 등장한 대만해협의 양측 관계를 어떻게 대응해야 하는가를 놓고 의견이 크게 갈렸었다. 전자는 오늘날의 범녹진영(민진당을 중심으로 대만의 독립을 추구하는 정당과 그 지지자들을 범녹진영이라고 한다. 반면 국민당을 중심으로 중국과의 통일 혹은 현상유지를 추구하는 정당과 그 지지자들을 범남진영이라고 한다—옮긴이)과 같이 '접촉거부, 협상거부, 타협거부'를 주장하였으며, 후자는 실리적인 차원에서 협상에 임하고자 하였다. 리덩후이는 국가통일위원회를 설립하고 〈국가통일강령〉을 통해 통일을 목표로 설정하였다. 그러나 조건이 있었고, 그 과정을 매우 길게 잡음으로써 재빨리 두 계파 간에 공감대를 형성하여 1단계를 완료하였다. 민진당은 당시에 세력이 크지 않아 캉닝샹은 국가통일위원회에 참석하도록 설득되었으며, 황신제(黃信介)는 참여를 희망하였으나 저지당하였고, 스밍더는 1993년 일행을 인솔하여 싱가포르에 가서 상징적으로 구왕회담에 반대하였고, 해기회와 대륙위원회는 수시로 입법원에 가서 협상의 진행상황을 보고하였다. 이러한 것들은 모두 다 억지로라도 2단계를 지키려는 노력이었다. 1단계에 이어서 2단계를 갖추었으니 자연스럽게 중국과 협상을 진행할 수 있었다. 이러한 단계는 도합 3년 반이나 소요되었다.

정권교체 이후 민진당 내부분열의 복잡성은 10년 전의 국민당에 비해 나은 바가 없었다. 양측의 교류와 대중국정책에 대해, 천수이볜을 제외하고는 대략 '반중독립파'와 '현상유지 속의 반중파'로 구분할 수 있었다. 전자에 유리한 요소로서는 첫째, '반중독립파'는 부총통 이하의 당과 정계에 포진하고 있었다. 둘째, 이들은 장기간 재야에서 활동해 왔기 때문에 많은 정치적 에너지를 축적하고 있어서 일단 분출될 경우 예전의 '반공통일파'에 비할 수 없었다. 셋째, 이들에게는 '양국론'이 이론적 기초와 행동요강이 되었다. 그러나 '현상유지 속의 반중파' 역시 유명무실한 것은 아니었다. 이들은 첫째, 천수이볜의 '신중도 노선'의 약속과 대다수 민중의 성원이 있었다. 둘째, 민진당 내의 적지 않은 청년 공직자와 간부의 지지가 있었다. 셋째, 미국의 바람과 중국의 압력이 있었다.

이들 두 집단 중 누가 더 강하느냐는 물론 상이한 평가가 나올 수 있다. 그러나 단언할 수 있는 것은 어느 한쪽이든 천수이볜 총통의 지지를 얻을 수 있는 자가 우세를 차지할 것이라는 것이다. 1990년대 초반, 리덩후이는 총통이라는 저울의 추를 '현상유지 속의 반공파'에 두고 있었지만, 겉으로는 전과 다름없이 '반공통일파'를 존중하였으며, 동시에 사회(특히 비국민당계)의 역량 동원, 해외 여론의 성원유도를 통해 최종적으로 개방형 대륙정책을 만들어 낼 수 있었으며, 스스로를 정치적인 생애에서 최고점에 올라설 수 있도록 하였다.

5월 20일 취임 이후의 천수이볜도 유사한 선택에 직면하였다. '반중독립파'를 지원할 것인가 혹은 '현상유지 속의 반중파'를 지원할 것인가? 만약에 그가 리덩후이와 마찬가지로 '현상유지'를 선택한다면, 설사 전과 다름없이 '반중'을 한다고 해도 국내 대다수 중도파 유권자의 인정과 국제적인 성원을 얻는 데에는 별다른 어려움이 없기 때문에 '대만의 닉슨'이 될 가능성이 있었다. 그러나 천수이볜이 이렇게 하기 위해서는 반드시 당내의 독립지향파를 설득하고 두 입장의 결집점을 찾아내야만 했다. 이 작업은 물론 매우 어려운 일이었다. 그러나 풍부한 자원을 갖고 있는 총통인 데다가 지지도가 치솟고 있는 당시의 상황에서 리위안저나 그 밖의 유력인사가 나서서 도와준다면 의견의 통합은 나름대로 성공할 가능성이 있었다. 당시 필자는 수차례에 걸쳐 민진당 정부에 대해 목전의 시급한 일은 초당파 집단회의의 구성이 아니라 민진당 내부의 계파통합이라고 공개적으로 촉구한 것도 바로 여기에 착안한 것이었다.[48]

이후 당시의 천수이볜을 돌아보니, 그는 다음의 두 가지의 선택 중 하나를 했던 것이다. 첫째, 개인적인 신념이든지 혹은 현실적인 이익

48_王炯華, 〈초당파 집단회의, 초점이 빗나갔다〉, 《中國日報》, 2000년 6월 27일, 제2면; 唐詩, 鄒麗泳, 〈쑤치—천수이볜은 양측 관계의 공백기를 이용하여 당내의 목소리를 결집하여야 한다〉, 《臺灣日報》, 2000년 8월 21일, 제4면; 田世昊, 〈민진당은 당파를 초월한 위원회를 구성하여 공감대를 형성할 필요가 있다〉, 《自由時報》, 2000년 7월 13일, 제3면.

이든지 간에 그는 '반중독립파'를 선택하였다(선택 1). 그러나 '대만독립'을 공개할 시기가 무르익지 않아 그 실천에 있어서는 은밀한 태도를 취해야만 했다. 기왕에 비밀스럽게 하기로 한 이상, 의견 모으기에 나설 수밖에 없었으며, 감히 정면으로 언급할 수 없었다. 둘째, 세력이 팽팽한 두 세력에 직면하여 그는 딜레마에 빠졌다. 그는 어느 편을 선택해야 할지 몰랐으며, 어느 한쪽을 선택할 경우 다른 한쪽의 원망을 사게 될 것이 두려웠다. 그리하여, 이른바 '현실주의적인 변호사의 성격'(천수이볜은 변호사 출신이다—옮긴이)에 따라서 아예 결정을 하지 않았으며, 눈치를 봐 가면서 한 발짝씩 나아갈 수밖에 없었다(선택 2). 기왕에 선택하는 것을 두려워한 이상 마지막 카드를 제시할 것을 강요받았기 때문에 당내의 화기애애한 분위기를 깨뜨릴 수도 있는 의견취합을 서두를 필요가 없었다. 그 결과 결정된 것이 없었으니 직접적으로 언급할 수도 없었다.

이상 두 가지 선택 가운데, 어느 것이 진실인지는 천수이볜 본인만이 알 수 있다. 그러나 이들 두 가지는 모두 다 리위안저를 내세워 초당파 집단회의를 소집하게 하는 것과 같은 당내 의견통일이라는 첫 단계를 건너뛰어, 여야 의견의 규합이라는 두 번째의 단계로 직진할 가능성을 지니고 있다. 이러한 시스템을 통해 '전민정부'라는 이미지를 심을 수 있는 한편, 대만독립이라는 마지노선이 노출되거나(선택 1 참조) 당내의 평화적인 분위기를 해치는 일(선택 2 참조)도 없게 된다. 야당이 이에 대해 동조할 것인지 혹은 회의의 결론이 실천 가능한 것인지 여부는 그에게 중요한 일이 아니었다.

양자 간의 가장 큰 차이는 바로 '선택 1'이었는데, 천수이볜에게는 이미 대만독립이라는 고정관념이 있었고, 그가 앞장서서 양국론위원회와 당정 구성원을 이끌고 점진적으로 은밀한 것에서부터 분명한 것으로 대만독립을 추진하고 있었다. 한편 '선택 2'의 경우 주관이 있는 양국론위원회가 천수이볜이 마음의 갈피를 잡지 못했던 집권 초기에 그를 설득하여 반강제적으로 기정사실화하려고 노력하였던 경우이다.

그 후 대내외 여건이 유리하게 변해 가자 천수이볜은 비로소 더욱 대담하게 "그 자신의 길을 걷게 되었고", 일변일국론을 향해 힘찬 걸음을 내디딜 수 있었다.

여하튼 천수이볜은 그의 8년간의 임기 중 당과 정계 내부의 의견통합을 통한 공감대 형성을 이루지 못했기 때문에 그의 대중국정책의 안정성과 신뢰도를 심각하게 손상시켰다. 이는 집권여당 자신조차 개념의 일치, 발언의 일치를 이루지 못한 데다가 관련된 인사의 발언마저 서로 엇갈리기 일쑤였으니 관료들은 어느 쪽을 따라야 할지 망설이게 되었으며, 일반 주민들은 더욱더 정부를 신뢰하지 않게 되었고, 국제사회 역시 대만을 점점 더 불신하게 되었다. 국내외적으로 가장 관심을 갖고 있던 '직항' 사건을 예로 들면, 민진당 자체에 통일된 목소리가 없었기 때문에 천수이볜이 수시로 말을 바꾸었으며, 십여 차례에 걸친 번복이 있은 후에는 천수이볜이 직접적으로 언급하든 혹은 간접적으로 언급하든지 간에 그를 신뢰하는 주민은 거의 극소수에 불과하게 되었다. 마찬가지로 '중화민국', '협상체계', '공민투표' 등과 관련된 그의 발언에 대해서도 고도의 불신이 있었다. 하나의 정부로서 정책이 신용을 잃는다는 것은 커다란 금기임에도 불구하고, 천수이볜의 대중국정책은 영락없이 이 금기에 저촉된 것이다.

양측 간 협상의 미진행

네 번째 핵심은 바로 '중국과의 공개적인 접촉 혹은 협상을 하지 않음'이다. 민간의 경제적 문화적 교류는 이미 여러 해에 걸쳐 진행되고 있어서 저지하는 데에는 역부족이므로 여기서 말하는 바는 공식적인 부문이다. 차이잉원이 주도하여 설계한 '국가안전망'은 집권 이후 각 관계 부처를 통해 구축해 나갈 것으로 믿어 의심치 않았다. '양국론' 구상의 시초부터 대만 내부의 심리적인 경계심이 해이해지고, 너와 나의 인식에 혼란이 발생하는 것을 방지하기 위해 양측 공식기구 간의 공개적인 접촉과 협상은 절대 금지(비밀 접촉은 토의 내용에 불포함)할 것을 역설하였다. 이들은 특히 중국 관리의 대만 방문을 반대하였는데 이렇게 할 경우 국제적인 착각을 불러일으킬 수 있기 때문이라는 것이었다.

이러한 이념의 '상황 밖'에 있던 셰창팅은 2000년 8월 1일 민진당 주석에 취임하기 전에 샤먼을 방문하기를 희망하였다. 천수이볜이 직접 나서서 만류한 결과 결국 취소되었고, 주야옌 샤먼 시장은 셰창팅이 오지 못한다면 자신이 가오슝을 방문하겠다고 밝혔다. 그러나 그의 제안은 거절당했다.[49] 2001년 2월 말, 오랜 소통 끝에 바이슈슝(白秀雄) 타이베이 부시장이 비로소 대표단을 인솔하여 '타이베이, 상하이 도시 포럼'에 참가할 수 있었다. 진먼과 마쭈의 '소삼통' 구상도 하나의 사례이다. '소삼통'은 당초 좋은 의미에서 나온 훌륭한 계획이며, 또한 양측(특히 두 개의 문[門]과 두 개의 마[馬])(두 개의 문은 진먼과 샤먼[廈門]이며, 두 개의 마는 마쭈[馬祖]와 마웨이[馬尾]를 말한다—옮긴이)가 간절히 바랐던 좋은 일이었다. 그러나 소통의 부족으로 인해(양측 모두 책임이 있다) 최종적인 효과는 지극히 제한적이었다. 이 밖에 이 기간에 야당이 된 국민당 고위층과 전임 정무관리의 다수가 집권 당시에는 신분상의 제약으로 본토 방문이 불가했지만, 당시는 너 나 할 것 없이 야당의 신분으로 안면 익히기를 위한 중국 방문에 나섰다. 이들의 방문은 종종 사람들로부터 이상한 눈총을 받는가 하면, '공산당과 내통하여 대만을 팔아먹는다'는 꼬리표가 붙여졌는데, 그 목적은 정쟁 외에도 양측 간의 접촉을 위축시키려는 의도도 있었을 것이다.

과거에 중국과 가장 많은 접촉을 한 것은 단연 해기회이다. 정권교체 이후 해기회는 유명무실화되었고, 중대한 인재나 천재의 발생 시 위로전문을 발송하는 외에 소통과 협상과 관련된 기능은 거의 정지되었다. 해기회의 설립기념일 기념행사나 구왕회담의 기념행사 등은 모두 대륙위원회에 의해 동결되었다. 과거에 협상에 참여해 왔고, 지난 8년간 끊임없이 '하나의 중국, 각자의 정의'의 공식을 입버릇처럼 말해

49_許文媛, 林凱盈, 〈셰창팅, 샤먼행 취소 발표〉, 《中國日報》, 2007년 7월 8일, 제2면.

왔을 뿐만 아니라 2000년 4월에 공개적으로 이를 "끓인 물과 같이, 마시면 건강에 좋다"고 했던 쉬후이유는 5월 20일 이후 이러한 공식을 즉시 부정했고, 그의 사무총장직은 유지될 수 있었다.[50] 이러한 징후는 지난 날 '하나의 중국, 각자의 정의'와 '해기회와 해협회 간의 협상진행'이라는 용어를 창안해 왔던 해기회가 지금은 '하나의 중국, 각자의 정의'를 언급한 죄로 동결되고 있음을 말해 주고 있었다. 게다가 쉬후이유 사무총장이 새로운 단계의 새로운 임무의 수행에 대해 자원해서 나서면서 중국으로 하여금 해기회를 완전히 불신하게 만들었고, 나아가 그 어떠한 소통을 하는 데 있어서도 흥미를 잃게 만들었다.

올리브 가지 잡기를 거부하다

다섯 번째는 다름 아닌 '중국의 유연한 제의에 대응하지 않기'이다. 앞서 지적했듯이 천수이볜이 '4불 1무'와 '통합론' 등의 유연한 태도표명을 했듯이 중국의 장쩌민, 첸치천, 왕다오한 등도 나름대로 유연한 메시지를 보낸 바 있었다. 그러나 양측의 이러한 유연한 발언은 서로 간에 공통된 영역을 형성하지는 못한 듯하였다. 서로가 상대의 유연한 자세를 부정하거나, 혹은 아무 일도 없던 듯이 방치해 버렸다. 당시의 각종 자료 중 특히 주목할 만한 것은 바로 "중국과 대만이 모두 하나의 중국에 속한다"는 발언이었다.

첸치천이 2000년 7월 최초로 언급할 때만 해도 탐색의 의미가 짙었으나, 8월의 베이다이허 회의 이후 9월의 국대반 기자회견 및 다음 해 1월의 좌담회에는 이것이 다시 거론되었을 뿐만 아니라 회를 거듭할수록 공식적이고 분명해졌다. 양측 관계에 대해 조금이라도 알고 있던 사람이라면 중국에게 과거 은연중에 '주종관계'를 내포하였던 '대만은 중국의 일부분이다'에서 '대등'한 '본토와 대만은 동일하게 하나의 중국에 속한다'로 바뀌었다는 것은 대단히 큰 변화이며, 이 중 '평등하게 상대하겠다는 선의'가 어느 정도인지를 탐구할 가치는 절대적이었다. 만

50_羅嘉薇, 〈쉬후이유—양측은 공간을 남겨 두어야 한다〉, 《自由時報》, 2000년 4월 9일, 제4면.

약에 타이베이 측에서 정면으로 대응하고 다소 탐색을 했다면 중국의 '새로운 세 마디'의 정책적 함의를 한층 더 파악할 수 있었으며, 이로써 상대가 선의가 있었는지, 얼마만큼의 선의가 있었는지, 혹은 처음부터 선의가 없는 것은 아니었는지를 판단할 수 있었을 것이다. 만약 중국에서 선의가 있었다는 것이 확실하다면, 당시 국내외 여건이 모두 유리했던 '기회의 창'이라는 분위기 속에서 천수이볜은 즉각적으로 양측의 대치국면을 깨뜨리고 찬란한 정치적 업적을 남길 수도 있었을 것이다. 이와 반대로 중국 측이 선의가 결여된 단순한 제스처였다고 할 경우라 해도, 대만 측의 탐색은 세계의 동정을 얻을 수 있었으며, 대만 내 주민들도 천수이볜의 '양국론' 노선 추진에 더욱 힘을 실어 주었을 것이다.

그러나 타이베이는 중국의 이와 같은 변화에 대해 너무나도 소극적으로 반응하였다. 천수이볜은 "그 말이 진실인가?" "겉 다르고 속 다른 것 아닌가?"라고 질문하였으며,[51] 그 밖의 관리들은 중국에 대해 "이를 공식 문서화하라"고 요구하거나 "중국의 입장이 이랬다저랬다 해서 이것이 진짜 공식적인 태도인지 의문이다"라고 비난하기도 하였다.[52] 이와 같은 냉소적이고 소극적인 태도는 '양국론'이 '하나의 중국'의 개념 자체에 대해 극단적인 거부감을 가지고 있기 때문에 '하나의 중국'을 그 어떠한 식으로 정의했다고 해도 받아들이기를 거부하겠다는 것을 드러낸 것이었다. 동시에 이는 앞서 이야기한 천수이볜 정권의 '접촉 거부, 협상 거부'라는 행위원칙을 재확인해 주었다. 보다 크고 장기적인 각도에서 볼 때, 이번의 '움직이지 않기'는 양측 관계의 '기회의 창'이 살며시 닫히도록 하였을 뿐만 아니라 대만으로 하여금 세계와 양측, 그리고 국내 등의 전방위에서 능동적으로 출격할 수 있는 골든타임을 놓치도록 하였다. 그 후 딱 한 번 유사한 기회가 있었으나 관련된 여건

51_黃國樑, 〈천수이볜—국가통일위원회는 '토템'화되어 지나치게 신격화되었다〉, 《聯合報》, 2000년 8월 28일, 제2면.

52_楊羽雯, 〈총통부—중국은 우리 지도자를 지나치게 오해하고 있다〉, 《聯合報》, 2000년 9월 6일, 제2면.

이 이전만 못 했고 기간도 상당히 짧아졌다.

이상 5개 항의 정책의 핵심을 하나로 모아 놓으면 정확하게 또 하나의 '4불 1무', 베일에 가려진 '4불 1무'로 그려진다. 5월 20일에 공개한 공개적인 '4불 1무'는 잠시 동안 대만해협의 정세를 안정시켜 미국은 만족스럽게 하고, 국제사회는 긍정적으로 평가하게끔 하고, 중국으로서는 구실을 찾을 수 없게 하였다. 그러나 뒤이은 1년간 베일에 감추어 있던 '4불 1무'는 다음과 같은 현상을 초래하였다.

1. 집권 여당과 정부 간에 오래도록 정책에 대한 합의가 형성되지 못했다. 두 번째 단계인 여야 간 의견결집은 더욱 시작할 엄두도 내지 못했다. 뿐만 아니라, 시간이 흘러감에 따라 대륙정책은 정쟁의 주요 도구로 전락하였음은 물론, 대만 사회를 분열시킨 최대의 요소가 되었다.

2. 천수이볜과 대륙정책을 움직이는 소수의 핵심인사들이 실질적으로는 완벽하게 짜여진 '양국론'의 체계와 행동요강을 갖추고 있었으나 당내에서 공개되는 것을 원하지 않았고, 더욱더 국내에 공개할 엄두도 내지 못하다 보니 '말이 아닌 행동하는 양국론'을 남몰래 추진할 수밖에 없었다. '양국론'의 고차원적인 논쟁을 감추기 위해 고의적으로 여러 차례 낮은 단계에서 관련된 의제를 직접적으로 거론하였다. 이러하다 보니 천수이볜 정권의 언행의 괴리는 점점 더 심화되었고, 최종적으로는 심각한 신뢰의 위기를 초래하였다.

3. 대만해협 양측의 관계가 결과적으로 겉돌게 되었다. 양측이 무접촉, 무협상의 상태이다 보니 일체의 유연한 메시지가 결집되지 못했고, 자연스럽게 서로 간의 '차이점을 남겨 둔 채 공통점을 추구하기(求同存異)'가 될 수 없었으며, 협상의 재개도 불가능하였다. 대만에서는 결국 정부 측이 '내가 결정할 수 있는' 부분만 추구하다 보니, 일반 국민들도 마지못해 '내가 결정할 수 있는 것'만 선택할 수밖에 없었다. 그 결과 '정치는 차가우나 경제는 뜨겁고, 정부는 차가우나 민간은 뜨겁다'는 현상이 출현하게 되었으며, 양측과 관련된 많은 문제들이 천수이

벤의 임기가 다하도록 현안으로 남게 되었다.

녹색의 마침표

길고 긴 역사의 과정에서 볼 때, 5월 20일 천수이볜 취임 이후 꼬박 1년간의 양측의 관계는 쉼표(,)이면서도, 마침표(.)이기도 했다. 이것이 마침표라고 함은 그것이 국민당 집권 시기의 사고방식과 정책을 종결지었기 때문이다. 쉼표라 함은 이 일이 리덩후이 말기에 시동을 건 양국론을 계승하고 계속 증폭시키고 있었기 때문이다. 그러나 이는 마치 연극의 막간의 휴식시간과도 같이 커튼은 내려져 있지만 공연이 끝나지 않은 상태와 같았다. 무대장치를 바꾸고, 도구를 운반하고, 화장을 고치는 등 막후의 스태프들은 분주하게 움직이면서 제2막의 연출을 준비하고 있고, 관객들은 대부분 어떠한 이야기가 전개될 것인지에 궁금해하고 있었다. 많은 사람들이 감독의 손에 완성된 대본이 있다는 사실을 처음부터 모르고 있었다.

2001년 5월, 막이 다시 올려졌다. 미국 요소와 대만 요소에서 이미 커다란 변화가 있었으며, 양안관계의 또 하나의 새로운 단계가 시작되고 있었다.

제6장 조지 W. 부시 대통령의 신대만정책

"미국은 모든 수단을 다해 대만을 방위할 것이다."[1]
—조지 W. 부시, 2001년 4월 25일

"미국에게는 중국과 건설적인 관계가 필요하다."[2]
—조지 W. 부시, 2001년 10월 20일

천수이벤 총통 취임 2년 차의 양안관계는 새로운 단계에 진입하였다. 이는 취임 첫해의 양안관계와 완전히 달랐다. 민간의 경제, 문화교류는 두 자리 수로 고속 성장하는 반면, 정부 간 관계는 첫해의 자아억제와는 달리 갈수록 마찰이 커지고 심각한 대립이 더해지는 가운데 끝내는 2002년 8월 3일 천수이벤 총통이 '일변일국, 공민투표 시급'을 선언했을 때 최고조에 달했다. 다각적인 자료를 종합해 볼 때, 양안관계의 변수는 중국에서 비롯된 부분은 비교적 적었고, 대만에서 비롯된 부분이 많은 편이었다. 천수이벤 총통은 취임 후 첫해에 언급했던 내용을 2년 차에는 함구해 버렸고, 첫해에 하지 않았던 것을 2년 차에 현실화하였으며, '일변일국, 공민투표 시급'을 공표할 때 즈음에는 취임 연설에서 밝혔던 '4불 1무' 중에서 두 가지가 눈에 띄게 부정되었다.

과거의 양안관계와 마찬가지로, 이러한 변화는 다만 결과일 뿐, 여기까지 오게 된 원인에는 반드시 대만 요소, 중국 요소 및 미국 요소의 내부로 들어가서 찾아야 하는데 이 중에서 특히 미국 요소와 대만 요

1_2001년 4월 25일 부시의 ABC's 〈Good Morning America〉 출연 시 발언 참조.

2_"U.S., China Stand Against Terrorism," Remarks by President Bush and President Jiang Zemin (20 October 2001).

소가 가장 중요하였다.

신정부의 새로운 변화

2001년 최대의 변이는 다름 아닌 미국의 정권교체였다. 미국이 차지하는 비중이 막강한 데다, 정책전환에 따른 영향이 강력한 점에서 다른 요소가 없더라도 양측 관계의 변형에 결정적인 영향을 미쳤을 것이다.

2000년 11월 초, 조지 W. 부시 공화당 후보의 총득표수가 앨 고어 민주당 후보에게 50만 표 정도 뒤져 있었으나, 부시는 플로리다 주의 사전선거에서 승리한 데 이어 플로리다 주 전체의 선거인단의 표를 모두 가져감으로써 백악관의 주인이 될 수 있었다. 이 과정은 매우 험난하였으나 그 결과는 매우 달콤한 것이었다. 8년 전 조지 H. W. 부시는 찬란한 외교적 성과에도 불구하고 피폐하고 무력한 경제 때문에 무소속 후보였던 로스 페로(H. Ross Perot)가 일부 선거인단 표를 잠식하면서 연임의 길에서 분루를 삼켜야 했다. 오늘날 아들인 조지 W. 부시는 가업을 이어 가면서 클린턴 대통령 시절 부통령이었던 앨 고어를 물리치고 미국 제43대 대통령에 당선될 수 있었다. 그의 정치적인 승리에는 개인적인 애증이 섞여 있지 않다고 말하기는 어려우며, 그 후 정책전환에도 물론 감정적인 요소가 뒤섞여 있을 가능성을 배제할 수 없었다.

2001년 1월 20일 취임한 부시 대통령은 오래지 않아 미국 정계에 여러 차례의 새로운 변화를 만들어 냈으며, 이들 새로운 변화는 총체적으로 볼 때 모두 대만에게 유리한 것들이었다.

새로운 변화 중 하나는 곧 미국 신정부의 인사였다. 민주당의 클린턴이 8년간 집권하기 이전에 이미 공화당에서 연이어 12년간(레이건 8년과 조지 H. W. 부시 4년)을 집권했기 때문에 공화당 내에서는 인재층이 두터웠고, 능력있는 자들이 구름같이 몰려 있었다. 한편 부자지간인 부시 간에 정감이 매우 좋은 데다가 부시는 부통령에서 대통령이 되었기 때문에 당내 인재의 우열과 능력의 깊이 등에 대해 매우 명확히 알고 있었다. 따라서 플로리다 주의 재검표 시비로 인해 부시 대통령 당선 확정이 역대 대통령에 비해 35일이나 지연되어 취임 준비기간이 촉박했음에도 불구하고, 그는 1월 20일 취임하자마자 짧은 시간 안에 인사 배치를 완료할 수 있었다.

하원 및 조지 H. W. 부시 대통령 시기에 국방장관을 역임한 바 있는 체니(Richard B. Cheney) 부통령은 신임 부시 대통령으로부터 파격적으로 폭넓은 인사 및 정책의 협조권한을 부여받았다. 국방장관에는 레이건 대통령 시절 국방장관을 지냈던 럼즈펠드(Donald H. Rumsfeld)가 재임용되었다. 국무장관은 파월(Colin L. Powell) 전 합참의장에게 맡겨졌다. 국가안보 자문위원에는 조지 부시 대통령 선거기간 수석 외교분야 자문위원이며, 스탠포드대학 교수인 라이스(Condoleezza Rice)를 임명하였다. 그 밖의 중요한 임명으로는 부통령 비서실장에 리비(I. Lewis Libby), 국방부 차관에 울포위츠(Paul Wolfowitz), 국무부 차관에 아미티지(Richard L. Armitage), 무역 대표로는 졸릭(Robert B. Zoellick), 국가안보 차석 자문위원에는 해들리(Stephen J. Hadley), 부통령 중국정책 보좌관에는 예이츠(Stephen Yates), 국가안보회의 아태관계 선임 실장으로는 패터슨(Torkel Patterson), 국무원 차관보에는 볼턴(John Bolton), 그리고 아태담당 차관보로는 켈리(James Kelley), 국방부 장관의 보좌관에는 로드먼(Peter Rodman) 등이 임명되었다.

이상의 멤버 중 적지 않은 사람들과 그 밖의 주요 인사들이 공직에 임명되기 전에 대만을 방문한 적이 있었고, 당시 재임 중이던 리덩후이 정부와도 남다른 친분관계가 있었다. 이 중 일부 인사는 1999년 8월 30일의 '23인의 보수파 인사'의 공동성명에 참여한 바 있었다.[3] 당시 성명서에는 "만약 대만 주민들이 중국의 민주화 이전에 중국과 통일을 원하지 않을 경우 미국은 이러한 결정을 존중할 도덕적 의무와 전략적 필요가 있다"고 주장하였으며, 또한 대만 혹은 진먼, 마쭈 등이 중국의

3_이들 23인의 보수파 명사에는 아미티지, 볼튼, 리비, 그리고 울포위츠가 포함되어 있다. 이들은 차후에 부시 정부에서 모두 요직을 맡았다. 〈Statement on the Defense of Taiwan〉(23 August 1999).

공격 혹은 봉쇄를 당했을 때 반드시 대만을 지켜 낼 것임을 분명히 해야 한다고 덧붙였다. 그 밖의 일부 인사들은 한걸음 더 나아가 이른바 범남진영 소속으로 등록되어 있거나 최소한 범남진영으로 분류되어 있었다.

2000년 5월 중화민국 정권교체 이후, 이와 같은 리덩후이의 비밀 인맥은 당연히 인수인계 리스트에 포함되었을 것이다. 새로 취임한 천수이볜 총통은 이러한 관계를 중요시하였기 때문에 관례를 깨고 국가안보회의 양류성(楊六生)을 주 워싱턴 상임대표로 임명하였다. 이는 연락의 편의를 위함이었을 것이다.[4] 클린턴 시절의 관리들의 특징과 비교할 때 신임 부시 정부의 관리들은 너무나도 우호적이었다. 이와 같은 하늘에서 떨어진 선물은 필시 천수이볜 정부를 크게 들뜨게 하였을 것이다. 반면 이로 인해 중국의 심기는 매우 무거웠을 것이다.

두 번째의 새로운 변화는 바로 미국 행정부와 의회의 관계가 화목하였다는 것이다. 클린턴은 1992년 소수당 출신 대통령으로서 백악관의 주인이 된 지 불과 2년 뒤에 공화당이 의회의 상원과 하원을 모두 장악함으로써 그 후 지속된 6년 동안 끝내 분점정부(divided government)의 구도에서 벗어나지 못하였다. 그러나 신임 부시 대통령이 취임한 이후 공화당은 여전히 국회의 다수당 지위를 유지하고 있었다. 20년 만에 찾아온 정부와 의회가 같은 당 소속이 된 국면은 두말할 나위 없이 부시 대통령의 국정에 유리하였다. 인사와 관련하여 일부 임명동의안(주 타이베이 대표 등)이 지연된 것을 제외하고는 나머지 대부분이 순조롭게 통과되었다. 법률안 추진과 관련하여 부시의 경우 과거보다 훨씬 수월하였다. 오랜 세월 동안 대만에서는 미 행정부를 견제하기 위해 대미 의회로비에 온갖 노력을 다했음에도 불구하고 미 의회와 행정부 사이에서 종종 비난받곤 하였다. 그러나 지금은 행정부와 의회가 모두 같은 식구인 만큼 일을 추진하는 데는 그야말로 좋은 조건이었다.

4_盧德允, 〈무슨 이유로 신, 구정권에서 모두 양류성에게 올인하는가〉, 《聯合報》, 2004년 9월 6일, 제2면.

신보수주의와 일방주의

세 번째 새로운 변화는 신정부의 기본이념이다. 일반적으로 사람들은 부시의 기본 이념을 신보수주의(neo-conservatism)로 분류하고 있다. 그러나 사실상 신보수주의는 자유주의의 한 절에서 변형된 것으로 기존의 자유주의와 다를 뿐만 아니라 전통의 보수주의와도 다르다.

미국의 사상계는 본래 자유와 보수의 구분이 있었다. 양자의 경계선은 정당의 경계선과 중첩되지 않기 때문에 민주당과 공화당 내에 공히 자유주의와 보수주의의 신봉자가 있다. 대체적으로 말해서, 보수주의는 비교적 전통적 가치(낙태 반대 등)에 편향되어 있고, 작은 정부를 추구하고, 자력방어를 위한 군대의 보유를 찬성하나 국제 분쟁에 과도하게 간여하는 것을 반대한다. 반면 자유주의는 비교적 개인의 선택(낙태 등)을 존중하며, 복지국가를 추구하면서 국제활동의 참여를 지지하고 있다. 베트남전쟁이 발발한 후 자유주의 내부에 분열이 일어나 대부분이 전쟁반대를 지지했고, 반체제를 주장하면서 학생운동, 소수민족, 여성해방, 동성애 등 새로운 의제를 지지하였다. 이들은 베트남전쟁 기간 중 미국의 사상계에서 절대적인 우위를 차지하였다. 이들은 반전에 소극적이면서 미국의 기존 체제를 긍정적으로 보는 일부 자유주의 동지들을 '신보수주의'라고 비웃었다.

1981년에는 레이건이 백악관의 주인이 되었다. 그는 배우 출신으로서 이후 정치참여를 하였으며, 노동을 대변해 온 민주당과 고별하고 공화당으로 몸을 담은 보수파 대통령이다. 그는 억압을 받아 왔던 신보수주의 인사들을 크게 고무시켜 이들을 속속 공화당 진영으로 몰려들게 했다. 이들은 애국주의를 부르짖으며, 자유와 인권을 중시하였고, 공산주의를 반대하고, 부국강병을 강조하면서 국제 분쟁에 적극적으로 개입하거나 혹은 주도하였다. 그리하여 이들은 자유주의 중 민주, 인권 및 세계질서의 중시를 채택하면서도 자유주의의 비둘기파 사고방식을 배제하는 한편, 보수주의의 부국강병사상은 받아들이되, 보수주의의 내 나라만 잘 지키면 된다는 국가관은 배척하였다. 레이건의

8년간 임기 중 이들은 대대적인 군사력 건설로 소련에 대항할 것을 역설하였다.

1990년대에 진입한 후 신보수주의는 여러 해 동안 침묵을 지켰다. 이는 무엇보다도 소련이 붕괴됨으로써 이들의 역사적 사명이 일단락되었던 데에 있었다. 또한 뒤이어 베트남전쟁의 반전세대로서 비교적 자유주의적인 클린턴이 대통령에 당선되어 정책을 집행하게 되었기 때문이었다. 그러나 천하에 유일무이한 초강대국의 대권을 거머쥔 클린턴은 경제에만 집착할 뿐 국제사회를 등한시하였고, 결국 세계 각국에서의 위기와 충돌에 대해 미국이 피동적으로 대처하도록 하여 미국이 주도하는 탈냉전 후의 세계 신질서를 확립하지 못했다. 강렬한 좌절감과 새로운 사명감은 미국인들로 하여금 다시금 '부활한 기독교신자(born-again Christian)'인 조지 W. 부시의 기치 아래로 집결하게 하였고, 최종적으로는 이들이 집권세력이 됨으로써 이상을 실현할 수 있게 되었다. '9·11사건'은 미국에서 강한 애국주의의 물결을 일으켰으며, 그 여세를 몰아 미국은 아프가니스탄과 이라크에 파병할 수 있었다.

네 번째 새로운 변화는 새로운 정부의 정책관이다. 부시의 정책관은 역대 미국 정부 및 많은 외국 정부(대만 포함)와 비교해 볼 때, 특이할 만큼 명료하고 가시적이었다. 그 원인으로는 다음과 같은 세 가지를 들 수 있다. 첫째, 그들은 전술한 바와 같이 논리가 완벽한 기본 이념의 기초 위에 세워져 있었다. 둘째, 최소한 부시의 첫 임기 동안 정부 내 고위층은 매우 화합적인 관계를 유지했다. 간혹 불협화음이 있었지만 심각하지 않았고 대외적으로 공개되지도 않았다. 이렇게 함으로써 정부 내 각 부처의 단합된 이미지를 지켜낼 수 있었다. 셋째, 부시의 첫 번째 임기 동안 중대한 비밀의 누설사건이 드러난 것이 없었기 때문에 정부와 정책이 오랜 기간 동안 고도의 권위를 유지할 수 있었다. 이는 정부내 각 부처 책임자가 확실히 의식이 있는 데다가 경험이 풍부한 능력자로서 부처 장악력과 관리능력이 있음을 나타낸 것이며 또한 정부 내 기율이 엄격하고 내부 결속력이 강하다는 것을 말해 주고 있었다.

2000년 경선 기간 동안 부시의 외교와 국제 전략관은 11월 19일 레이건도서관에서 한 연설에서 가장 완벽하게 드러났다. 당선된 이후 그의 외교와 국제 전략관은 미 국방부의 〈4개년 국방검토〉, 〈국가안보전략〉 등 군사 전략보고서 및 2001년 5월 1일 국방대학교에서의 부시의 연설, 2002년 9월의 '미국 국가안보전략' 등에서 찾아볼 수 있다.

이를 요약해 보면, 다음과 같은 몇 개의 항으로 구분할 수 있다. 첫째, 이들은 미국이 세계 유일의 초강대국일 뿐 아니라 또한 로마제국 이후의 군사, 정치, 경제, 과학기술, 문화 등 여러 분야에서 다른 국가를 크게 앞선 유일한 초강대국이라고 생각하고 있다. 미국의 지도력이 '포괄적'이며 '상당히 앞서' 있기 때문에 몇십 년 내에 이를 따라잡을 도전자가 생겨날 수 없다는 것이다. 이들 신보수주의자들은 한 걸음 더 나아가, 미국은 더 이상 자신의 부강에 대해 뭔지 모를 죄책감을 가진 자유주의자들처럼 매번 인내하고 양보하며 회유적인 외교정책을 시행해서는 안 된다고 주장하였다. 이들은 미국이 선악이 분명하고, 피아가 유별한 가운데 미국의 국가이익에 부합된 세계 신질서를 확립해야 한다고 주장하였다. 이와 같은 '미국 최고', '미국 우선'식의 정책관은 혹자에 의해 '일방주의(unilateralism)'로 번역되었다. 다시 말하자면, 미국은 또다시 클린턴 시절과 같이 군사 분야에서 유엔 또는 나토의 눈치를 보거나 당당한 대국이 콩알만 한 작은 나라 혹은 돌발 사태에 끌려다닌 채 허덕이기를 원하지 않는다는 것이다. 반대로 부시는 미국이 독자적인 행동을 할 수 있으며 친구와 적의 사이에서 당연히 친구의 손을 들어 주겠지만 미국의 국가이익을 추구하기 위해서는 잠시나마 친구로부터 원망을 들어도 개의치 않겠다는 것이었다.

이러한 일방주의 방식은 부시의 취임 첫해부터 드러나기 시작하여 전 세계의 이목을 집중시켰다. 한 예로 지구 온난화 추세를 완화하기 위해 1997년 세계 각국은 일본 교토에서 선진국들이 앞장서서 이산화탄소 등 온실가스의 배출량을 감소시킬 것을 결의하였다. 1999년 3월까지 이미 84개국이 의정서에 비준하였다. 그러나 부시는 취임 3개월

밖에 안 되었을 때 공개적으로 쿄토의정서에 서명하는 것을 거부했다. 이로써 협약의 효력발생을 위한 요건을 충족하지 못하였고, 결국 국내외의 비난을 초래하게 되었다. 이 밖에도 유엔에서는 유엔 안보이사회와 각 회원국들을 넘어선 독립된 기구를 설치하여 냉전 후에 흔히 볼 수 있는 종족 간의 충돌 및 기타 유혈사건을 처리하하고자 하였다. 이를 위해 1998년 7월 개최된 로마회의에서 '세계형사법정공약(Convention on International Criminal Court)'을 120개국이 채택하였다. 미국은 그동안 이를 지지해 왔으나 부시는 취임한 이후 태도를 바꾸어 견제로 돌아섰다.

이 밖에도 부시는 미사일방어체계(NMD)를 구축하기 위해 30년 넘게 미국과 소련의 전략적 균형을 유지해 온 대륙간 탄도미사일(ABM) 조약폐기를 결정하였다. 끈질긴 설득으로 각 주요 국가들은 마지못해 이에 찬성하였다. '9 · 11사건' 이후 분노한 민의는 부시가 제일 먼저 아프카니스탄의 탈레반 정권을 공격한 후 일부 나토 동맹국의 반대를 무릅쓰고 후세인 독재정권을 전복하기 위해서 이라크를 공격하는 것을 지지했다. 일방주의는 이로써 최고조에 이르렀다.

상술한 미 신정부의 기본 이념과 정책관을 대만해협이라는 환경에 대입할 때에는 두말한 나위 없이 대만에게 유리한 것이었다. 신보수주의의 민주, 자유, 인권에 대한 신념, 공산주의에 대한 증오, 피아와 선악에 대한 분명한 태도, 무력의 중시 및 가치수호를 위해 무력사용도 서슴지 않겠다는 결심 등은 대만으로서는 환상적인 조합, 바로 그것이었다.

과거 장기간에 걸친 냉전의 세월 속에서 반공적 보수주의는 대만에 비교적 우호적이었으며, 민주인권을 중요시하는 자유주의는 계엄 통치를 하는 대만에 대해 트집 잡기 일쑤였다. 그러나 최종적으로 양자는 모두 소련에 반대한다는 글로벌 전략의 고려하에 중국과의 관계 개선을 위해 대만을 홀대하는 방향으로 기울었다. 소련이 붕괴되자 민주화된 대만이 다시 인정받게 되었고, 이로 인해 리덩후이가 모교인 코넬대를 방문할 수 있도록 하였다. 그러나 좋은 시절도 잠깐이었고 클린턴은 곧바로 민주적 가치와 관련된 정책결정의 비중을 낮추고 자유주의의 '접촉' 정책을 되살려 직접 중국 본토를 방문하여 대만에 불리한 '신삼불' 정책을 선언하였다. 이와 대조적으로 부시의 기본이념과 정책관은 대만의 이념과 맞을 뿐만 아니라 공교롭게도 양측에 공통된 전략적 이익도 있었다. 비록 대만이 중국으로부터의 위협이 '엄청나고 분명한 것'이라고 주장하는 반면 미국은 이를 '잠재적'이라고 평가하고 있다는 차이가 있음에도 불구하고, 단절된 지 30년 된 공동의 적에 대한 인식이 갑자기 타이베이와 워싱턴의 지도부에 재등장한 듯하였다. 여기에다 앞서 언급하였던 비밀인맥까지 더해지면서 자연스럽게 천수이볜 총통과 그 동료들에게 더없이 큰 자신감을 주었고 기회를 포착해야겠다는 결심을 하도록 만들었다.

남중국해에서의 군용기 충돌사건

만약 부시의 당선이 대만에게 '하늘에서 떨어진 선물'이었다면, 하늘은 대만에게 곧바로 푸짐한 선물을 하나 더 안겨 주었다. 이는 2001년 4월 1일 남중국해 상공에서 발생한 군용기 충돌사건이었다. 이 사건은 미중관계를 급격히 악화시키는 데 직접적으로 작용한 반면, 간접적으로는 중화민국의 대중국정책과 대만해협의 양측 관계에도 방향의 전환을 가져다주었다. 5개월 후 '9 · 11사건'의 발생으로 미국과 중국의 관계가 빠르게 적에서 친구로 변화하였지만 그 이후의 천수이볜 정부의 대중국정책은 미중 간의 새로운 구도의 영향에 아랑곳하지 않았고, 역으로 내정이라는 단일 요인으로 인해 '일변일국, 공민투표 시급'의 방향으로 거침없이 진행되었다.

부시 정부의 절대 다수 인사들은 모두 다 신보수주의자들로서, 이들은 대부분이 중국을 전략적 측면에서 볼 뿐, 중국을 연구해야 한다는 시각에서 출발하지 않았다. 이들 중에는 전략 전문가, 일본문제 전문가, 아시아문제 전문가가 있었지만 중국어에 능통하고 중국문제만을 전문적으로 연구하는 사람은 극히 드물었다(없지는 않았다). 그렇기 때문에 이들이 중국대륙을 볼 때에는, 통상적으로 감정적인 요소를 배제했고, 나아가 클린턴 정부 내의 일부 고위관리와 학계 대부분의 '중국통'을 '판다곰을 껴안은 자(panda hugger)'라고 비아냥거렸다. 경선 기간에는 과거 클린턴이 부시를 '바그다드와 베이징에 들러붙어 있는 도살자'라고 조롱했던 것에 대한 앙갚음이었는지는 모르지만 이들은 특히 클린턴 정부 2기 당시의 중국 정책에 대한 공격에 열을 올리면서, 노골적으로 미국과 중국은 애초부터 '전략적 동반자'가 아닌 '전략적 경쟁자'라고 주장하였다.[5] 공화당의 경선 정강에 이로 인해 "중국은 절대로 대만에게 무력을 행사해서는 안 되며, 대만문제의 앞날은 반드시 평화적인 방식으로 해결해야 하며, 그것도 대만 주민의 동의가 있어야 한다"고 강조하였다.[6]

이와 같은 구체적인 정책관이 새로운 대중국정책으로 정착되기 전에 남중국해에서 군용기 충돌사건이 발생하였다. 미군 정찰기가 수시로 하이난다오(海南島)의 남중국해 상공에서 정찰활동을 한 것으로 인해 때로는 중국 전투기들이 요격 출동하거나 위험한 도발행동을 벌일 때도 있었다. 4월 1일 일인승 중국 전투기가 24명이 탑승하고 있는 미군의 EP-3형 정찰기에 너무 근접한 나머지 충돌해 바다에 추락했고, 조종사는 불행하게도 사망하였다. 기체가 크게 파손된 미국 정찰기는 하이난다오 루수이(陸水) 공항에 불시착하였다. 중국에서는 오래전부터 미군이 자국의 영역에 근접하여 군사적 목적의 정찰활동을 하는 것에 대해 불만을 품어 왔던 차에 인명사고까지 난 만큼 분노의 여론이 빗발쳤고, 장쩌민 또한 마지못해 부시의 전화를 수신 거부함과 동시에 미국에게 공개사과를 촉구하는 고압적 자세를 취할 수밖에 없었다.

하지만 미국으로서는 군용기가 중국 영공을 침범한 사실이 없으며, 영공 이외에서 첨단 과학기술 전자장비로 정보를 수집했을 뿐이기 때

5_張聖岱, 〈미국 대선, 중미관계가 변수로 작용〉, 《聯合報》, 2000년 1월 10일, 제13면.

6_"Republican Platform 2000: Renewing America's Purpose. Together"(1 April 2000).

문에 미안해할 일이 없고, 오히려 중국군 전투기의 위험한 도발이 사고의 원인인 만큼, 베이징 측에 미군기와 승무원을 즉각 송환할 것을 촉구하였다. 그러나 기체와 사람이 모두 다 중국 수중에 있다 보니 워싱턴으로서도 저자세를 취할 수밖에 없었다. 미국 외교관들이 억류중인 승무원을 면담하고 이들이 좋은 처우를 받고 있음을 확인하자 부시는 중국 조종사의 미망인에게 위로서한을 보내는 한편, 본 건과 관련하여 공개적으로 "very sorry"라고 표명하였다.[7] 이 표현을 중국은 "깊은 사과의 뜻을 표한다(深表歉意)"고 번역한 반면, 미국은 한문으로 "대단히 미안하다(非常抱歉)" 및 "매우 안타깝다(非常惋惜)"라고 번역하였다. 이렇게 함으로써 양측은 각각 명분을 확보하게 되었고, 최종적으로 4월 11일, 미군 승무원들이 우선 귀국하고, 정찰기는 5월 29일이 되어서야 미국이 해체한 후 상자에 넣어 운반하기로 합의하였다.

군용기 충돌사건은 당시 워싱턴 측의 가장 민감한 신경을 건드렸다. 주지한 바와 같이 외교적 경험이 비교적 결여되어 있던 부시는 취임 후 최초 수개월간을 거의 국내 업무에 전념하였으며, 대외 업무는 대부분을 몇몇 핵심 참모—체니 부통령, 럼즈펠드 국방장관 및 파월 국무장관 등—에 위임하였다. 이들 세 사람 가운데 파월은 4성 장군 출신이며, 나머지 민간인 2명은 모두 국방부 장관을 역임한 바 있었다. 그리하여 이들은 정찰기의 상황에 대해 충심으로 동성심을 갖고 있었다. 미국의 판단에 따르면, 중국의 젊은 전투기 조종사는 다년간에 걸쳐 고의로 도발 및 방해 행위를 지속적으로 해 왔었다. 그럼에도 사건 후 중국 정부는 흑백을 전도한 채 반미정서를 선동하는 등 중국위협론자들의 경고를 여실히 입증해 주었다는 것이다.

이러한 기름통이 신보수주의자들의 성난 불 위에 쏟아 부어지면서 미국이 대만에게 4척의 '키드'급 구축함, 9척의 디젤엔진잠수함, 12대의

7_王綽中,〈미국, 유감 표명할 뿐, 사과 안 함. 양측 각자 편리한 대로 관계 발언 표기〉,《中國時報》, 2001년 4월 12일, 제2면; "China, US agree on freeing plane crew," *Taipei Times* (12 April 2000), p. 1.

P-3C 대잠 비행기, 12대의 MH-53E 어뢰제거 헬기, 54척의 AAV7A1 수륙양용 장갑차 등을 포함한 대규모 무기판매를 승인하도록 촉구하였다. 대만은 4월 23일 이 선물을 수령하였다.[8] 25일, 부시 대통령은 ABC TV와의 인터뷰에서 "미국은 모든 수단을 다해 대만을 방위할 것이다"라는 전례 없던 폭탄급 발언을 서슴지 않았다. 그 후 백악관 및 미 국무부 관계자들은 이 말의 파장을 만회하기 위해 허겁지겁 '하나의 중국' 정책이 불변하다는 성명을 거듭하기에 이르렀다. 그러나 그 마음 속의 분노는 충분히 짐작할 수 있었다.[9]

워싱턴의 외강내유와 베이징의 외유내강

부시의 취임 초기 대중국정책은 8년 전 클린턴 초기의 정책과 마찬가지로 모두 다 부정적이고 신랄하게 비판하는 입장을 취했다. 다른 점이 있다면 클린턴이 주로 인권에 착안한 반면, 부시의 시각은 비교적 글로벌 전략성에 있다는 점이다. 8년이 경과한 후 부시의 정책이 일부 클린턴의 원점으로 회귀한 듯하였으나 사실상 미중관계의 내실은 이미 근본적인 변화가 있었다.

1992년 미중 양측의 무역 총액은 약 330억 달러였는데 2000년에 이르러서는 이미 1,160억 달러로 급상승하여, 거의 매년 1억 달러의 고속 성장을 해 왔다. 중국 내의 대미투자는 협의했던 금액이나 실제 투자된 금액을 막론하고 홍콩, 마카오 다음의 해외 투자 규모에서 2순위를 차지하고 있었다. 클린턴이 퇴임하기 전 의회에서는 중국에 PNTR의 지위부여를 통과시켰고, 부시 또한 대통령 선거기간 중 중국의 WTO 가입을 지지하였다. 양국 간 문화 영역의 교류도 더욱 폭이 넓어져서 1980년대의 수준을 훨씬 초월하였다. 또한 실질적인 필요에 따라 정부 내 전문부서별 상호 접촉 및 협력도 뒤이었다. 그 밖에 양측이 오랫동

8_Charels Snyder, "NoAEGIS, but Hefty Package Offered," *Taipei Times* (25 April 2000), p. 1.

9_張宗智, 林寶慶, 曹國維, 〈라이스, 부시, 대대만 의무를 진지하고 확고하게 이행하게 될 것〉, 《聯合報》, 2001년 4월 27일, 제1면.

안 논의해 온 무기 비확산분야에서도 중국은 차례로 '무기비확산조약', '생물무기금지공약', '화학무기금지조약', '전면적 핵실험 금지조약' 등 거의 모든 중요한 국제조약에 가입하였다. 인권 분야에 있어서도 중국은 유엔 인권공약에 서명하였고, 능동적으로 개혁법안을 수정하였고, 인권백서를 발표하고, 국제기구요원의 방문을 허용하였다. 이러한 진전은 미중 간에 튼튼한 전략적 기반이 결여되어 있음에도 불구하고 양측의 정책결정인사들이 소중하게 느끼고 있는 유인이 충분하게 축적되어 있음을 보여 주는 것이었다.

부시가 1월에 취임한 후의 정책 조정은 사실상 세계지향적이며 대중국정책은 그중의 한 고리에 불과한 것이었다. 클린턴 시대 후반부에는 중국을 미국의 대아시아 정책의 축으로 평가하여 1998년 중국을 방문할 때에 일본 방문을 하지 않고 통과함으로써 일본의 심기를 건드렸다. 심기가 불편한 일본은 레이건, 조지 H. W. 부시 시절의 행동은 '일본을 희롱한 것(Japan-bashing)'이었으며 클린턴은 '일본을 무시한 것(Japan-passing)'이라고 비난하였다. 중국에 대한 클린턴의 최고 수준의 정책대우는 공연히 중국에게 흥정할 수 있는 밑천만을 보태 주었다. 반면 부시의 마음자세는 동맹국이 우선이며, 중국을 중시하기는 하지만 그 지위는 러시아나 인도보다도 뒤처진 정도였다. 쌍방 간의 관계에서 무조건 끌려다니는 것에서부터 중국이 반드시 실질적인 행동을 보여야 관계를 진전할 수 있다는 쪽으로 선회하였다. 실례로, 남중국해 군용기 충돌사건의 처리과정에서 워싱턴은 과거에 걸핏하면 베이징에 특사를 파견했던 방식을 바꾸어 공식 부처인 국무부와 국방부 관리가 교섭에 나서도록 하였다.

중국은 새로운 정부의 정책전환에 매우 민첩하였다. 워싱턴 외교가에서 초강경파로 알려진 리자오싱(李肇星) 대사는 재빨리 오랫동안 부시 집안과 친분이 두터운 양제츠(楊潔篪)로 교체되었다. 2월 중순, 중국은 워싱턴에서 근무한 바 있는 리다오위(李道豫), 주치전(朱啓禎) 및 주 캐나다 대사를 역임했던 장원푸(張文樸)를 미국에 파견하여 옛 친구인 전임 조지 H. W. 부시 대통령과의 접촉에 열을 올렸다. 2월 말에는 대만문제를 협의하기 위해 쳰치천 국대반 부주임을 미국에 파견하였다. 3월 중하순에는 외교 및 대대만정책을 종합 담당하고 있는 저우밍웨이(周明偉) 부총리가 직접 방미하여 지역, 쌍무 및 대만문제와 관련하여 의견을 교환하였다. 공개된 내용에 따르면, 이들 방미인사들의 태도는 모두 다 온화하고 몸을 낮추었으며, 위협적인 언사는 없었던 듯하였다.

4월 1일, 남중국해에서 군용기 충돌사건이 발생하자, 분노한 미국 정부는 '총력방위'라는 강경언사의 구사 및 대대만 군사장비 판매 및 분노를 표출하는 외에 부시는 5월 1일 국방대학교에서의 연설을 통해 NMD 배치예정 및 중국과의 쌍방 관계를 전면적으로 재검토할 것이라고 밝혔다.[10] 럼즈펠드 국방장관은 바로 다음 날 중국 군부와의 모든 접촉을 중단하라는 명령을 내렸다.[11] 그러나 날로 밀접해지고 있는 미중 상호 간의 실질적인 관계를 감안하여 미 행정부 내에 모두가 대중국정책을 강성으로 큰 폭의 수정을 하는 것에 찬성한 것은 아니었다. 파월 국무장관 및 외교전담 부서인 국무부가 비교적 유연한 입장을 보이면서 특정 사건으로 인해 쌍방 간에 정상적으로 왕래하고 있는 패턴에 지나친 변화를 줄 수는 없다고 강하게 주장한 것으로 알려지고 있다. '9 · 11사건' 이전까지 체니 및 럼즈펠드를 정점으로 하는 강경파가 우세를 차지하고 있었으나 파월 및 국무부의 유연한 입장도 약하지만 공존하고 있었다. 5월 초, 국무부 아태담당 차관보인 켈리가 NMD와 관련하여 미국의 새로운 입장을 설명하기 위해 중국을 방문하였으나 성과를 얻지 못했다. 그러나 7월 말, 파월의 베이징 방문 시에는 철저한 예우를 받은 외에 중국은 파격적으로 TV 인터뷰도 갖도록 하였다.

10_"Remarks by the President to Students and Faculty at National Defense University," The White House (1 May 2001).

11_미 국방부 대변인, 차후에 영문의 용어를 '항목별로' 군사적 접촉을 검토하겠다는 뜻이라고 해명. "Defense Statement on Military Contacts with China," Department of Defense (3 May 2001) 참조.

대만, NMD 및 인권 등 민감한 문제를 제외하고, 중국은 애써 부드럽고, 타협적인 태도를 표명하여 서로 간에 중요도가 다소 낮은 많은 의제들과 관련하여 의견의 일치를 보았다. 대대만 군사장비 판매에 있어서 파월은 '하나의 중국' 정책을 재확인하는 것 외에도 군사장비의 판매는 대만 측으로 하여금 안심하고, 더욱 자신감 있게 본토와의 접촉을 할 수 있게 한다는 점을 특별히 강조하였다.[12]

같은 시기에 미국에서 중국을 언급할 때 사용하던 용어도 서서히 변화를 보였다. 예를 들면, 선거 기간에는 클린턴의 '전략적 동반자'와 차별화를 위해 '전략적 경쟁자'라 불렀다. 조지 부시의 취임 전, 신임 파월 국무장관은 하원 외교위원회 청문회 중, "우리는 중국을 일부 사항에서는 동반자, 그 밖의 사항에서는 경쟁자로 보고 있다", "중국은 경쟁자이며, 잠재적 지역 상대자이나 또한 무역 동반자이다. 또한 우리와 전략적 이익이 중첩되는 한반도 문제에서는 협력하기를 희망한다"고 답변하였다.[13] 끝으로 파월은 7월 29일 이후로 아예 경쟁자라는 표현을 완전히 배제한 채 "(쌍방)관계가 너무나 복잡하며, 각기 상이한 많은 요소를 내포하고 있기 때문에 어느 하나의 표현으로 이를 다 포함하려 하지 않았으면 좋겠다"고 하였다.[14]

9·11의 영향

'9·11사건'의 충격이 미중관계에 전환점이 되었다는 데에는 이의가 없다. 그러나 그 영향은 남중국해 군용기 충돌사건을 넘어선 것이긴 하였지만 미중관계를 완전히 달라지게 한 것은 아니었다. 양측 내부에서는 처음부터 비교적 유연한 세력—중국에서는 주류, 미국에서는 비주류—이 존재했기 때문에 '9·11사건'이 발생하기 전 미중 간의 긴장

12_"Press Conference Following Meetings with Chinese Officials," US Department of State (28 July 2001).

13_"Confirmation Hearing by Secretary-Designate Colin L. Powell" (17 January 2001).

14_"Secretary Conlin L. Powell Remarks to the Press: Briefing on Trip to East Asia, Enroute to Canberra, Australia" (29 July 2001).

관계가 이미 완화되고 있었다. 그러면서 '반테러'가 양측에 공통된 전략적 기반을 마련해 주자 미중관계는 곧바로 상승할 동력을 찾을 수 있게 되었다.

그러나 이와 같은 새로운 정세에도 긍정적인 면과 부정적인 면이 있었다. 미국으로 말하자면, '9 · 11사건'을 슬기롭게 대처하여 명망이 크게 오른 부시 대통령은 날이 갈수록 중대한 대외관계를 독자적으로 추진하게 되었다. 그러나 상대적으로 입장이 비교적 강경한 체니 부통령은 점차 그 참여의 폭이 좁아졌다. 대통령이 직접 개입하면서 기존의 주류, 비주류의 구분은 날이 갈수록 그 중요도를 잃게 되었다.

부시의 그 후 수개월간의 활동은 거의 '반테러'라는 원칙, 특히 테러리스트인 아프가니스탄, 오사마 빈 라덴(Osama bin Laden)의 탈레반 정권을 무너뜨리는 데에 매달리다시피 하였다. 이러한 원칙에 따라 미국은 중국이라는 곳에서 새로운 전략적 가치를 발견한 듯하였다. 최선의 경우, 중국으로부터 중요한 정보를 획득할 수 있으며, 차선의 경우 중국과 아프가니스탄이 맞대고 있는 육지의 국경선에서 형성될 수 있는 비밀결탁을 방지해야 한다는 것이었다. 이리하여 부시는 대테러 업무에 바쁜 와중에 2001년 10월 중국 상하이에서 개최된 APEC연례회의에 직접 참가하였으며, 더 이상 경쟁자라는 말을 하지 않았을 뿐 아니라 역으로 "미국은 중국과의 건설적 관계를 필요로 한다"고 직설적으로 표현하였다.

2002년 2월, 부시 대통령은 또다시 중국을 방문하였다. 이번에는 베이징에서 장쩌민과 만났고, 또한 후진타오의 주재하에 후진타오의 모교인 칭화대(淸華大)에서 연설을 하였다. 불과 4개월 만에 미국 대통령이 중국대륙의 땅을 다시 밟은 것은 과거에는 없었던 일이었다. 그의 두 번에 걸친 방문은 장쩌민의 체면을 크게 세워 주었고, 그는 장쩌민의 뒤를 이어 취임하게 될 후진타오와도 안면을 틀 수 있었다. 그는 후진타오의 권력 장악도에 대한 테스트를 겸하여 후진타오에게 4월 중 방미하도록 초청하였다. 이와 동시에 미국은 중국이 대만에 앞서

WTO에 순조롭게 가입할 수 있도록 하는 것과, 소극적인 기권으로 베이징이 2008년 올림픽 개최권을 획득할 수 있도록 하는 것 등을 도와주었다.

하지만 중국에 대한 미국의 근본적인 의구심이 완전히 해소된 것은 아니었고, 펜타곤은 여전히 가장 강경하였다. '9 · 11사건' 이후 3주가 지난 후 펜타곤은 4년마다 발표하는 〈국방검토보고서(QDR)〉에서 "동아시아에서 강력한 자원을 바탕으로 한 경쟁자가 나타날 가능성이 존재한다"고 지적하였다.[15] 부시는 상하이에서 건설적 관계를 언급할 때에도 '무기 협상', '인권', '소수민족 탄압' 등 양측의 이견의 존재를 함께 지적하였다. 이러한 현상은 미국 정부와 민간에서 이들 문제에 대한 불만의 소리가 상존하고 있으며, 이러한 소리는 제아무리 인기가 떠오르는 해와 같은 부시라도 무시할 수 없을 만큼 크다는 것을 말해 주었다.

베이징에서도 마찬가지로 밀고 당기는 세력이 있는 듯하였다. 이 가운데 주류는 유리한 점이 분명한 만큼 미국과 대테러 협력을 계속해야 마땅하다고 생각하고 있었다. 지난 수개월간 중국은 미국으로부터 전례 없이 중대한 압력을 받아 왔는데 '9 · 11사건'은 '굴러 들어온 떡'이나 다름없었다. 중국이 만약 이와 같은 좋은 기회를 살려 미국의 대테러에 협력한다면 작게는 재난의 물결을 서방으로 흐르게 함으로써 중국이 헌팅턴(S. Huntington) 교수의 유명한 '문명의 충돌' 모델(즉, 서방 문명에 가장 두려운 것은 중국 문명과 이슬람 문명의 제휴이다)에 빠져 미국이 억제해야 할 주요 목표가 되는 것을 피할 수 있었다. 크게는 중국이 미국의 대테러 전략에서 새로운 가치를 창출할 수 있다는 것이다.

그 밖에 중국 내에서 각종 심각한 문제가 날로 발생하고, 16기 전당대회에서 차세대 후계자 문제가 목전으로 닥쳐오고 있었기 때문에 그 어떠한 세력도 미국과의 관계악화가 지속되는 것을 원하지 않았다. 그

15_DoD, "Quadrennial Defense Review Report"(30 September 2001), www.Defenselink.mil/pubs/qdr2001.pdf.

리하여 9월 11일의 재난이 발생하자 장쩌민은 저녁시간임에도 불구하고 부시, 미국 정부와 국민에게 위로의 전문을 보냈고, 첸치천은 14일 파월 국무장관 앞으로 전문을 발송하는 한편, 탕자쉬안(唐家璇) 외교부장이 각종 협력사항을 진전시키기 위해 19일 방미하였다. 중국의 정부 관리 혹은 학자와 자주 접촉을 해 왔던 많은 미국인들은 보편적으로 중국 측 인사의 자세가 점차 낮아지고, 말투도 점차 완화되고 있다고 느꼈다.[16]

그러나 비록 그 정도가 워싱턴보다 약하긴 했지만 중국 내에서도 다른 목소리가 있었다. 예를 들면 10월 19일 상하이 정상회담 직후의 기자회견에서 부시가 일방적으로 일부 미중 간의 의견대립을 지적하자, 장쩌민은 바로 대만문제로 응수했다. 중국의 미국의 NMD에 대한 의구심도 여전히 깊었다. 또한 미국이 아프가니스탄을 공격하기 위해 이를테면 중국의 오랜 맹방인 파키스탄에 접근하는 것, 러시아와 우호관계를 유지하는 것(나아가 체첸에 대한 공격 반대의 입장 철회), 일본 자위대의 보다 활발한 해외활동을 허용하는 것 등 일련의 외교적 포석이 은연중에 대중국 포위망을 만드는 것이므로 당연히 중국의 관심을 불러일으켰다. 이러한 의구심과 관심은 미국과 중국 간의 관계 재건을 제약할 수밖에 없었다.

종합해 보면, '9 · 11사건'과 뒤이은 미국의 아프간 공격은 미중관계를 남중국해의 군용기 충돌사건에서 빠져나오도록 하였으며, 새로운 전략적 협력의 기반 위에서 내리막길을 멈추고 다시 상승하도록 하였고, 상승이 비록 완전하다고는 말할 수 없었으나 지속적인 상승의 추세는 이후 변하지 않았다. 2002년 여름 미국이 대이라크 공격을 결정하자 미중관계에는 또다시 새로운 활력소가 추가되었으며, 그 다음 해 북한이 새로운 동북아 위기를 조성하자 양측의 전략적 협력의 필요성은 가일층 심화되었다.

16_이는 필자가 많은 미국인 학자 그리고 전문가와의 대화 중 얻은 결론이다.

워싱턴, 대만의 안보를 강화하다

중화민국이 미국의 정권교체로 혜택을 받았다는 것에는 재론의 여지가 없다. 그러나 혼자만은 아니었다. 백악관의 새로운 주인의 사고방식에 따르면 전반적인 대아시아 정책의 조정이 필요했다. 예를 들면 북한과 관련하여 더 이상 끌려다니기를 거부했고, 한국과 일본 등의 동맹국을 우선적으로 고려해야 하며, 동남아시아 각국에 대해서도 최대한 관계개선을 할 필요가 있었다. 이와 같은 새로운 분위기 속에서 대만의 독촉이 없어도 그 누가 대만의 집권자인가에 관계없이 미국은 자발적으로 큰 폭의 정책조정을 이루었을 것이다.

그 밖의 구체적인 조정의 근원이 되었던 근본적이고 실질적인 부분은 미국 정책결정자의 심리상태의 변화였다. 여기에는 다음과 같은 것들이 포함되어 있다. 첫째, 그들은 대만의 민주적 가치를 긍정적으로 평가한다는 점이다. 2000년의 정권교체를 평화적으로 이루어 낸 대만의 경험은 미국 내 민주당과 공화당 내각의 모든 계파로부터 호평을 받았으며, 민주주의가 공고화된 시범적 케이스라고 인정받았다. 파월은 취임하자마자 대만은 '문제'가 아니라 '성공한 스토리'라고 말하였다. 둘째, 미국은 대만을 오랜 기간 동안 중국의 부상을 견제할 수 있는 전략적인 한 수로 인식하였다. 이는 미국 정부 인사의 공개적인 발언 속에서는 단 한 차례도 등장하지 않았지만 그들이 중국으로부터의 잠재적인 위협을 중요시하고 있다는 점에서 이러한 추정을 가능하게 한다. 셋째, 중국이 위협적이라고는 하나 그 위협은 어디까지나 '잠재적', '장기적'인 위협인 만큼 단기적으로 미국은 여전히 대만이 또다시 '트러블 메이커'가 되어 실수로 인해 미국을 중국과 교전하도록 하는 판국으로 이끌어, 동아시아의 평화와 안정이 파괴되는 것을 원하지 않았다. 따라서 미국은 선수를 쳐서 장차 대만이 사고를 저지를 가능성을 미리 제거하기로 결정하였다. 미국의 다년간 관련된 문제를 처리했던 경험에 따르면 중화민국 정부와 국민이 가장 바라는 것은 '안전'과 '존엄'이었다. 이에 따라 부시는 취임하자마자 곧 이 두 측면에 맞추어 관련된 정책조정에 착수하였다.

한편 미국의 전략적인 인지 속에서 '안보'란 애초부터 일방적, 절대적인 것이 아닌 상호적이며 상대적인 것이었다. 이러한 인지는 미국의 냉전시기의 사고를 관통하면서 미소 양자 및 다국적 그리고 다자 간 군축협상 및 외교 활동에서 표면화되었다. 냉전 후의 대만해협 정세와 관련하여 미국은 단 한 번도 절대적인 '친대만' 혹은 '친중국'이었던 적이 없었으며, 더욱이 단순히 군사적 역량에만 의존하여 '안보'를 구축하지도 않았다. 미국의 이념 속에 '안보'라는 것은 억제 또는 (억제가 실패할 경우) 자위용으로서 군사적인 측면이 있지만, 동시에 매우 강렬한 정치적인 측면도 있었다. 여기의 정치적인 측면이란 다시 적극적인 것 혹은 소극적인 것으로 양분될 수 있다. 소극적인 면에서는 최소한 대만해협의 쌍방이 그 누구도 도발을 하거나 사고를 저질러 정세를 더욱 악화시키지 말았으면 하는 것이며, 적극적인 것은 쌍방 모두가 자발적으로 긴장을 완화할 것과 나아가 관계개선을 이루기를 희망한다는 것이었다.

정치적 측면의 안보

정치적 측면에서 말한다면, 여러 해에 걸쳐서 미국의 역할은 매우 복잡하였다. 첫째, 미국은 양안 대화의 촉진자였다. 둘째, 1999년 이후부터 양안이 능동적으로 협상재개를 할 수 없었기 때문에 관계는 항상 긴장상태였다. 따라서 미국이 양안 간에 충돌이 일어나지 않게 하거나 예방하는 역할을 해야만 했다. 셋째, '둘째'를 성사시키기 위해 미국은 양측의 균형자여야만 했다. 이상 세 개 항의 정치적 역할은 모두 극도로 민감하고 복잡하며 쉽지 않은 역할이었으며 특히 양안의 '체면문화'라는 분위기 속에서 보아야 하는 심리적인 측면이 있었다.

2001년에서 2002년까지의 기간 중 부시 정부 관리들의 양안정책은 세 개의 축에 의거한 듯했다. 첫째, 양측에 대화할 것을 촉구한다. 시간의 흐름에 따라 촉구하는 발언을 하는 관리의 직급도 점차 높아졌다. 둘째, 평화적인 해결을 추구한다. 다시 말해 '무력 불사용'을 말한다. 이는 미국이 30년간 지속해 온 입장이며 최근 3년간 강조하는 빈도가 더욱 늘어났다. 셋째, 대만독립을 지지하지 않는다. 즉 '불독(不獨)'이다. 2002년 초반부터 공식석상에서 독립을 지지하지 않는 관리가 점차 증가하였으며, 발언자의 직급도 점차 높아진 데다가 강도도 더해졌다.

첫 번째 축과 관련하여 미국의 핵심적인 문제는 중국과 대만이 효과적인 소통을 결여해 왔기 때문에 서로에 대한 믿음이 낮고, 불신은 극도로 높다는 점이었다. 따라서 어느 한쪽이 다른 한쪽을 오판할 가능성이 매우 크다고 생각하고 있었다. 이러한 매듭을 풀기 위해서는 특히 '코넬대'와 '양국론'이라는 두 사건을 겪은 직후인지라 미국은 양측 간의 대화를 각별히 중요시하였다. 클린턴은 1999년 7월 '세 개의 기둥'을 내세웠는데, 이 중 '양측 간의 대화'는 쌍방이 대화를 통해 마찰을 줄이고 결집을 증대시키기를 희망한다는 내용이었다. 그러나 양측이 반드시 이에 순응할 것이라는 보장이 없었으며, 양측이 이를 동일하게 수용한다는 것은 거의 불가능한 일이었다. 그 밖에 미국과 같은 초강대국일지라도 중국을 협상테이블로 나오게 할 명분이나 힘이 없었으며, 1982년 레이건 대통령의 '6개 항 보증'에 발목이 잡혀 대만을 협상테이블로 끌어낼 방법도 없었다.

2001년 4월, 남중국해의 군용기 충돌사건을 겪은 부시 정부는 겉으로는 정책의 중심을 군사적인 측면에 두고 있는 듯하였지만, 같은 해 5월 1일 켈리 아태담당차관보는 하원에서 미국은 대만해협 양측 간의 대화에 찬성하고 촉구하지만 중재자의 역할은 하지 않을 것이라고 밝혔다. 같은 해 6월 12일 켈리는 하원 아태분과위원회의 보고를 통해 대만해협의 핵심적인 문제는 양측이 "어떻게 그 초점을 군사력 대비에서 타이베이와 베이징 간의 이견의 해소로 돌리느냐"에 있다고 거듭 주장하였다. 그러면서 첫째, 직접적인 대화의 재개, 둘째, 경제 무역 교류의 증대, 셋째, 상호 이해의 증진 등 세 개의 답안이 있다고 덧붙였다.

같은 해 7월, 장다이유(張戴佑) 전 AIT 처장은 아태부차관 보직에서 퇴임하고 주태국 대사로 부임하기에 앞서 워싱턴 주재 대만 언론기자와 기자회견을 가졌다. 그는 "대만문제는 오래 끌수록 잠재적으로 문제화될 것이며", "미국은 양측 간의 대화의 '조건'에 대한 흥미가 없고, 또한 양측에 대해 '용어'나 '구도' 등을 언급하는 것에 대해서도 관심이 없다. 양측 간에 대화가 없는 것보다 있는 편이 낫고 문제는 반드시 평화적으로 해결해야 한다"고 하였다. 이러한 말들을 대만 언론기자에게만 했다는 점에서 그의 마음속에 있는 상대가 누구인지는 말을 하지 않아도 자명한 것이었다.

양안 대화를 촉구하는 동시에 미국은 '9 · 11사건' 직후부터 다른 두 개의 축에 따라 뚜렷한 '무력사용의 반대', '대만독립의 반대'라는 대만 해협 전략의 구도를 구축하였다. 이 중 '무력사용의 반대'는 이미 30년간 언급해 왔던 내용이지만, '대만독립의 반대'는 앞서 제2장에서 밝혔듯이 본래 문제가 되지 않았던 것이 코넬대 사건 이후부터 문제가 되었던 것이다. 이후 미국은 세 차례에 걸쳐 관련된 입장표명을 한 바 있다. 부시가 취임한 후에는 상기 입장을 재확인할 기회가 별로 없다가 ABC 방송과의 인터뷰에서 "미국은 모든 수단을 다해 대만을 방위할 것이다"라는 메가톤급의 발언을 하였으나, 균형을 맞추기 위해 그 후에 있었던 CNN과의 인터뷰에서는 "대만독립을 지지하지 않는다"고 각별히 강조하였다. 주중 미국대사로 지명된 랜트(Clark T. Randt, Jr.) 역시 상원에서 대만독립 지지거부를 밝힌 바 있었다. 그러나 중국에서는 이들 두 번의 공개 발언에 진정성이 결여되었다고 생각해서인지 미국이 '하나의 중국'을 무효화하려는 것이 아닌지에 한때 큰 관심을 보였다.

2002년 초 천수이볜 정부의 대만독립 지향은 국제사회의 관심을 끌기 시작하였으며, 중국의 유연한 대대만 대처가 날로 뚜렷해진 한편, 미중 간의 '반테러'라는 거대 이슈와 관련된 공동의 이익은 점차 심화되어 갔다. 이 모든 것들은 '불독' 노선을 더욱 분명하게 하였다. 2월 부시가 베이징 방문차 출국하기 직전, 라이스 국가안보보좌관은 백악관에서 가진 기자 회견을 통해 평화적 해결, 대만의 자력방위 협조, 대만해협 양측 간 비정치적 협상의 진행을 재확인하는 외에도 이례적으로 "어느 일방에 의한 현상 변경을 보는 것을 바라지 않는다"고 밝혔다. 칭화대에서의 특별강연을 통해 부시는 평화적 대화, 평화적 해결과 "어느 일방도 도발해서는 안 된다"는 점을 거듭 강조하였다.[17]

만약 부시와 라이스의 발언이 해협 양측 모두를 염두에 둔 것이라면, 그 후의 잇따른 발언은 '대만독립의 반대'를 목표로 한 것이다. 2002년 3월 중 미국은 새삼 탕야오밍 대만 국방장관을 미 플로리다 주에서 개최되는 연례 미국 대만 방위회의에 참가할 것을 요청하였다. 회의석상에서 울포위츠 미 국방부 차관은 대만독립 불찬성, 무력사용 반대, 직접적인 대화의 필요를 분명하게 밝혔다.[18] 울포위츠의 발언은 극히 중요했다. 왜냐하면 일반적으로 부시 정부 내에서 국방부는 친대만역량의 중심으로 인식되어 오고 있었고, 울포위츠는 그중 실무책임자였기 때문이었다. 5월 말 그가 워싱턴에서의 공개발언을 하던 중, "대만독립을 반대한다"라는 표현을 하여 각계의 주목을 받았으나, 이후 싱가포르의 아태안보포럼에서 "대만독립을 지지하지 않는다"라는 표준 용어로 회귀하였다.

미국의 부표가 드넓은 회색지대에서 떠다니는 수법은 대만해협을 '정치적으로 관리'하는 전술의 일부분이다. 8월 3일 천수이볜이 '일변일국, 공민투표 시급'을 선언한 이후 미국의 '관리'는 또 다른 새로운 경계에 들어서게 되었다.

군사적 차원에서의 안보

'안보'의 군사적인 측면은 양방향과 지역이라는 두 개의 차원으로 구분

17_부시 대통령의 2002년 2월 22일, 베이징 칭화대 연설내용, http://2001-2009.state.gov/p.eap/rls/rm/2002/8563.htm 참조.

18_Peter Brookes, "U.S.-Taiwan Defense Relations in the Bush Administration," Heritage Lectures (7 February 2003), p.2.

할 수 있으며, 양방향의 차원은 또다시 '하드웨어'와 '소프트웨어'로 구분할 수 있다. 공개된 자료에 의하면, 미국이 실질적으로 중화민국에 넘겨 준 '하드웨어'인 무기거래는 1994년에서 2001년에 이르는 8년간 그 규모는 207억 달러에 달해, 미국의 대개발도상국 무기수출에서 사우디 다음으로 2위를 차지하고 있으며, 같은 기간 중국의 무기수입액은 고작 80억 달러로 대만의 절반에도 못 미쳤다.[19]

중요도를 따진다면, '소프트웨어' 부분의 조정이 결코 '하드웨어'에 뒤지지 않는다. 미국이 중화민국과 국교를 단절한 이후 이 부분은 거의 20년간 공백상태에 있었기 때문에 중화민국 국방현대화에 심각한 영향을 미쳤다. 클린턴 임기 중에 이 문제에 관심을 갖게 되면서 1999년 9월 일차적으로 국방부특별팀을 대만으로 보내 대만의 공중방어실태를 평가했다. 2000년 1월, 비밀로 분류된 평가보고서가 작성되었는데, 여기에서 미국은 대만의 대중국전투기, 미사일 및 크루즈 미사일 능력에 대해 모두 불만족하였으며, 대만 내 군종(軍種) 간의 소통 부재와 국제관과 유리된 상황에 대해서도 깊은 관심을 보였다. 2000년 9월 미국은 해상 방어능력 평가팀을 대만에 파견하였다. 2001년 1월, 세 번째 팀이 대만에 파견되어 지휘통제, 공군장비 및 공군의 1차 공격과 대응능력을 중점 평가하였다. 이 해 9월, 부시가 취임하였지만, 계속하여 네 번째 팀을 대만에 파견하였으며, 육군을 중점적으로 평가하였다. 2002년 8월, 미국이 가장 중요시하는 박승안(博勝案)(즉 C41SR이라는 지휘, 통제, 통신, 데이터, 정보, 감청, 정찰)을 심층 검토하였다. 같은 해 11월, 여섯 번째 팀이 대만을 방문하여 주로 해병대 및 항만시설의 안전문제를 평가하였다.[20]

그 밖에도 2001년 4월 부시는 지난 20년간 매년 한 차례씩 개최해 온 대대만 군비판매와 관련된 상무 군사회담을 정상적, 비정기적, 필요시

19_Shirley A. Kan, "Taiwan: Major U.S. Arms Sales Since 1990," CRS Report for Congress (16 September 2003), p. 2.

20_*Ibid.*, p.3. 盧德允, 〈미군, 우리 측 전투능력 평가, 해병대 존속 필요〉, 《聯合報》 2002년 2월 17일, 제2면.

수시로 개최하는 군사회담으로 변경하였다.[21] 같은 해 7월, 국방부는 워싱턴 측이 대만과 1997년 이후 이미 7차례의 '몬터레이 회담(Monterey Talks, 캘리포니아 주에 위치한 도시)'을 개최하여 쌍방 간 군사와 관련된 문제를 협의해 왔다고 공개하였다.[22] 2001년부터, 미국 군부는 중화민국에서 매년 실시하는 한광(漢光)훈련에 관련 인사를 보내어 직접 참관하였는데 이는 1979년 국교 단절 이후 최초의 일이었다. 언론의 보도에 의하면 2003년 미국은 막 전역한 블레어 전 태평양함대 사령관을 대만에서 실시한 한광 19호 훈련을 참관하도록 파견하기도 하였다.[23]

상호 군 인사 간의 접촉을 심화하기 위해, 미국은 탕야오밍 중화민국 국방장관이 2002년 3월 플로리다 주에서 개최되는 세미나에 참석하도록 하였는데 이 역시 1979년 이후 최초였다. 세미나 석상에서 그는 울포위츠 미 국방부 차관 및 그 밖의 관계자들과 대면할 수 있었다. 캉닝샹, 천자오민(陳肇敏), 린중빈(林中斌) 등 국방부 차관도 별도의 시기에 미국을 방문하였고, 심지어 관례를 깨고 국방부에 직접 들어가 업무를 협의하기도 하였다. 이 모든 것은 지금껏 미 국무부가 넘어서지 않았던 경계선을 초월한 것이었다. 이 밖에도 중·하위 장교들이 미국에 가서 필요한 교육을 받게 되었고 미국은 최초로 고위 장교들이 미국을 방문하여 단기 강습에 참여하도록 허용하였다. 2002년 백악관은 장교를 포함한 미국 관리들이 일시 퇴직이라는 형식을 거칠 필요 없이 직접 대만에서 보직에 부임할 수 있도록 입법을 촉구하기도 하였다.[24] 이 모든 진전, 특히 '소프트웨어' 부분은 클린턴 시절에 시작된 것도 있었지만, 부시 시기에는 확실히 능동적이고, 진지하게, 체계적으로 특히 중국의 항의에 대해 아랑곳하지 않는 상황에서 진행되었다.

21_Dana Milbank and Mike Allen, "Bush to Drop Annual Review of Weapons Sales to Taiwan," *The Washington Post* (25 April 2001), p. A1.

22_中央社,〈몬터레이 회담, 전략적 차원의 중점 토의〉,《聯合報》, 2001년 7월 24일, 제13면.

23_劉屏,〈'블레어' 미태평양 전구 예비역 대장, 한광훈련참관차 대만 방문〉,《中國時報》, 2003년 7월 10일, 제2면.

24 Shirley Kan, *op. cit.*, p. 4.

분명히 이는 부시 정부의 전반적인 대대만해협 지역정책의 일부분으로서 그 배후의 결심은 매우 굳건하였다.

지역 차원에서도 미국 신정부는 일부 조정을 하였다. 실제로 대만 주변의 국가들로서 북으로는 한국과 일본에서 남으로는 아세안과 호주, 뉴질랜드에 이르기까지 모두 대만해협의 정세에 크게 관심을 두고 있었다. 다수의 미국 군인과 정부 인사들은 필자에게 이들이 동남아 지역의 여러 국가를 순방할 때마다 대만해협의 정세에 대한 미국의 관점에 대해 질문을 받아 왔다고 말해 주었다. 이들 국가는 모두 다 중국과 복잡하게 얽혀진 관계를 유지하고 있기 때문에 드러나기를 원하지 않았으며 미국이 적절하게 처리해 주기를 바라고 있었다. 따라서 미국이 지역 배치를 할 때, 반드시 이들의 필요와 금기를 함께 고려해야만 했다.

일본은 이 중에서 두말할 나위 없이 가장 중요한 국가이다. 일본과 대만해협 양측의 정치, 경제, 문화 간의 관계는 모두 긴밀했기 때문에 일본은 대만해협에서 전쟁이 일어나 동아시아의 평화를 파괴하는 것을 원하지 않는 것과 동시에 중국이 굴기하여 일본의 위상을 위협하는 것도 원하지 않았다. 1997년 9월에 완성된 〈미일방위협력지침〉에는 "일본의 주변에 긴급사태 발생 시 미일 양국은 협력해서 해결할 수 있다"는 조항이 있다.[25] "일본 주변지역"이라는 표현은 일본으로 하여금 장차 대만해협에서의 전쟁에 개입할 수도 혹은 하지 않을 수도 있게 하는 동시에 중국이 일본에게 화풀이를 할 수 없도록 하는 수준으로 애매모호하다고 할 수 있다. 미국의 주일 군사기지 가운데 대만과 직접적으로 관계된 것으로서는 오키나와 군도 남단의 가데나(Kadena) 기지로서 대만과의 거리는 약 500마일이며, 현재 두 개의 F-15 전투기 편대(즉 48대) 및 기타 지원 항공기를 보유하고 있다. 향후 미국이 이곳에서 전력의 조정을 진행할지 혹은 대만과 겨우 250마일 떨어진 시모

25_"The Guidelines for Japan-U.S. Defense Cooperation"(8 August 2003), www.mofa.go.jp/region/n-america/us/secrity/guideline2.html.

지시마(Shimojishima)로 남진 배치할지의 여부가 미국의 동향을 관찰하는 지표라고 볼 수 있었다.

미국 항공모함은 움직이는 기지로서 대만의 방위지원에서 절대적으로 없어서는 안 될 고리이다. 일본에 상주하고 있는 키티호크 항공모함이 한반도 정세에 함께 대응해야 한다는 점을 감안할 때 미국은 대만에서의 돌발사태에 대비할 수 있는 두 번째 항공모함의 확보가 필연적이다. 1996년 3월 대만해협의 위기 시 첫번째 항공모함인 인디펜던스호는 일찌감치 정위치하였으나, 두 번째 항공모함인 니미츠호는 멀리 페르시아만에서 출발하여 와야 했기 때문에 2주간의 항해 일정이 필요했다. 장차 대만해협에 위기발생시 이러한 모델은 급한 불을 끄는데 도움이 되지 않을 것이다. 이리하여 현재 동남아에 미국 항공모함이 장기적으로 정박할 수 있는 기지가 없는 상황에서 미국은 과도기적 조치를 강구 중에 있었다.

실례로 미국은 2003년도 예산부터 항공모함이 서태평양에서 장기간 순찰할 수 있는 비용을 추가하였다. 그 밖에도 미국은 싱가포르와 창이군항의 사용협상을 타결하였다. 미국과 필리핀 간의 군사적인 협력도 1995년 미군이 철수한 이후 처음으로 재개되었다. 2002년 필리핀은 10년 만에 처음으로 키티호크함이 술루(Sulu)해에 진입할 수 있도록 허용하였는데 동 기지는 대만해협의 남단까지 약 500마일 정도밖에 되지 않는다. 미국은 호주의 북부에 새로운 항공모함 기지의 건설을 고려 중에 있는데, 호주 북부에서 대만해협까지는 4일이면 도달할 수 있는 거리이다. 미국령인 괌은 1천5백마일 밖에 떨어져 있고, 로스앤젤레스급 핵잠수함 세 척을 증가시킬 계획이었다. 이들 잠수함이 단숨에 대만을 지원하러 올 수는 없지만 대만이 제1격 이후의 제2격의 보복을 할 수 있는 과도기적인 역할을 수행할 수는 있었다.

이상과 같은 안보 분야의 조치는 클린턴 정부 시절에는 절대로 상상이 불가능했던 것이다. 이는 미국의 새로운 자아의 발견, 새로운 대아시아 정책, 새로운 대만해협정책 및 대만의 안보와 대만해협의 안정에 대한 관심에서 비롯된 것이었다.

미국, 대만의 존엄을 중시하다

'안보' 외에도 부시 정부는 대만의 '존엄'의 필요성에 대해서도 관심을 가졌다. '존엄'이란 대만에게 당파와, 출신 지역을 초월한 전 국민의 희망이라고 할 수 있다. 이의 깊은 속내는 '슬픔이라는 정서'이며, 현실적인 면에서 드러난 것은 중화민국과 미국이 단교한 이후 모든 주민의 마음 속에 깊이 자리 잡은 불안감이다. 이러한 불안감은 대만의 매체와 대중들로 하여금 미국 관리들이 어떠한 말을 하였는지와 어떠한 일을 했었는지를 확대경을 통해 검증하는 습관을 갖게 하였다. 어쩌면 동양의 체면문화 때문인 줄은 모르겠으나 대만의 관리와 대중들은 미국이 단교한 후 일방적으로 정해진 한계들에 대해 줄곧 마음이 편치 못하였다. 이를테면, 관공서 명칭에 공식적인 뜻을 표기해서는 안 되는 것이나, 대만 측 일부 관리들의 워싱턴 방문이 금지된 것, 미국을 방문한다 해도 정부기구 내의 업무협상이 불가한 점, 대만의 정부 간 국제기구 가입에 반대하는 것 등이다. 1980년대 대만은 우호적인 레이건 정부가 단교 후에도 관계를 더욱 악화시키지 않았던 것에 대해 다행으로 생각하면서 이러한 홀대를 참아야만 했다. 클린턴 시기에 이르러 어렵게 1994년 9월 〈대대만정책검토〉를 통해 부분적인 개선이 이루어졌으나 코넬대 방문을 겪으면서 대부분 다시 동결되었다.

어쩌면, 워싱턴 측도 미처 예상하지 못했던 것으로서, 1990년대 대만의 민주화는 '국제적 참여', '국가원수의 미국 경유', '공무협의', '명칭' 등의 의제에 더욱 높은 타당성을 부여하였다. 이 문제들은 대만 내부의 불만정서를 강화시켰으며, 아울러 대만해협 양측의 국제무대에서의 대항을 격화시켰다. 중간에 낀 미국은 매우 어이없어하면서도 이 골칫거리를 처리하지 않을 수 없었다. 후유증이 가장 컸던 것은 전임 리덩후이 총통이 하와이 경유 시 당했던 외교적 수모였다. 이에 대해 미국 내 비난 여론이 빗발치자 클린턴 정부는 마지못해 그 다음 해 리덩후이 총통의 모교인 코넬대 방문에 비자를 발급했고, 결국 이것이 미사일 위기를 유발하였다. 그 후의 4년, 미국은 대만 고위 정부 관리의 미국 경유 시 접대원칙으로 '안전, 쾌적, 편리'를 설정했으나 유쾌하지 못한 마찰은 끊이지 않았다. 그 밖에 대만해협 양측은 '국제적 참여'와 '명칭'의 힘겨루기에서도 조용할 날이 없었는데 조금이라도 실수할 경우, 적게는 양측 주민의 감정을 상하게 할 수 있었으며, 심할 경우 미국을 진흙탕 속으로 빠뜨릴 수도 있었다.

이와 유사한 마찰의 재발을 방지하기 위해 미국은 '존엄'의 면에서 민주화 이후의 대만을 어느 정도 만족시키기로 결정하였다. 실례로, 과거에 미국 정부는 통상적으로 중국에 대해 '3개 연합공보(三個聯合公報)'를 계속 반복하면서 대만에 대해서만 〈대만관계법〉을 거론하였다. 그러나 2001년 3월, 첸치천이 미국을 방문하여 신임 대통령을 예방할 당시, 부시는 '3개 연합공보'와 〈대만관계법〉을 함께 언급하였다.[26] 이 후 몇 년간, 여러 차례의 정상회담 및 그 밖의 공식석상에서 미국은 거리낌 없이 〈대만관계법〉에 규정된 의무를 준수할 것이라고 강조하였다. 이러한 언급은 실제적으로 대만의 안보와 관련된 미국의 약속을 강화시켰다. 한편 대만이 듣기를 원치 않는, 1998년 클린턴이 상하이에서 발표한 '신삼불'에 대해서는 비록 '신삼불'의 내용이 여전히 미국 정책의 일부분이 되고 있음에도 불구하고 대만 주민들의 정서를 고려하여 부시와 각급 관리들은 언급을 자제하였다.

그 밖에 '공무협의'와 관련하여 중화민국 관리는 백악관 및 국무원을 제외한 모든 정부기구에 출입하여 공무를 협의할 수 있으며, 국방부 관계자의 미 국방부 출입도 가능하였다. '명칭'과 관련하여서는 AIT 내의 일반업무팀이 정치팀으로 이름을 바로잡았고, 관광서비스팀은 여행비자발급팀으로 시정되었다. '국제적 참여'에 있어서 미 의회는 대만이 옵서버 자격으로 세계보건기구(WHO)에 가입하는 법안을 잇달아 채

26_"Remarks by the President and Vice Premier of China Qian Qichen in Photo Opportunity"(22 March 2001).

택하였다. 행정기관에서도 "'참여'를 지지한다"에서 "'옵서버 자격을 포함한 참여'를 지지한다"로 바꾸었다.[27] 그 외에도 국무부는 권한상 법률안에 의거하여 대만의 무기구입과 관련하여 'NATO의 주요 맹방에 준하는' 지위를 부여하였다.[28]

모든 조정 중에서도 '국가원수의 미국경유'가 가장 주목을 받았는데, 이것이 가시도가 높고 정치적 의미가 가장 크다는 것 이외에도 1994년 리덩후이 총통이 하와이를 경유했던 때의 유쾌하지 못했던 전례의 영향이 워낙 큰 나머지 미국 정부는 이러한 조정을 통해 대만 주민의 집단 자괴정서를 달래 보려고 하였다. 역사적 관점에서 볼 때 워싱턴의 이러한 결정은 매우 어려운 결단이었다. 이러한 조치는 국무부에서 기획하고 시행되었다. 이제까지 사람들은 국무부가 매우 신중하며, 또한 중국의 항의에 민감하다고 인식해 왔다. 따라서 부시 정부 시기에도 국무부는 일부 범남진영의 공격의 대상이 되어 왔다. 부시 정부의 새로운 기획에 의해 과거의 '안전, 편리, 쾌적'의 3원칙 외에 네 번째로 '존엄'이 추가되면서, 천수이볜 총통이 세 차례 미국 경유 시 받은 예우는 그야말로 하늘과 땅의 차이가 되었다.

클린턴의 임기 말 무렵인 2000년 8월 13일부터 26일까지의 기간 중, 천수이볜은 도미니카, 니카라과, 과테말라, 부르기나, 비소, 차드 등 6개 우방국을 순방하였다. 미국은 서해안의 로스앤젤레스를 유일한 경유 지점으로 지정하였다. 당시의 경유는 매우 초라했는데, AIT의 이사장인 리처드 부시와 주미 대표인 청젠런(程建人)이 공항에서 영접한 것 외에 미 하원의원인 로러배커(Dana Rohrabacher) 한 사람만이 극히 초라한 방식으로 호텔에서 천수이볜 총통과 개인적인 면담을 나누었다. 당

27_陳正杰, 〈미 하원의원, 대만의 WHO가입 법안 지지 재천명〉, 《中央社》, 2003년 1월 30일.

28_曹郁芬, 〈미 하원, 미 대만 간 연도별 군사협의 지속 존치 필요 법률안 제출〉, 《自由時報》, 2001년 5월 4일, 제4면. 2001년 5월, 미 하원에서 통과된 〈2002 및 2003년 외교관계 수권법(H.R. 1646)〉 중 제813절에 대만을 '비나토기구의 주요 맹방'으로 규정. 그 밖에 Shirley A. Kan, "Taiwan: Major U.S. Arms Sales Since 1990," CRS Report for Congress (16 September 2003), p. 42 참조.

초 여러 명의 하원의원들이 천수이볜을 위한 환영 모임을 주최할 것이라는 계획설이 나돌았으나 압력으로 인해 현실화되지 못하였다. 재미 화교 600여 명이 천수이볜의 숙소로 몰려왔어도 천수이볜 총통은 이들을 향해 손만 흔들어 답례를 했을 뿐, 말로 의사를 표현하지 못했으며 최종적으로 교포대표 15명만이 천수이볜 총통과 회견할 수 있었다. 천수이볜 총통은 주기장에 머물러 있는 총통 전용기가 클린턴의 '공군 1호기'와 15미터의 거리에 있었다는 일을 화젯거리로 삼아야 했다.

그러나 2001년 5월 21일부터 6월 5일까지, 다시 말하면 남중국해에서 미국과 중국 군용기 충돌사건이 막 종결된 직후, 천수이볜은 엘살바도르, 과테말라, 파나마, 파라과이, 온두라스 등 5개 우방국을 순방하였다. 중국에 대한 분노가 완전히 가시지 않은 상황에서도 부시는 천수이볜으로 하여금 순방 시 동부의 뉴욕을, 귀국 시 조지 부시의 고향인 휴스턴을 경유할 수 있도록 하였다. 뉴욕 체류 중 천수이볜은 뉴욕 증권거래소를 참관하였으며, 메린, 모건스탠리 등 7명의 증권회사의 책임자와 만났고, 메이플라워 은행 전무, 푸다 투자신탁회사의 회장 등 10여 명의 기업인을 위한 연회를 주최하였으며, 리처드 솔로몬(Richard Soloman) 전 국무부 차관보, 릴리 전 주 베이징 미국대사 등 명망 있는 중국문제 전문가와 워싱턴에서 특별기편으로 내방한 20여 명의 하원의원 등과 회담하였다. 휴스턴에서 체류할 당시에는 1,500여 명의 극성 대만 교포들이 천수이볜이 투숙하는 호텔 밖에서 정성껏 대기하였다. 텍사스 주 부지사 코너(Geoffrey Corner)는 페리(Rick Perry) 주지사와 퀘이라(Henry Cuellar) 주무장관을 대리하여 숙소를 방문했고, 이들은 명예 주민증과 주의 깃발을 증정하며 환영을 표시하였다. 하원 다수당 원내총무인 딜레이는 직접 공항까지 나오지 못했지만 딜레이의 부인과 에스크, 에켈스(Robert Eckels) 군 책임자도 호텔에 와서 면담하였다. 그 후 딜레이 하원의원은 천수이볜과 같이 소갈비 식사를 하고, 함께 야구관람을 하였으며, 그 외에도 천수이볜 총통에게 카우보이 모자와 장화를 선물하는 등 즐거운 시간을 보냈다. 중화민국 현직 총통이 이러한 접대를 받은 것은 전례 없는 일이었다.

이러한 변화는 대만과 중국에 대한 미국 신정부의 새로운 생각을 드러낸 것이었다. 외형적으로 화려한 스포트라이트를 받을 수 있었던 원인은 천수이볜 총통이 시기적으로 들어맞았기 때문인데 그 숨은 뜻은 워싱턴 측이 대만 민중의 슬픈 정서를 달래는 한편, 되도록 대만이 대만해협에서 말썽을 일으키지 말아 달라는 고심이 있었다. 그러나 천수이볜은 미국의 고심을 간파하기는커녕, 한술 더 떠 대만해협에서의 긴장조성에 여념이 없었다. 그 후 2년간, 천수이볜 정부가 뉴욕에서의 영광을 다시 한 번 꿈꾸면서 부시 정부의 설득에 전력투구하고 나아가 워싱턴의 금기사항을 철저히 준수하기도 했지만, 대만에 대해 기분이 틀어진 미국으로서는 대만에 대한 대우를 상향시키는 것은 불가능한 일이었다.

제7장 '일변일국'을 지향하다

"대만의 지도자가 용기 있게 나서서 […] '92공식'을 인정하는 문제와 관련하여 진지하고, 적극적이며, 실질적인 절차를 밟아, 쌍방 간에 이러한 기반 위에 대화와 협상이 재개될 수 있기를 희망한다."[1]
—첸치천, 2002년 1월 24일

"'92공식'의 수락은 중화민국을 말살시키자는 것, 곧 망국이다."[2]
—천수이볜, 2001년 11월 4일

천수이볜 2년 차의 양안관계에 방향의 전환을 가져온 것으로는 제6장에서 언급한 미국 요소 외에도 가장 중요한 것으로 대만 자체의 요소가 있다. 전술한 부시 정부의 친대만 언론과 조치는 천수이볜 정부에게 커다란 자신감을 심어 주었다. 동일한 시기에 대만 내부의 정치적 발전도 천수이볜 총통의 정국 장악능력을 강화시켰으며, 그로 하여금 한층 더한 자신감을 바탕으로 더욱 대담하게 '일변일국, 공민투표 시급'을 추진하도록 하였다. 그러나 민간에서는 실질적인 필요에 따라 이 시기에 대만해협 양측의 경제와 문화 교류를 큰 폭으로 증대시켜 궁극적으로는 "정치는 차갑고, 경제는 뜨겁다"는 양극화의 기이한 현상을 낳게 하였다.

대만 요소에는 2001년과 2002년에 세 가지의 비교적 중요한 변화가 있었다. 첫째, 천수이볜의 권력이 점점 막강해졌다. 둘째, 대만의 경제가 급속도로 가라앉았다. 셋째, 범녹진영 내에서 강경한 목소리가 높

1_〈'강팔점' 7주년 관련 첸치천 담화문 전문〉, 《中國時報》, 2002년 1월 25일, 제3면.

2_李曜丞, 林宛諭, 〈천수이볜—92공식 수용 시 중화민국은 사라지게 된다〉, 《聯合報》, 2001년 11월 5일, 제2면.

아졌다. 이 중에서도 가장 영향력이 있는 것은 첫 번째 변화였다. 즉 천수이볜 스스로가 총통 1년 차와 같은 꼭두각시가 아니라 그 권력이 크게 강화되었다고 판단했기 때문에 스스로의 언행에서 절제하지 않았다. 이러한 그의 새로운 역량은 첫째, 리덩후이 전임 총통, 둘째, 새로운 총선의 실시, 셋째, 천수이볜 총통이 당주석직을 겸직하는 데에서 나왔다.

권력이 날로 증가하는 천수이볜 총통

리덩후이 전 총통의 2001년 정계복귀는 천수이볜 총통으로서는 '폭설 속에 연탄을 배달해 준 것'과 같은 의미였다. 리덩후이는 총통직에서 물러난 이후 수면 아래에서만 움직이며 대외활동에서 매우 저자세를 취하고 있었다. 4월 당시 신병 치료차 일본을 방문하였을 때만 해도 국민당을 포함한 각계 인사의 진심어린 축복을 받았다. 그러나 그는 뜻밖에도 방일 직전에 셰창팅 민진당 주석을 만나 밀담을 나누는가 하면 귀국 당일에는 장제스공항에서 감정이 북받치는 연설을 하면서 이제 정치에 참여할 여력이 없다고 밝히기도 했다. 뒤이어 5월 초, 일본인 여성 작가인 가미사카 후유코(上坂冬子)의 《허구의 총통—리덩후이와 청원후이(虛口的總統:李登輝與曾文惠)》와 《자유시보》의 쩌우징원 기자가 쓴 《리덩후이 집정고백실록》이 잇달아 출간되자 정국이 완전히 흔들렸다. 리덩후이는 인터뷰에 응하는 방식을 빌려, 자신의 대만독립에 대한 간절한 바람을 밝힘으로써, 정계 복귀와 함께 국민당과의 결별을 예고하였다. 리덩후이는 그 후의 인터뷰에서도 롄잔이 이끄는 국민당에 대한 신랄한 비판을 서슴지 않았으며 민진당 정권에 대한 성원과 애착의 뜻도 공개하였다.

6월 초, 리덩후이는 이른바 여야를 초월한 본성인 입법위원들을 차례로 만나 이들에게 별도의 정치단체를 구성할 것을 촉구하면서 필요시 지원을 아끼지 않을 것이라고 밝혔다. 나아가 리덩후이는 연말에 있을 입법원 선거에서 민진당이 85석을 확보하고 다른 정당이 35석을 얻어 합하게 되면 저절로 원내의 다수연맹이 출현하게 되어 정국의 주도권을 장악할 수 있을 것이라고 하였다. 6월 초, 리덩후이는 미국을 방문하여 교민들을 상대로 한 연설에서 "대만의 정국 불안이 지속되는 한, 나에게 은퇴란 없다"고 밝혔다.[3] 6월 말과 7월 말, 리덩후이는 셰창팅 민진당 주석과 두 차례 회담을 하고, 연말 선거에서 새로운 정치단체와 민진당 간의 선거공조 시의 역할분담에 대해 합의를 이루었다. 7월 말 리덩후이 직계인사들이 공식적으로 내정부(內政部)에 정당을 등록했다. 그리고 그 명칭을 대만단결연맹(臺灣團結聯盟)이라고 하였고, 8월 12일에 창당대회를 개최하여 황주원(黃主文) 전 내무부 장관을 주석으로 기용하는 한편, 리덩후이는 정신적 지도자 역할을 맡았다. 정치입문 강연에서 선거유세 지원까지 리덩후이가 다시 최일선에 나서게 되면서 좌로는 민진당과 표밭을 같이 다지면서, 우로는 국민당을 비난하는 등, 개인적인 영향력을 통해 35석을 창출하여 민진당과 함께 입법원에서 다수 의석 연맹을 만들고자 시도했다.

리덩후이는 외곽에서 국민당과 민진당의 비주류인사들로 구성된 대만단결연맹을 부추기면서 선동 역할을 맡았다. 이에 더하여 제도권 내의 군책회(群策會)의 설립을 착수하였는데, 이를 사회, 학계, 정계의 저명인사를 총망라한 '행동하는 싱크탱크'로 만들겠다고 표방하면서 스스로가 총재 겸 회장을 맡았다. 그는 "군책회가 국안연맹(國安聯盟)(이는 국회의 다수라는 뜻)의 두뇌가 될 것"이라면서 미래 정국의 발전을 주도할 뜻을 밝혔다. 이러한 구도는 리덩후이의 정치일선의 복귀가 전적으로 철저한 계산 속에 이루어진 행동이었음을 말해 준다. 퇴임한 총통이 자원의 면에서 현직 총통과 비교될 수는 없다고 해도 그 지출에 대한 결과가 없을 수 없었다. 그와 대만단결연맹은 제4기 원전폐기안으로 곤경에 처해 있는 천수이볜에게 힘을 보탤 수 있었다.

2001년 12월 1일, 입법원과 현(縣)과 시(市)의 선거는 천수이볜에게

3_何振忠, 〈리덩후이—입법원 선거에서 민진당이 85석을 확보할 경우, 저절로 35석이 합류해 올 것이다〉, 《聯合報》, 2001년 6월 8일, 제4면.

상당히 중요한 일이었다. 제4대 입법원 225개의 의석 중 국민당이 123석의 과반 이상을 차지하고 있었고, 민진당은 70석만 차지하여 그 1/3에도 미치지 못했다. 그리고 신당이 11석을 차지하고 있었다. 그러나 제5대 선거에서는 정세가 역전되어 입법원 선거에서 국민당 의석은 68석으로 크게 감소하였다. 신당의 의석은 단 1석이었으며, 친민당은 최초로 선거에 참여하여 46석을 차지했다. 즉 범남진영은 총 115석으로 전체 의석인 225석에서 겨우 과반을 넘길 수 있었다. 민진당은 이전의 70석에서 87석으로 상승하였으며, 8월 초에 탄생한 대만단결연맹은 처음에는 주목을 받지 못했지만 리덩후이의 도움으로 13석을 차지하는 등 범녹진영은 총 100석을 차지하면서 크게 성장하였다. 천수이볜 정부로서는 행정자원을 등에 업고 무소속 입법위원과 일부 범남진영의 인사들을 흡수할 수만 있다면 바로 과반의 정책결정 능력을 확보할 수 있게 되는 것이었다.

현·시장 선거에서 민진당은 초기 집권 시의 12개의 현과 시에서 차지했던 의석이 9개로 감소하였다. 국민당은 9개의 현과 시장 의석을 얻었다. 그러나 민진당이 장악한 현과 시가 여전히 전체 인구의 54%를 차지하고 있어서 이는 사소한 승리라고 할 수 있었다. 따라서 이번 입법원과 현·시장의 선거는 천수이볜에게 진정제를 선물한 것으로서, 정국 장악에 대한 자신감을 증대시켜 주었다.

민진당과 대만단결연맹의 세력이 팽창함과 동시에 거듭하여 패배했던 재야 정당들은 일어설 수 있는 힘을 잃은 듯하였다. 국민당과 친민당의 통합이 답보상태에 머물면서 언론 매체들은 국민당 내부의 '겉은 남색이지만 뼛속은 녹색'(남색은 국민당 지지를 의미하며, 녹색은 민진당 지지를 의미한다. 따라서 국민당의 소속이지만 실질적으로는 민진당을 지지하는 인사들을 일컫는 말이다—옮긴이)의 문제를 계속 화제로 키웠다. 천수이볜은 때로는 '국안연맹'을 가동하겠다고 위협하는가 하면 수시로 범남진영 인사들을 비밀리에 접촉한 다음 고의로 이를 흘리는 등의 방식으로 범남진영의 분열을 시도하였다. 이와 같은 유리한 국내 권력구도는 2003년 2월 국민당과 친민당이 협력을 선언할 때까지 지속되었다. 이로써 2002년은 천수이볜의 4년 집권기간 중 국내적으로 가장 운신의 폭이 넓었던 한 해였다고 할 수 있다.

천수이볜의 세 번째 힘의 원천은 당주석직이었다. 5월 20일 취임 이후 천수이볜은 자신이 '모든 계층을 대표하는 총통'이며, 과거 국민당의 '당이 정부를 통제'하는 것과는 다르다는 새로운 이미지를 부각시키기 위해 당주석직을 극구 사양하고 같은 세대인 셰창팅으로 하여금 린이슝(林義雄)의 당주석직을 인수하도록 하였다. 그러나 천수이볜과 셰창팅 간의 심리적인 갈등 때문인지 혹은 민진당 나름대로의 포퓰리즘 문화에서 비롯된 것인지, 총통직을 맡은 천수이볜은 정책 전개에 있어서 같은 당 당원들의 충분한 지원을 얻지 못하고 있다는 점을 뼈저리게 느꼈다. 천수이볜은 2001년 입법원 선거 직전에 출판한 저서인《세기의 첫 출항—정권교체 500일에 대한 장고》를 통해 "안타까운 것은 민진당이 집권한 후 두 번째 체질 변화를 이루지 못해" 이것이 집권의 장애 요인의 하나로 작용하고 있다고 숨김없이 토로한 바 있다. 천수이볜은 민진당의 정당이라는 개체는 야당의 체질에 맞게 구상하고 설계한 것이기 때문에 여당이 된 후 이를 충분히 반영하지 못하고 있다고 지적하였다. 이에 따라 천수이볜은 총통이 된 후 공개 및 비공개적으로 민진당의 체질 전환을 촉구하였다.[4]

그는 민진당의 문제가 집권능력, 집권 책임감, 집권구도 등의 세 분야에 있지만 근본적인 원인은 당내 파벌 간의 이익충돌에 있다고 생각했다. 그는 만약 파벌마다 자신의 이익만을 중요시할 경우, 민진당은 우수한 집권정당으로 탈바꿈할 수 없으며, 집권역량의 신장을 기할 수 없게 되며, 책임감이 결여될 경우 집권구도를 업그레이드할 수 없다고 지적하였다.

천수이볜은 민진당 내의 파벌 간 대립을 해결하기 위해서는 단순히 간접적으로 당내 정책결정에 개입하는 방식, 즉 정부 체제 내의 정부

4_陳水扁,《世紀首航:政黨輪替五白天的沉思》(臺北: 圓神, 2001), p. 188.

가 당을 이끈다든가 체제 외의 정책결정 집단으로는 효과적인 통합을 이룰 수 없다고 생각했다. 즉 당내 정책결정 시스템에 직접 개입해야 한다고 생각했다. 이에 따라 2002년 4월 그는 '약속위반'(천수이볜은 선거 직전에 당선이 되면 정당 활동에서 물러나겠다고 공언), '독재총통'이라는 비난을 감수하면서 8월 1일부터 당주석직 겸임을 결정하였다. 이로부터 천수이볜의 권력은 더욱 강화되었다. 천수이볜이 8월 3일에 선포한 '일변일국, 공민투표 시급' 성명은 대권 장악에 심취해서 한 발언이라고 할 수 있다.

큰 폭으로 가라앉은 대만 경제

천수이볜 총통 집권 2년 차의 두 번째 중대 변화는 대만 경제의 지속적인 하락이다. 아시아 금융위기가 아직도 해결되지 않은 상황에서 대만의 1999년 경제성장률은 5.42%였다. 2000년 1/4분기, 즉 국민당이 정권을 이양하기 전의 마지막 분기에는 성장률이 7.94%까지 상승했다. 취임식 당일인 5월 20일의 증권지수는 8.82포인트였다. 천수이볜이 집권한 후 2, 3분기는 5.1%, 6.73% 선을 유지하였다. 그러나 10월 27일 행정원에서 제4기 원전 발전계획을 중단한다고 선포하자, 증권지수는 즉시 5.802포인트 하강하였고 하락폭은 34.2%였다. 한편 2000년 4/4분기의 경제성장률도 큰 폭으로 하락하여 3.8%에 머물렀고, 연간 총합은 5.8%라는 소강국면을 유지하였다.

그 후 반면효과가 점차 나타났고, 2001년 4개 분기 경제성장률은 각각 0.61%, -3.26%, -4.42%, -1.58%였고 연간 총합은 -2.18%였다. 경기대책 신호는 2000년 10월의 녹색등(23점, 경기안정의 의미)에서 갑자기 11월에 남색등(17점, 경기쇠퇴의 의미)으로 변하더니, 2001년에는 줄곧 남색등(9-11점)에 머물러 있는 등, 대만은 수십 년 이래 겪어 보지 못했던 경제적인 대쇠퇴를 기록했다. 2002년 대만의 경제는 3.54%라는 약간의 성장요인이 있었는데, 이는 전적으로 그 전해의 경제가 깊은 바닥까지 추락하고, 기준 기간의 국내 총생산이 비교적 낮았기 때문이었다. 상대적으로 지난 50년간 국민당이 집권했던 기간에는 매년 실질 경제성장률이 8.1%에 달했다.

같은 기간의 경제쇠퇴에는 특징이 있었는데, 이는 '대외적으로는 뜨겁고, 대내적으로는 차가운 것(外熱內冷)'이었다. '대내적으로 차갑다'는 국내 경제의 전 분야에서 나타났다. 민간 소비로 말하자면 정권 교체 후 2000년의 성장률은 여전히 4.93% 선을 유지했고, 경제성장에 대한 기여도는 2.98%였다. 그러나 2001년 민간의 소비성장률은 겨우 1.04%였고, 경제성장률에 대한 기여도는 0.62%였다. 한편 2002년의 성장률 역시 1.91%였으며, 경제성장률에 대한 기여도는 1.18%였다. 지난 50년간, 대만 민간의 소비성장률은 평균 5% 이상이었다. 이 수치는 대만 대중이 최근 몇 년 동안 갑자기 소비 공포증에 걸렸다는 의미였다. 경제성장의 동력인 '민간투자'를 말하자면, 1990년대는 어김없이 연간 두 자리 수로 성장하였으며, 2000년만 하더라도 대만은 15.94%라는 민간투자 성장률을 유지하고 있었다. 그러나 2001년, 대만의 민간투자 성장률은 -29.2%로 급감하였으며, 투자의 지표로 제시되는 해외교포 투자는 32.59%나 쇠락하였다. 2002년 민간투자 성장률은 힘겹게 1.56%를 유지하였으나 기여도는 겨우 0.19%였고, 이는 전년도 민간투자가 이미 30%나 쇠퇴한 상황에서 이루어진 것이었다.

'정부지출'로 말하자면, 무엇보다도 중요한 '기관차'가 갑자기 무력화된 듯하였다. 2001년과 2002년 정부의 고정 투자는 각각 -6.3%, -10.4%인 데 반해 사회복지 지출은 큰 폭으로 상승하였다. 여기에 영향을 받아 대만 내 실업률은 잇따라 최고치를 갱신하였다. 2002년 국민당이 집권 권한을 넘겨줄 때만 해도 실업률은 2.99%, 국내 실업 인구는 29만 3천 명이었다. 그러나 2001년 및 2002년의 실업률은 4.57%와 5.17%였으며, 실업인구는 45만 및 51.5만 명으로 증가하였다.

'대외적으로 뜨겁다'는 대외무역이 대체적으로 평상 수준에 머물고 있으며, 국내의 수요 감소로 인해 악화되지 않았다는 것이다. 2001년(2,301억 달러)과 2002년(2,431억 달러)의 무역 총액은 2000년(2,883억 달러)에 미치지는 못하였으나, 대체적으로 1999년의 수준(2,322억 달러)에 머무르고 있었다. 2000년과 2001년, 2002년의 대만은 대외무역에 있어서 각각 83.1, 156.6, 180.8억 달러라는 커다란 무역 흑자의 기여가 없었다면, 2001년 및 2002년 대만경제는 아마도 더욱 가라앉았을 것이다.

천수이볜 정부는 거듭하여 국제경제 불황이 대만경제의 쇠퇴를 가져온 원인이라고 강조하였지만, 숫자가 말해 주듯이 국제경제가 불황이기는 했지만 대만의 무역 흑자가 여전히 대만 경제에 크게 기여하고 있었다.

이러한 화려한 현상의 뒤에는 두 가지 커다란 잠재적인 위험요소가 존재하고 있었다. 첫째, 2000년, 2001년, 2002년 대만의 대중국 본토 무역흑자가 각각 199.2, 181.6, 251.1억 달러였다. 다시 말하자면, 중국 본토라는 시장이 없었다면 대만의 대외무역은 적자를 기록했을 것이다. 만약에 1991년부터 2002년까지를 합산할 경우, 대만 경제부가 집계한 대만의 대중국 본토무역 흑자는 약 1,805.4억 달러가 되는데 이 액수는 대만이 보유하고 있는 외환(2003년 6월 현재 대만 외환보유고는 1,775억 달러)을 초과한 것이었다.

둘째, 최근 수년간 무역흑자의 원인은 수출이 증가해서가 아니라 수입이 감소하였기 때문이다. 2001년 수입액 13.9% 감소, 2002년 수입액의 6.15%의 증가가 있었지만 총규모가 신대만달러 4조 5,419억 대만달러에 불과하여 2000년의 규모(5조 382억 대만달러)에 훨씬 미달하였다. 이로 인해 앞서 말한 '대내적으로 차갑다'의 상황으로 되돌아가 버렸다.

이상의 분석은 최근 2년간 대만경제가 가라앉게 된 원인이 국제적 경제불황 때문이 아니라 대만 주민의 소비심리가 위축되고, 기업이 투자를 꺼리고, 정부가 투자하지 못함에 있다는 결과를 보여 준다.

우세를 차지하게 된 강경파

대만 요소 중 세 번째 핵심은 곧 범녹진영 내부 강경파의 목소리가 커지고 있다는 것이었다. 천수이볜 총통 원년 기간 동안 이들은 큰 환경에 짓눌려서 내심 많은 불만이 축적되어 있었지만 공개적으로 비판할 수 없었다. 이들은 소극적으로 '새로운 중도노선'의 추진을 지연시킬 수밖에 없었다. 이들의 입장에서 볼 때 비교적 강경한 인사들이 천수이볜이 총통에 취임할 당시부터 현재까지 정부, 의회, 정당의 소속 부처의 요직을 차지하고 있었으며 이들은 천수이볜이 크게 의지하고 있는 중요한 정치적 역량이었다. 그 주요 인물들은 다음과 같다. 업무 추진력이 강하고 부지런히 논의거리를 제공하는 뤼슈롄 부총통을 비롯하여, 총통부 내 다수의 보좌진과 정책자문위원(펑밍민[彭明敏], 팡런후이[方仁惠], 구콴민[辜寬敏], 황자오탕[黃昭堂], 황쿤후[黃崑虎], 가오즈밍[高志明], 저우핑더[周平德]), 총통부 비서실장 천스멍(陳師孟)(2002년 1월-2003년 1월 재임), 국가안보회의 부사무총장 장룽펑 (2000년 5월-2003년 6월), 행정부, 대륙위원회, 당위원회의 사무총장을 역임한 추이런(내각: 2000년 10월-2002년 1월, 정무위원: 2002년 1월-같은 해 3월, 국가안보회의: 2002년 3월-2003년 1월, 총통부: 2003년 1월-2004년 5월), 총통부 사무차장 우전셰(吳釗燮)(2002년 2월-2004년 5월), 대륙위원회 주임위원 차이잉원(2002년 2월-2004년 5월)이었다. 민진당의 경우는 당사무총장인 리위안저(李遠哲)(2000년 6월-2002년 3월)를 제외하고는 주로 신조류파 및 기타 계파의 인사들이었다.

이들 인사가 하나가 되어서 만든 거대한 파도는 천수이볜으로 하여금 집권 첫해에는 선거기간 동안 공약했던 '신중도 노선'을 추진할 수밖에 없도록 하였다. 취임연설 시 발표하여 외부의 호평을 받았던 '4불 1무' 및 새해에 밝힌 '통합론' 그리고 리위안저가 어렵게 협조하여 이룩한 초당파 집단회의의 '3개 항 인지, 4개 항 건의'는 공표되자마자 바로 흙먼지가 쌓이는 운명에 처하게 되었다. 그 내막을 보면 천수이볜 본인의 "새것보다는 옛것이 낫다"(신중도 노선은 기존의 대만독립사상과 맞설 수 없다)라는 사고방식 외에도 상술한 독립지향적인 인사들의 압력이 분명 결정적이었다. 2000년 이후, 이들의 목소리는 날로 높아지고 다양해지는 한편 더 공개적이 되었다.

또 다른 진전이면서도 이들의 주장의 도덕성과 필요성을 한층 높여준 것은 다름 아닌 제4기 원전 건설이 유보되었다는 일이다. 2000년 10월에서 그 다음 해 2월까지 몇 달간 소란을 일으킨 후, 제4기 원전 건설이 원점으로 돌아갔고, 민진당의 비핵화정책은 실패 선고를 받았다. 여기에서 피해를 입은 것은 대만의 경제만이 아니었다. 천수이볜 총통의 지지도 또한 취임 당시 80%를 육박하던 것이 절반인 40% 이하로 떨어졌다. 이는 천수이볜에게 향후 더 많은 당원의 지지가 절대적임을 의미했다.

더욱 중요한 것은 민진당이 '제4기 원전 반대'라는 '신주위패'를 잃은 상태에서 또 하나의 '신주위패'인 '대만독립'까지도 잃을 수 없다는 점이었다. 처음부터 '대만독립'을 주장했던 세력은 더욱 대의명분을 갖춘 채 '대만독립'이라는 의제추진을 명목으로 구체적인 조치를 취할 것을 강조하면서 원전 반대 의제에서의 양보를 보상받으려 하였다. 특히 2001년 말에는 입법원 선거가 있었는데 중화민국 '대선거구 1인 1표제'라는 상황에서 중간 유권자는 그 역할을 할 수 없었기 때문에 독립지향 세력을 견제하기에는 역부족이었다. 이 모든 것이 제4기 원전을 결정한 이후의 중화민국으로 하여금 언론에서 대량의 독립지향적인 보도를 쏟아 내도록 하였으며, 정부정책에서도 '탈중국화'의 조치들을 잇달아 탄생시켰다.

유연한 가운데 자신에 찬 베이징

이 기간 동안의 중국 요소는 과거에 비해 큰 변동이 없었으며, 따라서 대만해협 양측의 관계가 유연에서 강경으로 변화하는 데 미치는 영향도 미국 신정부와 대만 내부의 새로운 발전에서 비롯된 충격에 비해 그리 크지 않았다. 총체적으로 말해서 군사 분야를 제외한 전반적인 중국 요인은 완화 지향적이었다.

첫째, 중국의 경제가 지속적으로 빠른 성장을 하고 있었는데, 2001년의 성장률은 7.3%, 2002년에는 8%였다. 중국의 대외무역 총액은 2001년에 5,097억 달러로서, 2000년 대비 250억 달러가 증가하였다. 2002년에 이르러 총 규모는 1,200억 달러가 늘어난 6,207억 달러로 세계 6위를 차지하였다. 이 중 흑자 또한 250억에서 303억 달러로 증가하였다. 외국인의 대중국 투자액은 2001년에는 468억 달러였다가 1년 만인 2002년에는 527억 달러를 유치하여, 미국을 뛰어넘어 세계 1위로 뛰어 올랐고, 2001년 대비 12.5%의 성장을 하였다. 중국의 외화보유고 또한 2001년의 약 2,121억 달러에서 2002년에는 2,864억 달러로 증가하여 세계 1위로 올랐을 뿐만 아니라 지금까지 외화보유고에서 우위를 자랑해 온 대만에 비해 무려 1,200억 달러나 더 많았다. 이와 같은 경제실력은 상대적으로 경기침체 중인 일본, 대만, 동남아시아 특히 대중국 무역 의존도가 날로 깊어지는 대만에 대해 중국이 적지 않은 자신감을 갖도록 하였다. "시간은 우리 편이다"라는 말은 다수의 미국 및 대만 방문객이 중국으로부터 가장 빈번하게 듣는 말이 되었다.

다음으로, 이 기간 동안 중국은 미국에 대해서도 상당히 완화되었는데, 부시의 취임 이후 중국이 취해 온 '유연 속의 강경' 혹은 '차이점을 남겨 둔 채 공통점을 추구하기'를 지속하였다. '차이점을 남겨 두기'는 양측의 의견이 불일치한 부분(인권, 대만문제 등)은 그대로 방치한다는 것이며, '공통점을 추구하기'는 쌍방이 협력가능한 부분(대테러 등)은 최대한 협력한다는 것이다. 미국 또한 '9 · 11사건' 직후 대중국정책을 '강경 속의 유연'에서 '유연 속의 강경도 배제하지 않는다'로 전환(앞서 언급한 바와 같다)하는 한편, 고위 지도자 간의 빈번한 만남을 통해 상호 간의 불신과 대립을 해소해 왔다. 이와 같은 완화된 외국과의 관계는 얼어붙은 대만해협의 양측 관계의 행동에 일정한 실질적 조건을 창출해 주었다.

이러한 분위기 속에서 중국은 대만에 대해 자신감과 유연성을 보이기 시작하였다. 대만으로부터 쏟아지는 다수의 자극적인 언행에 대해 중국은 펄쩍 뛰거나 비난의 언사를 쏟아 내던 것을 지양하고 애써서 못 들은 척 또는 못 본 척하였다. 또한 공석에서는 한 번도 "무력사용을 배제하지 않는다"는 표현을 사용하지 않았다. 각급 정부 관리와 학자들의 관련된 발언도 강성으로 보일 수 있는 문구를 사용하지 않도록 주력하였다. 2002년 5월 초, 후진타오가 막 미국에서 귀국하자 대만의 천수이볜 총통은 차례로 로이터(Reuters) 통신과 미국의 《뉴스위크(*Newsweek*)》 및 대만 내 매체를 통해 후진타오의 실명을 거론하면서 "후진타오의 대대만문제와 관련된 담화에는 새로운 내용이 없다", "그가 독자적인 사고를 할 수 있다고 기대하기는 힘들다", "독립적인 결단을 기대하기 힘들다", "과거에 군병력을 인솔하여 티베트를 탄압할 때, 전차를 배경으로 해방군과 기념촬영을 하였다"는 등의 비난을 퍼부었다.[5] 아직 도발에는 이르지 않았지만 연속 세 차례에 걸친 동시다발적이고 국제관례에 어긋난 언어적 공격에 대해서 중국 정부 측에서는 아무 일도 없었던 듯 강경한 대응을 하지 않았다. 이는 중국의 대만정책이 한편으로는 보다 침착해졌다고 볼 수 있으나, 한편으로는 더욱 깊은 사고가 있다는 것을 시사하고 있었다.

2002년 1월 24일, 첸치천 중국 부총리의 〈'강팔점' 7주년 기념〉 좌담회에서의 발언이야말로 이와 같은 심각한 사고를 잘 반영하고 있는 것 같았다. 좌담회가 개최되기 전날인 1월 13일, 대만은 여권의 겉표지에 영문인 'Taiwan'이라는 문구를 추가할 계획이라고 발표하였다. 15일 중대반과 국대반은 성명을 발표하는 형식을 빌려, 천수이볜 정부를 "점진적인 대만독립 지향"이라고 규정지었다.[6] 24일에는 관례에 따라

5_Kang Lim, "Taiwan President Sees No Breakthrough in China Ties", *Reuters* (7 May 2002); Nisid Hajari and Melinda Liu, "See Chen Run," *Newsweek* (20 May 2002), http://www.taiwandc.org/nwswk-2002-01.htm를 보라; 徐孝慈, 〈천수이볜 총통—후진타오 큰 업적 이루기 힘들다〉, 《中國時報》, 2002년 5월 8일, 제2면.

6_張聖岱, 〈여권에 대만이라는 주석을 다는 법안, 강문회보—중공은 대만의 수교와 외교관계의 복구를 온 힘을 다해 막을 것이다〉, 《聯合報》, 2002년 1월 16일 제4면.

대대만 업무 담당위원회 부위원장 신분으로 했던 첸치천의 좌담회 발언이 특히 주목되었다. 장쩌민의 후계자로 내정된 후진타오와 장쩌민의 심복인 쩡칭훙(曾慶紅)이 모두 배석하였기 때문이다. 이는 첸치천의 발표가 장쩌민, 후진타오 두 사람의 배서를 받았음을 시사하고 있다. 다시 말하자면, 장쩌민, 후진타오 두 사람, 나아가 중국의 3세대와 4세대 지도층 사이에 대대만정책에서만큼은 별다른 이견이 없다는 것을 말해 주고 있는 것이었다.

첸치천 담화의 첫 번째 특징은 중국의 '대만독립'에 대한 의구심이 매우 깊다는 것을 반영하였다. 첸치천의 발언 중 1/4이 '대만독립'과 관련되어 있었고, 이는 지금까지의 점유율을 뛰어넘는 것이었다. 대만에서 한 모든 일을 "대만 분리세력이 각종 잠식, 전진하는 수법으로 대만의 독립을 추진하고 있다"고 규정하였다. 이는 2001년에서 발생한 대만 내부의 각종 변화들이 중국이 크게 불안해하도록 하고 촉각을 곤두세우게 했음을 시시하고 있다.

한편 중국의 대응조치는 보다 유연해진 것 같았다. 예를 들어 천수이볜에 의해 '92공식'이 폐기된 것과 관련하여 중국의 반응은 맹렬한 비난 대신에 오히려 자세를 낮추었다. 주지한 바와 같이 대만해협 양측의 지금까지의 협상에서 가장 큰 걸림돌은 바로 이른바 '하나의 중국'의 원칙이었다. 1992년 대만에서는 '하나의 중국, 각자의 정의'의 방식으로 이 문제를 처리할 것을 제의했고, 중국도 묵인하면서 이에 화답하는 입장표명이 있었기 때문에 그 후 2년 반이나 지속될 수 있었던 양안협상을 탄생시켰던 것이다. 그러나 1999년 '양국론' 이후, 회담의 재개가 매우 어렵게 되었다. 중화민국에서의 정권교체 이후 민진당 정부는 '하나의 중국'에 저항하면서 '하나의 중국, 각자의 정의'도 받아들이지 않을 뿐만 아니라, 자신의 입장표명도 거부하였다. 중국도 초기에는 '하나의 중국' 원칙을 고수한다는 기존의 입장을 표명하였다가 그 후에는 '하나의 중국, 각자의 정의'보다도 더 애매한 새로운 용어인 '92공식'하에서의 회담재개를 제의하였다. 이는 왕래하며 회담하기 쉽도록 하기 위해 쪽문을 열어 둔 셈이었다.

2001년 10월 천수이볜이 '92공식'과 "대만을 팔아먹는다"를 동일시한다고 한 이후 중국은 뜻밖에도 새로운 숨구멍 하나를 터 주었는데, 이는 첸치천의 글에서 밝힌 대로 "대만의 지도자가 용기 있게 나서서 [···] '92공식'을 인정하는 문제와 관련하여 진지하고, 적극적이며, 실질적인 절차를 밟아, 쌍방 간에 이러한 기반 위에 대화와 협상이 재개될 수 있기를 희망한다"였다. 이는 대만에 대해 단번에 자신을 '인정'해 줄 것을 요구하지 않았으며, 다만 대만이 잘 생각해서 "진지하고, 적극적이며, 실질적인 절차"를 취해 주기를 희망한다고만 언급하였다. 이 가운데 '진지', '적극'과 '실질적인'은 모두 다양한 해석을 할 수 있는 형용사다. 만약에 대만이 협상을 재개할 의향이 있다면, 어렵지 않게 많은 접속점을 찾아 양측 간의 경색 국면을 타개할 수 있었을 것이다.

또 다른 예로는 대만의 많은 언론매체들이 지적했듯이, 첸치천의 글은 고의적으로 '다수의 민진당원과 소수의 고집불통의 대만독립세력'을 양분하여 다수의 민진당원들이 '적절한 신분'으로 중국 본토에 와서 참관, 방문하여 이해를 증진시킬 수 있기를 환영한다고 하였다. 첸치천은 글에 감성적인 희망사항을 포함시키면서 대만 동포들이 독자적인 주체 세력화를 추구하는 소망을 '이해'한다면서 특히 "보다 많은 대만의 청년들이 조국인 중국대륙에 와서 학술탐구, 사업 창출 등의 재능을 펼칠 수 있기를 희망한다"고 하였다. 경제 분야에서 그는 베이징 측이 민간 차원에서의 협상 및 항로개방을 추진할 것 등을 촉구하였다. 이러한 주장은 중국이 대만의 점진적인 독립을 고도로 견제하면서도 실제 행동에서는 매우 탄력적임을 시사해 주고 있다.

중국 국가주석인 장쩌민 또한 3월 8일, 제9기 전인대 5차 회의의 대만대표단 심의 시 2년 전에 이미 대만을 방문하고 싶다고 밝혔지만 대만 당국이 오늘날까지도 '하나의 중국', '92공식'을 수락하지 않고 있다고 주장하면서, "대만 당국이 수락한다면 본인은 즉시 방문할 것이며, 무척 가고 싶다"고 강조하였다.[7] 천수이볜이 5월 5일 다잔담화(大膽談

話)(즉 삼통은 필히 가야 하는 필수 노선이며, 금후 3개월 내에 실제로 행동을 취할 것임)를 발표한 직후, 중국 신화사 통신은 연속 3일 논평을 발표하였다. 논평에서 대만독립을 비판하기는 하였으나 민진당이 대만의 민주화 추진 과정에서 적지 않게 유익한 행동을 취하였고, 적극적인 역할을 수행한 바 있어 역사로부터도 상응한 평가를 받고 있다고 찬사를 쏟아 내면서 "민진당은 애초부터 말이 안 통하는 대상은 아니었다"라고 하였다.[8]

더욱 중요한 것은 중국은 '삼통'과 관련하여 과거보다 훨씬 적극적이고 유연한 태도를 보였다. 2001년 8월 첸치천은 양안이 '삼통'을 실현하기 위해서는 양안의 정치문제의 해결이 필수가 아니며, 양안 '삼통'을 한 국가의 내부 사항으로 간주하면 된다고 밝혔다. 즉 민간 대 민간, 업종 대 업종, 회사 대 회사 간의 협상의 방식을 취하고 '하나의 국가' 또한 '2개의 국가'를 따지지 않고 양측의 선박이 국기를 달지 않으면 해결될 수 있다고 하였다. 2002년 5월 천수이볜은 다잔섬(大膽島)에서 관이 주도하고 참여하며 개입하는 상황에서는 민간에 '삼통'의 협상권을 부여하는 문제를 고려할 수 있다고 선언하였다. 7월에 첸치천은 전술한 발언을 재확인하면서 '삼통'을 한 나라의 내부사정으로 볼 수만 있다면 조속한 해결이 가능하며, '하나의 중국'의 내용이 무엇인가를 따질 필요 없이 대만의 민간단체가 권한의 위임을 받은 즉시 '삼통' 협상이 바로 진행 가능하다"고 주장하였다.[9] 같은 해 10월, 첸치천은 한걸음 더 나아가 양안 간의 해상운송 왕래가 국내항로인가 국제항로인가의 논쟁에서 벗어나기 위해 아예 '양안항로'라고 규정하였다.[10]

7_賀靜萍, 〈장쩌민—대만이 하나의 중국을 인정할 경우 나는 당장 달려간다〉, 《聯合報》, 2002년 3월 16일, 제13면.

8_王玉燕, 〈'극히 일부분의 대만독립세력'—중국, 다른 유사한 탐색기구를 띄우다〉, 《聯合報》, 2002년 5월 14일, 제2면.

9_王銘義, 〈첸치천—삼통에 하나의 중국의 정치적 합의 거론 불가〉, 《中國時報》, 2002년 7월 6일, 제1면.

10_王玉燕, 楊羽雯, 〈첸치천—삼통을 '양안항로'로 자리매김하다〉, 《聯合報》, 2002년 7월 6일, 제10면.

이 밖에도 중국 국대반의 천윈린(陳雲林) 실장은 5월 말에 왕융칭, 가오칭위안 등의 인사가 하루속히 위임을 받아 대륙과 '삼통'을 협상하기를 환영한다고 밝혔다.[11] 6월 말, 천윈린은 11월이 '삼통' 협상의 전기가 될 것이라고 거듭 주장하였으며, 리빙차이(李炳才) 국대반 차석과 리웨이이(李維一) 및 장밍칭(張銘清) 국대반 대변인(7월)은 한 발 더 나아가 구체적으로 "민간 대 민간, 업종 대 업종, 회사 대 회사 간 협상의 방식으로 하루속히 소통하기를 희망한다"고 언급하였다. 그 구체적 방법으로서 쌍방의 민간 운송업 기구가 양측의 위임을 받아 '삼통'의 기술적인 문제를 협의하는 한편, 공식, 비망록 또는 절차를 규정하는 문건을 작성하고, 각자가 합의의 승인 및 실천의 문제를 결정하기를 희망한다고 주장하였다.[12]

중국의 이와 같은 '작위'와 '무작위'는 중국의 대만독립에 대한 우려가 더욱 깊어지고, 정책의 기조에 변화가 없는 상황에서 대만의 민간에 대해 평화를 상징하는 올리브 가지를 건네는 한편, 천수이볜 정권 및 민진당을 탐색하려 함을 시사하고 있었다.

천수이볜 정권 내부에서는 그나마 린중빈(林中斌) 국가안보회의 자문위원이 이러한 상황을 간파하였다. 그는 3월 중에 있었던 한 언론과의 인터뷰에서 '9 · 11사건' 이후 중국의 강경, 유연의 양면정책 중 유연한 부분이 증가하였으며, 많은 항목에서 매우 자제하고 있고, 상대적으로 융통성을 보이고 있다고 하였다.[13] 그러나 이 시기의 천수이볜 정권의 대중국정책의 진행방향으로 볼 때 린중빈의 견해는 정부 내 주류가 아닐 수도 있었다. 다른 한편으로는 천수이볜이 중국의 유연성을 눈여겨 보았다고 할지라도 가장 우선적인 고려사항은 여전히 일부러 못 본 척하면서 더욱 '독립 지향적'인 대중국정책을 밀고 나가는 것이었다.

11_黃忠榮, 〈중국, 통상문제로 정치에 압력, 왕융칭, 가오칭위안이 삼통 협의에 나서라고 촉구〉, 《自由時報》, 2002년 5월 22일, 제3면

12_Http://www.cnradio.com/home/newslead/200206270026.html.

13_〈린중빈—대륙의 대대만정책 기조 유연화 지향〉, 《中央日報》, 2002년 3월 22일, 제7면.

밀접하고 활성화된 민간교류

이 시기의 양안 간 민간교류는 과거 그 어느 때보다도 신속하고 더욱 긴밀하였다. 〈표 7-1〉에 의하면 양안이 공식적으로 집계한 쌍방무역은 상이하다. 타이베이 국제무역국은 2001년 양안 간의 간접무역 총액(278억 미달러)은 전년도의 312억 미달러보다 낮았다. 반면에 중국 세관통계는 323억 미달러로 전년도의 305억 미달러보다 높았다. 2002년에 이르러 쌍방의 수치가 모두 큰 폭으로 상승하였다. 대만은 약 410억 미달러로 급격히 상승하면서 47%라는 증가의 폭을 기록하였다. 대만의 대중국 무역 흑자에 관해서도 2001년의 181억 미달러에서 251억 미달러로 증가하였다. 현재 대만은 이미 중국의 제5위 무역 거래 파트너, 두 번째로 큰 수입시장이며, 중국은 대만의 두 번째(2001년 현재) 수출시장과 최대(2002년까지)의 무역흑자국이 되었다.

투자와 관련해서도 양측의 공식적인 통계가 불일치한다. 대만 민간이 추정하는 차이는 더욱 크다. 그럼에도 불구하고 대만 기업의 대중국 투자의 증가 역시 쉽게 확인할 수 있다. 〈표 7-2〉에 의하면, 대만 경

〈표 7-1〉 양안 수출입 무역통계

기간	국제무역국 추산			중국세관 통계		
	대만 대중국 수출	중국에서 수입	무역총액	대만에서 수입	중국 대대만 수출	무역총액
1991	74.9	11.3	86.2	36.4	6.0	42.3
1992	105.5	11.2	116.7	58.8	7.0	65.8
1993	139.9	11.0	151.0	129.3	14.6	144.0
1994	160.2	18.6	178.8	140.9	22.4	163.3
1995	194.3	30.9	225.2	147.8	31.0	178.8
1996	207.3	30.6	237.9	161.8	28.0	189.8
1997	224.6	39.2	263.7	164.4	34.0	198.4
1998	198.4	41.1	239.5	166.3	38.7	205.0
1999	213.1	45.2	258.3	195.4	39.5	234.9
2000	250.1	62.2	312.3	255.0	50.4	305.4
2001	219.5	59.0	278.5	273.4	50.0	323.4
2002	330.6	79.5	410.1	380.8	65.9	446.7

단위: 억달러($)
출처: 국제무역국 양안경제정세 분석

〈표 7-2〉 대만 상권의 대중국 투자 금액표

기간	경제부 비준 자료			중국 대외 공포자료		
	건수(건)	금액	평균 매건당 금액	항목(항)	협의금액	실제금액
1991	237	174.16	0.73	3,446	2,783	844
1992	264	246.99	0.94	6,430	5,543	4,050
1993*	1262 (8,067)	1,140.37 (2,028.05)	0.90 (0.25)	10,948	9,965	3,139
1994	934	962.21	1.03	6,247	5,395	3,391
1995	490	1,092.71	2.23	4,778	5,777	3,162
1996	383	1,229.24	3.21	3,184	5,141	3,475
1997*	728 (7,997)	1,614.54 (2,719.77)	2.22 (0.34)	3,014	2,814	3,289
1998*	641 (643)	1519.21 (515.41)	2.37 (0.80)	2,970	2,982	2,915
1999	488	1,252.78	2.57	2,499	3,374	2,599
2000	840	2,607.14	3.1	3,108	4,042	2,296
2001	1,186	2,784.15	2.35	4,214	6,914	2,980
2002	1,490 (3,950)	3,858.76 (2,864.30)	2.59 (0.73)	4,853	6,741	3,970
누계	27,276	26,610	0.98	55,691	61,471	33,111

단위: 백만달러($)
*( )는 가등기안건을 사후처리하기 위함
출처: 행정원 대륙위원회, 《양안경제통계월보》, 2002년 12월, p. 26.

제부는 2000년 및 2001년 각 27억 미달러가량의 투자금액을 승인하였다. 이는 지난 수년간 매년 10여 억 달러였던 것과 비교할 때 상당히 증가한 것이다. 그러한 가운데 이는 2002년에 38억 미달러로 급상승하였다. 중국에서 대외적으로 공포한 실제 금액(협상 중인 금액과 상이)은 2002년 22억 미달러에서 2001년 29억 미달러로 증가하였는데 2002년에는 단숨에 39억 미달러로 약진하였다. 양안의 공식통계는 2001년과 2002년이 지금까지의 투자 중 가장 많이 증가한 두 해임을 나타냈다. 과거의 투자누계는 대만 측 통계에 의하면 266억 미달러, 중국 측 통계는 331억 달러였다. 평화이난(彭淮南) 중앙은행 총재는 충격적인 자료를 제시하였는데 이는 대만 사업가들의 중국 투자총액이 이미 1천억 달러 선에 달했다는 것이었다. 대만에서 발행되는 《투자중국(投資中

國)》은 그 총 규모가 1,394.13억 미 달러에 이른다고 보았다.[14]

중국 내 대만기업의 구조 역시 짧은 시간 내에 중대한 변화가 일어났다. 투자의 주체는 작은 것에서 큰 것으로; 투자의 형식은 '삼래일보(三來一補, 원료, 디자인, 생산과정을 고객의 요구에 맞추는 것—옮긴이)', 합자에서 단독 자본으로; 재래식 산업에서 첨단과학기술 공업으로, 지역 또한 남에서 북으로, 연안에서 내륙으로; 산업의 특징은 하류에서 상류로; 진격하는 방식은 맨투맨 방식에서 집단으로, 단지 단위로 개발하고; 판촉활동은 가공해서 수출하는 것에서 대내외 판매를 병행하는 방향으로; 대만의 모회사는 제조기능을 중국 본토로 이전하는 한편 연구, 개발, 마케팅, 재무 등 기능은 대만에 남겨 두면서 경영관리본부를 설립하였으며; 생계를 위한 취업자도 날로 증가하였다.[15]

이 밖에도 양안의 문화교류도 큰 폭으로 증가하였다. 중국의 통계에 따르면, 2000년 대만에서 중국을 방문한 인원수는 약 연 310만 명으로 1995년에 비해 200% 증가한 것이다. 2001년에는 연 340만 명으로, 2002년에는 연 360만 명으로 증가하였다. 한편 중국의 대만 방문객은 2000년의 약 12만 명(연인원이 아니다)에서 2001년 연 14만 명 및 2002년 연 15만 명으로 증가하였다.[16]이 가운데 주목할 점은 양안교류의 질을 나타내는 문화와 교육 분야의 교류이다.[17]

지난 10년간 대만을 방문하여 문화와 교육 분야의 교류에 참여했던 중국 주민은 매년 1천 명씩 증가하는 속도로 끊임없이 상승하였다. 2000년에 이미 1만 2천 명에 달했는데, 이는 구왕회담이 열렸던 1993년에 비해 약 4배 정도 많은 것이다. 2001년에는 단 한 해만으로도 5천

14_黃白雪, 〈대중국투자 저널 조사결과, 대만 기업의 대중국투자 약 1,400억 미 달러〉, 《經濟日報》, 2002년 5월 30일, 제3면.

15_陳明璋, 2002, 〈중국의 대만 기업 투자현황, 융자구조 및 그들의 미래 전술구도에 대한 연구〉, 臺北市企業經理協進會; 高長, 〈WTO요인이 대만기업의 대륙투자에 미치는 영향〉, http://old.npf.org.tw/PUBLICATION/NS/090/NS-C-090-307.htm 참조.

16_Http://www.gwyth.gov.cn/jlwl/rywll.htm.

17_대륙위원회 홈페이지 http://www.mac.gov.tw/big5/statistic/ass_ce/ce9304b.pdf; 해기회 홈페이지 http://www.sef.org.tw/; 대륙위원회에서 출간한 《兩岸文教交流年報》 참조.

명이 증가하여 1만 7천 명에 이르렀다. 2002년에 또다시 8천 명이 증가하여 2만 5천여 명에 달했다. 2년이라는 짧은 기간에 대만을 방문, 문화교류에 종사했던 사람은 과거 10년간의 총 인원수를 단연 능가한 것이었다. 한편 중국대륙을 방문하여 문화와 교육 교류활동에 종사한 대만인은 대만에서 파악하기 힘들며, 중국도 공개하지 않고 있다. 일반적인 경우에서 볼 때 인원의 총수는 결코 대만을 방문한 중국인의 숫자보다 적지 않을 것이다. 활동의 유형별로 파고 들어가 볼 때, 대만 정부는 통상 대중국문화교류를 학술, 교육, 과학기술, 스포츠, 예능, 소수민족, 종교, 언론, 출판, TV 방송 및 기타 등 10개 항으로 분류하고 있다. 이 중에서도 양안 민간관계의 온도를 가장 잘 나타내는 것은 예능 교류라 할 수 있다. 이 항목은 정부로부터 가장 거리가 멀고, 일반 대중과 가장 가까운 동시에 이로부터 나타나는 것은 정책이 아니라 시장을 반영하기 때문이다.

1995년 미사일 위기 후의 수년간은 양안의 예술문화교류가 크게 위축되어, 베이징 경극단(北京京劇團), 무한서커스팀(武漢雜技團), 천극변검(川劇變臉)(사천 오페라 중 얼굴 가면을 바꾸는 것—옮긴이) 등 중국의 인기 많은 공연단체의 대만방문이 번번이 적은 입장객으로 인해 빈손으로 돌아가게 되었다. 이는 당시 대만 민중의 감정이 확실히 크게 손상되어 있었다는 것을 보여 준다.

그러나 정권교체가 이루어지고 난 이후에는 정세가 역전되어 예술문화교육이 모든 교류들 중 가장 정상을 차지하는 인기 분야가 되었다. 해기회의 통계에 의하면 2001년 중국에서 총 414개 예술문화단체 3천1백여 명이 대만을 방문하여 문화교육 교류인원 총수의 1/4을 차지하였다. 2002년 교육을 위한 교류(학생이 주축)가 정착이 된 후에는 단체만 해도 480개로 늘어났고, 인원은 3천7백 명으로 증가하였다. 내용면에서 볼 때 예술문화교류의 품질도 크게 향상되었고, 영역, 규모 또한 상승의 일로에 있었다. 이 중 가장 인기가 있는 것은 진나라 병마용 문화특별전을 꼽을 수 있는데, 타이베이와 타이중에서만 연 160만 명이 관람하였다. 대만은 중국화의 거장인 장다첸(張大千)의 작품을 베이징에서 전시하였다. 이 밖에도 법구산(法鼓山)문화교육재단이 산둥의 사문탑에 '아먼 불상의 머리(阿門佛頭)'을 기증하였는데 성엄(聖嚴) 큰스님이 직접 호송에 참여한 것도 특수한 것이었다. 이러한 진전은 양안의 예술문화교류가 부단히 심화되고 있다는 점을 말해 주고 있으며, 특히 대만 민간의 대륙붐이 지난 수년간의 암흑기에서 벗어났음을 그리고 정치적 대치 국면의 방해로부터 완전히 벗어났음을 말해 주고 있다.

그 외의 문화교육 교류상의 특이 사항으로는 첫째, 학술 및 교육교류 분야에서 중국에서 대학에 진학한 대만 대학생 및 대학원생은 4천여 명으로 추정되나, 학교에서 임의로 모집한 학생, 아르바이트생, 단기 학점교류 학생까지 합칠 경우에는 1만 명에 육박하였다. 양안 대학간의 학술교류협의나 자매결연 관계를 맺은 사례도 이미 130여 건을 넘었다. 둥관(東莞)의 대만기업인 자녀학교 외에 쿤산(昆山)의 화둥(華東) 대만기업인 자녀학교도 이미 문을 열어 학생들을 모집하고 있었다.

둘째, 언론매체 분야에서는 언론교류가 다소 증가하였는데 대만은 중국의 통신, 신문, 라디오 및 TV 방송 등 4종류의 매체에서 우선 1개사의 기자가 대만에 1개월간 주재하면서 취재활동을 하되, 필요시 7일간 연장할 수 있으며, 활동 지역을 타이베이, 지룽(基隆)으로 제한하여 허용하였다. 라디오, TV방송 및 출판교류의 분야에서 대만에 중국 붐이 일어나 연예인이 중국 본토에 가서 노래공연, MC 진행, TV극을 촬영하는가 하면, 회사 대 회사 간의 각종 협력, 중국과 관련된 서적의 판매도 베스트셀러가 되고 있었다. 그러나 정권이 교체된 후의 민진당 정부는 중국의 출판물에 대해 엄격한 수입제한을 두어 출판물의 수입 권수가 2000년의 94만 권에서 2001년 51만 권, 그리고 2002년에는 42만 권으로 급감하였다.[18]

중국에서는 대만 기자들의 상주 취재를 허용한 외에 대만 라디오,

RV와 출판물의 중국시장 진출에 대해서 여전히 많은 규제를 하고 있었다. 중국이 WTO에 가입한 후에도 이러한 사실에는 변화가 없었다.

셋째, 종교의 교류에 있어서 그동안 중국은 불교와 도교의 교류에만 치중하였고 서구에서 들어온 기독교와 천주교는 상대적으로 배척하였다. 그러나 장로교회와 푸런(輔仁)대학은 이 기간 중 각각 학술세미나를 주최한 바 있고, 중국 측 인사들도 참석하였다. 한편 마쭈(媽祖)신앙의 종묘를 이용한 통일전선 활동은 진먼, 마쭈에서 '소삼통'이 실시됨에 따라 보다 쉽게 진행될 수 있었다.

이상의 분석을 종합해 볼 때, 양안 민간의 경제와 문화교류는 2001년과 2002년의 2년간 유례없이 활발한 상황이었다. 이 기간 중 양안 간 암투와 그림자가 없지는 않았으나 천수이볜 정권은 선택적 규제를 하였고, 중국 측 또한 "내가 중심이 되며, 내게 유리한 것"이라는 사고방식으로 경제, 무역, 문화 교류를 돌파하였다. 그러나 총체적으로 보았을 때 민간에서의 자체적인 필요에 따라 자동, 자발적으로 표출된 역량은 정부의 규제와 조정능력을 능가하였다. 이러한 역량이 양안의 경제와 문화교류를 확고하게 완화의 방향으로 몰고 갔으며, 이 시기 양안관계를 안정시킨 최대의 버팀목이 되었다.

천수이볜의 10가지 맥락

양안 민간의 활발한 경제 · 문화교류와 대조적으로 양안정부 간의 관계는 2001년 5월을 전후하여 점차적으로 냉각되고 있었다. 통계에 따르면, 이를 주도한 것은 대만이지 중국은 아니었다. 앞서 언급한 바와 같이 중국은 부시의 취임 초기부터 미국에 대해 보다 유연하고도 낮은 자세의 정책을 취하기로 결심하였고, 인사 임명 및 언행에 있어서 선의를 내보였다. 남중국해에서의 군용기 충돌사건 종식 후, 미국은 '강경 속에서 유연함을 잃지 않았지만' 중국은 시종 '유연 속의 강경'한 태도를 견지하면서 '차이점을 남겨 둔 채 공통점을 추구하기'를 주장하였

18_Http://www.mac.gov.tw/big5/statistic/ass_ce/ce9304b.pdf.

다. '9 · 11사건' 이후 양국 관계는 신속하게 개선되어 고위 지도자 간의 상호방문도 빈번하였다. 중국에서 볼 때에는 태평양을 사이에 둔 두 개의 커다란 양안관계가 이토록 안정되어 있고, 대만해협을 사이에 둔 작은 양안관계에서는 민간교류가 매우 활성화되고 있는 만큼, 자연스럽게 대만에 대해 '그의 말을 들어 보고, 그의 행동을 지켜보겠다'를 계속 지향하면서 소극적이며 피동적인 자세를 취할 수 있었다.

그러나 대만에서는 천수이볜 권력의 확대, 대만 경제의 대폭적인 침몰 및 범녹진영 내부의 근본주의적 교의파의 등장 등 세 갈래 격랑이 한 곳으로 집결된 나머지 끝내 대만의 대중국정책과 양안관계를 2001년 5월부터 애매한 안정에서 점차 긴장되고, 미중관계와 역행하는 방향으로 전진하도록 하였다.

2001년 초의 천수이볜 총통은 매우 우울하였을 것이다. 제4기 원전 폐기안의 실태는 국내에서 그의 명성에 큰 상처를 주었으며, 선거 승리 직후 애써 구축한 '전 국민의 총통'이라는 이미지에 큰 구멍이 생기게 되었다. '4불 1무' 역시 보다 나은 양안관계를 가져오지는 못했다. 새로 등장한 부시 정부가 클린턴 정부에 비해 우호적이라고는 하나 어느 정도까지 대만을 지지할 수 있는지가 여전히 미지수였다. 명성을 재구축하기 위해 천수이볜이 직면하고 있는 것은 단순한 정책의 선택이 아니라 노선의 선택이어야 했다. 즉 그가 '전 국민의 총통'의 이미지를 보수할 것인지, 용감한 '소수의 총통'의 길을 갈 것인지, 혹은 인내하면서 '4불 1무'를 계속 잡고 있을 것인지, 혹은 '자신의 길을 걸을 것'인지를 선택해야 했다.

이때 구원의 손길을 내민 것은 그 전해 12월 미국에서 발족한 100여 개의 단체를 포괄하는 세계대만인대회(世界臺灣人大會)였다. 그러나 결정적인 인물은 당시 언론의 주목을 받고 있던 진메이링(金美齡) 여사가 아니라 임시 총통부 정책자문위원이자 이후 고시원 원장을 맡은 야오자원(姚嘉文)이었다. 야오자원은 타이베이의 앰베서더 호텔에서 3월 중순경 세계대만인대회 제1차 전체회의를 소집했고, 여기에는 사백여 명의 국내외 독립주의 엘리트들이 참여하였으며, 천수이볜 역시 당과 정계 그리고 총통부 고위인사 다수를 대동하고 참석하였다. 곤경에 빠진 천수이볜에게 사기를 불어넣어 주고 한편으로는 압력을 가하기 위한 목적이 분명한 이 대회에서 천수이볜의 공식 격려사는 신중하고도 낮은 톤을 유지하여 중국어와 대만어를 혼용하는 방식으로 준비된 원고를 그대로 읽어 내려갔다. 그는 다만 마지막 단락에서 '제10대 총통' 대신 '대만 총통'이라고 하였고, 발언을 마친 후 "대만인이여 일어나라, 대만이여, 밖으로 걸어 나가자"고 외쳤다.[19]

4월 1일 남중국해에서의 군용기 충돌사건과 4월 26일 리덩후이가 일본의 교토에서 귀국하여 정계복귀를 선언한 후 천수이볜 정권의 언행이 조금씩 변화하기 시작했다. 아주 느리게 변화하여 특별히 주목하지 않는 한 쉽게 파악할 수 없었다. 그러나 2001년 4/4분기, 입법원 선거가 임박해지면서 민진당의 현상을 타파하고, 대만독립을 지향할 목적의 움직임이 갈수록 활발해지고 뚜렷해졌다. 그 다음 해 '8 · 3담화'에 이르러서는 이것이 만천하에 드러났다. 이 전환은 기본적으로 10개의 맥락에 따라 나아가고 있었다. 이 중 5개 항은 제3장에서 언급하였던 양국론에 대한 연구의 결론 또는 건의와 전적으로 일치하였으며, 나머지 5개 항도 양국론의 바탕 위에서 크게 발전한 것이었다.

첫째, 이 시기를 마지막으로 하여 천수이볜을 위시한 그 어떤 공직자도 국내에서 "중화민국은 1912년부터 존재했다" 혹은 "1949년 이후부터 바다를 사이에 두고 분리통치를 하고 있다" 혹은 "분단국가" 등의 말을 하지 않았다. 양국론의 건의에 따라 천수이볜의 집권 원년부터 '중화민국'은 이미 알맹이가 없고 역사가 없는 빈껍데기 명사가 되었다. 이후 집권 2년 차에는 이러한 빈 말조차도 사용을 꺼렸다. 자료에 따르면 그는 2001년 거의 한 번도 '중화민국'이라는 용어를 사용하지 않았고, 모두 '대만'이라고만 했으며, 리덩후이가 줄곧 구사하였던

19_陳嘉宏, 吳典蓉, 〈세계대만기업인 회의시 총통의 축사에서 세 개의 최우선 강조〉, 《中國時報》, 2001년 3월 18일, 제1면.

〈표 7-3〉 역대 총통 국경일 담화(1988-2001)

연도	원고 중 '중국'과 '중화민국'의 등장 횟수	원고 중 '대만'의 등장 횟수
1988	11	2
1989	15	2
1990	8	0
1991	10	3
1992	12	3
1993	5	2
1994	14	2
1995	9	1
1996	2	1
1997	6	1
1998	6	1
2999	5	4
2000	5	8
2001	0	5

'대만에 있는 중화민국'마저도 무시하였다. 형법 제100조 폐지 10주년(10월 9일) 기념사에서 그는 참모들이 작성해 준 연설문 중 딱 한 군데 있는 '중화민국'조차도 구두로 '대만'이라고 바꿔 읽었다.[20] 2001년 신정 축사에서는 7곳에서 '중화민국'이라고 말한 반면, 2002년에는 단 한 곳이었다. '중화민국'의 잉여가치는 국군장병에 대한 훈시현장과 공식국교 수교국(중남미 등)과의 자리에서만 존재하게 되었다.

가장 아이러니컬한 점은 그해 10월 10일의 국경일 경축사다. 이는 중화민국 총통으로서 하는 가장 중요한 담화발표의 하나로서 반드시 관계 참모들이 머리를 맞대고 글자 하나까지도 따져서 준비해야만 내놓을 수 있는 대작이어야 했다. 리덩후이, 천수이볜 시기의 연설문을 비교해 볼 때 〈표 7-3〉에서 명백하게 나타나듯이 연설문의 첫머리에 "오늘은 중화민국의 국경일이다"와 마지막의 "중화민국의 국운이 날로 발전하기를 기원한다"라는 겉치레 용어 외에 1995년 이전의 리덩후이 총통은 매번 평균 11차례에 걸쳐서 '중화민국' 또는 '중국'을 언급했으

20_凌珮君, 〈형법 제10조 폐지 10주년 관련, 총통 당시 회고〉, 《聯合報》, 2001년 10월 10일, 제13면.

며, 1996년 직접 민선제로 변경한 후에는 연간 평균 언급 횟수가 5회로 급감하였다. 천수이볜 총통의 첫해는 전임자의 예를 따라 5차례 '중화민국'을 거론하였으나, '대만'이라는 단어는 크게 증가하여 그 수가 8차례에 이르렀다. 2001년 국경일에는 '중화민국'이라는 국명마저 사라진 채, '대만'과 '포르모사(Formosa, 福爾摩薩)'가 15차례나 등장하였다.

둘째, '양국론'에 부합되는 것은 〈국가통일강령〉이 계속해서 먼지 속에 파묻혀 있다는 점이다. 행정원, 대륙위원회, 공보국, 해기회 및 그 밖의 부서의 모든 관련 문서에서 강령의 내용이 완전히 삭제되었다. 지난 여러 해에 걸쳐 행정원 대륙위원회는 친교를 위해 연말에 정성어린 탁상 달력을 만들어 여야 인사용으로 선물해 왔는데 달력의 속지에는 통상 수백 자로 된 〈국가통일강령〉이 인쇄되어 있었다. 그러나 2001년부터는 무안당하지 않기 위해 달력의 인쇄를 포기하였다. 마찬가지로 국가통일위원회 회의도 소집하지 않았으며, 관련 예산을 국가인권기념관 건립용으로 이관하였다. 〈국가통일강령〉은 마치 '통일'의 목적만이 있고 '현상유지'라는 중대기능이 결여된 것으로 표현되었다.

셋째, '하나의 중국'의 핵심문제와 관련하여 천수이볜 정권은 양국론위원회에서 올린 건의 그대로 '하나의 중국이란 곧 중화민국이다', '하나의 국가, 두 개의 정부', '하나의 국가, 2개의 지역', '하나의 분리 통치되고 있는 중국', '하나의 국가, 두 개의 대등한 정치실체' 등의 표현을 일체 사용하지 않았다. 천수이볜은 취임 후 취임연설에서 '미래의 하나의 중국'을 언급하였고, 취임 후에는 "하나의 중국은 의제일 뿐, 전제가 아니다"라고 말한 바 있었다.[21]

셰창팅 가오슝 시장이 민진당 주석이었을 때 리위안저 중앙연구원 원장이 운영하는 초당파 집단회의가 '헌법에 따른 하나의 중국'이라는 결론을 도출한 바 있었다. 그러나 '미래의 하나의 중국'과 '하나의 중국

21_천수이볜 총통은 2000년 취임 연설 시 "미래의 하나의 중국"을 언급하였으나 2001년 7월 8일 민진당 소속 입법위원 접견 시에는 "하나의 중국은 하나의 의제일 뿐 전제는 아니다"라고 주장.

의제'라는 주장은 2001년에 거의 나타나지 않았다. 30명이 넘는 총통 정책보좌관과 국정자문위원이 7월 말 연명으로 '헌법에 따른 하나의 중국'을 반대한다고 쓴 이후에는 '헌법에 따른 하나의 중국'마저도 보기 어려웠다.[22]

10월 말 천수이볜의 신서《세기의 첫 출항—정권교체 500일에 대한 장고》에서는 이들 구호를 전부 수용하였다. 그러나 2001년 말 입법원 선거에서 승리하자 천수이볜 정권의 '하나의 중국' 나아가 '중국'은 완전히 욕설의 대명사로 변했으며, 천수이볜을 위시한 정부 관리의 논술 중 부정적인 의미로만 출현하였다.

넷째, 또 다른 결정적인 '92공식'의 발전과정은 더욱 우여곡절을 겪었는데 방향은 여전히 양국론에서 설정한 대로 폐기하기로 하였다. 천수이볜 취임 초기의 태도는 종잡을 수 없었는데, 첫 번째 기자회견에서는 이를 '공식이 없는 공식'이라고 했다가 6월 말 미국인 방문객을 접견할 때에는 '하나의 중국, 각자의 정의'라는 공식이 있다고 이야기하더니, 다음 날 바로 (총통부가 아닌) 대륙위원회가 이를 정정하였다. 이로부터 매우 긴 시간 동안 천수이볜은 관련된 화제를 단 한 글자도 입에 올리지 않았다.

2001년 5월 23일 천수이볜이 뉴욕을 통과하면서 20여 명의 미국 전직 관료들과 학자, 전문가들과 회견했을 때 천수이볜은 또다시 자신은 싱가포르 협의와 '하나의 중국, 각자의 정의'를 포함한 과거에 이룩한 협의와 약속을 파기하지 않을 것이라고 다짐하였다(입법위원 라이스바오[賴士葆]와 왕링린[王令麟]이 각기 다른 언론매체에 했던 브리핑에 근거).[23] 그러나 24시간도 채 되지 않아(실제로는 같은 날), 수행 중인 총통부 부비서실장인 젠유신(簡又新)은 엘살바도르(뉴욕의 다음 행선지)에서 이

22_楊嘉慧,〈36명의 국정자문위원 헌법 조항 중의 하나의 중국 반대〉,《臺灣日報》, 2001년 7월 26일, 제3면.

23_張瑞昌, 劉屏, 王良芬,〈천수이볜 총통—하나의 중국, 각자의 표기하기 부정하지 않을 것〉,《중국시보》, 2001년 5월 24일, 제1면; 傅依傑, 鍾年晃, 陳敏鳳,〈왕링린, 총통의 발언 전달: 92공식 부정하지 않을 것〉,《聯合報》, 2001년 5월 24일, 제1면.

들 약속 중 '하나의 중국, 각자의 정의'가 포함되어 있지 않다고 공식적으로 발표하였다.[24] 같은 해 10월 21일 천수이볜은 화롄(花蓮)에서 유잉룽(游盈隆)을 위한 선거지원 유세 시 최초로 '92공식'을 신랄하게 비판하면서 이는 중화민국을 멸망시키고, 대만을 팔아먹는 것이라고 주장하였다.[25] 이러한 주장은 즉시 각계를 경악시켰다. 그러나 일부 인사들은 여전히 이를 선거유세용으로 간주하였다. 11월 5일 천수이볜이 거듭하여 양안 간에 '92공식'을 수용한다면 이는 다름 아닌 중화민국을 멸망시키는 것, 즉 망국이라고 강조하였다.[26] 그 후에도 출판기념회 및 TV 인터뷰 때에도 이는 여러 차례 걸쳐 반복되었다.

이와 같은 신정책은 리덩후이를 포함한 독립지지파의 호응을 불러일으켰으며, 재야 당파와 민진당 정부 간의 틈새를 더욱 넓혀 놓았다. 과거 양안의 양회 간 여러 해에 걸쳐 지속적인 회담을 허용했던 공간은 이로써 상실되었다. '하나의 중국, 각자의 정의'와 처음 시작할 때부터 함께 해 왔던 구전푸가 가장 난감했는데, 그는 언론의 질문을 받을 때마다 "중화민국이 사라졌나요?"라고 반문할 수밖에 없었다.[27]

다섯째, '양안 간의 교류'와 관련하여 당초에 양국론위원회의 적대감은 매우 깊었다. 이 팀의 지도자 격인 차이잉원 사고의 핵심은 '폐단방지'를 '이익창출'보다 우선시하는 것이 분명하였다. 그녀는 학자 시절부터 어떻게 하면 공식적인 국가안보체계 외에 보조적인 안보망을 구축하여 비우호적인 요소가 대만의 경제체제에 들어오는 것을 사전에 탐지 혹은 감시할 수 있는가를 심혈을 기울여 연구하였는데, 이를 위한 체제는 반드시 그물 형태의 체계, 즉 정보수집, 전문적인 연구분석

24_鍾年晃, 陳敏鳳, 〈젠유신, 총통의 발언 전달—92공식, 양안 간 정론없다〉, 《聯合報》, 2001년 5월 25일, 제3면.

25_王炯華, 〈롄잔, 첸쉐이볜이 상황인식 결여 비난〉, 《中央日報》, 2001년 10월 23일, 제3면; 素玲, 〈천수이볜—일국양제, 92공식 수용불가〉, 《聯合報》, 2001년 10월 20일, 제6면; 陳素玲, 〈천수이볜, 92공식 뒤엎었다〉, 《聯合晚報》, 2001년 10월 21일, 제2면.

26_주 2와 동일.

27_章倩萍, 〈구전푸—92공식의 뜻을 중요시할 필요〉, 《聯合報》, 2001년 11월 16일, 제6면.

과 판단, 사안별로 위기를 대처하면서도 시장에 대한 간여가 최소화되도록 해야 했다. 국가안보회의 자문위원 시절에는 자연스럽게 부처를 초월한 '국가안전망' 구축의 권한을 위임받게 되었다.

그 후 대륙위원회 주임위원으로 취임한 이후 차이잉원은 여러 차례의 공개연설의 석상에서 '국가안전망'의 개념에 대해 언급했고, 이는 "양안의 경제 무역 거래 과정 중 물품, 인원, 자금 및 정보자료를 포함한 거래가 대만의 경제안보, 사회질서, 정치발전 및 국방 배치 등에 미칠 수 있는 위해를 예방함으로써 국가 전반에 미칠 수 있는 위험을 낮추자는 데 있다. 구체적인 시행방법은 두 가지로 추진 가능한데 하나는 자유시장경제, 민주적 구도이며, 다른 하나는 체계적인 안전관리체제 구축으로 시장기능체제, 민주적 구도 나아가 국방배치에서 처리할 수 없는 국가안보의 블랙홀을 점검하는 것"이라고 해석하였다. 차이잉원은 또한 정부의 각 부처에서 이미 추진하기 시작하였으며, 3-5년이면 완벽한 '국가안전망'의 구축이 완료될 것이라고 추정하였다.[28]

이러한 구상 자체는 나무랄 것이 없었다. 양안 간 교류를 한 지 10여 년이 지났고, 그 과정이 대체적으로 무난하였다고 하지만 일탈된 곳도 적지 않았다. 쌍방 내부의 개별적인 노력과 양안협상 등 3자가 동시에 움직여야 비로소 점진적으로 교류질서를 구축하고 양안 주민의 권익을 보장할 수 있다. 다만 이러한 구상도 2001년 분위기 속에서는 곧 변질되었다. 한편으로는 양안의 협상재개가 성사되지 않고 나아가 대결하는 태세가 고조되고 있었고, 또 다른 한편으로는 대만 내부의 독립편향적인 목소리가 점차 정부의 주류가 되고 있어서 초기에는 단순히 교류질서망을 구축하려던 것이 단숨에 교류를 가로막는 그물이 되었다.

이러한 결과는 이후의 경제발전자문위원회 회의(2001년 8월)의 결론 및 추진과정에서 분명하게 볼 수 있었다.[29] 경제발전자문위원회가 제

28_그 실례로서 차이잉원이 2000년 9월 9일 타이베이 변호사 협회에서의 연설이 있다.

29_Http://www.publish.gio.gov.tw/newsc/900107/90010902.html.

시한 '적극개방, 유효관리'에 대해 많은 사람들이 기대에 부풀었으며, '서두르지 말고 인내하자'라는 올가미가 드디어 풀렸다고 좋아했다. 그러나 '적극개방'과 관련하여 정부에서는 막 연구의 검토를 시작했을 따름이며, '유효관리'와 관련해서는 일찍이 양국론팀에서 다년간 해 왔던 연구내용을 기초로 하고 있었고, 정부 내에서도 이미 수면 아래에서 2년간 계속되어 왔던 것이었다. 양자를 대비해 볼 때 어느 쪽에 비중이 있는지 그리고 어느 것이 진짜인지를 확연하게 보여 주고 있었다.

양국론을 뛰어넘다

여섯째, 고도로 민감한 '공민투표'와 '제헌'이라는 과제와 관련하여 천수이볜의 태도는 애매모호한 것에서 분명한 것으로 전환하고 있었으며, 그의 공민투표에 대한 생각과 행동은 이미 양국론 창안자의 설정을 완전히 뛰어넘는 것이었다. 2000년이 마감될 때까지 선거전에서나 혹은 그 후에라도 천수이볜이 이들 두 가지 사항을 언급하였다는 기록은 없다. 그러나 2001년 2월 15일 왕진핑(王金平) 입법원장과의 신년 다과회 도중 그는 모든 사람들의 예상을 뒤엎고 자신이 연말에 있을 입법원 선거에서 제4기 원전 문제를 공민투표에 포함하여 투표하기를 희망한다고 하였다.[30] 같은 달 23일 민진당 중앙당 평의원과의 회견 시에는 은연중 '공민투표 입법'을 시사하였다. 그는 제4기 원전 관련 공민투표에 대해 이의가 없으며, 입법원의 입법권은 반드시 존중되어야 한다고 말했다. 그러나 입법원이 공민투표법을 통과시킨다면 즉각 이를 수용할 것이라고 말했다.[31] 11월 28일 국회개조행동연맹과의 회견 시 그는 더욱 분명하게 공민투표 입법이 시급하다고 하였다.[32] 그의 논

30_戴錫欽, 〈제4기 원전 공민투표, 천수이볜 사전 결심이 있다?〉, 《臺灣日報》, 2001년 2월 16일, 제2면.

31_林晨柏, 〈천수이볜 총통, 입법원의 직권을 존중한다〉, 《中國時報》, 2001년 2월 24일, 제6면.

32_張瑞昌, 林晨柏, 〈천수이볜 총통, 의회 개혁을 위해 공민투표 배제하지 않는다〉, 《中國時報》, 2001년 11월 29일, 제1면.

리는 의회가 주도하는 개헌과정은 반드시 3/4의 입법위원의 동의를 통과해야 하는 높은 문턱을 넘어야 하기 때문에 만약 야당이 거부한다면 불가능하다. 따라서 "오직 인민의 역량이 가장 위대하기 때문에" 공민투표에 부칠 수밖에 없으며, 이를 위해서는 먼저 입법원에서 공민투표법을 먼저 통과시켜야 하고, 공민투표법은 의회 재적의원 과반수만 있으면 통과가 가능하기 때문에, 법적인 근거가 마련되면 곧바로 공민투표를 통해 국회의 개조를 진행할 수 있다고 하였다.

뒤이어 민진당이 선거 이후 입법원에서 제1당이 되자, 그의 태도는 더욱 강경해졌다. 2002년 3월 17일 세계대만인대회에서 천수이볜은 "대만의 명칭 바로 세우기를 국가의 헌법에서 제정하자"고 외쳤다.[33] 같은 해 8월 2일 또다시 세계대만인대회의 영상 담화를 통해 "공민투표의 중요성과 시급함을 진지하게 생각해야 한다"라는 충격적인 논조를 펼쳤다. 사실상, 당시의 역사를 돌이켜볼 때 취임 이전부터 줄곧 공민투표를 지지해 온 천수이볜은 취임 후 반년이 지나고 나서 공민투표에 대한 집념이 갈수록 분명해진 듯하였다. 쉽게 말하자면, 당시 그는 공민투표는 반드시 해야 할 일이며, 가능하면 입법적 절차를 밟아야 하는 한편, 공민투표의 의제로서는 제4기 원전, 국회개혁, '일변일국'이 포함되어야 한다고 생각하고 있었다. 이와 같은 견해들은 개헌과정에서 공민투표의 법적인 근거만 삽입하면 된다고 간단하게 생각했던 양국론을 뛰어넘은 것이었다.

일곱째, 천수이볜이 양국론을 인수받고 이를 더욱 발전시켰던 또 하나의 정책은 외교 분야였다. 양국론은 다국적 조약에 많이 가입할 것을 제의하였는데, 천수이볜 정부는 2001년 4월에 개최한 행정원 국무회의에서 '공민과 정치권력 국제공약', '경제 사회 문화 권리 국제공약'을 채택하였으며, 입법원에서 승인되자 곧 이를 유엔의 대문을 두드리는 근거로 삼았다. 양국론은 댜오위타이(센카쿠열도[釣魚島]) 및 남중국

33_林美玲, 林新輝, 〈대만독립세력 모임, 과거의 금지구역내에서 실시〉, 《聯合報》, 2002년 3월 18일, 제4면.

해 분쟁에서 '본래 중국에 속해 있었다' 혹은 '역사적인 수역'이라는 말을 하지 말 것을 건의하였고, 천수이볜 정부는 이를 따랐다. 양국론은 대회 참가 시의 명의에 '中華臺北(Chinese Taipei)'의 사용을 자제하고, '대만'을 사용할 것을 요구하였다. 이로 인해 WTO에 가입한 후 제네바 회의 출석 대표단의 명패에 Taiwan이라는 글자를 확대하였다. 그러나 국내용으로는 통해도 일단 그 밖의 미수교국과 관계될 경우에는 '대만'이라는 글자가 벽에 부딪칠 수밖에 없었다. 천수이볜 정권 8년간 자유무역협정(싱가포르), 항로개설 및 운항재개(한국) 또한 기타 사무적인 양자회담 등이 무효화되었는데, 그 원인은 타이베이 측이 국제간 통용되고 있는 '중화대북' 대신 'Taiwan'이라는 표현을 과도하게 강조했기 때문으로, 결과적으로 단어의 표현 때문에 대의를 잃는 등, 실속은커녕 체면마저 땅에 떨어뜨리게 되었다.[34]

한편 천수이볜 정권이 양국론을 크게 빛낸 일로서는 '공격적인 외교전술'(언론에서는 '횃불 외교'라 호칭)이다. 이러한 술어는 추이런 당시 국가안보회의 사무총장에 의해 외부에 알려진 것인데 2002년 7월 외교부의 비공개 회의 시의 연설내용이 유출된 것이었다. 추이런은 만약에 2001년의 APEC사건 당시 다른 곳에서 "동시 다발의 횃불을 밝혔다면" 중국이 APEC에서 대만과 서로 겨룰 심적인 여유가 없었을 것이라고 주장하였다. "운용하는 수법이 너무 거칠지만 않다면, 성공까지는 못했더라도 우리가 큰 피해를 입지는 않았을 것"이라고 말했다.[35]

2002년 8월 뤼슈롄 부총통의 인도네시아 방문 시도가 '횃불외교'의 대표적인 사례 중 하나이다. 당시 인도네시아는 그녀가 인도네시아 발리섬에 휴가차 방문하는 것에 동의하였다. 그녀의 전세기는 8월 16일 타리섬에서 수도 자카르타 공항에 착륙하도록 되어 있었다. 그러나 뤼슈롄 측은 고의로 도착일을 17일 인도네시아 국경일과 겹치도록 하였

34_복수의 싱가포르 정부 관계자, 익명을 전제로 싱가포르는 타이베이 측이 '대만' 명의로 협의를 체결하는 것을 허용하는 첫 번째 국가가 될 수 없다고 언급.

35_徐孝慈, 〈추이런, 천수이볜이 방미하도록 등을 밀고 있다〉, 《中國時報》, 2002년 7월 19일, 제4면.

다. 입국이 거절당하자 그녀의 참모들은 대만 매체에 그녀가 공항의 귀빈실에서 메가와티(Megawati Sukarnoputri) 대통령 및 몇몇 장관과 면담했다고 소문을 냈다. 인도네시아 외무장관 및 대통령 보좌관은 즉각 뤼슈롄과 그 어떤 "개인적 혹은 공식적인 만남"도 없었다고 부인하였다.[36] 이러한 해프닝이 가져온 대가는 대만 거주 외국인 노동자의 1/3을 차지하고 있는 인도네시아 노동자들의 대만행 금지였다. 이 금지령은 2004년 12월, 메가와티가 대통령직에서 물러난 후 2개월 뒤에야 해제되었다. 2002년 12월 대만 언론은 천수이볜 총통이 인도네시아를 방문하기를 희망한다고 보도했다. 그러나 인도네시아 외무장관은 즉시 "천수이볜의 내방을 영원히 환영하지 않는다"고 선언하였다.[37] 그 밖에도 2002년 7월 천수이볜의 남아프리카 경유 시 미수교 서아프리카 국가의 방문 시도, 2001년 12월 뤼슈롄의 서구의 미수교국 경우 세네갈 방문 시도가 모두 생생한 좌충우돌의 실례이다.

사실상, 국민당의 집권 시기에도 제1장의 〈표 1-8〉에서 나타난 바와 같이 국가의 주권적 지위를 과시할 목적으로 수시로 고위층 순방외교를 진행하였다. 1995년 이전의 리덩후이와 롄잔은 싱가포르, 필리핀, 태국, 인도네시아, 말레이시아, 멕시코, 체코 등 비수교국을 방문한 바 있다. 1996년 이후 문무 양수겸장 기간 동안 국제정세가 불리하게 돌아갔을 때에도 우크라이나, 아일랜드, 체코, 말레이시아, 요르단 등의 국가를 방문하였다. 그러나 천수이볜과 뤼슈롄이 3년간 다각적인 노력을 했음에도 불구하고, '밖으로 나아갈 수 없었고'(뤼슈롄만이 인도네시아와 헝가리 방문) 대신 '기피인물'이라는 소리만 듣고 있는 것은 아마도 '횃불외교' 때문이었을 것이다. 즉 '횃불외교'의 목적은 방문외교를 통해서 중국을 자극하고, 다시 이를 통해서 국내 일부 민중의 환심을 사고자 하는 것이었다. 그 근본적인 계산은 "성공하면 돌파할 수 있는

36_梁東屏, 〈모부총통이 자카르타로 되돌아오다〉, 《中國時報》, 2002년 8월 20일, 제3면.

37_梁東屏, 〈인도네시아, 대만 총통의 방문, 영구 불허 표명〉, 《中國時報》, 2002년 12월 17일, 제2면.

것이고, 실패하면 울분을 터트리면 된다"였다. 즉 계획이 성공한다면 결코 밑지는 일이 없이 땅 짚고 헤엄치는 식이 된다는 것이었다. 관련 국가들은 재빨리 '횃불외교'의 속셈을 간파하여 천수이볜에게 역이용당하지 않으려고 핑계를 내세워 피해 갔다. 그 결과 '횃불외교'는 역으로 대만의 대외관계를 크게 후퇴시켜, 20년 이래 전례 없던 곤경에 빠지게 되었다.

여덟째, 천수이볜이 양국론을 수용하고, 이를 뛰어넘은 세 번째 행동은 그와 중국 간의 상호 행동에서 드러나고 있다. 이 부분과 관련하여 당시의 중요한 사례는 무수히 많다. 그러나 양국론 시나리오와 직접 관련된 것이 많지 않은 것은 이것이 구체적인 시행 차원에 속해 있기 때문이다. 양국론의 일부 주장은 필연적으로 일부 '작위'와 '무작위'에 반영되어 있었다. 천수이볜 정권은 "대만은 중국의 일부분이 아니다"는 생각으로 중국이 나름대로 크게 양보했다고 생각한 '새로운 세 마디(특히 '대만과 본토는 동일하게 하나의 중국에 속한다'와 관련)'를 철저하게 무시해 버렸다. 양안교류를 배척한다는 기조에 따라 천수이볜 정권은 중국이 '삼통'과 관련해 제시한 각종 주장과 조치에 대해 조금도 관심을 보이지 않았다. 이와 같은 '무작위'가 겉보기에는 대수롭지 않았지만 실질적으로 손실을 본 것은 대만 자체의 이익이었다. 타이베이 측이 이를 능동적으로 탐색하지 않은 데다 피동적인 대화의 요청마저 하지 않음으로써 중국의 '양보'와 '유연성'이 진실로 선의의 것이었는지의 여부를 알 길이 없었다. 이러한 정책은 양안 간 관계개선의 기회(중국이 실제로 선의가 있었을 경우)를 잃어버리는 한편 중국의 위선을 폭로할 수 있는 기회(만약 중국이 선의를 결여하였을 경우)까지도 포기한 것이 되었다. 천수이볜 정권의 이 두 중대한 문제에 대한 고의적인 '무작위'는 결과적으로 전술한 양국론적 사고방식이 그 근원이었다.

이러한 시각에서 볼 때, 2002년 초는 천수이볜 임기 중 양안관계의 두 번째 '기회의 창'이었을 것이다. 당시 대만에서는 야당이 패배한 직후 민진당의 기세가 한껏 고조되어 있었다. 만약 천수이볜이 진정으로 양안관계를 개선할 의지가 있었다면 그로서는 당내 동지들을 설득하여 새로운 중도노선으로 되돌아오게 할 충분한 정치적 자산이 있었을 것이다. 이와 동시에 2월에는 부시가 중국을 방문했고, 4월에는 후진타오가 미국을 방문하는 등 미중관계가 눈에 띄게 개선되고 있었다. 미국이 양안 간 협상재개를 계속 촉구하여 왔음은 물론, 중국 또한 첸치천의 1월 담화 중 "대만독립이 우려된다"와 "92공식의 바탕 위에서 진지하고 적극적인 절차를 밟자"라는 두 방안을 제시하였다. 이 중 전자는 민진당의 협상카드가 될 수 있었고, 후자는 이미 '92공식'과 '대만을 팔아먹으려 한다'를 동일시해 온 천수이볜에게 빠져나올 수 있는 계기를 제공해 준 것이나 마찬가지였다.

2000년 여름 이후 이와 같이 안팎으로 윈-윈할 수 있는 분위기는 양안 간의 협상재개 혹은 최소한 양측이 탐색을 할 수 있는 지상의 기회를 창출하였다. 그러나 천수이볜은 이에 따르지 않았으며, 입법원 선거직후 잇따라 강경한 대응만을 보임으로써 이 '기회의 창'이 반짝한 순간을 닫아 버리게 만들었다.

양국론이 영향을 미쳤던 또 다른 사례는 대만과 홍콩 간의 항공협정 협상이다. 5년마다 연장해 온 대만과 홍콩간의 항공협상은 2001년 6월에 기간이 만료되는 관계로 이를 연장하기 위한 협상이 있어야 했다. 이는 처음부터 중대하다고도 할 수 없는 민간과 상업적인 범주에 속하는 영역이었고, 다년간 축적된 경험이 있는 데다가 양측 모두에게 중대한 공동의 이익이 있는 것이었다. 여기에는 정부가 당연히 적절한 개입을 할 수도 있었지만 지나친 개입과 간섭을 할 필요는 없는 것이었다. 그러나 2001년 6월 기간 만료 전까지 협정기간을 연장하는 데 실패하면서, 나머지 유효기간 동안 그 연장에만 매달리게 되었다. 이를 반복하다 보니 두 차례에 걸쳐 1년간 유효기간을 연장하게 되었다. 공개된 자료에 의한다면 이 중 핵심은 홍콩이 특별행정구역에 불과하지만 대만이 두 '국가간' 협상을 부각시키기 위해 '정부 간 협상'을 고집했고, 홍콩이 이를 거부하였다는 데에 있었다. 연기에 연기를 거듭한 나머지 결국 대만이 양보하였고 홍콩은 민간대표가 주도하고, 대만은 정부 관리(잔즈훙[詹志宏] 대륙위 처장과 장궈정[張國政] 민간항공 국장)가 민간인 신분으로 참여해서 조약의 연장에 성공하였다.[38]

이는 최악의 결과라고 할 수 있는데 항공협정이 무작정 지연되었던 것은 고사하고 대만이 '공식협상'을 이끌어 내지도 못한 채 역으로 '자국의 정부와 상대의 민간', '자국의 중앙정부 대 상대의 지방단체' 간의 합의를 이루었다는 데에서 스스로를 왜소화하고 대만의 존엄을 크게 잃게 만든 동시에 양안 간 비대등협상이라는 좋지 않은 전례를 만들었다는 점이다. 이 모든 것 역시 양국론이 만들어 낸 결과로서 대만으로 하여금 체면만 구기고 실익은 없도록 만들었다.

대만과 홍콩 협상보다도 더욱 막다른 골목으로 간 사례는 대만이 상하이에서 개최된 아시아 태평양 경제협력회의(APEC) 연례 정상회의에 불참한 사례이다. 대만은 1993년부터 매년 가을 APEC 정상회담에 참석해 오고 있었다. 대만을 제외한 나머지 국가들은 모두 다 국가 원수가 참가한다. 1993년 시애틀 연례회의 시 미국이 정한 정상회담의 선례에 따라 대만은 총통이 지명한 인사가 참석해 왔으며, 그동안 샤오완창, 구전푸, 펑화이난, 리위안저가 단장을 맡아 왔다. 이러한 설정이 공정하다고는 할 수는 없었으나 이는 현실적으로 대만이 각국 지도자와 대면 및 대화할 수 있는 유일한 기회였다. 국내 각계에서 대부분이 이러한 '참여'의 기회를 높이 평가하였으며 특히 주최국은 예우를 표시하기 위해서 통상적으로 대만에 사전에 특사를 파견하여 대만 총통에게 초청장을 전달한 후 총통이 대회의 참석자를 지명해 왔다.

천수이볜 총통의 취임 첫해에는 펑화이난 중앙은행 총재를 부르나이에서 개최된 정상회의 대표의 단장으로 파견하였다. 2001년의 주최국은 중국이었으며 장소는 상하이였다. 대만이 관례에 따라 참석하고 상하이의 주제 모임에서 발언할 수 있다면 총통 본인이 참석하지 않아

38_郭錦萍 외, 〈대만, 홍콩과 항공협약, 금주 중 타결가능성〉, 《聯合報》, 2002년 6월 26일, 제1면.

도 세계의 주목을 받게 되어 중대한 정치적 효용을 창출해 낼 수 있었을 것이다. 그러나 천수이볜의 대응방식은 예전과 달랐다. APEC 회의는 10월로 예정되어 있었는데도 그는 5월 18일의 취임 1주년 TV담화를 통해 자신은 총통의 자격으로 직접 참석할 의향이 있음을 밝혔고 그 후에도 외국 언론과의 인터뷰 및 미국 측의 방문객과의 만남을 통해서 계속 이를 되풀이하였다.

이러한 고자세로 인해 10월 10일, 즉 회의 개막 10일 전이 되어서야 부통총을 역임한 바 있는 리위안추(李元簇)를 지명하였다.[39] 이에 대해 중국은 받아들이기 거부하였고, 그렇다고 해서 공개적으로 거절할 수도 없어서 "대만 측에서 제시한 대표자 명단을 아직 받지 못했다"는 방식으로 얼버무림으로써 서로 간에 절충할 여지를 열어 두었다.[40]

최종적으로 타이베이는 제3의 인물을 추천하는 것을 미루었고, 중국 또한 참석자가 정해지지 않은 상태에서 대만에 특사를 파견할 수 없었기 때문에 결국 대만은 최초로 정상회담에 불참하는 불행한 사례를 만들어 냈다. 이번 싸움에 대해 모든 국가들은 거의 동시에 몸을 사렸다. 한번은 장관급 합동 기자회견 석상에서 양안의 장관들이 입씨름을 전개한 적이 있었는데 파월 미 국무장관은 마치 아무 소리도 들리지 않는 듯 머리를 숙여 서류를 검토하는 데에만 열중하였다.[41]

대만 대표가 불참한 가운데 APEC정상회담은 예정대로 진행되었다. 천수이볜은 19일 비장한 성명을 발표하여 중국이 "부당한 압력을 가했다"고 주장했지만 대만이 불참함으로써 빚어 낸 외교적 이익의 손실은 바로잡을 수 없었다.[42] 2002년 천수이볜은 어쩔 수 없이 과거의 방식대로 리위안저를 멕시코에서 거행하는 총회에 파견하였다.

39_凌珮君, 〈APEC 정상회의에 리위안추가 총통대신 참석〉, 《聯合報》, 2001년 10월 10일, 제1면.

40_Http://www.udndata.com/ndapp/Print?id=1143880.

41_TV뉴스 보도화면 참조.

42_林晨柏, 〈천수이볜 총통, 국격과 존엄에 대한 짓밟음은 용서 못한다〉, 《中國時報》, 2001년 10월 20일, 제1면.

이번의 불참사태는 천수이벤이 2001년 자신의 외교적 난국의 타개 능력을 과도하게 평가하였을 뿐만 아니라 남중국해에서의 군용기 충돌사건으로 인해 부시가 외교적 측면에서 대만을 지지해 줄 것을 과도하게 평가하였음을 나타냈다. 그 밖에도 그는 너무 일찍 속내를 드러냈다가 막판에 융통성을 발휘하지 못하였다. 이는 그와 참모들의 오판과 경험의 부족에 기인한 것일 수도 있다. 그러나 결정적인 것은 양국론적 사고방식을 기초로 하여 두 개의 '국가'를 부각시키려는 심리상태의 표출이며, "깨진 옥이 될지언정 완전한 도자기는 되지는 않겠다", 또는 "정통인 내가 오랑캐와 공존할 수는 없다"라는 장제스 총통 시기의 대항정신으로 회귀한 듯하였다.

이 밖에도 몇 가지 사례에서 천수이벤 정권은 가능한 한 중국과의 교류를 피해 보려는 심리상태를 반영하고 있었다. 첫째, 대륙위원회는 차이잉원의 주도하에 '이중위임'이라는 구상을 내놓았다. 그 의도는 향후 대륙위원회가 해기회에 위임하고 그 다음 단계로 해기회가 일부 민간단체에 위임하여 중국 측과 '민간 대 민간'의 협상을 진행하도록 한다는 것이다. 그러나 사실상 '이중위임'은 불필요한 조치였다. 양안주민관계조례(兩岸人民關係條例)의 제4조에 따르면 "행정원은 기구를 신설 혹은 지정 혹은 민간단체에 위임하여 대만 지역과 대륙 지역 주민 왕래 업무를 처리하도록 할 수 있다"고 되어 있다. 동 조항에서는 민간단체에 위임하는 데에 다음의 두 가지 전제만을 두고 있다. 하나는 설립기금의 50%가 정부로부터 나와야 한다. 둘째는 반드시 대륙위원회로부터 공식적인 위임을 받아야 한다는 것이다. 한편 제5조에서는 위임받은 단체가 대륙위원회의 승인하에 중국의 단체와 협정을 맺을 수도 있다고 규정하고 있다.

달리 말하면, 기존의 법조항만으로도 대륙위원회로 하여금 동시에 여러 가지 위임이 가능했다. 즉 동시에 해기회 및 그 밖의 한 개 혹은 여러 개의 민간단체에 해기회와 해협회 간의 협상 및 민간 대 민간 협상을 진행할 수 있었다. 소위 '이중위임'의 구상과 관련하여 직설적으로 말한다면, 단순한 일을 복잡하게 만듦으로써 협상에 불참하는 명분을 만드는 데에 있는 것이었다. 2003년 10월, 입법원에서 '이중위임'이 통과될 때에는 선거가 막바지에 이르러서 '이중위임'에 의한 협상을 할 필요가 없었다.

마찬가지로 양안 간 항공운수의 진행과 관련하여 대륙위원회는 양안조례 중 관련된 조항을 수정해야만 가능하다고 고집하였다. 그러나 양안조례 제28조에서 32조에 이르기까지 일관되게 "주관부서의 허가가 없을 경우 운행할 수 없다. [···] 전항의 허가는 교통부에 의해 관계기관과 협의 후 작성된 보고서를 행정원에 제출하여 승인을 얻은 후에 공포한다"라고 규정하고 있다. 다시 말하자면 항공운수 또한 이미 법률규정이 마련되어 있으며, 행정당국의 '시행령'만 제정하면 가능하며, 법률수정이라는 길을 택할 필요가 없다는 것이다. 대륙위원회가 법률수정이라는 길을 가려 하고 또한 일을 복잡하게 만드려는 것은 고의로 이를 입법원이라는 정글에 밀어 넣어 무작정 시간을 지연시키고자 하는 데에 있었다.

세 번째 사례는 더욱 미묘해서 해기회의 인사까지 결부시키고 있다. 해기회는 대만의 협상 핵심업무를 맡아 오면서 '92공식'을 위시하여, 구왕, 자오탕, 쉬탕(許唐), 잔리(詹李) 회담 등 다수의 업적을 남긴 것으로 평가되고 있다. 그러나 정권교체 식후 주변 환경은 변함이 없었으나 인사의 의미가 완전히 달라졌다. 구 위원장이 여러 차례 고령에 따른 사직을 원하였으나 수용되지 않았다. 과거에 양안업무체계에 참여했으며, 유일하게 '92공식'을 부인했던 쉬후이유는 사무총장을 계속 맡고 있었다. 이러한 인사계획의 속내는 베이징 측이 '92공식'을 부인하는 해기회 총재와 접촉하기를 원치 않을 것이며, 한편으로는 구전푸가 계속 자리에 앉아 있기 대문에 대만 민간에 양안의 현상에 변화가 없다는 허상을 심을 수 있기 때문이다. 만약 구전푸 위원장이 자리를 떠난다면 외부에서 즉각 해기회 나아가 양안관계에 대해 새로운 기대와 압력을 갖게 될 것이다. 이리하여 현재의 구도는 대외적으로 중국의 저력을 막을 수 있고, 대내적으로 민심을 안정시킴으로써 소통을 하지 않으면서도 책임을 질 필요가 없는 목적을 달성할 수 있었다. 이와 같은 양안 간 '작위'와 '부작위'의 사례를 통해서 천수이볜 정권의 양안정책이 양국론에 따른 것이라고는 하나 실질적으로는 이전의 "접촉하지 않으며, 담판하지 않으며, 타협하지 않는다"로 회귀하는 듯하였다.

새로운 '정치적 정확성'

아홉째, 총통 스스로가 중국을 비판하고, 그 수위 또한 갈수록 높아진 점은 천수이볜 집권 2년차 대중정책의 또 다른 중요한 맥락이다. 이 부분은 양국론위원회의 건의에 의한 것이라기보다는 천수이볜이 독창적으로 시도한 것 같다. 실제로 일반적인 국가 대 국가의 관계 중 적대국가간의 상호비난이라는 것은 일상적인 것이지만 국가원수가 정면에 나서는 경우는 흔하지 않으며, 더욱이 직접 상대편 원수의 실명을 거론하여 비난하는 경우는 극히 드물다. 그 이유는 지극히 간단한데, 아무리 적대적이라고 해도 그 언젠가 다시 협상하거나 화해하는 경우를 대비해서 반드시 여백을 남겨 두는 것이었다. 유일한 예외는 냉전시기의 양안관계로서 당시는 여러 차례에 걸쳐 무력충돌을 서슴지 않았고, 티끌만 한 타협의 여지도 없이 첨예화되어 있던 시기였다. 양측은 "주더를 죽이고, 마오쩌둥의 목을 뽑는다" 혹은 "장제스 무리들"이라는 용어까지도 사용하였다. 그렇다 하더라도 후반부(70년대와 80년대)에 들어서는 용어가 대폭 순화되었고, 개인(마오쩌둥, 덩샤오핑, 장징궈)을 지칭하는 경우는 전혀 나타나지 않았다. 미소 관계를 고려할 때 가장 첨예하게 대립하였던 1950, 60년대라고 할지라도 국가 원수가 험한 말을 사용하여 상대국 혹은 상대국의 원수를 직접 거론하며 비난을 하는 사례는 없었다. 1984년 레이건이 소련 지도자를 직접 거론하며 비난하지 않고 단지 소련을 '악마의 제국'이라고 했음에도 불구하고 이는 미국 내 여론의 거센 반발을 불러일으킨 바 있다.

대만에 대한 중국의 비난은 대체적으로 이와 같은 국제적 관례를 따랐다. 중국은 리덩후이가 집권한 12년간 양국론이 제기된 마지막 해에 만 실명을 들어 비난하였다. 2002년 '일변일국론'이라는 담화가 나오기 전까지 중국은 천수이볜을 직접 거명하지 않고 '대만 지도자'라는 간접적인 표현만 사용하였다. 2002년 '일변일국론'이라는 담화문이 발표된 이후 간헐적으로 천수이볜을 직접 언급하였다. 2003년 가을부터 중국 언론매체의 비난의 수준이 높아졌고, 원자바오(溫家寶) 중국 총리도 실명을 거론하였지만 그러면서도 '천수이볜 당국'이라고만 하였다.[43]

천수이볜 취임 후 첫해는 매우 절제하였다. 악담을 하지 않았을 뿐만 아니라, 비록 실현가능성이 희박한 것이라 할지라도 다음과 같은 낮은 자세의 발언도 있었다. 예를 들어 "형식에 구애받지 않고, 장소의 제한 없이, 전제조건이 없는 상황에서 장쩌민과 무릎을 맞대고 악수하며 화해할 수 있기를 희망한다", "양안 지도자는 반드시 충분한 지혜와 창의성 [···] 으로 공동으로 미래의 '하나의 중국' 문제를 처리할 수 있을 것이다", "양안의 지도자께 양안의 경제무역과 문화의 통합에서부터 착수하여 점진적으로 양안 간의 신뢰를 구축하는 한편, 나아가 공동으로 양안의 영원한 평화 정치가 통합되는 새로운 틀을 구축할 것을 촉구한다" 등이다.

그러나 2001년 5월부터 즉 4월에 발생한 남중국해에서의 군용기 충돌사건의 발생 직후, 그리고 부시 대통령이 "모든 수단을 다해 대만을 방위해 나갈 것"이라고 공언한 다음부터 천수이볜의 발언의 수위가 갑작스럽게 변화하였다. 첫째, 천수이볜은 5월 중 대량으로 외신기자와 인터뷰하였으며, 많은 수의 외빈을 접견하였다. 자료에 따르면 취임 첫해에는 천수이볜의 외빈 접견, 특히 외국인 기자와의 회견은 매우 드물었다. 제4기 원전 파동의 4개월 동안 이는 더욱 크게 줄어들었다. 그러나 남중국해 군용기 충돌사건 발생 후의 5월 한 달간 천수이볜은 《유에스에이 투데이(*USA Today*)》, 일본의 《산케이 신문(*The*

43_원자바오와 부시 간의 대화는 다음을 참고: http://big5.cctv.com/news/china/20031210/100044.shtml.

Sankei Shimbun)》, 《월스트리트저널(*The Wall Street Journal*)》, 미국의 《타임스(*Times*)》, 《로스앤젤레스타임스(*Los Angeles Times*)》, 영국의 《타임스(*Times*)》, 《유에스 뉴스 앤드 월드 리포트(*US News & World Report*)》, 《비즈니스위크(*Business Week*)》, 《퍼블릭 브로드캐스팅 서비스(*Public Broadcasting Services*)》, AFP 및 중남미 우방국가 언론매체의 단독 인터뷰에 응하였다. 그리고 독일 국회의원, 일본 학자 단체, 미국의 싱크탱크와 전직 정부 인사, 세계화교업무회의 대표단, 뉴욕 증권 및 금융계 고위 간부 및 중남미 정계 요인 등과도 회담하였다.[44] 5월 이후 외국 인사 접견의 비율은 그리 높지는 않았으나 취임 첫해 신중한 태도에 비해 여전히 높았다.

또한 이번의 잇따른 대외 발언 과정에서는 과거의 유연한 어조가 눈에 띄게 감소하고 중국을 비난하는 의도가 강화되었다. "중공은 대만을 이해하지 못한다, 민진당을 알지 못하고, 나에 대해서도 알지 못한다", "중공이 나 개인에 대한 접촉과 정부 간의 교류와 대화를 비토하고 있다", "양안문제의 공은 현재 중공 측으로 넘어갔다" 등이다.[45]

이어서 1년간 천수이볜은 국가원수의 자격으로 직접 공격라인에 올라선 횟수가 많아졌고, 언급된 의제(삼통, 미사일, 상호군사신뢰, 외교적 압박, 일국양제, 하나의 중국, 92공식, 여권에 Taiwan 문구 추가)도 점차 광범위해졌다. 그리고 용어의 선택은 유연한 부분이 점차 줄어들면서 강경한 부분이 더욱 증가하였다. 한번은 미 의회의 하원대표단과의 만남에서 서슴지 않고 중공을 '돌대가리'라고 하였다.[46] 이러한 언급에 대해 국내에서는 대부분의 사람들이 천수이볜이 입법원 시절의 대정부 질의 스타일에 익숙해져 있기 때문에 그러한 것이라고 너그럽게 보아 넘겼다. 그러나 통상적으로 갖추어야 하는 국가원수의 행위준칙에는 걸

44_이번 예방과 관련된 회의는 다음을 참조: http://www.udndata.com.

45_천수이볜의 《時代雜誌》와의 인터뷰: 張宗智, 〈천수이볜 총통—중공은 자산의 정부와 직접 소통하는 것이 필요〉, 《聯合報》, 2001년 5월 18일, 제2면.

46_凌珮君, 〈총통, 양안관계를 '지성이면 감천'이라고 함〉, 《聯合報》, 2001년 8월 24일, 제13면.

맞지 않는 것이었다.

이와 같은 맥락의 극치는 바로 2002년 5월 초의 후진타오에 대한 비난 발언이다. 당시 후진타오는 중국공산당 부주석으로서 4월 말 방미시 격조 높은 예우를 받았다. 천수이볜은 5월 5일 '다잔담화'를 발표하면서 "삼통은 반드시 가야 하는 길", "중공 지도자들이 희망한다면 나 또한 이들을 신천찻집(神泉茶坊)으로 초청하여 차를 마시며 대화할 것이다" 및 "협상의 문을 다시 열자"고 하였다. 그러나 7일에는 태도를 돌변하여 후진타오의 실명을 거론하면서 "큰 일을 창출하기 어렵다", "이번 미국의 방문은 별다른 내용이 없다", "중공군 티베트 진압에 앞장선 자", "같이 어울리기 힘들다" 등을 쏟아 냈다. 이와 때를 같이 하여 천수이볜은 영국 로이터 통신(5월 7일), 미국 《뉴스위크》(5월 20일)와의 단독 인터뷰에서도 같은 이야기를 반복하였다.

이상과 같은 세 차례의 연속적이며 동일한 내용의 발언은 후진타오에 대한 비난이 즉흥적인 것이 아니라 그 전해 10월의 '92공식' 폐기, 11월의 '공민투표법제정' 지지, 2002년 3월의 '대만 국명 바로 세우기, 국가 헌법 제헌', 7월의 '횃불외교' 및 8월의 '일변일국, 공민투표 시급' 등 일련의 대중국 도발적인 발언의 연장선에 있는 것임을 시사하였다. 그러나 후진타오에 대한 비난은 그 의미가 각별하였는데, 후진타오가 11월 중국공산당 제16기 전당대회에서 순조롭게 장쩌민의 후임자로 등장할 경우 향후 5년간 중국의 최고지도자가 될 가능성이 있기 때문이었다. 미국은 장기적 전략적 고려에 따라 새로운 친구와 사귀기 위하여 4월에 그에게 방미초청을 했다. 반면 중화민국 총통은 후진타오나 중공 전체가 대만을 자극하는 일이 없는 상태에서 불쑥 상대에 대한 험담을 늘어놓았는데 이는 중공이나 미국이 어떻게 생각할지를 무시한 처사였을 뿐만 아니라 국가의 장기적인 전략적 고려 또한 결여된 것이었다. 그 후 '일변일국, 공민투표 시급'의 주장을 제기하면서 태평양 양측의 즉각적인 반발을 불러일으켰던 것은 하나도 이상하지 않은 일이었다.

열째, 첫해에 애써 침묵을 지키던 태도에서 2002년 봄부터 정부 내각 부처는 풍향계가 달라졌다는 점을 확인하고는 각각 잔재주를 부려 각자 관할할 수 있는 작은 현상변화에 착수하였다. 그 사례로 총통부는 건물 정면에 그려져 있던 중국대륙의 도안을 제거하는 동시에 총통부 앞 광장에 오랜 세월 동안 세워져 있던 '민주 자유로 중국을 통일하자(民主自由統一中國)'라는 구호가 적힌 입간판을 제거하였다. 공식행사에서 국가 제창 시에는 가사가 없는 곡만 연주하도록 하였으며, 또한 행정원 공보국은 부서의 상징마크를 수정하였고, 정부간행물의 명칭을 변경하였으며, 외교부는 여권의 겉표지에 영어로 TAIWAN을 추가하여, 천수이볜이 대만독립 색채가 짙은 '대만인 공공사무 협회(FAPA)' 연례회의에 천수이볜이 참석할 때 '선물'용으로 내놓을 것을 검토하였다. 또한 교육부는 과거 쩡즈랑(曾志朗) 장관의 임기 중 통과시키지 못한 '병음을 통용하는 것'을 황룽춘(黃榮村) 장관의 임기 중 통과시켰다. 이는 겉으로는 공개적인 합의를 모색하는 것처럼 보였지만, 실제로는 교육부의 국어보급위원회에서 비공개 표결형식으로 억지 통과를 시켰다.[47] 이와 같은 실례는 천수이볜 첫해 당시 '비파로 얼굴을 반쯤 가린 듯 부끄러워하던(猶抱琵琶半遮面)' 모습에서 2년 차에는 '정치적으로 올바름'이라는 새로운 것으로 대신하였음을 드러낸 것으로 8월 3일의 공개적인 표명은 이를 형식화하고 공개했을 뿐이었다.

이상과 같은 10개 항의 맥락과 그 시발점을 하나씩 짚어 보면 아마도 2001년의 봄, 그중에서도 4, 5월 중으로 거슬러 올라갈 수 있을 것이다. 당시 리덩후이의 정계복귀는 천수이볜으로 하여금 삽시간에 국민당을 갈기갈기 찢어 버릴 수 있는 거물급 정치 협력자를 얻게 한 것이었다. 원전 폐기의 실패로 곤경에 처해 있던 천수이볜에게 그의 복귀는 오랜 가뭄 끝의 단비나 마찬가지였다. 더욱 중요한 것은 남중국해에서의 군용기 충돌사건으로 미중관계가 급속히 냉각되었고, 대만

47_陳香蘭, 〈병음통용의 검은 손? 황룽춘, 나는 무대 정면의 책임자〉, 《聯合晚報》, 2002년 7월 11일, 제2면.

의 대미 전략적 가치를 단숨에 끌어올렸다. 이와 같은 안팎으로의 역량은 2000년보다 더 유리한 환경을 만들었고, 좌절의 늪에 빠져 있던 천수이볜 총통을 독립지향 세력의 응원과 재촉 속에서 더욱 과감하게 만들었으며 이로 인해 첫해에 보여 왔던 신중함과 애매모호함을 자신 있게 떨쳐 버리도록 하였다. 그는 양국론 시나리오를 서서히 따르면서 앞서 말한 10대 맥락의 틀 속에서 실질적으로 대만의 대중정책과 양안관계의 현상을 먼저 변경시키는 한편, '8·3담화'를 통해 형식적인 선언을 하였다.

열차가 일단 출발하자 그 속도는 점차 빨라졌다. 10월의 APEC회담 미출석 사례는 천수이볜을 극도로 분노하게 하였으며, 뒤이은 '92공식을 파기한다'는 선언은 어떤 면에서는 보복 혹은 역공이라고 할 수 있었다. 양안관계는 이로 인해 큰 충격을 받았으며, 협상의 재개는 완전히 물 건너갔다. 뒤이은 입법원 선거와 총통의 당주석직 겸임 결정은 천수이볜으로 하여금 더욱 자신감이 충만하도록 하였다. 이로 인해 2000년 2월 내각 개편 후 대대륙정책호라는 열차는 여전히 양국론이 깔아 놓은 철길을 따라가고 있었다. 기관사인 천수이볜은 자기 자신의 소리, 빛, 그리고 에너지를 만들어 내기 시작하였다. 그야말로 '쪽에서 나온 푸른 물감이 쪽보다 더 푸르다(出於藍更勝於藍)'라고도 할 수 있는데 '8·3담화'는 '일변일국'과 '양국론'에서 비롯된 것이지만 '양국론'을 능가하고 있다고 말할 수 있었다.

이러한 가운데 의아스러운 점은 상기 기간 동안 전체 국가안보시스템이 당연히 해야 하는 조언 역할을 거의 하지 않았다는 것이다. 국가안보시스템이 당시 충분한 지혜와 영향력을 가지고 있었다면, 대만에 대한 미국의 지지 역량이 변화되고 있다는 점을 쉽게 간파할 수 있었을 것이다. '9·11사건'이 전환점이며, APEC의 굴욕은 경고로 받아들였어야 했다. 부시가 10월과 2월의 두 차례에 걸쳐 중국을 방문하고, 후진타오가 4월에 방미하였다. 중국은 2002년 1월 천수이볜이 '점진적인 대만독립'을 추구하고 있다고 지적했고, 대만을 적극 지지하였던 울포위츠 미 국방부 차관은 3월과 5월의 두 차례에 걸쳐 대만에게 경고했고, 한번은 탕야오밍(대만 국방장관) 등의 관리 면전에서 "대만의 독립을 지지하지 않는다"라고 한 점은 모두 분명한 경고 사이렌이었다. 국가의 안보를 담당하고 있는 사람이라면 이와 같은 새로운 추세를 못 보지 않았을 것이다. 예를 들어 장기간에 걸쳐 이와 관련된 문제를 연구해 온 린중빈은 당시 국가안보회의 자문위원이었는데, 그는 언론 기고를 통해 미국 내부의 중국 정책의 "변론은 (2002년) 봄과 여름 사이에 결론이 날 것"이며, 미국은 "이중으로 명확한(double clarity)" 대대만해협 정책을 채택할 것이라고 분석하였다. 쉽게 말하자면, '대만독립 반대, 중국의 무력행사 반대'라는 미국의 기조를 재확인한 것이다.

불행히도, 이 모든 변화와 경고가 천수이볜 주위의 정책결정 인사들에게는 아무런 역할도 하지 못했다는 점이다. 반대로, 국가안보회의는 2002년 3월부터 신임 사무총장인 추이런 체제로 들어선 이후 오히려 적극적으로 천수이볜의 '일변일국'에 영합하거나 이를 부추기기도 하였다. 어떻든 간에 천수이볜과 그 참모들은 국내 권력관계의 유리한 변화에만 주목한 나머지 잠시 동안 나타났던 국제적인 성원 세력이 점차 쇠퇴해 가고 있다는 것을 간과한 채 고집스럽게 열차를 몰고 나아갔다. 8월 3일이 되어서야 이들은 이 열차가 충돌했던 것이 양안관계에만 그치는 것이 아니라 반대로 누구보다도 대만을 지지했던 부시 정부와 대만-미국관계라는 사실을 알게 되었다.

뜨거운 듯하면서도 차가운 양안관계

양안관계에는 '민간이 뜨겁고', '정부는 차가운' 것 외에 '뜨거운 듯하면서도 차가운' 부분이 있다. '민간이 뜨겁다'의 부분은 모두 경제와 문화교류와 관련되어 있다. '뜨거운 듯하면서도 차가운' 부분과 다른 점은 '민간이 뜨겁다'는 기본적으로 민간의 자율적이고 자발적인 교류이므로 정부의 개입이 별로 없다는 것이다. 반면, '뜨거운 듯하면서도 차가운' 부분은 정부가 직접적으로 개입하거나 혹은 영향력을 행사하는 민간교류이다. 이와 같이 정부가 개입함으로써 처음부터 '뜨거워'질 수 있었던 교류가 종종 '차가운' 결과를 낳곤 했다. 그 사례는 다음과 같다.

첫째, '소삼통'이다. '소삼통'은 국민당 집권 시기에 이미 있었던 구상으로서 개방의 폭은 때때로 '소삼통'을 초과하기도 하였다. 2000년 초 선거 전에 이미 〈리다오(離島)건설조례〉의 수정안을 입법 완료하여 3월 18일 선거가 종료되는 대로 '소삼통'을 차례로 실행에 옮길 예정이었다. 민진당이 집권한 후에도 2001년 1월 시행하는 '소삼통'을 중요한 개방 항목의 하나로 간주하였다. 개방 첫날 장쥔슝 행정원장은 친히 진먼을 방문하여 "국제적인 홍보를 잘하도록" 지시하였다.[48] 그러나 '소삼통'의 다른 일방(즉 중국)에 대해 천수이볜 정부의 적극적인 소통이 없었다. 최종적으로 '소삼통'은 쌍방 간의 협조가 결여된 상태에서 대만이 '관리하는 부분'에 대해 일방적으로 시행을 강행함으로써 중국을 마지못해 따라오도록 압박하였다. 결과적으로 중국은 통일전선의 필요에 의해 마지못해 '소삼통'을 허용했지만 인원, 물자, 선박의 왕래를 매우 엄격하게 제한하였다. 따라서 겉으로는 '내가 결정할 수 있는 부분'이었지만 사실상으로는 '남의 결정에 따라야만' 하는 상황이었다.

대륙위원회의 통계에 따르면 2001년 진먼, 마쭈의 '소삼통' 선박왕래의 수는 고작 연 182편이었으나 2002년에는 연 593편이 되었다. 인적 교류면에서 대만이 '소삼통'의 노선을 경유하여 중국의 푸젠(福建), 샤먼 지역을 방문한 사람은 2001년 연 1만 1,768명으로 월평균 연인원 1천 명이었다가 그 다음 해에는 연인원 2만 8,150명이 되었다. 중국에서 '소삼통'을 통해 진먼, 마쭈 지역을 찾은 사람은 2001년 1,037명이었으나 그 다음 해에는 1,256명으로 증가하였다. 한편 '소삼통'의 화물무역은 2001년 2천6백만 대만달러였으나 그 다음 해에는 1억 3천만 대만달러로 증가하였다.[49]

48_林美玲, 〈소삼통, 1월 1일 개통, 정부 고위관계자 진먼, 마쭈 현지에서 진두지휘〉, 《聯合報》, 2000년 12월 25일, 제1면.

49_Http://www.mac.gov.tw.

이와 같이 좋은 일을 하고도 좋은 결과를 얻지 못한 정책적 조치와 '진먼, 마쭈 경유'라는 철저한 제한은 자연스럽게 '소삼통'으로 하여금 진먼, 마쭈 지역의 주민에게 돌아갈 수 있는 실질적인 혜택을 최소한도로 끌어내리도록 했다. 밍보(銘博)대학이 2002년 실시한 여론조사에 따르면, 진먼, 마쭈 주민들은 정부가 실시한 '소삼통' 정책에 대해 58점이라는 낙제점수를 매겼다. 항간에는 '통삼소(通三小)(3가지 통하는 시늉만 한다는 뜻의 대만 방언)'라고 희화하기도 하였다.[50]

그러나 거시적인 측면에서 볼 때 이러한 결과는 어쩌면 천수이볜 정부가 바라던 것일 수도 있었다. 표면상의 개방은 대외 홍보에 유리하며 실질적인 면에서의 통제는 그의 대중국정책의 필요에 부합되는 것이기 때문이었다.

둘째, 중국 주민의 대만 관광은 대만 주민들의 숙원이었으나 천수이볜 정부는 2001년 말 입법원 선거 2주 전까지 이를 지연시켰다가 비로소 개방 조치를 취하였다. 그러나 2002년 1월 실시한 이래 그 성과는 지극히 저조하였다. 교통부 관광국의 통계에 의하면 2003년 3월 21일까지 연간 3,665명의 중국 관광객이 대만 땅을 밟았다.[51]

천수이볜 정부의 관광 조작수법은 '뜨거운 듯하면서도 차가운' 모델 사례라 할 수 있었다. 선전을 할 때에는 항상 그럴싸하게 달콤했다. 그러나 실제의 행동에서는 낮은 차원일수록 통제가 심해서 어떻게 해서든지 중국 방문객이 대만 민주자유의 본질을 느끼지 못하도록 하였다. 예를 들면 천수이볜 정부는 중국 관광객을 세 가지로 분류하였는데, 첫 번째는 홍콩, 마카오를 경유하여 대만에 온 대륙 지역의 주민, 두 번째는 국외여행 중 또는 상업시찰 중 대만을 찾아온 대륙 관광객, 세 번째는 해외 유학차 중국을 출국한 사람 혹은 해외에 거주하거나 현지 영주권을 획득한 대륙 관광객이다.

50_Http://www.rdec.gov.tw/res02/show92_125.htm 참조. 李木陸, 〈상대측에서 개통하지 않으며 소삼통 개통에 어려움이 있을 것〉, 《聯合報》, 2001년 1월 29일, 제20면.

51_Http://www.mac.gov.tw/big5/statistics/ass_en/3link9401.pdf.

가장 먼저 개방한 대상은 세 번째이다. 즉 해외에 거주하고 있으면서 현지 영주권을 획득한 사람들로서 처음부터 그 수가 많지 않았다. 제한적인 개방의 최초 2개월간 일본 거주자 일행 13명만 방문하였다. 이들은 모두 일본에서 40년 이상 거주하였으며, 그중에는 중국어를 할 줄 모르는 노인들도 있었다. 2002년 5월이 되어서야 추가로 일부 제2부류까지 개방하였다. 해외여행 또는 상업시찰 중 대만을 경유 방문하는 대륙 주민과 해외(홍콩, 마카오 포함) 거주 4년 이상으로 취업증명서가 있는 대륙 지역 주민 및 동반하는 배우자와 직계 친족까지 대만을 방문할 수 있도록 하였다. 이들 여행객에 대해서는 개별 여행이 아닌 단체(10인 이상)로 입국해야 하며, 임의로 여행지를 변경하는 것이 금지되었고, 반드시 집단으로 거주하고 행동해야 했을 뿐만 아니라 나아가 매일 저녁 11시에 필수적으로 인원점검을 해야 했다.[52] 이에 대한 비난여론이 들끓자 그제서야 저녁의 인원점검 규정을 다소 완화하였다. 분명한 것은 당시 관광은 대외 홍보에 유리했지만 대만 내 관광산업의 진작 혹은 양안관계를 개선하는 데에는 도움이 되지 않는 허위개방이었다.

위장된 결의

셋째, 천수이볜 정권 기간 중 가장 큰 '허위개방'의 십대싱은 딘언 경제발전자문위원회의(經濟發展諮詢委員會議)를 꼽을 수 있다. 2001년 8월에 열린 경제발전자문위원회의는 내용이나 결론에 있어서 실은 그해 1월 초에 있었던 전국경제발전회의(全國經濟發展會議)와 별 차이가 없었다. 다른 점이 있었다면 1월 회의는 행정원장이 주재했고, 경제발전자문위원회의는 총통이 주재한 동시에 야당 인사도 대거 참여하여 경제회복을 위한 지혜를 모았다는 것이다. 경제발전자문위원회의에서 도출한 4개 항의 기본원칙(대만 우선, 세계지향, 호혜와 윈-윈, 위험관리)을

52_李麗滿, 〈대륙관광객의 대만 내 친인척 방문 규정, 대륙위원회 수시로 말 바꿔〉, 《工商時報》, 2001년 3월 2일.

국민당 집권 시기의 그것(대만에 발을 붙이고, 가슴에는 대륙을 품고, 세계를 지향한다)과 비교할 때 명백하게 '가슴에는 대륙을 품고'의 부분이 사라진 것이다.

구체적으로 분석하면 경제발전자문위원회의에서 총 322개 항을 의결하였는데, 이 중 36개 항이 양안관계의 범주에 속했다. 가오쿵롄(高孔廉) 교수(대륙위원회 수석 부주임위원역임, 경제실무 정통)의 항목별 분석에 따르면 2003년 7월 말 현재 이행한 내용은 '대만 기업의 사후 등록을 허용한다'의 1개 항이며, 미실행한 항목은 '투자 보장 협정 및 양안 조세 협정을 체결한다'와 '92공식의 이견을 해소한다'의 2개 항이었다. 기타 항목은 부분적으로 시행되거나 또는 극히 일부분만 시행되었다.[53]

이 중 '역외 해운센터 기능 확대 및 물품의 통관수입 개방'에 관한 합의의 경우, 2년이 지났지만 겨우 조그만 틈새만 열었는데, 즉 가오슝항으로 물품의 일방적인 진입만 허용하는 동시에 이를 가공수출구역 또는 과학공단으로 제한함으로써 합의된 목표와 현격한 차이를 보였다. 이리하여 2001년 11월 동 조치가 시행된 지 1년 후에는 겨우 1억 대만달러에 상당하는 물품만이 이 방식으로 대만에 들어 왔는데 이것이 연간 수입액 80억 대만달러에서 차지하는 비중은 미미하였다. 다음으로 '중국 자본의 대만 내 토지 및 부동산 투자개방'은 이중 삼중의 제한으로 이렇다 할 성과를 얻지 못했다. '대만에 진입하여 기업에 투자'하거나 '주식투자'는 아예 개방조차 하지 않았다.

한편 '투자산업 및 제품 항목 확대'와 관련하여 8인치 실리콘웨이퍼 공장 및 석유화학공업의 개방은 여전히 겹겹의 규제에 묶여 있었다. 유일한 대만집합회로제조회사(台積電)의 8인치 실리콘웨이퍼 공장설립 신청안은 2년이 넘도록 결론을 내지 못하고 있었다. 또한 외국 금융센터(OBU)와 중국 금융기관 간의 직접적인 외환거래를 개방하여 중

53_高孔廉, 鄧貸賢, 〈경제발전자문위원회 회의 2주년 기념 특별 발표문—양안 간 공동인시지향에 관한 이행, 검토의 현황〉, 2002년 8월 15일.

국에서 들어온 자금의 순환운용을 허용했지만 대만 기업의 예금을 금지하여 대만 기업들로 하여금 OBU를 통한 자금유통을 불가능하도록 하였다. 중국 자금의 본국 송금은 개방되었고 순환이용이 가능했으나, 자금 출처를 신고해야 함으로써 대만 기업의 자금조달을 어렵게 하였으며, 또한 초과된 이익에 대한 과세의 문제가 해결되지 않았다. 이와 같이 겉으로는 개방되었지만 실질적으로는 행정적 수단을 동원하여 겹겹으로 규제하는 사례는 이루 헤아릴 수 없이 많았다.

넷째, 경제발전자문위원회의 모든 의결 가운데 단일 항목으로 거론해야 할 것은 '대륙으로의 투자개방'의 문제였다. 여기에 관련된 범위는 넓고, 또한 이는 '서두르지 말고, 인내하자'의 핵심인 동시에 허구성이 가장 강하기 때문이었다. 경제발전자문위원회의 의결로 인해 개별기업의 대대륙투자의 상한을 5천만 미달러에서 무제한으로 확대하였다. 이는 분명한 개방이다. 새로운 규정에서는 또한 '간이심사' 주관부서는 반드시 1개월 이내에 종결해야 하며, 그렇지 않을 경우 자동 승인된다고 규정하였다. 이는 분명이 민간의 편의를 도모함이며 진전이다. 그러나 천수이볜 정부는 세 가지의 새로운 방법으로 대중국투자주관권을 단단히 틀어쥐었다.

첫 번째로는 투자안에 대한 구분이다. 국민당이 집권한 기간 동안 투자안을 허가류, 금지류, 심의회부류 등 3가지로 구분하였는데 이는 마치 교통신호등이 녹색, 적색, 황색으로 되어 있는 것과 같았다. 그러나 천수이볜 정부는 금지류와 일반류의 두 종류로 구분하였다. 이는 허가류를 취소하고 금지류를 존속하면서 교묘하게 일반류라는 비교적 중성의 명칭으로 기존의 심의회 부류를 대신한 것이나 다름없었다. 이는 마치 녹색 신호등을 없애고 전적으로 적색과 황색의 두 색의 신호등으로 통제하겠다는 것과 마찬가지였다. 한마디로 그 목적은 모든 투자안과 관련하여 그 규모의 대소를 막론하고 정부의 심의를 거쳐야 한다는 것이었다. 그중 2천만 미달러 이하는 '약식 심의'만으로도 가능하다고 하였으나 어찌하든지 심의를 거쳐야만 하는 것이었다. 이는 천수이벤 정부에 전반적인 심의 결정권을 부여한 것과 같은 것이었다.

두 번째 조치는 심의부처의 증대이다. 과거의 허가류는 경제부 투자심의위원회가 독자적으로 허가할 수 있었고, 심의회부류는 투자심의위원회 전원회의에서 심사해서 동의하면 바로 실행될 수 있었다. 그러나 새로운 제도하에서는 약식심사이든 특별심사이든지 간에 모두 주관부서에서 서면으로 각 관계기관과 협의를 거쳐야 가부를 결정할 수 있었다. 사안이 중요하다면 행정원에 신고한 이후에 각 부처의 연석회의를 통해 심의, 결정해야만 했다. 이러한 조치는 대륙위원회 또는 강경한 반대의견이 있는 타 부처의 장에게 '거부권'을 부여한 것이나 마찬가지로 대대륙투자의 불확실성을 더욱 증대시켰다.

세 번째 조치는 '위기관리', '동태조율', '시스템 완비' 등의 명목으로 기업투자와 관련된 정보를 최대한 수집하는 것이었다. 나아가 일부 규정에는 일반적인 정상기업의 경영방안까지도 포함시켰는데 이는 처음부터 정부의 다양한 개입을 필요로 하지 않았던 부분이었다.

이상의 세 가지 규제는 차이잉원이 다년간 주도했던 '국가안전망'의 일부분일 가능성이 크다. 그들은 그들의 정치적인 고려사항을 대륙위원회로 하여금 본래 심사를 주관했던 경제부를 넘어 대대륙 투자신청안의 전반에까지 적용하도록 하였다. 이것이 실제 집행과정에서 은연중에 지닌 정치적 압박감은 아마도 리덩후이 시대의 도덕적 측면을 강조했던 '서두르지 말고, 인내하자'보다 위력이 강했을 것이다. 이러한 연유로 상공계에서는 '적극개방, 유효관리'에서 앞의 것은 거짓이며, 후자가 본심이라고 평가하였지만 현실적인 이익을 고려해서 아무도 나서서 진상을 폭로할 엄두를 내지 못했다. 그러나 대부분 대만 기업인들은 나름대로 신설된 심사체계를 빠져나갈 수 있는 틈새를 알고 있었다. 그 결과, 억제하면 할수록 빠져나갈 수 있는 틈새도 많았다. 천수이벤 정부의 조치는 마치 고대의 물을 관리하던 지방정부와 같아서 물길을 막을 줄만 알았지 터 주는 방법을 몰랐다. 결국은 노력에 비해서 성과는 미미하였다.

이상과 같은 분석에서 나타난 바와 같이 이 시기의 양안관계에서는 상호대립적인 '민간활성화'와 '정부의 냉담' 현상이 있었을 뿐만 아니라, 민간 영역과 정부 영역이 교차하는 공간에는 '뜨거운 듯하면서도 차가운' 현상도 출현하였다. 이는 한편으로 '민간의 뜨거움'이 정부에 큰 압력을 가하여 천수이볜 정부로 하여금 '개방'이라는 제스처를 취하지 않을 수 없도록 함과 동시에 천수이볜 정부의 핵심이념이 실질적으로는 '차갑게'를 희망하고 있음을 시사하고 있었다. 정부 차원에서는 '정부는 차갑게'를 직접 실행하면 되었고, 정부가 조작이나 영향력을 행사하는 것이 가능한 민간 영역에 대해서는 갖은 수단을 동원하여 양안 인적 교류와 물적인 교류, 화폐의 상호유통 및 정보의 전파를 최소화하기를 바라고 있었다. '8 · 3담화' 직후의 입법원 새로운 회기에서 대륙위원회는 오랫동안 구상해 왔던 〈양안국민 관례조례〉의 수정안을 제출하였다. 그간 행정명령 혹은 그 밖의 형식으로 시행되고 있는 제한조치들이 2003년 10월을 기해 각각 차원이 더 높은 법조문으로 바뀌었다. 대륙위원회의 수정본을 따를 경우 양안 민간교류의 장애물은 늘어날 뿐 감소되지는 않을 것이었다.

참신한 부호

이상의 모든 것은 한 가지의 사실을 말해 주고 있었다. 즉 천수이볜이 집권 2년 차를 맞아 '일변일국'을 향해 착실히 걸어 나가고 있다는 것이다. 대만해협 한쪽에 있는 '하나의 국가'는 날이 갈수록 초기의 '중화민국'에서 멀어진 주권이 독립된 새로운 국가인 것이다. 일부 언론에서 지적하듯이 '중화민국'이라는 단어는 마치 계란 껍질과도 같아서 자라고 있는 알을 보호하기 위해 잠시 동안 기존의 현상을 유지하고 있는 허상일 뿐이었다.[54] 그러나 실질적인 현상을 바꾸어 가는 과정에서 부화 중인 알의 순도가 변하지 않도록 하기 위해서는 반드시 최대한 외

54_孫揚明, 〈천수이볜 정부의 계란 부황론은 베이징에 던져진 숙제인 동시에 미국에 대한 시련이기도 하다〉, 《聯合報》, 2002년 1월 14일, 제13면.

부세력의 침투를 막아야 했다. 따라서 '국가안전망'의 구축은 절대불가결의 것이 되었다. 그러나 어느 날 알이 부화할 때 새로운 국가가 알을 깨고 나오면 기존의 껍질은 폐기하게 된다. 문제는 2002년 8월 3일 '일변일국, 공민투표 시급'의 선언이 '알이 부화'하고 있다는 의도를 만천하에 공개함으로써 중국의 커다란 경계심과 적대의식을 불러일으켰을 뿐 아니라 한편으로는 미국의 깊은 주시도 초래하였다는 점이다. 그로부터 10개월여 동안 미국, 중국과 대만의 세 부분에서 모두 다 있는 힘을 다해 예방차원의 위기처리에 매진해야 했다. 양안관계는 전례 없던 복잡하고도 위험한 단계에 들어서게 되었다.

제8장 미국, 중국, 대만 관계의 전진과 후퇴

"대만은 주권이 독립된 국가이다. [⋯] 대만과 맞은편의 중국인 '일변일국'은 분명히 해야 한다. [⋯] 개인적으로 공민투표 입법의 중요성과 절박성을 진지하게 생각할 것을 여러분들께 호소하며 촉구한다."[1]
—천수이볜, 2002년 8월 3일

"공민투표와 관련하여 우리로서는 도저히 그 필요성을 인식할 수가 없다. 그러나 대만은 민주적인 곳인 만큼 그들이 공민투표를 하려 한다면 그렇게 하는 것이다."[2]
—파월, 2004년 2월 21일

2002년 8월 3일, 천수이볜 총통은 TV 생중계 방식으로 도쿄에서 연례회의 개최 중인 세계대만동향연합회(世界臺灣同鄉聯合會) 회의 치사 중 "대만은 주권이 독립된 국가이다. [⋯] 대만과 맞은 편의 중국인 '일변일국'은 분명히 해야 한다. [⋯] 개인적으로 공민투표 입법의 중요성과 시급성을 진지하게 생각할 것을 여러분들께 호소하며 촉구한다"고 하였다.

이와 같은 발언은 당시 대테러 뉴스보도가 주류였던 해외언론에 대만을 재등장시켰다. 또다시 '현상변경'을 시도하려는 것이 아닌가 하는 미국의 우려를 불식시키기 위해 대만은 자발적으로 대륙위원회 차이잉원 주임위원을 해명차 미국에 파견하였다. '일변일국론, 공민투표 시급'이 불러일으킨 풍파는 외견상 매우 빠르게 가라앉는 듯하였으나 내면의 격랑은 지속적이었으며, 미국, 중국, 대만의 삼각관계에 매우 강한 충격을 가했다. 중화민국의 제11대 총통선거일이 가까워질수록 그

1_楊羽雯, 〈천총통—양안은 한 쪽의 한 국가이다〉, 《聯合報》 2002년 8월 4일, 제1면.

2_Http://commdocs.house.gov/committees/intlrel/hfa91796.000/hfa91796_0f.htm.

내면의 격랑의 위력도 강해졌으며 미국은 삼각관계 중 유일하게 다른 두 개의 각과 연결채널을 보유하고 있는 일각으로서 더욱 직접적이며 힘에 버거운 역할을 맡지 않을 수 없었다. 이 과정에서 군사적인 측면의 비중도 과거에는 보지 못했던 정도로까지 끌어올렸다.

또 하나의 의외

2002년 초 여름의 타이베이는 기분이 매우 가라앉아 있었다. 천수이볜은 7월 초 대규모의 대표단을 이끌고 멀리 아프리카에 있는 4개의 수교국(세네갈[Senegal], 상투메 프린시페[São Tomé and Príncipe], 말라위[Malawi], 스와질란드[Swaziland])의 방문에 나섰다. 이는 그의 임기 중 세 번째 해외순방이었고 지난 번처럼 요란스럽게 한 국가(남아공 등)를 경유하지 않았다. 그는 7월 하순 당주석직을 인계받을 예정이었으며, 이로써 '당정일치'를 완성하도록 되어 있었다. 한편 재야 정당은 입법원 선거의 참패로 지지도가 크게 떨어졌다. 친민당은 연말에 실시 예정인 타이베이, 가오슝 시장 선거에 후보를 낼 생각이 없었지만 그렇다고 해서 국민당과 연대할 생각도 없었다. 그 어떠한 측면에서 보더라도 천수이볜의 권력은 2년간의 고전 끝에 드디어 최정점에 도달하였다.

7월 21일, 천수이볜 총통은 당주석직을 맡으면서, "만약 우리의 뜻에 대해 중국이 상응하는 반응을 보이지 않을 경우 우리는 대만의 길을 걸어 대만의 앞날을 개척해 나가야 하는지를 생각하게 될 것"이라고 말하였다.[3] 7월 30일, 그는 민진당 중앙집행위원회와 아시아 지역 대만기업인연합회 총회의 석상에서 같은 말을 하였다.[4] 8월 3일, "대만의 길을 걸어가겠다" 외에 '일변일국론'과 '공민투표 시급'을 덧붙였다.

'대만의 길을 걸어간다'는 여전히 애매한 표현이다. 그러나 "'일변일국'을 분명히 해야 한다"는 말은 너무나도 분명한 것이었다. 하물며 이

3_Http://www.gov.tw/EBOOKS/TWANNUAL/show_book.php?path=1_004_002.

4_陳鳳英, 〈천수이볜—이성을 갖고 양안 경제무역 경합관계를 보라〉, 《工商時報》, 2002년 7월 31일, 제4면.

어서 "공민투표 입법의 중요성과 시급성"을 언급했다. 이상의 두 가지는 각각 '4불 1무' 가운데 '대만독립 선포를 하지 않는다'와 '현 상태를 변경시키려는 통일, 독립의 공민투표를 추진하지 않는다'와 정면으로 위배되는 것이었다. 비록 문구상으로 이들 두 가지를 직접 부정하지는 않았으나 타이베이의 여론은 대략 이를 정면 위배로 해석하고 있었다.

미국과 중국도 분명하게 유사한 해석을 하였다. 중국은 5일자 국대반 성명을 통해서 이는 "대만독립을 하겠다는 그(천수이볜)의 고집불통의 진면모를 여지없이 드러낸 것으로서, 대만 동포를 포함한 전체 중국 국민에 대한 공공연한 도전이며, 필연적으로 양안관계를 심각하게 훼손시키고, 아태지역의 안정과 평화에 영향을 미칠 것이다"고 주장하였다.[5] '의외의' 사건의 처리경험이 몇 차례 있었던 미국은 표면상으로 진정한 듯하였지만 내면적으로는 중국을 달래고 이 '의외의' 사건과 미국과는 관련이 없음을 적극적으로 해명하여 중국의 의구심을 해소하는 데 주력하였으며, 한편으로는 대만에게 자초지종을 밝히라고 요구하였다.

8일, 명을 받고 해명차 미국에 간 차이잉원의 책임은 막중하였다. 그녀는 미국 내 여러 책임부서의 관리와 상면하였고, 관련된 싱크탱크의 학자들과의 몇 차례 세미나에도 참석하였다. 필자는 7월 말 마침 미국에서 1개월 예정의 방문 연구 중이었기 때문에 그녀와 접촉하였던 여러 인사들을 심도있게 개별적으로 접촉할 기회가 있었으며, 여기에서 깊은 인상을 받았다. 첫째, 미국은 대만의 잇따른 돌출행위에 대해 예상외라는 태도였다. "당신들은 왜 그렇게 배워도 모르는가?"라는 말은 자주 듣던 푸념이었다. 8월 3일 시기의 선택 또한 미국을 크게 불쾌하게 만들었다. 7월과 8월은 미국 내에서 이라크를 공격해야 할 것인지를 놓고 한창 격론이 전개되던 때였으며, 공격해야 한다는 문민관리

5_朱建陵, 〈베이징 측, 천수이볜에 대해 경고와 기대 공존〉, 《中時晩報》, 2002년 8월 5일, 제2면.

(공교롭게도 대만에 가장 우호적인 관리들이다)들이 이를 위해 미국 군부를 한창 설득하던 시기였다. 이라크를 침공하기 위해 미국은 지지세력을 적극적으로 동원하는 한편 방해세력을 배척해야 했다. 특히 안보리 상임이사국인 중국과의 결렬을 원하지 않았다. 결론은 이와 같은 중대한 시기에 대만이 돌연 아무런 예고도 없이 불장난을 벌임으로써 미국 내 친대만세력의 분노를 일으킨 것이다.

지금껏 친대만 성향의 《워싱턴 타임스(*Washington Times*)》는 8월 중순, 이틀 연속으로 천수이볜 총통을 비난하는 사설을 게재했는데, 이 중 한편에서는 "(8 · 3연설문은) 대만 자신에게 불리할 뿐만 아니라 미국과 대만과의 관계에도 좋을 것이 없다"고까지 지적하였다.[6] 다른 한 편의 사설에서는 자신이 대만지지파라는 입장을 분명히 밝히면서 자신은 지난 40년간 20여 차례 대만을 방문했다고 밝혔다. 그러면서 "(천수이볜이) 이러한 과오를 범한 것에 대해 스스로 바로잡고, 재발하지 않겠다고 하지 않는 이상, 필연적으로 미국과 중국 그리고 대만의 삼각관계는 상처를 입게 될 것"이라고 강조하였다. 그는 또 "천수이볜의 행위는 마치 미국의 지지를 당연한 것으로 보고 있는 듯하며, 이렇게 되면 미국에 있는 대만인 친구들의 처지를 매우 어렵게 만들 수도 있다"고 하였다.[7] 오랜 기간 동안 대만에 우호적이었던 또 다른 거물급 인사는 이들 사설을 스크랩한 후 필자에게 "내가 말하건대, 이들의 목소리는 곧 다수의 우리가 말하고 싶었던 것"이라고 하였다. 자신은 중국의 통일에 반대한다고 공공연하게 밝혀 왔던 또 다른 전직 관리는 공개적으로 발표된 글을 통해 천수이볜이 쓸데없이 "벌집을 쑤셔 놓았다"고 주장하였다.[8]

이와 같은 분위기 속에서 차이잉원은 천수이볜의 취지가 "독립 주장

6_Arnord Beichman, "Turbulence in the Taiwan Strait," *Washington Times* (14 August 2002), p. A16.

7_William Rusher, "Diplomatic Miscue," *Washington Times* (15 August 2002), p. A16.

8_John Tkacik, "Taiwan's Hornet Nests," *The Asian Wall Street Journal* (5 August 2002), p. A9, http://www.heritage.org/research/commentary/2002/08/taiwans-honet-nests를 보라.

세력 무마용이며" 또한 "중국이 고의적으로 이때에 나우루(Nauru)와 국교수립을 추진했다"고 밝혔다. 미국은 이에 대해 이해는 하되 받아들이기는 어렵다고 하였다. 그 이유는 "당신들은 자신들의 필요에 대해서만 생각할 뿐, 우리(미국)도 좀 생각했어야 했다"라고 말하였다. 그 밖에 차이잉원이 "대만 방언으로 이야기할 때, '일변일국'이라는 말은 매우 가벼운 일상용어"라고 주장한 것과 관련하여 미국 측 인사는 "활자화되면 가벼운 일이 아니다"라고 정색을 하고 답했다.[9]

미국 정부 안팎의 전문가들이 한 질책 중 가장 중요한 부분은 천수이벤의 대중국정책의 전반을 정조준하고 있었다. 알려진 바에 의하면, 오랜 기간 동안 대만에 우호적이었던 모 거물급 고위관리는 차이잉원의 면전에서 "어느 나라의 대통령이라도 권투선수마냥 계속 뛰어다니면서 위치를 바꿔 다른 사람으로 하여금 당신의 입장이 도대체 무엇인지를 알 수 없게 해서는 안 된다"고 언급했다.[10] 흥미로운 것은 이와 같은 비유가 그로부터 꼭 일 년 후 《파이스턴 이코노믹 리뷰(*Far Eastern Economic Review*)》의 천수이벤 단독 인터뷰의 표제로 사용되었다는 점이다.[11]

어쨌든 간에 "친구의 잘못을 타이르는 일은 남이 보지 않는 데서 한다"는 원칙에 따라 미국 친구들이 사석에서는 서슴없이 차이잉원을 상대로 심한 말들을 했지만 만에 하나라도 중국에게 좋은 계기를 마련해 주는 것을 방지하기 위해 공개석상에서는 대대만 비난을 자제하였다. 이에 따라 '8 · 3담화' 사건은 중국의 감정을 억누르는 인내, 그리고 미국이 대만의 해명을 일단은 받아들이는(to take it at face value) 상황에서 막을 내리게 되었다.[12]

9_워싱턴 소식통.

10_워싱턴 소식통.

11_"Interview: Chen Shui-bian-Political Pugilist," *Far Eastern Economic Review* (31 July 2003), p. 16-17.

12_Http://usinfo.org/wf-archive/2002/020808/dpf403.htm를 보라.

대만에 대한 미국의 깊은 불만

사건이 조용하게 막을 내리게 된 배경에는 대만의 빠른 해명도 있었지만 가장 중요한 원인은 미국 자신이 이라크 침공에 올인해야 하는 상황에서 행여나 엉뚱한 일이 발생하는 것을 원하지 않았기 때문이다. 따라서 미국은 고의로 이를 쟁점화했다가 살며시 내려놓았다. 그러나 미 정부의 고위층은 여전히 '일변일국, 공민투표 시급'이라는 공개적인 발언에 대해 경각심을 가지고 있었으며, 천수이볜이 스스로 약속했던 '4불 1무'를 뒤집으려는 것이 아닌가를 의심하고 있었다. 이러한 의구심과 2002년과 2003년의 다른 변화들이 더해지면서 본래 대만을 굳건히 지지하고 중국을 비판했던 미국 친구들조차도 대만해협 정세에 대한 생각을 바꾸는 한편, 이를 바탕으로 일련의 예방 외교(preventive diplomacy) 조치를 취하도록 하였다. 물론 중국이 공개적인 장소에서는 애써 대범함을, 막후에서는 미국에 강한 압력을 가했던 것도 분명 크게 작용하였을 것이다. 그 결과가 부시 취임 초기와는 완전히 상반된 새로운 부시의 대만정책이다.

이러한 새로운 정책의 가장 큰 원천은 바로 부시 정부 관리들의 대만에 대한 불만의 정도가 계속 높아졌다는 데에 있다. 이러한 불만은 여러 갈래에 걸쳐 있었다. 첫 번째이면서도 가장 중요한 것은, 미국으로서는 천수이볜 총통이 '허상을 추구하는' 것에만 몰입함으로써 '현실을 직시하는' 데 실패했다고 보았다. 한 사람이 아닌 다수의 미국 친구들이 필자에게 부시는 근래 보기 드문 대만에 우호적인 대통령인데, 대만에서 무슨 이유로 이와 같은 기회를 활용하여 실질적인 관계증진을 도모할 생각을 하지 않고, "상징적인 의미만 있고 실질적인 필요가 결여된 것"에만 매달려 왜 "안 되는 줄 알면서도 추진하고자 하는지"를 지적하였다. 2002년 당시 가장 많이 거론되었던 사례로는 바로 천수이볜의 워싱턴 방문과 미국 경유였다. 민진당 소속 미국 주재관 및 대만에서 날아온 그 밖의 정부 관리들은 거의 예외 없이 천수이볜 총통의 미국 방문 건에 대해 최소한 2001년 뉴욕을 통과했을 때보다 격상된 예우를 받게 될 것이라고 크게 선전했다. 코넬대 사건으로 곤욕을 치렀던 워싱턴 인사들에게 이는 가장 듣기 싫은 화제였다.

이 밖에도 미국은 미국을 방문하는 대만의 정부 관리 또는 입법위원들이 방문기간 동안 어떠한 미국 정부 인사와 만났는가에만 신경을 쓸 뿐, 쌍방 간의 회담을 통해서 어떠한 내용에 대해 소통하고, 문제를 어떻게 해결할지에 대해 무시하는 것에 매우 심기가 불편하였다. 횟수가 늘어나면서 시간이 아까운 미국 정부 관리들은 더 이상 민진당 인사들의 국내 위상과시용 행위에 들러리 서는 것을 싫어하게 되었다. 천수이볜 정부가 미국에서 자유무역협정 체결을 적극적으로 로비하고 있는 것에 대해서도 많은 미국인들은 대만이 또다시 외교적 자원을 잘못 다루고 있는 사례라고 생각하였다. 적지 않은 사람들이 대만에게 '무역이라는 명목하에 정치적 결실을 얻으려는 수작'은 성공할 수 없을 것이라고 직격탄을 날리기도 하였다. 그 밖에도 이와 유사한 사례가 비일비재하였는데 이러한 일들이 하나씩 쌓인 결과, 매우 우호적이었던 미국 인사들 중 일부는 민진당이 지나치게 이기주의적이라고 평가하였으며, 일부 중립적인 전문가들은 서슴없이 "아마추어 같다(amateurish)"고 했고, 날이 갈수록 천수이볜을 '문제아'로 보는 사람들이 늘어나게 되었다.[13]

대만에 대한 미국의 두 번째 불만은 무기구매에 있었다. 앞 장에서 언급한 바와 같이 남중국해 군용기 충돌사건에 자극을 받은 부시 정부는 관례를 깨고 대만 무기판매 및 그 밖의 군사협력을 크게 늘리기로 하였다. 그러나 세월이 흘러도 민진당은 끝내 구체적인 무기구매 리스트와 우선순위를 내놓지 않았다. 초기에는 "야당이 반대해서", "예산이 부족해서"라는 설명으로도 미국 정부 관리를 어느 정도 수긍시킬 수 있었다. 그러나 시간이 오래 경과되자, 워싱턴은 인내의 한계를 드러내며 2002년 3월 아예 탕야오밍 국방장관을 미국으로 초청하여 직접 그 이유를 확인하고자 하였다. 그러나 그 효과가 별로 크지 못했다.

13_전직 미 정부 고위관리, 그는 베이징 또는 타이베이에서 직접 근무한 경험이 전무함.

2003년 초, 헤리티지재단(Heritage Foundation)의 적극적인 친대만 학자인 트카식(John Tkacik)의 말에 의하면 친대만 성향에다가 지금까지 대규모로 무기 판매를 주장해 온 국방부조차도 대만에 반감을 갖게 되었다는 것이다. 온건파는 대만의 국방부가 우선순위를 정하지 못한 것이라고 지적했고, 강경파는 대만 총통이 내부를 통합해야 할 당연한 주도적인 역량을 발휘하지 못했다고 지적했다. 초강경파는 민진당이 처음부터 국방 건설을 할 의사가 없었으며, 유사시에 미국이 긴급하게 대만을 위해 증원할 것이라는 데에만 전적으로 기대하고 있다고 지적했다. 이로써 미국을 진흙탕 속으로 빠뜨려 결국 대만독립의 목적을 이루고자 하는 것이 아닌가 하는 의심을 하였다.[14] 친대만 인사는 대대만 군비판매 문제와 관련하여 중국으로부터 많은 압력을 받아 왔지만 최종적으로 대만이 요지부동이어서 너무 허무하다고 하였다. 이들 중 일부는 심지어 대만 측에 스스로의 국방의 책임을 짊어질 수 있도록 압력을 가하는 방법을 찾아보자고 건의하기도 하였다.[15] 정통한 소식통에 의하면, 그해 봄, 기다리다 지친 미국이 아예 일방적으로 대대만 무기 판매리스트, 즉 PAC-3형 미사일 6기, P3C 대잠기 12대, 디젤 잠수함 8척 등 3개 항을 결정한 후 천수이볜 정부에 통보하였다.[16]

미국의 세 번째 불만은 민진당 정부가 빈번하게 쌍방 관계에 대한 중요한 기밀사항을 누설했다는 것이다. 영부인 우수전(吳淑珍)이 2002년 9월 방미 중 휠체어에 앉아서 검색 받는 불상사가 발생하였는데 이는 1년 후 대만 내 공식 채널을 통해서 알려졌다.[17] 더욱 엉망이었던 점

14_John J. Tkacik, "Taiwan Must Get Serious About Defense," *Defense New Daily* (31 January 2003); http://www.heritage.org/research/commentary/2003/01/taiwan-must-get-serious-about-defense?RenderforPrint=1를 보라.

15_예를 들면, 전직 관리인 워첼(Larry M. Wortzel)은 "미국은 대만과 무기판매 회담이나 주제별 협상을 중지하여야 한다. 타이베이 측에서 합동 수요계획을 마련할 때까지 말이다"라고 건의했다. Wortzel, "Taiwan's Future Defense Needs: A Strategic Approach," a paper delivered at US_Taiwan Business Council Defense Industry Conference, St. Antonio, Texas (12-14 February 2003) 참조.

16_워싱턴 소식통.

은 파월 국무장관 및 미네타(Norman Y. Mineta) 교통부 장관이 대만에 유감을 표명했던 사실까지 밝혀진 것이다.[18] 쌍방의 군사협력 사안이 연이어 대만 측 고위관리에 의해 공개된 사실은 특히 미국으로 하여금 불가사의한 일로 느껴졌다.

그 실례로서, 대만 측 언론은 국방부 기획참모부장인 홍전뤄(洪振洛) 중장이 입법원 청문회에서 고도 기밀사항인 해저 감청 시스템(즉, 룽칭안[龍晴案])을 누설하였고,[19] 캉닝샹 국방부 차관은 대만단결연맹 소속 입법위원과의 조찬 모임에서 미국이 위성을 통해 탐지한 정보 내용을 대만 군부에도 통보하기로 하였다고 하였다.[20] 또 다른 국방부 차관인 천자오민(陳肇敏)은 입법원 국방위원회에서 미군이 '교민철수팀'의 명의로 대만군의 2003년 '한광 19호' 훈련을 참관할 것이라고 밝혔으며, 젠유신(簡又新) 외교부 장관이 이를 확인하였다.[21] 언론은 또한 대만군 고위 장교가 미국에 단기과정의 교육에 참가할 예정이라고 보도하였으며,[22] 영국 주간지인 *Jane's Defence Weekly*는 미국 CIA가 대만과 협력하여 양밍산 핑덩리(陽明山 平等里)에 대중국 감청시설을 건설할 예정이라고 폭로하였다.[23]

부시 정부 관리는 이토록 많은 기밀 누설사건은 한 개인의 실수라고

17_張瑞昌, 吳典蓉, 〈대테러 안전검색, 우수전 방미시 몸수색 당했다〉, 《中國時報》, 2002년 10월 23일, 제1면.

18_林晨柏, 陳希林, 〈총통부—청지엔런(程建人) 거취문제 논의 없었다〉, 《中國時報》, 2002년 11월 21일, 제4면.

19_謝忠良, 〈중국의 육,해, 공 봉쇄를 위해 대만, 미국 간 해저 감청시설 공동 건립예정〉, 《經報》 2001년 6월 1일, 제2면.

20_林漢州, 〈캉닝샹—대만, 미국 미사일 방어체계 현재 진행 중〉, 《中國時報》, 2002년 9월 21일, 제2면; 林寶慶, 〈미국, 우리 측에 대한 즉시 위성첩보 제공 중지 결정〉, 《聯合報》, 2002년 11월 27일, 제13면.

21_呂昭隆, 陳希林, 〈천자오민(陳肇敏)—미국-대만 정례합동군사연습 유치 계획〉, 《中國時報》, 2003년 1월 5일, 제4면; 黃明興, 〈지엔요우신—신임 외교부 대변인에 스뤠이치(石瑞琦) 임명예정발표〉, 《中央社》, 2003년 1월 20일.

22_吳明杰, 〈대만-미국 군사교류 직급 전면 상향 조정〉, 《自由時報》, 2002년 6월 30일, 제3면.

23_Wendell Minnick, "Taiwan-US Link Up on SIGNIT," *Jane's Defense Weekly* (23 January 2001).

보기 어렵고, 반드시 정치적인 목적이 있을 것이라고 주장하였다. 바꿔 말하면, 천수이볜 정부가 고의로 이러한 협력계획을 누설함으로써 대만 주민들에게 미국이 민진당을 지지하고 있음을 증명하려는 의도가 있다는 것이었다. 그러나 천수이볜 정부의 이러한 행위는 또 하나의 이기적이고 자신만을 생각하는 것일 뿐, 미국에게 외교적 골칫거리가 된다는 것을 무시한 결과였다. 미 국방부가 현 시점에서 미국 내 친대만의 주축이라는 점을 고려한다면 이러한 일련의 일들은 미국의 대만에 대한 우호적인 감정에 상처를 주는 것이었다.

미국의 네 번째 불만은 경제적인 부분이었다. 중화민국이 '대만, 펑후, 진먼, 마쭈 관세영역(TPKM)'의 명의로 WTO에 가입한 이후, 적지 않은 국가들이 대만이 WTO의 관련 사항을 이행하지 않고 있다고 불평하였다. 유럽 국가들 간에 자주 거론된 사항은 중국 본토의 상품 수입 개방, 대륙 지역 주민의 대만 방문 및 대만에서의 취업허용, 정부 조달사업의 대외국인 전면개방 및 지적 재산권에 대한 보호를 철저히 이행해야 한다는 점이었다. 미국은 지적재산권 보호 및 쌀의 수입을 '수량제한 수입'에서 '관세 쿼터 수입'으로 전환해야 하는 이 두 가지 사항을 중요시했다. 미국의 행정부는 물론이고, 대만을 방문하는 미국 국회의원들도 거의 예외 없이 적절한 시점에 이 일을 거론하곤 하였다. 미국 국민들은 정부의 관련된 의제 처리능력을 예의주시하고 있었다.

미 상공회의소가 2003년 5월에 간행한 《대만백서》의 통계에 의하면, 상공회의소가 그 전해의 백서에 열거하였던 52개 항의 '산업우선과제' 가운데 1년이 지난 현재, 해결된 것은 4개 항일 뿐, 전혀 해결되지 않은 것이 15개 항, 기타 처리 중이거나 검토 중인 것이 33개 항이라고 밝혔다.[24] 미국 정부는 천수이볜이 출범한 이후 3년간 지속적으로 이들이 의제의 개선에 소극적이면서 쌍방의 자유무역협정의 체결에만 열중하고 있는 데 대해 매우 불쾌해했고, 아예 7월에 조건부로 쌍방 간 핵심적인 경제무역관리의 회동을 진행하겠다고 선포한 데 이어 9월에

24_Http://www.amcham.com.tw/dl/2003_white_paper_industry.pdf를 보라.

는 쌍방 간 자유무역협정 체결을 협상할 용의가 없다는 공개성명을 발표하였다.

대만에 대한 미국의 불만은 2002년 중반부터 쌓이기 시작하였으며, 2003년 봄에 매우 높은 수준에 이르게 되어, 천수이볜 정부는 결국 이를 위해 무언가를 해야 하는 상황이 되었다. 그러나 2003년 후반 대부분의 불만사항이 근본적인 개선을 이루지 못했을뿐더러 오히려 '일변일국'과 '공민투표' 외에 '개헌', '정명(正名)'을 더했다.

중국 측, '유연한 부분은 더욱 유연하게, 강경한 부분은 더욱 강경하게'

중국의 2002년 하반기의 대대만정책에는 세 가지의 착안점이 있었다. 하나는 16차 당대회 개최와 지도자의 교체였다. 다른 하나는 대미정책을 핵심으로 삼는 것이었다. 세 번째는 대만의 '전진하는 방식의 대만독립'의 전개를 면밀하게 주시하는 것이었다.

11월에 개최된 중국공산당 16차 당대회 정치보고에서 지난 20년간의 개혁개방이 주민들의 생활을 '원바오(溫飽)'(원바오는 배부르고 몸을 따뜻하게 한다는 기본적인 생활이 보장되는 상태를 말한다—옮긴이)에서 '샤오캉(小康)' 상태(샤오캉은 모든 인민이 중진국 수준의 경제적 생활을 향유하는 단계를 의미한다—옮긴이)로 끌어올렸다는 것을 긍정적으로 평가하였다. 그러나 장쩌민은 보고를 통해 "현재의 샤오캉은 아직도 낮은 수준이며 전면적이지 못한 상태로, 발전이 지극히 불균형적인 샤오캉"이라고 하였다. 그렇기 때문에 "21세기의 첫 20년은 굳게 장악하고 큰 업적을 낼 수 있는 전략적인 기회의 시기 [⋯] 10억여 인구에게 혜택이 돌아갈 수 있는 더욱 높은 수준의 샤오캉 사회 건설에 진력해야 한다"고 하였다.[25] '전면적인 샤오캉'을 주요 목표로 한 이상 중국의 대외정책은 자연스럽게 '평화와 발전'을 취지로 할 수밖에 없었다. 인사이동과 관련하여 중국의 대대만정책이 내부적으로 처음부터 별반 논란이 없었기 때문에 후진타오가 당총서기직을 맡은 후에도 장쩌민이 군

25_Http://www.china.org.cn/chinese/2002/Nov/233867.htm를 보라.

사위주석직을 계속 유지하는 구도는 대대만정책의 지속성을 유지하는 데 유리하였다.

'평화와 발전'이라는 모토에 의거하여 중국은 인접 국가와의 관계 개선에 적극적이었는데 상하이 6개국 협력기구(上海六國合作組織)와 ASEAN+1은 근년 들어 중국 외교에서 커다란 성과였다. 그 밖에도 중국은 인도와의 관계보강에 주력하였다. 그러나 그중에서도 가장 우선적인 것은 여전히 미국이었다. 이 시기 미국의 대테러 및 이라크 침공을 정책 핵심으로 하는 새로운 전략구도는 중국의 전략적 공간을 압박하였다. 중국은 여전히 인내하고 스스로를 통제하였으며, 미국이 후세인 정권을 타도하고, 북한 관련 정세로 주의를 돌릴 때 더욱 적극 협력하여 중국에서 6자회담이 열릴 수 있도록 하였다. 이러한 발전에 대해 파월 미 국무장관은 미중관계는 "현재 지난 30여 년 이래 가장 좋은 관계"라고 세 차례나 언급하였다.[26] 한편 가장 친대만적인 아미티지 국무부 차관조차도 공식석상에서 중국이 "최근 대대만관계에 매우 자기 억제적"이라고 말하였다.[27]

중국은 천수이볜의 '일변일국, 공민투표 시급' 제시를 끝으로 '그의 말을 들어 보고, 그의 행동을 지켜보겠다'의 단계를 공식적으로 마무리하였고, 천수이볜 정부를 점진적으로 대만독립을 추구하는 세력으로 규정하였다. 그럼에도 불구하고, 너무나 서두른 나머지 대만의 반발을 불러왔던 과거의 교훈 때문인지 혹은 미국 및 그 밖의 국가들이 천수이볜이 점진적으로 대만독립을 추진해 나가는 것에 관심을 보였던 때문인지 중국은 지난 일 년간 유연한 방식을 지속해 나가기로 결정하였다.

우선적으로, 중국은 말을 아끼기로, 특히 강경한 발언을 삼가기로 하였다. 이 기간 동안 중국은 "무력사용도 불사한다"는 표현을 거의 입

26_Http://usinfo.state.gov 중 파월의 2003년 7월 22일 *Washington Times*와의 인터뷰 및 같은 해 9월 5일 조지워싱턴대학에서의 연설 참조.

27_상동.

밖에 내지 않았는데, 이와 함께 '여권 기재사항 추가', '일변일국을 거듭 밝힌다', '공민투표안 입법', '정명운동' 등 과거에는 도발적이라고 규정했던 동향들에 대해서도 중국은 보고도 못 본 척, 들어도 못 들은 척하였으며, 기껏해야 "분리는 주민들의 소망에 역행하는 것이며, 대만독립이라는 앞에는 나아갈 길이 없다"는 등 간단한 논평만 하였을 뿐이다.[28]

다음으로, 중국은 일련의 유연한 동작을 취하였다. 예를 들면, 2002년 9월과 10월, 타이베이는 중국의 미사일이 대만을 위협하고 있다는 사실을 대대적으로 대외에 선전하려 하고 있었다. 장쩌민은 10월 하순의 텍사스 크로포드(Crawford) 농장에서 부시와 회담할 때 미국의 대대만 무기판매 감축을 조건으로 대대만 미사일 배치를 동결할 의사가 있다고 자발적으로 밝혔다.[29] 비록 미국이 최종적으로 이를 수락하지는 않았지만 이에 대한 활발한 토론을 불러일으키는 등, 나름대로의 실질적인 효과를 거두었다. 그 외에 WTO에 주재하고 있는 중국대표단은 11월, WTO 사무국에 중국산 철강제품 수입에 관한 방어조치와 관련하여 대만과 양자 협의할 용의가 있다고 통보하였다.[30] 중국의 이러한 의사표시는 전례 없던 것이다. 또한 국민당 소속 장샤오옌 입법위원의 '구정 전세기 운항 구상'에 대해 비록 '일방적'이고, '간접적'이며, '제한적'임에도 불구하고 중국은 이를 성사시켰다.[31]

중국이 가장 큰 탄력을 보인 의제는 단연 '삼통'이었다. 이는 중국의 '통상을 통해 통일을 촉진한다(以通促統)'라는 근본이념에 따른 것으로서, 통상만 성사된다면, 대만독립은 사실상 무효화된다고 생각했다.

28_清源, 〈분단은 인심을 얻지 못한다. '대만독립'에는 앞길이 없다〉, 《解放軍報》. 2003년 9월 15일, 제9면, http://www.people.com.cn/BIG5/shizheng/1025/289151.html.

29_중국공산당 중앙 문헌 편집위원회 편찬, 〈현시점 중미관계와 국제정세에 관한 몇 가지 관점〉, 《江澤民文選》, 제3권(베이징: 인민, 2006), p. 526.

30_周慧如, 李誠偉, 〈철강제품 수입 방어조치, WTO에서 중국 측, 최초의 우리측과 협상 희망〉, 《中國時報》, 2002년 12월 5일, 제11면.

31_汪莉娟, 〈장샤오옌—중국 측 구정 교차운항 고집 안해〉, 《聯合報》, 2002년 11월 23일, 제13면.

이리하여 일찍이 2000년 7월에 첸치천은 "삼통을 하는 데 '하나의 중국'이 무엇을 의미하느냐를 거론하지 않아도 된다"고 밝힌 바 있었다. 그러면서 "민간 대 민간, 업종 대 업종, 회사 대 회사 간의 협상의 방식"으로 "하나의 중국에 대한 해석을 생략하고 하루속히 테이블에 마주앉기를 바란다"고 덧붙였다.

'8 · 3담화' 이후 중국의 기조는 억압하는 대신 한층 더 유연해졌다. 오랫동안 견지해 온 '국내항선' 또는 '한 국가의 내부 사무'라는 표현을 입 밖에 내지 않았다. 10월 첸지천의 새로운 주장에 따르면 "양안 간 항로라고 칭하도록 하자. 대만 기업의 대중국 투자와 마찬가지로 우리는 대만 기업체들이 '하나의 중국'을 인정해야만 올 수 있다고 고집하지 않는다. 투자하러 오는 것은 수용 가능하며, 통항도 마찬가지이다." 국기게양 문제와 관련하여서는 "바다 한가운데서 어떤 국기를 달든 그 누구도 간섭할 사람이 없고, 그 어느 누구도 보지 못한다. 하지만 입항할 때에는 회사기라든가 대만 기업단체의 깃발을 달면 가능하다"고 하였다.[32] 2003년 3월 교통부 장관인 장춘셴(張春賢)도 양안 간 해운항로는 직항이 실현된 후 외국업체들이 합자, 협력 혹은 선박임대 등의 방식으로 참여하는 것이 가능하다고 언급하였다.[33] 이러한 논조는 "국제항선이 아니다"라는 정치적인 입장에 변화를 주지 않으면서도 외주 선박사들의 대중국 항로개방의 요구압력도 해소할 수 있었고 또한 공을 대만 측으로 넘어가도록 하였다.

이상을 종합하여 볼 때 중국은 '8 · 3담화' 후의 1년간 미국에 대해 유연했을 뿐만 아니라 대만에 대해서도 크게 유연하였는데, 특히 양안 간 직항과 관련된 중국의 자세는 바짝 엎드린 채, '양안의 위상정립', '정치적 갈등', '협상의 주체', '국제간의 압력' 등 발생가능한 모든 장애를 배제하려는 데에 주력하였다.

32_王玉燕, 楊羽雯, 〈첸치천—삼통이란 양안 간 직항이며, 하나의 중국과 관계없다〉, 《經濟日報》, 2002년 10월 17일, 제2면.

33_羅嘉薇, 江金葉, 〈장춘셴—외국기업은 공동투자의 형식으로 양안 간 직항 참여 가능〉, 《經濟日報》, 2003년 3월 7일, 제11면.

그러나 중국은 최대한 유연한 자세를 보여 주고 있는 동시에 주먹 또한 움켜쥐었다. 2003년 봄, 홍콩과 중국대륙에서 사스(SARS)가 발병하자 WHO가 양안 간 힘겨루기의 최대 전쟁터가 되었다. 우이(吳儀) 중국 신임 부총리 겸 위생부 장관과 사쭈캉(沙祖康) 유엔 제네바지부 중국 상임대표의 강성발언은 중국의 대대만업무 담당관실 측의 유연성이 중국의 외교부문에 전혀 영향을 미치지 못함을 나타냈다.[34] 10월 말, 후진타오는 방콕에서 개최된 APEC 연례회의에 참석한 후 호주를 방문하였다. 호주연방의회에서 후진타오는 대만독립 절대 반대를 주장한 데 이어 예사롭지 않게 호주가 중국의 평화통일을 완수하는 데 긍정적인 역할을 할 것을 공개적으로 촉구하였다. 이 말은 베이징 측이 대만문제의 해결과 관련하여 국제적인 공조를 모색하고 있는지의 여부를 의미하는 것인지 주목되었다.[35]

그러나 국제사회에서 가장 중요하고 또한 전례 없이 집단으로 고도의 관심을 표명했던 것은 다름 아닌 대만해협의 군사적 정세였다. 점차 증가하고 있는 토론은 직설적으로 중국이 어떠한 방식으로 대만을 침공할 것인가에 집중되고 있었다. 대만 정부 관계자를 만난 국외방문객들도 거리낌 없이 대만에 여러 가지 경고를 하였다.

학술세미나 및 정기간행물에 글을 발표하여 폭넓은 토의가 진행되는 것 이외에도 지난 1년간 중국의 대대만 군사역량 및 무력사용의 가능성에 대한 6편의 대규모 연구보고는 이를 심층분석하였다. 이들은 첫째, 2002년 2월 미 군사정보국이 하원에 제출한 〈전 세계 위협 및 도전〉 보고서이다. 둘째는 같은 해 7월 미 국방부가 하원에 제출한 〈연례 중국 군사력〉 보고서이다. 셋째는, 같은 해 7월 미 의회에서 특설한 미중경제 및 안보검토위원회(US-China Economic and Security Review Commission, USCC)가 의회에 제출한 〈미중경제관계의 국가안보적 함

34_陳玉慧, 〈미국이 우리를 대변하고 있으나 중국의 거짓 주장을 당하지 못하고 있다〉, 《聯合報》, 2003년 5월 21일, A2면. 보도에 의하면 사쭈캉이 대만언론 기자를 상대로 "누가 당신들을 상대하겠는가?" 그리고 "제안이 모두 거절당했는데 왜 시끄럽게 구는가"라고 언성을 높였다.

35_Http://news3.xinhaunet.com/world/2003-10/24/content_1141878.htm을 보라.

의〉의 보고서이며, 넷째는 미국의 권위 있는 민간 싱크탱크인 외교협회(Council on Foreign Relations)가 주관하여 2003년 5월에 발표한 〈중국 군사력〉 평가보고서이다. 다섯째는 미국, 유럽, 러시아, 아세아 지역 요원까지 망라한 ICG가 같은 해 6월에 발표한 '대만해협정세'를 토의한 3편의 보고서이며, 여섯 번째는 같은 해 7월 미 국방부가 재차 발표한 연례보고서이다.

이들 여섯 편의 보고서 내용이 물론 완전히 일치하는 것은 아니지만 대체적인 견해는 일치하였다. 이 중 가장 주된 내용은 다음과 같다.

첫째, 중국은 2005년에서 2010년까지(일부는 2007년이라 주장) 대만을 상대로 단기밀집 혹은 장기소모적인 군사적 행동을 할 수 있는 충분한 미사일과 해군, 공군력을 확보할 수 있다.

둘째, 중국의 군사력 건설의 목표는 대만이 독립으로 나아가지 못하도록 방지하는 것 외에 어떠한 형태로든 예상되는 미국의 대대만 증원을 위협하여 이를 지연 또는 저지하는 것을 포함한다.

셋째, 다가오는 20년 동안에는 미국이 중국과 전쟁을 하기로 결심한다면 어떠한 영역이든 혹은 어떠한 수준의 충돌이든 충분히 중국을 격파할 수 있다.

넷째, 중국은 원칙적으로 무력이 아닌 정치적 해결을 희망하지만 전쟁이 불가피하다고 판단한다면 미국과 대만연합군에 패배할 줄 알면서도 일전을 불사할 것이다.

다섯째, 양안의 정치적 대립이 점차 증가하고, 군사력의 격차가 점차 심해질 뿐만 아니라 특히 상호군사 신뢰체계도 존재하지 않음으로 인해 장차 마찰로 인한 사고, 오판, 과잉반응 또는 오발 등으로 인하여 무력충돌로 이어질 확률이 상당히 높아지고 있다.

여섯째, 중국이 취할 가능성이 큰 대대만공격 행동은 '기습'이 될 것이다. 이는 또한 '속전속결, 초전필승'으로 최대한 미국의 증원군이 도착하기 전에 '기정 사실'화하는 것이다. 탕야오밍 국방장관이 2002년

11월 입법원에서 한 증언에 의하면 장차 중국은 "일부 '결정적' 무기(단거리 전술미사일, 크루즈 미사일, 스텔스 미사일, 마이크로웨이브 전자 맥충탄, 생화학무기 등)로 외과수술식 정밀 목표타격으로 '급소 찌르기'를 한 후, 다극화된 비정규전 전술과 전법으로 우리의 정치와 경제, 군사의 주요 시설을 파괴함으로써 우리의 경계태세를 와해시켜 최소의 대가로 최대의 성과를 거두려 하고 있다"고 하였다.

차이잉원 대륙위원회 주임위원은 2003년 8월 최초로 정세가 매우 심각하게 변화했다고 공개적으로 인정하였다. 차이잉원은 국내외 여러 기관의 연구결과를 볼 때 대만이 2005년경이면 군사적 우위를 잃게 될 것이며, 만약에 양안 군사력이 해마다 현격하게 차이가 나게 될 경우 이는 대만에 커다란 압력이 될 것이라고 판단하였다.[36] 세계(특히 미국)의 친구들이 가장 우려하는 점은 중국의 군사력 증강과 앞 장에서 언급하였던 '긴박감'의 심화 외에도 대만 자신의 '정신적 해이'가 있었다. 다수의 전현직 미국 관리들이 "장차 작전의 시나리오가 어떻게 전개될 것인지를 막론하고, 대만은 반드시 제1격을 견뎌 내야만 한다"고 직설적으로 말한 바 있었다. 대만이 독자적으로 견뎌 내야 할 시간이 얼마인가에 대해 흔히 공개적으로 하는 말은 2주 정도였다.[37]

사정이 이렇다 보니 미국은 대만이 경제적 쇠퇴, 정치석 분열, 민중의 사기저하의 상황에서 과연 2주를 버틸 수 있을 것인가를 크게 걱정하고 있었다. 팔(Douglas H. Paal) AIT 처장은 2003년 8월 말에 개최된 한 세미나 석상에서 자신의 우려를 매우 우회적으로 밝혔다. 그는 양안의 군사력 차이가 현격하며 "중국이 사전에 예고 없이 대만을 침공할 가능성이 있다"고 주장한 후 "중국의 군사적 위협을 격퇴하는 것은 대만 조야의 최우선 사항이어야 하며, 정치적 게임이 아니다. 오직 강

36_羅嘉薇, 〈차이잉원—양안의 군사력 균형이 깨질 가능성〉, 《聯合報》, 2003년 8월 9일, 제13면.

37_張宗智, 〈미국, 대만해협에서 전쟁이 발발할 경우 대만은 독자적으로 2주를 버텨야 한다〉, 《聯合報》, 2003년 6월 27일 제6면.

력한 국방과 신중한 정치지도만이 오판을 경감시키고 대만해협의 평화를 증대시킬 수 있다"고 의미심장한 발언을 하였다. 이에 덧붙여 그는 특히 "선거야말로 대만에서 양안 간의 오해와 긴장을 초래할 수 있다"고 말하였다.[38]

대만해협에서 그 어느 일방의 오판과 그에 따른 결연한 행동으로 인해 자신이 연루되는 결과를 초래하는 것을 방지하기 위해 미국은 이 기간 동안 양안에서 적극적이면서도 직접적인 '예방외교'를 전개하였다. 그리고 그 정도의 깊이와 접촉 면의 폭은 전례가 없던 것이었다.

타이베이의 후퇴와 전진

만약 천수이볜 총통의 권력이 2002년 7월 21일 당주석에 취임했을 때 최고조에 달한 것이었다면, '8 · 3담화' 발표 이후부터는 계속 하강하고 있었다. 처음부터 친대만적인 국제적 역량이 흔들리기 시작했으며, 국내 경제의 쇠퇴로 인해 교사, 농어민, 노동자 등 오랜 기간 동안 불만을 품어 온 민간 세력들이 너나없이 집단으로 거리에 뛰쳐나가 분노를 표출하였으며, 나아가 리덩후이마저도 타이베이, 가오슝 시장 선거 직전에 공개적으로 천수이볜에 대해 "선거만 할 줄 알았지 나라 다스리는 일은 할 줄 모른다"고 비난하였다.[39] 더욱 중요한 것은 야당인 국민당과 친민당이 세 차례에 걸쳐 선거를 치른 후 결국 2003년 2월 연립정당을 만들기로 하였고, 롄잔과 쑹추위의 두 총재가 협력하여 2004년 총통선거에 참가하기로 하였다는 것이다. 전후 1년이라는 짧은 기간 동안 천수이볜은 국내외의 플러스 알파의 탄탄대로에서 안팎으로 공격을 당하는 곤경에 처하게 되었다. 성공적으로 연임하기 위해 그는 이러한 곤경에서 탈출할 방도를 찾아야 했다.

민진당 정부의 대응원칙은 선거와 관련 없는 부정적인 요소에 대해

38_Douglas H. Paal, "The United States, East Asia, And the Middle East After the War in Iraq," 2003년 8월 26일 국가정책연구원(타이베이)이 주최한 세미나에서 주제발표.

39_劉添財, 〈리덩후이, 천수이볜 정부가 선거만 할 줄 알고, 나라를 다스리는 일은 모른다고 비판〉, 《中國時報》, 2002년 11월 21일, 제2면.

물러설 수 있으면 물러서고, 양보할 수 있으면 양보하되 선거와 관련 있는 것은 지속적으로 밀고 나간다는 것이다.

양보할 수 있는 부분은 대부분 미국과 관련이 있고, 그 목적은 타이베이에 대한 워싱턴의 불만을 해소하는 데에 있었으며, 시간의 설정은 다음과 같이 모두 다 2003년에 맞추어져 있었다. 예를 들어 이는 다음과 같다.

첫째, 2003년 3월, 이라크전쟁이 발발하자 천수이볜 정부는 미국의 군사적 행동을 적극적으로 응원하고 나섰다. 총통실 관리들은 자발적으로 나서서 반전인사들을 "실오라기 하나도 안 걸친 사람들"이라고 비아냥거렸다.[40] 외교부 대변인도 주제넘게 공식석상에서 이라크 대통령은 48시간 내에 이라크를 떠나라고 촉구하였다.[41]

둘째, 언론에서 국방부는 3월 중 총통의 지시를 받아 장거리 조기경보레이다와 PAC-III 미사일 두 체제의 조기 구매를 위해 1,100억 위안의 예산을 편성했다고 보도했다.[42]

셋째, 추이런 총통부 비서실장이 7월 방미한 이후 입법위원을 통해 미국으로부터 무기도입을 위해 5,200억 위안의 특별예산을 편성할 것임을 공개하였다.[43]

넷째, 총통부와 국가안보회의가 연초에 합동으로 〈대미관계프로젝트회의〉를 구성하여 정부의 각 부처의 업무분담을 철저히 감독하는 한편, 비밀누설사건의 재발을 방지하기로 하였다.[44]

40_吴釗燮, 〈중동의 전쟁과 평화, 대만의 입장과 역할〉, 《聯合報》, 2003년 3월 18일, 제15면, 이 글은 독자가 투고한 내용.

41_林少子, 劉時榮. 〈미국의 통첩에 부응하며, 반은 TV 방송〉, 《聯合報》, 2003년 3월 19일, 제2면.

42_盧德允, 〈미국의 압력에 못 이겨 정부 1,100억 배정, 무기도입 가속화〉, 《聯合報》, 2003년 3월 14일, 제1면.

43_盧德允, 林敬殷, 〈미국 압력으로, 정부 무기 도입 예산 5200억 조기 편성〉, 《聯合報》, 2003년 8월 18일, 제4면.

44_鄒景雯, 〈총통부, 국가안보회의 공동으로 대미테러회의 구성〉, 《自由時報》, 2003년 4월 8일, 제8면.

다섯째, 미 행정부 눈엣가시를 제거하기 위해 천수이볜 정부는 8월 자청해서 카시디 PR회사의 고용을 해제하겠다고 발표하였다.[45]

여섯째, 유럽 측의 반발을 무릅쓰고, 8월 단호하게 중화항공의 거대 엔진 구매계획을 미국 GE사로 단독 낙찰하였다.[46]

일곱째, 미국의 대테러에 대한 대만의 지지를 강조하기 위해서 천수이볜 정부는 8월 초 가오슝에 정박 중인 북한 선적 화물선 1척을 억류하고, 선박 내의 의심스러운 화학물질을 압수하였다.[47]

여덟째, 타이베이 측이 지적재산권의 보호에 소극적이라는 미국의 지적을 의식하여 입법원은 6월 초 저작권법의 내용을 대폭 수정하여 공소범위를 확대함으로써 집행의 효율성을 제고하였다.[48]

이러한 조치들은 미국의 불만을 부분적으로는 해소하는 데 도움이 되었을 것이다. 그러나 선거정책과 관련된 사항에 대해서는 설사 미국이 지대한 관심을 보이고 있다고 하더라도 대만이 완전히 물러나지는 않았다. 이는 천수이볜의 선거에 대한 고려 및 천수이볜 정부의 기본 정세에 대한 판단을 나타낸 것이다.

2004년 선거는 2000년과 비교해서 다음과 같은 네 가지의 상이점이 있었다.

첫째, 이번 선거는 두 팀 간의 대결이며, 세 팀 간의 혼전은 아니다. 이른바 출마를 포기하기로 한 후보의 단일화에 따라 반사이익이 없다(2000년 선거는 천수이볜-뤼슈롄, 롄잔-샤오완창, 쑹추위-장자오슝[張昭雄] 간의 대결이었던 반면, 2004년의 선거는 천수이볜-뤼슈롄, 롄잔-쑹추위 간의 대결이었다—옮긴이).

둘째, 두 팀이 모두 다 과거의 사람들이기 때문에 정치적 노선의 차

45_劉屛, 〈워싱턴 측 유세에 대만은 더 이상 카시디에 의뢰 안함〉, 《中國時報》, 2003년 7월 31일, 제4면.

46_陳如嬌, 〈중화항공 엔진 구매안 최종 확정〉, 《中國時報》, 2003년 8월 14일, 제3면.

47_李翰, 〈아국, 북한 선박 억류〉, 《中國時報》, 2003년 8월 8일, 제4면.

48_李娟萍, 〈CD위조 및 판매, 공소죄로 변경〉, 《經濟日報》, 2003년 6월 7일, 제4면.

이가 분명하므로 대부분의 유권자들은 이미 마음속으로 지지세력을 정하였다. 이들 선거에서 범남진영과 범녹진영의 지지기반이 거의 확정되어 있었다. 2월 롄잔과 쑹추위의 후보단일화 이후의 각 기관의 여론조사에서 공통적으로 범남진영에 대한 지지도가 범녹진영에 오차범위 내에서 우세하다고 나타났다.[49] 나머지의 약 30%의 부동층은 독립성이 아주 강해서 마지막 순간까지 지지후보의 결정을 미루고 있었기 때문에 마음의 결정을 하지 못하는 유권자가 다수였다. 한편 이들 유권자들은 대부분이 풀뿌리 근성이 강한 기층 유권자로서 지역감정에 휩쓸리기 쉬웠다.

셋째, 민진당 집권기간 동안 이렇다 할 업적이 없었기 때문에 업적, 정책(예로 직항) 또는 이성적인 '신중도 노선'으로 호소하기보다는 감성적인 정체성을 겨냥하는 편이 훨씬 유리했다. 코넬대 파동 이후 실시된 여러 번의 여론조사에서 나타난 바와 같이 대만 내부에서 '중국인 정체성'이 지속적으로 내리막길을 걷고 있는 반면, '대만인 정체성'은 급속도로 상승하여 40-50% 선에 이르렀다. 민진당으로서는 이러한 부류의 유권자의 마음을 사로잡을 수만 있다면 지지기반을 굳힐 수 있을 뿐만 아니라 나아가 지지도를 크게 높일 수 있다고 믿었다.

넷째, 이번에 행정자원을 장악하고 있는 측은 국민당이 아닌 민진당인 만큼, 선거 직전 이들의 행정지원은 당연히 상부상조의 효과를 거둘 수 있었다. 이 가운데 가장 각계각층의 주목을 받고 있는 것은 바로 행정원 공보국이 각 부처의 홍보예산을 규합한 '주입형 판촉'이었다.[50]

이러한 구도하에 대중국정책은 민진당의 선거 표계산에서 결정적인 위치를 차지하고 있었다. 그 이유는 다음과 같다. 첫째, 현 시점에서 대만 주민의 감정을 고려할 때 양안관계는 감정적인 호소와 정체성

49_예로, TBVS여론조사센터에서 2003년 2월 17일 발표한 데이터와 국민당과 민진당의 자체 여론조사. 劉寶傑, 劉時榮, 何明國, 〈민진당 여론조사 결과 천수이볜 지지율 55%선〉, 《聯合報》, 2003년 4월 3일, 제6면.

50_許金龍, 〈예궈싱(葉國興)—정부 홍보 내용의 방송 프로 융합, 부끄러운 일이 아니다〉, 《聯合報》, 2003년 3월 14일, 제4면.

의 문제로 점화시킬 수 있는 가장 쉬운 문제인 동시에 대중들로 하여금 정치적 업적이라는 문제를 잊어버리도록 만들 수 있다. 둘째, 양안관계의 복잡성의 정도를 고려할 때, 절대 다수의 정보를 장악하고 있는 정부가 손쉽게 이들 정보를 이용해서 여론의 나아갈 바에 영향을 미칠 수 있다. 셋째, 동북아 정세에서 양안관계의 중요성과 민감성을 거론한다면 미국, 중국이라 할지라도 대만의 '골칫거리 만들기' 능력에 신경을 쓰지 않을 수 없을 것이다.

이들 요인은 천수이볜 총통 및 민진당에게 커다란 운신의 공간을 제공하여 '일변일국', '공민투표', '정명', '제헌' 등으로 선거와 독립과 관련된 주제들을 하나로 묶을 수 있었다. 이들 주제의 특징으로는 첫째, 모두 다 '민주화'로 포장 가능하기 때문에 미국이 쉽사리 반대하지 못한다. 둘째, 알아듣기 쉬운 내용이기 때문에 대만 주민의 감성에 호소하기 쉽다. 셋째, 모두 중국과 미국의 신경을 건드리는 것이기 때문에 성공할 확률이 낮다. 그러나 민진당의 속셈은 밀어붙이기만 하면 성과는 낼 수 있으며, 성공할 수 있다면 당연히 '돌파'하게 되지만, 실패한다 해도 '동정심'을 얻게 되어 기존의 '감정에로의 호소'를 더욱 강화할 수 있다는 것이다.

선거방침 자체 외에도 천수이볜 정부는 기본정세에 대한 분석도 동일하게 중요시하였다. 여러 가지 징후로 볼 때 천수이볜과 민진당이 위험을 무릅쓰고 끊임없이 양안관계의 마지노선을 시험한 것은 마치 1999년의 양국론위원회가 그랬듯이 이미 중국과 미국의 예상 반응에 대한 사전 판단이 있었기 때문이다. 장기간 재야 정당으로 존재해 온 민진당은 이미 실력이 강한 상대와 겨루는 데에는 이골이 나 있었다. 끊임없이 생존과 발전을 도모해 온 과정에서 민진당은 1보 후퇴 2보 전진하는 법, 정세에 맞추어 대책을 강구하는 법, 시세에 발맞추어 전진하는 법, 적이 강하고 내가 약할 때에는 숨죽여 내실을 다지는 법, 적이 허하고 내가 실할 때에는 맹공으로 적을 제압하는 법 등을 익혔다.

제4장에서 언급했듯이 민진당은 집권하기 전 '대만독립', '공민투표',

'제헌' 등 극도로 민감한 주제에 대한 응수에서 이러한 기질을 유감없이 발휘하였다. 알려진 바에 의하면 1986년 9월 28일, 민진당 창립인사들이 투옥될 수도 있다는 위험을 무릅쓰고 위안산호텔(圓山飯店)에서 창당을 선언했던 배경의 일부가 당시의 장징궈 총통이 쇠약하여 강력한 대응을 하지 못할 것이라는 판단에 따른 것이었다. 한편 2002년 천수이볜의 '8 · 3담화'가 탄생하게 된 것도 부분적이나마 중국이 16차 당대회를 통해 권력교체를 준비 중이어서 한눈을 팔 겨를이 없을 것이라는 판단에 따랐던 것이다.

2003년과 2004년의 새로운 정세를 맞이하여 천수이볜 정부의 분석은 다음과 같았을 것이다.

첫째, 중국 내부의 문제가 매우 많고, 크기 때문에 장자둔(章家敦)(《곧 붕괴되는 중국(*The Coming Collapse of China*)》의 저자)이 말하는 붕괴 일보직전의 상황까지는 이르지 않더라도 후진타오, 원자바오 체제로 하여금 곁눈질할 수 없을 만큼 바쁘게 돌아가도록 만들 것이라는 점이다. 중국 스스로 또한 장차 20년은 모처럼 찾아온 기회로서 전면적인 '샤오캉'을 추진하기 위해 내부 건설에 온 힘을 쏟아부어야만 했다. 더욱이 중국은 2008년 하계올림픽이라는 큰 행사를 추진해야 했고, 2010년에는 상하이엑스포를 개최할 예정이었다. 이들 행사의 순조로운 진행을 위해 중국이 대만해협에서 경거망동할 가능성은 없어 보였다.

둘째, 다수의 천수이볜 정부 관리들은 베이징의 마음속에 정말로 넘어서는 안 되는 '레드 라인'이 있는가에 의문을 가지고 있다. 차이잉원조차도 외빈과의 회견석상에서 "중국의 정책 마지노선이란 사실 매우 신축성이 있는 것"이라고 말하였다.[51] 그 말의 함의는 대만에게는 아직도 중국을 압박할 공간이 남아 있다는 것이었다.

셋째, 이와 같은 구상 아래 타이베이 측은 설사 베이징이 천수이볜 정부에 대해 천 가지 혹은 만 가지의 불만이 있다고 하더라도 2004년 3월 20일 이전에는 도발할 엄두를 내지 못할 것이라고 보았다. 이는 베

51_모 유럽학자의 비공개 전달.

이징 측이 1996년과 2000년의 두 차례 선거에서 교훈을 얻었기 때문이다. 중국은 그때마다 격렬한 반응을 보였지만 역효과만 냈다는 것이 사후에 증명되었다. 그렇기 때문에 중국이 정말로 당시의 교훈을 명심하여 불장난을 자제한다면 천수이볜 정부는 대놓고 대만독립을 향해 매진하게 될 것이며, 반면에 중국이 참다 못해 강력하게 비난하거나 무력행사를 한다면 현재 대만의 민의로 봐서는 십중팔구 천수이볜을 위한 선거운동이 될 공산이 컸다. 따라서 만약 궁극적으로 정세가 심각하게 악화될 경우 집권하고 있는 천수이볜 정부는 언제라도 '선거중단'이라는 선택을 할 수 있으며, 현 선거 정세로 볼 때, 이것이 최악의 상황이라고는 할 수는 없었다.

넷째, 베이징의 행동은 워싱턴 측의 태도가 크게 좌우한다. 천수이볜 정부는 미국의 거듭된 성명 발표나 경고를 겪으면서 워싱턴 측이 타이베이가 적절한 선에서 멈추어 줄 것을 희망한다는 기본 입장을 읽을 수 있었을 것이다. 그러나 천수이볜 정부는 자신들이 가고자 하는 길이 완전히 막힌 것이 아니라고 인식하고 있었다. 무엇보다도 민진당은 끝도 없이 '민주'라는 카드를 앞세워 미국으로 하여금 어찌할 바를 모르게 할 수 있었다. 다음으로 아무리 미국이 '대만독립을 지지하는 것을 거부'하고 '대화를 권장'한다고 하지만 미국 정부 내 입장이 완전히 일치하는가에 대해서 천수이볜 정부는 회의적이었다. 실례로 리거(Shelly Rigger)라는 미국 학자는 기고문을 통해 대륙위원회의 고위관리가 "일부 미국 관리가 대만에게 중국과의 대화 재개를 지연하도록 부추겼다"고 하였다.[52] 실례로 대만을 방문한 섀힌(Therese Shaheen) AIT 이사장이 럼즈펠드 미 국방장관이 천수이볜에게 쓴 친필서신을 선독할 때 팔 AIT 타이베이 처장은 사전에 이를 전혀 알지 못했다고 하였다.[53] 한편 중국 국방장관 차오강촨(曹剛川)의 방미 일정이 우여곡절 끝에 잡

52_Shelley Rigger, "Taiwan in US-China Relations," The Aspen Institute Congressional Program at Lauai, Hawaii (17-23 January 2003), p. 29.

53_和榮幸, 〈AIT이사장, 처장 관계 긴장, 미묘, 섀힌이 럼즈펠드 서한을 천수이볜 총통에게 전달, 팔은 알지 못하다〉, 《中國時報》, 2003년 10월 19일, 제2면.

혔지만 부시와는 단 5분간 회담하였으며, 럼즈펠드 미 국방장관은 방중일정을 계속 지연시켰다.[54] 이러한 사례는 미국 정부라고 모든 것이 일관된 것이 아님을 시사해 주고 있어서 앞서 지적한 천수이볜 정부가 리덩후이로부터 인계받은 미국 정부 내 인맥을 활용할 수 있는 절호의 기회였다.

이 밖에도 천수이볜 정부는 무기도입이라는 카드를 쓸 수 있었다. 국방부가 입법원에 제출한 보고서에 따르면 천수이볜 정부는 2004년 3월 1일, 즉 선거 19일 전에 대미무기도입안을 확정지었다.[55] 이러한 타이밍과 장기간에 걸쳐 범남진영이 군비도입을 방해하고 있다고 말해 온 점을 고려해 볼 때 '군비도입'은 결코 단순한 국방 차원의 문제가 아니며, 선거 전략을 염두에 둔 것임을 강력하게 시사하고 있었다. 천수이볜 정부와 민진당 내 많은 사람들에게는 제아무리 타이베이 측이 해서는 안 될 일을 한다 하더라도 궁극적으로는 미국이 구원하러 올 것이라는 생각이 뿌리 깊게 박혀 있었다. 대만을 방문한 모 미국 관리는 대만의 지인에게 1999년 양국론이 불거져 나왔을 때 미국이 분노한 것은 리덩후이의 '기습'이었지 양국론 그 자체는 아니었다고 하였다.[56] 파월 국무장관의 수석비서관 또한 언론에 대해 "국무부는 대만 측에 목소리를 낮출 것을 계속 촉구해 오고 있다. […] 그러나 국방부 소속 인원의 대만방문이 그치지 않고 있다. 이들 중 많은 사람들이 대만에게 걱정하지 말라고 하고 있다"고 밝혔다.[57] 이러한 것들이 천수이볜 정부로 하여금 높은 차원에서 볼 때 미국은 양안의 통일을 희망하지 않는다고 생각하도록 하였다. 부시 산하의 전략가들이 특히 이러한

54_劉屛, 〈중국위협론 대두, 럼즈펠드, 파월 찬성 안해〉, 《中國時報》, 2004년 5월 7일, 제2면.

55_차이밍셴(蔡明憲) 당시 국방부 차관, 입법원 국방위원회에 출석하여 〈공민투표로 미사일 도입 관련 논쟁에 대한 국방부의 대응책〉 보고(2005년 9월 29일). 차이밍셴의 보고서 가운데(p. 2), 무기도입 예산안은 2004년 3월에 확정된 것이라고 밝혔으나 구체적인 일자는 미언급. 필자가 즉시 국방부에 전화로 문의한 결과 3월 1일이라고 답변.

56_타이베이 소식통.

57_Wils S. Hylton, "Casualty of War," *GQ* (June 2004), pp. 3-4.

방향으로 발전을 선호하지 않고 있어서 결정적인 시기가 온다면 미국은 어떠한 이유를 붙여서라도 대만을 도울 것이라고 믿게 해 주고 있는 것이었다. 낮은 차원에서 그들은 대만의 선거와 미국의 대선(2004년 11월 초)은 7개월 반 간격으로 있기 때문에 만약 대만이 조난을 당하게 된다면 미국의 대선에 영향을 미치지 않을 수 없다는 점이었다. 부시는 자신의 연임을 위해서라도 구원의 손길을 뻗을 것이라고 믿고 있었다.

외부 사람들이 알지 못하는 부분으로서 당시 천수이볜에게는 절대 비밀의 선이 존재하고 있었다. 그는 미 국무부 동아시아 국제2인자로 선임 차석인 카이저(Donald Wills Keyser)였다. 그는 2002년부터 청녠츠(程念慈)라는 대만 국가안전국의 여성 미국 주재관과 긴밀한 관계를 갖고 있었으며, 또한 2003년 9월에는 규정을 어기고 비밀리에 대만을 방문하기도 하였다. 이와 같은 비밀접촉은 카이저가 2004년 9월 미 FBI에 체포(재판결과 1년 1일이라는 실형이 선고됨)될 때까지 계속되었다.[58] 이와 같은 장기간의 접촉을 통해서 천수이볜이 독자적으로 어느 정도로 구체적인 정보를 입수했는지에 대해서는 제3자가 알 방법이 없다. 여기에서 확언할 수 있는 것은 천수이볜이 타이베이의 어느 누구보다도 미국의 대동아시아 정책권의 분위기를 분명하게 파악하고 있었고, 특히 3월 20일 선거일 직전의 결정적인 6개월 동안에는 천수이볜에게 있어서 이것이 충분하였을 것으로 보인다.

과거 양국론위원회와 마찬가지로 2003년의 천수이볜은 자신의 논리로 중국과 미국의 대내외적 요소를 하나로 묶은 후 자신에게 유리한 판단을 내리는 한편 편리한 대로 급격한 독립과 선거를 하나로 묶어서 끊임없이 '벼랑 끝 전략(brinkmanship)'에 대한 탐색을 했을 것이다. 이로 인해 당선만 될 수 있다면 현 단계의 중국이 얼마나 이를 갈고 있는지,

58_"Memorandum in Support of Motion to Find Defendant in Material Breach of Plea Agreement and to Release the Government from its Plea Obligations," US District Court for Eastern District of Virginia, Alexndria, Virginia (5 July 2006), p. 30.

미국이 얼마나 발을 동동 구르고 있는지는 중요하지 않았을 것이다.

대만의 독립, 돌격, 앞으로! 돌격! 돌격!

이것이 곧 '일변일국, 공민투표 시급'이 발표된 후 천수이볜 정부가 미국의 불만을 무마하기 위해서 일부 조치를 취했음에도 불구하고 서둘러 독립하려는 주제만큼은 후퇴시키지 않고 더욱 전진시켰던 이유이다. 이 중 '일변일국'은 8월 3일 이후에도 여러 번 언급했고, 2003년 7월 3일에는 한 발 더 나아가 '일변일국'이라는 전제하에 WHO에 가입하기 위한 공민투표를 진행해야 한다고 주장했다. '8 · 3담화'는 처음부터 "공민투표(입법)의 중요성과 시급성을 진지하게 고려해야 한다"를 강조할 예정이었는데 그 후에는 "법적인 근거가 있건 없건 탐색을 위한 공민투표를 실시해야 한다"로 발전하였다. 한편, 리덩후이는 대규모 시위를 주도하여 '명분 바로 세우기', 즉 정명(正名) 주장을 천수이볜의 손아귀에 쥐어 주었다. 천수이볜은 미련을 버리지 못하고 "총통 신분만 아니었으며 대만 정명 시위에 참여하고 싶은 마음이 간절하다. 가능했다면 안안(安安)(외손자 자오이안[趙翊安])을 데리고 참가했을 것이다"라고 하였다.[59]

9월 이후 천수이볜의 독립을 향한 발걸음이 눈에 띄게 빨라졌다. 9월 28일 민진당은 창당 17주년 기념식에서 천수이볜은 2006년, 즉 민진당 창당 20주년에 "2,300만 대만 주민과 더불어 새로운 헌법을 탄생시킬 것"이라고 공언하였다.[60] 10월 2일, 추이런 부비서실장은 "장차 국호, 국기 문제도 처리할 가능성을 배제하지 않는다"고 말하였다.[61] 10월 4일, 천수이볜은 리덩후이와 나란히 '대만을 위한 전도 및 대만 국

59_唐玉麟, 蔡慧貞, 夏念慈, 〈천수이볜 총통—총통신분만 아니었다면 정명시위 참가희망〉, 《中國時報》, 2003년 9월 7일, 제2면.

60_林晨柏 등, 〈천수이볜, 2006년 대만 신헌법 탄생시킬 터〉, 《中國時報》, 2003년 9월 29일, 제1면.

61_陳敏鳳, 〈추이런—국호는 당장 불변, 장차 가능성은 배제하지 않음〉, 《聯合報》, 203년 10월 3일, 제1면.

가를 위한 기도모임'에 참석하여 공동으로 축도하면서 "대만 주민들이 스스로 대만국의 주인임을 깨닫고 또한 대만 국가의 주권을 확실히 장악함으로써 대만을 진정한 민주공화국이 되도록 하기를 간절히 바란다"고 말하였다. 천수이볜은 또한 "새로운 헌법을 탄생시켜 모든 주민들로 하여금 공민투표로 결정하도록 하는 것이야말로 진정한 민주이며, 대만을 정상적이고, 완벽하고, 위대한 국가로 건설하기 위한 지름길"이라고 주장하였다.[62] 11월 11일, 천수이볜은 리처드 부시 등 외빈을 접견할 때 대만 신헌법을 실시를 위한 타임테이블을 분명하게 제시하였다. 그는 2006년 12월 10일 세계인권의 날 당일 대만 신헌법을 위한 공민투표를 실시하고, 2008년 5월 20일 제12대 총통 시기부터 적용하기를 희망한다고 밝혔다.[63]

이 시점에서 '신헌법', '공민투표', '대만국'이 모두 한데 묶여졌으며, 분명한 타임테이블도 마련되었다. 2002년의 '8 · 3담화'가 '4불' 중의 '2불'을 뒤엎은 것이며, 워싱턴이 아직도 천수이볜을 "마치 권투선수같이 이리저리 뛰어다니며 위치를 바꿔 남으로 하여금 그의 속셈이 무엇인지 모르게 하고 있다"고 생각하고 있었다면 2003년 가을의 권투선수는 이미 자리를 잡아 잽을 날리기 시작했다고 할 수 있는데 '4불'의 모든 조항이 그에 의해서 모조리 뭉개져 버렸기 때문이다.

'8 · 3담화' 이후 천수이볜 정부는 또 다른 두 맥락에서 대만독립의 추세를 강화하였다. 첫째는 직항 문제이다. 이는 대만독립을 주장하는 인사들이 가장 곤혹스럽게 생각하는 문제이다. 아이러니컬하게도 이 문제에 관해 이들은 중국 당국과 고도로 일치된 견해를 갖고 있었는데 이는 즉 '교류하게 되면 필연적으로 통일로 이어지게 된다'는 인식이다. 통일을 촉진하기 위해 중국은 최근 3년간 이 문제에서 줄곧 자세를 낮추어 왔었다. 가장 먼저 이를 '하나의 중국'과 분리하였고, 이어서

62_劉寶傑, 林昭彰, 〈천수이볜, 리덩후이—대만국가건설 축하기도〉, 《聯合報》, 2003년 10월 5일, 제1면.

63_王時齊, 〈천수이볜—2006년 신헌법 공민투표〉, 《聯合報》, 2003년 11월 11일, 제1면.

다음으로는 '양회협상'과도 분리시켰다. 최근에는 '선거'와도 분리시켰다. 다른 한편에서 대만독립을 주장하는 인사들은 모든 수단을 다하여 직항을 막으려 하였는데 그 출발점은 실질적으로 중국과 완전히 일치하며, 공격과 수비의 위치가 상이할 뿐이었다. 이와 동시에 대만 내 약 70%의 사람들이 '조건부 직항'을 선호하였는데 대다수의 상공계 인사, 다수의 미국, 유럽, 일본 각계 인사들은 이 실현을 반기고 있었다. 이와 같은 큰 구도속에서 천수이볜은 2000년의 비전에 '삼통'을 수시로 거론하였고, 당선 후 취임 직전인 3월 23일에는 한 발 더 나아가 직항을 취임 1년 차의 '시정목표'로 삼았다. 그러나 실제로 취임한 이후에는 바로 공약을 실천해야 하는가의 난관에 봉착하게 되었다.

이와 같은 난제를 해결하기 위해 천수이볜 정부는 피가 마르도록 고심하였다. 천수이볜의 기본 수법은 "겉 다르고 속 다르다"이다. 즉 표면상으로는 '삼통'을 거론하지만 실제로는 통하지 않았으면 하였고, 통하는 척(예를 들어 구정 전세기 운항)만 할 수 있다면 그것으로 대체하고 소규모로 할 수만 있다면 본격적인 직통은 하지 않겠다는 것이었다. 이를 움직이는 기교 또한 매우 세심했다. 천수이볜은 항상 '삼통'에 대해서 가장 많이, 흠잡을 데 없이 그리고 긍정적으로 말해 왔다(예를 들어 "삼통은 반드시 가야 하는 길"). 그 이유는 지극히 간단하다. 총통의 발언은 관심이 집중되기 쉽고, 언론 홍보효과가 큰 데다가 가장 추상적이면서도 여론의 직접적인 도전에 맞설 필요가 없기 때문이다(국민대회가 이미 상징적인 기구로 전락했고, 총통은 입법원에 출석할 필요가 없었고, 기자회견을 자주 열지 않아도 되었고, 설사 질문을 받더라도 구체적으로 답할 필요가 없었다). 그러나 총통의 발언이 있고 난 이후 뤼슈롄 부총통, 각 부 장관, 주요 계파의 입법위원 중 호응하는 사람이 거의 없어서 조용했다. 그러자 마지막으로 대륙위원회가 나서서 일부 조건을 추가하여 직항을 완전히 실시 불가능한 것으로 만들어 버렸다. 이렇게 함으로써 범녹진영 유권자들의 뜻을 거스르지 않으면서도 중도 유권자들로 하여금 작은 희망을 엿보게 할 수 있었다. 이것이 곧 천수이볜 정부가 초기 2년간 직항을 처리했던 주요 방식이었다.

그러나 2002년 가을, 중국이 문턱을 계속해서 낮출 것을 요구하자 천수이볜 정부의 마지노선 또한 점차 드러나게 되었다. 5월, 천수이볜 총통은 다잔회담에서 민간에 '삼통' 협상을 위임할 수 있다고 말하자, 그 직후 대륙위원회는 한걸음 더 나아가 하청 위탁시스템을 들고 나와 입법화할 것을 촉구하였다. 그러나 중국이 10월에 '민간 대 민간 협상' 및 '양안항로'의 개편을 분명히 하자 천수이볜은 즉각적으로 같은 달에 "민간이 공식 대표일 수 없다"고 후퇴하면서 "삼통은 대만 경제발전의 만병통치약이 아니다"라는 주장을 내세웠다.[64] 지난 2년간 천수이볜이 혼자서, '직항'을 주장했을 때 주변 사람들이 모두 조용히 했던 상황과는 반대로, 천수이볜의 이번 발언은 즉각적으로 많은 사람들의 열렬한 호응을 받았다. 유시쿤 행정원장은 "만병통치약이 아니다"라고 동의했고,[65] 천스멍(陳師孟) 총통부 비서실장은 "국가 안보가 우려된다"를 재론하였으며,[66] 탕야오민 국방장관은 "대만해협의 안전에 위협적"이라는 성명을 발표했으며,[67] 차이잉원 대륙위원회 주임위원은 "(첸치천의 발언을) 좀더 지켜봐야 한다"고 하였고,[68] 린링싼(林陵三) 교통부 장관은 "삼통은 반드시 정부 대 정부로 해야 한다"라고 주장하였다.[69] 표현이야 다르지만, 천수이볜 정부가 총체적으로 직항을 배척하고 있다는 입장을 이보다 더 선명하게 나타내는 것도 없었다.

2003년 7월, 일본 《요미우리신문》(4일), 《월스트리트 저널》(11일) 및

64_黃瑞典, 何梦奎, 〈천수이볜, 유시쿤—삼통은 만병통치약이 아니다〉, 《聯合晩報》, 2002년 10월 28일, 제11면.

65_상동.

66_陳敏鳳, 〈천스멍—직항 관련, 총통은 개방적인 태도를 추구하고 있다〉, 《聯合晩報》, 2002년 10월 17일, 제2면; 吳明杰, 〈직항에 8가지 난점이 상존, 군부 한사코 반대〉, 《自由時報》, 2002년 10월 22일, 제2면.

67_〈8가지 난점 상존, 군부 한사코 반대〉, 《自由時報》, 2002년 10월 22일, 제2면.

68_郭瓊俐, 〈차이잉원—타이베이 상하이 전세기 운항 검토 가능〉, 《聯合報》, 2002년 10월 22일, 제13면.

69_〈양안 항공노선설, 정부, 입법원 긍정적 평가〉, 《中國時報》, 2002년 10월 18일, 제1면.

《파이코노믹 리뷰》(30일)와의 인터뷰에서 천수이볜은 거듭해서 소수의 이익을 위해서 대만의 주권, 존엄, 안보 및 전체적인 이익이 희생되어서는 안 되기 때문에 직항협상에 동의할 수 없다고 주장하였다.[70] 8월 13일, 천수이볜은 직항의 3단계론을 내놓았다. 이는 2004년 3월 선거 이전은 '준비', 3월 18일 선거 직후는 '협상', 2004년 연말 이전에 '실현'한다는 것이었다. 이러한 주장은 얼핏 보면 매우 긍정적이었지만, 실질적으로는 지난 번 총통선거 때의 공약을 공식적으로 파기한 것이라고 하겠는데, 3월 20일 이전에 직항을 실현할 수 없게 되었기 때문이다. 그러나 파기와 동시에 새로운 공약을 내세웠다. "만약에 내가 재선에 성공하면 연말에 직항을 실행한다"인데 이러한 움직임은 범녹진영의 유권자들을 만족시킴과 동시에 중도세력 유권자에게 작은 희망을 준다는 것의 재탕이었다. 그러나 이는 4년간 참고 기다려야 한다는 것을 의미했다. 거기에다 다음 날 대륙위원회에서 〈양안 직항이 미치는 영향에 대한 평가〉라는 부정적인 보고서를 발표하자 여론조사는 60% 이상의 유권자가 천수이볜의 직항 약속을 더는 믿지 않는다고 응답하였다.[71] 대륙위원회가 9월 10일에 발표한 '항공화물운송간소화' 방침은 직항이라는 문제를 가지고 이미 여러 번 말을 번복함으로써 한층 더 천수이볜 정부가 '대만독립'과 '직항' 가운데에서 전자를 택했음을 폭로한 셈이 되었다.[72]

대만독립의 두 번째 맥락은 다름 아닌 행정원이 2002년 9월에 발간한 〈양안주민관계조례〉의 수정판이다. 조례란 곧 법률이며, 법률은 정

70_각 매체 보도 종합: 요미우리 신문 보도, http://home.kimo.com.tw/snews1965/News200307/20030704_6htm; "Interview: Chen Shui-Bian Political Pugilist," *Far East Economic Review* 166 (31 July 2003), p. 30; Jason Dean, "Hong Kong Crisis Deepens As Cabinet Members Quit- Taiwan President Chen Says Beijing's Actions Pose Credibility Issue for China," *The Asian Wall Street Journal* (17 July 2003), p. A1.

71_聯合報系民意調查中心, 〈67%, 내년 말 직항 실현 가능성 희박하다〉, 《聯合報》, 2003년 8월 15일, 제2면.

72_羅嘉薇, 〈대륙위원회—대만상품 항공운송 병목 해소, 양안에 호혜〉, 《聯合報》 2003년 9월 11일, 제2면.

책의 구현이라는 점에서 천수이볜 정부가 진정으로 무엇을 하려는 것인지가 이 수정안 속에 모두 망라되어 있었다. 여기에서 우리는 천수이볜 정부가 기존의 법조항을 최소화하였을 뿐만 아니라 나아가 새로운 압축적 행정명령을 새로 법조문화하려는 기도를 발견할 수 있었다. 그 총체적인 목적은 양안 간의 인력(행정원 판본 초안 제9, 16, 17, 21, 33조), 자본(제24에서 27조, 35, 36, 79에서 91, 93-1에서 93-3조), 물자(제28조에서 32조까지), 정보 (제37조)의 왕래를 제한하려는 데 있었다.

이상의 분석에서 나타난 바와 같이 '8·3담화' 직후, 타이베이 측이 미국과의 양자적 관계에서 일부 보완 조치를 취했음에도 불구하고, 내부의 정책적 방향은 눈에 띄게 대만독립으로 치닫고 있었으며, 선거가 가까울수록 움직이는 폭 또한 커지고 있었다. 이러한 추세는 중국으로부터 고도의 관심을 불러일으켰을 뿐만 아니라 또한 미국으로 하여금 보다 직접적으로 양안관계의 '관리'에 개입하지 않을 수 없도록 하였다.

미국의 예방외교

미국의 시각에서 볼 때 천수이볜 '8 · 3담화'의 타이밍은 최악의 극치였다. 지난 100년 동안 미국은 외교정책에서 유턴을 한 경우가 단 두 번밖에 없었다. 첫째, 제1차 세계대전 말기 미국 내부에서 전후 국제사회에 참여할 것인지와 어떤 방식으로 참여할 것인지를 놓고 격론을 벌였다. 윌슨(Woodrow Wilson) 대통령은 100여 년간 지속해 온 고립주의 전통에서 탈피하고 최초로 범세계적인 국제 정치기구인 국제연맹에 참여하자고 주장했다. 그러나 그는 실패하였고 미국 외교는 19세기 고립주의로 회귀하였다. 이는 실패한 회귀의 경험이었다. 둘째, 제2차 세계대전 이후 소련의 급격한 부상과 동유럽과 중국이 공산화된 것에 자극을 받은 미국은 그 유명한 '봉쇄정책(containment)'을 1991년 12월 소련이 붕괴될 때까지 지속하였다. 이는 성공한 회귀의 경험이었다. 그러나 1991년 이후의 미국 외교정책은 줄곧 큰 그림이 부재하였다. 그 결과 명색이 세계 유일 초강대국인 미국이었지만 항상 사건에 등 떠밀려서 갔을 뿐, 사건을 주도하지는 못했다.

1993년 1월, 조지 H. W. 부시 대통령은 며칠만 있으면 백악관을 떠나야 했다. 당시 체니 국방장관하의 울포위츠 차관보를 정점으로 하는 일부 문관들이 때마침 정책건의서를 완성하였다. 그러나 클린턴이 취임한 이후 이 건의서는 존안자료실에 처박혀 8년간 빛을 보지 못했다.[73]

2001년 1월, 부시가 백악관에 들어섰다. 체니는 정계에 복귀하여 부통령이 되었으며, 울포위츠는 국방부의 2인자인 차관이 되었다. 같은 해의 '9 · 11사건'은 울포위츠의 관점을 빠른 속도로 정부 내 최신 주류 사상으로 떠오르게 하였다. 단기간에 성공한 아프가니스탄 전역을 거쳐 곧 시작되어 아마도 더욱 치열해질 이라크전을 앞두고 부시 대통령은 자신의 명의로 2002년 9월 17일 〈미국 국가안보 정책〉이라는 문건을 발표하기로 하는 한편, 동 문건이 향후 수십 년간 미국 외교정책의 큰 방침이 되기를 희망하였다. 일전의 울포위츠 보고서를 바탕으로 한 방침문건은 미국의 외교청책의 두 기본 구도를 구축하였다. 첫째는 '선제공격(preemption)'으로서 과거의 포위와 '억지(deterrence)' 등 다소 피동적이었던 것과 차별지었다. 둘째는 미국으로 하여금 세계에서 오래도록 가장 우세한 위치(perpetual preeminence)에 머무르도록 한다는 것이다.[74]

'일변일국, 공민투표 시급'이 발표되기 전, 미국의 대만해협 양측에 대한 입장은 이미 2001년 4월 남중국해에서의 군용기 충돌사건 직후 밝혀졌던 것처럼 애증이 분명하지 않았다. 앞 장에서 언급한 바와 같이 부시와 장쩌민은 두 차례의 정상회담을 가졌고, 후진타오도 미국을 방문하였다. 2002년 전반, 대만에 매우 우호적이면서도 미국의 대대만 정책, 특히 군비판매를 이끌어 가고 있는 핵심인물인 울포위츠는 연속

73_James Mann, *Rise of the Vulcans* (New York: Penguin Group, 2004), pp. 198-215.

74_Http://www.informationclearinghouse.info/article2320.htm을 보라.

해서 세 차례(3월 플로리다 주, 5월 워싱턴, 6월 싱가포르)나 미 정부가 "대만독립을 찬성하지 않는다"고 밝혔다. 클린턴이 2000년 4월에 제시했던 "대만의 미래는 대만 주민의 동의가 있어야 한다"는 주장도 4월에는 부르크스(Peter Brookes) 국방부 부차관보를 통해, 5월에는 울포위츠에 의해서 "대만의 장래는 양안 주민이 모두 다 받아들일 수 있는 방식에 의해 결정되어야 한다"라고 수정되었다.[75] '8 · 3담화' 직후 또 한 명의 핵심인물인 아미티지 국무부 차관은 8월 말에 베이징을 방문하여 "대만독립을 찬성하지 않는다"고 거듭 확인하였다.[76]

〈미국 국가안보 정책〉의 내용 면에서 볼 때, 이른바 '중국위협론'이라는 아이디어는 이미 뒷전으로 밀려나 있었다. 중국에 대한 미국의 기본적인 태도는 비난보다 기대가 더 많았고, 정책으로서는 이견보다는 협력에 무게를 두었다. 미중관계는 미국이 안정, 평화와 번영된 아시아, 태평양 지역을 추진하는 데에 중요한 요소이며, "우리는 강대하고, 평화롭고, 번영하는 중국의 출현을 환영한다"라고 강조한 이후, 이 문건에서 열거한 상호 간의 협력적인 측면은 차례로 대테러전쟁, 북한, 아프가니스탄, 보건(예로 들자면 에이즈), 환경보호였다. 의견이 대립하는 부분에 대해서는 네 줄의 글로 짤막하게 세 가지만 열거하였다. 차례로 '대만관계법에 의한 대만의 자기방어', '인권', '무기확산'이다. 결론은 "이견의 축소를 그리고 이견이 협력에 걸림돌이 되지 않기를 바란다"고 되어 있었다.

이와 같이 협력을 주축으로 하는 정책이 막 펼쳐질 무렵, 대만 측에서 뜬금없이 '일변 일국론, 공민투표 시급'을 제시하였으니 미국의 분노는 짐작하고도 남는다. 이번 사건은 짧은 시간에 가라앉았지만 미국으로서는 대만이 확실히 미중 간 가장 큰 이견이며, 미국이 능동적으로 사전에 예방하지 않으면 반드시 과거와 마찬가지로 사건에 등 떠밀려 다니게 될 뿐만 아니라, 나아가 미국과 중국이 한꺼번에 대만에 끌

75_Http://www.usinfo.org/wf-archive/2002/020606/epf404/htm을 보라.

76_Http://www.usinfo.org/wf-archive/2002/020826/epf103/htm을 보라.

려 다니게 되는 황당한 상황이 나타나게 될 것이라는 경각심을 갖도록 하였다.

더욱 중요한 것은 다음과 같은 세 가지의 곤혹스러운 점들이 동시에 발생하여 미국으로 하여금 유례없는 '긴박감'을 갖도록 했다는 사실이다. 첫째, 대만에 대한 중국의 '무력위협'의 확대와 무력행사 가능성의 '결심'이 강화되었다. '무력위협'과 관련하여 테닛(George Tenet) CIA 국장이 2003년 2월 미국 하원에 제출한 보고서에는 "(무력위협은) 미국의 최대 관심사이다"라고 되어 있다. 이는 "최근 수년간 중국의 무기정비 및 병력의 훈련은 모두 대만 및 그 어떠한 외세의 개입에 대응하는 실력을 강화하는 데 맞추어져 있다"고 밝혔다.[77] 여기서 말하는 외세는 물론 미국 자신이다.

'결심'과 관련하여 미국은 대만 천수이볜의 언행이 중국의 무력사용의 의지를 강화시킬 수 있다고 우려하는 외에 중국이 미국은 대만을 방어할 충분한 의지가 없다고 생각할 수도 있다는 데 촉각을 세웠다. 중국이 지속해서 대만을 "가장 중요하고, 가장 민감한 핵심문제"라고 하고 있는 것과 대조적으로 미국에게 대만의 가치와 지위는 줄곧 중간 정도에 불과한 듯했다. 2000년 7월 초당파 민간 엘리트(조지 부시 정권 내의 고위 관리인 라이스와 아미티지 포함)들로 구성된 미국국가이익위원회(Commission on America's National Interests)는 보고서를 발표하면서 국제 주제별로 미국 국가이익에서 차지하는 가치를 절대 중요(vital), 대단히 중요(extremely important), 중요(important), 별로 중요하지 않음(less important)의 4등급으로 분류하였다. 이 중 '대만해협의 평화유지'는 2등급인 '대단히 중요'에 포함시켜, '중국과 일본의 화해유지'와 거의 같았으나 '절대 중요'로 분류된 '중국과 유익한 관계 유지' 및 '한국이 자유독립국가로 존속'에는 미치지 못했다.[78]

77_George J. Tenet, "The Worldwide Threat in 2003: Evolving Dangers in a Complex World," Testimony bofore the Senate Select Committee on Intelligence (11 February 2003), http://www.fas.org/irp/congress/2003_hr/021103tenet.html.

78_The Commission on America's National Interest, "America's National Interest" (June 2000), p.

이러한 엘리트들의 생각은 미국 여론조사에도 그대로 반영되었다. 2001년에 실시된 두 차례의 여론조사에서 50%가 넘는 미국인들은 "대만의 도발로 촉발된 (위기) 상태에서는 대대만 증원군 파견에 반대한다"고 응답하였다.[79] 2003년 말, 미국의 또 다른 여론조사에서 74%에 달하는 미국인들이 "중국이 대만을 침략했을 때 (미국이) 도움의 손길을 내밀 것을 보장하는 것에 반대한다"고 응답하였다.[80] 이러한 경향에 더하여 중국이 보편적으로 미국이 "미군이 상해를 입는 것을 두려워한다"라고 인식하고 있는 점은 자연스럽게 중국의 무력 사용가능성을 높여 주고 있었다. 이에 따라 미국은 실력 외에 미국의 '의지'를 보여 주어야 진정으로 중국의 무력행사를 억제할 수 있다고 생각하였다.

둘째는 대만 내부의 분열과 능력의 감소이다. 미군 태평양본부 아태안보연구센터(APCSS)는 2003년 3월에 작성한 보고서에서 대만 안보 문제의 근원은 주로 그 내부에 있으며 현시점에서 대만 내부의 어려운 문제로 다음을 제시했다. 첫째, 민심과 사기가 매우 취약하다. 둘째, 여야 엘리트 간에 공통된 인식이 결여되어 있다. 셋째, 국방개혁이 중대한 장애에 봉착해 있다. 넷째, 경제적 능력이 큰 폭으로 하락하였다. 다섯째, 정체성 문제가 단결을 저해하고 있다.[81] 이들 난제는 명확하게 중국의 대만 침공으로 치러야 할 원가를 크게 낮추어 준다. 이들 가운데 미국이 그런 대로 힘을 보탤 수 있는 것은 오직 국방뿐이며, 나머지는 모두 대만의 내정으로서 개입하기가 용이하지 않다는 것이다.

1999년 미국이 중화민국의 국방건설을 실질적으로 검토한 이래 내린 총체적인 결론은 대만 언론에서 주장하고 있듯이 "이스라엘을 보게 될 것으로 기대했는데 결국은 파나마였다"는 식으로 과장되지는 않았

20.

79_Http://www.americans-world.org/digest/regional_issues/china/china7.cfm.

80_*National Opinion Ballot Report 2003* by the Foreign Policy Association (New York: FPA 2003), p. 9.

81_Denny Roy, "Taiwan's Threat Perceptions: The Enemy Within," APCSS Occasional Papers (March 2003).

어도 많은 부분에서 미국에게 우려를 안겨 준 것은 사실이다.[82] 각종 공개된 정보를 종합하여 볼 때 미국은 분명히 군인들이 "무엇을 위하여 싸우며, 누구를 위하여 싸우는가"의 문제에 관심을 보였고 이를 소중하게 여겼다. 그러나 여기에는 대만의 내정이라는 민감한 문제가 결부되어 있다. 대만이 이토록 약화되면 자연스럽게 미국의 부담이 늘어나게 된다. 미국이 도와주고 싶어도 여차하면 민감한 내정문제에 부딪히게 되면서, 일부 답답하기도 하고 화가 치민 미국 친구들은 "대만이 스스로의 방위에 관심이 없다면 우리가 무엇 때문에 걱정해야 하는가?"라고 말하곤 하였다.[83]

세 번째로 미국을 곤혹스럽게 한 것은 천수이볜 정부의 점증하는 대만독립의 경향이다. 앞서 지적한 CIA보고서에서 선거가 가까울수록 천수이볜의 '정체성의 분리'와 '국제적 공간'을 추구하려는 시도가 점차 적극적이 될 것이라고 예측하고 있었다. 2003년 중반의 공민투표, 정명과 제헌논의가 가열되면서 실질적으로 정세는 한층 더 긴장되었다.

예방외교의 특징

이들 세 가지의 발전은 한편으로 대만해협에서 군사적, 비군사적 충돌이 발생할 확률을 높여 주었고, 또 다른 한편으로는 미국이 여기에 끌려 들어갈 가능성도 고조시켰나. 결국 미국은 더 직접적이고 폭넓게 대만해협에서 예방외교를 집행하지 않을 수 없게 되었다. 여러 가지 자료를 종합적으로 분석한 결과 미국의 예방외교는 다음과 같은 세 가지 특징을 지닌다.

82_Michael D. Swaine, "Deterring Conflict in the Taiwan Strait: The Successes and Failures of Taiwan's Defense Reform and Modernization Program," Carnegie Papers, No. 46 (July 2004).

83_이는 필자가 미국 학자나 전문가들과 대화할 때 흔히 들었던 불만이다. 로스(Edward W. Ross) 미 국방부 안보협력국장도 이와 유사한 발언을 한 바 있는데, 그는 "많은 국회의원과 그 보좌관 그리고 중진 미국관리들"조차 "대만이 자국의 방위에 투자하기를 원하지 않는다면, 우리 미국은 대만을 대신 지켜 줄 필요가 있는가?"라는 질문을 받는다고 언급하였다. 2005년 9월 18일-20일(샌디에이고)의 기간 중 미대만상공회의 주최 방위산업회의 석상에서의 주제 발표.

첫째, 중국과 대만을 동시에 겨냥함으로써 과거에 한쪽으로 치우쳤던 과오를 답습하지 않으려 하였다. 코넬대 방문 직후 클린턴과 중국의 '교류' 정책은 대만을 초조하게 만들었으며, 끝내는 '양국론'이라는 반발을 불러일으켰다. 부시 초기의 대만으로의 편향은 역으로 워싱턴 측이 '하나의 중국'을 무효화하려 한다는 중국의 의구심을 자아냈다. 이에 따라 미국의 새로운 예방외교는 반드시 과거의 교훈을 받아들여야 했다.

둘째, 미국의 방법은 군사와 정치에 동일하게 무게를 두는 것이다. 다시 말하자면 중국을 상대하기 위해서는 단순히 '군사적 억제'만으로는 충분하지 않으며 반드시 충분한 '정치적 담보'가 동시에 진행되어야만 미국의 군사적 실력이 대만독립을 보호해 주는 방패가 아니라는 것을 알려 중국이 안도하게 할 수 있다는 것이다. 이와 마찬가지로 대만에 대해서는 대만의 방위에 협력하는 외에도 반드시 대만이 정치적으로 도발하지 않고 현상타파를 하지 않을 것이라는 점을 확실히 해야 했다. 이는 즉 이른바 '레드 라인'을 넘지 말아야 정세가 통제 불능의 상태로 치닫지 않게 된다는 것이다. 만약 미국이 중국 또는 대만 중 한쪽의 군사적인 측면에만 신경을 쓰고 정치적인 측면을 간과한다면 대만해협 정세는 내리막길로 치달을 가능성이 있었다.

한편 세 번째 특징은 부시 정부의 운영에 있어서의 세심함이다. 다년간 축적된 경험에서 워싱턴은 대만해협 양측이 모두 다 명분을 중요시한다는 것을 터득하였다. 따라서 미국은 공식 석상에서는 되도록 칭찬하는 말만 하고 심한 말, 듣기 거북한 말은 사석에서 했다. 이렇게 하면 메시지를 정확하게 전달할 수 있을 뿐 아니라 상대방의 체면도 살려 주어 그로 하여금 '스스로' 방향을 바꿀 수 있도록 할 수 있었다.

미국의 예방외교의 조치 가운데 가장 중요한 것은 '대만독립 찬성 거부'를 공식적으로 발표한 사실이다. 앞에서도 언급했듯이 닉슨은 1972년의 첫 번째 중국대륙 방문 시 이미 대만독립을 찬성하지 않는다고 약속한 바 있었다. 1995년까지 여러 가지 요인들로 인해 대만독립 문제는 한 번도 문제시된 적이 없었다. 그러나 코넬대 방문 후 클린턴은 중국을 안심시키기 위해 1995년 8월 장쩌민에게 친서를 보내 '대만독립을 찬성하지 않는다'고 언급하였는데, 이는 최초의 공개적 발언이지만 등급이 높은 편은 아니었다. 1998년 7월 초 클린턴은 상하이에서 좌담회에 참석하던 중 대통령으로서는 최초로 이 말을 직접 언급하였다. 이는 등급으로서는 최상위에 달했고, 형식 또한 공개적이었지만 미국은 최대한 자세를 낮춰 "전문가의 질문에 대한 답변이지 먼저 말을 꺼낸 것은 아니다", "베이징이 아닌 상하이에서", "지금껏 해 왔던 주장과 정책에는 변화가 없다" 등의 수식어로 이를 희석하였다.

부시 취임 후 초기 20개월간 이 문제는 다시 거론되지 않았다. 2002년 초 천수이볜이 독립으로 기울어지는 경향이 나타나자 이제까지 친대만 인사들 중의 핵심인물이었던 울포위츠는 세 차례에 걸쳐 연달아 미국의 '대만독립 불찬성'의 입장을 표명하였다. 그러나 '일변일국, 공민투표 시급'이 공식적으로 표명된 이후 중국은 비공개리에 미국에 유례없는 압력을 행사했을 것이다. 미국도 대만을 못마땅하게 생각한 나머지 10월 25일 부시의 텍사스 소재 크로포드 농장으로 곧 총서기직에서 물러날 장쩌민을 초대하였다. 미국의 브리핑에 의하면 부시는 대담 중에 "미국은 대만독립에 찬성하지 않는다"고 언급하였다. 그 외에 부시, 장쩌민과의 공동 기자회견 시 기자들의 질문에 대한 답변을 통해 부시는 "대만독립에 찬성하지 않는다"고 거듭 밝혔다.[84] 이는 이제까지 이 문제와 관련하여 미국의 고위급이 제시한 공개적이고도 가장 신중한 약속이었다.

물론 부시의 크로포드 농장 약속은 미국이 오랜 세월 동안 지켜 왔던 '평화적 해결'과 연결되어 있는 것이다. 이들 중 하나는 '독립 반대'에 중점을, 또 다른 하나는 '무력사용 불가'에 중점을 두고 있는데 합쳐서 보면 바로 미국이 초강대국의 제3자의 입장에서 '무력사용 불가, 독립 반대'라는 분명한 전략적 구도를 그려 낸 것이다. 지난 30년간 '무

84_Http://usinfo.org/lwf-archive/2002/021 025/epf505.htm.

력사용 불가'라는 선은 뚜렷하게 나타났으며 또한 검증을 거쳐 왔지만 '독립 반대'라는 다른 선은 계속 모호한 상태에 있었다. 7년간의 변화를 거치면서 이 다른 한편의 선도 깊게 그어졌고 이로써 매우 선명한 두 줄의 '레드 라인'이 형성되었다. 이 중 '대만독립을 지지하지 않는다'는 중국에 대한 '정치적 담보'이면서도 대만에 대한 정치적 경고였다.

2003년 6월 1일, 부시는 후진타오 신임 총서기 겸 국가주석과 프랑스의 에비앙(Evian)에서 상면하였다. 양측이 천수이볜 정부의 지속적인 대만독립 움직임에 대해 중대한 관심을 가지고 있었기 때문에 부시는 또다시 미국의 '하나의 중국' 정책의 내용에 대해 이는 '3개 연합공보, 대만관계법 및 대만독립을 지지하지 않는 하나의 중국 정책'이라고 밝혔다.[85] 그중에서 '대만독립을 지지하지 않는다'는 그 내용 중에서 유일하게 새로운 요소였다. 기존 내용 중 3개 연합공보는 중국이 중시하는 요소이며, 대만관계법은 대만이 중시하는 요소이므로 양자를 동일하게 거론한 것은 양안 간 균형을 맞추는 효과를 거둘 수 있었다. 여기에 '대만독립을 지지하지 않는다'가 추가되면서 이는 향후 미국이 '하나의 중국' 정책을 언급한다면 자연적으로 '대만독립을 지지하지 않는다'를 거론하는 것과 마찬가지가 되었다. 따라서 매번 대만의 독립을 지지하지 않는다고 특별히 강조할 필요가 없게 되었다. 그 결과 미국은 이후 빈번하게 중국에는 '담보'를 제공하고, 대만에는 '경고'를 할 수 있게 되었다. 즉 '대만독립을 지지하지 않는다'의 강도가 그만큼 높아졌다는 것을 의미한다.

2003년 10월 19일 부시는 방콕에서 개최된 APEC 연례회의에 참석하여 다시 후진타오와 양자회담을 하였다. 백악관 국가안보회의 고위관리는 사후 브리핑을 통해 미국의 '하나의 중국' 정책의 내용은 '3개 연합공보, 대만관계법 및 대만독립을 지지하지 않는 것(don't support Taiwan moving toward independence)'이라고 밝혔다.[86] 이러한 새로운 논조는

85_Http://www.whitehouse.gov/news/releases/2003/06/20030601-4.htm을 보라.

86_Http://lusinfo.org/wf-archive/20031031020/epf118.htm을 보라.

미국의 '찬성 안 함'을 정(靜)적인 것에서 동(動)적인 것으로 바꾼 것이었다. 즉 미국은 대만이 독립으로 치닫는 그 '과정'에 대해서도 찬성하지 않는다는 것이다.

'독립 반대, 무력사용 불가'라는 전략적인 구도하에서 미국은 중국에 대해 전방위적으로 대하였다. 초강대국으로서 미국은 더 이상 중국에게 스스로의 군사적 실력을 증명할 필요가 없었기 때문에 그 핵심은 중국으로 하여금 미국의 '결심'과 관련하여 오판하지 않도록 바라는 것이었다. 공적, 사적인 자리에서 소위 '평화적 해결' 외에 부시 정권은 집권한 이래 수시로 대만관계법을 되풀이하였는데 그 이유는 중국에게 "미국은 국내법에 따라 대만의 수호를 도울 의무가 있다"는 사실을 상기시키고자 함에 있었다.

그 밖에도 미중관계는 여러 분야에서 상향 조정되고 있었다. 2003년 이후부터 미국은 유엔에서 연례적으로 중국의 인권침해를 비난해 온 결의안을 중지하였다. 미국은 신장에 있는 동투르기스탄 조직을 테러단체로 규정하였다.[87] 파월 국무장관은 여러 차례 공석에서 "미국과 중국의 관계는 미증유의 양호한 단계에 있다"고 하였다.[88] 잠시 중단되었던 상호 간의 군사적 분야도 교류를 재개하였다. 실례로서 2002년 말 숑광카이 중국군 부총참모장이 미국을 방문하여 남중국해 군용기 충돌사건 이후 처음으로 연례 국방협상회담에 참석하였다.[89] 이와 때를 같이하여 파고(Thomas Fargo) 미 태평양함대 사령관이 베이징을 방문하여 숑광카이 중국군 총참모장과 회동하는 한편, 청두군구(成都軍區), 난징군구, 동하이함대와 상하이 경비구 등을 시찰하였다. 미 항공모함 링컨호, 컨스텔레이션호, 키티호크호가 차례로 홍콩에 기항하였으며 포스트구축함은 칭다오(靑島)에 기항하였다.[90] 미국의 이와 같은 선의

87_Http://www.usinfo/wf-archive/2003/030430/epf312.htm을 보라.

88_Http://www.state.gov/secretarv/former/powell/remarks/2003/23836.htm을 보라.

89_丌樂義, 〈오늘 워싱턴에서 대만, 미국 고위군사접촉 재개〉, 《中國時報》 2002년 12월 9일, 제11면.

90_홍콩 기항과 관련된 관련 보도는 다음을 참고할 것. VOA, *USS Lincoln Arrives at HK* (23

의 움직임은 미국이 이라크 침공의 전략적 필요상 중국과 북한문제에서 공동의 이익이 있었기 때문이었으나 부분적으로는 중국이 대대만 문제에서 보여 준 자기억제에 대한 보은 차원이 절대적이었다.

미국이 한걸음 더 나아가 중국을 안심시킨 일로는 미국이 자신의 영향력을 행사하여 '무력사용 불가, 독립 반대'를 실천할 수 있다고 공개적으로 약속한 일이었다. 크로포드 농장에서 부시는 장쩌민의 면전에서 "미국은 동 지역(대만해협)에서 어느 정도 영향력이 있으며, 또한 이 문제의 평화적인 해결을 확실히 하려고 한다. 여기는 미국의 대만독립을 지지하지 않는 것이 포함되어 있다"고 하였다.[91] 이 말은 미국의 '무력사용 불가, 독립 반대'가 말로만 그치는 것이 아니라 자신의 영향력을 활용하여 적극적으로 실천하겠다는 속뜻이 포함되어 있었다. 이 중 '무력사용 불가'는 늘 해 오던 말이었으나, '독립 반대'는 미국이 신대만 정책을 추진하는 데 핵심이 되었다.

미국과 대만관계의 측면

대만과 관련하여 미국의 조치 또한 다각적이었다.

첫째, 대만이 안전해야 한다. 대만을 안전하게 하는 것은 곧 중국에 대한 미국의 결심을 과시하는 것이다. 따라서 2001년 군비판매의 물품 목록은 아직도 유효했으며 여러 가지 군사협력 계획이 지속적으로 진행되었다. 대만이 스스로의 방위에 있어서 느리게 그리고 피동적으로 움직이고 있는 데 반하여 미국 내 친대만세력의 언행은 대만보다 더욱 초조한 듯하였다.

둘째, 대만이 안심해야 한다. '평화적 해결'과 '대만관계법' 외에도 미국은 때때로 레이건 시절의 '6가지 보장'을 언급하곤 했다.

August 2002), http://www.voanes.com/chinese/archive/2002_08/a_2002.cfm; 劉雲龍, 〈미 키티호크호 항공모함 오늘 홍콩 방문〉, 《聯合報》 2002년 11월 29일, 제13면; 俞雨琳, 〈미 포스트호 구축함 칭다오 방문〉, 《中國時報》 2002년 11월 25일, 제11면.

91_ "US and China Want Peaceful Resolution to North Korea's Nuclear Threat," President George Bush and Presient Jiang Zemin Joint Conference at Crawford Ranch (25 October 2002).

셋째, 대만의 '존엄'을 지켜 주기 위한 필요에서 미국은 중화민국의 총통과 부총통이 미국을 통과할 때 접대의 4원칙(안전, 쾌적, 편리, 존엄)을 계속 지켜 나갔다. 2003년 10월 말 천수이볜이 뉴욕과 알래스카를 통과하는 기간 중 미국은 조심스럽게 날짜의 수(2일), 지점(로스앤젤레스 제외), 면담 상대의 직급(섀힌 AIT 이사장까지, 이는 롄잔 국민당 대표 접견 시와 같은 직분)을 통제했고 언론을 공개적으로 접촉하는 것은 금지했다. 그러나 그 후에 있었던 섀힌의 발언과 대만 언론의 폭로기사는 국무부로서는 미처 예상하지 못했던 것 같다.[92]

넷째, 다른 한편으로 대만의 과오에 대해서도 미국은 매정하게 바로잡았다. 앞서 지적한 '무기판매', '기밀누설', '경제 관련' 등 심기가 불편했던 사안들에 대해 미국은 하나같이 사석에서 정색을 하고 시정을 요구하였다.

다섯째, 가장 처리하기 힘든 사항은 '일변일국', '공민투표', '정명', '제헌' 등의 민감한 주제였다. 미국은 자신의 민주적 이상과 국제사회에서의 현실적 이익이라는 중간에서 샌드위치 신세가 되어 진퇴양난에 처하였다. '8 · 3담화' 이후의 1년간 미국은 대의명분을 내세워 천수이볜 정부가 '자발적'으로 수렴하도록 하는 데 주력함으로써 대만의 '체념정서'를 자극하지 않으려고 하였다.

그러나 2003년 여름, 타이베이의 증가하는 독립지향적인 움직임에 직면하면서 미국은 '점잖게 타이르는' 방식은 효과가 없다는 사실을 깨닫고 비로소 공개적으로 암시하거나 간접적으로 정면 돌파하는 방식으로 미국 정부 관리 혹은 의원 및 대만의 정부 관리, 입법위원 혹은 언론매체를 통해 "천수이볜 취임 당시 '4불 1무'라는 약속이 있었으므로 우리는 이 약속을 매우 중요시하고 있다"(팔 AIT 타이베이 처장), "WHO 공민투표를 실행할 필요성을 찾을 수 없다"(아미타지, 국무원 부국무원

92_郭淑媛, 和榮幸, 〈경유 방문에 미국 측 격상된 의전으로 접대〉, 《中國晚報》, 2003년 11월 1일, 제2면; 劉寶傑, 王時齊, 〈섀힌—부시는 천수이볜의 수호천사〉, 《聯合報》, 2003년 11월 3일, 제3면.

장), "공민투표의 결과는 스스로 책임져야 한다"(바우처[Richard Boucher], 미 국무부 대변인), "대만은 혼자서 2주간을 지탱할 수 있어야 한다"(국무부 아태관계 담당 고위관리가 미국을 방문한 입법위원을 통해 전달), "그 누구도 일방적으로 현상태를 변경하려는 그 어떤 것도 시도할 수 없다"(라이스 백악관 국가안보 자문위원) 등 미국의 관심과 불만의 의사를 전달하였다. 바우처 국무부 대변인은 이례적으로 천수이볜의 '4불 1무'의 내용을 조목조목 읽어 내려감으로써 스스로가 한 약속을 상기시켰다.

타이베이 측이 오해하거나 고의로 미국의 의사를 모르는 척하는 것을 막기 위해 미국은 천원린 중국 국대반 주임과 저우밍웨이(周明偉) 부주임이 방미 후 추이런 총통부 비서실장(국가안보를 담당하는 캉닝샹 국가안보회의 비서장이 아님)을 7월 말에 미국에 업무협조차 방문하도록 요구하였다. 만약 시간을 몇 년 전으로 돌려놓는다면 미국의 이러한 조치에 대해 중국은 분명히 "중국의 내정에 간섭한다"고 펄쩍 뛰었을 것이다. 그러나 지금은 미국이 묵묵히 자신의 영향력을 발휘하는 것을 양해하여 베이징 측은 아무런 반응도 보이지 않았다.

선거와 연계된 공민투표

2003년 10월 천수이볜은 분명하게 '신헌법', '공민투표', '타임테이블' 등 일련의 공개 발표를 하였다. 특히 그는 뉴욕을 통과할 때를 이용하여 새로운 헌법을 '제정'(필요성의 강조가 아닌)하겠다고 직접 언급함으로써 대만해협 정세의 긴장도를 심화시켰다. 그 후 '공민투표법'의 심의 과정 중 국친연맹(國親聯盟)(국민당과 친민당의 연합전선—옮긴이)은 돌연 전술을 바꿔 '기권'의 방식을 통해 민진당에게 태도를 분명히 할 것을 압박하였으며, 이로 인해 베이징 측을 크게 긴장시켰다. 11월 17일과 18일, 국대반 책임자 중 온건파의 대표적인 인물인 왕다오한과 군부 출신의 왕자이시 부주임이 잇달아 성명을 발표하면서 강력한 어조로 "대만은 중국의 신성한 영토이며 분리될 수 없는 일부분"('신성한'이라는 용어는 근년에 보기 드물었다), "양안관계와 대만해협의 정세를 위험한 벼랑 끝으로 몰아가고 있다", "대만독립은 곧 전쟁이다"라고 선언하였다.[93]

당시 미국은 즉각적으로 사태의 심각성을 직시하고 워싱턴, 타이베이, 베이징 등 세 곳에서 많은 인력을 동원하여 각 측이 자제하도록 함으로써 불행한 사태를 방지하는 데 주력하였다. 다행히도 11월 27일(마침 미국의 추수감사절) 입법위원인 차이퉁룽(蔡同榮)이 발의한 급진적인 법안이 부결되었다. 대신 국친연맹이 발의한 온건한 법안이 통과됨으로써 대만 주민으로 하여금 공민투표를 위한 권리를 획득하기 위해서는 다중의 문턱을 넘도록 설정하여 독립과 통일을 서두르는 그 어떠한 주장도 쉽사리 성공할 수 없도록 함으로써 대만해협을 안정시키는 "트리플 윈(3 win)"의 목적을 달성하였다. 그러나 추수감사절이 지나기 바쁘게 천수이볜 총통은 29일 〈공민투표법〉 제17조(국가가 외부의 위협을 받아 국가의 주권에 변화가 초래될 우려가 있을 경우 총통은 행정원회의(즉 국무회의)의 결의를 거쳐 국가안보와 관련된 사항을 공민투표에 부칠 수 있다. 상기의 공민투표는 제18조의 '기간에 관한 규정' 및 24조의 규정에 구속되지 않는다)에 의거하여 다음 해 3월 20일 동시에 방어성 공민투표를 실시할 예정이라고 공표하였다. 이 선언은 다시금 국내외를 크게 경악시켰다.

미국은 특히 공민투표를 선거와 연계하는 것을 이해하지 못했다. 이해하지 못하는 이유는 '방어성 공민투표'는 차순위에 속하는 일이며, 공민투표의 내용이 '중국의 무력포기' 또는 '미사일 배치 철거'인가의 여부는 더욱 하순위여야 한다는 것이다. 미국이 진정으로 양해할 수 없는 일은 천수이볜의 태도였다. '일변 일국'이 발표된 이후 1년여 동안 미국은 줄곧 친구로서 타이르는 도리에 충실했다. 대만의 체면을 생각해서 조심스럽고 은밀하며 비공개적이었던 것에서 공개적으로, 낮은 단계에서 높은 단계로, 간접적인 것에서 직접적인 것으로, 가벼운 언

93_Http://www.scol.com.cn/domestic/szlb/2003111950403.htm을 보라.

질을 던지는 것에서 정색을 하고 경고해 왔다. 그러나 천수이볜 정부는 들어도 못 들은 척, 보고도 못 본 척을 하더니 급기야는 뉴욕에서 같은 입으로 '4불 1무'를 말하면서도 동시에 한편으로는 새로운 헌법의 제정을 언급하였다. 결국 천수이볜은 미국으로 하여금 그간 할 만큼 했으니 더는 타이베이의 체면을 생각할 때가 아니며, 반드시 명백하게 말해야겠다고 생각하도록 만들었다.

나아가 미국은 천수이볜의 '이기주의'에 대해서도 크게 불만을 품었다. '8 · 3담화'가 미군의 이라크 침공정책에 혼선을 야기했던 것은 새삼스러운 일이 아니었다. 2003년 여름과 가을, 미국의 이라크전 뒤처리가 완결되지 못한 상태에서 북한문제를 다루는 '6자 회담'에 중국에 의지해야 할 부분이 많았다. 그러다 보니 분주하게 뛰고 있는 국무부 동아시아국이 '북한국'으로 불릴 정도였다.[94] 더욱이 지금껏 대만에게 호의적이었던 의회에서도 될 대로 되라고 손을 놓은 분위기로 바뀌었다.[95] 원자바오 중국 총리의 12월 초 방미를 목전에 두고 미국은 무역역조 및 인민폐 절상문제 등에서 성과를 냄으로써 재선을 노리는 부시의 선거에 유리하게 작용하기를 희망했다. 그러나 천수이볜은 이 시기에 자신의 선거전에 유리하게 하기 위해서 끊임없이 불을 질러 미국으로 하여금 한 곳에 전념하지 못하게 하였고 끝내 워싱턴 측의 인내는 극한에 이르게 되었다.

이 밖에도 미국은 천수이볜의 새로운 정책의 실질적인 면에 대해 이해하지 못했다. 9월 28일 바우처 미 국무부 대변인은 천수이볜 정부의 동향을 '선거용 발언'으로 규정하기도 했다. 11월 대미 설득차 방미한 차이잉원 및 그 밖의 천수이볜 정부의 관리들 역시 공민투표와 관련하여 이는 '민주주의의 심화'를 상징하는 것이며, 방어성 공민투표란 '현상유지'를 의미한다고 주장했다. 그러나 12월 초 미국은 더 이상 이와

94_워싱턴 소식통에 의거.

95_Robert Sutter, "Taiwan-US Crisis: Congress to the Rescue?" *PacNet*, no. 4, Pacific Forum CSIC (22 January 2004).

같은 해석을 신뢰하지 않았고 노골적으로 이를 "특정한 방향으로 가기 위한 정치적 행위"라고 규정지었다.[96] 다시 말하자면 이는 더 이상 격렬하지만 대중에 영향을 미치지 않는 '선거용 발언'이 아니라, 정치적 결과로 이어질 수 있는 '정치적 행위'라는 것이다. 이러한 행위에 분노하는 중국, 바삐 움직이는 미국, 허약한 대만이라는 대만해협의 구도는 자연스럽게 미국의 깊은 우려를 자아냈고, 결국 미국은 나서서 이를 제지해야만 했다.

이러한 정황 속에서 '방어(또는 방위)성 공민투표'는 '낙타를 짓누르는 마지막 볏짚'(마지막 결정타—옮긴이)이었다. 그 내용이 '중국의 무력포기' 또는 '미사일 철거'이든 혹은 다른 내용이든 중요하지 않았다. 미국은 대만이 지금까지 '좋은 말을 할 때 듣지 않았기 때문에' 미국으로서는 불가피하게 영향력을 발휘하여 반드시 '본때'를 보여 주어야 현상을 바꾸려는 대만의 일련의 언행을 제지할 수 있을 것이라고 생각하게 되었다. 이 중 미국의 주도면밀한 조치는 관련 요원들의 전문성과 노련함을 유감없이 발휘하도록 하였다.

앞에서 언급한 11월 17일 및 18일의 중국 측의 세 건의 성명이 발표된 직후 아미티지 국무부 차관은 곧바로 18일(미국 현지 시간) 미국의 대만관계법 내용 중 의무는 "군사장비 제공"과 "아태지역에서 군병력 주둔"을 넘지 않는다고 밝혔다.[97] 슈리버(Randall Schriver) 아태 부차관보는 20일(미국 현지시간) 워싱턴 주재 대만 언론기자들만을 위한 특별 기자회견을 개최하였는데, 이 자리에서 그는 "만약 그 어떠한 공민투표 또는 헌법제정 동향이 대만의 현상과 맞닿아 대만독립으로 기울어지진다면 미국은 이를 찬성하지 않을 것이다", "부시 정부의 정책은 대만독립을 지지하지 않는 것이다"라고 발표하였다.[98] 이들 두 개 항 성명

96_Http://www.state.gov/r/pa/prs/dpb/2003.26998.htm을 보라.

97_"Press Availability at the Educational and Cultural Affairs Exchange Fair," Deputy Secretary of State Richard L. Armitage (18 November 2003).

98_"US-Taiwan-China Issues," Deputy Assistant Secretary for East Asia and Pacific Affairs, Foreign Press Center Briefing (20 November 2003).

의 내용이 안정시키는 역할을 한 것은 분명하며 미국의 재빠른 반응에 대해 아마도 베이징은 흡족하였을 것이다.

미국 백악관 고위관리(일반적으로 모리아티[James Moriarty] 국가안전보장회의 선임 책임자로 짐작)는 11월 26일 홍콩의 봉황TV(鳳凰電視臺)와의 인터뷰에서 미국은 "최종적으로 대만해협 양안 대립의 해결과 관련된 공민투표와 대만의 현상을 변경시키려는 공민투표를 환영하지 않으며, 이것이 전개되는 것 또한 원하지 않는다"고 하였다.[99] 이어서 바우처 국무부 대변인은 12월 1일 "미국은 대만의 현상을 변경하기 위한 독립을 지향하는 그 어떠한 공민투표도 반대한다(be opposed to)"고 하였다.[100] 그는 또한 "미국은 양안의 그 어느 한쪽이라도 대만해협의 현상을 변경시키려는 시도에 반대한다"고 재확인하였다. 같은 날 미국의 베일에 가려진 인물(모리아티로 추정)이 조용하게 타이베이에 도착하여 부시 개인의 우정어린 충고를 전달하였다.[101] 타이베이의 소식통에 의하면 타이베이와 베이징에서 각각 근무한 바 있는 모리아티는 천수이볜 정부 기간 동안 대만을 세 차례나 비밀리에 다녀갔고, 모리아티는 "올수록 기분이 나빠졌다"고 하였다.[102]

미국의 반대는 12월 초 원자바오 중국 총리의 방미 시 최고조에 달했다. 9일, 그는 백악관에서 부시와 회담하였다. 부시와 원자바오 회담 장면의 정치적 의미와 내용은 거의 동일하게 중요했다. 부시는 애써 우호적인 분위기를 조성하였고, 두 사람은 백악관의 오벌 오피스의 벽난로가에서 기자회견을 가졌다. 시간 또한 당초의 타이베이 시간인 새벽 1시에서 자정 12시 20분으로 앞당김으로써 타이베이 신문사의 기사 마감 시간에 맞추도록 하였다. 두 지도자는 먼저 부시의 집무실에서 대만문제를 토론하였으며, 그 후 나란히 벽난로가로 다가가 마

99_Http://www.phoenixtv.com/home/200312/01/155923.html을 보라.

100_Http://2001-2009.state.gov/r/pa/prs/dpb.2003/26776.htm을 보라.

101_林寶慶, 〈공민투표에 심각하게 우려, 백악관 고위층 천수이볜과 회담, 도발하지 말 것을 촉구〉, 《聯合晩報》, 2003년 12월 2일, 제2면.

102_타이베이 소식통.

주 보며 앉아 대만문제에만 국한하는 기자회견을 실시하였다. 기자회견이 종료된 후 두 사람은 다시 집무실로 돌아가 다른 문제들을 논의하였다. 이와 같은 특출한 설정의 목적은 오직 하나였다. 즉 대만 국민에게 메시지를 보내는 것이었다. 있는 그대로의 메시지를 말이다.

부시는 원자바오의 면전에서 "미국은 대만 및 중국이 일방적으로 하는 그 어떠한 현상 변경의 결정에 대해 반대하며(oppose) […] 대만 지도자의 최근의 발언과 행동은 그가 일방적으로 현상을 변경할 결심이 섰을 가능성을 시사하고 있기 때문에 미국이 이에 반대하는 것이다"라고 하였다. 원자바오는 즉각 화답하면서 부시가 자신과의 회담 시 수차례에 걸쳐 "중국과 미국 간의 3개 연합공보와 '하나의 중국' 원칙을 확고히 지키며, 대만독립을 반대한다는 입장"을 다짐했다고 밝히면서 부시가 밝힌 "대만에서 새롭게 출현한 대만독립을 목적으로 하는 이른바 각종 명목의 공민투표에 대한 입장"에 대해 높이 평가한다고 하였다.

이로써 미국은 대만해협에서의 예방외교를 한 단계 업그레이드 시켰다. 1999년 양국론 위기 직후 클린턴은 9월, 뉴질랜드 오클랜드에서 열린 정상회담에서 장쩌민에게 "미스터 리(리덩후이)의 (양국론) 성명은 미국과 중국에게 많은 골칫거리를 가져다주었다"고 말하였다. 당시 이러한 발언은 미국 국가안전보장회의 버거(Berger) 자문위원이 전달함으로써 외부에 알려지게 되었다. 이번에는 부시가 카메라 렌즈를 쳐다보면서 새로운 입장을 공개적으로 표명하였으며, 또한 원자바오가 이어서 "대만독립 반대"를 언급했을 때 미소를 지으며 머리를 끄덕이면서 말은 하지 않았다. 미국의 대만에 대한 입장, 특히 천수이볜 총통에 대한 태도는 이보다 더 분명해질 수 없었다.

군사장비 구입으로 미국을 묶어 두다

열세를 만회하기 위해, 천수이볜은 즉각 자신의 심복인 커청헝(柯承亨)(당시 국가안보회의 자문위원)을 미국으로 파견하여 장장 3주간 소통에 주력하면서 조야의 친대만 인사를 만나서 위기 타파를 위한 처방을 간

청하였다. 장고의 노력 끝에 얻은 결론은 바로 다음 해인 1월 16일 천수이볜이 공포한 두 개의 공민투표의 내용이다:

> 첫째, 대만 주민들은 대만해협의 문제가 평화적으로 해결되어야 한다고 믿고 있다. 귀하는 만약에 중국이 대만을 겨냥하고 있는 미사일을 철거하지 않는다면 대만 스스로의 방위능력을 강화하기 위해 미사일 요격장비를 추가적으로 도입하는 데 대한 찬성하는가?
>
> 둘째, 귀하는 정부가 양안의 인식 공유와 주민들의 복지를 도모하기 위해서 중국과 협상을 진행하여 양안 간의 평화적이고 안정적인 연동체계를 구축하는 데 동의하는가?[103]

이들 두 내용은 무척 평범하여 대만 내부에서는 논쟁이 되지 못했고, 양안관계에도 별다른 자극을 주지 못했다. 따라서 파월 미 국무장관은 당일 홍콩의 봉황TV를 통해 매우 유연한 반응을 보였다. 그는 "나는 천수이볜 총통이 이들 두 가지 의제의 용어 선택에서 나름대로의 유연성을 나타냈다고 본다"고 하였다.[104] 매클렐런(Scott Maclellan) 백악관 대변인 또한 당일 "우리는 공민투표의 결과가 대만이 현상을 준수하겠다는 약속과는 관련이 없는 것으로 이해한다"고 밝혔다.[105] 그러나 1월 30일 베이징을 방문 중이었던 아미티지 국무차관의 반응은 여전히 부정적이었다. 그는 "공민투표는 통상적으로 매우 분열적이거나(divisive) 혹은 매우 곤란한(difficult) 의제에 맞추어져 있는 것이다. 그러나 이 두 의제는 대립도 곤란함도 없는 듯하다. 그렇다면. 공민투표를 추진하려는 사람의 동기가 의문시된다"고 하였다.[106]

그러나 2월 21일, 하원에서의 증인답변 중 파월 국무장관의 입장이

103_Http://www.president.gov.tw/php-bin/prez/shownews.php4를 보라.

104_Http://www.state.gov/secretary/former/powell/remarks/28218.htm을 보라.

105_Http://www.whitehouse.gov/news/releases/2004/01/20040116-14.html#6을 보라.

106_Http://www.state.gov/s/d/rm/28614.htm을 보라.

뒤바뀌었다. 그는 "공민투표와 관련하여 우리로서는 도저히 그 필요성을 인식할 수가 없다. 그러나 대만은 민주적인 곳인 만큼 그들이 공민투표를 하려 한다면 그렇게 하는 것이다"고 하였다. 이는 말할 필요없이 천수이볜 정부의 물밑소통이 효과를 보았다는 것을 의미한다. 미국 측이 "공민투표는 민주적인 절차의 일부분"이라는 주장을 수용한 것인 동시에 두 개의 공민투표의 의제와 '현상불변의 약속'은 서로 관련이 없다고 인정하였다. 파월의 발언은 미국이 No에서 Yes로 돌아섰음을 증명해 주고 있다.

미국 측 태도변화의 결정적인 이유는 '군사장비 구입'에 있다고 보아야 한다. 2000년 2월, 중국이 대대만 관련 강경한 백서를 발표할 때에는 마침 미국이 〈대만안보강화법〉의 통과 여부를 놓고 고심 중이었다. 리덩후이는 이때를 놓치지 않고 3월 1일 미국에 이지스함, 잠수함, 장거리 미사일 등을 포함하는 무기구매 목록을 제출했다. 그러나 워싱턴 측은 아무런 반응도 보이지 않았다. 그 다음 해 4월, 남중국해 군용기 충돌사건이 발생하자, 이에 진노한 부시 대통령이 위력이 강한 이지스함을 제외하고 나머지 목록을 모두 수용하겠다고 발표하였다. 그러나 천수이볜 정부가 시간이 흘러도 구체적인 도입 우선목록을 제출하지 않자 2003년 봄, 기다리다 지친 미국 정부가 아예 자체적으로 검토한 후 PAC-III 미사일, 디젤 잠수함, P3C내잠기 등 3개 항의 우선 항목을 결정하여 천수이볜 정부에 통보하였다. 하지만 천수이볜 정부는 미국의 통지를 받고서도 허송세월하며 아무런 조치도 취하지 않았을 뿐 아니라 역으로 공민투표의 추진에만 열중하다가 그 다음 해 2월, 즉 선거 1개월 전에 이르러서야 워싱턴 측에 3개 항의 군비도입안을 받아들이겠다고 하였다.

이러한 통보는 미국 측에만 하였을 뿐 국내에는 공개하지 않았다. 필자는 선거 종료 1년 후 전국구 입법위원 시절에 국방위원회에서의 대정부 질의 중 우연히 이를 알게 되었다.[107] 군비도입안이 3월 1일에

107_제3장 주 2를 참고할 것.

확정되었다고 하니, 일반적인 추산 방식에 따르면 천수이볜 정부의 대미국 비공식 통보가 분명히 3월 1일보다는 앞선 어느 때가 된다. 2월 21일 이전의 어느 날일 것이다. 이래야만 워싱턴 측의 1월 30일 국무부 차관의 No가 2월 21일 국무장관의 Yes로 전환될 수 있는 것이다. 이번 비밀 통보는 매우 결정적이었는데 이를 통해 '군사장비 구입, 공민투표'와 관련하여 또 하나의 베일에 가려진 목적이 폭로되었기 때문이다. 애초부터 '군사장비 구입, 공민투표'는 1석 2조의 고단수 플레이였다. 이 중 '공민투표와 선거의 연계'가 천수이볜 연임확률의 제고를 위한 것이라면 '군사장비 구입에 미국을 묶어 두는 것'은 미국으로 하여금 대만의 공민투표 실시에 대해 '반대'에서 '찬성'으로 돌아서도록 만든 결과를 가져왔기 때문에 '군사장비 구입, 공민투표'의 아이디어는 성공적이었다고 할 수 있다.

그러나 그 대가는 뼈아픈 것이었다. 첫째, 타이베이 국방부의 최초 평가에서 이들 3개 항의 주요 무기장비 구입의 총 소요액은 2,800억 대만달러였다.[108] 그러나 2004년 6월 2일 행정원에서 통과한 국방부 요청 구입예산안에서 금액은 이미 6,100억 대만달러로 껑충 뛰어 있었다.[109] 둘째, 두 개 항의 공민투표는 〈공민투표법〉이 통과된 후의 최초의 공민투표였으나 즉시 '선거와 연계'되면서 민주사회의 정상적인 공민투표의 위신에 심각한 타격을 주었다. 셋째, '무기장비 구입 여부에 관한 공민투표'가 통과되지 않음으로써 법률규정에 따라 공민투표 후 3년 내에는 군사장비 구입이 불가하게 되어 있다. 이는 대만의 국방에 손상을 입히게 될 뿐만 아니라 대만 내부의 국민당과 민진당 간의 갈등을 심화시켰다.

공민투표 직전, 긴장되고 의혹스러운 대만해협 연속극이 방영 중이었다. 민진당은 여전히 '방어성 공민투표'와 선거를 동시에 치르는 것

108_呂昭隆, 〈향후 10년간 군사장비 도입, 미사일 및 제해전에 치중〉, 2002년 5월 17일, 제4면.

109_范姜泰, 〈정부, 6108억 무기 도입 예산 통과〉, 《中國晚報》, 2004년 6월 2일, 제2면.

에 매달려 있었다. 재야의 범남진영은 '현상유지, 대만 우선, 경제무역 제일' 등의 온건한 주장을 내세우는 한편, '군비통제협상', '중국의 미사일 철거', '중국이 먼저 대대만 무력 미사용 선포' 등의 의제를 내세웠다. 필자 또한 직항 문제와 관련하여 '공중 회랑'이라는 의제를 내놓았다. 이는 양안 간 협상을 통해 대만해협 상공에 일정한 고도와 넓이의 복도를 획정하여 양안 간의 민간 항공기가 지정된 시간, 지정된 시점, 지정된 방향에서 상대편으로 비행하자는 것이다. 모든 대만이나 중국의 정기 민간 항공기편이 그 출발점이 어디이든 간에 모두 다 이 회랑을 경유해야만 상대방의 지역으로 진입할 수 있도록 하는 것이다. 이러한 구상은 1948년 구소련이 서베를린을 1년간 봉쇄하는 기간 동안 서방국가가 서베를린으로 공수를 위해서 설정했던 회랑의 개념으로서 안전하면서도 직항의 편리함도 누릴 수 있는 방법이다.[110] 분명한 것은 대륙정책과 양안관계는 선거전의 마지막 수개월간 쌍방이 혈투를 벌였던 핵심 중 하나였다.

선거투표일을 일주일 앞두고, 모든 언론매체가 총통의 부인 우수전이 기업인 천유하오(陳由豪)의 정치자금을 받았는지에 대한 뉴스에 관심을 모으고 있었다. 그러나 투표 하루 전, 즉 3월 19일의 타이난 시에서 의외의 총격사건이 대만 전체를 뒤흔들어, 그 밖의 모든 분쟁을 잠재웠을 뿐만 아니라 선거의 결과 또한 바꾸어 놓았다.

110_蘇起, 〈공중회랑, 양안 해빙의 관건〉, 《中央日報》, 2003년 11월 9일, 제4면; 黃國樑, 〈쑤치, 정책구상자〉, 《聯合晚報》, 2003년 9월 6일, 제3면; 田世昊, 黃維助, 〈쑤치, 공중안전통로 직항 제의〉, 《自由時報》, 2003년 9월 7일, 제8면.

제9장 대만은 전쟁 중

"탄두가 총통의 몸 안에 있었다." […] (이어서 기자가 질문했다. 총통이 총에 맞았는데 걸어서 병원에 들어가셨습니까?) "그게 가능하겠습니까?"[1]
—추이런, 2004년 3월 9일

"2006년에 새로운 헌법을 만들어 내어, 2008년에는 적합하고도 용도에 맞는 대만의 신헌법을 적용할 수 있기를 희망한다."[2]
—천수이볜, 2004년 3월 30일

1990년대 이후 대만이 민주화로 조금씩 이동하기 시작한 이래, 2004년은 경쟁이 가장 치열했고, 쟁론이 가장 많았던 1년이었다.[3] 그해에 집회에 참여했던 인원은 1,196만 명 정도로 추산되며 이는 역사상 가장 많은 숫자이다. 1996년 모두 네 후보가 첫 번째 민선 총통과 부총통 선거에 출마했다. 결과는 국민당의 후보인 리덩후이와 롄잔이 54%의 총 득표수로 승리했다. 2000년 국민당이 분열되면서 국민당의 롄잔과 샤오완창 외에도 대중석 시시기반이 높은 쑹추위가 국민당을 탈당하여 무당파의 장자오슝과 연합하여 무소속 후보로 출마하였다. 민진당은 일찍이 타이베이 시장직을 맡았던 천수이볜과 타오위안(桃園) 현장이었던 뤼슈롄이 함께 정·부총통의 권좌에 도전하였다. 결과적으로 천수이볜과 뤼슈롄의 조합이 39%라는 적은 득표율로 당선되었다. 이는 37%를 얻은 쑹추위와 장사오슝의 조합을 약간 앞선 것이었고, 롄잔과 샤오완창의 득표율은 당시 23%였다.

1_총통부 비서실장 추이런, 2004년 3월 19일 총격사건 이후 소집된 기자회견에서 알 수 없는 미소를 지으며, 《東森新聞》, https://www.youtube.com/watch?v=THh_KrIvZTo을 보라.

2_〈총통, 워싱턴 포스트와 독점 인터뷰를 하다〉, 《總統府新聞稿》, 2004년 3월 30일.

3_內政部警政署 편, 《警政統計月報》, 民國 95년 3월, pp. 70-71.

이 두 번의 선거 결과 이후에는 후보자 간의 중대한 이견이 없었다. 2000년 천수이볜이 적은 득표로 어렵게 승리한 이후 타이베이 시에서 약 6일간의 민중 항의가 있었다. 그러나 창끝은 선거의 불공정성 혹은 천수이볜의 당선무효를 향한 것이 아니라 국민당 주석인 리덩후이가 암암리에 천수이볜을 도왔느냐에 있었다. 국민당의 당정 인사들은 물론이고 전국의 민중들은 담담하게 선거 결과를 받아들였다. 당시 참모총장이었던 탕야오밍은 투표 당일 투표가 모두 끝난 오후 4시 이후 그러나 결과가 발표(오후 7시경)되기도 전인 오후 4시 15분에 다음과 같이 선포하였다. "곧 머지않아 탄생할 삼군 최고사령관에게 결연히 맹세하건대, 지혜와 충성을 다하여 희생하고 봉헌하여 중화민국의 국가의 안전을 수호할 것이다."

논쟁이 가득했던 총통선거

2004년의 상황은 완전히 달랐다. '남색'과 '녹색'이라는 명칭이 이미 자주 회자되는 용어가 되었다. 더구나 두 진영의 경계는 분명했다. 한쪽은 경쟁이 협력으로 바뀐 롄잔과 쑹추위였고, 다른 한쪽은 연임을 모색하고 있던 천수이볜과 뤼슈롄이었다. 양쪽은 모두 두 차례 교전하였던바, 유권자들은 이미 그들의 인격적인 특징이나 정책적 선호에 대해 익숙해져 있었다. 롄잔과 쑹추위 두 사람의 명성과 기세는 2003년 2월 그들이 연합을 선포하였을 때 최고점에 달했다(여론조사 54%).[4] 천수이볜과 뤼슈롄은 비교적 늦게 선포하여 뒤늦게 뒤를 좇아가는 형국이었다. 앞서 기술했듯이 범녹진영은 2003년 여름부터 끊임없이 '공민투표', '정명운동', '제헌', '2008년 타임테이블'을 주장해 왔는데 이는 범남진영 지지자들의 정서를 격화시켜 점차 서로 간의 격차를 줄이게 되었다.

〈총통 부총통 선거와 파면법(總統副總統選擧罷免法)〉의 제52조에 의하면, 선거 10일 전부터 여론조사를 발표할 수 없다. 따라서 대부분의

4_TVBS 連宋會 후의 총통선거 여론조사, 2003년 2월 17일.

〈표 9-1〉 2004년 총통선거 각 기관의 선거 전 여론조사 수치 일람표

발표기관	공포일자	천수이볜 뤼슈롄 지지도	롄잔 쑹추위 지지도	차이
TVBS	2004. 03. 09	36%	40%	-4
연대 여론조사(年代民調)	2004. 03. 09	33%	40%	-7
핀궈일보(蘋果日報)	2004. 03. 09	37.6%	42.6%	-5
연합보(聯合報)	2004. 03. 09	38%	41%	-3
산리TV(三立電視)	2004. 03. 09	38.3%	36.7%	+1.6
산쉐이 여론조사(山水民調)	2004. 03. 09	40.1%	39.5%	+0.6
핀궈일보(蘋果日報)	2004. 03. 08	36.3%	45.3%	-9
연대 여론조사(年代民調)	2004. 03. 08	35.2%	38.2%	-3
롄잔 쑹추위 총부	2004. 03. 07	29.8%	34.8%	-5
핀궈일보(蘋果日報)	2004. 03. 07	36.3%	44.2%	-7.9
스신대학(世新大學)	2004. 03. 06	34.4%	42.5%	-8.1
친민당	2004. 03. 06	31%	38.7%	-7.7
중국시보(中國時報)	2004. 03. 06	39.8%	38.1%	+1.7
TVBS	2004. 03. 04	35%	40%	-5
핀궈일보(蘋果日報)	2004. 03. 04	34.5%	40.2%	-5.7
스신대학(世新大學)	2004. 03. 03	37.5%	41.1%	-3.6
동하이대학(東海大學)	2004. 03. 03	31.6%	34.5%	-2.9
산쉐이 여론조사	2004. 03. 03	37.8%	36.1%	+1.7
중티엔산쉐이여론조사(中天山水民調)	2004. 03. 03	39%	39.2%	-5
민진당	2004. 03. 03	39.5%	36.2%	+3.3
핀궈일보(蘋果日報)	2004. 03. 03	29.28%	49.95%	-20.67
TVBS	2004. 03. 03	36%	43%	-7
쑤궈일보(蘇果日報)	2004. 03. 02	34.84%	47.82%	-12.98
TVBS	2004. 03. 01	38%	41%	-3
연대여론조사	2004. 03. 01	33.7%	39.2%	-5.5
연합보(聯合報)	2004. 03. 01	35%	38%	-3

주: 필자 정리

여론조사 기관은 3월 10일부터 여론조사를 하는 것이 금지되어 있다.[5] 단지 〈연대(年代)〉와 TVBS 방송국만이 계속적으로 할 수 있었는데 이

5_〈총통 부총통 선거와 파면법〉 제52조 규정: 정당과 그 어떤 누구도 투표일 이전 10일 전부터 투표가 끝날 때까지 그 어떤 방식으로도 후보자나 선거 여론조사 자료를 발표하는 것이 허용되지 않으며, 또한 보도, 유포, 평론 혹은 인용하는 것도 허용되지 않는다.

〈그림 9-1〉 2004년 총통선거전 〈연대〉 여론조사와 TVBS 여론조사

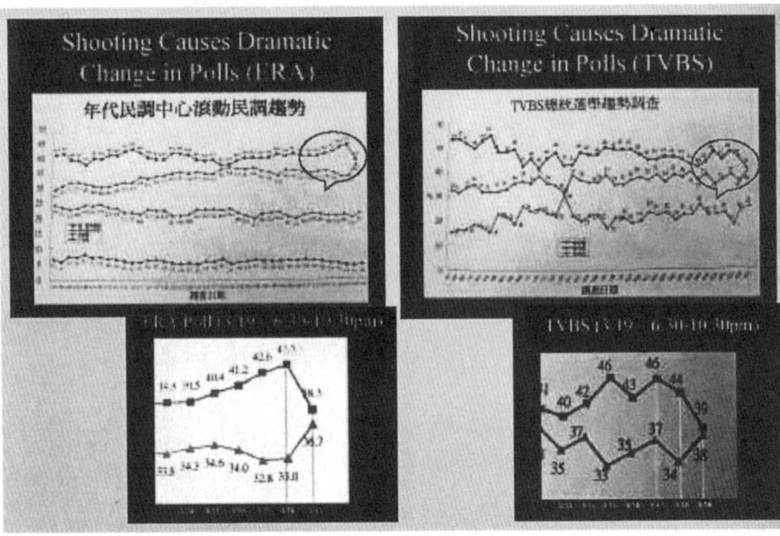

역시 선거 이후에 발표할 수 있다. 〈표 9-1〉은 법이 허용하는 마지막 9일(3월 1일부터 9일까지)간 공표되었던 12개 서로 다른 기관이 실시한 26일간의 여론조사이다. 그중에서 21개는 롄잔과 쑹추위가 선두를 달리고 있는 것을 보여 주고 있는데 그 차이는 최대 20%까지 이른다. 다른 5개는 천수이볜과 뤼슈롄이 앞서고 있는 것을 보여 주고 있는데 그 차이는 최대 3%에 이른다. 그중 비교적 특수한 것은 〈연대〉의 여론조사이다. 〈연대〉가 사용한 것은 '회전식 여론조사'인데 이는 간헐적으로 조사대상 500명을 선택하여 당일과 그 하루 전날과 이틀 전의 데이터를 합하여 그 평균을 구해 여론의 추세를 산출하는 방식이다. 〈연대〉의 선거 전 1주일간의 여론조사인 〈그림 9-1〉에 의하면, 롄잔과 쑹추위의 앞선 차이가 계속 안정적으로 확대된 것은 아니었다. 3월 14일에는 5%, 18일에는 10%였다. 〈그림 9-1〉의 TVBS에서 매일 조사한 여론조사에 의해서도 롄잔과 쑹추위의 앞선 차이가 역시 안정적으로 확대된 것은 아니었다. 13일에는 5%, 18일에는 10%로 확대되었다. 이러한 추세는 당시 대만 대부분의 관찰자들의 예측과 부합하는데, 선거전

마지막 1주일 동안 모든 문제와 활동 매체가 "영부인인 우수전이 내부 거래와 관련이 되어 있는가"의 문제에 모두 집중되어 있었기 때문이었다. 당시 대만의 십대 부호 중 한 사람이었던 천요우하오는 미국에서 TV를 통해 계속적으로 그가 직접 1,400만여 대만달러를 우수전에게 전달하였다고 증언하였다.[6] 민진당 입법위원인 선푸슝(沈富雄) 역시 우수전과 동행하여 천요우하오를 만났다고 증언하였다.[7] 이러한 연속적인 뉴스는 천수이볜 일가에 대한 것이었고, 이는 즉시 천수이볜과 뤼슈롄 진영을 커다란 곤경에 빠뜨렸다.

3월 19일, 선거 직전 18시간 전인 오후 1시 15분, 타이난 시의 진화제(金華街)에서 지프차에 동승하여 거리에서 표를 호소하던 천수이볜과 뤼슈롄이 총격을 받았다는 소식이 전해졌다. 같은 날, 〈연대〉의 여론조사에서 롄잔과 쑹추위의 우위 폭이 하강하여 그 폭이 1.6%가 되었고, TVBS의 여론조사로는 1%만의 차이가 있었다. 3월 20일 마지막 개표 결과는 1천3백만여 명의 총 투표 중, 천수이볜과 뤼슈롄이 단지 29,514표의 차이로 승리하였다. 롄잔과 쑹추위는 0.22%의 차이로 패배한 것이다.[8] 3개월간의 전면 재검표의 실시 이후 두 후보 간의 표의 격차는 더욱 감소하여 16,109표였다. 이는 대략적으로 총 득표수의 0.12%밖에 되지 않았다.[9]

선거의 상황은 의외의 반전을 가져와 대민에 전례없던 중대한 충격을 조성하였다. 민중은 총통부 앞의 광장에 모여 길게는 일주일 동안 밤낮을 가리지 않고 집회를 계속하였다. 3월 27일 가장 최고조에 달했을 때 뜻밖에도 50만이라는 숫자에 이르러 대만정치사 중 한 장소에서의 시위로는 역대 기록을 갱신하였다.[10] 동시에 관례를 깼던 것은 선거

6_《東森新聞報》, 2004년 3월 1일.

7_王貝林, 〈선푸슝, 10년 전의 미담, 그는 그저 무고한 방관자인가〉, 《自由詩報》, 2004년 3월 19일, 제6면.

8_〈천수이볜과 뤼슈롄, 아슬아슬하게 연임하다〉, 《聯合報》, 2004년 3월 1일, 제A1면.

9_陳呂鶩, 〈총통당선무효, 롄잔과 쑹추위 패소〉, 《中國時報》, 2005년 6월 18일, 제A4면.

10_〈총통부 주변에 사람과 차량이 구름같이 몰려 50만 명의 인파와 3천여 대의 관광버스로

를 주관했던 중앙선거위원회(中央選擧委員會)가 선거 결과를 즉시 발표하지 않고 미루다가 26일 오후 7시 40분이 되어서야 천수이볜과 뤼슈롄이 총통과 부총통에 당선되었다는 것을 선포하였다는 점이다.[11] 롄잔과 쑹추위는 이와 거의 동시에 중앙선거위원회에 '선거무효' 소송과 천수이볜과 뤼슈롄의 '당선무효' 소송을 제기할 것임을 선언하였다. 그 밖에 여기에 관심을 가진 제3자인 미국은 타이베이 시간으로 27일 새벽 1시, 백악관 대변인 성명을 통해 "대만의 중앙선거위원회는 26일 정식으로 천수이볜이 승리하였음을 선포하였다. 우리는 그의 선거의 승리를 축하한다"고 발표하였다. 그러나 성명은 다음과 같이 지속되었다. "우리는 또한 3월 20일의 선거 결과에 대해서 (대만에서) 아직도 안정되지 못한 법률상의 소송이 진행되고 있다는 것을 알고 있다."[12]

이번 선거쟁점의 핵심은 대부분 '3·19총격사건'에 있었다. 그러나 총격사건이 사실 중요한 쟁점 중 하나이긴 했지만 유일한 것은 아니었다. 다른 문제들도 존재했는데 이는 천수이볜 정부에서 발동한 소위 〈국가안전기제〉였다. 이로 인해 수만 명의 군과 경찰이 투표를 할 수 없었다. 총격사건 이후 잠시 동안 민중에게 천수이볜의 부상 정도를 전하지 않음으로써 대대적으로 동정심을 일으켰다. 대만 최초의 전민 공민투표는 천수이볜과 뤼슈롄에 대한 선거상황을 유리하게 하는 데 이용되었고, 투표와 투표함에 대한 조사 결과는 과거에 공평, 공정, 공개적인 선거라고 여겨져 왔던 것들이 조작된 것이었다는 폭로가 되었다.

역사상 전례가 없었던 의심스러운 3·19총격사건

무엇보다도 논쟁의 기원 역시 그 핵심이었는데 이는 '3·19총격사건'이

뒤덮이다. 타이베이의 지하철은 3월 13일보다 더 많은 사람을 수송해야 했다〉, 《聯合報》, 2004년 3월 28일, 제A8면.

11_曾憲文, 〈중앙선거관리위원회가 천수이볜과 뤼슈롄의 당선을 공포하다〉, 《工商時報》, 2004년 3월 27일, 제1면.

12_백악관 대변인 성명 "Announcement of Election Results on Taiwan" (26 March 2004).

었다. 범남 인사들은 일반적으로 이를 '총탄설(子彈門)'이라고 했고 이는 마치 닉슨 임기 당시의 권력남용의 사례인 워터게이트(the Watergate) 스캔들과 같은 것으로, 그러나 케네디와 레이건에 대한 암살의 시도와는 다른 것으로 간주했다.[13] 많은 범남 인사들은 이를 연임의 정당성을 확보하기 위해서 천수이볜이 벌인 자작극으로 생각했다. 반면 범녹 인사들은 총격사건이 자작극이 아님을 강하게 주장하였다. 총격사건을 둘러싼 양측의 지속적인 논쟁으로 인해, 이미 분열되어 있는 대만 사회는 더 큰 심리적인 트라우마를 겪게 되었다. 약 1년여에 걸친 조사 후 정부의 조사팀은 2005년 8월 모든 사안이 명확해졌다고 발표하였다.[14] 타이난 시에 살고 있는 범인인 천이슝(陳義雄)은 총격사건 이후 자택에서 그리 멀지 않은 안핑선창(安平港) 부근의 커펑수이(蚵棚水)에서 발견되었다. 그러나 범인이 잠수에 능했으며, 범행의 동기 또한 구체적이지 않았고 총 또한 발견되지 않았다. 따라서 여론조사는 전 대만의 단지 19%만이 천수이볜 정부의 설명을 신뢰한다고 하였고, 40%는 신뢰하지 않는다고 하였다. 그 밖의 41%는 잘 모르겠다고 답했다.[15] 이러한 여론조사의 결과가 보여 주듯이 범남진영만이 아니라 일부 범녹진영의 민중 또한 천수이볜 정부의 총격사건에 대한 화법에 의문을 제기하였다.

총통과 부총통의 안전 보장의 의미에서 본다면 3월 19일 당일 규범상 비정상적인 위반 현상이 많았다. 가오슝 현에서 천수이볜과 뤼슈롄은 총격 당일 오전에 표준안전규정을 준수했다. 두 사람은 모두 방탄복을 입었으며 서로 다른 차량에 탑승했고, 기사 역시 훈련을 받은 사람으로 충원되었다. 차량에 탑승했을 때 천수이볜의 오른쪽에는 때때로 셰창팅(가오슝 시장)이 동승했고, 때로는 양추싱(楊秋興)(가오슝 현장)이 동승했다. 그러나 가오슝 현의원의 집에서 점심을 먹고 난 이후

13_《臺灣之子彈: 掀開2004年總統大選的種種》(Bulletgate), 國政基金會, 2004년, 타이베이.
14_蕭白雪, 陳一雄, 〈3·19총격사건의 종결을 선포한 후 우호적인 저자세를 취하다〉, 《聯合報》, 2005년 8월 18일, 제A2면.
15_〈3·19종결안에 대해 국민의 19%만 수용〉, 《中國時報》, 2005년 8월 18일, 제A1면.

에는 천수이볜과 뤼슈롄은 방탄복을 벗어 버렸으며 방탄기능을 갖추지 않은 민간 차량인 오픈된 지프차에 나란히 탑승하였고, 운전기사 역시 관련된 훈련을 받은 적이 없는 일반인이었다. 감찰원의 조사팀에서 작성한 보안팀 중 한 사람의 증언에 의하면, 보안팀은 오후에야 민진당 간부로부터 차량을 교환했다는 것을 전해 들었다고 한다. 보안팀은 민간 지프차를 사용하는 것에 우려를 나타냈으나 민진당 간부는 이에 대해 전혀 아랑곳하지 않았다고 하였다.[16]

오후 1시 45분의 진화제에서는 타이난 시민들이 길의 양쪽에 늘어서서 환영하고 있었다. 차량행렬의 왼쪽에서는 폭죽 터지는 소리가 상당히 크게 나고 있었으나 오른쪽에는 인파와 깃발들만이 있었고 폭죽은 없었다. 관리들의 말에 의하면 당시 누군가가 차량의 오른편의 가까운 거리에서 연속으로 두 발의 총을 쏘았는데 동으로 만든 한 발의 탄환은 바람을 막기 위한 유리를 뚫고 지나가 뤼슈롄의 오른쪽 무릎을 다치게 하였고, 다른 탄환은 탄두가 평평하고 크며, 작은 화약으로 발사되는 납으로 만든 탄환이었는데 이는 천수이볜의 배꼽 아래의 3센티미터 부분을 스치고 지나가 오른쪽에서 왼쪽으로 길이 2센티미터와 위에서 아래로 길이 11센티미터, 그리고 2센티미터 깊이의 가는 상처를 냈다. 탄환은 속옷을 뚫고 들어가 속옷과 와이셔츠 사이에 남아 있었다.[17]

지프차 앞좌석에 앉아 있었던 호위관이었던 천자이푸(陳再福)에 의하면, 총격이 발생했던 당시에 그는 핸드폰을 사용하고 있어서 그의 머리 위의 바람막이용 유리에 생긴 탄환구멍을 주의해서 보지 못했고, 분산된 차량 내에 유리 파편이 있었다는 것도 알지 못했다고 말했다. 그의 말에 의하면 총격이 발생한 것을 안 이후 그는 옆의 기사에게 차량을 현장에서 6킬로미터나 떨어진 사립 치메이(奇美)병원으로 가도록

16_監察院, 〈3·19총격사건의 진상조사 보고〉, 2004년 7월 7일, p. 11.

17_郭先盛, 周宗禎, 吳淑玲, 〈총통의 오른쪽 복부에서 피가 흐르는 채로 응급실로 걸어 들어갔다〉, 《聯合報》, 2004년 3월 20일, 제A2면.

명령하였다. 주위 2킬로미터 내에는 공립병원인 청궁(成功)대학 병원이 있었다.[18] 치메이병원의 병원장은 천수이볜의 정계 친구인 쉬원룽(許文龍)이었다.

차량은 오후 2시 1분경에서야 치메이병원에 도착했고, 천수이볜은 오른쪽 손으로 왼쪽 팔뚝을 잡은 이상한 자세로 부축도 없이 병원으로 걸어 들어갔다. 천수이볜이 병원으로 걸어 들어가는 사진은 선거 결과 후 다음 날 오후가 되어서야 공개되었다. 병원은 전체가 다 봉쇄되었고, 두 명의 타이난 검찰관도 한동안 문밖에 머물러 있어야 했다. 그들은 한 시간이 지나서야 진입이 허용되었다.[19] 그러나 민진당 입법위원인 왕싱난(王幸南)과 기타 경호를 담당했던 몇몇은 응급실에 들어가는 것이 허용되었다.[20]

이러한 시간 중, 우수전과 자녀들은 모두 타이베이에 있었으며 타이난에 내려와 살펴보려 하지 않았다. 주변에 거주하는 천수이볜의 모친도 병원에 문병 오지 않았다. 사실상, 총격사건 이후부터 그 결과가 종료될 때까지의 1년 5개월 동안, 천수이볜, 우수전, 모친, 자녀 등 그 누구도 범인에 대해 공개적으로 그 어떤 비난도 하지 않았다.

당시 주미 부대표였던 차이밍셴의 회고에 의하면, 총격사건 이후 30분 정도 지난 후 그는 이미 워싱턴에서 타이베이 국가안보회의로부터 천수이볜이 "생명의 위기가 전혀 없다"는 사실을 전해 들었다고 하였다. 더욱이 워싱턴 정부는 새벽 3-4시경(즉 타이베이 오후 3-4시경)에 이미 미 국방부에 관련된 소식을 전달하였다.[21] 그러나 이러한 중대한 사실은 대만 민중들에게는 전혀 공표되지 않았다. 더욱이 치메이병원은

18_張麗伽, 〈천원시(陳文茜)가 자료를 제시하다, 치메이병원은 상태를 언급하지 않다〉, 《中國晚報》, 2004년 3월 20일, 제4면.

19_鄭惠仁, 凌珮君, 〈검찰관, 치메이병원 문밖에서 약 한 시간을 기다리다〉, 《聯合報》, 2004년 3월 20일, 제4면.

20_監察院, 앞서 인용한 보고, p. 27.

21_张炎宪, 陳世宏 주편, 《蔡明憲與捍衛國防》(臺北: 財團法人吳三連臺灣史料基金會, 2011), pp. 78-79.

매우 신속하게 한 장의 X레이 사진을 발표하였다. 이를 보면 한 개의 금속 탄두가 요추 부근에 있었다. 총통부 비서실장이면서도 천수이볜과 뤼슈롄 경선의 총책임자인 추이런은 직접 타이베이에서 기자회를 열어 "탄두가 총통의 몸 안에 있었다"고 발표했다. "총통이 걸어서 병원에 들어가셨습니까?"라는 질문을 받자 그는 얼굴에 미소를 지으며 "그게 가능하겠습니까?"라고 하였다.

이러한 소식들은 전 민중으로 하여금 천수이볜이 심각한 부상을 입었다고 생각하도록 만들었다. 양 진영의 여론조사 결과는 빠른 속도로 가까워졌다. 아무것도 모르고 있는 롄잔과 쑹추위 진영은 오후 5시경 모든 경쟁 활동을 중지하겠다고 선포하였다. 롄잔은 오후에 전문을 통해 천수이볜에게 안부를 전달하고자 했으나 천수이볜은 그와 통화하는 것을 거부했다. 롄잔은 롄잔의 부인과 왕진핑 원장이 내려가 치메이병원으로 문병을 청하도록 하였으나 즉각 거절당했다. 그러나 동시에 범녹진영은 마음대로 선전을 하였는데 특히 백여 개의 지하방송들은 전력을 다해서 '롄잔과 쑹추위가 결탁하여 중국인이 천수이볜을 죽이려고 했다'는 방식으로 선전하였다. 선거를 '대만인 vs. 중국인' 간의 대결로 정의하는 전단이 갑자기 출현하여 전봇대와 벽에 붙여졌다.[22]

약간의 경상을 입은 천수이볜은 치메이병원에서 저녁 7시경이 되어서야 타이베이로 돌아왔다. 그러나 여전히 얼굴을 내밀어 그에게 관심을 가지고 있는 민중들에게 부상의 정도를 설명하는 것을 거절하였다. 롄잔은 저녁 9시 반경 타이베이의 총통 관저에 문병을 하러 왔으나 여전히 문앞에서 출입을 거부당했다.[23] 저녁 10시, 〈선거와 파면법〉의 규정에 따라 모든 선거활동이 정지되어야만 했다. 이 시간이 될 때까지 대만 다수의 민중은 여전히 천수이볜의 상처가 심각한 총상이라고 생각하고 있었다. 11시경, 천수이볜은 미리 녹화한 영상을 통해 "나 천수이볜은 아무런 문제가 없다"고 처음으로 선포하였다. 다음 날 오전 11

22_國政基金會, 앞의《臺灣之子彈: 掀開2004年總統大選的種種》보고, p.16.

23_宮能慧, 〈조야가 한목소리로 폭력을 비난하다〉, 《經濟日報》, 2004년 3월 20일, 제2면.

시 40분, 그는 부축도 없이 타이베이 시의 투표소로 걸어 들어가 자신의 한 표를 행사했다.

천수이볜의 상처와 후속 처리 방식은 미국 대통령인 레이건의 사례와 비교해 볼 때 그 차이가 상당하다. 레이건은 1981년 3월 30일 오후 2시 25분에 총격을 당했다. 그의 상처는 상당히 심각한 것이었다. 그의 체내에 박힌 탄환은 이미 그 형체가 탄환 모양이 아니었으며, 예리하면서도 평평한 상태로 변해 있었다. 탄환은 레이건의 좌측 겨드랑이 아래로 들어가서 갈비뼈 가운데를 찌르고 폐를 관통하여 다량의 출혈을 가져왔다. 탄환의 최후 종착 부분은 심장에서 아주 조금밖에 떨어지지 않은 지점이었다. 그러나 대통령 보좌관인 거건(David Gergen)은 오전 3시 37분경 대통령의 상황이 이미 안정되었다고 언론에 보고하였다. 오후 6시경에는 조지워싱턴대학의 임상센터 원장인 올리리(Dennis O'Leary) 박사는 다시 한 번 언론에 간단히 레이건의 상황에 대해서 설명하였다. 그 밖에도 당시 부통령이었던 조지 H. W. 부시는 레이건의 "회복의 속도가 매우 빠르며, 완전한 건강을 회복할 수 있을 것으로 보인다. […] 현재 정부는 매우 완전하고 효율적으로 운영되고 있다"고 발표하였다.[24]

천수이볜 정부의 총격사건에 대한 사후 처리는 역시 사회의 불신임을 증가시켰다. 오후 1시 45분의 총격사건 발생 후 현장에는 1천4백 명의 다양한 경호원들밖에 없었고, 그 누구도 현장을 봉쇄하거나 해안과 항구에 대한 감사를 진행하도록 명령하지도 않았다. 또한 이렇게 중대한 사건에 대해 명령을 받아 조사에 착수한 사람들은 오직 타이난 시의 네 명의 지방 검찰관들이었다. 더욱 특이했던 점은 '보호에 전력을 다하지 않았던' 총통부 시위대장인 천자이푸와 부시위대장인 선짜이텐(沈再添) 이 두 사람은 두 달이 경과하고 천수이볜 연임 취임식 하루

24_Public Paper of the President of the United States: Ronald Reagan, 1981(Washington, D.C.: US GPO, 1982), pp. 310-312; "Health Care, the Media, and Attempted Assassination of President Reagan, 25 years Later: an Interview with Dr. Dennis O'Leary."

전인 5월 19일에 포상을 받았다.[25]

그 밖에도 천수이볜은 케네디 암살 이후 성립된 워런위원회(Warren Commission)와 같은 특별조사팀을 구성하여 총격사건을 조사하도록 하는 데 계속 반대했다. 그는 단지 민진당 당원 한 명을 파견하여 국장의 형사경찰국책임인 조사를 받도록 하였고, 법무부 조사국의 협조를 배제하였다. 야당이 다수를 차지하고 있던 입법원이 〈진상조사조례〉를 통과시켰고, 정당비례에 근거해 구성한 진상조사위원회를 수립하자, 천수이볜은 즉시 심의를 요구했다. 심의 당시 그는 최고법원의 대법관으로 하여금 입법위원을 대신하여 설명하도록 했다. 그러나 심의는 실패했고, 법률은 효력을 발생했다. 당시 내무부 장관이었던 쑤자취안(蘇嘉全)은 공무원은 '저항권'을 가지고 있으며 그 어떤 공무원이라 할지라도 반드시 출석하여 증언하거나 혹은 상관된 자료를 제공해야 한다고 공개적으로 선포하였다.[26] 동시에 롄잔과 쑹추위 진영에서 제출한 '선거무효'와 '당선무효'의 심판을 담당한 법관은 원고에게 반드시 관련된 증거를 책임지고 제공할 것을 요구하였다. 공권력으로 관련된 증거를 찾도록 할 수 없었던 상황에서 야당은 필패할 수밖에 없었으며 진상조사회위원회는 효력을 발생할 수 없었다. 이러한 논쟁은 2005년까지 지속되었는데 당시 많은 민중들이 의혹을 거두지 못했다. 만약 천수이볜이 무고하다면 공개적이고 공정한 조사와 심판을 허락하는 것이 왜 그렇게도 어려운 일이었을까?

버려진 총, 탄환, 탄도, 화약, 상처, 혈액 등 관련된 중차대한 의혹들 외에도 민중들은 상식적인 방식을 통해서 많은 중대한 그러나 처음부터 끝까지 답을 찾을 수 없었던 의문들을 제기하였다.[27]

25_康世人, 〈국방부—천자이푸 등의 포상은 총통부의 공문에 의해서 처리된 것임〉, 《中央社》, 2004년 6월 1일.

26_李順德, 黃雅詩, 〈진상조사위원회와 협조하였는가? 쑤자취안—공무원은 저항권이 있다〉, 《聯合報》, 2004년 10월 7일, 제A4면.

27_〈전문가가 질문하고, 천수이볜의 협조를 구하다〉, 《三一九眞相:兵器專家科學見證報告》(臺北:白象文化, 2010); 三一九槍擊案眞相調查委員會, 《三一九槍擊案調查報告》(2005년 1

예를 들면,

왜 전력을 다해 천수이볜이 '중상'을 입었고, 그가 '피해자'라는 형상을 만들려고 노력했는가?

총격사건이 발생하고 30분이 지난 후 주미 인사들을 통해 미국에게 "천수이볜의 생명에는 위험이 없다"고 구두로 알리도록 해 놓고, 대만 민중들에게는 왜 총격사건 이후 9시간 반이 지난 시간, 즉 모든 선거활동이 법에 의해 정지된 이후에야 천수이볜의 상황에 대해서 설명했던 것인가?

롄잔과 쑹추위 진영에서 보낸 선의에 대해 왜 지속적으로 회답을 거부했는가?

총격사건 당일 정오에는 어떠한 일이 발생했는가? 왜 오전과 오후의 안전작업에는 중대한 차이가 발생하는가?

천수이볜이 스스로 걸어서 치메이병원으로 들어가는 사진은 왜 그 다음 날이 되어서야 공개되었는가?

만약 '한 사람이 하나의 총으로 두 발을 쏜 것'이라면, 왜 하나는 동이고, 다른 하나는 납이며, 하나는 강하고 다른 하나는 약한 서로 다른 두 종류의 탄두를 사용한 것일까?

탄환이 복부를 스치고 지난 후 내의와 자켓 사이에 남아 있었는데 X선 촬영은 왜 요추 부근에 있는 것을 보여 주었는가? 왜 치메이병원은 이러한 X선 사진을 아직도 공개하지 않는가?

만약 상처가 그렇게 위중한 것이었다면 반드시 피를 많이 흘렸을 것이다. 그러나 총격사건 이후 그의 내의, 셔츠 그리고 자켓만 공개하고 피가 묻어 있을 그의 하반신의 내의와 바지 그리고 벨트는 왜 일체 공개하지 않는가?

형사경찰국은 납탄두상에 단지 내의와 셔츠의 백색과 남색의 섬유만이 있었다고 했는데 왜 엷은 갈색인 자켓의 겉섬유는 남아 있지 않은가?

왜 총격사건 발생 후 세 시간 뒤에야 경찰은 현장을 봉쇄했는가? 당시

월 17일). 부분적인 기타 질의에 대해서는 呂秀蓮,《透視三一九:一個眞相,一個臺灣》(臺北: 國家展望文教基金會, 2009)를 보라.

> 부근의 민중들은 이미 폭죽 잔해들을 깨끗이 청소하고 난 이후였고 당시에는 탄피도 발견하지 못했다. 그런데 5시경 거리를 청소하던 민중이 두 개의 탄피를 발견했다. 이 발견은 자연스러운 것인가 혹은 계획된 것인가?
>
> 표준안전규칙을 준수하지 않고 총통과 부총통을 전력을 다해 보호하지 않은 경호원들은 가장 엄중한 처벌을 받기는커녕 왜 포상을 받은 것일까?
>
> 왜 공개적인 조사와 심판을 허용하지 않았는가?

이러한 것들과 기타 상식적인 의문들은 대만의 많은 민중으로 하여금 오늘날까지 모든 안건이 '일인—일총—두 탄두'로 이루어진 것이라는 것을 믿지 못하도록 하였다. 일부는 더 나아가 '일인—일총—일탄두'가 가능성이 더 크다고 생각하기도 한다. 달리 말하면 유리를 관통한 하나의 총알은 진짜라는 것이다. 그러나 천수이볜의 납총알로 인한 상처는 당시 그 장소에서 조작된 것이거나 혹은 본래는 납총알이 아예 없었을 수도 있다고 의심해 볼 만하다.[28] 천수이볜의 예전의 사례는 많은 사람들의 기억 속에 여전히 생생하다. 1985년 11월, 그는 타이난 현장 경선 중이었다. 오전 정견 발표회장에 그는 들것에 실려 누운 채로 입장하였는데 누군가가 자신에게 독을 마시게 하여 연설을 할 수 없다고 하였다. 이어서 그는 구급차에 실려 병원으로 보내졌다. 오후 1시 반, 그는 또다시 들것에 실려 공개 활동에 참여하였다. 그러나 오후 6시 30분 세 번째 출현했을 때 그는 이미 완전히 회복되어 있었다. 더욱이 그는 경찰 측에 '중독사건'의 진상을 조사해 달라고 요청하였다. 당시 그의 경쟁자는 "참 빨리도 회복되네"라고 하였고, 그의 음식에는 손도 대지 말라고 비아냥거렸다.[29] 이 선거에서 천수이볜은 패배하였다. 선거 후 이틀 뒤 그의 부인인 우수전이 불행하게도 트럭에 치어 반신불수가 되었다. 그녀는 휠체어에 의존한 채 남은 일생을 보내야 했다.

28_《三一九槍擊案調查報告》, pp. 63-64.
29_〈들것에 실려 나가다—선거를 위한 쇼인가?〉《聯合報》, 1985년 11월 12일, 제3면.

사고를 낸 사람은 그와 그의 가족들 모두 천수이볜의 진정한 지지자이며 범행은 생각지 않게 발생한 것이고 절대 고의가 아니라고 하였다.[30] 그러나 지금까지도 많은 사람들이 그가 국민당의 특수부대에 의해서 부상을 입은 것이라고 알고 있다. 더군다나 선거 직전에 말이다.

국가안전기제

총격사건 외에도 사람들의 주목을 끈 것은 이후 천수이볜에 의해 야당이 '연성 쿠데타'를 획책하고 있다고 비난한 이른바 〈국가안전기제〉의 발동이다. 〈국가안전기제〉는 정권교체 이후 첫 번째 임기의 천수이볜 정부가 수시로 사용했고, 두 번째 임기에는 거부되었던 용어이다. 총격사건 발생 이후 행정원장인 유시쿤은 즉시 〈국가안전기제〉를 발동했고, 공문서상에 그 명칭을 기록하였다.[31] 이 〈국가안전기제〉에 의해 수만 명의 군인과 경찰이 부서에 남아 투표하러 가지 못했다. 2004년 이전의 관례에 의하면 중앙선거 혹은 지방선거 투표일에는 부서에 남아 있는 군인들은 모두 정오에 교대를 했다. 다시 말하면 오전에 근무하는 경우는 오후에 투표할 수 있었고, 오후에 근무하는 경우는 오전에 투표할 수 있었다.

그러나 3월 17일 천수이볜은 구두로 탕야오밍 장관에게 훈령을 내려 3월 20일 오전 8시에 교체를 하도록 했다. 이는 절반의 남아 있는 군인들의 투표권을 박탈하는 것이었다. 언론보도에 의하면 선거 결과가 나온 후 군 내부의 반발이 상당히 거셌다. 고위 장성들의 회의 석상에서 참모총장과 부참모총장 등 네 명의 현역 장성이 항의의 뜻으로 사의를 표명했다. 4년 전 군인은 정권교체에 개입해서는 안 된다고 했던 참모총장인 탕야오밍은 3월 20일 뜻밖에도 국방부장직을 사임했다. 천수이볜과 리덩후이의 개인적인 강한 만류에도 불구하고 그는 눈

30_사설, 〈트랙터 운전기사의 말 없는 의외의 인생〉, 《聯合報》, 2004년 9월 23일, 제2면.

31_鄭秋霜, 邱馨儀, 〈유시쿤 행정원장, 총통 근황이 안녕하며, 국정을 주재함에 문제없음을 발표〉, 《經濟日報》 2004년 3월 20일, 제2면.

병을 이유로 병원에서 휴식을 취했고 사무실에 나타나지 않았는데 이는 5월 20일 내각이 총사퇴하고 인수인계가 이루어질 때까지도 계속되었다.[32] 그렇다면 이로 인해 얼마나 많은 사람들이 영향을 받았는가? 현재까지도 그 숫자는 여전히 확실하지 않다. 가장 많게는 20만으로 예측한다.[33] 관방은 먼저 1만 3천여 명이라고 하였다가 이후에 3만 7천 8백여 명이라고 하였다.[34] 어쨌든 간에 천수이볜 정부가 총격사건이 발생한 당일에 즉시 현장을 봉쇄하지 않고 도주 가능성이 있는 범인을 잡지 않은 점, 다음 날 전 군인들의 투표를 금지한 점 등의 방식은 많은 사람들로 하여금 〈국가안전기제〉를 발동한 진정한 목적이 범남진영이 우세한 군인의 투표를 제한하기 위한 것이라고 생각하도록 했다. 이후 공표된 1만 6천 표의 승리를 이끌어 낸 차이를 본다면, 갑자기 투표권을 박탈당한 3만 7천 명의 군인들은 선거에서 완전히 다른 결과를 가져왔을 수 있는 잠재력을 가지고 있었다는 것이 확인되었다.

선거 후 며칠이 지난 뒤 군인들의 불만족스러운 정서가 고조되자 천수이볜은 군인들의 충성심을 의심하였다. 그는 이후 롄잔과 쑹추위가 퇴역 장성들로 하여금 '연성 쿠데타'를 선동하도록 도모했다고 비판했다. 롄잔과 쑹추위는 강하게 부정하였고 법원에 천수이볜을 명예훼손으로 고소하였다. 법원은 2005년 12월 21일에 1심 판결에서 천수이볜의 패소를 판결하고 롄잔과 쑹추위에게 각각 1 대만 달러라는 상징적인 배상금을 지불하라고 하였다.[35] 2007년 11월 20일, 법원은 2심 판결에서 롄잔과 쑹추위 승소의 판결을 유지하였다.

이와 유사하게, 2004년 초 몇몇 재외 외교관들의 말에 의하면 중화

32_呂昭隆,〈탕야오밍, 전쟁준비와 수도방어 엄명, 사직설이 관건이다〉,《中國時報》, 2004년 4월 9일, 제A3면.

33_林漢州,〈국가안전기제를 발동하여 20만의 군과 경찰이 투표를 하지 못하다. 탕야오밍의 사직은 스스로의 잘못을 고백한 것〉,《中華日報》, 2004년 3월 23일, 제2면.

34_朱宏源,《槍擊總統》(臺北: 風雲論壇, 2004), pp. 186-7.

35_蘇位榮,〈법관—천수이볜이 연성쿠데타를 제시했지만 그 증거를 어디서도 찾지 못하다〉,《聯合報》, 2005년 12월 22일, 제A3면.

민국 외교부는 3월 총통선거 전에 모든 해외 관저에 훈령을 내려 3월 20일을 전후하여 대만으로 귀국하지 못하도록 하였다. 이와 같은 훈령은 단지 1996년 총통선거 전에만 발표되었던 것으로, 당시는 대만해협의 위기가 눈앞에서 그치지 않고 있던 시기였다. 그러나 2000년 총통선거 전과 기타 선거에서 외교부는 그와 같은 훈령을 내린 바가 없었다. 돌이켜 보면, 재외 공관에 있는 외교관들과 그 식구들의 수는 대략 2천 명이 되지 않았고, 그중에서도 매우 적은 수만이 본국에 돌아와 투표를 할 수 있을 뿐이었다. 따라서 이러한 방법은 천수이볜 정부의 극심히 경쟁적인 선거전이 이미 사사로운 것까지도 따지는 정도에 이르렀다는 것을 보여 준다.[36]

선거와 투표의 쟁점

그 밖에도 중대한 논쟁을 일으킨 것은 선거와 투표에서의 쟁점이었다. 투표한 1,325만 1,719표 중에서 천수이볜과 뤼슈롄은 경쟁자에 비해 29,518표를 더 얻었다. 전 대만에 걸쳐서 모두 1만 3천여 개의 개표소가 있다. 매 투표소에서 단지 2-3장의 오차가 있음이 밝혀지더라도 이는 즉시 결과를 바꿀 수 있는 것이었다. 이러한 방대한 재검표를 위해 전 대만의 약 4천5백여 명의 총 법조인 중에서 약 2천여 명이 동원되었다.[37] 범남진영 역시 약 1천여 명의 시원자들을 고된 재검 작업에 참여시켰다.

그 결과 범남진영은 약 71%의 투개표 작업 과정에서 이상이 있음을 발견하였다. 예를 들어, 선거업무에 종사한 사람들은 공식적으로 임명된 사람들이 아니었으며, 투표함이 사라지기도 했고 투표용지가 사라지기도 했다.[38] 약 1/4의 투표소에서 투표용지의 숫자에 중대한 이상이

36_대만은 아직 부재자투표를 허용하지 않는다. 따라서 외교관을 포함하여 국외에 있는 자는 투표권이 없다.

37_앞서 재검표에 참여한 변호사들의 계산으로 얻은 바에 의하면 그러하다.

38_王鴻國, 〈국민당과 친민당의 변호사들—총통선거 재검표의 논쟁, 90만 건이 넘다〉, 《中央社》, 2004년 7월 22일.

있음이 발견되었다. 예들 들어, 투표한 숫자가 투표함의 표보다 더 많거나 혹은 더 적었다. 혹은 투표한 숫자가 실제로 등록된 유권자의 수보다도 더 많았다. 그 밖에도 96%의 투개표소에서 투표인명 책자에 이상이 있음이 발견되었다. 예를 들어 다른 사람의 이름을 빌린 표(예를 들어 죽은 사람의 표), 지장이 같은 표, 서명날인과 이름이 다른 표, 같은 서명으로 여러 개의 투표를 한 경우 등 일일이 열거하기 어려웠다. 범남진영의 법률단은 모두 90만 7천여 개 이상의 목록을 발견해 냈다. 그러나 시간과 비용을 고려하여 법원에 36만 9천여 건만 보고하였다.[39]

법원은 2005년 6월 최종적으로 구별하여, 소송은 반드시 원고 측이 증거를 제시할 책임이 있으며, 모든 '불법적인 방법'을 인정해야 하고, 반드시 난폭하고 위협적인 방식 등이 원인이 되어야 하기 때문에 〈당선무효안〉에 대해서는 롄잔과 쑹추위가 2심에서 패소했음을 판결하였다. 같은 해 9월, 선거의무기관의 선거에서의 결함과 공민투표를 선거와 함께 묶어 처리한 것 등은 선거의 결과에 큰 영향을 미치지 못했다고 발표하였으며, 중앙선거위원회가 '3·19총격사건'으로 인해 선거를 정지시키지 않은 것은 위법사항이 아니라고 판결하였다. 또한 〈선거무효안〉에 대해서는 롄잔과 쑹추위의 2심에서의 패소를 선언하였다.[40] 결국 제11차 정·부총통 선거는 이와 같이 막을 내리게 되었다.[41]

총격사건이 대만 정치와 정책에 미친 영향은 상당한 것이었다. 멀게는 1년의 시간 동안 범남진영과 범녹진영의 고위층들은 서로를 깊이 불신하였고 서로에 대해 험한 말로 대응하곤 했다. 사회 내부의 분열 또한 심각한 것이었다. 매일 저녁 8개의 텔레비전의 대담방송의 경계

39_林漢州, 〈국민당과 친민당—99% 투개표소가 선거의무를 위반함〉, 《中華日報》 2004년 7월 23일, 제2면.

40_陳民峰, 張麗君, 〈당선무효소송, 롄잔과 쑹추위 진영이 패소함, 재심이나 상고를 할 수 없도록 모든 안건이 확정됨〉, 《民生報》, 2005년 6월 18일, 제2면.

41_王文玲, 〈선거무효, 롄잔과 쑹추위 패소, 총통 선거재판 막을 내리다〉, 《聯合報》, 2005년 9월 17일, 제A4면.

는 매우 선명했다. 즉 범남진영이 아니면 곧 범녹진영이었다. 사회에서 조금이라도 지명도가 있는 사람은 두 진영 중 어느 편에 서 있는지를 정해야만 했다.

국가의 가장 높은 지도자로서 천수이볜의 국가통치의 효능은 만회할 수 없는 충격을 받은 셈이었다. 총격사건은 과거의 4년간 범남과 범녹 등 기타 논쟁과는 달랐다. 관련된 문제는 통일-독립이나 정체성의 문제와는 달랐다. 이는 인격의 문제였으며 특히 인격 중에서도 '신뢰'의 문제였다. 만약 2004년 선거 이전의 대만 민중들이 양분되어 있어서 절반은 범남이고, 나머지 절반이 범녹이었다면, 범남 진영 50% 중에서 소위 '강한 범남'이 어림잡아 약 20%였다고 볼 수 있다. 왜냐하면 천수이볜의 신망이 가장 높았던 시기(2000년 6월)에 약 20%의 사람들이 그를 지지하지 않았기 때문이다. 그 외에 '약한 범남'의 경우 전국에서 약 30%를 차지하고 있었다고 할 수 있다.[42] 범녹진영의 경우 50%를 차지한다고 할 때 '강한 범녹'은 어림잡아 약 30%에 달한다. 왜냐하면 2005년 말 이전에 그의 지지도가 약 30% 이하로 떨어졌기 때문이다. 그 밖의 20%가 '약한 범녹'이라고 할 수 있다.

이러한 점에서 볼 때, 대만의 민의는 중간지대가 있는 것으로 보인다. 이는 30%의 '약한 범남'과 20%의 '약한 범녹'인데 이들이 합하여 약 50%의 공간이 생긴다. 이론적으로 그 어떤 정당이나 지도자이든 이 중간지대를 점령한다는 것은 충분히 권력을 주도할 수 있는 중간노선의 정책을 가지고 있다는 것을 말한다. '약한 범남'과 '약한 범녹'을 비교해보면 '약한 범남'이 '약한 범녹'보다 조금 더 유연한 것 같다. 왜냐하면 범남진영의 민중은 일반적으로 교육 정도가 높고, 수입이 비교적 높으며, 35세와 50세 간의 연령대가 다수를 차지하고 있기 때문이다. '약한 범남'의 사람들은 비교적 '실용적'이기 때문에 통일이나 독립, 정체성의 논쟁의 구속을 덜 받는다. 단지 천수이볜의 정책이 자신들에게 유리하다면 '약한 범남'의 민중들은 지지를 보낼 수 있다.[43]

42_Http://www.survey.eracom.com/prog_pic/survey/35_1.pdf.

총격사건이 정책에 미친 가장 큰 영향은 중간지대의 범남과 범녹의 경계선을 더 명확하게 만들었다는 점이다. 이는 '약한 범남'의 민중들로 하여금 천수이볜의 인격을 신임할 수 없도록 만들었고 더 나아가 그의 정책 또한 신임할 수 없도록 만들었다. 총격사건 이후 천수이볜이 설사 정책적으로 중간지대(예를 들어 대륙정책)로 돌아가고자 하였더라도 그는 반드시 '4불 1무'보다도 더 크고 더 많은 노력을 기울여야만 '약한 범남'으로 하여금 그가 중간지대로 돌아갈 의향이 있음을 믿도록 할 수 있었을 것이다. 그러나 2004년 5월 20일 이후 천수이볜의 정책은 중간지대로 돌아가지 않았음은 물론이고, 오히려 '넘어갈 수 있으면 그냥 넘어가자'의 자세로 더욱 '개헌'과 '정명'을 추진하였으며, 이는 당연히 '약한 범남' 민중의 반감을 더욱 격화시켰다.

'약한 범남'의 잠재적인 지지를 잃은 천수이볜은 범녹진영의 다른 절반을 잃어버리는 것은 면해야 했다. 상술한 바와 같이 범녹진영 중에서 '강한 범녹'은 '약한 범녹'보다 그 숫자가 더 많았다. 따라서 천수이볜은 반드시 '강한 범녹'의 지지에 의존해야 했다. 만약 그가 '강한 범녹'을 배신한다면 그는 곧 '범남'과 '범녹'의 양측으로부터 환심을 잃어 레임덕을 불러일으킬 것이기 때문이다. 범녹이 관심이 있는 대륙정책에서는 천수이볜의 첫 번째 임기 때보다 그 정책적인 공간이 매우 좁았다. 이러한 구도 속에서는 설사 그의 첫 번째 임기 중 있었던 양안 간의 '기회의 창'이 출현한다고 하더라도 '강한 범녹'의 반대하에서는 이를 주도할 수 있는 능력이 없었다.

따라서 총격사건은 천수이볜으로 하여금 권력을 지속적으로 장악할 수 있도록 해 주었지만 국가를 다스릴 수 있는 능력은 박탈한 셈이었다. 특히 안정적인 양안관계에서는 더욱 그러했다. 이러한 의미에서 말하자면, 연임에 성공한 천수이볜은 '3 · 19총격사건'의 포로가 된 셈이었다.

43_정치대학 선거연구센터의 통일과 독립에 대한 입장의 추세분포: http://esc.nccu.edu.tw/pic.php?img=167_b20ec575.jpg&dir=news&title=%E5%9C%96%E7%80%87.

〈표 9-2〉 총통선거 공정성 조사[44]

	1996년		2000년		2004년	
	공정(%)	인원수	공정(%)	인원수	공정(%)	인원수
미투표 유권자	85.0	80	78.8	66	37.7	167
승리한 유권자	93.2	606	85.9	433	77.6	732
패배한 유권자	61.9	331	76.8	557	11.0	609
통계	82.4	1,017	80.7	1,056	46.3	1,508

그러나 가장 최후의 진정한 상해를 입을 사람은 천수이볜 본인은 아니었다. 오히려 민중들이 민주주의에 대해 가졌던 신념이었다. 1996년과 2000년의 선거는 80%의 국민들이 모두 공정하다고 여겼다. 패배한 진영에서도 약 60-70%의 국민들이 선거가 공정했다고 생각했다. 그러나 2004년의 선거에 대해서는 〈표 9-2〉에서 볼 수 있듯이 단지 전국의 46.3%의 유권자들만이 선거가 공정했다고 평가했다.

분노한 베이징

2004년 대만의 총통선거전에 중국의 태도는 유연했다. 여기에는 두 개의 원칙이 있었다. 하나는 1996년의 '문무 양수겸장'과 2000년의 '글로는 공격하되 무력으로는 위협하지 않는다'(〈하나의 중국 원칙백서〉와 〈주룽지 강연〉)가 모두 역효과를 거두자 중국의 지도층들이 여기서 교훈을 얻어, '문무 양수겸징으로 위협히지 않는다'로 바꾸었다는 점이다. 더 중요한 사실은 앞서 설명한 선거 전의 모든 여론조사상 범남(롄잔-쑹추위 후보—옮긴이)이 지속적으로 안정적인 선두를 유지하고 있었다는 점이었다. 이는 중국 당국으로 하여금 양안의 국면이 생산적인 새로운 방향으로 나아가고 있다고 믿게 만들었다.

따라서 선거 전 수개월 동안 중국은 공민투표 문제에 대해 계속적으로 미국에게 압박을 가하는 외에는 그 어떤 위협적인 동작을 취하지 않았다. 이와 반대로 중국은 먼저 2003년 12월에 상당히 온화한 삼통

---

44 Yun-han Chu, "Taiwan's Democracy at a Turning Point," *American Journal of Chinese Studies* (May 2005), p. 918.

설명서를 발표하였으며, 양안 직항이야말로 대만 다수의 민의라고 강조하였다.[45] 이어서 중국공산당 주석인 후진타오는 12월 25일에 베이징에서 친히 대륙 각 지방의 타이상(臺商)협회 회장 약 90여 명을 접견하면서 세 가지의 "만약의 경우(只要是)"를 강조하였다. 이는 "만약 대만 동포가 대륙에 와서 투자하고 경제활동을 하고 사업을 하는 데 유리한 정황이 필요하다면, 만약 양안 간의 경제, 과학기술 그리고 문화 등의 영역의 교류와 협조에 유리한 정황이 필요하다면, 그리고 만약 양안관계의 발전과 조국통일에 유리한 정황이 필요하다면, 우리는 이를 위해 최대한의 모든 노력을 다해 추진할 것이다"이다.[46]

2004년 1월 19일, 중국 국무위원인 탕자쉬안(唐家璇)은 '강팔점(江八點)' 9주년 기념강연에서 한편으로는 '조금씩 대만독립으로 나아가는' 활동을 비판하기는 했지만 더 많은 지면을 "대륙과 대만은 모두 하나의 중국에 속한다"와 "전면적이고 직접적이며 서로 지향하는 삼통을 실현하자", "평등하고 포용적인 정신으로 양안의 정치적 분리를 해결해 나가자"와 후진타오의 세 가지 '만약의 경우'를 더욱 강조하였다. 가장 특수한 점은 그가 "대만 동포에게 희망을 건다"는 방침을 제시한 것이다.[47] 2002년 8월에 천수이볜이 '일변일국'을 제시한 이후, 중국은 대만 '정부'에 대해서 이미 희망을 갖지 않고 있었다. 선거 전의 민감한 시기에 특별하게 '민중'의 희망을 제시하였는데 이는 자연스럽게 특별한 함의를 지닌 것이었다.

3월 초, 중국은 관례대로 '정협'과 '인민대회' 연차회의를 개최하였다. 정협의 주석인 자칭린(賈慶林)과 국무원 총리인 원자바오는 각각 업무보고를 하였다.[48] 그러나 양안관계에 대한 두 사람의 보고는 모두 구체

45_〈국대반 뉴스발표회 실록〉, 국대반 웹사이트, 2003년 12월 17일.

46_〈후진타오가 세 가지의 '만약의 경우'를 발표하다〉, 《中央日報》, 2003년 12월 26일, 제3면.

47_王玉燕, 〈베이징이 대만주민들에게 기대를 건다는 애드벌룬을 띄우다〉, 《中國時報》, 2004년 3월 5일, 제A8면.

48_彭志平, 〈중국공산당이 과거의 교훈을 되살려 대만의 선거에 대해 냉담하게 처리하다〉, 《中國時報》, 2004년 3월 5일, 제A8면.

적인 내용을 담고 있지는 않았다. 인민대회 뉴스의 대변인인 장언주(姜恩柱)는 4일 기자회견에서 중국은 대만의 선거에 개입하지 않을 것이며 선거 자체에도 관심이 없다고 밝혔다. 중국이 관심을 가지는 부분은 "대만 선거 이후에 권력을 잡게 되는 개인과 정당이 하나의 중국의 원칙을 받아들이고, 하나의 중국의 원칙 위에서 양안 간의 대화와 담판을 진행하고 직접적인 삼통을 실현하기를 희망한다"는 것이었다.[49]

공민투표 문제에서 중국은 전력을 다해 이를 저지하지 않았지만 사실은 미국이 이를 처리해 주기를 은근히 기대하고 있었다. 후진타오는 1월 말에 독일을 방문했을 때, 직접적으로 공민투표에 반대한다고 이야기하지 않고, 프랑스 총리인 시라크가 공민투표에 반대한다는 태도를 보인 데 대해서 "적극적으로 이를 높이 평가한다"고 말하였다.[50] 외교부 대변인인 장치웨(章啓月)는 2월 12일에 기자에게 답변할 때, 역시 미국이 "일방적으로 현상을 변경하려고 하는 그 어떤 언행에 대해서도 반대한다"고 하였는데, 중국은 이러한 태도에 대해 높이 평가한다고 하였다. 그러나 이를 공민투표라고 분명하게 말하지는 않았다. 그녀는 이어서 "미국 측이 중국과 미국 간의 3개 연합공보 원칙에 의거하여 대만문제를 잘 처리하기를 희망한다"고 말하였다.[51] 고위층 당원 중에서는 국방부장인 차오강촨이 2월 17일에 마치둔(馬其頓) 국방부장을 회견하는 자리에서 대만의 공민투표는 "그 목적이 대만의 현상을 타파하기 위한 것이다", "즉 대만독립을 위한 공민투표인 것이다"라고 말하였다.[52] 이러한 강경한 화법은 명백한 것이었지만 미국의 "공민투표는 있

49_許志煌, 〈중국은 아국의 선거후 중국정책에 관심이 있다〉, 《臺灣新生報》, 2004년 3월 5일, 제2면.

50_〈후진타오와 시라크의 2차회담에서 심도있게 의견을 교환하다〉, 《人民日報》(해외판), 2004년 1월 29일.

51_〈중국 측은 파월이 태도를 표시한 데 대해 극찬하였다. 장치웨—부시도 대만의 현상을 변경하려는 그 어떤 언행도 분명히 반대한다고 표시하였다〉, 《南方都市報》, 2004년 2월 23일, 제3면.

52_〈차오강촨과 마케도니아 국방부 장관과의 회담 시, 단지 안정적이고 대만독립을 반대하는 데에서 벗어나지 않아야만 대만해협의 안정을 유지할 수 있다〉, 《人民日報》(해외판),

을 수 있다"는 태도와는 다른 것이었다. 여기에는 여전히 융통성의 여지가 있었다. 왜냐하면 '목적이 무엇이다'라고 말하는 것과 '이미 그렇게 되었다'고 말하는 것은 다르기 때문이다. 따라서 중국은 실질적으로 필요한 행동을 아직 채택하지 않았다.

그러나 '3 · 19총격사건'과 3월 20일의 선거 결과는 나왔다. 한편으로는 '무기구입'과 '담판'의 공민투표의 투표율은 단지 45% 정도에 머물렀다. 〈공민투표법〉 제30조인 "투표인 수가 앞서 규정한 일정한 수(투표인수가 전체 유권자 총수의 1/2 이상에 달하지 못하는 경우)에 도달하지 못하거나 혹은 유효 투표수가 전체 2/3 이상의 동의를 얻지 못하면 부결된다"에 의거하여 공민투표의 결과는 부결되었다. 한편으로는 천수이볜과 뤼슈롄은 극소의 차이로 선거에서 승리했다. 이러한 선거 결과는 중국의 심신을 한순간에 붕괴시켜 버렸다. 3월 20일 당일 중국이 발표한 성명은 10분 정도의 짧은 것이었다. 중국은 공민투표에 대해서 "양안관계에 대한 도전, 국가분열, 공민투표 결과의 무효"라고 발표했다. 그러나 선거 그 자체에 대해서는 "경선에 참가한 측은 이것이 '불공정한 선거'라는 것을 알고 있다"고 하였고, "우리는 사태의 진전을 면밀하게 주시하고 있다"고 하였다.[53]

3월 26일, 타이베이 중앙선거위원회는 천수이볜과 뤼슈롄의 연임 당선을 공고하였다. 중국의 국대반은 즉시 강경한 성명을 발표하였다. "만약 대만의 정세가 통제력을 상실하고, 사회적인 동요를 가져오며, 대만동포의 생명과 재산, 안전을 위태롭게 하고, 대만해협지구의 안정을 위태롭게 한다면 우리는 가만히 앉아서 보고만 있지는 않을 것이다"라고 하였다.[54] 이러한 성명이 타이베이 내에 일으킨 반향은 그리

2004년 2월 18일, 제4면.

53_〈베이징이 면밀하게 이를 주시하고 있다〉, 《文匯報》, 2004년 3월 21일, http://paper.wenweipo.com/2004/03/21/TW0403210003.htm을 보라.

54_〈국대반은 대만 정국의 전개를 면밀하게 주시하고 있으며 대만의 정세가 통제력을 상실한다면 중국은 이를 좌시하고만 있지 않을 것이라는 성명을 발표〉, 2004년 3월 27일, 《文匯報》, 제A6면.

크지 않았다. 3월 19일부터 3월 27일까지 연속 8일 밤낮으로 대립되는 격정 속에서 이는 묻혀 버리고 말았다. 미국 국무원 대변인인 바우처는 27일 관련된 질문을 받았을 때 담담하게 다음과 같이 말하였다. "우리는 이미 우리의 의견을 전달하였다. 그들은 그들의 의견을 표현할 뿐이다."[55]

27일에는 총통부 앞에 시위하던 50만 민중들이 해산하였고, 천수이볜은 29일《워싱턴포스트》와 인터뷰하였다. 인터뷰 중 그는 공민투표는 법률규정의 유효한 문턱을 넘지 못했다고 인정했으며, '하나의 중국'의 원칙을 수용하지 않는다고 재차 확인하였다. 그는 여전히 "대만은 주권독립국가이다. 단지 베이징이 이러한 사실을 인정하지 않을 뿐이다"라고 말했다. 그러나 그가 가장 주목한 부분은 여전히 '신헌법'이었다. 그는 "2006년에 새로운 헌법을 제정하여, 2008년에는 적합하고도 용도에 맞는 대만의 신헌법을 적용하기를 희망한다"고 하였다.[56] 이는 선거 전에 대대적으로 파장을 불러일으킨 문제가 되었고, 선거 후 일주일 뒤에 다시 불거지면서 즉각적으로 광범위한 주의를 끌게 되어, 그가 결국 결심을 드러낸 것으로 보였다. 3월 1일, 그는 영국 BBC와의 특별인터뷰에서 다시 공민투표 문제를 제기하였고, 새로운 헌법을 "직접적으로 공민투표에 부칠 것"이라고 말하였다.[57] 4월 1일 그는 일본의《요미우리 신문》과의 특별인터뷰에서 더욱 노골적으로 말하였다. '신헌법' 이외에도 그는 민진당의 다음 정치적 목표는 12월 입법원 선거에서 과반의석을 차지하는 것이라고 하였다. "중국에서부터 분리되어 자립하기" 위해서는 반드시 입법원에서 주도권을 장악해야 한다고 하였다.[58]

55_Richard Boucher, *Daily Press Briefing*, March 2, 2004.

56_총통부 웹사이트 참고, 2004년 3월 30일, 총통은 미국의《워싱턴포스트》와 특별대담을 함.

57_中央社, 〈BBC 인터뷰 시 천수이볜 총통은 개헌을 위한 공민투표를 진행할 것이라고 재차 강조하였다〉, 2004년 3월 31일.

58_楊珮玲, 〈요미우리신문과의 인터뷰, 천수이볜의 취임 연설은 중국에 새해 새로운 주장을 제시하고 있다〉,《中國時報》, 2004년 4월 2일, 제A13면.

3월 20일로부터 약 3주가 지난 4월 14일, 중국 국대반은 대만 총통 선거 후에 처음으로 기자회견을 가졌다. 대변인인 리웨이이(李維一)의 핵심은 선거 전에 언급했던 "대만 민중에 희망을 건다"는 말이나 3개의 '만약의 경우'를 언급하지 않는 것이었다. 대신 그는 핵심을 '독립 반대'에 두었는데, 특히 천수이볜의 '대만독립 타임테이블'이었다. 이는 '2004년에 공민투표, 2006년에 신헌법에 의한 개헌, 2008년에 신헌법에 의해 대만독립을 실행하는 삼부곡'이었다. 그는 더 나아가 4개월 전에 '삼통'을 '양안 간의 운항노선'이라는 중립적인 표현으로 사용했던 것을 '하나의 국가 내부의 경제적 실무'라는 강경한 표현으로 모두 바꾸어 버렸다.[59]

그러나 전반적으로 3월 20일부터 5월 20일까지 중국의 반응은 이례적으로 낮은 자세였다. 군사적 연습도 없었고, 미사일 시험발사도 없었으며, 고위층 지도자의 언급도 없었다. 유일한 예외라면 4월 30일부터 5월 5일까지 중국의 북해, 동해, 그리고 남해 등 3대 함대에서 총 8척의 함정이 홍콩에 기항하였다는 점이다.[60] 이 8척의 함정은 모두 다 중국 자체에서 설계하고 제조한 것이며 미사일 및 대잠능력을 보유하고 있다. 이 가운데 러시아로부터 도입한 신예 구축함이 없고, 핵잠수함이 출동하지 않았다는 점에서 그 목표가 미국을 겨냥한 것은 아니라고 할 수 있다. 전차상륙함도 없었으니 대만해협의 긴장을 고조시키려는 의도도 없었다고 할 수 있다. 하지만 8척이나 출동하여 3년 전 2척으로 홍콩에 기항했던 것을 훨씬 능가하고 있다는 점은 분명히 무력시위의 요소가 있다는 것을 의미했다.

가장 명확한 중국의 입장은 여전히 '두 개의 반'(즉 국대반과 중대반)이 5월 17일 합동으로 발표한 '수권성명(授權聲明)'에 있었다.[61] 4년 전

59_〈국대반 대변인은 대만의 정세가 어떻게 변화하든지 간에 통일조국의 의지에 대한 결심은 변하지 않는다고 강조〉, 《人民日報》(해외판), 2004년 4월 5일.

60_謝曉陽, 〈중국의 함대가 홍콩을 떠나 돌아가다. 우리는 이를 엄밀히 감시하고 그 동향을 예의 주시한다〉, 《聯合報》, 2004년 5월 6일, 제14면.

61_국대반 웹사이트 참고.

의 '두 개의 반'은 선거 후 이틀이 지난 후인 3월 18일의 연합성명에서 천수이볜을 향해 "그의 말을 들어 보고, 그의 행동을 지켜보겠다"고 하였고, 이후 5월 20일의 천수이볜 취임식사에 '하나의 중국'에 대한 그 어떤 성의도 없었다고 비판하였다. 그러나 이번 성명에서는 '수권'이라는 두 글자를 첨가하여 그들이 중국 핵심부를 대표함을 보여 줌으로써 그 중요성을 더하였다.

5월 17일을 선택한 것은 먼저 발표하여 사전에 제재를 가하려는 의의가 있었다. 또한 이는 중국이 천수이볜의 5월 20일의 취임연설에는 이미 관심이 없다는 것을 의미했다. 만약 과거에 "너의 말을 듣는다"고 한 것이라면, 현재는 "나의 말을 들어라"인 것이다. '수권성명'이라는 표현은 길지는 않지만 구성은 매우 신중했고, 언어의 의미는 강렬했으며, 화약 냄새가 물씬 풍기는 것이었다. 그러나 마지막에 두 개의 길을 '대만의 권력자'의 선택에 맡김으로써 중국이 비록 엄격한 듯이 보여도 대만은 여전히 일정한 선택의 공간이 있음을 보여 주었다.

성명의 첫머리에는 "대만독립을 제지하는 것"이 당면한 가장 긴박한 임무라고 하였다. 이는 통일을 촉진하는 것이 이미 차후에 필요한 요소가 되었다는 것을 의미한다. 두 번째 단의 가장 특수한 점은 베이징이 천수이볜 개인을 조금도 신임하고 있지 않다는 것을 보여 준다. 그는 한편으로는 천수이볜을 지명하면서 일일이 그의 '4불 1무'를 열거하였고, 또 다른 한편으로는 그의 '4불 1무'를 비난하면서 이것이 완전히 "스스로의 한 말에 책임을 지지 않고, 또한 성의와 신뢰가 조금도 없다"고 하였고, 또한 "양안관계를 위기의 끝자락으로까지 몰고 갔다"고 하였다. 성명의 세 번째 단에서는 "대만독립은 평화가 없는 것이며, 분열은 안정이 없는 것이다"라고 하여 "다섯 가지의 절대 불가함"을 제시하였다. 그중에서 세 가지는 비교적 강경한 것이었다. 즉 '하나의 중국'의 견지, 완전한 영토의 수호, 대만독립의 불허이다. 그러나 두 가지의 비교적 온화한 내용도 있었다. 즉 대화를 실현하는 것과 대만 동포와 평화로운 발전을 도모하는 것이다. 네 번째 단에서는 7개 항의 구체적인 온화한 장래의 일을 담았다. "(대만의 권력자가) 대만독립의 주장을 포기하고 대만독립을 위한 활동을 정지한다면" 7개 항의 장래의 일은 대화, 군사적인 상호신뢰의 기제, 삼통, 경제와 무역의 교류, 국제활동 공간 등의 내용을 포함한다는 것이다. 마지막 단에서는 '두 가지의 여정'을 대만 권력자의 선택지로 제공하였다. 한 가지의 길은 '낭떠러지에 이르러서야 말고삐를 잡아채는(懸崖勒馬)' 것으로서 대만독립의 활동을 늦게나마 중지하는 것이다. 다른 한 가지의 길은 '남의 충고를 듣지 않고 자기 고집대로 하는 것(一意孤行)'으로서 결국에는 '자기가 지른 불에 자신이 타 죽는 것(玩火自焚)'을 말한다.

이러한 '수권성명'은 발표의 시점은 물론이거니와 형식과 내용 모두 중국 당국이 이미 천수이볜에게 완전히 신뢰를 잃어버렸음을 보여 준다. 그러나 '대만의 권력자'에 대해서는 '낭떠러지에 이르러서야 말고삐를 잡아챈' 이후에는 '7개 항의 미래'의 공간이 있음을 남겨 두었다. 그 가운데에는 모순이 존재하는 듯 보인다. 그러나 이것이 반영하고 있는 것은 바로 그 이후부터의 중국의 대만정책의 주축인 것이다. 이는 즉 '강한 것에 대해서는 더욱 강하게, 유연한 것에는 더욱 유연하게'하는 것이다. 예를 들어 이러한 성명의 마무리를 위해 다음의 표현을 사용하였다. "중국 인민은 귀신을 무서워하지 않으며, 재앙을 믿지 않는다." 이는 마오쩌둥이 1959년의 진마포전(金馬砲戰) 때 《요재지이(聊齋志異)》 중 하나의 이야기를 인용하여 했던 말이다. 의미는 즉 중국은 비록 힘은 부족할지라도 의지는 굳건하여 여전히 강한 적이라도 대항할 수 있다는 것을 의미한다.[62] 이를 이 시점에 사용함으로써 이는 만약 필요하다면 중국은 결과를 계산하지 않고 대만과 전쟁을 할 것이라는 것을 암시하는 것이었다. 그러나 동시에, '수권성명'에는 '7개 항의 미래'와 같은 비교적 온화하고도 광범위한 내용도 포함하고 있었고, 이는 이후 중국의 대만에 대한 정책의 기원이 되었다.

62_왕이(王毅)의 〈마오쩌둥의 《귀신을 잡는 전략(打鬼戰略)》과 그 형성과 발전의 과정〉을 참고하라. 《世紀中國》 웹사이트.

2004년 하반기에, 아마도 중국과 접촉했던 모든 대만의 학자들과 전문가들은 엄중함과 살기를 느꼈을 것이다. 7월 말에는 국대반에 소속된 해협양안관계연구중심(海峽兩岸關係研究中心)은 항저우에서 〈양안관계와 경제교류 논단〉을 주관하였다.[63] 8월 초에 홍콩지구중국평화통일촉진회(香港地區中國和平統一促進會)는 〈중국의 평화적 통일논단〉을 개최하였다.[64] 국대반의 부주임인 왕짜이시는 두 차례의 회담에서 5월 17일의 '수권성명'을 거듭 표명함과 동시에 이후 삼통은 "양안 중국인 내부의 업무"로 제한될 것이라고 하였다.[65] 그 밖의 다른 학자들은 "향후 4년은 양안 최대의 위험한 시기"라고 하였으며, 중국의 대만 당국에 대한 "그의 말을 들어 보고, 그의 행동을 지켜보겠다"는 이미 "나의 말을 들어라. 너의 행동을 관찰한다"로 바뀌었다. "(대만독립세력은) 각종 방법을 사용하여 우리에게 대항하고자 할 것이다. 우리는 여기에 끝까지 대응할 것이다"라고 하는 등 서로 다른 강약의 화법을 사용하였다.[66] 필자가 참여했던 소규모 좌담회에서는 중국 학자의 명언이 있었다. 즉 "20년이라는 전략기간은 확실히 중요하다. 그러나 우리는 대만독립이라는 것이 우리의 20년간의 '장기적인 병'이 될 것인지 혹은 단기간의 '짧은 병'이 될 것인지를 반드시 고려해 보아야 한다."[67]

대만 해군 정세의 새로운 위기에 대하여, 6월 초, 미국 태평양 총부사령관인 파고(Thomas Fargo)는 타이베이의 입법원 방문단을 접견하였을 때 다음과 같이 말하였다. "현재는 양안 정부의 오판으로 인해서 전

63_王莉絹, 〈중국공산당 국무부 대만사무실 왕짜이시—삼통직항은 국내항로〉, 《聯合報》 2004년 7월 29일, 제A4면.

64_陳倖嫚, 〈왕짜이시는 홍콩에서 개최된 "평화적 통일" 논단에 참여하였다〉, 《中央社》, 2004년 8월 6일.

65_왕짜이시의 담화, 중국국무원 대만사무실의 웹사이트. 2004년 양안관계 논단의 개막식에서 왕짜이시의 연설을 위해 분리하다; 왕짜이시는 천수이볜 당국이 여전히 '대만독립'의 시간표를 따라 나아가고 있다고 지적.

66_王莉絹, 〈중국은 대만에 대해 협상에 주력하되, 무력공격의 준비도 늦추지 않고, 지연전술도 걱정하지 않는다〉, 《聯合報》 2004년 8월 3일, 제A13면.

67_필자의 2004년 여름 상하이 방문 시의 경험.

쟁으로도 치달을 수 있다는 점에서 매우 우려되는 시기이다. 때로는 이로 인해서 잠이 들기도 어렵다."[68] 중국 인민해방군은 6월과 7월에 푸젠성 산둥도 지구에서 육·해·공군 협동 연습을 시행했다. '타이완 해협 제공권' 확보를 강조한 것 외에도 장거리 기습, 대함, 야간공격 및 정보전 등에도 역점을 두었다. 북해, 동해, 남해의 3개 함대가 모두 연습에 참가하였다. 이 중에서 북해 함대 소속의 한 편대는 별도로 황해, 동해, 남해를 넘나들며 '고강도' 원거리 연습을 실시하였다.[69]

양측으로부터 환심을 잃은 싱가포르

비슷한 경고는 장기간 동안 양안 업무에 관심을 가지고 있던 싱가포르에게도 극단의 우려를 하도록 만들었을 것이다. 5월 5일, 싱가포르 총리인 고촉통(吳作棟)은 백악관을 방문했다. 이는 그가 1년 안에 세 번째로 부시 대통령을 만나는 것이었다. 싱가포르의 관리의 말을 빌리자면, 두 지도자는 "양안관계가 만약 적절하게 처리되지 않는다면, 지역과 국제사회의 안전에 엄중한 후폭풍을 가져오게 될 것"이라는 데에 동의하였다.[70] 6월 20일, 베이징을 방문하고 있던 싱가포르의 내각 수상 리콴유(李光耀)는 《연합조보(聯合早報)》와의 특별인터뷰에서 그는 이제까지 후진타오, 원자바오를 포함하여 모든 중국 지도자를 만나 보았는데 이들은 모두 대만이 독립을 향해 가는 데에 대해 대응하지 않고 이를 가만히 앉아서 지켜보고만 있지는 않을 것이라고 말했다고 하였다. 그는 또한 동남아시아 혹은 동아시아의 어느 국가도 대만의 독립운동을 지지한다고 생각하지 않는다고 하였다.[71]

68_中央社, 〈입법위원단 하와이 방문, 태평양사령부 대만정세를 걱정하다〉, 2004년 6월 19일.

69_국민당중앙정책회, 〈최근 중국의 중요한 군사훈련〉, 《大陸情勢雙週報》, 2004년 6월 9일, 제4면.

70_洪伯昌, 〈미군과 싱가포르 지도자들의 경고—양안관계의 처리가 적절하지 않으면 그 결과가 엄중할 것임〉, 《聯合晚報》, 2004년 5월 6일.

71_〈리셴룽—중국지도자는 대만의 독립을 좌시하지 않을 것〉, 《聯合報》, 2004년 6월 21일, 제A13면.

7월 10일, 곧 총리에 취임할 싱가포르의 부총리인 리셴룽(李顯龍)은 대만을 4일간 방문하였다. 그 기간 중 천수이볜과 두 번의 회담 이외에도 다른 중요한 정부 관원들, 국민당 주석인 롄잔, 타이베이 시장인 마잉주 그리고 기업계 인사들과도 만났다. 이번의 비공식 방문에 대해 베이징은 비록 사전에 싱가포르로부터 통지를 받았음에도 불구하고 강한 불만과 항의를 표시하였다. 더 나아가 중국인민은행장 저우샤오촨(周小川)의 방문계획과 상하이 푸동(浦東)에서 개최하기로 한 싱가포르 축제를 취소시켰다.[72] 더 고통스러웠던 것은 베이징은 싱가포르와 진행 중이던 자유무역협정을 위한 회담을 일방적으로 중지시켰다. 이 협정은 침체되어 있는 싱가포르의 경제에 강심제를 놓기 위해서 계획된 것이었다.

이러한 압력에 대해, 리셴룽의 입장은 견고하였다. 그는 방문의 목적이 "가능한 발전에 대한 평가를 내리기 위해 당면하고 있는 가장 급박하게 처리해야 할 일을 이해하는 데" 있다고 하였다. 방문 이후에 그는 대만 여야의 안목이 좁고 국제적 시야를 결여하고 있다고 솔직하게 말했다. 그는 범녹진영은 오직 입법원 선거에만 전념하여 수많은 대만인들이 독립을 지지한다고 생각하는 것 같다고 말했으며, 범남진영은 총통선거의 합법성에만 전념하여 대다수의 대만인들이 중국이 대만을 공격하지는 못할 것이며, 그렇다 하더라도 미국이 반드시 자진해서 나서서 구원해 줄 것이라고 믿고 있는 것 같다고 하였다. 리셴룽은 이러한 현상에 대해 불안한 예감이 든다고 하였다.[73]

8월 22일, 리셴룽은 총리의 자격으로 국경일 연설을 하였다. 그는 싱가포르는 대만의 독립을 인정하지 않으며, 대만해협에는 오판이 존재하며 이것이 전쟁으로 치달을 수 있다고 말했다. 만약 대만이 주도하여 충돌이 발생한다면 싱가포르는 대만을 지지하지 않을 것이라고

72_〈리셴룽에 항의하여, 저우샤오촨은 싱가포르 방문을 취소하였다〉,《聯合報》, 2004년 7월 13일, 제1면.

73_〈리셴룽—대만은 지나치게 내부에만 집중하고, 국제적인 변화는 무시하고 있다〉,《聯合報》, 2004년 7월 23일, 제1면.

하였다. 또한 그는 만약 대만이 독립을 향해 나아간다면 중국은 반드시 전쟁을 일으킬 것이며, 그 결과가 어떠하든지 간에 대만은 결국에는 소멸될 것이라고 강조하였다. 그는 "내가 만나 보았던 대만 지도자들 중 이러한 정도로까지 알고 있는 사람은 소수에 불과했다"라고 하였다.[74]

9월 24일, 싱가포르 외무부 장관인 양룽원(楊榮文)은 유엔총회의 발표연설에서 대만의 독립은 "(대만과) 중국 간의 전쟁을 발생시킬 것이며, 다른 국가들을 끌어들이게 될 것이다"라고 경고하였다. 그는 또한 국제사회는 양안관계가 악화되는 것을 막아 통제를 상실하는 상황에 이르지 않도록 해야 한다고 호소하였다.[75] 9월 26일, 대만의 외교부 장관인 천당산(陳唐山)은 싱가포르가 유엔으로 하여금 대만을 비판하도록 해서는 안 되었다고 공개적으로 지적하였다. "싱가포르는 코딱지만 한 국가에 불과하다"고 했고, "(이렇게 하는 것은) 근본적으로 중국의 LP(민난어로 '생식기')에 대해 아첨하는 것과도 같다"고도 하였다.[76]

이러한 일련의 싱가포르의 발언들은 1993년 구왕회담을 주도했던 국가로서 미국을 제외하고는 양안관계에 가장 관심을 가진 국가라는 것을 보여 준다. 리콴유와 리셴룽 부자는 베이징과 타이베이의 두 지역을 실질적으로 탐방하였고, 싱가포르는 극단적으로 분노한 중국과 국내 정치투쟁에 몰두하느라 근본적으로 밖에서 벌어지고 있는 위기를 보지 못하는 대만을 볼 수 있었다. 그러나 싱가포르의 선의에 찬 경고는 양측으로부터 환심을 잃게 되어 중국으로부터는 보복을 그리고 대만으로부터는 치욕스러운 말을 듣게 되었다.

싱가포르의 태도는 1993년 양안이 동시에 고마워했던 '촉진자'로부

74_陳明惠, 〈리셴룽—대만해협은 실수로 인해 전쟁으로 치달을 수도 있다〉, 《臺灣時報》, 2004년 8월 23일, 제1면.

75_中央社, 〈싱가포르 외무부 장관 유엔총회에서 대만해협 양안관계가 통제력을 잃지 않도록 예방해야 함을 호소하다〉, 2004년 9월 25일.

76_〈리우용양—싱가포르, 코딱지만 한 게 중국의 엉덩이를 핥다〉, 《聯合報》, 2004년 9월 28일, 제13면.

터 2004년에는 환영받지 못하는 '간여자'로 변화하였다. 이는 당연히 양안관계가 완전히 변화했기 때문이었다. 한편으로는 베이징과 타이베이는 10여 년에 걸쳐 직접적으로 교류를 한 경험이 있었기 때문에 더 이상 중재자가 필요하지 않았다. 다른 한편으로 양안관계는 그해의 화해의 분위기가 악화된 것이 전쟁의 직전까지 치달았었기 때문에 설령 중재자가 필요하다 해도 이는 싱가포르와 같은 중재자는 아니다. 이는 곧 왜 미국의 역할이 양안관계에서 더욱 중요해졌는지를 말해 주며, 또한 왜 대만과 중국이 모두 암암리에 미국의 간여를 '환영'했는지를 말해 준다.

중요한 미국의 역할

미국은 양안관계에서 가장 중요한 '제3자'의 역할을 해 왔다. 1979년 미국이 중화민국과 단교하고 나서 미국의 〈대만관계법〉과 미중 간의 3개 연합공보(1972, 1979, 1982)는 대만해협의 평화와 안전을 유지시켜 왔다. 그러나 1995년의 코넬대 방문이 모든 것을 변화시켰다. 그는 미국으로 하여금 양안관계가 매일매일 첨예한 모순으로 변해 가는 가운데 놓이도록 했으며, 또한 민주화된 대만의 다원적인 역량과 미국 내부의 다원적인 역량의 연결점을 만들어 냈다. 본래 단순했던 권력놀이가 갑자기 놀이에 참여했넌 구성원들을 증가시키고, 이를 완전히 다른 도박판으로 만들어 버렸다. 이로 인하여 불확실성이 대폭적으로 상승하게 되었다. 1999년 양국론이 발표된 이후, 양안관계에서 군사적인 요인이 갑자기 가중되었고, 더 나아가 미국으로 하여금 동아시아의 평화와 안전의 유지자이며 보호자의 역할을 더욱 중요시하게 하였다. 양안뿐만 아니라 모든 동아시아 국가들은 미국이 잠재적으로 폭발의 우려가 있는 문제에 대해 타당하고 신중하게 처리하기를 희망하였다.

총격사건 이후의 대만은 격랑 속으로 다시 빠져들었다. 미국 국무원은 3월 20일 심야에 간단한 성명을 발표하였는데, '대만 인민들'이 민주적 권리를 행사한 것을 축하한다고 했지만 천수이볜과 뤼슈롄에 대해서는 축하하지 않았다. 단지 "중앙선거위원회가 범녹진영이 극소의 차이로 승리했다는 것을 선포한 것에 주의하며", 또한 "범남진영이 선거 결과에 의문을 가지고 있다는 점을 알고 있다"고 하였다.[77] 천수이벤 정부는 재미 대표인 청지엔런에게 미국 측과 접촉하여 천수이벤과 뤼슈롄의 당선 연임을 '승인한다'는 성명을 요구하라고 지시했다. 3월 26일, AIT 이사장인 섀힌은 타이베이 측이 다방면에서 가한 압력에 못 이겨 결국 이에 동의하였고, 타이베이 측이 미리 준비해 둔 비망록에 사인을 하였다.[78] 그러나 이러한 외교관례에 어긋나는 일로 결국 그녀는 4월 30일에 공직을 잃게 되었다.[79]

3월 20일 이후의 대만해협 정세는 극히 험준하였다. 베이징 당국은 처음에는 상대적으로 낮은 어조로 출발했으나 가일층 기이한 분위기로 이를 덮었다. 5월 하순 미 국방부가 공포한 〈2004년 중국 인민해방군 군사력 보고(Annual Report on The Military Power of the People's Republic of China, 2004)〉는 대만 내부의 일부 인사들이 대만이 중국의 공격에 임하게 될 때 중국의 삼협댐(三峽大壩)을 공격목표로 삼을 수 있다고 했다는 점을 지적하였다.[80] 이러한 주장은 비록 대만 '일부 인사들의 주장'이지만, 미국 관리의 문서에 쓰여 있었다는 점에서 매우 이례적인 것이었고, 중국의 민감한 신경을 건드린 것이 분명했다.

이 같은 시기의 워싱턴 정부는 분명 동일한 우려를 했을 것이다. 본래 워싱턴 정부는 부시 시기인 2003년 12월 초 공개적으로 그리고 높은 어조로 '대만 지도자'가 일방적으로 현상을 변경하려 한다고 비난하였다. 그러나 2004년 2월 말 파월은 "그들이 공민투표를 하려 한다

77_Adam Ereli, "Taiwan Presidential Election," March 20, 2009, http://2001-2009.state.gov/r/pa/prs/ps/2004/30624.htm.

78_傅建中, 〈섀힌, 전화로 축하하게 된 풍파의 전모는 청지엔런의 설명으로 분명해졌다〉, 《中國時報》, 2004년 4월 11일, 제A4면.

79_〈국무원의 사실증명: 이사장이자 주석인 섀힌을 낙마시키다〉, 《中華日報》, 2004년 4월 9일, 제A4면.

80_Http://www.sharps.hawaii.edu/security/us/2004/2004PRC.html.

면 그렇게 하는 것이다"고 말했다. 그중에서 중요한 변화는 천 정부의 '방위성 미국 무기 구매'의 책략적인 조작에 의한 것이었다. 그러나 일부분은 부시 정부 내부에서 천수이볜의 '공민투표', '개헌' 등의 시도를 민진당의 선거전략의 일부분이며 또한 대만 민주주의 과정의 일부분이라는 선의의 해석을 하기도 했다. 그러나 이러한 선의의 해석은 천수이볜의 선거 이후 국제언론과의 특별인터뷰를 통해서 이미 그 기반을 잃어버렸다. 워싱턴 정부는 미래의 4년을 맞아 반드시 미국의 대만에 대한 온전한 기대를 발표해야겠다고 생각했다. 그리하여 4월 21일, 국무부 아태담당 보좌관인 켈리(James Kelly)는 하원의 국제관계위원회에서 증언할 때, 수십 년 만에 '대만'이라는 단일 의제에 대해 가장 길고도, 가장 완성도가 높은, 그리고 가장 실질적인 내용을 담은 정책인 〈미국의 대대만정책의 개관(Overview of US Policy Toward Taiwan)〉을 발표하였다.[81]

켈리의 증언은 초반에 미국의 대만정책의 '핵심적인 원칙' 중 하나를 제시했다. 이는 미국이 대만독립 혹은 그 어떠한 "우리가 정해 놓은(as we define it)" 현상에 대한 일방적인 행동에 대해서 지지하지 않는다는 것이었다. "우리가 정해 놓은"이란 문구는 미국을 심판자의 위치에 놓는 것이었다. 이어서 그는 한편으로는 2004년의 선거를 "자유롭고 공정한 선거에 의한 총통 선택"이라고 긍정적으로 평가하면서도 한편으로는 "일방적으로 대만독립을 향해 가는 것"이 대만을 더욱 안전하고, 더욱 자유롭고, 또한 더욱 번영하도록 하는 것이 아니라 과거의 노력과 미래의 희망을 모두 파멸시키는 것이라고 강조하였다. 그러나 그는 동시에 중국이 무력을 사용하는 것에 대해서는 반대하였다.

전문에서 두 부분은 매우 예외적인 것이었다. 켈리가 이를 처리하던 문장의 길이나 어조에 의한다면 그들은 부시 정부의 천수이볜 정부에 대한 희망의 목록을 제시한 것이었다. 그중에서 하나는 대화를 촉진하는 것이다. 켈리는 다섯 문장을 사용하여 1990년대 국민당 정부가

81_Http://www.house.gov/international_relations/108/93229.pdf를 보라.

어떻게 중국과 담판을 전개해 나갔는지를 서술하였다. 그중에는 1992년의 '하나의 중국, 각자의 정의'라는 공식도 포함되어 있다. 이는 부시 정부 4년 임기 초반에 처음으로 공식 정부 문서에 이 용어를 사용한 것이었다. 그는 또한 미국이 대만에 무기를 판매하는 것은 대만으로 하여금 믿음을 가지고 담판에 나가도록 하기 위함이지 "대화를 거부하기 위한 백지수표"가 아니라고 지적하였다.

다른 부분은 '삼통'이었다. 켈리의 증언은 공개적으로 '삼통'을 신속하게 도입하자고 호소하는 한편, 대만 내부의 반삼통 인사들이 항상 제기하는 두 가지의 단언, 즉 "삼통은 대만으로 하여금 중국에 과도하게 의존하도록 만들 것이다"와 "삼통은 대만의 경제적 공동화와 대량의 실업을 가져올 것이다"에 대해서 명백히 부정하였다. 그는 대만의 상인들이 해외투자를 함으로써 세 부분에서 승리(대만, 중국, 세계경제)의 결과를 얻을 것이라고 강조하였다. 그는 또한 "대만 상인들이 대만 정부로 하여금 중국에게 정치적인 양보를 하도록 강요할 것이다"라는 것에 대해서는 그렇게 생각하지 않는다고 하였다.

이후의 질의응답의 과정에서 애커먼(Gary Ackerman) 하원의원은 다음과 같이 질문했다. "당신이나 내가 부시 대통령이 선포한 것을 이해하는 것은 중요하지 않다. 중요한 것은 대만이 이를 이해해야 하는데, 과연 그러한가?" 이에 대해 켈리는 다음과 같이 답했다. "오늘 청문회장에는 많은 언론이 와 있다. 이는 미국만의 언론이 아니지 않은가!"[82] 논점을 강조하기 위해서 AIT 타이베이 처장인 팔은 타이베이에서 개최된 학술세미나에서 켈리 증언의 핵심을 거듭 표명하였다.[83] 그러나 사건 이후의 대만 언론의 반응을 보면, 이러한 중요한 연설의 명운과 베이징의 간단한 5월 17일의 성명은 모두 타이베이의 선거 후 격랑 속에서 묻혀 버렸다. 천수이볜 정부는 못 본 체하였으며 특별한 반응도 보이지 않았다. 범남진영은 상처를 치료하고 통증을 멈추느라 잊어버렸

82_*Ibid.*

83_Douglas Paal, "Taipei-Washington-Beijing Relations Today," AIT 웹사이트, 2004년 5월 23일.

고 토론할 생각도 없었다. 따라서 켈리의 증언의 수많은 중요한 관점들이 무엇보다도 워싱턴 정부로부터 나왔음에도 불구하고 타이베이는 미미한 반응만을 보였을 뿐이다.

5월 20일 취임하기 전에 대만의 정세는 여전히 긴장국면이었다. 친민당은 천수이볜 정부를 '괴뢰정부(僞政府)'라고 불렀고, 국민당은 '임시정부(看守政府)'라고 불렀다. 더 이상 잘못된 소식을 내보내지 않기 위해, 워싱턴 정부는 천수이볜의 취임식에 참석하는 특사를 고르는 데 상당한 공을 들였다. 천수이볜 정부가 희망한 국회의장(예를 들면 공화당 상원의장인 톰 딜레이[Tom DeLay]) 혹은 오랜 기간 동안 친대만 인사였던 중량급 하원의원(예를 들면 하원의 외교관계위원회[Foreign Relations Committee] 의장인 루거[Richard G. Lugar]), 공화당 하원 의원인 헤이겔(Chuck Hagel), 민주당 하원의원인 록펠러(Jay Rockefeller)는 선택되지 못했다.[84] 결국 경력이 오래된 하원의 리치(James Leach)가 선택되었다. 그는 미 국무부의 외교관 출신이었기 때문에 발언에서 매우 신중했고, 분수에 넘는 일을 하지 않았다. 대만의 계엄 시기에 그는 오랜 기간 동안 대만의 '자결'을 지지했지만 대만의 독립에는 줄곧 반대해 왔다. 그는 공화당원이었지만 부시와의 관계가 특별히 좋은 것은 아니었다. 대만 방문 시기 동안 그는 발언에 신중했으며, 한편으로는 천수이볜을 지극히 칭찬하면서도 미국 측 의견과 대민 인민의 희망을 기술적으로 완벽히 전달하였다. 다른 한편으로 그는 부시의 전갈, 즉 미국이 대만의 독립을 달가워하지 않으며 양안에 대한 통제력을 상실할 것을 우려한다는 점도 전달하였다.[85]

2004년 여름, 미국 대통령 선거의 열기가 가중되었다. 연임을 추구하는 부시 대통령과 민주당 하원의원인 케리(John F. Kerry)는 양 진영

84_傅建中, 〈미국의 축하사절단의 난산과 그 전달하려는 메시지〉, 《中國時報》, 2004년 5월 15일, 제A4면.

85_黃雅詩, 〈리치(李奇)—미국, 양안이 통제력을 상실할까 매우 우려하다〉, 《聯合報》, 2004년 5월 20일, 제2면; 黃啟棟, 〈리치, 연설에 재치있고 논리정연하다고 호평〉, 《臺灣時報》, 2004년 5월 21일, 제2면.

의 교전을 진두지휘하였다. 이제까지 살펴볼 때 이번 대선은 미국 사회를 분열시킨 정도가 과거 그 어떤 선거보다도 더한 것이었다. 이와 동시에 대만의 정치와 사회는 여전히 심각한 분열과 첨예한 대립에 빠져 그 소용돌이에서 벗어나지 못하고 있었다. 게다가 중국은 장쩌민이 당총서기직과 국가주석직을 후진타오에게 넘긴 후 여전히 중앙군사위원회 주석직을 유지하고 있었다. 따라서 '두 개의 중심'에서 매우 드문 현상이 나타나고 있었다. 이는 미국, 중국과 대만 등 세 방면에서 처음으로 사회적 분열과 (혹은) 정치권력의 분산이 동시에 나타난 최초의 사건이었다. 그들 간의 상호활동은 당연히 더욱 불확실하게 변화하였고 오판과 한 측의 내부 요소로 인해서 아주 쉽게 충돌이 발생할 수도 있었다.

이러한 상황을 목도한 워싱턴 정부는 4월에 대만을 향해 완전한 입장과 기대를 표명하였다. 7월 초, 국가 안보자문인 라이스는 친히 나서서 24시간을 비행하여 신속하게 베이징을 방문하였다. 그녀는 후진타오, 장쩌민, 탕자쉬안, 리자오싱(李肇星) 등을 포함한 중국공산당 지도자들과 비밀회동을 하였다. 언론보도에 의하면 대만문제가 북한과 이라크의 문제를 넘어 이번 방문의 핵심이었던 것으로 보인다. 라이스의 가장 큰 목적은 적극적으로 중국과 대만 간의 대화를 시행하도록 하는 것이었을 가능성이 가장 높았다. 그녀는 미국이 원하는 것을 분명하게 하였고 "도움이 된다면, 대화를 촉진하는 방식으로"와 같이 그 순서를 제시하였다.[86] 과거 미국의 오랜 관례는 대화를 촉진하는 것이었고, 양안 간의 대화에는 개입하지 않으며 또한 사람을 파견하지 않는 것이었다. 그러나 라이스의 대화는 마치 워싱턴 정부의 정책이 변화하여 기꺼이 양안에 사람을 파견할 수 있을 것으로 보였다.

그녀의 제안은 베이징으로부터 환영받지 못했다. 미국 언론보도에 의하면, 수행했던 미국 관료들은 중국의 고위층들이 천수이볜을 어떻

86_Philip P. Pan, "Rice Rebuffs China on Taiwan Arms Sales," *The Washington Post*, July 9, 2004, p. A2.

게 다룰 것인가에 대해서는 합의에 도달하지는 못했지만, "그들은 천수이볜이 허세를 부리고 있다고 확신했고, 마음 깊은 곳에서는 천수이볜을 신뢰하지 않았다"고 하였다.[87] 이러한 심리적인 측면으로 인해 중국 지도자들로 하여금 라이스를 접견할 때 태도는 무척 온화하였지만 언사에 있어서는 조금도 타협을 하려는 모습을 보이지 않았다. 예를 들어, 장쩌민은 절대로 대만의 독립을 허용하지 않으며, 만약에 외국 세력들이 개입한다면 중국은 절대로 이를 좌시하고 있지 않을 것이라는 점을 거듭 표명하였다.[88] 후진타오는 미국이 약속을 철저히 지키기를 원하며, 대만 당국에게 잘못된 신호를 보내지 않기를 희망한다고 하였다.[89] 탕자쉬안은 대화와 담판을 통해서 대만문제를 해결하고자 하는 것은 중국의 기본적인 원칙이지만 대만 당국이 대만독립과 분열정책을 고집하고, 이것이 잘 처리가 되지 않는다면 미중관계의 발전에도 영향을 미칠 수 있을 것이라고 하였다.[90] 라이스 또한 만약 '하나의 중국'의 원칙의 기초에서 벗어난다면, 더 이상 대화로써 모든 것이 해결되지는 않을 것이라고 강조하였다.[91]

미국 자신의 11월 대선이 임박해 오자 워싱턴 정부는 더욱 적극적으로 움직였고, 이는 결국 그해 9월, 역사상 없었던 '준준참수사건(準準斬首事件)'이 터진 후 최고조에 달했다.

87_Glenn Kessler, "China Warns U.S. on Policies: Beijing Says Stances on Taiwan, Hong Kong May Hurt Relations," *The Washington Post*, July 14, 2004, p. A13.

88_陳東旭, 〈장쩌민, 라이스를 만난 자리에서 미국이 '대만에 무기를 판매하는 것'에 대해 거듭 비판하다〉, 《聯合報》, 2004년 7월 9일, 제A13면.

89_陳東旭, 〈라이스 회견 당시, 후진타오는 미국이 대만에게 잘못된 신호를 보내지 말도록 호소하다〉, 《聯合報》, 2004년 7월 9일, 제A13면.

90_林則宏, 〈후진타오는 라이스 회견 당시 대만에게 잘못된 신호를 보내지 않도록 호소하다〉, 《工商時報》, 2004년 7월 10일, 제6면.

91_〈린자오싱—미국은 반드시 대만문제에 있어서 목전의 사태의 엄중성을 확실히 인지해야 할 것이다〉, 《北京青年報》, 2004년 7월 9일.

제10장 일촉즉발의 양안관계

"대만은 독립된 국가가 아니며 주권을 가진 국가도 아니다."[1]
—파월, 2004년 10월 25일

"대만관계법은 우리(미국)가 태평양에서 반드시 충분한 억지, 공격능력을 확보해야 한다고 규정하고 있다. 그러나 우리가 반드시 대만을 방위해야 한다고는 규정되어 있지 않다."[2]
—아미티지, 2004년 12월 10일

2004년 한여름, 중국은 대만 인근에서 군사훈련에 한창이었다. 미국과 싱가포르는 극도로 우려하면서 사방으로 뛰어다니면서 그 열기를 식히고자 하였다. 그러나 대만의 천수이볜 정부는 자신만만한 듯하였고, 선거전에서 승리한 기세를 몰아 대만독립을 향해 달리고 있었으며, 중진급 당정인사들도 모두 대만독립에 힘을 보태 주려 하였다.

무더위가 기승을 부리고 시끌벅적했던 여름

뤼슈롄 부총통은 6월 6일 미국 샌프란시스코의 교민초청연회에서 '대만 중화민국'이라는 용어를 최초로 사용하였다.[3] 리덩후이는 7월 1일 '대만 헌법제정운동 출범대회'에서 공개적으로 '중화민국'이라는 허구의 국가명을 반드시 버려야 하고, 신헌법에서는 중국과 혼동될 수 있는 국명, 영토, 주민, 주권 등의 주권국가 요소를 배제해야 한다고 강조하였다.[4] 7월 28일 천수이볜은 중국의 위협을 공개적으로 언급하면서

1_Colin L. Powell, Interview with Anthony Yuen of Phoenix TV, October 25, 2004.

2_"Interview with Charlie Rose on PBS", Richard L. Armitage (10 December 2004).

3_蔡素蓉, 〈뤼슈롄—국호를 대만 중화민국으로 해서 남·녹색 간의 논쟁을 매듭 짓자〉, 《中央社》, 2004년 6월 7일.

4_林淑玲, 林晨柏, 陳重生, 〈리덩후이—신헌법을 제정하고 현재의 국가명을 폐기한다〉, 《中

"이것들은 통상적인 연습이며 그 중요성을 과도하게 평가할 필요가 없다"고 주장하였다. 그는 또 "진짜로 위험한 것은 3월 20일부터 5월 20일까지의 기간이었다. 3월 20일 선거 직전, 바다 건너 쪽은 내가 총통선거에서 승리할 경우 뭔가 행동을 취하겠다고 위협했다. 그러나 지금 나는 연임되었고, 아무 일도 일어나지 않았다"고 하였다.[5] 이어서 천수이볜은 12월의 입법원 선거 이후 헌정개조위원회를 수립할 계획이며, 뒤이어서 헌법회의를 개최할 것이라고 주장하였다.[6]

8월 13일 친민진당 영자신문인 《타이베이 타임스(*Taipei Times*)》는 최초이면서도 유일하게 대만이 핵무기를 보유할 필요가 있다는 사설을 게재하였다. 사설에서 중국 내 10개의 대도시와 삼협댐을 파괴할 능력을 보유할 때 중국의 급진주의를 효과적으로 억제할 수 있다고 하였다.[7] 다음 날 유시쿤 행정원장은 (중남미를 방문하기 위해) LA를 경유할 때 미국 하원의원과의 대화에서 베이징이 현재 '참수' 행동을 추진 중인데 이는 미국이 이라크의 후세인을 제거하려 한 것과 동일하게 대만의 지도자를 노리고 있다고 하였다.[8] 8월 21일 유시쿤은 뉴욕을 경유하던 중 교포들의 환영식에 참석하면서 AIT 이사장 서리인 푸웨이롄(浦威廉)에게 "중국은 절대적으로 세계에 해를 가하는 근원"이며, 현시점에서 중국의 목적은 "미국과 정면 대결하자는 것"이라고 지적하였다.[9] 9월 1일, 천수이볜은 중남미 방문 중, 수행기자단과의 티타임 중 "중화민국의 약칭으로 가장 좋고, 근접하고, 진실한 것은 바로 '대만'이다",

---

國時報》, 2004년 7월 2일, A13면.

5_盧德允, 劉保傑, 〈천수이볜, 통일의 방법을 이야기하다〉, 《聯合報》, 2004년 7월 30일, 제3면.

6_郭碧純, 〈헌정, 신헌법 문구마다를 과도하게 해독하는 것을 지양, 입법원 선거 종료와 동시에 국회에서 헌법 개전준비 위원회를 이어서 헌법회의 개회되기를 희망〉, 《臺灣日報》, 2004년 7월 30일, 제3면.

7_Editorial, "Taipei Needs Nuclear Deterrent," *Taipei Times*, (August 13, 2004), p. 8.

8_蔡慧貞, 〈유시쿤 행정원장—중국의 참수행동 현재 진행형이다〉, 《中國時報》, 2004년 8월 15일, A2면.

9_蔡慧貞, 〈유시쿤 행정원장 뉴욕에서 연설—중국, 서태평양 방어선 돌파시도로 '미국과 맞대결 기도' 언급〉, 《中國時報》, 2004년 8월 23일, A3면.

"중화민국은 곧 대만이다"라고 말하였다.[10]

가장 역설적인 것으로는 카이저 미 국무부 선임 부차관보가 9월 4일 FBI에 의해 체포되자 천수이볜이 즉각 양안관계에 대해 입을 다물었다는 것이다.[11] 그러나 천수이볜 정부의 그 외의 고위관리들은 여전히 열을 내고 있었다. 9월 24일 유시쿤은 입법원에 출석하여 자신은 천수이볜이 연임한 이후부터 줄곧 맞은 편을 중국이라고 호칭, 즉 중화인민공화국이며 PRC라고 해 왔다고 밝혔다. 그는 또 자신의 시정(施政) 기조는 "대만의 주체성을 확립하는 것"이라고 하였다.[12] 9월 25일은 유시쿤은 양안이 냉전 시기의 '공포의 균형(balance of terror)'과 같이 "당신이 나를 파괴할 능력이 있으면, 나 또한 당신을 파괴할 능력이 있고, 당신이 내게 100발의 미사일을 발사한다면 나도 당신에 100발, 최소한 50발은 발사할 수 있다. 당신이 우리의 가오슝을 공격한다면 나도 당신의 상하이를 공격한다. 이렇게 될 때 균형이 이루어진다"라는 경악할 만한 발언을 하였다.[13] 10월 4일, 총통 국정자문위원인 구콴민(辜寬敏)은 미국의 《뉴욕타임스》와 《워싱턴포스트》에 각각 전면광고를 싣고 미국의 '하나의 중국' 정책은 "지역의 불안정을 증대시키는 것이지 감소시키는 것이 아니다", "공산 독재자들을 이롭게 하는 것이다"라고 신랄하게 비난하였다.[14]

이러한 주장들은 고도로 민감한 '제헌'과 '정명'과 직결될 뿐만 아니

10_劉保傑, 〈천총통—중화민국의 약칭은 대만이다〉, 《聯合報》, 2004년 9월 4일, 제4면.

11_"Memorandum in Support of Motion to Find Defendant in Material Breach of Plea Agreement and to Release the Government from its Plea Obligations," US District Court of Eastern District of Virginia, Alexandria, Virginia (5 July 2006), p. 30, http://www.fas.org/irp/ops/ci/keyser070506.pdf.

12_黎珍珍, 〈유시쿤 행정원장—공식 문서에서 맞은편을 '중국'이라고 호칭 변경 예정〉, 《中國時報》, 2004년 9월 25일, A13면.

13_蔡慧貞, 〈유시쿤 행정원장—당신이 타이베이, 가오슝을 공격한다면, 나는 상하이를 타격한다. 무기도입과 관련하여 양안이 상호 궤멸할 능력을 구비할 때, 대만이 비로소 안전하게 된다. 행정원은 먼저 공격한다는 이야기가 아닌 전쟁을 예방하자는 것이라고 해명〉, 《中國時報》, 2004년 9월 26일.

14_林世英, 〈구콴민, 워싱턴포스트지에 광고 게재, 미국에 하나의 중국정책 재검토 촉구〉, 《臺灣時報》, 2004년 10월 6일, 제2면.

라 나아가 미중관계의 신경, 특히 군사적인 면에 대한 도전이기도 하였다. 더욱이 듣는 이의 신경을 날카롭게 만든 것은 말을 하는 사람이 제3자의 느낌을 전혀 의식하지 않을 정도로 맹목적이었다는 점이다. 일부 언론은 미국 정부 관리에 대해 발언하기도 하는 한편, 미국으로 하여금 양안관계의 수렁에 더욱 깊게 빠져들게 될 것이라고 협박하기도 하였다.

중국의 분석가들을 더욱 불안하게 만든 것은 미국 정부가 2004년 당시 '하나의 중국' 정책을 언급하면서 "중국이 여전히 적대의식으로 가득 찬 강대국이 될 가능성이 있는 한 대만과 중국의 통일은 미국의 이익에 부합되지 않는다"고 주장한 것일 것이다.[15] 많은 사람들의 존경을 받고 있는 미중관계 전문가인 롬버그(Alan D. Romberg)는 다음과 같이 2004년 여름 워싱턴의 분위기를 묘사했다.

> 일부 미국 측 인사들은 '하나의 중국' 정책의 지속가능성에 대한 의구심을 가지고 있다. 소수의 목소리는 미국이 대만으로 하여금 하나의 중국을 받아들이도록 압박을 가하거나 혹은 '통로'가 아닐지라도 최소한 궁극적으로는 통일을 이룰 수 있는 '프레임'을 창출하도록 해야 한다고 생각하고 있다. 하지만 대부분의 의구심은 그와 반대되는 방향을 지목하고 있는데 [···] 혹자는 '하나의 중국' 정책이 과연 공정한 것인지 [···] 혹자는 이 정책이 현실성과 지속가능성을 가지고 있는 것인지에 의문을 제기한다. 또 다른 일부는 아예 이러한 문제를 뛰어넘어 차라리 '하나의 중국' 정책을 포기하고 바로 대만독립을 승인하자고 주장하기도 한다.[16]

이러한 시각은 필자가 2004년 여름에 중국을 방문했을 때 보고 느꼈던 것과 거의 일치하는 것이었다. 필자가 중국의 학자들과 대화하는 도중 때때로 새로운 표현인 "'하나의 중국'의 허구화"라는 말을 들었는

15_Zalmay M. Khalilzad, "Recipe for a New China Policy," 미 랜드(Rand) 홈페이지 참조.

16_Adan D. Romberg, "Cross-Strait Relations: Avoiding War, Managing Peace," *The China Council of Advanced Policy Studies* (November 2004), pp. 12-13.

데 이는 은연중에 미국이 '하나의 중국'을 승인한 것에 대한 불신을 나타내는 것이었다.[17]

2004년 8월, 대만해협 정세는 서서히 그 온도가 높아지고 있었다. 알려진 바에 의하면 그해 8월부터 중국의 첨단 전투기들이 수차례 걸쳐 여러 대로 이루어진 편대 방식으로 대만해협의 중간선까지 근접하는 한편, 대만해협 중간선을 따라 남북으로 비행하였다. 이러한 상황은 9월까지 지속되었으며, 미국 국방부는 여기에 극도의 관심을 보였다.[18] 8월 초, 들리는 바에 의하면 중국 고위층과 관계가 밀접한 황지아수(黃嘉樹) 런민(人民)대학 교수가, 다롄(大連)에서 개최된 양안관계 세미나에서 중국의 대대만전술을 "협상을 적극적으로 추진하되, 무력행사도 준비한다. 지연전술은 겁이 나지 않는다"고 말했다.[19] 이러한 방침은 모 '권위 있는 인사'에 의해 1개월 후 베이징에서 개최되고 대대만 업무 담당 관리들이 참가한 회의의 결론에서 한 자도 다르지 않게 재확인되었다.[20]

'준준참수사건'

9월 하순의 양안관계는 또 하나의 이정표를 세웠다. 9월 19일 중국공산당의 제10기 4차 중앙위원회 전원회의가 폐막되고 61세의 후진타오가 78세의 장쩌민으로부터 중앙군사위원회 수석식을 인계받았는데, 이로써 국가주석, 당권, 그리고 군권 모두를 한 손에 쥘 수 있게 되었다.[21] 이는 또한 중화인민공화국이 건국 55년 만에 최초로 최고 권력이

17_필자가 베이징, 상하이 방문 중 보고 느낀 내용.

18_타이베이 소식통.

19_국민당중앙정책회, 〈베이징에서 보는 양안관계〉, 《大陸情勢雙週報》, 제1442호(2004년 8월 11일), p. 21.

20_〈대만에 대해 협상실행에 노력하나, 무력행사도 준비, 지연전술 안 두려워〉, 《中國時報》, 2004년 9월 26일, A13면.

21_賴錦宏, 〈후진타오, 권력 전반 승계, 장쩌민 중앙군사위 주석직 사퇴, 중국 중앙위 4차 전원회의 후진타오의 주석직 승진, 쉬차이허우 군사위 부주석 임명안 통과〉, 《聯合報》, 2004년 9월 20일.

순조롭게 교체된 것이기도 했다. 정치국 상무위원, 군사위원회 부의장 및 국가부주석의 자격으로 지난 12년간 중국의 대대만정책의 최고정책결정에 관여해 왔던 후진타오가 드디어 확실하게 조종대를 잡았다.

중앙군사위원회 구성원도 개편이 있었다. 기존의 8명에서 11명으로 증원되었다.[22] 이들 11명은 의장직으로 승진한 후진타오와 기존의 궈보슝, 차오강촨(曹剛川) 부의장과 새롭게 부의장으로 승진한 쉬차이허우(徐才厚) 총정치부 주임 등이 포함되어 있다. 나머지 7명은 군사위원회 위원에 유임된 량광례 총참모장, 리지나이(李繼耐) 총정치부장과 랴오시룽(廖錫龍) 총후군부장 등 세 명과 새로 보충된 천빙더(陳炳德) 총장비부장, 차오칭천(喬清晨) 공군사령관, 장딩파(張定發) 해군사령관과 징즈위안(靖志遠) 사령관 등 네 명이다.[23]

이번 개편에서 해군, 공군, 제2포병 사령관이 최초로 군사위원회에 진입함으로써 중국군사위원회를 미국의 합동참모회의와 유사한 기구로 바꾸었으며, 모든 합동작전에 관한 결정과 임무분담도 이곳에서 모두 가능하게 되었다. 이 밖에도 네 명의 총부사령관 중 두 명(량셴례[梁先烈], 천빙더)이 난징군구 사령관을 역임한 경력이 있었다. 다섯 명의 부총참조장 중에도 두 명(우성리[吳勝利], 쉬치량[許其亮])이 장기간 난징군구 내에서 보직하면서 수차에 걸쳐 대대만 군사연습에 참가한 바 있었다. 따라서 새로운 진용은 대만을 염두에 둔 것이 매우 분명했다.

9월 하순, 또다시 여러 대의 전투기들이 대만해협 중앙선을 근접 비행하였다. 당시 타이베이 측은 아무런 반응도 보이지 않았다. 언론들은 철저하게 베일에 가려졌다. 그 후 10월 22일, 친민진당계 《자유일보(自由日報)》는 미국 측 소식통을 인용하여 단독으로 사건의 내용을 공개하였다. 헤드라인 보도에 따르면, 1997년 이전 중국 전투기가 대

22_〈중국 중앙군 군사위 인사, 해, 공, 제2 포병사령관을 위원으로 추가〉, 《中央日報》, 2004년 9월 20일, 제6면.
23_상동.

만해협에서 비행하는 경우는 극히 드물었다. 그러나 1998년에는 연 464대의 전투기가 대만해협 중간선 서쪽까지 비행하였고, 1999년부터 2003년의 기간 동안에는 매년 연 1,200대, 1,400대, 1,300대, 1,200대로 증가하였다. 《자유일보》가 보도한 바에 따르면 9월 27일 당일 30대가 넘는 중국의 Su-27, Su-30, J-8, J-10 등 전투기와 H-6폭격기가 갑자기 대만해협 중간선으로 접근하였다. 이는 1999년 7월 '양국론' 위기 이후 대량의 중국 전투기들이 동시에 바다를 건너온 최초의 사례이며, 그 규모는 1999년 위기 시의 하루 최대 대수를 초과한 것이었고, 여기에는 폭격기도 일부 포함되어 있었다.[24]

언론에서 공개한 그 다음 날, 리제(李傑) 국방장관과 구펑타이(谷風泰) 미사일부대 사령관은 입을 모아 9월 하순 다수의 중국 전투기들이 밀착하여 도발하였으며, 27일의 전투기는 "확실히 평상시보다 더 많았다"고 하였다. 그러나 해협의 중간선을 넘지 않았으며, 국방부는 전투기를 출동시켜 감시하는 한편, 패트리어트 미사일에 전비태세에 돌입하도록 지시했다고 확인하였다.[25] 이와는 별도로 공군 총사령부에서도 중국이 30여 대의 비행기를 여러 차례로 나누어서 해상으로 진출훈련을 한 것은 최근 수년간 흔히 있던 일이었으나, "당일 이륙한 전투기의 규모는 확실히 많았다"고 밝혔다.[26]

10월 29일, 《중국시보》는 다음과 같이 추가로 보도하였다. 중국 전투기들이 9월 27일 대규모로 대만해협에서 편대로 비행할 당시, 천수이볜 총통은 공군 1호기에 탑승하여 타이베이에서 평후로 시찰을 가던 중이었다.[27] 동 신문은 또한 10월 2일 뤼슈롄 부총통이 특별기로 평후

24_曹郁芬, 〈지난 달 하순, 대규모 중국기 중앙선 침범 도발〉, 《自由時報》, 2004년 10월 22일, 제1면.

25_吳明杰, 江慧貞, 〈지난 달, 중공 군용기 중앙선 근접비행은 사실〉, 《中國時報》, 2004년 10월 23일, 제A11면.

26_盧德允, 〈군측, 중국 군용기 해협 중앙선 접근 사실 무근, 지난 달 상대측의 30여 대의 군용기가 출동하였으나 통상적인 훈련으로 판단됨, 우리 측 전비태세 격상 미실시〉, 《聯合報》, 2004년 10월 23일, 제10면.

27_陳可文, 吳明杰, 〈중국 전투기, 세 차례나 평후 영공 침범, 군부는 부인〉, 《中國時報》, 2004

를 향할 때 중국 전투기 네 대가 두 번째로 대만해협 중간선에 근접 비행했다고 보도하였다. 이로 인해 뤼 부총통의 특별기가 연착하였다.[28] 11월 11일, 《연합보》는 중국 군부의 말을 인용하여 천수이볜, 뤼슈롄의 전용기가 이륙하기만 하면 즉각적으로 중국 전투기에 의해 조준된다고 보도하였다. 그러나 중국 군부 소식통은 상기 2일간 중국은 해협의 중간선을 넘어 비행한 사실이 없고, 공격하려는 의도도 없었으며, 다만 중국이 국가 주권의 완전함을 지킬 능력이 있다는 것을 보여 주려 했을 뿐이라고 주장했다.[29] 이 보도와 관련하여 국방부는 이날 오후 1시에 보도자료를 발표하였다. 천수이볜 전용기 출동 당시와 뤼슈롄 특별기 이륙 당일에 중국 전투기의 활동이 없었다고 하면서 "총통과 부총통의 특별기가 중국 전투기에 의해서 조준되었다는 주장은 전혀 사실이 아니다"라고 덧붙였다.[30] 타이베이의 한 예비역 고위 장성은 사석에서 필자에게 2004년 9월 말의 중국 전투기 활동이 총통과 부총통의 역외 활동과 동일한 시간에 일어난 것은 아니었다고 하였다. 다만 천수이볜의 공군 1호기가 스스로 중국 전투기가 적대의사가 있을 것으로 의심하여 비행방향을 변경한 바는 있었다고 밝혔다.

그해 9월, 대만해협 상공에서의 진실이 무엇인지에 대해 추가 자료에 의한 확인이 필요했다. 만약에 천수이볜과 뤼슈롄의 특별기가 해상으로 비행하던 그날과 그 시각에 중국의 인터넷상에서 최근 보도된 바와 같이 대량의 중국 전투기들이 압박을 하고 조준을 했다면 이는 당연히 참수가 가능했으나 실행하지는 않았다는 '준참수사건'이 구성된다. 그리고 이는 전술한 유시쿤이 8월 중순에 했던 경고와도 일치한

년 10월 29일, 제13면.

28_상동.

29_기자 종합 보도, 〈중국 군용기 천수이볜 특별기 조준 완료(Lock on)한 바 있다.〉《聯合報》, 2004년 11월 11일, 제1면.

30_中央社, 〈총통과 부총통 전용기 중국 군용기에 조준완료 되었었나? 국방부—사실과 다르다〉, 2004년 11월 11일; 吳明杰, 〈국방부, 중국 군용기의 천수이볜, 뤼슈롄 전용기 조준 완료 부인〉, 《中國時報》, 2004년 11월 12일.

다.[31] 또한 국방부 보도자료에서 이것이 '당시' 혹은 '당일'에 발생하지 않았다고 부인한 것이 맞다 하더라도 공군 1호기가 이를 의심하여 진로를 변경했다면 여전히 매우 강한 정치적 의미가 내포되어 있는 것이다. 현시점에서 확실한 것은 2004년 여름, 특히 9월 하순에 만약 베이징 측이 정말로 '참수'하려고 했거나 혹은 '참수'하려는 시도를 했더라면 공군 1호기는 매우 위험했을 것이다. 따라서 이번 사건을 최소한 '준준참수사건'이라고 이름을 붙일 수 있다.

장기간에 걸쳐 대만해협 군사문제를 연구해 온 미국 학자인 글레이저(Bonnie Glaser)는 공교롭게도 2004년 10월 언론에서 전투기 사건을 공개하기 전에 대만을 방문하였다. 그녀가 면담하였던 국방부 관리들은 그녀에게 9월 27일의 상황이 확실히 "극도의 긴장상태였다"고 말해주었다.[32] 그 밖에 미 국방부가 매년 초에 발간하는 〈연례 중국 군사력 보고서〉에는 그 전, 한 해 동안의 '결정적 발전'을 평가하는 고정된 부분이 있다. 2004년 이전의 보고서에는 '결정적 발전' 부분에서 그 어떤 무력충돌에 관한 내용도 없었다. 2006년과 2007년 판에서도 각각 "2005(6)년 대만해협 인근에서는 그 어떤 무력사건도 없었다"라고 분명하게 밝히고 있다.[33] 이와는 대조적으로 2005년의 한 보고서는 2004년 12월 중국 측이 공표한 《국방백서》를 인용하면서 중국은 2004년의 대만해협 상황을 심각하게 보았다고 하였다.[34] 이는 2004년 대만해협에서 확실히 어떤 심상치 않은 군사적 충돌이 있었음을 시사하고 있다.

9월 말의 '준준참수사건'은 다음과 같이 대만과 미국의 촉각을 곤두

31_〈인민해방군 공군, 10년 전 천수이볜, 뤼슈롄 전용기 요격을 위해 조준 완료한 바 있다; 지극히 쉽게 격추 가능했다〉, 《觀察者網》, 2014년 8월 26일.

32_Bonnie S. Glaser, "Military Confidence-Building Measures: Averting Accidents and Building Trust in the Taiwan Strait," *American Foreign Policy Interests*, 27: 91-104, 2005, p. 93.

33_DoD, "Military Power of the PRC, 2006," Annual Report to Congress, p. 3; "Military Power of the PRC, 2007," Annual Report to Congress, p. 5.

34_DoD, "Military Power of the PRC, 2005," Annual Report to Congress, p. 3.

세우게 하였다. 첫째, 대만해협의 협소함과 첨단 전투기의 빠른 속도로 인해 양안 간 군사적 마찰의 발생 확률이 상당히 높다. 일단 발생할 경우 마찰에서 충돌로 격상될 가능성도 매우 크다. 둘째, 여러가지 시나리오 가운데 천수이볜, 뤼슈롄 두 사람에 대한 기습적인 '참수' 공격은 그 실현 가능성이 상당히 높다. 그 이유는 '참수' 공격이 천수이볜과 뤼슈롄 두 지도자만을 쓰러뜨릴 뿐, 대만 주민의 생명, 재산, 정치, 경제시설에는 아무런 손해도 초래하지 않기 때문이다. 그래서 그 후유증이 가장 적다. 그러나 바로 이러한 부분에서 쇼를 하려다가 실제 상황으로 격상될 가능성도 매우 크다. 셋째, 이번 사건의 배후에는 후진타오 개인의 의지가 반영된 것이 분명하며, 후진타오가 모든 실권을 손에 쥔 이후의 대대만정책 중 강경한 부분은 장쩌민 시대의 강경함과 비교되지 않는다는 것을 입증하고 있다. 장쩌민이 집권한 13년간의 대대만정책이 "유연하게 대응을 하니 대만을 감동시키지 못했고, 강경한 수법도 대만을 겁주기에는 역부족"이었다면 후진타오의 첫 수는 천수이볜의 목숨을 겨냥한 것이었다. 천수이볜은 치욕에 가까운 용서 구하기에 나서지 않을 수 없었다.

천수이볜의 반응

이후 천수이볜의 반응은 그가 충격으로부터 재빨리 교육을 받았음을 입증하고 있다. 천수이볜의 반응은 문과 무, 두 가지의 측면에서 나타났다. '참수'를 방지하기 위해 총통의 집무실과 관저를 강화하는 적지 않은 조치를 취했는데, 이 중에서 가장 주목을 받았던 것은 헌병부대일 것이다. 제일 먼저 그는 총통 집무실과 관저의 경호 병력을 보강하였으며,[35] 미국의 델타포스(Delta Force)를 모방한 400명으로 된 특수부대를 편성하여 첨단 과학기술 장비로 무장하도록 하였고,[36] 해병부대 1

35_丁萬鳴, 〈총통 관저 경호 요원, 400명으로 대폭 증가〉, 《聯合晩報》, 2004년 6월 29일, 제4면.

36_盧德允, 〈헌병 부대 예하 포병, 기갑대대 탄생, 1천6백 명 규모의 기동타격부대 지룽허 북쪽의 다지지역에 주둔, 타이베이 방어〉, 《聯合報》, 2005년 4월 4일, 제4면.

개 여단을 대만 중부에서 타이베이 근교로 주둔지를 옮겨 수도 방위를 담당하도록 하였다.[37] 천수이볜은 또한 많은 규모의 중장갑차를 구입하였다.[38] 쑹산(松山)공항에는 수시로 안전하게 철수임무를 담당하는 항공기 한 대가 이륙 대기 상태로 있었다.[39] 총통 관저의 울타리 또한 눈에 띄게 높아지고 공고해졌다.[40] 이와 같은 조치들은 타이베이의 정치적 혼란에 대비한 조치라고 할 수 있겠으나, 중국 측의 '참수'를 우려한 것일 가능성이 상당히 높았다.

이와 같은 '무력 측면에서의 대비'와는 상대적으로 그의 '온건한 대비'는 빠르고도 그 목표가 뚜렷했다. 10월 3일, 즉 뤼슈롄의 전용기가 '준참수'를 당할 뻔했다는 소식을 접한 그 다음 날, 천수이볜은 갑자기 10월 10일 국경일 연설은 '완화'를 기조로 할 것이라고 일주일 전에 공개적으로 예고하였다.[41] 이러한 예고는 매우 갑작스러운 것이었다. 형식적인 면에서 총통이 스스로 대외적으로 자신이 일주일 후에 발언할 내용을 미리 공개하는 것은 불필요한 일이며 또한 그 전례도 없었다. 내용적인 면에서 볼 때, 2004년 여름 천수이볜 자신과 기타 고위 관리들의 수많은 자극적인 발언에서부터 갑자기 완화된 기조로 돌아섰다는 것은 분명히 돌발사태였다.

10월 10일, 천수이볜의 국경일 연설이 발표되었고, 여기에서 그는 전례 없이 50%를 양안관계 토론에 할애하였다.[42] 연설의 서두는 "무력위협은 대만해협 사이의 가장 큰 '테러의 그림자'이며 '암흑세력'"이었다. 그는 또 "상대방의 정권과 지도자 교체에 주목하고 있으며, 쌍방

37_林弘展, 〈수도 근접 방위 부대, 린코우(林口)해병여단 오늘 모습 공개〉, 《民衆日報》, 2005년 4월 29일, 제4면.

38_高凌雲, 〈총통 이용 승용차, 거금 6천만 투입〉, 《聯合報》, 2005년 1월 9일, 제2면.

39_상동.

40_范凌嘉, 〈총통 관저의 바리케이트, 길을 양보하다〉, 《聯合報》, 2004년 11월 10일, 제C2면.

41_羅嘉薇, 〈5·17 성명에 답하다. 천총통, 국경일에 중대발언 예정〉, 《聯合報》, 2004년 10월 4일, 제4면.

42_총통, '중화민국 건국 93주년 국경 경축식 주재' 시의 치사, 總統府網 참조, 2004년 10월 10일.

모두에게서 보다 높은 지혜로 양안관계의 새로운 발전을 위해 보다 나은 기회가 창출될 수 있기를 희망한다"고 덧붙였다. 그는 또한 다음과 같은 세 가지 '완화'를 제의하였다. 첫째, 양안은 1992년 홍콩회담을 기조로 협상을 재개한다. 둘째, 공동으로 〈해협행위준칙〉을 작성한다. 셋째, 여야 합동으로 양안평화발전위원회를 설치한다.

이와 같은 내용은 전적으로 예상되는 '준준참수사건'에 의해 탄생했으며, 베이징과 워싱턴을 의식한 발표라고 해도 과언이 아니었다. 천수이볜은 미국의 분노를 가라앉히기 위해 주권국가의 존엄도 희생한 채, 사전에 10월 10일의 연설문(최소한 요약된 내용) 초안을 워싱턴으로 보내 심사를 받았다.[43] 한편 부시는 중국의 노여움을 해소하기 위해 7일에 핫라인을 이용하여 새로이 군사위 주석에 취임한 후진타오와 인사를 나누었다.[44] 천수이볜은 중국의 베이징에게 유사한 군사적 행동을 즉각 중지할 것을 애걸한 것이나 다름이 없었다.

국경일 연설 중 또 다른 한편에서 주목할 만한 내용은 "1992년 홍콩회담을 기초로 협상을 재개"하자는 것이다. 주목할 만한 이유는 이것이 천수이볜이 양안 간 협상재개와 관련하여 4년 만에 내어 놓은 최초의 구체적인 구상이기 때문이다. 2000년 이후 천수이볜은 일관되게 중국의 '하나의 중국' 원칙에 반대하는가 하면 국민당의 '하나의 중국, 각자의 정의'도 수용하기 거부하였을 뿐 아니라 나아가 '92공식'이라는 신조어를 '대만 팔아먹기' 또는 '항복 공식'라고 격하하였다. 기존의 기초를 무너뜨리면서도 천수이볜 정부는 이를 대체할 수 있는 자신의 방안을 제시하지 않았으며, 기껏해야 애매모호하게 "기존의 기초 위에" 협상을 재개하자고 제의하였을 뿐이다.[45] 이번에 "1992년 홍콩회담의 기초 위에서"라는 표현을 쓴 것은 분명히 보다 구체적이었다. 그 특징으로서 첫째, '92공식'의 '92'만 언급하고 '공식'이라는 표현은 비켜 감으

43_사설, 〈국정의 횃불은 누구를 위해 비추었는가?〉, 《聯合報》, 2004년 10월 18일, 제2면.

44_사설, 〈미국, 천 총통과 대만독립 게임을 하지 않기로 결정〉, 《聯合報》, 2004년 10월 27일, 제2면.

45_Http://www.president.gov.tw/en/prog/news_release/print.php?id=1105497102.

로써 '공식'이 있었는가의 여부의 문제를 회피하였으며, 둘째, '홍콩회담'을 언급함으로써 '92공식'이 이루어졌던 '장소'를 구체적으로 밝혔으나 회담 자체의 '내용'(공식이 있었는지의 여부? 어떠한 공식인가?)을 비켜갔다는 것인데 이러한 제의는 양안을 협상테이블로 끌어들이는 데에는 역부족이었지만 어쨌든 천수이볜 정부 4년 중에서 가장 중요한 한 걸음이었던 것은 틀림이 없다.

그러나 천수이볜의 이와 같이 진지한 고심은 다름 아닌 스스로에 의해 수포로 돌아가 버렸다. 그는 연설문 원고에 사전에 워싱턴 측의 심사를 거치지 않았던 "중화민국은 곧 대만이며, 대만은 곧 중화민국"이라는 말을 끼워 넣었다.[46] 이 표현은 중국을 펄쩍 뛰게 하였을 뿐 아니라, 미국 또한 깜짝 놀라게 하였다. 국대반은 13일 기자회견에서 이 표현을 직접 거론하면서 이는 "영락없이 대만독립 언급", "천수이볜의 완화 타령은 거짓이며, 대만독립의 추구가 본심이다"라고 비난하였다. 장밍칭 국대반 대변인은 한 발 더 나아가 천수이볜의 10월 10일 연설은 "대만주민 및 국제 언론에 대한 사기"라고 규정하였다.[47] 즉 중국의 태도는 또다시 9월 말 당시의 원점으로 돌아간 것이다.

워싱턴의 대응

더욱 심각한 것은 천수이볜에 대한 워싱턴 측의 불신이 이번의 '깜짝 놀랄 일'을 통해 더욱 심각해졌다는 것이다. 연임을 위한 선거전의 소용돌이에 휩싸여 있는 부시 대통령에게 이는 최악의 뉴스였다. 미국 대선 결전일(11월 2일)을 3주 앞두고 그는 더 이상 대만이 말썽을 일으키는 것을 용납할 수 없었다. 이는 화가 머리끝까지 난 베이징이 9월

46_孫揚明, 〈천수이볜은 독립으로 이동, 미중은 공동으로 대만독립 문제 처리 가능성, 국경일 담화, 천수이볜 일부 수정, 이 중 논쟁이 가장 격렬한 부분은 미국의 사전검토 미실시, 그 결과 미국으로 하여금 '누군가를 위해서 배서를 하지 않음'이라고 말하도록 함〉, 《聯合報》, 2004년 10월 20일, 제2면.

47_中國網, 〈장밍칭—대만 당국이 내세운 '평화 프레임'은 국제여론 기만이다〉, http://big5.china.com.cn/chinese/2004/Oct/690249.htm.

말의 '준준참수사건'을 다시 일으킬 가능성이 없지 않은 데다가 이를 격상, 확대, 공개할 수도 있기 때문이며, 이렇게 되면 우열을 가리기 힘든 공화당과 민주당의 양당의 선거전에 반드시 충격을 가하게 되기 때문이다. 현시점의 주사위는 저 멀리 있는 대만의 안보나 추상적인 대만해협 정세가 아니라 부시의 백악관 입성에 던져져 있었다.

이리하여 부시는 선거 8일 전(10월 24일), 중국과 소통이 원만한 파월 국무장관을 베이징으로 파견하였다. 민감한 시기에 특별한 현안 문제도 없는 방문은 위기처리라는 의미를 짙게 풍기는 것이었다. 그중 핵심은 뭐라 해도 그의 요청에 의해 이루어진 홍콩 〈봉황TV〉와의 단독 인터뷰이다. 인터뷰 중 그는 일반의 의표를 찌르면서 "대만은 독립된 국가가 아니며 주권을 가진 국가도 아니다"라고 하였다.[48] 그는 또한 "대만의 맞은 편에 있는 중국의 군사적 배치는 보다 신중을 기해야 하는데, 이는 대만으로 하여금 걱정하도록 하며, 대만으로 하여금 보다 많은 무기를 도입하게 한다. 따라서 양안은 모두 다 자제해야 하며, 그 어떤 일방적인 행동도 억제해야 하는 한편, 우리가 평화통일을 보게 되는 그 날에 다가가기 위해서(move forward toward that day when we will see a peaceful unification) 대화의 기회를 모색해야 한다"고 덧붙였다.[49]

워싱턴으로 돌아온 후, 국무부는 그의 발언 중 '평화통일'은 '실언'이었으며, '평화적 해결'이 맞다고 해명하였다.[50] 그러나 이 발언은 대만에 즉각적으로 큰 충격을 주었다. 천당산(陳唐山) 외교장관은 그 당시까지 미국이 했던 말 중 "가장 충격적인 말"이었다고 시인하였다.[51] 파월의 두 차례의 발언에 대한 범녹진영 군중의 충격은 더욱 컸다. '평화통일'의 주장을 미 국무부가 구두로 철회했다고 해도 "대만은 주권국가

48_Colin Powell, Interview With Anthony Yuen of Phoenix TV, October 25, 2004.

49_상동.

50_劉永祥, 陳敏鳳, 〈천당산, 바오다오거 조치—평화통일이 아닌 평화적 해결이 맞다고 확인〉, 《聯合報》, 2004년 10월 28일, 제2면.

51_蘇聖怡, 〈천당산, 미국의 지금까지 한 발언 중 가장 심각한 것이었다〉, 《臺灣時報》, 2004년 10월 27일, 제1면.

가 아니다"라는 말은 영락없이 민진당의 당강령 및 〈대만 장래에 대한 결의문〉에서 밝힌 '대만은 주권국가이다'라는 기본적인 신념을 근본적으로 부정하는 것이었기 때문이다. 특히 이번 충격은 베이징에서 발생하였으며, 비교적 중도적이고 글로벌한 홍콩 〈봉황TV〉를 통해서 전파되었다는 점에서 그 지향성은 매우 직접적이고 강력하였다. 쉽게 말하자면 미국은 작심해서 중국을 무마하고 대만에게 경고를 준 셈이었다.

미국의 관심 중 자국의 선거전을 초월한 부분도 적지 않았다. 11월 3일, 부시는 대통령 연임에 성공하였는데 그는 50개 주 가운데 31개 주를 차지했고, 286 대 252명의 선기인단 차이(34명)로 민주당 후보인 케리를 앞질렀다. 이번 선거는 미국 사회를 보기 드문 분열 상태로 빠뜨렸다. 그러나 부시가 큰 폭으로 앞선 득표가 4년 전 선거에서 승리했던 표 차를 상회하였다는 점에서 그의 정당성에는 이의가 없다는 것을 시사하였다.

치열했던 미국의 대선이 끝났지만 타이베이를 옥죄고 있는 워싱턴의 끈은 여전히 단단하게 잡아당겨지고 있었다. 11월 10일 천수이볜은 유례없이 '국가안보담화(國安講話)'를 발표하였다.[52] '국가안보담화'의 현장 배치는 10개 항으로 된 그 내용만큼 중요했다. 천수이볜은 통상적인 단독발표라는 형식을 깨고 이를 진행하였다. 매체의 중계 화면에서 나타나고 있듯이 총통 집무실 강당에 긴 낙자를 하나 놓고 자신을 포함한 7명의 당과 정의 핵심들이 일자로 앉았다. 그의 우측은 차례로 뤼슈롄 부총통, 총통부 비서실장 쑤전창(蘇貞昌), 추이런 국가안보회의 사무총장이 배석하였고, 왼쪽에는 차례로 유시쿤 행정원장, 장쥔슝 당사무총장, 예쥐란(葉菊蘭) 행정원 부원장이 배석했다. 이토록 거대한 진영은 이 담화에 대한 천수이볜의 관심을 부각시킴과 동시에 시청자들에게 담화의 내용이 그 자신만을 대표하는 것이 아니라 당과 정지도층 모두를 대표하는 것임을 과시하기 위해서였다.

'국가안보담화'의 10개 항 내용 중 5개 항이 직접적으로 '준준참수사

52_〈총통, 국가안보관련하여 고위급 회의 주재〉, 2004년 11월 10일.

건'과 관련이 있어서 또한 9월 말에 이러한 일이 실제로 있었을 가능성이 있음을 간접적으로 증명해 주었다. 나머지 5개 항은 단순히 과거의 입장을 재천명한 것이거나 순전히 내부사항(예를 들면, 여야 '양안평화발전위원회[兩岸和平發展委員會]' 구성)이었다. 관련된 5개 항 중 첫 번째는 '미국에 대한 감사'이다. 이와 같은 직설적이고 솔직한 감사의 표현은 천수이볜의 첫 번째 임기 중에도 보기 드문 것이었다. 두 번째는 '92년 홍콩회담'의 기초 위에 대화 재개였으며, 세 번째는 중국에 대규모 살상형 무기의 파기 촉구였다. 네 번째는 대만해협 쌍방에 군사완충지대 설치 건의와 사전통보 없는 쌍방의 군용기와 함정의 동 지역 통과 금지였으며, 마지막 다섯 번째는 쌍방 간 대만해협 군사안전 협상체계 구축으로 '해협행위준칙'을 형성하자는 것이다. 이는 국경일 연설에 이어 두 번째로 '해협행위준칙'을 언급한 것이다.

이번의 '국가안보담화'는 두 개의 목적이 있어 보인다. 첫째, 9월 말의 '준준참수사건'이 10월 말에 일반에게 알려진 후, 대만 내부에 일정한 정도의 긴장을 불러일으켰다. 파월의 발언은 더더욱 범녹진영의 사기에 충격을 주었다. 이러한 시기에 '국가안보담화'를 발표하여 민심을 안정시키는 효과를 거두며 12월 11일로 예정된 입법원 선거로까지 파급되지 않도록 할 수 있었다. 둘째, 두말할 필요 없이 미국 측의 신임과 지지를 계속 확보해 나가자는 것이다. 미국이 천수이볜 개인을 불신임하더라도 어쩌면 7명의 지도자 그룹의 발언은 지속적으로 중시할 수 있을 것이다.

그러나 '국가안보담화'의 신뢰성은 얼마 가지 않아 천수이볜 자신에 의해 깨지게 되었다. 14일 천수이볜은 또다시 폭탄선언을 하면서 3월 20일 총통선거 종료 후 롄잔과 쑹추위가 '연성 쿠데타'를 시도하였으며, 예비역 고위장성이 현역 고위장성에게 거짓으로 건강 이상을 주장하거나 사직을 종용하였으며, 일부는 총통부에 쳐들어가 천수이볜 정부를 무너뜨리자고 군중을 선동하는가 하면 나아가 군대가 나서라고 선동하기도 했다는 것이다.[53] 이러한 주장은 국민당과 친민당 양당에 의해 공식적으로 부인되었으며, 이로써 천수이볜이 제의했던 '양안평화발전위원회'의 구성도 수포로 돌아갔다.[54]

보다 영향이 컸던 것은 천수이볜이 '제헌'을 지속적으로 주장하고 있다는 점이다. 11월은 입법원 선거 전의 마지막 달로서 천수이볜은 대만 내 각지를 순회하면서 민진당 소속 입후보자를 응원하였다. 그러나 그는 첨예하게 대립하는 유세현장에서뿐만이 아니라, 외국 손님의 접견 및 내부 담화 발표라는 냉정한 장소에서조차 수차례에 걸쳐 '제헌'의 필요성을 강조하였다. 실례로, 5일 미국의 《타임스》와의 단독 인터뷰에서 그는 임기 내 이루어지기 바라는 두 가지의 역사적 임무 중의 하나는 '대만 주민에게 시의적절한 맞춤형 헌법'을 만들어 주는 것이라고 하였다.[55] 7일에 있었던 대만교수협회 회식모임에 참석하여 "대만은 주권이 독립된 국가"이며, "2008년 중으로 실용적인 맞춤형 대만 신헌법을 완성하겠다"고 하였다.[56] 12일, 타이난 시에서의 선거 찬조연설 중 그는 "임기 내 대만 주민에게 기필코 새로운 대만 헌법"을 남기겠다고 하였다.[57] 그 다음 날 천수이볜은 "92공식은 처음부터 항복 공식이었다"고 비난하였다.[58] 21일 타이베이 현에서의 선거 지원유세 중 "만약 중국이 지나칠 정도로 압박을 한다면 차라리 일국양제, 하나의 중국, 92공식 문제를 공민투표에 부치겠다"고 하였다.[59] 27일 대만 신헌

53_中央社, 〈천수이볜—총통선거 후 롄잔, 쑹추위, 유연한 공세 전개 획책〉, 2004년 11월 14일.

54_蔡孟育, 〈재야 지도자의 주임위원 임명 관련, 국민당과 친민당—천수이볜의 선거 술책이다〉, 《中央日報》 2004년 11월 11일, 제4면.

55_〈천수이볜—대만은 주권 독립국가이다〉, 《自由時報》, 2004년 11월 6일, 제4면; *Time* Interview With Chen Shui-bian, Michael Elliott (15 November 2004), http://www.taiwandc.org/time-2004-04.htm을 보라.

56_〈천수이볜, 2008년 신헌법 제정 재천명〉, 《民衆日報》, 2004년 11월 8일, 제6면.

57_凌珮君, 鄭惠仁, 〈천수이볜—임기 내 반드시 신헌법을 제정한다고 밝히면서, 본국 역사란 대만의 역사를 말하는 것이며 대만 역사를 학습한 이후에 외국 역사를 배워야 한다고 함〉, 《聯合報》, 2004년 11월 13일, 제2면.

58_林修全, 〈천수이볜—92공식은 곧 항복공식이다〉, 《聯合報》, 2004년 11월 14일, 제4면.

59_陳佑東, 〈천수이볜—연달아 통일, 독립, 공민투표를 언급하는 것은 솔직히 말해서 범녹진

법 세미나에 출석하여 그는 "입법원 선거 종료 후 헌정개조위원회를 설치할 예정이며, 여건이 아무리 불리하고 국제사회의 압력이 거세다 해도 2006년 말까지 공민투표를 통해 첫 번째 신헌법을 통과시키겠다. 2008년 5월 20일 (본인이) 퇴임하는 날부터 신헌법이 시행되어야 한다"고 말하였다.[60]

이와 같은 주장들은 결국 미국으로 하여금 더 이상 침묵을 지키지 못하도록 하였다. 바우처(R. Boucher) 미 국무부 대변인은 미국은 대만의 현상을 변경하거나 독립을 지향하는 그 어떠한 공민투표도 반대한다고 엄중하게 경고하였다.[61] 그는 또 신헌법과 관련하여 천수이볜에게 공개 질문을 통해 앞서의 약속을 위반한 것인지의 여부를 해명하라고 하였다. 천수이볜은 같은 날 즉각 미공화당 하원의 방문단을 접견하는 자리를 빌려 절대로 자신의 5월 20일 취임연설, 국경일 경축사 및 11월 10일의 '국가안보담화'를 위배하지 않았다고 해명하였다.[62]

이러한 해명은 미국을 안심시키는 데에는 역부족이었다. 12월 10일, 즉 대만 입법원 선거 전날, 아미티지 미 국무장관은 인터뷰에서 "대만관계법은 우리(미국)가 태평양에서 반드시 충분한 억지, 공격능력을 확보해야 한다고 규정하고 있다. 그러나 우리가 반드시 대만을 방위해야 한다고는 규정되어 있지 않다"고 말하였다.[63] 이 이야기는 순식간에 대만 정계를 또다시 충격에 빠뜨렸다. 그것은 대만 내 범녹진영 인사들의 가장 민감하고도 또한 가장 핵심적이었던 내재적 신념을 건드렸기 때문이다.

10월 말 파월의 "대만은 주권국가가 아니다"는 발언과 비교하여 아

영이 과반수를 차지하여 새로운 공민투표법을 수정하는 것에 달려 있음. 행정원판 수정안은 수요일에 우선 입법원 심의에 부칠 예정〉,《臺灣日報》, 2004년 11월 22일, 제2면.

60_林河名, 王燕華, 廖雅欣, 〈천수이볜—임기 내 '중국헌법' 종결 계획〉,《聯合報》, 2004년 11월 28일, 제2면.

61_Daily Press Briefing, Richard Boucher, November 29, 2004.

62_劉保傑. 〈4불 승낙, 천수이볜—미 하원의원의 접견시 현재 불변, 미래 불변의 입장을 분명히 하다〉,《聯合報》, 2004년 12월 1일, 제2면.

63_"Interview with Charlie Rose on PBS," Richard L. Armitage, (10 December 2004).

미티지의 발언이 범녹진영에 주는 정치적 함의는 상대적으로 더욱 심각했다. 파월의 발언은 민진당과 대만단결연맹의 대만에 대한 자리매김의 핵심적인 이념에 대한 직접적인 부정이며, 매우 혹독하고도 매정한 것이었다, 그러나 그 영향을 받은 부분은 이론적인 측면, 즉 상징적인 측면일 뿐, 실질적인 면은 아니었다. 그러나 아미티지의 발언에서 나타나는 것은 대만의 실질적인 안보문제이다. 민진당의 현시점이 대중국정책 또는 후속의 대만독립이 어떻게 진전되든지 간에 이들에게 있어서 가장 중요한 기본 바탕이며 나아가 가장 크게 의지하고 있는 것은 대만의 안보이기 때문이다. 미국의 방위 협력이 없이 대만은 절대적으로 안전하지 않다. 만약 대만독립을 추진한다고 해도 미국에 대한 의존도는 증가할지언정 감소되지 않을 것이다. 아미티지의 발언은 서양 속담을 빌려 이야기한다면 민진당의 발밑에 있는 카펫을 빼내어 간 셈이었다.

범녹진영의 두 가지 착각

사실상, 9월 말의 '준준참수사건'에서부터 12월 초의 아미티지의 발언에 이르기까지 우리는 중국과 미국이라는 두 대국이 각각 천수이볜, 리덩후이와 전체 민진당이 오랜 세월 동안 추진해 온 '본토화', '양국론', '일변일국', '공민투표', '제헌', '정명' 등 이상을 지탱하고 있는 두 개의 착각을 깨뜨렸음을 보았다. 이들 착각은 관련된 엘리트들의 전파를 통해서 대만 내부의 지지세력들의 마음속에 대부분 뿌리 깊게 자리 잡고 있었다.

이들 두 개의 착각이란 첫째, '중국은 절대 대만을 침공하지 않을 것'이라는 착각이다.[64] 이 착각은 주로 중국 내부의 요소에 뿌리를 두고 있다. 예를 들면 리덩후이는 집권 시기부터 '중국붕괴론', '7괴론(七塊論)'

64_ICG는 2005년 봄, 대만 및 미국관리들과 일련의 인터뷰 이후 동일한 인상을 받았다. International Crisis Group, China and Taiwan: Uneasy Detente, Asia Briefing, no. 42 (21 September 2005), pp. 6-8 참조.

을 즐겨 말해 왔다. 천수이볜은 이를 계속 부풀리면서 선전매체를 통해 중국 내부에 부정부패가 만연하고, 도시와 농촌이 불균형하며, 근로자의 실직, 삼농(三農) 등의 문제가 부각되면서 중국은 심각한 내부 문제로 인해 대만을 침공할 의지도 힘도 없을 것이라고 기정사실화하였다.[65] 천수이볜 정부의 또 다른 관념과 선전의 핵심은 바로 2008년 올림픽과 2010년 상하이 박람회를 어렵게 유치한 중국이 설마 대만 침공으로 이들 두 이벤트를 희생하지는 않을 것이라는 점이었다. 예를 들면, 뤼슈롄은 인터뷰 중 중국 지도층이 올림픽 준비에 만전을 기하기 위해 2008년 이전까지는 대대만 무력행사가 없을 것이라고 분명히 말하였다.[66] 한 발 더 나아가, 21세기 전반 20년의 중국이 말하는 '전략적 골든타임' 기간 중, 중국은 대외환경의 안정과 경제적 성장의 추세를 이어 나가기 위해 대대만 무력공격을 절대로 하지 않을 것이라는 생각이다. 리덩후이는 그의 새로운 저서의 북콘서트에서 중국은 감히 대만을 침공하지 못할 것이며, 공격한다면 중국경제가 무너지고, 내부로부터 소요가 발생하게 될 것이라고 주장하였다.[67] 그는 또한 중국은 수백 대의 미사일을 대만을 향해 배치해 놓았지만 발사할 경우 곧 바로 세계대전으로 이어지기 때문에 그중 단 한 대도 감히 발사하지 못할 것이라고 하였다.[68]

두 번째는 '중국이 대만을 침공하면, 미국이 구하러 올 것'이라는 착

65_리덩후이의 7괴론. 혹자는 이를 왕원산(王文山)(필명)이라는 학자의 저술인《평화7웅론(和平七雄論)》에서 아이디어를 얻었다고 주장한다. 이 책에서는 중국이 7개의 국가로 분해되어 하나로 통일된 제국의 독재적인 사고방식에서 탈퇴하게 될 때 평화적인 발전에 유리하다고 인식하고 있다. 夏珍,〈학계—7괴론은《평화7웅론》에서 연유〉,《中國時報》, 1999년 5월 16일, 제2면.

66_蘇永超,〈개헌 관련하여 리덩후이—기본법 제정도 고려해 볼 만하다〉,《自由時報》, 2001년 12월 21일, 제1면; 林淑玲,〈뤼슈롄—중국, 올림픽 준비 관계로 대만 공격 불가능〉,《中國時報》, 2005년 6월 30일, 제A2면.

67_李欣芳,〈리덩후이, 두려워하지 말라, 중국의 대만 공격은 불가능하다〉,《自由時報》, 2004년 2월 18일, 제3면.

68_何明國,〈리덩후이, 통일논쟁 종결에 크게 기뻐하다〉,《聯合報》, 2006년 2월 28일, 제4면.

각이다.[69] 이러한 착각은 민주적인 대만에 대한 미국의 긍정적인 평가와 중국을 견제할 수 있다는 전략적인 가치로서의 대만에 뿌리를 두고 있다. 일찍이 천수이볜이 대만의 민주주의는 미국의 건국정신과 일맥상통하는 것이며, 이와 같은 보편적인 세계정신은 세계평화를 위태롭게 하는 '중국의 위협'과 강력한 대비를 이루고 있다고 하였다.[70] 그는 또한 대만이 비록 미국, 일본과 공식적인 외교관계를 맺고 있지 않으나 군사적인 협력을 진행할 수 있는 나름대로의 방법이 있으며, 이는 미일 양국의 국가이익의 수호에 도움이 될 뿐만 아니라, 서태평양 공존이라는 대전제하에서도 절대적으로 필요한 것이라고 덧붙였다.[71] 리덩후이는 공개적으로 중국은 감히 대만을 침공할 수 없는데 이는 미국의 '48척'의 핵잠수함이 베이징, 상하이, 삼협을 조준하고 있기 때문이라고 주장한 바 있다.[72]

여러 각도에서 보았을 때 천수이볜 정부가 내세운 대만의 민주주의와 전략적인 가치라는 두 가지 '자산'이 대미 로비에서 나타난 강도는 과거 집권 국민당 시기를 훨씬 뛰어넘는 것이었다. 정권교체를 이룩한 대만의 민주화는 미 의회, 언론 및 싱크탱크에 '민주의 공고화'로 평가되고 있다. '전략적 가치'의 면에서 대만은 부시 정부의 여러 부처로부터 일정한 정도의 지지를 받고 있었다. 이러한 국제사회의 긍정적인 평가와 성원은 자신감에 넘친 천수이볜으로 하여금 2004년 총통선거 직전의 모진 비난에도 불구하고 '총통선거와 공민투표의 연계' 및 '무기도입으로 미국을 잡아 두기'를 추진할 수 있도록 하였고, 이어서 굳건한 태도로 '3·19총격사건' 직후의 여야분쟁을 극복하고, 나아가 5월

69_International Crisis Group, *op. cit*, p. 7.

70_中央社, 〈천 총통—미국은 당연히 대만을 지지하고 중국으로 하여금 대만에 대해 무력 사용하는 것을 포기하도록 촉구할 필요가 있다〉, 2003년 12월 11일, 총통부 홈페이지, 총통 〈아태민주와 안보의 전망〉 국제세미나 참석 외빈 접견 시에 치사, 2005년 11월 24일.

71_陳世昌, 〈천수이볜, 일본 언론 단독 인터뷰 시에 대만, 미국, 일본 군사협력을 촉구하다〉, 《聯合報》, 2005년 8월 4일, 제A3면.

72_何明國, 〈리덩후이—롄잔, 쑹추위의 천수이볜 파면안 재론 및 이들 양자가 대만에서 각종 '정치 번개작전'의 획책 가능성 지적〉, 《聯合報》, 2005년 5월 2일, 제2면.

20일 이후에는 "새로운 민주적 권력을 부여" 받았다고 주장하면서 정면으로 '정명', '공민투표', '제헌'을 추진할 수 있도록 하였다.

이들 두 가지의 착각 가운데 그 어느 하나만으로도 천수이볜 정부의 '점진적인 대만독립' 정책을 뒷받침하여 대만독립운동이 '1보 후퇴, 2보 전진'의 가운데에서도 지속적으로 전진할 수 있도록 하였다. 그러나 '준준참수사건'은 '중국은 결코 대만을 공격하지 않을 것'이라는 착각을 산산조각나게 만들었다. 입법원 선거 전날 있었던 아미티지의 발언은 '미국이 반드시 대만을 구하러 올 것'이라는 착각을 깨뜨렸다. 범녹진영의 자신감은 이로써 큰 충격을 받게 되었다. 2004년 천수이볜이 총통에 취임한 이래로 조심스러움에서 대담함으로, 막후에서부터 전면으로 나섰던 대만독립 추세는 끝내 2004년 말에는 중대한 좌절을 맛보게 되었다. 중국은 군사적 수단으로 지도층을 직접 겨냥한 반면, 미국은 정부와 주민의 양측을 상대로 하여 메시지를 전달하였다. 두 대국이 동시에 개입함으로써 천수이볜, 리덩후이 및 그 밖의 대만독립 추구세력으로 하여금 경악과 함께 무안함을 느끼게 하였으며, 또한 대만해협에서 일어날 가능성이 컸던 중대한 군사적 위기를 성공적으로 해소하는 한편, 전반적인 정세를 위험의 가장자리에서 급제동 하도록 만들었다.

미국과 중국의 '균형 관리'가 2004년 말 긴장된 대만해협 정세를 안정시켰다고 하지만 양안관계를 2005년 초에 갑작스럽게 완화시킨 진정한 사건은 2004년 12월 11일에 실시된 입법원 선거였다.

결정적인 입법원 선거

양안관계의 각도에서 볼 때, 대만의 내정에서 2004년 12월 입법원 선거는 중요한 전쟁이었다. 또한 이 도박게임의 최대 승부수가 된 인물은 단연 천수이볜이었다.

대만의 내정으로 말하자면, 만약 범녹진영이 입법원에서 과반의석을 얻어 입법원을 차지하게 된다면, 천수이볜으로서는 중화민국 5권정부(대만의 정부는 행정부, 입법부, 사법부, 감찰원, 고시원의 5개의 부로 구성되어 있다—옮긴이) 중 전부를 차지하게 되는 것이다. 입법원 선거 이전에 천수이볜은 이미 이 중의 3개의 권부를 장악했는데, 총통선거를 거쳐 행정권도 이미 확보하였다. 사법권을 쥐고 있는 대법관 회의 또한 2003년 10월 전부 물갈이되면서 천수이볜이 15명을 지명하였다. 이 중에서 7명의 대법관의 임기는 8년, 나머지 8명은 4년이다.[73]

고시원(考試院)은 그간 가장 조용했던 권력이었으나, 대만독립파의 거두인 야오자원이 고시원장으로 취임하고, 19명의 고시위원을 전원 물갈이(2002년 10월)한 후로는 이미 여러 차례에 걸쳐 전 대만을 떠들썩하게 했던 논란을 불러일으켰다. 즉 공무원 선발 시험의 1차 시험 중 국사, 지리 시험의 출제범위를 대만으로 국한한 것이었다.[74] 국가고시(경찰직 고등고시, 교통사업, 항만요원의 승진시험)는 민난(閩南)지방의 방언으로만 출제함으로써 다른 부족과 균형의 불일치를 초래했고,[75] 또 다른 예로는 변호사 고등고시의 논술제목인 "변호사의 성격과 국가영도"는 아부성 제목이라고 비난받았다. 또한 국어독해시험에서는 응시자로 하여금 "롄잔, 쑹추위의 중국 방문은 대만을 격하시키는 것"이라는 천수이볜의 발언에 대한 논평을 요구하였다.[76]

만약에 범녹진영이 입법원까지 차지하게 된다면, 2005년 2월, 6년의 임기가 만료되는 29명의 감찰위원의 후임을 천수이볜의 추천에 의거하여 범녹진영이 장악하고 있는 입법원에서 인준할 때, 감찰권은 곧 천수이볜의 손에 들어가게 된다. 즉 5권을 모두 장악하게 된다.

73_吳典蓉, 〈천총통, 대법관 선서 및 헌법조문 추가의 제5조 주재〉, 《中國時報》, 2003년 10월 4일, 제A6면.

74_張育銘, 〈남사 등 8개 단체, 린위티의 본국 역사는 즉 대만 역사이며, 또다시 중국식 이념으로 대만 공무원 시험의 예속화에 한사코 반대함을지지〉, 《臺灣日報》, 2004년 10월 16일, 제2면.

75_〈민난어로 된 출제 논쟁과 관련하여 응시자는 행정소송 제기 가능〉, 《民生報》, 2003년 9월 16일, 제2면.

76_林庭瑤, 〈변호사 고등고시, 천수이볜식 문제, 100점 만점 중 78점을 차지〉, 《中國時報》, 2005년 8월 20일.

군부에 대한 천수이볜의 장악도 4년 동안 크게 진전되었다. 입법위원으로 재직하는 동안, 천수이볜은 군부에 대해 가장 마음을 놓지 못했고, 따라서 내내 입법원 국방위원회를 떠나지 않았다. 총통이 된 후에도 군부의 장악에 가장 주력하였다. 전통적으로 군 고위장성 승진인사는 1년에 한 번씩 해 왔다. 그러나 천수이볜이 취임한 이후에는 빠른 물갈이를 위해 매 6개월마다 한 번씩 하였다.[77] 린진위(林進興) 민진당 입법위원이 밝힌 자료에 의하면 천수이볜은 장성이 진급한 후에는 반드시 사람을 그 사람의 고향으로 보내어서 그 부모에게 축하의 뜻을 전하도록 하였다. 천수이볜은 또한 승진 장성의 집무실과 자택에도 사람을 보내어 '총통 사진'이 걸려 있는지를 확인하도록 하였다. 집과 집무실 모두에 사진을 걸어 놓은 자는 당연히 충성심이 강한 사람이었다. 입법위원의 통계에 따르면, 2003년 12월 현재까지 이미 60%의 장성이 천수이볜에게 충성한 인물로 분류되었으며, 그간 장기간에 걸쳐서 군부에 의해 주적으로 간주되어 온 천수이볜으로서는 확실히 커다란 성과를 거둔 것이었다.[78]

만약 범남진영 세력이 총통선거에서의 패배에 이어서 입법원 선거까지도 실패할 경우, 롄잔, 쑹추위 등 지도 집단은 완전히 민심을 잃게 되고, 범남진영의 바닥권의 사기에도 큰 충격을 주게 된다. 범남진영 세 정당 간의 내부에 반드시 노선투쟁과 후계자 권력 다툼이 일어나 범녹진영에 대한 견제에 아무런 힘도 발휘하지 못하게 될 것이다. 이에 따라 예측할 수 있는 결과는 범녹진영이 장기집권하고 범남진영은 오랫동안 재기가 불가능해진다. 이에 따라 천수이볜은 천하의 가장 높은 지위에 올라 모든 정세를 완전히 장악하게 됨으로써 완전한 '대총통'이 될 것이다.

양안관계로 말하자면, 얼핏 보기에는 대만의 내정에 속하는 입법원

77_陳永成, 〈장성 인사에서 승진에 앞서 서약서 작성〉, 《新新聞》, 994호, 2006년 3월 23일–29일, pp. 32-33.

78_林進與, 〈국군 장성, 천수이볜에 충성하는가?〉, 《自由時報》, 2003년 12월 17일, 제15면.

선거이지만, 다분히 양안의 전쟁과 평화를 판가름할 수 있는 것이기도 했다. 이유는 매우 간단했다. 베이징 측에서 아마도 범녹진영이 대만에서 장기집권 하는 것을 받아들일 수 없을 것이다. 2000년의 정권교체 시기부터 시작하여 2002년 8월의 '일변일국'의 공포에 이르기까지, 대만에 대해 중국은 원칙적으로 "그의 말을 들어 보고, 그의 행동을 지켜보겠다"라는 태도를 취해 왔다. 기왕에 "말과 행동을 지켜본다"라고 한 이상, 베이징 측이 천수이볜에 대해 완전히 희망을 포기하지 않았다는 뜻이 된다. 그러다가 '일변일국' 이후로는 중국이 "대만 정부에 더 이상 희망을 두지 않으나 대만 주민들에게 희망을 건다"는 태도로 변경하였다. 2004년 3월의 총통선거에서 총격사건의 진위는 고사하고, 대만 주민들은 또다시 천수이볜에게 나라의 살림을 맡겼다. 여기서 베이징 측은 대만 주민들에 대한 희망에서 큰 좌절을 맛보아야 했다. 만약 12월의 입법원 선거에서 대만 주민들이 범녹진영을 다시 인정하게 된다면 범녹진영을 견제할 수 있는 범남진영이 재기불능의 절벽에 빠지게 된다. 베이징 측으로서는 대만에 대해 완전히 절망하게 되며, 남은 선택은 이와 같은 혹독한 시련을 받아들이거나 이에 항거하는 것밖에 없을 것이었다.

만약 이를 수용할 경우, 국정의 책임자인 후진타오와 전체 중앙정치국으로서는 "대만을 잃었다"라는 역사적인 누명을 쓰게 된다. 이에 항거하는 경우, 무력사용 외에 별다른 선택이 없는 듯하였다. 물론 무력을 사용할 경우 미국의 개입을 초래하게 된다. 일단 미국과 중국 간의 군사적 충돌이 발생할 경우 중국은 불가피하게 군사, 경제, 외교적으로 큰 대가를 치러야 할 것이었다. 하지만, 2004년 9월 말의 '준준참수사건'에 비추어 볼 때 중국 측으로는 자신이 순식간에 무력을 통해 '대만문제'를 해결할 능력이 있음을 과시하고자 하는 의도가 있었다. 한편 동 사건의 발생 시간이 미국 대선으로부터 불과 5주를 앞두고 있었다는 점에서 베이징 측이 미국과의 직접적인 충돌을 두려워하지 않는다는 시사이기도 했다. 이는 또 부분적으로 미국이 어찌하여 '준준참수사건' 직후 적극적이고도 직접적으로 양안관계에 개입하여 나아가 파월과 아미티지에 의해 대만의 내정간섭에 가까우며 또한 대만의 입법원 선거에 영향을 미칠 수도 있는 중대한 발언을 한 이유를 설명해 주고 있었다. 워싱턴 측은 만약에 더 이상 개입을 주저할 경우, 대만의 '정부'와 '국민' 모두에게 거의 절망한 중국이 곧바로 일방적인 처리, 즉 무력사용을 하게 될 것임을 분명히 알고 있었다. 한편, 베이징 측은 미국의 정치적 개입을 개의치 않았는데, 이는 베이징 측도 이것이 대만 '정부'와 '국민'에 대해 거의 절망한 상태에서 무력사용을 회피할 수 있는 마지막 한 줄기 희망이라는 것을 알고 있기 때문이었다.

입법원 선거 직전의 천수이볜도 양안관계에 대해 유사한 평가를 하고 있었는지에 대해서는 알 수가 없다. 그러나 앞서 지적한 부분, 즉 자신의 권력이 감소하고 있다는 평가만큼은 누구보다도 잘 알고 있을 것이다. 도박판이 너무 컸기 때문에 그는 전력투구할 수밖에 없었다. 그 구체적인 실천방법으로 세 가지가 있었다. 첫째, 그는 다수의 입후보자를 냈다. 3년 전 입법원 선거에서 민진당은 안정선으로 생각되는 111명만 출마시켰고, 최종적으로 87명이 당선되었다. 이때 국민당은 144명이라는 많은 수의 후보자를 냈으나 68명만 당선되었다. 2004년 민진당은 129명이라는 많은 수의 후보자를 냈다. 대만독립연맹의 세 확장의 의지는 더욱 강했다. 2001년 13명의 당선자를 내더니, 2004년에는 40명의 후보를 냈다.[79] 역으로 국민당은 안정을 위주로 하여 103명만이 입후보하였다.

둘째, 천수이볜은 선거전 캐치프레이즈의 기조를 전면 주도하였다. 그의 기조는 공격적이며, 또한 상당 부분이 총통선거 당시의 '개헌', '정명' 등의 의제의 연장이었다. 투표일을 6일 앞두고 그는 대만독립연맹이 주최한 10만여 명이 참가하는 '정명을 위한 시위' 개시 전에 기자회견을 자청하여 재외공관, 국영기업의 명칭을 대만으로 바꿈으로써 대만독립 주장의 타당성을 확립할 것이라고 공언하였다.[80]

79_중앙선거위원회 홈페이지 자료 참조.

셋째, 천수이볜은 언론에서 각광받기에 주력한바, 때로는 단독 인터뷰, 때로는 곳곳을 방문하는 등 그 정도와 빈도가 지나쳐 입법원 선거가 아니라 총통선거인 듯한 느낌을 갖게 하였다.

12월 11일, 대만 유권자들은 그 어느 때와 마찬가지로 투표를 하였다. 그러나 자신이 던진 한 표의 의미가 단순히 한 명의 지역구 의원을 선출하는 데 끝나지 않음을 아는 사람은 많지 않았을 것이다. 개표 결과, 첫째, 투표율은 59%로서 예년 대비하여 가장 낮았다.[81] 9개월 전에 실시한 총통선거 시의 투표율은 80%에 달했다. 3년 전의 입법의원 선거 시에는 66%, 그로부터 3년 전에는 68%까지 기록하였다. 이는 대만의 유권자가 2004년의 과도한 정치적 동원을 거치면서 지쳐 있음을 시사하고 있다. 뿐만 아니라 모든 정치성 TV 대담 프로그램의 시청률 또한 내리막길을 걷고 있었다.

둘째, 전체 225석 가운데 국민당, 친민당, 신당이 총 114석(국민당 79석, 친민당 34석, 신당 1석), 민진당과 대만단결연맹은 총 101석(민진당 89석, 대만단결연맹 12석)을 차지하였다. 나머지 10석은 무소속 단결연맹 6석, 개별 출마자 중 다수가 범남연맹과 비교적 가까운 관계에 있기 때문에 입법원 내에서 범남연맹은 실질적으로 안정적인 과반 의석을 차지하게 되었다.[82]

셋째, 총 투표수 가운데 범남연맹의 3개 정당이 46.77%를 획득하였고, 범녹연맹의 2개 정당은 43.57%를 얻었다. 범녹연맹은 당초의 예상과는 달리 남부에서 중부의 4개의 시, 군(타이중 시[台中市], 타이중 현, 장화 현[彰化縣], 난터우 현[南投縣])을 공략하지 못했다.[83]

넷째, 과다한 후보등록으로 인해 범녹연맹의 득표율이 범남연맹에

80_陳敏鳳, 〈천수이볜—주외공관, 국영기업체, '대만'으로 이름 바로 세우기를 할 것이며, 현 상태는 '중화민국 대만'이다. 주외 기구 및 국내의 중국과 혼동이 쉬운 부서는 2년 안에 점차적으로 명칭을 바로 세워야 한다〉, 《聯合報》, 2004년 12월 6일, 제1면.

81_중앙선거위원회 홈페이지 자료 참조.

82_상동.

83_상동.

3.22% 뒤졌다. 그런데 의석수는 13석(전체의 5.8%)이나 더 뒤졌다.[84] 의외의 고배를 마신 후보 가운데에는 계파의 좌장인 신조류파 리더 돤이캉(段宜康), 국가복지파 좌장인 추추이전(邱垂貞) 및 정의연대의 차석대표인 장쉐순(張學舜)의 3명을 포함하여 현역 민진당 소속의 입법위원 14명도 포함되어 있었다.[85]

이와 같은 결과는 두말할 나위 없이 천수이볜에게 엄청난 타격이 되었다. 과거에 선거전의 달인으로 인식되어 온 그는 이번에는 공천 방침, 선거구호의 설정 및 개인의 전력추구 모두가 역효과를 낳았다. 당내의 거센 반발과 압력에 못 이겨 그는 12월 14일 민진당 주석직에서 사임하였고, 쑤전창을 후임으로 발표하였다. 2002년 7월 21일 당주석직에 취임했던 천수이볜은 그간 '법리적인 대만독립'을 지향하기 위해 내세웠던 '일변일국', '공민투표', '정명', '개헌', '2008 타임테이블' 등 일련의 움직임에 종지부를 찍어 대만 주민이 2005년 초 위험의 벼랑 끝에서 벗어나 잠시나마 숨을 돌릴 수 있도록 하였다. 민진당이 입법원 장악에 실패함으로써 궁극적으로 천수이볜의 권력이 '대총통'에 크게 한 발 미치지 못하였다. 또한 이로 말미암아 양안관계가 순식간에 완화되었다. 워싱턴과 베이징도 안도의 한숨을 쉴 수 있었다. 대만 주민들은 자신도 모르는 사이에 투표로 자신의 운명을 살려 냈다고 해도 틀리지 않았다.

그러나 미국은 그래도 안심이 되지 않아 화해무드의 회복을 확실히 하기 위해 천수이볜에게 다시 압력을 가했다. 2005년 1월, 천수이볜은 괌을 경유하여 남태평양의 수교국 방문을 희망하였다. 그러나 미국은 즉답을 하지 않았다. 이와 때를 같이 하여 입법원 내 국민당 소속 의원들은 1년 동안 중단되었던 구정 전세기 운항의 부활을 추진하고 있었다. 미국은 이때를 놓치지 않고, 괌 경유 동의를 조건으로 천수이볜이 전세기 건에 동의하도록 압박하였다. 최종적으로 천수이볜이 수락함

84_상동.

85_林守俊, 〈35명 연임에 실패〉, 《中華日報》, 2004년 12월 12일 제2면.

으로써 대단원의 막을 내리게 되었다.[86] 2004년 한 해 동안 지속되었던 대만해협의 위험국면이 결국 매듭지어진 것이다.

86_'교환조건'이라는 표현은 필자가 아래와 같은 관련 매체의 보도를 종합하여 판단한 결론이다. 즉 천당산 외교부 장관이 1월 13일 오전만 해도 총통의 해외 방문 시 괌을 경유할지의 여부가 불확실하다고 말했는데 대륙위원회가 13일 구정 전세기 운항문제와 관련하여 마카오에서 협상을 진행할 예정이라고 발표하자, 14일 오전 총통부에서 총통의 해외 방문 시 괌을 경유할 예정이라고 발표했다. 丁湘娥, 〈천당산—총통의 괌 경유 여부 미정〉, 《青年報》, 2005년 1월 14일, 제2면; 鄒麗泳, 〈양측 대표단 확정, 내일 마카오에서 구정 전세기 운항 협상〉, 《臺灣日報》, 2005년 1월 14일, 제5면; 林代凱, 〈천수이볜, 남태평양 수교국 방문, 괌 경유〉, 《臺灣時報》, 2005년 1월 15일 제2면. 이들 보도를 종합하여 본 후 필자는 TV대담 프로그램에 출연하여 미국은 반드시 천수이볜에게 전세기 건에 동의하라고 압력을 넣었을 것이며, 그 조건은 천수이볜의 괌 경유일 것이라고 대담하게 추측 발언할 수 있었다. 그로부터 며칠 후 AIT 직원 한 사람이 필자에게 "당신의 TV발언을 주의 깊게 보았습니다. AIT 소속 요원이 당신에게 비밀을 누설한 것은 아닌가요?"라고 정색을 하며 문의하였다.

제11장 두 번째 정권교체

"총통, 당신이 오늘 매우 곤란하다는 것을 알고 있습니다. 그런데 제가 어쩔 수 없이 조금 더 곤란하게 해 드려야 할 것 같습니다."[1]
—대만에 우호적인 미국 전 관리가 우수전 여사가 기소당했다는 소식을 접한 당일, 천수이볜 총통을 만난 자리에서 가장 먼저 한 말

"우리는 현재 아직까지도 '하나의 중국'의 헌법을 가지고 있다. […] 양안은 모두 현재 통일의 조건이 성숙되지 않았으며, 더욱이 좋은 결과를 추진할 수 없다는 것을 알고 있다. 현 단계의 가장 좋은 관계는 현상유지이다. 즉 통일하지 않으며, 독립하지 않고, 무력을 사용하지 않는다."[2]
—마잉주

범남진영이 크게 패한 입법원 선거 결과는 미국으로 하여금 은밀하게 구정 전세기 운항의 재개를 촉구하게 만들었다. 이는 길게는 1년 정도 유지되었던 긴장관계와 더욱이 '참수' 위기에 가까이 갔던 양안관계를 평화롭게 보이도록 만들었다. 천수이볜 총통 마지막 3년 임기 중, 그는 계속적으로 서로 다른 언행을 보이며 '대만독립의 법제화'를 추진하였는데, 이는 매번 커다란 파장을 불러일으켰다. 그러나 대만 내부의 대환경에는 이미 커다란 변화가 있었으며 그의 대부분의 역량을 빼앗아갔다. 한편 미중관계는 비교적 온화하였고, 워싱턴과 베이징은 각자의 대만정책에서 조심스럽게 변화하였다. 이러한 모든 것은 2005년부터 2008년까지 양안관계에서 파도가 용솟음치기는 했지만, 모두를 놀라게만 했을 뿐 실질적인 위험은 막을 수 있었다. 그러나 가장 심각한 정황이 전개되는 것을 방지하기 위해 2008년 총통선거 전의 미국과 중국 그리고 대만 정부는 여전히 전전긍긍하면서 전쟁 주변을 맴돌고 있

1_당사자의 증언에 의함.

2_黃菁菁, 〈마잉주, 나를 더 이상 반일파라고 칭하지 말라〉, 《聯合報》, 2007년 11월 22일, A4면.

었다. 마지막에는 유권자들이 혼연일체가 되어 부지불식간에 투표를 통해 다시 한 번 정세를 변화시킴으로써 자신의 명운을 바꿀 수도 있었다.

완전히 새로운 국민당과 공산당의 관계

수많은 요소 중에서 천수이볜의 마지막 3년간의 양안관계에 가장 크고 직접적인 영향을 미친 요소는 대만의 내부 정세였다. 그중에서도 공산당과 국민당 간의 관계와 천수이볜 일가와 천정부의 심각한 부패문제 등의 두 가지 요소가 가장 중요했다. 전자는 이미 철저하게 천수이볜에게 절망한 중국이 대만 내부로부터 독립을 반대하고 억지하려는 역량을 찾음으로써 손에 쥔 모든 패를 보여 주면서 승부를 결정지을 필요가 없도록 만들었다. 후자는 한편으로는 천수이볜의 생각과 정책을 더욱 대만독립을 향해 나아가도록 강요하였으나 다른 한편으로는 대만독립을 추구하려는 그의 정당성과 역량을 심각하게 약화시켰다.

국민당과 공산당의 현 상태를 초래한 원인은 국민당이나 공산당에 있는 것이 아니라 천수이볜에게 있었다. 입법원 선거에서 패배한 천수이볜은 다시금 국민당과 친민당을 은근한 압력을 이용하여 갈라 놓고자 하였다. 리덩후이의 제안으로 천수이볜은 2004년의 크리스마스에 먼저 James(쑹추위의 영문명)에게 "Merry Christmas"라고 하였고, 이어서 구정 이후의 '천수이볜과 쑹추위의 회담(扁宋會)'을 적극 추진하였다.[3] 이는 천수이볜과 쑹추위의 두 번째 회동이었다. 첫 번째는 2002년 2월 초에 있었다. 당시 명망과 위세가 하늘을 찔렀던 천수이볜 총통은 비밀리에 쑹추위와 회담하였다. 그러나 천 총통은 이후 쑹추위가 롄잔에게 두 사람이 이미 여러 번 비밀회담을 했다는 것을 설명해야 할 것이라고 말하면서 비웃었다.[4] 공개적으로 비밀을 폭로한 천수이볜의 행

3_劉世忠,《歷史的糾結:臺美關係的戰略合作與分歧(2000-2008)》(臺北: 新臺灣國策智庫, 2010).

4_林美玲, 林新輝,〈천수이볜—여러 번 만나다, 쑹추위는 정확히 설명해야 한다〉,《聯合報》, 2002년 11월 6일, 제1면.

동은 결국 국민당과 친민당의 관계를 분열시켰지만, 외부적으로는 천수이볜에 대해 "너그럽지 못하고, 신뢰할 수 없다"는 인상을 심화시켰다. 2005년 2월, 천수이볜, 롄잔, 그리고 쑹추위가 다시 한 번 선거에서 결전을 펼칠 때에는 '3·19총격사건'의 상처가 더해지면서 천수이볜의 명성과 위세는 대폭 약화되었고, 이로 인해 천수이볜은 더 많은 선의로 쑹추위와의 관계를 풀어야만 새로운 '천수이볜과 쑹추위의 회담'을 할 수 있었다.

대만 민중은 2월 말에 "진정한 성의(眞誠)"라고 큰 글씨로 쓴 서화 한 폭을 빙그레 웃으며 쑹추위에게 보내는 천수이볜을 볼 수 있었다. 두 사람은 또한 10시경에 합동으로 "중화민국 헌법상의 국가의 위상은 양안이 당면한 현실이며 법리상의 현상이다"라는 성명을 발표하였다.[5] 이어서 아주 오랜만에 '4불 1무'를 거듭 표명하였으며, '전면 삼통'을 추진하자고 하였다. 이러한 성명은 즉각적으로 리덩후이와 독립주의자들의 강한 반발을 불러왔다. 3월 초 천수이볜은 유럽의회와 화상대화에서, 직접 리덩후이의 이름을 거명하면서 그가 12년간 총통이었을 때에도 대만공화국으로 명칭을 변경하지 못했다고 설명했다. 따라서 그 자신 역시 성공하지 못했으며, "스스로를 속일 수는 없다, 또한 다른 사람도 속일 수는 없다, 할 수 없는 일이라면 할 수 없는 것이다"라고도 말했다.[6]

이러한 새롭고도 중대한 신호는 즉시 국민당 내부에 반향을 일으켰다.

야당으로 4년을 지낸 국민당은 이미 많은 반성을 하고 있었다. 이 과정에서 합의에 이른 것은 2000년의 패배가 정책이 잘못되었거나 민심을 얻지 못해서가 아니라, 롄잔과 쑹추위가 분열했기 때문이라는 인식이었다. '일변일국'이 일으킨 거대한 파도는 더욱 국민당으로 하여금 양안의 화해가 대만 민의에 부합하는 것이며 국제사회의 긍정적인 평

5_〈천수이볜과 쑹추위 간의 회담관련 연합 성명 전문〉,《自由時報》, 2005년 2월 25일.

6_陳敏鳳, 〈천수이볜—리덩후이가 총통이라도 국호를 변경하기는 어렵다〉,《聯合報》, 2005년 3월 2일, 제A1면.

가에도 기여한다고 믿도록 만들었다. 그 밖에도 야당으로 활동하는 기간 동안 공산당과의 직접적인 교류를 통해 많은 국민당 인사들은 중국 내부에서 대만정책에 대한 철저한 반성이 있었고 동시에 그 기조가 이미 '통일을 촉진하는 것'에서부터 '독립을 저지하는 것'으로 바뀌었다는 것을 알았다. 따라서 '현상유지'라는 공동의 기반 위에 양당이 화합하고 협력할 수 있는 공간이 필요했다. 그러나 야당 신분이기 때문에 국민당 지도자는 공산당에게 자리를 빼앗기는 것을 피해야 했고, 따라서 이를 강하게 드러내는 일은 과반수가 반대하였다. 오늘날까지 천수이볜은 대만독립이 불가하다는 것을 인정하고 과거의 무모했던 노선과 단절하려고 시도하고 있다. 당시 필자를 포함하여 내부의 많은 사람들은 잇달아 당내에서 국민당은 더욱 적극적으로 당주석의 중국 방문과 같은 내용을 포함한 새로운 화해정책을 기획해야 한다고 주장했다.

행동은 항상 조심스러웠다. 천수이볜의 연임 이후 거의 얼굴을 내밀지 않았던 롄잔 주석은 이러한 건의를 긍정적으로 받아들였다. 그는 장빙쿤(江丙坤) 부주석에게 먼저 선발대를 이끌고 중국을 방문하여 중국과 대만 내부의 반응이 어떠한지 그 온도를 가늠해 보도록 하였다. 장빙쿤의 '얼음을 깨기 위한 여정(破氷之旅)'은 순조롭게 진행되어 3월 말에는 베이징에서 국대반 주임인 천윈린과 전세기의 정상화, 대만 농산품의 중국 판매, 중국 민중의 대만여행의 허용 등을 포함한 12항의 합의를 도출하였다. 대만 내부의 대체적인 반응 또한 양호하였다. 미국 국무원 아태담당 부보좌관인 슈리버는 대화가 있는 것이 없는 것보다는 낫다고 발표하였다.[7]

이리하여 4월 말에는 롄잔이 방대한 국민당 대표단을 이끌고 중국을 방문하는 '평화의 여정(和平之旅)'을 진행하였다. 수많은 국내외 언론의 플래시 세례하에서, 연속하여 난징, 베이징, 시안, 상하이를 방문하였고, 중국공산당 총서기인 후진타오와 (대화를 재개하고, 적대적인 관계를

7_林寶慶, 〈슈리버—대화하지 않는 것보다는 대화하는 것이 낫다〉, 《聯合晚報》, 2005년 4월 7일, 제2면.

종료하며, 경제의 전면적인 교류를 실시하고, 국제적인 공간에 대해 협상하고, 당 대 당 수평적 대화 등을 포함한 5개 항의) '공동희망(共同願景)'을 발표하였다. 이는 국민당과 공산당 양당의 60년 만에 이루어진 첫 번째 영수회담이었다(1945년 장제스와 마오쩌둥은 충칭[重慶]회담에서 '쌍십협정[雙十協定]'에 서명하였다). 롄잔이 베이징대에서 연설할 때 그는 매우 생기에 넘쳐 유창한 연설을 하였고, 그 내용은 무척 풍부했으며, 처음부터 끝까지 원고를 보지 않았다. 이는 그의 일생에서 가장 훌륭한 연출이었다. 게다가 그는 예전의 그의 모습과 완전히 달랐다. 그는 사전에 영어 번역 원고를 준비하라고 주변에 요구하지 않았는데 이는 그가 연설하기 하루 전 저녁까지도 마지막까지 수정했기 때문이었다.

이와 마찬가지로, 후진타오 역시 이 '롄잔-후진타오의 회담(連胡會)'을 매우 중요하게 여겼다. 10여 일에 걸쳐 해외순방 중이었던 그는 회담 전날 저녁식사 즈음 베이징으로 돌아왔다. 그 시간에 천윈린은 국민당 방문단을 위해 주연을 베풀고 있었다. 식사 중 천윈린은 갑자기 일어나더니 몇 명의 부주임을 데리고 자리를 떠났다. 이는 막 비행기에서 내린 후진타오에게 다음 날 있을 오전의 역사적인 만남을 위한 간단한 보고를 하기 위해서였다. '롄잔과 후진타오의 만남'은 대만 정가에 비판을 불러일으켰으나 롄잔의 여론조사 지지도는 1개월 뒤 두 배로 상승하였고, 이는 천수이볜의 배가 되는 듯 했다.[8] 미국, 유럽, 일본, 아시아의 모든 매체들에서 긍정적인 평가를 하였다. 심지어 부시 대통령도 관리들을 통해서 롄잔 주석에게 그의 방문이 아시아태평양의 평화와 안정을 생산하는 데 긍정적이고 적극적인 기여를 하였다고 하였다.[9]

'국민당과 공산당의 교류(國共平臺)'는 전체를 이르는 말일 뿐이다.[10] 그 기능을 나누어 본다면 가장 중요한 것은 '두 정당의 고위층 회담'이

8_林濁水, 〈국가의 비이성적인 목적과 이성적인 결정〉, 吳劍燮 편, 《臺灣海峽關係與中國國際戰略》(臺北: 新臺灣國策智庫, 2011), p. 191.

9_〈롄잔 주석의 평화의 여정이 국제적으로 긍정적인 반응을 얻다〉, 《大陸情勢雙週報》, 국민당중앙정책회 편, 제1460기, 2005년 5월 11일, 제24면.

다. 롄잔은 2005년부터 4년간 주석 혹은 명예주석(2006년부터)의 신분으로 후진타오와 회담을 했다. 마잉주 집권 이후, 우보슝(吳伯雄)은 이전에는 주석의 신분(2008년)으로, 그 이후에는 명예주석의 신분(2009년부터)으로 매년 후진타오와 만났고, 이후에는 시진핑과도 대화하였다. 그 다음으로, 속칭 '국공논단(國共論壇)'이라는 '양안경제무역문화논단(兩岸經貿文化論壇)'은 두 정당의 싱크탱크(국민당의 국가정책연구기금회와 국대반의 해협양안관계연구중심)가 협력하여 매년 한 차례씩 거행하였는데 여기에는 각 정파(단지 국민당과 공산당 두 정당뿐만이 아니라)의 산 · 관 · 학의 인사들도 초청되어 공동 토론회를 통해 정책 건의를 하도록 하였다. 그 밖에도 양당의 저변이 기반이 되어서 하부조직 간의 교류를 실시하였고, 또한 타이상들을 주축으로 하여 국민당의 대만상인서비스센터(臺商服務中心)와 국대반이 2005년 새로 설치한 협조국 간에 상호 교류를 하도록 했다.

'국민당과 공산당의 교류'의 몇 가지 기제는 국민당과 공산당으로 하여금 정식으로 연결된 교류를 만들었다. 천수이볜의 집정기 가장 마지막 단계에서 그 존재는 베이징의 불안한 마음을 안정시켰고, 양안관계가 충격을 받지 않도록 하였으며, 여전히 밖으로는 긴장되어 보이지만 내부적으로는 여유가 있도록 하였다. 마잉주 집권 단계에 와서는 양안업무가 상당히 복잡해졌지만 마잉주 정부의 관리가 중국에 가서 직접 일을 처리할 수 없는 상황에서 국민당과 공산당 간의 교류는 비록 야당인 민진당의 질의를 받기는 했지만 정부가 오판을 하지 않도록 정부에 협력했을 뿐만 아니라, 양측이 더욱 서로를 신뢰할 수 있도록 해 주었고, 절대 사라질 수 없는 긍정적인 작용을 하였다. 특히 '양당 고위층 대화'는 '보아오 포럼'과 'APEC 정상회담'과 함께 양안 고위층 간의 의견을 교환할 수 있는 삼대 통로였으며, 상징적이면서도 실질적인 의미를 지녔다.

10_高辉, 〈국공논단의 현황과 발전〉; 張榮恭, 〈국공교류의 현황과 발전〉; 蘇起, 童振源 편, 《兩岸關係的機遇與挑戰》(臺北: 吳南, 2013).

최후의 신임마저도 철저히 붕괴시킨 부패사건

천수이볜 일가 부패의 원인에 대해 말하자면, 이미 천수이볜의 첫 번째 임기에 그 징조가 보였다. 우수전이 내부자 거래를 통해 주식을 매매하였다는 것과 SOGO백화점의 경영권에 관심을 보였다는 점, 천수이볜의 아들인 천즈중(陳致中)이 병역복무 중 명품 자동차를 몰고 출퇴근을 했다는 것 등이 지적되었다. 그러나 당시의 천수이볜의 '대만의 아들'이라는 이미지는 여전히 사람들의 마음속에 각인되어 있었다. 그러나 수많은 죄상이 열거되면서 여론에서 조금씩 부정적인 감정이 자리잡게 되었다. 총통선거 전날 저녁에 폭로되어 천수이볜과 뤼슈롄에 대한 여론을 계속 추락시킨 '천유하오 정치헌금사건'은 그러나 이후 더 폭발력이 큰 '총격사건'에 의해서 가려지게 되었다.

2005년 3월, 새로운 주주권을 발행하기 위한 쟁탈전은 다시금 대만 민중을 상기시켰다. 우수전은 확실히 대기업과 긴밀한 관계를 맺고 있었다. 6월 천즈중의 호화로운 결혼식은 속칭 '평범한 집의 자식'이었던 천수이볜의 일가가 이미 재벌과 가까워지고, 일반 민중과 멀어졌다는 것을 일깨워 주었다. 천수이볜의 친지들은 '공군 1호기'를 타고 타이중에 도착하였는데 이는 '공공기물을 사적으로 사용한 것'이 너무나 분명하였다. 신랑과 신부와 그 부모들은 결혼식 피로연에서 상당히 고가의 결혼선물을 받았다. 그중에서 수백만 위안에 달하는 다이아몬드 반지는 이후 좋지 않은 논쟁을 불러일으켰다. 천수이볜 일가의 사위인 자오젠밍(趙建銘)과 사돈인 자오위주(趙玉柱)는 모두 '내부자 거래사건'에 연루되었다. 몇 달 동안 전국의 민중들은 거의 매일 그들 일가가 돌아가면서 언론에 망신을 당하는 것을 보아야 했다. 전국의 중요한 일들은 모두 뉴스의 2선으로 물러나게 되었다.

또 다른 한 축에서는 천수이볜 정부의 관리 역시 문제를 일으켰다. 천수이볜이 타이베이 시장이었을 때 상당히 중요한 역할을 했던 천저난(陳哲男, 민정국장, 비서장)은 천수이볜의 총통부에서 부비서장을 역임하면서, 천수이볜과 복잡한 정치·상업관계에서 보이지 않는 손의 역할을 했다. 앞서 '천유하오 정치헌금사건'과 'SOGO백화점 권리취득사건(股權案)'에는 모두 그의 역할이 있었다. 그 밖에 그와 연관된 것으로 '고속도로사건(高捷案)', '정부 내 주식투자사건(府內炒股案)', '사변두사건(四汴頭案)', '중화전신주식발행사건(中華電信釋股案)', '신루이두사건(新瑞都案)', 량바이쉰(兩柏勳)이 고발한 '사법황우사건(司法黃牛案)' 등이 있었다. 이 사건들은 하나씩 폭로될 때마다 천수이볜 자신은 물론이고 천 정부 전체의 신망에 일차적으로 심한 타격을 주었다. 천수이볜의 임기가 끝나기도 전에 계속해서 다른 세 명의 장관들과 다섯 명의 차관들의 부패사건이 터졌다. 게다가 천수이볜 본인도 '국무기요비사건(國務機要費案)', '해외자금세탁사건(海外洗錢案)', '용담매지사건(龍潭買地案)', '남항전람관사건(南港展覽館案)' 등 4대 사건에 연루되어 기소를 당했다. 그는 임기가 끝난 후에 수년간 송사에 휘말렸고, 심지어 투옥되기에 이르렀다.

이러한 부패사건들은 천수이볜 본인뿐만 아니라 대만과 양안관계에도 큰 영향을 미쳤다. 천수이볜 본인이 받은 충격은 당연히 가장 직접적인 것이었다. 그의 신망은 빠르게 추락하였으며, 연임 후 1년간은 마치 '절름발이 오리(跛鴨)'가 된 것 같았다. 퇴색해 가는 형세를 뒤집기 위해서 혹은 민중의 원망 속에서도 마지막 위안과 후원자를 찾기 위해서 그는 양안문제와 외교상에 있어서 나중에는 '통일을 종결(終統)'하고 '유엔에 가입하기 위한 공민투표'와 같은 계속적으로 무모한 일들을 지속해 갔으며, 더 나아가서는 총통이라는 고유의 직권을 이용하여 황당무계한 일들을 하기도 하였다. 예를 들면, 2006년 5월에는 미국이 천수이볜의 '통일을 종결'함에 대한 불만을 표시하기 위해서 그의 미국본토 경유요구를 거절하였다. 대노한 천수이볜은 대담하게도 '나는 나의 길을 간다'고 선언하였고, 보통 동쪽으로 비행하던 관례를 깨고 서쪽 방향으로 바로 중동으로 향했다. 마지막에는 국경을 넘어 아랍 에미리트의 수도인 아부다비에서 항공기 급유를 했다. 이러한 자초지종을 전혀 모르고 있던 주미 대표인 리다웨이(李大維)와 AIT 이사장인 버거트 두 사람은 어리석게도 천수이볜의 항공기가 괌 상공을 거쳐 올 것으로 생각하고는[11] 족히 반나절 동안 천수이볜의 비행기가 착륙한 지점을 찾느라고 법석을 떨었다. 이것이 그 유명한 '미항(迷航)사건'이다. 그 밖에도 우수전의 일을 감추기 위해 천수이볜과 그 측근은 막다른 위기에 몰려 모험적으로 행동하듯이 비밀외교를 날조하는 일도 감행했다. 이것이 소위 '남선전사건(南線專案)'이다. 나중에 이것이 완전히 폭로되면서 터무니없음이 밝혀졌다.[12] 이러한 시도로 인해 천수이볜은 대만의 중도 유권자들과 워싱턴 정부, 그리고 베이징으로부터 신용을 상당 부분 잃게 되었다.

이러한 부패사건들이 대만에 미친 영향은 매우 심대한 것이었다. 이는 대만 민중(범녹진영의 민중을 포함하여)의 천수이볜에 대한 신뢰에 큰 영향을 미쳤다. 2006년 7월 수많은 친범녹 인사들은 연합성명을 발표하면서 천수이볜의 하야를 요구했다. 민진당 전 주석인 스밍더(施明德)가 이끄는 홍삼군(紅衫軍)이라고 부른 시위대는 같은 해 9월, 짧은 시간 안에 궐기하였고 수십만 명의 지지자들이 거리에 모였다. 민진당의 신조류(新潮流)파 입법위원인 린저수이(林濁水)와 리원중(李文忠) 역시 자발적으로 입법위원직을 사임함으로써 도덕적 경계선을 분명히 하였다. 당시에 만약 스밍더가 더 참지 않았다면 당시의 반부패와 반천수이볜을 외친 인파는 총통부로 쳐들어가서 대만의 민주주의 역사를 다시 썼을 가능성이 상당히 컸을 것이다.

타이베이 시장인 마잉주는 이러한 조류에서 가장 직접적인 수혜를 입었다. 일부 언론은 그를 친밀한 용어로 '작은 마잉주 형(小馬哥)'이라고 불렀다. 사실 그는 천수이볜과 나이가 같았다. 성심과 신의 그리고 반부패에 대한 기대를 가지고 있는 대만의 민중들은 재빨리 마잉주에게로 눈을 돌렸고 그가 신선하고, 깨끗하며, 성실하고, 덕이 있다고 보

11_두 당사자가 이와 같이 동일하게 이야기했다.

12_臺灣政治領袖心理檔案工作小組 편, 《信任與背叛: 陳水扁心理檔案》(臺北: 心靈工坊公司, 2011), pp. 167-174.

았다. 2005년 8월 그는 롄잔으로부터 당주석직이라는 상당한 지위를 물려받은 후, 즉시 언론의 주목을 받게 되었고 대중의 시선도 한 몸에 받게 되었다. 이러한 긍정적인 시선은 그의 첫 번째 총통 임기 중에도 지속되었다. 마잉주의 임기 중에 마 정부에 대한 민중들의 기대수준은 상당히 높았고 마잉주 본인 역시 스스로에게 엄격했다. 비록 그의 당정 간부들이 간간이 부패문제를 일으키기는 했지만 천수이볜 부패사건의 영향은 정부를 넘어서 사회로까지 미치게 되었다.

그로 인해 커다란 교훈을 얻게 되면서 대만의 모든 사회는 '부패 방어'로 인해 변화하였고, '홍미' 위주의 사고로 인해 주축에서 멀어졌으며, 때로는 인터넷상에서 무제한적으로 세세한 결점까지도 찾으려는 시도도 생겨났다. 이러한 정서는 한편으로는 여론의 감독능력을 배로 늘리게 되었으나 다른 한편으로는 정부 관리와 공무원들이 죄를 저지를까 봐 두려워하여 적극적으로 일을 추진하는 것을 꺼리도록 만들었다. 전자는 대부분이 주지하듯이 '민중주의'의 풍조를 낳았으며, 후자는 간접적으로 '무능한 정부'라는 인상을 만들어 냈다. 두 가지 모두 마잉주의 시정에 막대한 제약이 되었다. 이러한 시각에서 볼 때, 천수이볜이 비록 감옥에 있었어도 대만에 대한 그의 영향은 여전히 존재하고 있었다고 할 수 있다.

미국이 우세하고 중국이 열세한 새로운 관리 방식

천수이볜의 두 번째 임기 중 그는 대만 정계에서 인기를 얻은 새로운 연극에서 주연을 맡게 되었지만 그의 독립을 향한 공세와 미국, 중국, 대만 간의 상호작용은 피할 수 없는 대국면을 만들어 냈고, 양안을 다시 전쟁의 위기로 치닫게 하였다.

베이징은 지난 4년간 양안관계의 대폭적인 동요를 거치면서 법적인 방식으로 그 경계선을 긋고자 하였다. 2004년 말 이와 관련된 소식이 들려왔고, 2005년 3월에는 전인대에서 〈반분열국가법(反分裂國家法)〉을 정식으로 통과시켰다. 그중에서 제8조는 다음과 같다. '대만의 분열

분자들이 그 어떠한 명의로든 어떠한 방식으로든 대만을 중국으로부터 분리하고자 한다면, 혹은 대만을 중국으로부터 분리하고자 하는 중대한 사변이 발생한다면, 혹은 평화통일의 가능성이 완전히 없어진다면, 국가는 비평화적인 방식과 기타 필요한 조치를 사용하여 주권과 영토의 완전성을 지켜내야 한다.' 2004년 11월, 대통령 연임에 성공한 부시 대통령은 공포로 인해 취약해진 양안정세를 타파하고자 즉각 적극적인 관리조치를 시행하였다. 베이징에 관대한 조치로서 유럽연합의 대중국 무기판매 금지를 해제하였다. 다른 한편으로는 백악관 국가안보회의 동아시아 담당 베테랑 주임인 그린(Michael Green)이 인솔하는 방문단을 타이베이로 파견하였다. 그는 대만이 지나치게 강경하게 반응하지 않도록 하였다. 천수이볜은 막 연임에 성공한 부시를 괴롭히고 싶지 않았으나 2월의 '천수이볜과 쑹추위의 회담'에 반발한 범녹진영의 군중을 위로하기 위해서 결국 타이베이에서 '3 · 26대행진'을 거행하기로 결정하였다. 천수이볜은 국가원수의 신분으로 시위대의 맨 앞줄에 서서 행진하였다.

백악관이 내어 놓은 부시 대통령의 두 번째 임기의 대만해협정책은 중대한 전환점을 나타내고 있었다.

첫 번째 임기 동안 양안관계에서 고통을 맛보았던 부시 대통령은 두 번째 임기가 막 시작되자마자 바로 천수이볜을 신임하지 않는다고 분명하게 밝혔다. 천수이볜에게 우호적인 워싱턴 정부의 고위 관리들 역시 계속 자리를 떠났다. 매번 천수이볜의 실언으로 인해 상처받은 대만과 미국 간의 절충점은 정책권 내의 친대만 인사들로 하여금 천수이볜을 옹호하기 위한 목소리를 낼 수 없도록 만들었다. 더 중요한 점은 부시 대통령이 관심을 갖는 외교문제도 변화했다는 점이다. 미국은 두 개의 전쟁(아프가니스탄과 이라크)에 개입되어 있었다. 단번에 여기에서 벗어난다는 것은 절대 불가능한 일이었다. 중국은 이미 빠른 속도로 굴기하고 있었으며, 많은 지역(예를 들어 이란과 수단)에 일정한 영향력을 행사하고 있었다. 북한은 적극적으로 핵무기와 중장기 미사일을 개발해 오고 있었고, 직접적으로 한국 나아가서는 일본의 안보를 위협하고 있었고, 심지어 미국의 동맹국에 대한 안보동맹을 어디까지 믿을 수 있을지를 시험하고 있었다. 미국은 더욱 베이징이 평양에 영향을 미치고자 하는 야심에 의존하였는데, 후진타오는 과거보다 훨씬 적극적으로 6자회담을 주도하여 지역 내 긴장정서를 안정시키기고자 하였다. 이러한 것들은 모두 워싱턴으로 하여금 반드시 이전보다도 더 베이징의 역할을 중요하게 여기도록 하였고, 당연히 대만이 '트러블메이커'가 되지 않기를 원하고 있었다. 9월 말 미 국무부 차관인 졸릭(Zoellick)은 '중국은 어떠한 방향으로 가고 있는가'라는 연설을 발표하면서서, '책임있는 이해관계자(responsible stakeholder)'라는 새로운 개념을 제시하였다. 이는 과거 4년간의 일방주의와 대항에 집중하던 경향을 수정하고, 베이징과 협조하고 협력하고자 하는 것이었다.

이러한 개념은 부시 대통령의 임기가 만료될 때까지 지속적으로 미국의 대중정책과 대만정책을 이끌었다. 협조를 강화하기 위해서, 국가안보 선임 보좌관에서 국무부 장관으로 옮긴 라이스가 취임 두 달 만에 베이징을 우선적으로 방문하였다. 이어서 매파의 대표적인 인물로서 근 5년간 중국 방문을 거절했던 국방부 장관인 럼즈펠드 역시 2005년 12월에 처음으로 중국을 공식 방문했다. 그의 후임자인 게이츠(Robert Gates)는 임기 전반 1년이 채 되지 않았을 때 베이징을 방문했고, 최초로 군사적으로 논쟁이 되는 부분에 합의하는 데 성공하였다. 2006년 9월 두 국가는 정식으로 부총리와 장관급의 공식적인 '전략적이고 경제적인 대화(Strategic & Economic Dialogue)'를 시작하였다. 일 년에 두 차례씩 각자의 수도에서 거행하기로 하였으며 서로의 중요한 전략적 경제적 문제를 토론하기로 했다. 〈표 11-1〉에서 볼 수 있듯, 부시와 후진타오 두 사람은 자주 만났다. 부시는 첫 번째 임기 중 후진타오와 다섯 번 만났는데 그중에서 두 차례는 후진타오가 부주석 신분이었다. 그러나 부시의 두 번째 임기 중 부시와 후진타오는 14번 만났으며 2005년의 1년 동안에도 5번이나 만났다. 미중 간의 다층적이고 긴밀한

〈표 11-1〉 부시와 후진타오 간의 역대 회의 일람

	일자	상황	장소	각주
1	2002.2	부시 방중	베이징	국가부주석
2	2002.4	후진타오 방미	워싱턴	국가부주석
3	2003.6	G-8 정상회담	프랑스 에비앙	
4	2003.10	APEC 정상회담	태국 방콕	
5	2004.11	APEC 정상회담	칠레 산티아고	
6	2005.5	2차 세계대전 종전 60주년 기념	러시아 모스크바	
7	2005.7	G-8 정상회담	영국 글렌이글스	
8	2005.9	유엔60주년 기념	미국 뉴욕	
9	2005.11	APEC 정상회담	대한민국 부산	
10	2005.11	부시 방중	베이징	
11	2006.4	후진타오 방미	워싱턴	
12	2006.7	G-8 정상회담	러시아 상트페테르부르크	
13	2006.11	APEC 정상회담	베트남 하노이	
14	2007.6	G-8 정상회담	독일 하일리겐담	
15	2007.9	APEC 정상회담	호주 시드니	
16	2008.7	G-8 정상회담	일본 북해도	
17	2008.8	베이징 올림픽 개막	베이징	
18	2008.11	G-20 정상회담	워싱턴	
19	2008.11	APEC 정상회담	페루 리마	

소통과 미국의 압력, 천수이볜의 국내적인 문제 등은 2005년의 양안관계를 대략적으로 평온하게 만들었다.

앞서 기술한 대만 내부의 발전과 미국의 신정책은 천수이볜 마지막 3년간 나타난 중국의 대만정책을 완전하게 다른 것으로 바꾸어 버렸다. 베이징은 과거 자주 눈을 부라리며 호통을 치던 방식에서 대략 2선으로 물러나, 워싱턴 정부로 하여금 직접 천수이볜의 역할을 단속하고 가르치는 역할을 하도록 하였다. 2005년 9월 후진타오는 부시에게 "나는 미국이 중국과 같은 입장에서 대만해협의 평화와 안정을 보장하며 또한 대만독립에는 반대하기를 희망한다"고 강조하였다.[13] 동시에 '국

13_The White House, "President Bush Meets with Chinese President Hu Jintao," http://2001-2009.

민당과 공산당의 교류'는 "정부에 희망을 걸지 않겠다"라고 했던 상황에서 베이징으로 하여금 또다시 신뢰를 가지고 직접적으로 대만 민중들과의 관계를 발전시키도록 하였고, 한편으로는 천수이볜 정부에 대해서는 묵언으로 대응하되 다른 한편으로는 장래의 평화발전을 위한 기초를 닦기 위해서 두 사회의 소통을 강화하였다.

예를 들어서, 2005년의 하반기에 베이징은 속사포처럼 좋은 선물들을 내놓았다. 이는 국경 출입증의 간소화, 중국 취업 제한의 완화, 15종 수입 과일의 관세 면제, 학생의 학비 인하와 대만 학생을 위한 장학금 제정, 창룽(長榮), 화항(華航), 리룽(立榮), 화신(華信)항공사의 중국 비행구역의 확대, 대만 투자기업의 경우 초기 5년간 3백억 미달러의 개발성 차관 제공 등이었다.[14] 그러나 중국의 강성 면모는 여전히 존재했다. 시종일관 타이베이와의 대화 재개를 거부했으며, 또한 대만의 국제적인 공간을 혹독하게 제한하였다. 중국은 대만에 대한 군사적 준비에 대해서는 하루도 빠짐없이 지속하였는데, 이는 외부에서는 전혀 보이지 않았다. 이러한 상황은 줄곧 대만에서 다시 정권이 교체될 때까지 그치지 않고 지속되었다.

2006년 봄이 시작되면서 파도가 다시 용솟음치기 시작했다. 전 해의 12월 초 국민당은 현·시장 선거에서 전승을 거두어 8석이 증가한 40석을 얻었다. 반면 민진당은 10석이 감소하여 6석이 되었다. 당주석인 수전창은 사직해야 했다. 12월 말, 마잉주는 《뉴스위크》와 인터뷰에서 "우리 당(국민당)의 궁극적인 목표는 양안의 재통일이다. 그러나 우리는 이를 위한 타임테이블이 없다. […] 현재 그 조건 역시 아직 성숙되어 있지 않다"고 하였다.[15] 이러한 오래된 이야기를 새로 끄집어내자마자, 이는 1년여간 억눌려 왔고 새로운 실패를 경험한 천수이볜을 자극했다. 그리하여 천수이볜은 그의 두 번째 임기의 첫 공세를 시작했

state.gov/p/eap/rls/rm/2005/53091.htm를 보라.

14_顔建發,《臺灣的選擇:亞太秩序與兩岸政經新平衡》(臺北: 新銳文創, 2014), p. 104.

15_"Conditions Aren't Ripe," *Newsweek*, December 25, 2005, http://www.newsweek.com/conditions-arent-ripe-114231을 보라.

다. 그는 양력설의 담화에서 마잉주의 '궁극적인 통일론'을 비난하면서, "대만이 우리의 국가이며, 토지 면적은 3만 6천 평방미터이다"라고 말하면서, 대만이 중국에 속해 있지 않는다는 것을 명확하게 지적하였다.

이어서 1월 29일의 정월 초하루, 그는 그의 공격은 세 가지의 다른 방향으로 향했다. 첫째, 국가통일위원회와 〈국가통일강령〉을 폐지하는 것을 고려한다. 둘째, 대만 명의로 유엔에 가입하는 것을 고려한다. 셋째, 연내에 대만의 신헌법 초안을 마련하는 것을 희망한다. 이러한 갑작스러운 공격은 각계를 놀라게 하였다. 심지어 오랜 기간 동안 대만의 독립을 강하게 주장했던 린저수이 역시 시기가 적당하지 않다고 생각했으며, 이는 곧 "잘못된 시기에 올바른 일을 하는 것"이라고 하였다.[16] 당시의 격한 감정들이 넘쳐 나서 필자 또한 재앙을 당했다. 천수이볜은 나를 지목하여 허구의 '92공식'이 "전 세계를 기만하고, 미국을 6년간이나 기만한 것"이라고 하였다. 리덩후이는 나를 지목하여 '원숭이 자식'이라고 하였다. 민진당의 중앙상임위원회는 회의를 거쳐 나에게 비례대표 입법위원직을 사직하라고 하였다.[17] 2000년에 '92공식'이라는 명칭(물론 함의는 없었다)을 만들어 낸 이후 간간이 나를 변호해 주던 사람들은 민진당이 나의 영향력을 높이 평가하기 때문이라고 하였다. 전 세계에서 그 누구도 이와 같이 동시에 미국과 중국 그리고 대만을 기만한 적이 없었기 때문이다.[18]

베이징 측은 의외로 인내심을 보여 주었다. 단지 국대반과 외교부에서 성명을 발표할 뿐이었다. 워싱턴 정부는 즉시 2월 중순에 새로 임명된 국가안전보장회의의 베테랑 주임인 와일더(Dennis Wilder)가 인솔하는 방문단을 비밀리에 대만에 파견하였다. 또한 천수이볜은 '통일을 폐지한다(廢統)'고 하기 며칠 전에 이미 미국산 뼈없는 소고기 수입개방

16_林濁水,《歷史劇場: 痛苦執政八年》(臺北: 印刻, 2009), p. 167.

17_蘇永耀, 王寓中, 施曉光, 李欣芳, 李静芳, 〈범녹진영이 마잉주에게 사과를 요구하다, 쑤치가 입법위원직을 사임하다〉, 《自由時報》, 2006년 2월 23일, 제A2면.

18_상동.

을 발표함으로써 미국 측에 호의를 표시하였다. 미국은 본래 천수이볜의 '폐지(abolish)'를 '동결(freeze)'로 수정하기를 희망했다. 수차례의 회의를 통해 결국 천수이볜은 어투를 비교적 온화한 '〈국가통일강령〉을 적용하는 것을 중지한다(cease to apply)'와 '국가통일위원회의 운영을 중지한다(cease to function)'로 바꾸는 것에 동의하였다. 미국은 겨우 한시름을 놓게 되었다. 마잉주의 국민당은 2월 14일 《자유시보》에 '대만독립은 여러 선택항목 중 하나'라는 광고를 게재하여 마잉주가 앞서 이야기했던 내용을 완화하고자 하였다. 그러나 뜻밖에도 이어서 천수이볜 정부와 행정원, 그리고 정당이 연합하여 '3 · 18행진'을 진행하는 가운데 다시 "통일을 폐지한다"고 강하게 주장함으로써 이후 4월에 후진타오의 방미를 준비 중이던 부시를 대노하게 만들었고, 다시는 천수이볜에게 속아서는 안 되겠다고 다짐하도록 만들었다. 그리하여, 워싱턴은 천수이볜에게 5월에 미국의 영공을 통과하는 문제에 대해서 마지막까지 대답을 늦추었고, 결국 마지막 순간에 가서야 괌을 통과할 수 있다고 통지하였다. 그러나 천수이볜은 즉시 괌을 포기한다고 하였고, 이로 인해 그 유명한 '미항'사건이 연출되었다.

당일, 나는 오랜 기간 동안 주대만 대표들과의 교류경험에 의거하여, 전용기 착륙을 허락할 극히 적은 국가를 최종적으로 골라 냈고, 그 이후 다시 다른 자료들을 종합적으로 연구하여, 그가 착륙을 하기 이전에 이미 대략적으로 그 착륙지점이 아랍 에미리트의 수도인 아부다비일 것이라고 판단했다. 이는 불행하게도 들어맞았다.[19] '미항'의 비극은 천수이볜의 공세가 철저하게 실패했다는 것을 보여 주며, 더욱이 대만과 미국 간의 상호신뢰를 훼손하였다. 당시 외교부의 연구설계회(硏設會)에 재직하고 있던 류스중(劉世忠)에 의하면 "통일을 폐지한다"는 것은 대만과 미국 간의 마지막 관계의 버팀목을 무너뜨린 것이었

19_高凌雲, 秦富珍, 〈입법위원이 대략 짐작하여 말하다, 범남진영—총통을 찾기 시작하다〉, 《聯合晩報》, 2006년 5월 4일, 제3면; 陳其育, 〈범남진영, 호되게 비판하다—항공기 불시착을 스스로 자초한 대단히 모욕적인 천수이볜의 불장난이 도가 지나치다〉, 《中央日報》, 2006년 5월 5일, 제3면.

다.[20] 이후, 미국은 사석에서 계획한 특사의 파견을 중단했고, 공개적인 언술로 직접 천수이볜 정부에게 경고하였으며, 또한 대만 민중들과 직접 소통하고자 하였다.

뒤이어 천수이볜 집안의 부패사건이 연달아 폭로되면서 스밍더는 9월에 '홍삼군'으로 전 대만을 진동시켰으며, 11월에는 우수전이 기소를 당했다. 명백하게 힘을 잃은 천수이볜은 끊임없이 10월에 '제2공화 헌법 제정'을 제안하였고, 2007년 2월에는 '정명'을 선포했으며, 국영기업, 재외공관, 법령 명칭을 모두 '대만식'으로 개명하도록 하였다. 같은 해 3월에는 '4요 1무(四要一沒有)(대만은 독립해야 한다, 정명해야 한다, 새로운 헌법이 필요하다, 발전이 필요하다, 그리고 주변의 문제가 없다)'를 발표하였다. 범녹진영에 가까운 학자들은 3월에 '제2공화 헌법 초안'을 발표하였으며, 9월에는 민진당이 '정상국가 결의문(正常國家決議文)'을 통과시켰다. 이러한 움직임들은 그러나 사기가 떨어져서 다시 일어나기 어려웠고, 과거만큼의 영향력도 발휘하지 못했다. 단지 (미국을 포함한) 각계가 천수이볜에 대해 재차 부정적인 인상을 갖게 되는 것을 멈추게 하였을 뿐이다.

천수이볜의 두 번째 공격은 2007년 6월에 있었던 미국 싱크탱크인 헤리티지재단을 접견하는 자리에서 이루어졌다. 그는 "대만이라는 명칭으로 유엔에 가입하는 것을 공민투표에 부치겠다"고 발표하였다. 이러한 시도는 마치 3년 전의 공민투표안과 유사하였고, 양안과 국제관계에 직접적으로 충격을 주었을 뿐만 아니라 또한 총통선거에도 영향을 미쳤으며, 즉각적으로 고도의 관심을 불러일으켰다. 국민당은 재빨리 이와 상반되는 '유엔으로 돌아가기 위한 공민투표'안을 제시하여, '유엔에 가입하기 위한 공민투표'의 압력을 희석시키고자 하였다. 미국의 반응은 섬세하면서도 강력했다. 게다가 '유엔에 가입하기 위한 공민투표'에 대해서만 반응하였을 뿐, '유엔으로 돌아가기 위한 공민투표'에는 반응하지 않았다. 8월에 국무부 차관인 네그로폰테(John

---

20_劉世忠, 앞의 인용, p. 151.

Negroponte), 8월 국가안보회의의 와일더, 9월의 부국장인 크리스텐슨(Thomas Christensen), 12월의 버거트, 12월의 국방부 차관인 잉글랜드(Gordon England), 12월의 국무부 장관 라이스 등은 잇달아 이에 대해 공개적으로 반대 성명을 냈다.

그 밖에도, 프랑스 대통령인 사르코지(Nicolas Sarkozy)와 영국 외교대신 밀리밴드(David Miliband), 일본 수상인 후쿠다, 싱가포르 정치자문위원인 리콴유 등의 정계요인들과 유럽연합과 러시아 외교부 또한 지속적으로 '유엔에 가입하기 위한 공민투표'에 대해 반대를 표시했다. 중국 외교학원의 원장인 우젠민(吳建民)은 공개적으로 대만의 '유엔에 가입하기 위한 공민투표'에 대한 160가지의 국가적 반대를 공포하였다.[21] 그중에서도 가장 중요한 것은 아마도 미국 국가안전보장회의의 와일더의 발언일 것이다. 그는 정곡을 찌르며 이야기하기를 "대만 혹은 중화민국은 현 단계의 국제사회에서 모두 주권이 독립된 국가가 아니다. 미국 정부의 입장은 중화민국이 아직 결정되지 않은 문제이며, 더욱이 다년간 해결되지 않은 문제라는 것이다"라고 하였다.[22] 이러한 어법은 3년 전에 국무부 장관인 파월이 직접적으로 "대만은 주권이 독립된 국가가 아니다"라고 말했던 것과 동일하여, 정신을 번쩍 들게 만드는 것이었다.

오랜 기간의 대만과 미국 간의 관계를 연구해 온 중앙연구원의 학자인 린정이(林正義)가 관찰하기를, 미국의 이번 유엔에 가입하기 위한 공민투표에 대한 반응은 4년 전의 '방위성 공민투표'로부터 얻은 세 가지 교훈에 따른 것이라고 보았다. 첫째, 중국 지도자의 면전에서 반대를 표시함으로써 대만과 다른 지도자들을 수치스럽게 하지 않는다. 대신 다른 대화의 장을 만든다. 둘째, 모호함을 유지하지 않는다. 대신

21_林正義, 〈대만의 유엔 가입을 위한 공민투표와 미중의 반응, 공동관리의 변론〉, 裘兆琳 편, 《中美關係專題研究, 2004-2008》(臺北: 中央硏究院歐美硏究所, 2011), p. 161.

22_The White House, "Press Briefing on the President's Trip to Australia and the APEC Summit by Senior Administration Officials," August 30, 2007, http://2001-2009.state.gov/p/eap/rls/r,/2007/91682.htm.

'사전에, 반복적으로, 명확하게' 반대를 표시한다. 셋째, 특사를 파견하여 사적으로 이야기하는 것을 중지한다. 대신 직접적으로 대만의 민중을 향해 말하여 '유엔에 가입하기 위한 공민투표'의 목적을 좌절시킨다.[23] 이는 결국 민진당의 총통 후보인 셰창팅을 동요시켰다. 천수이볜이 이후 그에게 보낸 서신에 쓰기를, 유엔에 가입하기 위한 공민투표는 죽고 사는 문제도 아닌데 "왜 당신이 유엔에 가입하기 위한 공민투표에 대한 요구를 포기하려 하는지 도저히 이해가 되지 않는다. 결국 마지막 한 달 동안 당신은 '하나의 중국 시장에 반대한다'를 다시 추진할 것이다. 유권자들이 '유엔에 가입'과 '유엔으로 회귀'라는 두 장의 표를 모두 이해한다면, 이는 국민당의 위기를 모면해 주는 것과 같다"고 하였다.[24] 명백하게도 천수이볜의 두 번째 공격은 철저한 패배였다.

인접한 전쟁의 위기

이러한 전개는 불가피하게 선거 분위기를 가열시켰고, 양안의 군사적 문제를 다시 수면 위로 부상시켰다. 2008년 선거 1개월 전, 오랫동안 저자세를 유지해 왔던 중국 국무부 대만사무실은 두 사무실의 명의로 성명을 발표하여 '유엔에 가입하기 위한 공민투표'는 곧 '대만독립을 위한 공민투표'로 전환될 것이라고 경고하였다.[25] 1996년의 중화민국 총통선거 기간 중, 중국은 양수겸장의 공격으로 간접적으로 리덩후이의 고득표 당선에 기여한 셈이 되었다. 2000년, 중국은 문의 공격을 사용했지만 무의 공격은 사용하지 않았다. 그러나 국민당이 분열되었기 때문에 민진당이 최초로 집권하게 되었다. 2004년 베이징은 롄잔과 쑹추위가 승리할 것이라고 계산했기 때문에 문의 공격도 무의 공격도 하지 않았고, 그 결과는 뜻밖에 천수이볜의 연임으로 나타났다. 2008년의 중국공산당 군부는 예전과 같이 허수아비처럼 폼만 잡는 것이 아니

23_林正義, 앞의 인용, p.179

24_陳水扁, 《關不住的聲音》(臺北: 凱達格蘭基金會, 2009), p.100.

25_〈국대반이 천수이볜 당국이 유엔 가입을 위한 공민투표를 시행하려는 것에 대해 수권성명을 발표하다〉, 《新華網》, 2008년 2월 2일.

라 이미 학습을 한 상태였고, 일정 정도의 군사적 임무를 부담하기에도 충분하였다. 따라서 베이징은 마잉주가 승리할 가능성이 높기 때문에 문과 무의 공격을 모두 삼감으로써, 부당하게 선거 분위기에 영향을 미쳤다는 비판을 면할 수 있을 것이라고 생각했다. 그러나 만약에 일어날 수 있는 말썽을 막기 위해서 '무력의 준비'는 필요한 것이라고 판단하였다.

이는 2008년 2월 직무를 이어받은 국방부 장관인 차이밍셴(蔡明憲)이 당시를 회상하면서 한 말에 나타난다. 그는 "내 첫 번째 임무는 [···] 대만해협의 평화를 확보하고, 전쟁이 발생하지 않도록 하는 것이다. 당시 양안정세는 매우 긴장 상태였고, 우리의 정보와 미국의 정보(미국의 태평양총부와 국방부)에 의하면 중국의 광저우군구와 난징군구가 이미 전쟁 준비상태로 접어들었으며 만약에 민진당 총통 후보인 셰창팅이 당선된다면, 그리고 이에 더하여 두 공민투표안이 통과된다면 중국은 곧바로 행동을 시작할 것이라는 것이 너무나 명확하였다"라고 하였다.[26] 차이밍셴의 전임인 리톈위(李天羽) 장관 역시 일찍이 미국 방문단에게 솔직하게 말하기를, 국방부에서 실시하는 도상연습 중 만약 대만이 단독으로 중국의 침입에 저항한다면 모두 실패할 것이라고 하였다.[27] 달리 말하면, 대만은 미국의 긴급구조에 의존해야만 안전을 확보할 수 있다는 것이었다.

선거 후 《워싱턴 타임스》의 4월 17일자 보도에 의하면, 3월의 총통선거 기간 동안 미국은 3개의 항모전단을 파견하여 대만해역의 전방위 해상을 순시하도록 하였다. 선거 결과가 나온 이후에도 여전히 두 척의 항공모함을 잔류시켜 평화와 안위를 확보하였다.[28] 사실 미국의 국방부가 2008년 초에 발표한 〈중국 군사력 보고〉에 따르면 중국의 중장기 미사일, 잠수함, 첨단 핵무기와 전자전의 능력은 대만해협에서 문

26_張炎憲, 陳世宏 편, 《蔡明憲與捍衛國防》(臺北: 財團法人吳三連臺灣史料基金會, 2011), p. 200.

27_2007 Report to Congress of the U.S.-China Economic and Security Review Commission (November 2007), p. 218.

제가 발생할 경우 미군의 항공기 및 함대가 대만을 구원하러 오는 것을 막을 수 있었다.[29] 이 보고서가 사용한 새로운 명사인 A2AD(anti-access/area denial)는 이어서 수년간 각계가 주목하는 핵심 대상, 즉 그 능력이 되었다.

세 척의 얼음은 당연히 하루아침의 추위로 만들어지지 않는다. 2006년 초, 임시 국가안보회의 비서장인 추이런은 기자회견에서 공산당 군대는 2007년 전에 전면적으로 긴급작전 능력을 준비하고, 2010년 이전에 대규모의 작전능력을 갖추며, 2015년 이전에 결전 결승 능력을 갖추고, 2020년에는 대만문제를 해결할 것이라고 말했다.[30] 2007년 3월, 국방부 장관인 리제는 입법원에서 공산당 군대는 앞서 1년간 이미 대만에 대한 긴급 작전훈련을 30여 차례나 했으며, 더욱이 공군기가 하강하여 입체상륙 작전훈련을 했고, 이미 빠르게 섬에 올라가는 작전경험도 있다고 말했다.[31] 2007년 1월, 중국공산당은 갑자기 경고도 없이 장거리 미사일을 사용하여 자국의 인공위성을 격추시켜 전 세계를 경악하게 하였다. 이는 중국이 현대화된 군사적 행동 중에서 가장 중요한 정탐능력을 교란시킬 수 있다는 것을 증명했기 때문이었다.[32]

이러한 시간 동안 미국의 상이한 싱크탱크는 적지 않은 관련된 연구 보고서를 출간했다. 그중 가장 중요한 것은 랜드연구소(RAND corporation)에서 5인이 공저한 《용감히 호랑이굴로 돌진하다(*Entering the Dragon's Lair: Chinese Antiaccess Strategies and Their Implication for the US*)》일 것

28_"Taiwan Strait Tension Cools Off," *Washington Times*, April 17, 2008

29_The US Department of Defense's Annual Report to Congress: Military Power of the People's Republic of China 2008, p. 23, http://www.defense.gov/pubs/pdfs/China_Milaraty_Report_08.pdf를 보라.

30_2006년 천수이벤 총통의 신년축사를 보라, 鄒景雯, 〈중국의 2020년 대만문제 해결을 위한 구상〉, 《自由時報》, 2006년 1월 1일, 제A1면.

31_吳明傑, 林諭林, 〈천수이벤이 4가지 필요성을 제기하다. 리제—그는 그냥 말로만 할 뿐이다. 너무 심각하게 받아들일 필요는 없다〉, 《中國時報》, 2007년 3월 13일, 제A4면.

32_陳世昌, 〈중국의 미사일 발사, 일본은 가만히 지켜보다〉, 《聯合報》, 2007년 1월 21일, 제A18면.

이다. 그 구체적인 결론 중 하나는 "중국의 전투기, 잠수함, 기뢰, 방사능 제어무기, 미사일 등은 미국의 항공모함을 중국의 해안으로부터 1,500미터 밖의 해역에 머무르도록 할 수 있다. 만약 그렇지 않으면 중상을 입거나 혹은 격침을 당하는 위기를 감당해야 할 것이다(이러한 함재기는 전력을 발휘할 수 있는 방법이 없다). 그 결과 중 하나는 미국이 중국공산당과 군사적인 충돌을 할 경우 실패할 가능성이다. [⋯] 게다가 대만은 미국이 전면적인 동원을 하기 전에 투항해 버릴 가능성도 있다. [⋯] 만약 그렇다면 미국은 다시는 교전을 원하지 않게 될 수도 있다"이다.[33]

중국은 그렇다면 대만을 어떻게 공격할 것인가? 대만의 공개된 권위 있는 자료는 많지 않다. 선거 전 대만 국방부의 평가는 다음과 같았다. "만약 중국이 행동을 개시한다면, 이전의 '8·23포전'과 같이 진먼, 마쭈를 폐쇄하는 것에서부터 시작하여 그 이후에 대만해협을 봉쇄할 것이다. [⋯] 아직은 대만 본토를 직접적으로 공격하지는 못할 것이다."[34] 혹시라도 착안이 다르기 때문에 서방의 절대 다수의 연구는 무작정의 봉쇄보다는 '기습'을 강조할 수 있다. 즉 중국은 '참수'를 포함하여 해상을 순시하고 탄도미사일로 대만의 주요 정치적 군사적 목표를 정교하게 조준하여 타격할 수도 있다. 그리하여 가장 최단시간에 새로운 기정 사실을 만들어 내서 미국으로 하여금 어쩔 수 없이 고비용이 들면서도 위험이 높은 군사적인 개입을 하여 이전의 상황을 회복하도록 해야 하는지를 계산하도록 할 것이다.[35] 어쨌든 간에 천수이볜의 두 번째 임기 4년간의 대만해협의 군사력의 격차는 점차 중국으로 기울고 있었다. 미국은 근본적으로 이러한 고통스러운 극본을 마주하고 싶어 하지

33_Roger Cliff, Mark Burles, Michael S. Chase, Derek Eaton, and Kevin Pollpeter, "Entering the Dragon's Lair: Chinese Antiaccess Strategies and Their Implication for the US"(RAND, 2007), pp.111-113.

34_陳世昌, 앞의 인용, p. 200.

35_"China-Taiwan Conflict Scenarios," in *China's New Great Leap forward: High Technology and Military Power in the Next Half Century*, Hudson Institute, November 22, 2005, pp.89-90.

않았으며, 정책상으로 당연히 천수이볜의 행동에 지속적으로 제재를 가했다.

마잉주의 새로운 노선—'쑹산(松山)-훙차오(虹橋)'와 '통일하지 않고, 독립하지 않으며, 무력을 사용하지 않는다'

2005년 8월의 국민당 당주석 선거는 하나의 새로운 기념비적 사건이었다. 국민당 당적 입법위원 79명 중에서 약 70명이 입법원장인 왕진핑이 당주석직을 맡는 것을 지지했고, 필자를 포함한 내부의 10여 명만이 공개적으로 마잉주를 지지했다. 그러나 마지막 당원투표 결과, 마잉주는 압도적인 다수의 표를 얻었고, 심지어 왕진핑의 가오슝 현 고향에서도 우세를 점했다. 이러한 불편한 결과는 이후 마잉주와 왕진핑 간의 불화의 원인이 되었으며, 마잉주의 두 번째 임기까지도 지속되었다. 당시 대만의 내외적인 모든 정세는 마잉주에게 상당히 유리했다. 비록 2007년 2월에 마잉주가 타이베이 시장이었던 시기의 '특별예산지출사건'이 폭로되어, 검찰로부터 기소를 당해 당주석직을 사임하고 우보슝(吳伯雄)이 이를 이어받았지만 마잉주의 상승 기세는 꺾이지 않았다.

총통이라는 대권으로 향하는 길에서 전 주민이 마잉주에 대해서 가지는 기대 중 가장 중요한 것은 양안과 외교정책이었다. 이는 마침 마잉주와 국민당의 장점이었으며 동시에 천수이볜과 민진당의 약점이기도 했다. 양안의 방면에서 국민당 내부의 합일점은 최고조에 달했으며, 더욱이 국민당과 공산당의 교류가 순조롭게 진행되고 있던 점은 양측 간부들로 하여금 일찍이 소통의 통로를 만들어 냈다. 따라서 기본적인 문제는 큰 것이 아니었다. 마잉주가 해야 했던 일은 논리를 개발하여 대만 민중과 중국 그리고 국제사회로 하여금 그의 이념을 명확하게 알도록 하는 것이며 동시에 선심공약을 통해 민중으로 하여금 실리를 얻을 수 있도록 하는 것이었다. 외교 방면에서 마잉주는 영광스럽게 전진해 가는 감각을 세울 필요가 있었고, 대만 민중으로 하여금 존엄을 갖도록 해야 했다. 또한 새로운 대만의 국제적 모습을 손질해야 했다. 만약 양안이 화해를 한다면 국제관계는 개선될 수 있고, 대만의 안전은 자연스럽게 걱정할 필요가 없게 될 것이었다.

당주석을 맡은 이후 마잉주는 내게 이러한 대외업무 수행을 도울 것을 요청하였다. 비록 우리는 대학 시절에 친분이 있었지만 미국유학에서 돌아와서는 각자의 일에 전념하고 있었다. 먼 거리에서 관찰하였을 때 그의 근면함, 청렴성과 (중화민국에 대한) 애국심이라는 인간적인 특징은 수십 년이 지나도 변하지 않은 것 같았다. 이는 서로 속고 속이는 정치적 환경 속에서는 더욱 쉽지 않은 일이었다. 따라서 나는 그의 요청을 받아들였다. 이어서 나는 한편으로는 각계의 전문가들에게 요청하여 양안, 외교, 그리고 국방의 연구모임을 만들었으며, 적극적으로 정책적인 논술을 개발할 준비 작업을 시작하였고, 선거 전에 적당한 시기에 발표하여 국민의 검증을 받을 세 권의 정책백서를 미리 정하였다. 다른 한편으로는 적극적으로는 초기 탐색을 위한 그의 출국계획을 진행하였다.

만약 모든 것이 순조롭게 진행된다면, 나의 희망은 총통선거 투표 이전에 마잉주가 당주석이나 혹은 후보자의 신분으로 유엔 안보리의 상임 이사국(중국, 미국, 영국, 프랑스, 러시아)을 방문하고, 이에 더하여 일본, 한국, 호주, 싱가포르 그리고 인도를 방문하는 것이었다. 그의 풍부한 국제적인 경험(영어로 강연할 때 강연원고가 필요하지 않은 것처럼)으로 추측해 본다면, 그의 이러한 방문은 반드시 국내외 모두의 주목을 받을 수 있을 것이었다. 반복된 연락을 통해서 마잉주 본인은 중국을 방문하는 것 외에는 그다지 흥미가 없다는 것을 알았으나, 미국, 영국, 일본, 인도, 호주, 싱가포르의 6개국 방문은 순조롭게 이루어졌다. 그중에서 일본은 두 차례 방문하였다. 내가 제대로 파악하고 있지 못했던 독일과 러시아의 경우는 의외로 모두 긍정적인 반응을 얻었으며 더욱이 전하는 말에 의하면 이는 '최고위층'에 의해 방침이 정해졌다. 반면 이웃 국가인 한국의 반응은 유달리 냉담했다. 이후 마잉주는 중남부에 장기간 머물러야 했기 때문에 시간이 부족하여 독일과 러시아는 방문하지 못했고, 이는 저절로 취소되었다.

2006년 3월 말 미국 방문은 당연히 그 어떤 것보다 중요한 일이었다. 천수이볜이 미국의 신임을 상당히 잃어버렸다는 점을 고려했을 때, 이번 방문은 우리가 신임을 재건해야 한다는 측면에서 매우 중요시한 부분이었고, 따라서 언론의 주목을 받기 위해서 고의적으로 말을 흘려서는 안 되었다. 그러나 재미있었던 점은 신통한 〈넬슨 리포트(The Nelson Report)〉가 미국 측 지인을 통해서 약간의 내막을 알 수 있었고, 결국에는 당연히 대만의 언론에도 이것이 드러나게 되었다. 백악관의 국가안보회의와 국무부의 관리들과 만난 것 외에도 내가 받은 가장 중요한 인상은 국방부 차관보인 로드먼(Peter Rodman)과 대화한 점이다. 우리의 미국 방문 10일 전에 그는 미 의회에서 중국공산군의 군사력의 확장과 관련된 보고서를 제출한 바 있었다. 그 결론을 요약한다면 다음과 같다. 만약 지금 중국공산당이 다시 대만을 공격한다면, "우리는 반드시 중국의 새로운 전력과 과학기술을 작전계획 수립에 포함시켜야 하며, 그렇기 때문에 우리가 1995년과 1996년에 했던 것과 같은 반응을 보여서는 안 될 것이다"는 것이다.[36] 그를 대면한 자리에서 나는 단도직입적으로 물었다. 그렇다면 그 의미는 미국의 항공모함이 대만해역을 구원하러 오지 않을 것이라는 말인가?

나는 그의 곤란해하는 표정이 드러난 것을 보았고, 족히 5분 동안 이야기를 했으나 내 질문에는 답하지 않았다. 나는 당연히 그의 곤란함을 이해했다. 만약 그가 직접적으로 구원하러 올 수 없다고 말한다면 미국의 위세와 명예 그리고 신용이 손상되었을 가능성이 있다… 그러나 와서 구할 것이라고 한다면 간접적으로 대만의 경거망동을 고무시켜 또 다른 천수이볜을 만들어 낼까 봐 우려하는 것이었다. 그러나 그

36_Peter W. Rodman, "China's Military Modernization and Export Controls," Remarks before the U.S.-China Economic and Security Review Commission (March 16, 2006), p.8, http://www.dod.mil/dodgc/olc/docs/TestRodman060316.pdf.

의 표정과 문장의 여기저기에서는 이미 명확하게 미국의 구원에는 상당한 곤란이 있을 것이라는 점을 암시하고 있었다. 이러한 정보는 수년이 지난 후에 다른 방향으로부터 지속적으로 감지되었다. 이는 마잉주 임기가 시작된 이후 더욱 명확해졌으며, 그 소식의 근원은 더욱 권위있는 곳이었다. 이는 당시의 마잉주 집단으로 하여금 왜 미국이 점점 더 천수이볜에 대한 불만을 숨기지 않으려 했는지 그리고 그 어조는 왜 중국보다도 높았는지를 이해하도록 만들었다.

마잉주의 일본 방문에 동행했을 때, 그는 많은 일본인들이 그에 대해 가진 선입견을 없애기 위해 요코하마 시장인 히로시 나카다와의 연설시합을 포함하여 공항에서의 공개연설을 매우 열심히 준비하였다. 두 사람은 서로 약속한 만남에서 각자 상대방의 언어로 최소 1분 정도를 말하기로 하였다. 그러나 내가 더 관심을 가졌던 것은 도쿄의 하네다공항과 상하이의 홍차오공항 간의 직항이었다. 따라서 대만으로 돌아오는 항공기편에서 마잉주에게 타이베이 쑹산공항과 상하이의 홍차오공항 그리고 일본의 하네다공항 간에 직항을 설치할 것을 건의하였다. 이는 우리 경선의 중요한 정견이 되었으며 선거 이후 곧 시행하기로 하였다. 그는 즉시 동의했고 친히 이러한 혁신적인 생각을 '황금의 삼각'이라고 명명하였다. 이후 한국 서울의 김포공항을 포함시키는 것을 고려하였기 때문에 이를 '황금의 항공권역'으로 이름을 바꾸었다. 제8장에서 기술한 바와 같이 2004년의 총통선거전에서 나는 롄잔에게 '공중지대(空中走廊)'를 건의한 적이 있었다. 양안 간 직항을 할 수 없는 곤경을 타개하기 위한 희망으로 건의하였으나 마지막에 선거에서 패배함으로써 무효가 되고 말았다. 두 사람을 서로 비교해 보니, 4년 이후의 대만의 내부와 양안정세는 이미 상당한 폭의 전환이 있었다.

양안직항보다 정치적인 함의에 있어서 더욱 크고 또한 중요했던 것은 마잉주의 "통일하지 않고, 독립하지 않으며, 무력을 사용하지 않는다"의 선언이었다. 2006년 9월 나는 입법위원 신분으로 미국-대만 상업협회(US-Taiwan Business Council)의 연회에 초청되어 주제발표를 하였다. 당시 미국, 중국, 대만의 각 방면에서 통일, 독립, 무력의 실체에 대해서 상당히 두려워하고 있었기 때문에 나는 "통일하지 않고, 독립하지 않으며, 무력을 사용하지 않는다"는 것은 대만해협의 현상유지를 의미하는 것이라고 설명했고, 당시 장내에서 상당히 긍정적인 반응을 얻었다. 2007년 10월 수행한 부총통 후보인 샤오완창이 미국을 방문했을 때 나는 그의 주요 연설문을 작성하였다.

나는 몇 번의 경험과 깊은 생각 끝에 '삼불(三不)'의 화법은 가장 정책적인 의미가 크다고 생각했고, 또한 동시에 미국, 중국 그리고 대만 내부의 다수 민중들의 심리적인 수요를 만족시켜 줄 수 있으므로 이를 샤오완창의 워싱턴 연설 내용 중에 포함시켰다. 이후 그는 방일 중 이를 친히 선포했다.[37] 마잉주 세력과 이후 마잉주 정부의 집정 8년의 국정 방침으로서, "통일하지 않고, 독립하지 않으며, 무력을 사용하지 않는다"는 당연히 미국, 중국, 대만 혹은 양안 세 정당의 그 어떤 일방의 절대적인 만족을 얻을 수는 없었다. 그러나 가장 최악의 사태는 발생하지 않을 것이라는 생각으로 각 상대를 안심시킬 수 있었다. 이렇게 하여 이는 '92공식' 외에 양안관계를 안정적으로 지탱하는 또 하나의 핵심적인 지주가 되었다. 그러나 이것이 "통일하지 않는다"는 내용을 포함하고 있어서 베이징은 공개적으로 승인할 수 없었다.

무기구매와 세 권의 백서

이 시간 동안 나는 국민당의 비례대표 입법위원이었고, 외교위원회와 국방위원회에 소속되어 가끔 위원회의 위원들을 소집하는 기회도 있었다. 양안외교 외에도 기타 국가 간 상호관계에도 개입하였다. 미국 국방부와 싱크탱크 인사들과의 활동에서 무기구입문제는 양안문제에 버금가는 문제였다. 많은 사람들이 국민당의 무기구매에 반대하지는 않았지만, 현 선거전의 결과는 국가안전을 고려하여 지속적으로 모

37_陳世昌, 〈마잉주, 쿄토에 도착하여 대만해협의 평화에 대해 거침없이 이야기하다〉, 《聯合報》, 2007년 11월 22일, 제A2면.

든 무기구매항목의 예산통과를 지지하는 것이 기초가 되어야 한다고 강조했다. 국방부의 입법원에서의 설득작업은 더 신중하고 계획적이었다.

그러나 나는 시종일관 공민투표("당신은 정부가 무기구매와 대미사일 장치를 증가시켜 대만 스스로의 방위능력을 강화시키는 것을 찬성하는가?")가 부결되어서, 이 부결된 항목이 당연히 집행이 되어서는 안 된다고 생각하고 있었다. 만약 그렇지 않으면 공민투표가 아무런 의미가 없어져 향후 각 정파들을 공민투표를 이용하여 사익을 추구하게 될 수도 있었다. 오랜 기간 동안 집행되지 않자, 나는 〈공민투표법〉 제33조의 규정("공민투표안의 제안이 이미 통과되거나 혹은 부결될 시, 각 선거위원회가 투표결과를 공포한 날로부터 3년 이내에 같은 사항을 다시 제출해서는 안 된다")에 의거하여, "3년 내에 제출해서는 안 된다"는 정신을 3년 내에는 집행해서는 안 되지만 3년 이후에는 집행해도 된다는 것으로 해석했다. 그러나 미국과 대만의 국방부는 공민투표의 부결 이후에도 여전히 집행은 가능하다고 보았고, 이를 즉시 집행하였다. 결과는 당연히 서로 만날 때마다 모두 기분 나쁘게 헤어져야 했고, 이로 인해서 나는 국내외의 적지 않은 사람들에게 죄를 짓는 것처럼 되었다. 당시는 천수이볜이 '무기구매로 미국을 묶어 두어' 이익을 취하려 했었기 때문에 더욱 그러했다. 그러나 개인적인 민주정치에 대한 신념과 공민투표에 대한 존중에 기초하여, 나는 시종일관 무기구매를 위한 공민투표가 부결된 지 3년 내에는 반드시 관련된 구매는 논의해서는 안 된다는 입장을 견지했다. 다행히도 다른 국민당 입법위원 역시 같은 생각을 가지고 있었다. 결국 공민투표의 존엄성은 유지될 수 있었다.

당시의 2, 3년은 나에게 무기구매와 국방문제에 대해 깊게 연구를 할 수 있었던 쉽지 않은 기회를 제공해 주었다. 나는 일반인이 얻기 어려운 자료들을 수중에 넣을 수 있었다. 마음속의 문제는 대만 국방부와 미국으로부터 반드시 일정한 정도의 대답을 얻는 것이었다. 매년 일정 기간 동안 나는 입법원의 밀실에서 기밀에 부쳐진 국방예산의 내용을 상세하게 읽을 수 있었다. 여름휴가 중에는 일부 초당파적 국방위 소속 입법위원들과 미국을 방문하여 상당한 기관과 회사, 그리고 개인들과 심도 깊은 의견의 교환을 나누었다. 나는 개인적인 미국 방문의 기회도 이용하여 대만에 우호적인 관리들과 퇴직 장성들을 예방하였고, 나아가 직접 차를 몰고 그들의 거처로 찾아가 교육을 청하기도 했다. 이러한 인터뷰는 얻기 어려운 적지 않은 내막의 시각을 누적시켰다. 전반적으로 미국은 대만의 안전을 중요시했으나 대만에 의해서 끌려다니는 것은 더더욱 원하지 않았다.

무기구매로 말하자면, 미국은 반미사일 시스템과 반잠수함기가 필요하다고 생각했지만 잠수함의 경우는 모두 보류시켰다. 그 원인은 대만 군인의 자질이 부족해서가 아니라 그 반대였다. 그들은 대만의 잠수함 관병들을 상당히 높게 평가하고 있었다. 한 퇴직 해군 장병은 사석에서 다음과 같이 감탄하며 “우리는 모두 그들과 함께 같이 복무하기를 희망한다”고도 말했다. 그들이 보편적으로 우려하고 있던 일은 잠수함이 은닉 가능하며, 또한 매우 고도의 과학기술이 필요한 공격무기이기 때문에, 만약 감정이 격한 정치인의 수중에 들어간다면 대만해역에 전쟁을 일어나지 않도록 하는 것이 어려우며, 결국 미국을 수면 아래로 끌어내리게 된다는 점을 우려했다. 또한 만약 양안이 통일된다면, 고도의 과학기술이 중국의 수중에 들어가게 될 수도 있다는 섬을 우려하였다. 그러나 이러한 생각은 정치적 고려에 방해가 되기 때문에 미 국방부는 이를 공개적으로 드러낼 수 없었다. 그 밖에도 미국은 이미 디젤 잠수함을 생산하지 않고 있었다. 만약 대만을 위해 다시 생산라인을 가동시킨다면, 이는 미국의 핵잠수함 위주의 구도를 훼손하는 것이 된다. 만약 다른 국가가 생산하는 디젤 잠수함을 문의한다면, 협상의 불확실성이 매우 높아질 것이며, 시간도 너무 오래 끌게 될 것이다. 미국 측 인사가 암시한 바에 의하면 미국의 해군방문단은 2003년 대만 관리들에게 2019년 이전에 8척의 디젤 잠수함을 얻을 수 없을 것이며 게다가 결국 얻게 된다고 하더라도 중국의 잠수함 전력과는 대적

하기 어려울 것이라고 하였다.[38]

이러한 연구를 통해 나는 다음의 사실을 이해하게 되었다. 설사 대만이 다른 군비 항목의 금액보다 훨씬 높은 가격을 지불하여 잠수함 구매를 원한다 하더라도 미국은 여전히 이에 동의하지 않았을 것이다. 그러나 만약 대만이 스스로 포기한다면 사기에 타격을 입게 될 것이고, 이는 미래의 또 다른 가능성을 포기하는 것과 마찬가지여서 결국 아쉬워하게 될 것이라는 점이다.

이후 마잉주의 명령에 의해 무기구매안위원회가 조직되었다. 나를 포함한 위원회 내의 구성원들은 마지막으로 신호등식의 처리를 건의하였다. 공민투표 3년의 기한이 차기 전의 PAC-III형의 반미사일 체계와 관련된 새로운 무기구매안은 공민투표가 이미 부결되었다는 데에 기초를 두고 있으므로 이는 필연코 적색등이다. 따라서 3년 이후에 다시 논의해야 했다. 그러나 PAC-II형의 성능 제기안은 공민투표와 연관되지 않으므로 녹색등이라고 할 수 있다. 반잠수함은 국가의 방어문제에 속하는 것으로서 반드시 필요하므로 녹색등이다. 잠수함의 경우에는 지속적으로 그 실현 가능성을 연구해 오고 있으며, 조용히 기다리면서 적당히 주관적 객관적인 조건을 살펴야 하므로 노란색 등이라 할 수 있다. 이후 PAC-III형 반미사일 체계도 3년의 기한이 지나면서 녹색등으로 바뀌었다.

3년간 입법위원으로서의 경험 속에서 패싸움이나 비효율성과 같은 문제들 이외에 입법부에 대해 내가 특히 깊은 인상을 받은 것은 '여야 간의 협상'(공식적인 법률상 용어로는 '당 대 당 협상'[黨團協商]이라고 한다)이었다. 이는 전 세계에서 유일무이한 제도이다. 다른 국가의 국회는 여야 간 협상을 진행할 때 단지 절차상의 문제점(예를 들어 개회, 휴회, 회의 연장 등)을 지적할 뿐 실질적인 법안에 대해서 지적하지는 않는다. 그러나 대만의 입법원은 1999년 입법안이 발효되면서 '여야 간의 협상'

38_Lyle J. Goldstein, "Undersea Dragons-China's Maturing Submarine Force," Hearing Before the U.S.-China Economic and Security Review Commission (February 6, 2004), p. 148.

에 참여하는 입법원장과 정당 대표들이 대부분 법안의 생사를 가르는 권한을 쥐게 되었으며, 그중에서 일부 인사들은 법안의 실질적인 부결권도 가지고 있었다. 상당히 많은 법안들이, 특히 입법위원이 아닌 자들이 제안한 법안들이 종종 전체 입법원의 투표를 통과하지도 않고, 또한 그들이 내막을 전혀 모르는 상태에서, 소위 '여야 간의 협상'이라는 밀실에서 통과되곤 하였다.

가장 특별했던 것은 모든 정당이 그 입법위원의 수의 많고 적음을 막론하고, 일률적으로 동등하게 참여한다는 것이었다. 여기에는 두 명의 대표가 있었다. 즉 마잉주 정부 시대를 예로 든다면, 국민당 입법위원의 수는 전체 입법위원의 72%를 차지하고 있었으나 밀실에서는 입법위원의 총 수가 단지 세 명인 소수정당(예를 들면 대만단결연맹, 친민당 혹은 무당파)과 동등했다. 이러한 왜곡된 다수결 원칙의 '대만적 특징'은 우리가 자랑하는 민주선거의 의미를 상실하도록 만들며, 또한 다수당의 권력을 철저하게 삭제해 버린 셈이 되었다. 게다가 이는 상당히 많은 사람들이 알지 못하는 부지기수의 물밑 교역의 공간을 제공하였다. 따라서 어떤 법안은 오랜 기간 동안 깊이 잠들어 있었지만, 어떤 법안은 단지 십여 일 만에 관문을 통과하기도 했다. 인원이 단지 세 명인 정당의 경우 8개의 상임위원회 중 세 개밖에 참여할 수가 없었지만 그들은 그 자체로도 다른 다섯 개 상임위 법안의 생사를 결정할 수 있었다.

그 밖에도 정당단체들은 그 문지방을 단지 3명의 입법위원으로 낮추어 놓았기 때문에 '어미 닭이 병아리를 데리고' 올 것이라는 기대와 함께 정당의 협상제도는 여전히 총통선거에 영향을 미칠 수 있었다. 이는 쑹추위가 친민당 입법위원 선거의 기세를 몰아 2012년 총통선거에 영향을 미치고자 했던 것과 같다. 의미심장한 점은 상대적으로 소수인 민진당이 2011년 말에 '국회개조' 결의를 통과시키고, '여야 간의 협상' 폐지를 요구하였다. 반대로 거세당한 몇 년간의 국민당은 산처럼 움직이지 않았고, 차라리 다수당 입법위원이 무력하다는 죄명을 뒤집어쓸

지언정, 모든 어려움을 달게 수용하였다.

'여야 간의 협상' 제도의 중대한 후유증 중 하나는 전문적인 상임위원회가 유명무실해졌다는 것이다. 왜냐하면 '여야 간의 협상'은 위원회 심사 중이거나 혹은 근본적으로 교부되지도 않은 위원회의 심사법안을 단지 두세 번 낭독하고는 통과시켰기 때문이다. 상임위원회의 입법위원은 얼굴이 붉어질 정도로 변론을 하였지만 사실상의 결정은 그 속이 보이지 않는 '여야 간의 협상' 밀실에서 이루어졌다. 이는 수많은 의욕있고 적극적인 입법위원들을 좌절시켰다. 정상적인 민주국가라면 개별적인 법안은 상설된 위원회에서 토론이 이루어져야 하지만 그 실체는 '여야 간의 협상'이었고, 또한 그냥 광범위하게 수집된 민의의 장이었다. 위원회와 위원 들은 법에 의존하여 상당히 큰 인적 자원과 물적 자원을 가지고 민의를 수집하고 입법을 하는 데 협조해야 한다. 그러나 민주화 이후 대만에서는 입법위원과 위원회의 입법을 위한 자원이 빈궁하였다. 모 입법위원은 앞서 사석에서 "오직 여야협상의 밀실에 들어갈 수 있어야지만 '입법'위원이라고 할 수 있으며, 그렇지 않으면 그냥 위원이다"라고 토로하였다. 이렇게 자원도 없고, 실질적인 입법에 참여하지도 못하며, 나아가서는 투표도 하지 못하는 위원들은 당연히 정신력만으로 정치적 투쟁을 하거나 바쁜 일에 몰두하였고 혹은 자극적인 사건들을 만들어 내어 이를 기사화함으로써 정치적 생명을 연장해 갈 수밖에 없었다. 이러한 악순환은 결국 입법원의 사회적인 이미지에 부정적인 영향을 주게 되었고, 이는 민중으로 하여금 더더욱 입법원의 자원을 증가시키는 것을 혐오하도록 만들었다.

마잉주와 샤오완창의 풍파가 쇄도했던 장기간의 고난의 여정의 시기에 몇 개의 정책백서의 내용이 숙성되어 가고 있었다. 또한 동시에 9월과 11월에 대외적으로 발표된 개별적인 국방과 외교의 백서도 있었다. 《외교백서》는 '횃불외교'가 대만을 전대미문의 국제적으로 곤란한 상황에 빠지게 할 것이라고 비판하였고, 외교는 가능성의 예술이라는 점을 주장하였으며, 집권자는 성심을 다해 국제사회의 신임과 존중을 얻어야 한다고 하였다. 더욱이 대만은 반드시 '책임 있는 이해 관계자'와 '평화의 수립자'가 되어야 하며, 더욱이 '트러블 메이커'는 되지 말아야 한다고 하였다. 따라서 미국과 일본, 유럽 그리고 아시아 태평양 국가들과 양자적 관계를 강화시키는 것 이외에도 다자적인 관계에서 특히 미래에 주력해야 할 공격적인 국제조직을 선택하였으며, 유엔의 회원 자격을 억지로 밀고 들어가려는 문제에 더 주력하지 않았다. 마잉주는 친히 이러한 문건들을 위해 '활로외교(活路外交)'라는 구호를 정했다. 이 구호는 상당한 반향을 불러일으켰으나 영어로 번역하는 데에는 지극히 어려움이 있었다. 오늘날까지도 외교계의 영문 고수들조차도 의견이 일치하는 번역 문구를 찾지 못하고 있다.

《국방백서》의 핵심은 명백하게 수세에 있는 국방을 지도의 원칙으로 삼는 것이며, 이는 '두려워하지 않는다(전쟁의 의지고양)', '깨물어 먹을 수 없다(봉쇄하지 못함)', '삼켜 버리지 못한다(점령하지 못함)', '내리치되, 부수지 못한다(적과의 대적 상태 유지)'는 총체적인 방위전력을 수립하는 것이었다. 간단히 말하면, 이는 '바위처럼 단단한' 국방을 말하는 것이며, 영문으로는 두 가지 의미로 해석될 수 있는 Hard ROC로 표현하였다. 그 밖에도, 백서는 확실하게 '4년에서 6년 내에 전 모병제를 완성할 것'을 표명하였고, 군인의 퇴임 이후 보조체계를 마련하여, 입영 시기부터 퇴역까지의 기간 동안 완벽한 생애계획을 세울 수 있도록 조정하였다.

《양안백서》의 총체적인 분량과 구제적인 항목의 수는 《외교백서》와 《국방백서》를 훨씬 초과하는 것이었다. '하나의 중국, 각자의 정의', '92 공식' 외에도 새롭게 제시된 '통일하지 않으며, 독립하지 않고, 무력을 사용하지 않는다' 등의 원칙적인 주장 외에도 백서는 정치적인 6개 항목, 경제적인 10개 항목, 그리고 사회적인 4개 항목 등 총 20개 항의 구체적으로 제시된 건의사항을 담고 있었다. 그중에서는 '논쟁을 중지하자', '대화를 부활하자', '상호 사무처를 설치하자', '해상과 항공의 직항('황금항공권'을 포함하여)을 설치하자', '대만으로의 관광을 개방하자',

'대만에 대한 투자를 개방하자', '경제무역협조기구를 구축하자', '투자의 보장과 조세협정을 체결하자', '금융업의 대륙진출을 개방하자', '농업과 어업 분야에서 협력(단, 중국 농산물의 대만 내 수입은 개방하지 않는다)하자', '문화와 교육 분야의 교류를 강화하자', '공동으로 범죄문제를 해결하자' 등과 같은 것으로, 절대 다수가 마잉주 집권 이후 지속적으로 집행해 오고 있는 것이다. 이러한 구체적인 항목들은 하나하나가 모두 상당한 화제를 몰고 오는 것이었기 때문에 이후 마잉주가 《양안백서》를 결정할 때에는 단순히 1회성의 발표로 그치지 않았다. 대신 점화하는 방식으로 적시적소에서 그리고 적절한 대상에 대해 대외적으로 이를 설명하는 방식을 택했으며, 이로써 최대한의 언론홍보 효과를 거둘 수 있었다. 이후에 그 결과들을 보았을 때, 이러한 문건의 선언 책략은 성공적인 것이었다.

보아오 포럼과 새로운 국가안전보장회의

2008년 총통선거 투표일 하루 전날 이미 마잉주에게 유리한 형세가 분명히 드러나고 있었다. 마잉주 개인에게는 빛이 사방에서 비치는 형국이었고, 더 나아가 국민당 역사상 항상 약세에 있던 젊은 집단 중에서도 그 선두에 서게 되었다. 다른 한편으로는 정권을 되찾고 어렵게 얻은 단결과 협력의 모습을 보여 주기 위해 국민당과 친민당은 모두 그 뜻을 모아 지원하며 사적인 은혜나 원한을 모두 내려놓았다. 집권 중이었던 민진당을 돌이켜 보면, 떨어지지 않는 천수이볜의 짐들로부터 벗어나려는 것 이외에도, 4대 천왕(셰창팅, 수전창, 뤼슈롄, 류시쿤)의 대권을 향한 쟁탈전은 또한 서로 간의 골격에 중상을 입혔다. 3월 8일의 투표 결과, 마잉주와 샤오완창은 58%의 높은 득표율로 셰창팅과 수전창의 42%를 압도하였다. 입법원 선거 결과는 더욱 압도적이었다. 전체 의석이 절반으로 감축된 입법원에서 국민당은 약 72%의 절대적인 우세(81석)를 보였고, 민진당은 단지 24%(27석)를 확보하였을 뿐이다. 이는 민주화 이후 국민당이 선거에서 획득한 것 중 가장 좋은 성적이었다.

투표 당일의 저녁 7시 반경에 그 결과가 이미 뚜렷해졌다. 마잉주는 선거운동본부의 윗선부터 아래까지 사의를 표하기에 바빴고, 그 밖에도 그를 둘러싼 민중들을 향해 감사의 말을 전했다. 그러나 그는 잊지 않고 주요 간부들에게 저녁 10시 반경에 그의 작은 사무실로 집합하도록 지시했고, 다 함께 향후 나아가야 할 방향과 관련하여 연구하고 토의하였다. 며칠 전에 나는 이미 이러한 문제들에 대해 생각해 보았고, 동시에 이미 4월 11일에 하이난다오(海南島)에서 거행될 보아오 포럼에서 선거 승리 이후의 출범식을 거행해야겠다고 생각했다. 나의 연구에 의한다면 중국이 주관하는 해의 보아오 포럼은 상당히 경제적 특징을 지니는 국제적인 활동이며, 따라서 중국의 고위층이 반드시 참석하고 적지 않은 국가의 현직 혹은 전직 국가원수들 혹은 고위층 관원들이 참석한다. 대만에서는 과거에 이미 수차례 '공동시장기금화'의 책임자인 샤오완창이 방문단을 이끌고 참여한 바 있었다. 또한 당해 연도에는 중국 국가주석인 후진타오가 친히 참석할 가능성이 상당히 높았다. 따라서 아직 취임하지 않은 부총통인 샤오완창이 참가하여 후진타오와의 회담을 통해 상호 고위층 간의 얻기 어려운 대화의 기회를 가진다면 이후 양안 지도자의 신뢰관계를 구축하는 데 더없이 좋은 기회가 될 것이었다. 나는 10시 반의 회의석상에서 이 문제를 제기했고, 즉시 마잉주의 허가를 얻었다. 이후 중국과의 소통은 매우 순조롭게 진행되었고, 샤오완창은 예정대로 필자를 포함한 방대한 규모의 기업단을 인솔하여 보아오 포럼에 참여하였다. 참여 단원과 수행한 언론의 규모가 너무 커서 항공편 예약을 위한 시간도 상당히 오래 걸렸다. 중국은 홍콩에서부터 보아오까지 갈 수 있도록 유료 전용기를 특별히 제공하였다.

보아오 기간 중, 샤오완창은 후진타오와 면담하였다. 샤오완창은 '현실을 직시하고, 미래를 개창하며, 쟁의를 중지하고, 서로의 승리를 추구한다'는 16자의 지혜로운 말을 제시하였다. 샤오완창은 국대반 주임인 천원린과 상무부 부장인 천더밍(陳德銘)을 만났고, 그 외에도 미국, 호주, 필리핀 전직 고위관리들과 단독 회담을 가졌다. 모든 것이 원만하게 돌아가는 가운데 갑자기 많은 중국의 상무부 신문기사에 "하나의 중국의 원칙하에 하루속히 서로 소통하고 협상하기 위한 장을 건립하자"는 내용이 제기되었다. 우리 측은 여기에서의 '하나의 중국' 원칙이라는 어법이 매우 타당하지 않다고 여겼고, 또한 상호 간의 묵계를 어긴 것으로 간주하여 즉시 항의를 표시하였다. 천더밍은 이 이야기를 들은 직후 즉시 명을 내려 상무부 관방문서를 다시 발표하도록 했고, 이에 대한 미안한 마음을 표시했으며, 신화사 역시 이를 즉시 교정하였다.[39] 이러한 에피소드는 중국 관료계층이 여전히 오래된 사고에 빠져 있다는 것을 드러낸 것이었지만, 대만 측 파견단은 정책 고위층이 이미 실용적이고 온화한 방향으로 전환하였다고 판단하였다. 양안관계에 대해 말하자면, 이는 하나의 좋은 시작이었다.

'하나의 중국'의 민감성은 다른 에피소드에서도 볼 수 있었다. 3월 26일 저녁 중국 국가주석인 후진타오와 미국 대통령인 부시가 통화하였다. 부시는 마잉주의 당선이 "양안관계에 완전히 새로운 상황을 가져오게 되었으며, 서로 간에 손을 내밀어 서로 다른 견해를 해결할 수 있는 기회이다"라고 하였다. 후진타오의 발언은 신화사의 중문판을 통해서 알 수 있었다. 그는 "우리는 양안이 서로 노력하여 기회를 만들어 내고, 하나의 중국의 원칙이라는 기초 위에서 정식으로 양안의 적대적인 상태를 해결하기 위한 문제를 협상하며, 평화로운 협의를 달성하고 양안관계의 평화로운 발전의 프레임을 구축하기를 기대한다"고 하였다.[40] 그러나 신화사의 영문판에는 중문판에 없는 구절이 포함되어 있었다. "The Chinese Mainland and Taiwan should restore

39_〈보아오 회담, 중국은 급하게 하나의 중국이라는 표현을 삭제했다〉,《中國日報》, 2008년 4월 15일.

40_〈후진타오-'92공식'의 기초 위에서 양안의 협상과 담판을 회복하자〉,《新華網》, 2008년 3월 26일, http://big5.xinhuanet.com/gate/big5/news.xinhuanet.com/tw/2008-03/26/content_786504.htm.

consultation and talks *on the basis of 'the 92 consensus', which sees both sides recognize there is only one China, but agree to differ on its definition*"(중국과 대만은 반드시 '92 공식'의 기초 위에서 협상을 회복한다. 이는 곧 서로가 하나의 중국을 인정하되, 서로 간에 다른 정의를 내릴 수 있다는 것에 동의한다).[41] 상술한 영문 내의 이탤릭체 중 '하나의 중국에 대해 서로 다르게 해석한다'는 것은 곧 중국의 대만정책으로 말하자면 절대적으로 하나의 중대한 변환이었다. 왜냐하면 이는 중국이 일관된 '하나의 중국'으로부터 국민당의 '하나의 중국, 각자의 정의'로 가까이 갔다는 것을 말한다. 미국의 백악관의 국가안전 사문인 해들리(Stephen Hadley)는 당시 후진타오가 했던 말을 전하면서 그의 진실성이 더욱 깊어진 것 같다고 하였다.[42]

이는 오랫동안 '하나의 중국, 각자의 정의'를 주장해 온 마잉주에게는 그야말로 당선 이후 가장 좋은 선물을 받은 셈이었다. 따라서 그는 곧바로 이를 활용하기 시작하였고, 동시에 이후 수년간 헤아릴 수도 없이 많은 시간 동안 번거로움을 개의치 않고 이 말을 계속해서 반복하였다. 그러나 중국 측에서는 신화사의 영문판 어법의 맥은 곧 끊어졌고, 그 어떤 권위 있는 말로 이에 대해 호응하지 않았다. 이는 중국의 대만에 대한 '하나의 중국'의 핵심이 사실은 전혀 변하지 않았다는 것을 보여 주는 것이었다. 그렇게 늦은 에피소드는 어쨌거나 후진타오의 실수였으며, 또한 실무 집단의 실수였는데 이에 대해서는 오늘날까지 그 어떤 관방의 분명한 설명이 없다.

보아오에 가기 전, 마잉주는 내게 국가안보회의 비서장을 맡아 이후 그가 양안, 외교, 국방, 정보 방면의 업무를 처리하는 데 도움을 달라고 정식으로 요청해 왔다. 천수이벤 정부 시기의 국가안보회의는 천수이벤에 협조하여 군비구매안과 유엔 가입문제의 공민투표와 같이 대외

41_"Chinese, U.S. presidents hold telephone talks on Taiwan, Tibet," *Xinhua*, March 27, 2008, http://news.xinhuanet.com/english/2008-03/27/content_7865209.htm.

42_李明賢, 張宗智, 〈부시와 후진타오의 핫라인, 하나의 중국 각자의 해석을 저버리다〉, 《聯合報》, 2008년 3월 28일, 제A1면.

문제를 국내 정치와 충돌하게 하였을 뿐만이 아니라 더욱 심각하게는 국가의 진전과 대외 관계에도 큰 손실을 입혔다. 새로운 국가안보회의는 높은 한계가 있었고 다시는 제도적 설계를 위반할 수 없었으며 국가안보회의의 안팎으로 대권이 모든 일을 처리하도록 하는 오류를 범할 수도 없었다. 따라서 국가안보회의와 행정원은 거리가 있었으며, 행정원은 국내 업무를 주관하고, 국가안보회의는 총통이 국외 업무를 처리하는 것에 협조하였다. 마잉주 본인은 이미 국외 업무에 지극한 관심과 더불어 상당한 장점과 경험을 가지고 있었기 때문에, 그는 이후 국가안보의 부분을 더욱 방대하고 심도있게 장악하였다. 그는 매주 관련 회의를 주도하였으며 중대한 문제에 대해서는 즉각적으로 처리하였고, 국가안보회의는 광범위한 역할의 직책을 맡은 각료적 특징을 지니게 되었다.

나 또한 종종 국가안보회의의 동료들에게 보고하였다. 국가안보회의의 새로운 위치는 총통의 두뇌 역할이었고, 단순한 수족은 아니었다. 두뇌 역할을 하기 위해서는 잘 듣고 잘 보아야 했으며, 가능한 최대의 자료를 모아야 했다. 동시에 더 큰 것을 보고, 더 먼 곳을 보아야 했으며, 큰 그림을 그려야 했다. 또한 '세 강대국(중국, 미국, 일본) 사이에서 소국으로 지내는 것이 힘겨운' 대만을 정세의 후면이 아닌 정면으로 나아가도록 하며, 미연에 모든 것을 방지하고 주도적으로 사고하며 동시에 대만의 안전과 대외관계의 핵심을 새롭게 창출해 나가도록 해야 했다. 수족이 아니기 때문에 국가안보회의는 집행 측면에 개입할 필요가 없었으며, 부서의 정상적인 기능에만 간여하고, 오직 국가안보와 관련된 부서에 문제가 발생할 경우에만 나서서 협조하고 어려운 문제를 해결하는 것을 도왔다.

그 밖에도 국가안보회의는 총통의 각료단위였기 때문에 총통에 대해서만 책임을 졌으며(예산심사년도는 유일하게 예외이다), 입법원에서 해명을 하거나 정책을 변호할 필요도 없었다. 게다가 제도적 편성에 의한다면 리덩후이 시대 이래로 국가안보회의에는 대변인을 설치하지 않았다. 따라서 그 입이 없었으며 이는 언론에 대해서 발언할 필요가 없다는 것을 의미했다. 외부에 대해서 마잉주 정부와 천수이볜 정부의 국가안보회의의 특징이 근본적으로 다르다는 것을 분명히 하고 또한 내가 과거 국가안보회의보다 월권을 할 수 있다는 불만을 없애기 위해 나는 "올바르게 운영하고, 전문가를 최상으로 한다(正派經營, 專業至上)"의 여덟 글자를 언론에 발표하고 이를 새로운 국가안보회의의 신 정립이라고 설명하였다.[43]

이 여덟 글자에 대해서 언론은 무척 환영하였으나 그들은 내가 "당분간 수면 아래에 있어야만 한다"고 하며 정책에 대한 설명을 하지 않는 것에 대해서는 이해하지 못했다. 필경 이는 과거 야당 8년 동안(특히 입법위원의 3년) 내가 자주 언론과 소통해 왔으면서 갑자기 입을 닫는 결정을 했기 때문에 그들의 입장에서는 이를 받아들이기가 쉽지 않았을 것이다. 이는 이후 국가안보회의와 언론 간의 관계에 지속적인 긴장을 조성하게 되었다. 그러나 집권 초기에는 지체되었던 일들을 처리해야 했고, 가장 중요한 강대국의 신임을 얻기 위해 국내 언론과의 관계를 희생하는 것이 좋은 선택이었다. 민주화 이후 대만의 정치는 상당히 투명해졌고, 정치인들의 언행은 종종 변화무쌍하였으며, 모든 사람들에게 이러한 것들은 이미 일상화되었다. 그러나 대외관계의 본질과 국내 정치는 완전히 다른 것이었고, 어떤 일이든 각 국가의 정부는 여러 차례에 걸쳐 여러 번 상의해야만 하고, 각자는 모두 내부의 민감한 부분을 가지고 있으며 더욱이 절대로 변하지 않는 부분도 있었다. 그리하여 만약 대외업무를 너무 일찍 폭로하게 되면 양안과 국제관계에서 신임을 재건하는 일은 모두 불가능하게 된다.

마잉주는 또한 내게 국가안보회의의 인사선정에 대한 구상도 만들어 보도록 하였다. 다른 관련 부서의 인사에 대해 그는 때때로 나의 건의와 생각을 물어 왔다. 그가 묻지 않은 부분에 대해서는 내가 주도적

43_李明賢, 〈쑤치—국가안보호의는 반드시 올바르게 운영되어야 한다〉, 《聯合報》, 2008년 5월 20일, 제A4면.

으로 관심을 가지지는 않았다. 때때로 나는 그의 명을 받아 정부의 요직을 맡을 사람들을 물색하곤 했다. 그중에서는 여럿이 서로 다른 이유로 인해서 마잉주의 호의를 완곡하게 거절하곤 했다. 이는 나로 하여금 깊은 생각을 하도록 만들었는데, 민주화 이후 대만의 정치적 환경이 상당히 악화되어 많은 능력 있고 경험 있는 사회의 현인들이 정무관료의 높은 문턱(예를 들어 입법원에서의 치욕, 언론매체의 책망, 재산의 공개, 회전문식 인사, 중국을 방문할 수 없는 점 등)에 직면하는 것을 원하지 않는 이유로 인해 공직복무의 기회를 포기한다는 것이었다.

한번은 마잉주가 나와 특별히 오랜 시간 이야기를 하면서 대륙위원회의 주임위원으로 라이싱위안(賴幸媛) 여사를 임명하는 문제를 논한 적이 있었다. 내가 과거에 대륙위원회의 주임과 부주임을 맡았던 점과 내가 그녀와 같은 시기에 입법위원을 했던 경험 때문이었던 것으로 보인다. 나는 마잉주에게 반대한다는 의견을 명확하게 밝혔다. 그 이유로는 첫째, 중국정책의 결정은 최종적으로 총통에게 달려 있는 것이라 해도, 대륙위원회의 논지는 총통에게 의지하지 않을 수 있으며, 또한 발언권이 없는 국가안보회의에 의지하지도 않을 것이다. 반대로 대륙위원회는 가장 영향력이 있는 마이크를 장악하고 있기 때문에 가장 많은 발언을 할 수 있는 곳이며 또한 가장 큰 막료적 자원을 가진 곳이기도 하다. 특히 새로운 환경 속에서 새로운 사람이 맡는 것이 좋으며, 대륙위원회는 민중을 향해서 분명하고도 완전하게 새로운 정부의 집권 이념을 상세히 설명할 필요가 있다. 만약 새로운 이념과 정체성을 공유하지 않은 그녀가 이 기관을 이끌어 간다면 상기의 일들을 잘 해낼 수 있을지 확신하기 어렵다. 둘째, 대륙위원회는 모든 대륙정책의 교통의 요충지대를 점하고 있다. 이는 위로부터는 총통의 취지를 받들어 아래로는 해기회와 중국과의 대화를 지도하며, 수평적으로는 수많은 부서들과의 연락이 필요한 가운데 이는 모든 각 부서의 의견을 형성하고 상호 호응하는 정책적인 연결망이 되기도 한다. 만역 이러한 역할을 할 교통경찰의 주관이 너무 강하여 협조에 능하지 않다면, 장래에 정책망은 상하와 좌우의 모든 의견의 흐름을 곤란하게 만들 것이고, 직접적으로는 정책의 효과적인 집행과 성과에 영향을 미치게 될 것이다.

마잉주는 이 말을 듣고는 웃음을 지었다. 그리고 나에게 다음과 같이 이야기했다. "당신이 반대할 줄 알고 있었습니다. 그러나 나는 그녀를 통제할 수 있습니다. 또한 그녀도 나의 집권이념에 동의한다고 말했습니다. 당신이 나를 도와 그녀를 잘 돌보아 주기 바랍니다"라고 하였다. 마잉주의 결심이 이미 분명했기 때문에 나는 이를 수용하였다. 그의 이러한 고집에 대한 나의 첫 번째 인상은 그는 정책의 실질적인 부분보다는 '감정적인 평가'(즉 출신성, 당적, 성별 등)를 더욱 고려하는 것으로 보였다. 더욱이 이러한 '감정적인 평가'는 일정 부분 대중에 영합하려는 것 같았다.

당연히 나는 이를 상당히 의아하게 여겼다. 나는 이러한 '감정적인 평가'를 고려하는 것은 중요하지만, 그가 정책에 대한 것을 잊고 있다고 생각했다. 특히 복잡한 중국정책 결정자는 가장 많은 자료를 가지고 있는 정부 기관이며, 대륙위원회는 민중에게 어필할 수 있는 상당히 많은 기회를 가지고 있기 때문에 민주주의의 '감정적인 평가'에 오히려 영향을 미칠 수 있다. 따라서 무조건적으로 '감정적인 평가'를 따라갈 필요가 없었다. 더욱 중요했던 것은 중국정책은 보편적인 특징과 장기적인 특징을 모두 가지고 있어서 일시적인 여론조사 결과나 혹은 목전의 '감정적인 평가'에 의해 휩쓸려서는 안 되며 반드시 더욱 멀리 바라보고 또한 원대한 사고가 있어야만 하는 것이었다. 하물며, '감정적인 평가'를 앞세우는 마잉주의 결정은 지나친 점이 없지 않았다. 집권당 내 '감정적인 평가'에 대해서는 적절한 논술을 제공하고 협조를 하는 사람들이 얼마든지 있었다. 이후 몇 년 동안 그는 다른 사람과 혹은 사물의 결정에서 이와 유사한 경향을 보였고, 결국 그의 지지자들이 점차 그와 거리를 두게 되었으며, 결국 절반 이상이 그를 떠나 돌아오지 않았다.

이후 몇 년 동안의 시간이 증명하듯이, 대륙위원회의 잠재적인 기조는 마잉주 임기 전반기 몇 년간의 대륙정책과 거의 차이가 없었고, 더욱이 새로운 정부의 중국정책의 논술작업은 거의 진행되지 않았다. 예를 들어, 마잉주와 국민당의 대륙정책은 중국대륙의 대만에 대한 기회이지 위협이 아니며, 양자 간에 반드시 균등하게, 한쪽으로 편향되지 않고, 정책적으로 '기회를 극대화하고, 위협을 최소화'하는 것이라고 강조했다. 이러한 화법은 마잉주가 선거경쟁을 하던 시기에 수도 없이 이야기했던 내용이었다. 그러나 새로운 대륙위원회는 수년간 마치 여전히 위협의 측면을 강조하고 기회의 측면은 강조하지 않았으며 '위협의 극대화와 기회의 극소화'를 조작하는 것 같았다. 국제적으로도 중요한 '경제협력기본협정(ECFA)'을 언급할 때에는 마치 그 어떤 정치적인 의미도 없이 단지 경제적인 의미만이 있는 것처럼 논술하였으며, 또한 경제적인 의미 역시 협소화되어 일부 구성원들만이 이익을 얻는 '조기 수확'과 '이익의 양보'가 되어 버렸다. 당시 전 세계(특히 미국)가 재차 강조한 양안 간 대화와 화해는 대만에서는 일부 인사들에 의해 왜곡되어 '대만의 주권을 위해하는(혹은 팔아먹는)' 것이 되었을 때, 대륙위원회 대부분의 인사들은 아무 말 없이 침묵을 지켰다. 이는 국내로 은근히 침투해 들어와 민중의 생각을 부지불식간에 물들게 하였다. 결과적으로 마잉주 총통은 한편으로는 그의 화해정책(직항, 담판, 협정체결, 교류 등)을 진행시킬 수 있었지만, 다른 한편으로는 정부의 논술은 여전히 천수이볜의 '일변일국'론에 머물러 있는 것과 같았다. 그렇다면 신정책과 낡은 사고가 동시에 마잉주 정부의 내부에 존재한다는 것인데 이는 곧 하나의 역량은 전진하고 있지만, 다른 하나의 역량이 후퇴하고 있는 것으로 마잉주의 중국정책은 첫 번째 임기의 말에 이르렀을 때, 이미 발걸음도 떼기 어렵게 되었다. 그럼에도 불구하고 그의 양안 화해 정책은 그의 연임 시기에도 기초적인 기반을 지칭하는 중요한 기둥으로 증명되었다. 그렇다 하더라도 당해 연도의 화해의 논술이 화해의 정책과 나란히 달리게 되었다면 서로 상부상조하였을 것이고, 오늘날 중국정책의 국내적인 기초가 더욱 안정되었을 것이며, 양안 간 평화적인 발전 역시 평탄하고 순조로웠을 것이다. 간접적으로는 경제성장 역시 더욱 좋았을 것이다.

당시에 내가 제시한 두 번째 우려사항은 불행히도 현실이 되었다. 국가안보회의 임기 중, 나는 수시로 각 부서의 장들의 넋두리를 들어야 했다. 이로 인해 반드시 필요하지 않은 협력작업을 처리하기 위해서 많은 시간과 에너지를 낭비해야 했다. 이러한 문제들은 적게는 모든 문제들마다 총통의 지시를 기다릴 필요가 없는 것이었지만, 크게는 나로 하여금 대륙위원회와 해기회, 그리고 다른 부서 간의 고위층의 협조기구가 도대체 왜 존재하는지를 의심하게 만들었다.

국제적으로 주목받은 마잉주 총통의 취임연설은 여러 번의 수정을 거쳐 5월 20일 하루 전에 완성되었다. 전문은 약 4,000자였고, 양안 부분이 네 항목을 차지하여 약 800자에 가까웠다. 몇 명의 국가원로들의 의견을 존중하기 위해서 그는 나에게 이 800자의 내용을 롄잔, 우보숑, 왕진핑, 그리고 장빙쿤 등의 인사들에게 읽어 주도록 했다. 나는 즉시 그들에게 대면을 청하였고, 곧 그들의 사무실, 혹은 자택에서 만날 수 있었다. 그들은 모두 존중을 표시하였다. 나는 시간이 긴박함을 알고 있었기 때문에, 장빙쿤과는 국민당 중앙당부의 지하의 주차장에서 그의 차에 같이 앉아 임무를 완성하였다. 롄잔 선생과의 만남 역시 그 인상이 매우 깊었다. 그의 응접실에서 그는 조용히 듣고 난 이후 즉시 필기도구를 꺼냈으며, 나로 하여금 한 글자 한 구절을 다시 한 번 읽도록 한 후, 한 글자씩 손으로 적어 내려가기 시작했다. 꼬박 반나절을 보낸 후에야 모두 적을 수 있었다. 당시의 나는 이틀이 지나면 발표할 것을 왜 이렇게 일을 번거롭게 만드는가라고 생각하였다. 이러한 생각이 순간 떠올랐으나 감히 더 이상 생각할 수 없었다. 이후 롄잔과 후진타오의 상호신뢰 관계는 롄잔과 후진타오의 진짜가 아닌 그야말로 '모방판' 정상회담을 가능하게 하였고, 마잉주와 후진타오는 정세를 고려하여 직접 만나는 것이 불가능한 상황에서 정상회담이 불가능하였기에, 마잉주와 후진타오(혹은 마잉주와 시진핑) 간에 상호 권위적인 소식을 전달하는 것과 상호신뢰를 구축하는 데에는 커다란 공을 세웠다.

인선에 많은 시간을 들인 것 외에도, 일부 해외 정부는 빠르게 그들이 관심을 가지고 있는 중대한 안건을 우리에게 전달하였고, 더 나아가서는 특사를 파견하여 적극적으로 대만과 접촉하려 하였다. 우리는 모두 듣기만 하였지 아무 말도 하지 않았으며, 모든 것은 임기가 시작된 이후에 고려하여 처리하는 것으로 남겨 두었다. 7월 4일에 개통하는 주말 전세기의 약속을 이행하기 위해서 마잉주 캠프는 5월 동안 대동원을 하였으며, 한편으로는 천수이볜 임기 내에 완성된 방안을 연구하고, 다른 한편으로는 미래의 가능한 새로운 수요와 실행의 순서를 평가하였다. 우리는 천수이볜 시기 동안의 대륙위원회가 이미 여론 조사 단체와 중국의 각 단위를 거쳐서 직항의 기술적인 문제들을 마카오에서 여러 번에 걸쳐 토론하였음을 발견하였고, 이것이 훗날의 '마카오 공식'이라는 것을 알았다.[44] 이러한 기술적인 회담은 일을 완성시키기 위한 기초를 닦는 데는 부족하였지만 도움이 되었으며, 신정부가 학습해야 할 시간들을 단축시켜 주었다. 그렇다면 직항문제에서 민진당은 시도는 하였으되 왜 이를 완성하지 못했는가? 이는 양안관계 혹은 국제관계에 있어서 의지가 있고 없고의 상황이 가장 중요한 것이라는 것을 말해 준다. 만약 의지가 없다면, 아무리 가까운 곳에 있어도 실제로는 멀리 있는 것이며, 정치적 의지가 있다고 한다면 아무리 멀리 있어도 가까운 것으로 바꿀 수 있는 것이다.

5월 20일 취임 연설에서 마잉주는 "새로운 이민을 포용해 준 정과 길러 준 은혜, 그리고 안아 준 정에 대해서 대만에게 감사하며"를 언급하였고, 청렴한 정치, 헌법수호, 국제적 공간에 대해서 이야기했다. 그러나 각계에 가장 중요한 부분은 여전히 그의 중국정책이었다. 그는 "언

44_張炎憲, 陳世宏 편,《吳釗燮與外交突圍》(臺北: 財團法人吳三連臺滿史料基金會, 2011), pp.104-107; 黃偉峰,〈양안 협상과 담판의 경험의 비교—1990-2010년〉, 吳釗燮 편, 앞의 인용, pp. 105-122.

기 어려운 역사적 기회"를 잡아, "대만의 주류 민의에 가장 적합한 '통일하지 않으며, 독립하지 않으며, 무력을 사용하지 않는다'는 이념"으로, '92공식'의 기초 위에서 하루빨리 협상을 회복하고, 윈-윈을 추구하며, 당해 연도의 7월에 전세기 직항을 실현하고 중국 관광객이 대만으로 올 수 있도록 하겠다고 하였다.

20년간 파도의 기복으로 전쟁 직전으로 치달을 수 있었던 양안관계는 이제 일단락되었다. 그리고 하나의 완전히 새로운 세기가 열리고 있었다.

제12장 결론 — 여섯 가지 변수

1980년대 중반에는 대만해협 간의 교류가 매우 적어 아직 '양안관계'라는 표현이 출현하지 않았다. 그러나 20년간의 변화 속에서 양안은 이미 세계 최강의 국가(미국)와 인구가 가장 많은 국가(중화인민공화국) 간의 군사적인 충돌이라는 중대한 문제가 폭발할 수 있는 유일한 곳이 되었다. 양안관계를 더욱 잘 이해하기 위해 이 책은 미국 요소를 삽입하여 대만과 중국과 합하여 하나의 삼각관계를 형성하였다. 이러한 삼각관계는 세 개의 각과 세 개의 변이라는 여섯 개의 변수를 포함하고 있다. 세 개의 각은 미국, 중국, 대만 각각의 내부적인 요소이고 세 개의 변은 미중관계, 미국과 대만관계, 양안관계를 말한다. 이러한 여섯 개의 변수의 함의는 계속적으로 변화하였고 서로 영향을 미쳐 왔다. 당연히 양안관계 역시 매시간 다른 다섯 개의 변수로부터 충돌을 받아왔다. 만약 우리가 양안관계 자체만을 연구한다면 대략 그것이 '무엇인지'는 알 수 있을 것이다. 그러나 만약 우리가 그것이 왜 그렇게 되었는지를 알고자 한다면 반드시 동시에 다른 다섯 개의 변수도 함께 고려해야 함이 옳을 것이다. 이 여섯 개의 변수 중 각각의 변수 자체도 매우 복잡하고 다변하다. 그러나 설령 그렇다고 하더라도 정부(어떤 정부이든)가 이를 완전히 장악하고자 한다면 여기에는 곤란함이 있을 것이

〈그림 12-1〉 양안관계의 다섯 영역의 안내도

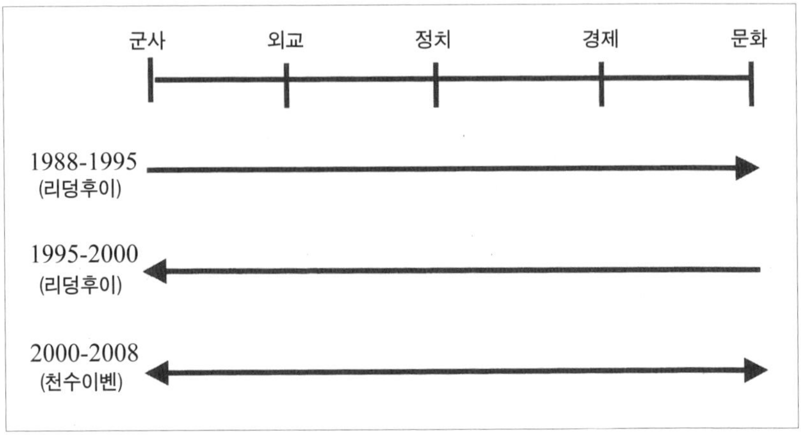

다. 따라서 우리는 그 어떤 개별적인 연구자라도 양안관계를 정확하고도 완전하게 연구할 수 없을 것이라고 말할 수 있다. 이 책은 따라서 필자 개인이 양안관계가 '무엇이고', '왜 그러한지'의 문제를 분석하려는 작은 시도라고 할 수 있다.

양안관계의 다섯 영역

1988년부터 2008년까지의 양안관계를 종합하여 관찰해 보면 다섯 가지의 명백한 결론에 이른다.

첫째, 〈그림 12-1〉에서 보는 바와 같이 양안관계는 정치, 군사, 외교, 경제, 문화의 다섯 개 영역으로 나눌 수 있다. 그중 군사와 외교는 강성 영역에 속하며 그 주도권은 대부분 정부와 집권정당의 수중에 놓여 있다. 경제와 문화는 연성 영역에 속하며 정부가 아닌 시장이 그 기복을 조절하는 역할을 한다. 다만 정치적인 부분이 강경해질 수도, 유연해질 수도 있다. 또한 형식적으로는 유연하지만 실질적으로는 강경할 수 있으며 혹은 형식적으로는 강경하지만 실질적으로는 유연할 수 있다. 이러한 다섯 개의 영역의 서로 다른 조합이 바로 그 시기의 특징을 결정한다.

〈표 12-1〉 대만의 대환경

	1988	1988-1995	1995-2000	2000-2004	2004-2008
국제	×	○	×	○	×
양안	×	○	×	×	×
국내	○	○	○	×	×

이 책의 각 장의 분석이 보여 주듯이, 코넬대 방문 이전에 다섯 영역의 화살표의 방향은 모두 연성 방향을 향해 가고 있었다. 그러나 1995년 이후 다섯 개의 영역은 서로 다른 정도로 강경해지기 시작했다. 2000년 이후에는 이전에는 보지 못했던 현상이 출현하였다. 즉 '강경한 부분은 더욱 강경화되고, 유연한 부분은 더욱 유연해지는 것'이다. 바꾸어 말하면, 군사와 외교적인 대립은 점점 더 심각해진 반면에 경제와 문화적 교류는 점점 더 가까워진 것이다. 이러한 강경함과 유연함이 공존하는 모순적인 현상은 양안관계에서 과거에 존재하지 않았던 현상일 뿐만 아니라, 시야를 넓혀 국제사회를 보더라도 지극히 드문 현상이었다.

대만의 대환경

둘째, 〈표 12-1〉이 보여 주듯이, 20년간 대만의 국내외적인 대환경은 여러 번 변화하였고, 단계별 시기적 특징은 모두 달랐다. 장징궈 총통 시기 대만의 국제적 지위는 고립되어 있었고, 양안관계는 서로 양보 없이 대립하고 있었다. 그러나 국내 정치는 안정적이었으며 경제는 빠르게 성장하고 있었다. 리덩후이 총통 전반 7년 동안 대만은 역사 이래로 지금까지 볼 수 없었던 찬란한 시기를 보냈다. 대만의 정치는 민주화되기 시작했고, 국제적인 찬양을 받았으며 경제는 계속 빠르게 성장하였다. 전 세계가 부러워하는 경제기적을 만들어 내면서 양안관계는 정부 간 접촉과 대화를 시작하고 있었다. 또한 민간 경제·문화의 대폭적인 교류도 있었다. 또한 대만의 국제적인 활동공간도 점점 더 확대되고 있었다. 총통이 비수교국을 방문함은 물론이고, 처음으로 APEC

정상회담에 대표를 파견하여 참여시켰고, 민감하고도 중요한 군비문제 등도 다룰 수 있었다. 그러나 이 책의 제2장에서 설명한 바와 같이 1995년의 코넬대의 방문 이후 정세는 갑자기 반전되었다. 특히 양안과 국제 관계는 급속히 냉랭해졌다. 2000년 정권교체 이후 양안관계는 계속 긴장상태였다. 그러나 국제관계는 부시 대통령의 지지를 얻으면서 약간 회복되었으나 국내 정치경제의 정세는 범남진영과 범녹진영의 대립으로 인해 매우 악화되었다. 천수이벤 총통의 두 번째 임기에는 부시 대통령의 대만에 대한 태도가 완전히 바뀌면서 대만의 국제, 양안 그리고 국내정세가 모두 바닥으로 추락하였다. 종합해서 본다면, 양안관계의 발전은 대만의 대환경의 우열에 영향을 미치지만, 역으로 대만 자신의 대환경 역시 지속적으로 양안관계의 기복에도 영향을 미쳐왔다.

본말이 전도되다(하나의 꼬리가 두 마리의 개를 흔들다)

셋째, 미국과 중국 그리고 대만의 삼각관계에서 중간에 있는 대만의 전략적 역할은 이미 냉전시기부터 하나의 절대적 약자가 '두 마리 개를 요동치게 만들 수 있는 꼬리'로 변질되었다. 일반적인 상식이라면, 꼬리가 개를 움직이게 만드는 것이 아니라 개가 꼬리를 움직여야 할 것이다. 더욱이 한 개의 꼬리가 두 마리의 개를 움직인다는 것은 불가능하다. 그러나 1988년부터 2008년의 20년간, 비교적 작은 대만(즉 꼬리)이 사실상 미국과 중국이라는 양대 핵무기 보유국(즉 두 마리의 개)을 서로 물어뜯게 만들었다. 즉 미국과 중국의 두 강대국은 물론 예고 없이 손을 뻗어 주도권을 잡을 수도 있었지만(만약 미국과 중국이 코넬대 방문 직후나 천수이벤 연임 직후에 대만에 대한 정책을 바꾸었다면), 대만의 대응은 적어도 많은 부분이 동시에 미국과 중국이라는 두 대국을 움직여서 그들을 변화하게 만들었다. 이 책은 그 중요한 사례들을 상세하게 설명하고 있다. 즉 리덩후이 시기의 해기회와 해협회의 무력화된 설계, 정치적 대화가 아닌 사무적인 대화, 코넬대 방문, 양국론, 그리고 천수이볜 시기의 일변일국론, 정명운동, 제헌, 공민투표, 제헌 타임 테이블, 〈국가통일강령〉 폐지, 유엔 가입 등을 말한다. 매 주동자는 두 강대국을 정신없게 만들어 갈피를 잡지 못하도록 만들었다. 미국 전 관리인 리처드 부시는 최근 공개적으로 인정하기를, 미국과 대만 연구의 맹점 중 하나는 리덩후이, 천수이볜 그리고 마잉주의 임기 중에 대만이 미국, 중국 그리고 대만관계에서 주동자로 변화할 것인가를 예측할 수 없었던 것이라고 하였다.[1]

통일, 독립, 무력사용의 부정적인 순환

이 책에서 도출한 네 번째 결론은 1995년 이후 '통일'과 '독립' 그리고 '무력행사'라는 세 가지 충돌이 지속적으로 양안관계를 밀고 갔다는 점이다. 이 세 요소는 서로 격동하면서 부정적인 순환을 형성하였다. 더군다나 그중 하나의 자극이 반드시 상반된 방향의 더 큰 자극으로 이어졌다.

우선적으로 리덩후이의 코넬대 방문은 중국의 민감한 신경을 건드렸다. 중국은 경악함은 물론 이를 억제할 수 있는 수단이 별로 없다는 것을 깨닫고는 무력을 사용하겠다는 단지 본능적 충동에 가까운 말만 할 뿐이었다. 결과적으로는 대만 내부의 여론을 일시에 돌려놓았을 뿐만 아니라 미국의 대만해협 정책도 중국으로 기울도록 만들었다. 이러한 편향은 다시금 중국으로 하여금 대만정책을 거의 충동적으로 '독립을 막는 것'에서부터 '통일을 촉진하는 것'으로 전환하도록 하였다. 그러나 이러한 '통일을 촉진하는 것'은 곧 리덩후이 지도하의 대만으로 하여금 본능적으로 대만독립의 방향으로 전환하도록 만들어서 결국 '특수한 국가와 국가의 관계'를 선포하도록 만들었다.

2000년 정권교체 이후, 천수이볜은 약 1년간 잠복해 있다가 대담하

1_Richard C. Bush, "The Brookings Institution and Taiwan-China Relations," prepared for the Conference on 'Between Power and Knowledge: Think Tanks in Transition', 정치대학 국제관계연구소 주최, 2013년 4월 11일, p.21.

게도 '양국론'으로 다시 되돌아왔고, 2002년 8월에는 '일변일국론'을 선보이면서 자신만의 대만독립에 대한 입장을 명확히 하였다. 2003년 8월에 이르면 민진당 창당 이래의 모든 장기적인 목표인 '일변일국', '공민투표', '정명', '제헌' 등이 모두 준비되었다. '3 · 19총격사건' 이후 재선된 천수이볜은 스스로 대만 민중의 긍정적인 평가를 다시 얻었다고 생각하고는 더욱 빠른 속도로 독립을 법제화하고자 하였다. 그러나 당시 중국의 군사적인 준비, 미국의 정치적인 영향, 이에 더하여 대만 유권자의 이성적인 투표가 독립도 통일도 아닌 대만의 현상유지를 가능하게 만들었다.

약 십 년간의 부정적인 순환을 통해서 보았을 때, 상당히 명백한 세 가지의 충동은 모두 실패로 인해 상처를 입었다. 중국의 '무력'과 '통일' 그리고 대만 민진당의 '독립'은 모두 목표를 달성하지 못했다. 오히려 더 큰 부작용을 초래하였다. 구체적으로 말한다면, 중국의 '무력'과 '통일'은 양안관계를 통일에서 멀어지게 하였을 뿐만 아니라 양안도 점점 더 멀어지게 만들었고, 대만의 독립지향적인 세력이 정당을 초월하여 서로 연합하게 만들었다. 이와 비슷하게, 리덩후이와 천수이볜의 '독립'은 대만독립을 성공시키지도 못했을 뿐만 아니라, 오히려 미국과 중국으로 하여금 더욱 강한 수단을 찾아 대만을 압박하도록 만들었고, 더욱 심각하게는 대만 사회를 분열시켰으며, 대만 경제를 약화시켰고, 대만 주민의 정부와 민주주의에 대한 신념마저도 손상시켰다.

이러한 부정적인 순환은 대만 주민에게 심각한 불안을 안겨 주었고, 그들로 하여금 대대적으로 통일도 아니고, 독립도 아니며, 무력도 아닌 '현상유지'로 몰려들게 하였다. 같은 이유로, '꼬리'에 의해서 십여 년간 흔들린 '두 마리의 개' 역시 교훈을 얻었다. 그들은 약속이나 한 듯이 '현상유지'로 돌아섰다.

협상하는 것과 협상하지 않는 것의 사이

다섯 번째의 결론은 강성도 아니고 연성도 아니면서도 또한 강성이 될 수도 있고 연성이 될 수도 있는 정치적 국면이었다. 만약 군사 혹은 외교적인 부분과 결합된다면 모든 정책이 곧 강성이 되었다. 그러나 경제 혹은 문화적인 부분과 결합된다면 곧 연성이 되었다.

정치 방면의 중요한 부분은 바로 협상이다. 이 책이 서술하고 있는 바와 같이 1995년 코넬대 방문 이전의 5년 동안 양안은 18차례나 회담을 가졌다. 그러나 코넬대 방문 이후 5년간은 단지 6차례밖에 회담을 하지 않았다. 2000년 이후에는 회담이 거의 없었다. 이 세 단계를 종합해 보면, 회담을 하고 하지 않고는 대략 두 가지의 요소로 결정되었다. 하나는 양쪽 각자의 내부 컨센서스이다. 두 번째는 양안 간의 상호신뢰이다. 경험상으로 볼 때, 이러한 두 가지는 하나라도 부족해서는 안 된다. 반드시 양안이 동시에 이 두 가지를 갖추어야만 회담이 시작될 수 있었다.

1988년 이전, 국민당과 공산당은 가끔씩 '밀사'와 우편물의 왕래가 있었지만 쌍방 간에는 상호신뢰도 없었고 내부의 준비도 없었다. 이 책의 제1장에서 서술하고 있듯이 1988년 2월 초 리덩후이가 총통에 취임한 지 3개월이 되었을 때 중국은 홍콩에 살고 있는 한학(漢學)의 대가인 난화이진에게 연락하여 리덩후이에게 접촉하는 것을 도와 달라고 부탁하였다. 이는 1946년부터 48년까지 공산당 활동에 참가했던 리덩후이에게 중국이 모종의 희망을 품고 있었다는 것을 말해 준다. 그 시점부터 1990년 12월까지 양측은 난하이진의 소개로 비밀회담을 해오고 있었다. 그 기간이 약 3년이 경과하는 동안 그들이 몇 번 접촉했는지 알 수가 없다. 1991년 11월 해기회와 해협회의 제1차 공개회담이 열리기까지 그 중간에 약 1년간의 세월이 있었다. 그토록 지루한 시간의 간격이 보여 주듯이, 국민당과 공산당은 이미 마음이 동했을지라도 그 수십 년간의 철천지 원한을 한순간의 미소로 다 씻어 낼 수는 없었다. 대만 측에서는 문제가 더 심각했다. 자료가 명백히 보여 주듯이, 당시 공산당 밀사는 완전히 직무에 따라 파견되었다. 누가 담당하든지 담당자가 무대에 나섰다. 이는 중국은 회담에 대해 당과 정부의 조직을 통해 정책결정을 하였다는 것을 보여 준다. 그러나 리덩후이는 처음부터 끝까지 자신과 가까운 쑤즈청과 1명의 기록할 사람만을 대동하여 회의에 참가하였다. 그 외의 정당 내 대부분 당원들은 이를 전혀 모르고 있었다.

리덩후이는 내부의 가능한 이견이나 반발 때문에 중국처럼 하지 못했다. 그는 비밀회담을 진행함과 동시에 은혜와 위엄을 동시에 보였고, 함께 서로 도와서, 저항을 없애고자 하였으며, 제도(국가통일위원회, 대륙위원회, 해기회 등)를 설치하고 권위있는 문건(〈국가통일강령〉 등)을 공포하였으며, 점차적으로 대만 내부에서 컨센서스를 형성하였다. 이러한 행동은 중국 측에서 볼 때 분명히 리덩후이 영도하에서의 대만에 대한 믿음을 강화시킬 수 있었다.

따라서 양안의 양측은 1992년 11월 상호 문건의 교환을 통해 서로의 공통된 생각을 교환할 수 있었다. 그러나 사실 이는 빙산의 일각이었다. 수면 위에 떠다니는 작은 빙산의 일각은 일찍이 서로 다른 시간에 서로 다른 명칭('하나의 중국, 각자의 정의', '92공식' 등)을 부여받았다. 그러나 진정으로 중요한 것은 역시 수면 밑의 거대한 빙산이었으며, 이는 양안 각자 내부의 합의와 양안 간의 상호신뢰였다. 양안은 상호신뢰가 있고, 동시에 각자 내부에 합의가 있어야만 대화가 가능했다. 그렇지 않다면 대화는 시작될 수 없었다. 빙산 조각들의 명칭이 무엇이든 간에 이는 사실 부차적인 것이었다. 천수이볜 집정 당시에는 지속적으로 '92공식'이라는 이 작은 얼음조각을 짓밟음으로써 대화의 재개를 거부한 셈이 되었는데, 이를 세심하게 들여다보면, 사실상 당시 집정한 '민진당 내부에는 컨센서스가 없었고', '양안 간에 신뢰도 없었다'는 이 두 가지 중요한 사실을 숨기고자 하는 것이었다.

리덩후이의 코넬대 방문 이후, 대만 내부에는 아직도 고도의 컨센서스가 존재했다. 그러나 중국의 의심병은 이미 심각한 상태였고, 따라서 양안 간 대화는 점차 그 횟수가 급락하게 되었다. 더구나 6차 회담은 모두 '제2차 구왕회담'의 준비를 위한 반복된 논의일 뿐이었다. 바꾸어 말한다면, 그들은 순서에 의한 것이었고, 과거에 일종의 구체적인 문제들을 지칭하는 것과는 상당히 달랐다. 게다가 중국의 동기는 '통일'을 촉진하기 위한 요소를 포함하고 있었기 때문에 과거의 실무적인 생각과는 완전히 다른 것이었다.

천수이볜이 집권한 후, 양안 간 상호신뢰와 내부 컨센서스는 모두 좌절되었다. 4개월을 망설인 뒤에야 중국은 2000년 8월 새로운 명칭인 '92공식'을 받아들일 수 있다는 것을 암시하기 시작했다. '92공식'이라는 명칭은 1990년대 국민당 집권 시기에 사용한 '하나의 중국, 각자의 정의'에 상응하는 개념으로서 중국은 가장 중요시하지만 민진당이 가장 반대하는 '하나의 중국'이라는 글자를 떼어 버린 것이었다. 따라서 중국은 사실상 집권 천수이볜 정부에게 상당한 양보를 한 것이었다. 그러나 천수이볜 정부의 내부에는 '컨센서스'가 없었기 때문에 이러한 중국의 동기는 바로 이 점부터 소실된 것이라고 보아야 할 것이다. 2002년 중국은 또다시 잠시나마 직항을 추진했었다. 그러나 '일변일국'의 영향으로 인해 이는 유명무실한 것이 되었다. 천수이볜 정부가 더욱 독립지향적임이 명백해짐에 따라 중국은 더 이상 회담을 하는 것을 원치 않게 되었다.

이와 비교하면, 천수이볜 정부의 대화를 하려는 성의는 더욱 부족했다. 그는 전력을 다해 '하나의 중국, 각자의 정의'와 '92공식'을 부인했을 뿐만 아니라, 중국의 신임 정도를 시험해 볼 수 있는 대화를 대신할 만한 다른 그 어떤 방안도 제시하지 않았다. 더 중요한 것은 천수이볜은 처음부터 끝까지 '내부의 컨센서스' 문제를 해결하려고도 하지 않았다. 천수이볜 집권 초기의 당내 현황과 리덩후이 초기는 거의 똑같았다. 두 사람 모두 원로가 위주가 된 강성 세력과 맞서야 했다. 리덩후이의 대결 상대는 대부분이 원한과 한이 많은 외성인 늙은이들이었다. 반면 천수이볜의 대결 상대는 공산주의에 반대하고 중화주의에 반대하는 본성인 원로들이었다. 이 두 세력은 모양은 달라도 본질은 같았다. 두 세력 모두 '접촉하지 않고, 담판하지 않으며, 타협하지 않는다'

를 고수했다.

그러나 리덩후이와 천수이볜의 당내 대결 상대를 처리하는 방법은 매우 달랐다. 리덩후이는 당내 합의를 모으는 단계적인 방법을 취했고, 그 결과 스스로의 대화능력을 키울 수 있었고, 중국의 기본적인 신임을 얻을 수 있었다. 그러나 천수이볜은 완전히 반대로 가면서 독립 지향적인 원로들의 반대 목소리를 없애기 위한 방법을 강구하지 않았고, 오히려 집정 1년 후에는 이러한 역량을 이용하여 자신의 대만독립 노선의 법리화를 추구하였다. 당시의 민진당 내부는 상대적으로 실용적인 시각이 존재하지 않았다. 가오슝 시장인 셰창팅이 '헌법상 하나의 중국'이라는 견해를 제시하고 임기 내에 샤먼을 방문할 것을 희망했다. 또한 천수이볜의 각종 의견을 받아들여 마련된 '초당파 집단회의'의 리위안저 역시 '하나의 중국, 각자의 정의'를 받아들이자고 건의한 바 있었다. 일부 민진당 입법위원들은 중국을 방문하고, 여전히 두 정당이 반드시 공개적으로 접촉해야 한다고 호소하였다. 그러나 천수이볜은 이러한 건의를 거들떠보지도 않았다.

그 외에도, 천수이볜은 중국정책에 있어서 절대적으로 주도적인 지위에 있었기 때문에 그가 컨센서스를 재건하자고 추진하지 않는 한 다른 정관계 인사들은 아무것도 할 수 없었다. 즉 민진당은 내부에 컨센서스가 없었기 때문에 공산당과 대화를 할 능력이 없기도 하였지만, 천수이볜은 오랜 컨센서스를 파괴하였고 이후 새로운 컨센서스를 모으기 위한 방법을 강구하지도 않았으며, 더욱이 중국의 양보의 계기를 수차례 놓친 것으로 볼 때, 천수이볜은 사실상 양안 간의 대화 재개도 원하지 않았던 것으로 보인다. 따라서 양안 간의 대화는 자연스럽게 완전히 중단되었다.

중요한 역할을 했던 제3자인 미국은 양안 간 대화를 지속적으로 촉구했지만, 그 역량은 시종일관 충분하지 못했다. 2004년 4월이 되어서야 그 목소리가 높아지기 시작했다. 그러나 미국은 마치 배려하는 듯 핵심적인 역할을 하면서 '양안 간의 상호신뢰'를 강조하였지만, 오히려 진정으로 중요한 것은 민진당 내부에 컨센서스가 결여되어 있다는 점을 망각한 듯하였다. 그 결과, 대만과 중국은 '상호신뢰의 파괴'를 서로 비판하면서, 결국 회담 재개의 기회는 사라지게 되었다.

양안관계의 군사화

대만에 대해 말하자면, 대화를 중단하는 것보다 더 불리한 것은 중국의 군사력이 빠르게 증가하고, 대만의 군사력이 빠르게 하락하는 것이다. 1950년대와 60년대에 양안관계는 거의 군사적인 관계였다. 그러나 70년대 이후 군사력은 2선으로 후퇴하였고, 문화, 경제, 정치적 영역의 상호활동이 차례로 무대에 올랐다. 1995년의 미사일 시험발사가 다시 새로운 군사적인 요인을 유발하였지만 중국의 대만군사력에 대한 부족함을 여실히 드러낸 것에 그칠 뿐이었다. 1999년의 '양국론'은 결국 중국을 자극하여 대만해협의 작전을 목표로 하는 군의 현대화를 적극적으로 추진하도록 만들었다. 군비물자의 구입, 구비, 배치, 준칙, 훈련, 연습 등 모두는 대만과 미군을 가상의 적으로 하고 있었다. 미 국방부는 수년간 중국의 군사력을 분석한 보고서에서 이러한 사실을 지적하였으며, 중국이 군을 건설하는 목표는 미국의 군사적 개입을 '차단(deny)', '연기(delay)', 혹은 '격퇴(defeat)하기 위함이라고 밝혔다. 게다가 중국의 고속 경제성장은 당연히 이러한 군비 건설 과정에 적지 않은 기여를 하였다.

중국의 국력이 상승하던 바로 그 시기에 대만은 역사상 전례 없던 혼탁한 구렁텅이에 빠져 있는 것 같았다. 약 십 년간의 경제적 기적은 갑자기 멈추었다. '민주주의 모범생'은 더이상 모두가 칭찬하고 부러워하는 대상이 아니었다. '생명공동체'는 이미 얼굴이 화끈거릴 만큼 다투는 범남진영과 범녹진영으로 분열되었다. 2003년 3월 3일, 미 태평양총사령부의 아태안전연구센터는 대만의 군사력은 완전한 방위전략이 결여되어 있으며 전력을 다해 국방을 개혁하려고 하지 않는다고 거침없이 지적하였다. 또한 대만 민중은 다시는 전쟁을 원하지 않으며,

병역 미종사자들은 전장에 나가고 싶어 하지 않고, 과거 병역 종사자들 역시 전장에 나가고 싶어 하지 않는다고 지적했다. 더욱 당황스러운 점은 대만은 이미 민주화가 되었음에도 불구하고, "여전히 중대한 문제를 상호 토론할 수 있는 성숙한 민주사회의 진정한 이성적 능력을 결여하고 있다"는 것이다. 그 결론은 "대만 내부의 불협화음은 일부 전문가들의 눈으로 볼 때 중국의 미사일보다도 더욱 위협적인 위기"였다.[2]

한편, 두 미국 학자들이 1811년부터 1980년의 기간 동안 발생했던 전쟁을 비교해 보고 결론을 내린바, 민주주의 국가가 다른 민주주의 국가를 공격하는 것은 지극히 적은 수에 그쳤다는 것을 밝혔다. 다시 말하면, 민주적 정치제도는 평화에 그 이익을 두고 있다. 그러나 동시에 현재 민주화 과정에 있는 국가의 경우에는 체제가 불안정한 국가로서 이 경우 (민주정이든 전제정이든 상관없이) 전쟁을 일으키는 경향이 있었는데, 높게는 약 60%의 가능성을 가진다고 하였다. "민주화 과정을 경험하고 있는 국가 중, 일반 민중이 전쟁을 혐오함에도 불구하고, 일부 영웅들은 미성숙한 민주체제의 불건전한 제도를 이용하여 권력을 농단하고, 기정 사실을 만들어 내며, 정치적 의제를 조종하고, 언론의 논조를 마음대로 조작하며, 호전적인 이익집단을 선동하고, 동시에 군중의 투쟁 정신을 불타오르게 한다."[3] 천수이볜 집권기의 대만은 이백 년간의 역사적 법칙이 나타나는 상황과 완전하게 부합하는 것 같았다.

'꼬리'인 대만

대만은 어떻게 하여 '절대적인 약자'에서 '두 마리의 개를 흔드는 꼬리'

2_Denny Roy, "Taiwan's Threat Perceptions: The Enemy Within," Asia-Pacific Center for Security Studies (March 2003), http://www.apcss.org/Publications/Ocasional%20Papers/OPTaiwanThreat.pdf를 보라.

3_Edward D. Mansfield and Jack Snyder, "Democratization and the Danger of War," *International Security* (Summer 1995), p.7.

로 변화할 수 있었을까? 이 책에서 완전한 대답을 제시하기는 어렵다. 단지 제도, 사상, 사람이라는 세 가지의 탐색적 방향만을 제시할 수 있을 뿐이다.

제도로 말한다면, 대만의 중국정책은 민주화 과정과 함께 시작되어 마치 그림자처럼 붙어 다니듯이 진행 속도를 맞추어 발전해 왔다. '현재 민주화가 진행되고 있는' 대만은 한편으로는 게임의 규칙을 제정하고 또 수정하였고, 다른 한편으로는 권력과 책략을 가지고 농단해 왔다. 1988년부터 12년이라는 짧은 기간 동안 중화민국은 모두 7차례에 걸쳐 헌법을 수정하였다. 매번 헌법을 수정할 때 정부 내부와 여야 간의 권력관계가 한 차례씩 재조정되었다. 같은 방식으로 계엄 시기의 상당히 많은 법령도 수정되어 새 시대의 요구에 부응하는 새로운 법령도 계속 생겨났다. 이러한 제도와 법령의 변화무쌍한 상황은 자연스럽게 정치적 선동가들로 하여금 쉽게 권력 혹은 정책을 농단하게 만들었다. 대만의 민주화라는 변화를 이용하여 권력은 더욱더 분산되었고, 단체와 개인이 양안과 외교의 책략에 더욱 영향을 미칠 수 있게 되었다.

그 밖에도, 중화민국 정부는 1998년 이전의 중앙과 성(省), 현(縣), 향(鄕), 진(鎭) 등의 4개의 수준 중에서 1998년에 성을 동결함으로써 3개의 수준으로 축소시켰다. 각 단계의 행정과 입법 부분은 모두 서로 다른 임기(3년, 4년 혹은 6년)를 가지고 있기 때문에 이 책이 포괄하는 20년간 1988년, 1999년, 2003년, 2007년의 4년만이 선거가 없던 해였으며, 그 외의 16년간은 매년 선거가 있었다. 더욱이 대만은 토지는 좁고 인구는 많아서 서로의 일을 너무나 훤히 알 수밖에 없었다. 그 가운데 자신의 영역을 지키기 위해서 매번의 선거는 병법가의 쟁탈전과 같았다. 이는 본래 이성적으로 처리할 수 있는 국내적 환경을 (특히 나머지 반년 동안) 심각하고 농후한 선거전쟁으로 변모시켰다. 더구나 선천적으로 쉽게 감정적으로 변할 수 있는 중국정책을 선거라는 환경 속에 위치지음으로써 성숙하고 이성적인 토론이 불가능해졌다.

이러한 제도적인 요소의 영향은 다음과 같다: 중국정책의 전략적이고 정치적인 농단의 비중을 더욱 높여 주었으며 이성적인 고려의 부분을 감소시켰다; 국내적인 요소의 비중이 더욱 커진 반면, 중국과 국제적인 요소의 비중은 감소되었다; 단기적인 이해의 고려는 국가의 장기적인 이익의 계산보다 영원히 더 큰 것이었다; 듣기 좋은 구호는 정책의 실행 가능성보다도 중요했다; 연기를 하는 것이 일을 하는 것보다 더 중요했다.

사상으로 말하자면, 민주화는 대만에게 완전히 새로운 세계를 가져다주었다. 이는 현재 두 가지의 중요한 문제에 관한 여론조사에서 나타난다. 통일과 독립의 문제에 관한 서로 다른 여론조사는 오랜 기간 동안 대만의 대부분 민중이 '통일'이나 '독립'과 같은 좌우의 양극단이 아니라 중간의 영역인 '현상유지'를 원한다는 것을 보여 준다. 그림으로 나타낸다면 영문 자모인 U자가 거꾸로 되어 있는 현상이다. 이러한 거꾸로 된 U자는 리덩후이와 천수이볜 시기에는 변화가 전혀 없었다.

변화했던 것은 다른 문제였던 '정체성'이다. 여론조사에 의하면 1990년대 중반 이전에는 '중국인이며 대만인'의 정체성이 인구의 절반을 차지하고 있었다. 그러나 당시에는 '오직 중국인'이라는 정체성은 '오직 대만인'이라는 정체성보다 더 많았다. 그러나 1995년의 미사일 위기 이후 '중국인'과 '대만인' 정체성은 서로 바뀌기 시작했다. '대만인' 정체성이 '중국인' 정체성을 초월하기 시작한 것이다. 2000년에 이르면 '대만인' 정체성은 이미 '중국인이며 대만인'인 정체성과 거의 비슷하여 양봉을 이루었다. 이후 '대만인' 정체성은 지속적으로 상승하였다.[4]

만약 '정체성'과 '통일독립'의 여론조사를 결합하여 검토해 본다면 '대만인' 정체성이 '독립지지'와 같지 않다는 것을 발견하게 된다. 바꾸어 말하면, 수많은 '대만인' 정체성을 가진 사람들이 이성적으로는 '현상유지'를 지지하며 '독립'을 지지하지는 않는다는 것이다. 그렇지 않다면

4_Su Chi, "Driving Force Behind Taiwan's Mainland Policy," in Steve Tsang, ed., *Peace and Security Across the Taiwan Strait* (Basingstoke: Palgrave, 2004), pp. 58-63.

'현상유지'가 그렇게 높은 지지를 얻을 수 없다.

마지막으로, 사람으로 말하자면, '독립'과 '현상유지' 간에 감성과 이성 간에 그 어떤 선택이 존재한다면 바로 지도자의 개인적인 요소로 파급될 수 있다. 리덩후이 집정 12년간, 그의 심리가 어떠했든지 간에, 그는 수차례 '통일'을 암시했던 것과 관계없이, 그의 정책은 이성적으로 작용했고, 이는 '현상유지'로 나타났다. 단지 그의 마지막 임기 1년 동안 정체불명의 세력과 내통하는 소수 관리의 협조하에 그는 '현상유지'에서 벗어나 '양국론'이라는 새로운 노선을 만들어 냈다. 그러나 미국과 중국의 강력한 압력에 의해 빠르게 다시 '현상유지'로 돌아섰다.

그러나 천수이볜은 완전히 달랐다. 그는 대만독립을 당강에 삽입한 민진당 출신이다. 제4장에서 서술하였듯이 민진당은 창당 이후 모든 중요한 문건에 대만독립 조항을 포함하고 있으며 여기에는 모두 그의 직인이 찍혀 있다. 선거가 시작되기 수년 전에 그 또한 여러 차례 이를 이용하여 지지자들에게 호소하였다. 그리고 선거를 얼마 앞두지 않은 수개월 전에 갑자기 '신중도 노선'을 제시하였다. 선거 후 1년 동안은 권력을 공고화하고 중국의 적대감을 완화하기 위해서 조금씩 이를 삼갔다. 그러나 2년 차에는 부시 대통령의 '전력을 다해 대만을 방위하겠다'와 리덩후이가 '겉은 국민당이나 속은 민진당'이라고 했던 것을 뒤엎은 후, 천수이볜은 속도를 높여 과거에는 음지에서 추구하던 것을 이제는 드러내면서 대만독립의 법리화를 추진하였다.

그의 대만정책의 최후는 실패였다. 사실 이는 그와 민진당 일부 인사들이 대만 민의를 잘못 해석한 결과였다. 그들은 감성적으로 대만인 정체성이 높아지게 되면 이는 곧 이성적으로 대만의 독립을 지지하는 역량의 증가로 나타날 것이라고 오인하였다. 그들은 이 두 가지가 사실상 같은 것이 아니라는 것을 알지 못했다. 그들은 더군다나 사실상 장징궈 시대에 장징궈가 감성과 이성은 같은 것이 될 수 없다는 것을 인식하였다는 것을 잊어버렸다. 따라서 장징궈의 임기 내에 비록 '중국인' 정체성이 '대만인' 정체성보다 더 높았음에도 불구하고 그가 추진한 정책은 '통일'이 아니라 '현상유지'였다. 즉 장징궈는 이성으로 집정하였기 때문에 수십 년간 대만의 안정과 번영을 유지할 수 있었다. 천수이볜은 그러나 '이성'을 떠나 '감성'을 추구하였고, 따라서 일부 감정적인 요구를 만족시켜 줄 수 있었지만 더 많은 사람들로 하여금 '현상'을 잃어버릴 수도 있다는 공포감을 갖도록 하였다.

만약 언젠가 대만의 감성과 이성 모두가 법리적으로 독립으로 돌아선다면 어떠한 상황이 전개될 것인가? 대답의 부분적인 단서는 아마도 미국과 중국의 가까운 정책 중에서 찾을 수 있을 것이다.

막중한 미국의 역할

초강대국인 미국은 항상 양안관계에서 가장 중요한 제3자였다. 그 중요도는 지역 내 최대 강자인 일본을 훨씬 뛰어넘는다. 〈그림 12-2〉는 과거 60년간 미국과 중국 그리고 대만 간의 관계 변화를 대략적으로 그려 본 것이다.

1971년 키신저가 중국을 방문하기 전 미국과 대만은 정식 우방국이었고 중국과는 냉전 상태에 있었기 때문에 왕래가 지극히 제한되어 있었다. 1971년부터 서로 간의 접촉으로 인해 상호 연락사무처를 세우기 시작하면서 관계는 무선에서 점선으로 발전하게 되었다. 그러나 1979년 미국이 중국과 국교를 수립하고 대만과 단교하게 되면서 실선이 점선으로 바뀌게 되었다. 리덩후이 시기에 양안은 서로 왕래하고 있었는데 당시 세 변의 관계는 겉으로 볼 때 하나의 실선과 두 개의 점선으로 나타나면서 공백이 없었다. 미국과 중국 그리고 대만 간의 세 변이 모두 왕래하고 있었다. 그러나 천수이볜 시대에는 양안 간의 관계가 무선으로 나타나며 미국의 중간에서의 역할이 점점 더 중요하게 되었다. 마잉주 시기에는 세 변이 또다시 하나의 실선과 두 개의 점선으로 나타나나 안정을 회복하였다.

이 책이 연구하는 20년의 기간에는 통일, 독립, 무력 사용이라고 하는 세 가지 힘이 서로 충돌하기 때문에 미국의 역할은 더욱 중요해졌

〈그림 12-2〉 미국, 중국 그리고 대만 관계(1949년부터 현재까지)

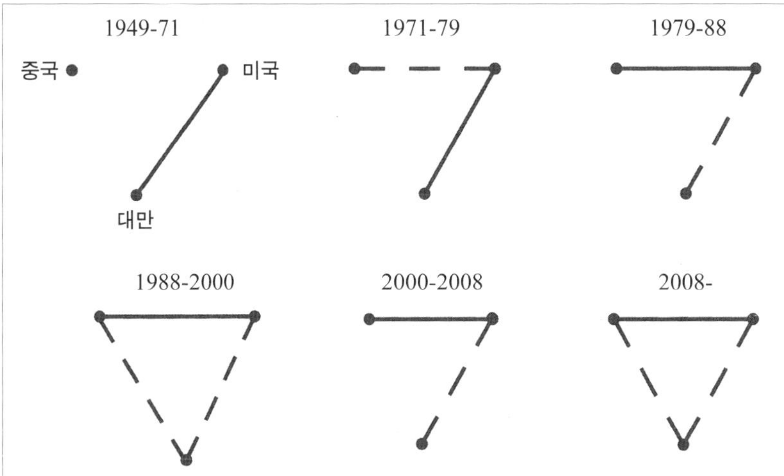

다. 우선 미국의 '대화주의자'와 '균형자'의 역할은 더욱 곤경에 빠지게 되었다. 특히 1995년 이후 양안의 교류 채널은 취약해지다가 결국 소멸하였다. 미국은 삼각관계 중 유일하게 다른 두 각과 대화할 수 있는 유일한 각이었다. 대만과 중국은 자칫 잘못하면 미국에게 압력을 가하여 다른 한편으로부터 원망을 들어야 했다. 양안의 한가운데 위치한 미국은 동시에 양안으로부터 신뢰를 얻으면서, 더 나아가 미중관계와 미대만관계의 균형을 맞추어야 했다. 이는 미국에게 가장 골치 아픈 문젯거리였다.

두 번째로, 미국의 '관리자'로서의 역할은 더욱 어렵게 변화했다. 여기에서 핵심은 세 가지에 있었다. 첫 번째는 '무력을 사용하지 않는다'이다. 이는 두 가지 면에서 설명할 수 있다. 한 가지는 미국이 인민해방군과의 교류수준과 함의를 승격시키면서도, 미일안보협력을 증진시키고, 서태평양에 주둔해 있는 미군의 배치를 조정하는 것이다. 다른 한 가지는 미국이 대만과의 국방 분야의 강경부분과 연성부분의 협력을 다시 강화하는 것이다. 두 번째 관리의 핵심은 '독립하지 않는다'이다. 이 또한 두 가지 면에서 설명할 수 있다. 한편으로는 미국이 공개적으로 그리고 암암리에 대만에 경고하고, 심지어 압력을 가해서라도 미국의 이익에 반하는 행동을 하지 말도록 요구하는 것이다. 다른 한편으로는 '미국은 대만의 독립을 지지하지 않는다'는 말로 중국을 위로하는 것이다. 세 번째 가장 성공하기 어려운 '관리'의 핵심은 양안 간의 대화를 촉구하는 것이다. 이는 이러한 일이 발생했을 때 미국이 사용할 수 있는 카드가 별로 없기 때문이다.

세 번째 역할의 변화는 더욱 미묘하다. 왜냐하면 미국이 '대만의 내정에 간섭한다'에 이를 수 있기 때문이다. 미국은 수십 년간 대만의 민주화를 찬양해 왔지만 민주화된 대만이 미국과 중국이 서로의 꼬리를 물도록 만들 수 있는 가능성이 가장 크다는 것을 발견하였다. 이 경우에 미국은 선택이 없다. 단지 더 적극적으로 이러한 꼬리의 내부적인 요소를 파악하는 방법을 강구하는 것이다. 심지어 예방적인 조치를 사용하여 이를 미연에 방지하는 것이다.

리덩후이 임기 전반부에 미국은 대만을 매우 신임하였는데 그 이유는 당시 대만이 막 민주화된 시점이었고 양안관계가 상당히 안정되어 있었기 때문이다. 미국은 정부와 집권당 소수인사들과의 교제를 통해서 정세를 가다듬을 수 있었다. 1999년 '양국론'이 갑자기 등장하였고, 미국의 대만에 대한 신뢰를 흔들었다. 그러나 관리들을 통제함으로써 모든 것이 빠르게 회복되었다. 천수이볜이 집권한 이후 미국의 천수이볜에 대한 동정심은 이전의 장징궈와 리덩후이를 훨씬 뛰어넘는 것이었다. 그러나 그가 '일변일국'론을 제기한 이후에는 모든 것이 변해 버렸다. 이후 천수이볜은 단지 '기습'만을 하는 것이 아니라 점점 미국의 경고를 무시했다. 이는 곧 미국 정부로 하여금 직접 대만의 입법원, 야당, 언론, 공상업계, 지방 지도자에게 손을 뻗도록 하였으며, 더 나아가서는 일반 민중에게 직접 호소하도록 하였다. 이 책이 제시할 수 있는 것은 수도 없이 많으나 구체적인 예는 다음과 같다. 미국이 양국론의 사후처리를 한 것, 2004년 선거 직전에 군비구입에 대한 공민투표안을 제시한 것에 대해 그 입장을 돌리도록 한 것, 같은 해 4월에 국무부 차관보 켈리가 하원에서 증언한 것, 파월 국무장관과 차관인 아미티지가 12월 의회 선거 전에 강경한 발언을 한 것, 2005년 구정에 직접적으로 "천수이볜이 미국 영토를 통과하고자 하는가"라고 물어 그로 하여금 '구정 양안 전세기'를 개방하도록 압력을 가한 것, 2006년 천수이볜의 '통일을 종료한다'와 2007년의 '유엔 가입을 위한 공민투표'에 개입한 것 등이다. '양국론'으로부터 천수이볜이 임기를 마칠 때까지의 양안관계를 돌이켜 보면, 비록 상당한 변화가 있었으나, 시종일관 바람만 불었을 뿐 결국 비는 내리지 않았다. 즉 미국의 이러한 개입은 상당한 효과를 보았다.

중국의 자전거

대만이 아직 '독립'이라는 충동을 억제하는 법을 배우고 있지 못하던 시기에, 중국은 '통일'과 '무력'의 충동을 억제하는 법을 이미 배운 듯하였다. 예를 들어 1996년 중국의 대만 총통선거에 대한 반응이 문무 양수겸장이었다면, 2000년에는 문을 사용하되 무를 사용하지 않는 방법으로 공격하였다. 2004년과 2008년은 문의 공격도 무의 공격도 사용하지 않았다. 이러한 성숙된 과정이 반영하는 것은 단순히 중국의 대대만정책은 책략적인 고려만을 반영하는 것이 아니라 보다 더 심오한 권력과 정책적인 요소가 개입되어 있는 것으로 보인다.

이 책이 포함하는 시기는 장쩌민과 후진타오 시대이다. 이 시기 중국의 정치를 '자전거 타기'로 그 비유를 들어 설명할 수 있다. 자전거의 두 바퀴는 각각 '경제성장'과 '민족주의'로 나누어 볼 수 있다. 자전거를 타는 사람은 세 번째와 네 번째의 바퀴가 없이 이 두 바퀴에 의존해야 하므로 자전거를 타는 일은 본래 불안한 법이다. 그러나 자전거를 타는 사람이 안정적으로 자리에 앉아 두 바퀴에 의존하며 간다면 자전거는 전진할 수 있다. 자전거가 서지 않는다면 반드시 지속적으로 전진할 것이다. 그러나 자전거의 속도가 너무 느리면 넘어질 수도 있고, 너무 빠르면 사고를 낼 수도 있다.

장쩌민이 권력을 잡았던 13년과 후진타오의 전반 6년간은 이 두 자전거의 속도가 한편으로는 빠르기도 했고 다른 한편으로는 느리기도 했다. 이는 덩샤오핑이 장쩌민의 지위를 높여 자신을 대신하도록 하였을 뿐만 아니라 친히 후진타오로 하여금 장쩌민을 대신하도록 해 놓았기에 가능한 것이었다. 권력구도가 안정화되면서 '장쩌민으로 하여금 핵심적인 제3세대 영도체제'를 이루도록 했고, 그 후에는 '후진타오-원자바오 체제'를 성립하여 '서로 화친하여 오래도록 잘 지내도록' 만든 후에 마음을 다해 경제적인 개혁개방에 힘쓰도록 하고 권력투쟁에는 신경을 쓰지 않도록 하였다. 자전거를 타는 사람은 안정적으로 앉아서 '민족주의'의 바퀴가 일반 대중의 마음의 수요를 만족시키고, '경제성장'의 바퀴는 방대한 인민들의 실제 생활을 개선시키도록 하여, 부패, 빈부격차, 환경 악화와 같은 문제들에 대해서는 잠시 인내할 수 있도록 함으로써 미래에 희망을 걸도록 하였다.

대만이 할 수 있는 역할은 직접적이면서도 강하게 중국의 민족주의라는 신경을 자극하여 간접적으로 경제성장이라는 바퀴에 영향을 주는 것이다. 만약 대만이 중국의 민족주의를 내버려 둔다면 중국의 지도자는 이러한 민족주의를 뒷바퀴로 놓아 두고 경제성장의 바퀴를 앞으로 배치할 것이다. 이에 따라오는 것은 양안이 평화로운 공존을 할 수 있게 되어 미국과 중국의 관계 역시 비교적 온화한 상태가 될 수 있다. 그러나 만약 대만이 중국의 민족주의라는 신경을 긴장하도록 만든다면, 경제성장은 뒷바퀴로 후퇴할 것이고 중국 지도계층은 아마도 모두에게 감히 비난을 받을 만한 일은 하지 못하지만 조용한 말로 양보를 하도록 할지도 모른다.

이 책의 분석이 보여 주듯이, 양안관계 20년간의 평화발전은 확실히 쉽게 얻어진 것이 아니다. 반드시 대만과 중국 양측이 모두 화해하려는 의지가 있어야 하고, '구동존이' 즉 차이점을 남겨 둔 채 공통점을 추구하기가 있어야 가능한 것이었다. 이와 반대로 만약 양안의 긴장이 너무나 단순해져서 한쪽이 민족주의를 들고 나선다면 곧바로 대항노선으로 접어들곤 하였다. 다행히도 지난 20년간 양안은 처음으로 평화로운 윈-윈의 과실을 맛볼 수 있었고 또한 통일, 독립, 무력사용의 충격이 가져올 수 있는 위험들을 체득하면서 알게 되었다. 이러한 경험의 과실이 양안문제의 최종적인 평화로운 해결에 도움이 되기를 희망할 뿐이다.

에필로그

만약 이 책의 〈표 12-1〉을 통해서 본다면 마잉주 총통 8년간의 다섯 가지의 영역(정치, 경제, 문화, 군사, 외교)은 모두 유연해졌다고 할 수 있다. 그중에서 가장 주목할 만한 측면은 과거 양안 간의 충돌이 가장 심각했던 정치, 외교, 군사적인 영역이다. 이 세 영역의 양안관계가 완화되면서 미국과 동아시아 이웃 국가들은 모두 한숨을 놓게 되었다.

정치적 화해는 그중에서도 핵심이다. 또한 그 핵심 중의 핵심은 '92공식'이다. 내가 2000년에 만들어 냈었던 이 표현은 대만에서 상당한 논쟁이 되었다. 이를 좋아하는 사람은 '92공식'이 양안의 화해를 이끌어 내는 데 큰 공헌을 했다고 평가하는 반면, 이를 싫어하는 사람은 '대만을 팔아 버리는 공식'이라고 비판하였다. 사실상 '92공식'이라는 용어는 일개 정치적인 수사일 뿐이고, 이는 빙산의 일각과도 같다. 일반인의 눈에는 2005년 이후 국민당과 공산당이 만들어 낸 정치적인 상호 신뢰라고 하는 거대한 빙산은 보이지 않는다. 한편으로 공산당은 국민당이 대만의 독립을 추구하지 않을 것이라고 믿고 있으며, 다른 한편으로 국민당 또한 공산당이 급하게 통일을 추구하지 않을 것이라고 믿고 있다. 이로써 두 정당은 충분한 정치활동의 공간을 만들어 내어 상호 간의 교류를 가능하게 하였다. 그 밖에도, 마잉주 정부는 여러 차례에 걸쳐 "통일하지 않고, 독립하지 않으며, 무력을 행사하지 않는다"(이 역시 내가 2007년에 고안해 낸 것이다)와 "양안관계는 국가와 국가 간의 관계가 아니다"라고 밝힌 바 있다. 전자는 대만의 내부와 중국대륙, 그리고 국제사회의 요구를 만족시키는 동시에, 베이징이 비록 '통일하지 않는다'는 표현을 탐탁지 않아 하더라도 공개적으로 마잉주의 '신삼불'을 비판하지는 않을 것이다. 게다가 후자는 마잉주 정부를 이전의 리덩후이 총통의 '양국론'의 그림자에서 완전히 벗어나게 해 주었다.

이러한 기초 위에서, 해기회와 해협회는 지난 8년간 정지되었던 소통의 채널을 회복시켰다. 초창기에는 해기회가 표면에 나서서 담판을 진행해 왔던 형식이었다면, 이후로는 정부 관리가 직접 협상 테이블에 나서게 되었고, 더 나아가 최고위층으로 차관급 관리들이 직접 대면하여 대화하는 단계로 발전하였다. 8년간의 이러한 담판은 〈경제협력기본협정(經濟協力基本協定)〉과 그 밖의 23개 항의 협의(예를 들어 〈금융협의(金融協議)〉, 〈의약위생합작협의(醫藥衛生合作協議)〉, 〈식품안전협의(食品安全協議)〉 등)에 서명하는 것으로 발전하였다. 이러한 협의들은 쌍방의 관련 부서들을 연결시켰으며, 민간 교류에서 파생되는 많은 문제들을 빠르게 처리할 수 있도록 해 주었다. 대만 민중들의 중국 방문과 관련된 각종 문제들을 처리하기 위해서 대만은 베이징과 상하이에 상주하는 '대만해협양안관광여행협회(臺灣海峽兩岸觀光旅遊協會)'를 설치하였으며, 교통부 관광국의 중간관리로 하여금 주재하여 업무를 맡도록 하였다. 이러한 일들은 역사상 처음 있는 일이었다.

이러한 대화는 당연히 고위층의 상호방문도 발전시켰다. 그중에서 해기회와 해협회 이사장급의 상호 방문은 흔한 일이 되었다. 중국 국대반 주임을 역임했던 해협회 회장 천윈린이 2008년 말 최초로 대만을 방문했을 때에는 민진당 주석인 차이잉원 여사가 동원한 군중들이 그가 연회참석차 갈 호텔을 밤새 에워싸서 경찰과 민중 간의 심각한 충돌이 야기되기도 했다. 그러나 두 번째 날, 그는 순조롭게 마잉주 총통과 역사상 전례가 없던 만남을 거행할 수 있었다. 중국의 수많은 성(省)과 시급의 관리들 역시 상당한 수가 대만을 방문했다. 2016년까지,

모든 연해의 성들의 성위원회 서기들은 모두 대만을 적어도 한 차례는 방문하였다. 네 개의 직할시 중, 베이징, 상하이, 톈진의 실세들 역시 모두 대만을 방문했다. 오직 충칭만이 예외였다. 국민당 주석 또한 매년 중국을 방문했고, 중국 총서기인 후진타오, 시진핑과 의례적인 만남을 가졌다. 양안 고위층 간의 상호 활동의 최고점은 당연히 마잉주와 시진핑의 회담, 즉 '마시회(馬習會)'였다. 장소는 싱가포르를 택했으며, 마잉주 총통이 퇴임하기 직전에 두 양안의 최고 지도자가 만남을 가졌다. 이는 실질적인 정책적 함의는 없었지만 지극히 상징적인 의미가 있었다. 이는 시진핑이 과거 8년간의 양안관계를 긍정적으로 평가한다는 것과 장차 대만의 지도자들이 '평화로운 발전'의 길에 계속 매진해 주기를 기대한다는 것을 시사하고 있다.

국제사회에서 가장 반겼던 것은 양안의 '외교적 휴전'이다. 8년간의 양안관계는 지난 십여 년간 외교 분야에서의 대결을 멈추었고, 서로 간에 상대방 수교국에 대한 훼방행위를 중지하였다. 대만 민중은 특히 홋카이도를 여행하는 것을 좋아했기 때문에 대만은 특별히 삿포로에 사무소를 증설하고자 했으며, 이에 대해 베이징은 그 어떤 개입도 하지 않았다. 대만과 미수교국인 미국, 일본, 한국, 유럽과의 관계에 대해서도 상당한 관용을 보였다. 예를 들어, 2008년 대만은 16년간 중지되어 있던 미국으로부터의 군사장비 구매를 회복하였다. 조지 W. 부시 대통령부터 오바마 대통령에 이르기까지의 마잉주 집권 8년 동안 대만은 전투기, 군함, 그리고 패트리어트 미사일과 같은 선진형 무기장비를 구매하였고 그 총액은 180억 미 달러에 이른다.

대만 내부와 국제사회가 모두 중시했던 것은 대만의 국제사회 진출이다. 2008년부터 대만은 부총통을 역임했던 롄잔이 총통을 대신하여 매년 개최되는 APEC 회의에 참여해 왔다. 2009년부터는 대만의 위생부 장관 또한 장관의 자격으로 매년 개최되는 WHA에 참여해 왔다. 이는 대만이 유엔 탈퇴 이후 어렵게 최초의 유엔 상설기구인 WHO의 연례회의에 참가한 것이다. 2013년 대만은 또다시 '특별히 초청된 귀빈'

의 신분으로 ICAO의 연례회의에 참가하기 시작했다. 대만과 중국의 공무원들의 그 밖의 정부 간 혹은 민간 국제조직에서의 상호활동도 더욱 빈번해지고 유연해졌다.

이와 상대적으로, 마잉주 총통 8년의 기간 동안 양안의 군사적인 교류는 실현되지 못했다. 게다가 서로 간의 군사적 대비도 긴장관계에 있었다. 대만은 매번 미국으로부터 군사장비를 구매했으며, 베이징은 이에 대해 미국에게 반드시 항의하였다(그러나 대만에 대해 항의하지는 않았다). 그러나 대만해협의 긴장관계는 상당 부분 완화되었다. 해협 상공의 전투기와 해상의 군함은 적대적인 활동을 거의 보이지 않았다. 동일한 기간 동안 미국의 군함은 수차례 중국의 전투기 혹은 함정과 거의 충돌할 뻔한 돌발 상황이 발생하였다. 2009년의 임페커블호 사건(Impeccable incident)이 그 사례이다. 따라서 미국은 마치 총을 닦다가 전쟁을 하게 되는 사건이 양안 간에 발생하지 않도록 당시에 공적 그리고 사적으로 대만에게 중국과의 상호신뢰 조성 장치(CBM) 구축을 위한 대화를 하도록 촉구하였다. 그러나 마잉주 정부는 대만 사회에서 양안담판에 대해 수용할 수 있는 정도는 경제가 우선이며 정치는 나중인 점을 고려하여 단번에 군사적인 영역으로 뛰어들 수는 없었다. 따라서 워싱턴 정부의 건의를 거절하였다. 이러한 정치적 상호신뢰와 상호억제에 의존하여 대만해협의 안정과 대만의 안전은 8년간 지속될 수 있었다.

일반적으로 예측한 바와 같이, 경제문화적인 교류는 마잉주 임기 내에 지속적으로 상승하였고 더 나아가 대만과 다른 국가들과의 양자적 교류를 넘어서게 되었다. 이는 반드시 양안 직항에 그 공이 돌아가야 한다. 직항이 이루어지기 전, 대만해협의 양안은 “가까운 곳에 있다고 하면 바로 눈앞에 있는 것이고, 멀리 있다고 하면 아득히 먼 곳에 있는 것이다”로 묘사할 수 있다. 천수이볜 전 총통의 시대에는 이 책에서 묘사하고 있듯이 미국의 압력에 의해 마지못해 ‘구정 전세기’를 수용하여 대만인들이 구정 기간 동안 편리하게 중국을 왕복할 수 있게 하였을 뿐이다. 그러나 2008년 이후, 직항이 실시되었고, 이는 즉시 양안 민간의 왕래를 급속도로 상승시켰다. 예를 들어, 양안무역은 2007년의 1,300억 미 달러에서 2015년의 1,550억 미 달러로 증가하였다. 양안 인사들의 상호방문의 총수는 중국의 관광객이 대량으로 대만에 몰려온 이후, 2007년에는 연인원 500만 명에서 2015년에는 연인원 760만 명으로 증가하였다.

상술한 정치, 외교, 군사, 경제, 문화의 5가지의 영역에서의 화해의 가장 중요한 의미는 전쟁이 멀어지고 평화가 꽃피워졌다는 점이다. 십여 년간 무장 충돌의 그림자는 줄곧 대만해협의 상공에 드리워져 있었고, 실질적인 전쟁으로 이어지지는 않았지만, 매우 여러 번 전 세계의 주목의 대상이 되곤 하였다. 현 단계의 양안의 '평화라는 상여금'은 마잉주 정부의 자랑스러운 정치적 업적일 뿐만 아니라 후진타오와 시진핑 임기 내의 훌륭한 업적이기도 했으며, '병기를 옥과 비단으로 바꾼, 즉 전쟁을 평화로 바꾼' 사례이다. 동북아시아의 곳곳에서 파도가 용솟음치는 거대 국면을 놓고 볼 때, 대만해협의 안녕과 안정에 파도가 치지 않는다는 것은 특히 어려운 일이다. 아마도 이러한 이유가 대만의 민중들이 초지일관 양안관계를 마잉주 정부의 가장 우수한 정치적 업적이라고 평가하는 원인일 것이다. 뿐만 아니라, 미국과 중국이라는 두 강대국은 동아시아의 각지에서 경쟁하였지만 합심하여 대만해협의 평화와 안정을 비호해 왔다.

그 밖에도, 마잉주 집권 8년의 기간 동안 양안의 사회와 민중은 전면적으로 연결되었다. 1895년, 청나라가 대만을 일본에 할양한 이후 지금까지의 약 120년의 기간 동안, 양안이 '통일'되었던 시기는 단지 4년이라는 유쾌하지 않은 짧은 기간이었다. 그 밖의 수백 년간 두 지역은 분리되어 있었을 뿐만 아니라 또한 초기에는 해상교류의 어려움이, 이후에는 군사적인 열전과 정치적인 냉전이 있어 왔다. 이로 인해 양안 민중들 간의 정서가 소원해지는 것을 면하기 어려웠으며, 더욱이 서로 간에 오랜 기간 동안 유혈이 낭자했던 적대적인 대결로 인해 많은 역사의 상처를 남겼다. 마잉주 정부는 평화와 안전을 회복했을 뿐만 아니라 또한 직항을 완성했으며, 양안 민중들로 하여금 역사와 지리적인 금기를 깨고 빠르고 편리한 왕래를 시작하도록 했다. 또한 상처를 치료하고 아픔을 멈추게 하는 과정을 열었으며, 이는 양안관계의 역사상 절대적인 대사건이다.

마잉주 정부의 첫 번째 임기 동안에는 과거 리덩후이 총통과 천수이볜 총통 집정 시기의 이례적인 특징을 지속하였는데, 이는 '하나의 꼬리가 두 마리의 개를 흔드는' 형국이었다. 천수이볜 총통의 집권 8년의 고통스러운 시간을 보내고 중국과 미국은 마잉주 총통의 집권을 맞아서야 안도의 한숨을 내쉬었다. 따라서 마잉주 정부의 화해의 시도에 기꺼이 협력하고 그 비용도 기꺼이 지불하고자 함으로써, 얻기 어려운 이러한 '역사적인 계기'를 보호하고자 하였다. 따라서 우리는 마잉주 임기 중 제시된 '92공식', '통일하지 않고, 독립하지 않으며, 무력을 사용하지 않는다', '경제를 우선시하고 정치를 후순위에 놓으며, 쉬운 것을 먼저 하고 어려운 것을 나중에 한다', '이견을 내려놓고, 뜻이 맞는 것은 추진하되 맞지 않는 것은 보류한다', '외교적 휴전' 등의 정책을 제시할 수 있었고, 이는 모두 베이징의 호응과 암묵적 동의를 얻을 수 있었으며, 워싱턴의 공개적인 승인과 지지를 얻을 수 있었다. 경제적인 문제에서의 담판 중, 베이징이 이익을 양보한다는 것은 대중들이 다 알고 있는 사실이었다. 마잉주의 첫 번째 임기는 사실 20년간의 '꼬리가 개를 흔드는' '전통'을 지속해 온 것이었다.

그러나 마잉주 총통의 두 번째 임기에는 두 가지의 중대한 변화가 매우 빠르게 출현하였다. 하나는 그의 지지도가 연임 이후 선거 승리 시기의 51%에서 지속적으로 하락하여 20% 정도까지 하락하였다는 것이다. 그 원인은 선거 패배 이후 중국정책을 수정할 것으로 여겨졌던 민진당이 그 수정의 이유를 상실하게 되자 태도를 전환하여 마잉주 정부의 각종 시정들에 대해서 집중적으로 보이콧했기 때문이다. 또한 마잉주 총통과 입법원장 간의 오랜 불화가 2013년 9월에 드러나게 되면서 국민당의 응집력 또한 상당히 약화되었고, 2014년 3월에 반중국 친독립 성향의 '태양화운동'이 폭발한 이후 마잉주 정부는 그 어떤 것도 시도하고 추진할 수 없게 되었다. 당연히 입법원에 양안 관련 법안을 차단할 능력도 없었으며, 따라서 양안관계는 '마시회'와 대륙위원회 주임위원인 왕요우치와 국대반 주임인 장즈쥔 간의 상호방문과 같은 즉 실질적인 의미보다는 상징적인 의미로만 남게 되었다.

대만 내부의 급변하는 연대는 양안 화해를 위한 정치적 기초에 충격을 가했다. 이것이 두 번째의 변화이다. 마잉주가 취임하기 전에 대만의 범남진영은 주로 '화해'를, 범녹진영은 '투쟁'을 주로 하여 그 차이가 분명하였다. 마잉주 임기가 시작된 후 민진당의 사상과 정책은 지속적으로 '투쟁'을 주축으로 하여 종종 합의에 이르지 못하고 반대로 나아갔으며, 항상 강경하기만 했지 유연하지 못했다. 당내에서 '화해'의 목소리는 소수에 불과했다. 마잉주 정부 8년 동안의 국정 역시 스스로 중대한 모순을 드러냈다. 한편으로는 '화해'의 정책을 추진하였지만 다른 한편으로는 대만 내부에서 일관된 '화해'의 논술을 수립하지 못했다. 마잉주 정부는 오랜 시간 동안 '경제무역 중심의 축'과 '경제우선, 정치차선'이라는 생각에 갇혀 있어서 양안의 경제이익만을 이야기할 뿐, 양안 화해가 수반하는 정치적 외교적 그리고 안전의 보너스에 대해서는 이야기하지 않았다. 더욱이 대다수의 사람들이 이익을 얻을 수 있는 안전의 보너스와 중대한 국제적인 보너스에 대해서는 아예 잊어버렸다. 이러한 보너스는 '주권'을 위해하지도 않을뿐더러 대만의 국제적인 지위와 가치를 상승시키고, 간접적으로는 경제성장에도 도움을 줄 수 있는 효과가 있었다. 그 밖에도, 과거의 '기회의 극대화, 위협의 극소화'의 주장은 마잉주 두 번째 임기에는 점점 더 반대의 방향으로 나아가기 시작하면서, '기회의 극소화, 위협의 극대화'로 변화하였다. 과거 오랜 기간 동안 강조해 온 '윈-윈'의 사고방식은 마잉주 집권 2기에는 주장이나 조작을 막론하고, 점차 '일방적인 소망'처럼 되어 버렸다. 하나의 정당은 '투쟁'을 주장하고, 또 다른 정당은 '화해'와 '지연전술'을 주장할진대, 본래 '화해'를 주장하던 역량은 분산되어 응집되지 못했다. 따라서 '화해'의 정책은 점차 상실되어 그 본래의 사상적 기초와 정치적 역량이 유실되었다. 결과적으로 전진하는 능력을 거의 완전히 상실하여 나중에는 이것이 당연시되었다.

설상가상이었던 것은 '대만독립'과 '독립적인 대만'의 추진 과정에 대해서 그 경중을 가리지 못하는 허허실실의 공포감으로 인해 중국은 중화민국에 대해서 오랫동안 가지고 있던 인식을 숨기게 되었다는 점이다. 마치 최근의 중화민국은 이미 분리된 대만이어서 의지가 집중된 중국대륙과 교류할 때 가까스로 가능한 최대공약수를 짜내려는 것과 같았다. 중화민국에 공간이 존재하지 않는다면 양안의 정치적 관계는 전진하기 어려운 것은 당연한 일이다. 게다가 베이징은 가장 온화한 마잉주 정부의 임기 내에 성의 있는 정치적 대화가 진일보하여 전진하기를 기대하였다.

2016년 민진당의 차이잉원 총통이 취임한 이후, 양안관계는 즉시 '냉전기'로 전락하였다. 정치, 경제, 문화, 외교, 군사 등의 다섯 가지 영역에서 모두 유연함에서 강경함으로 전환하였다. 과거 8년간 관리들의 상호 활동은 모두 중단되었으며, 중국 관광객의 수는 급격히 감소하였다. 2016년 12월, 대만의 차이잉원 총통은 기습적으로 미국 대통령 당선인과 전화통화를 하였다. 이에 대해 베이징 측은 신속하게 전투기가 대만을 에워싸며 비행하도록 했으며, 항공모함 랴오닝호를 대만해협으로 보냈다. 또한 서아프리카의 수교국인 상투메 프린시페(Sao Tome and Principe)가 대만과 단교하도록 하였다. 2017년 4월, 대만은 WHA의 연례총회에 참가하는 것이 거부되었다. 양안관계는 2017년 이미 은연중에 '차가운 대항'의 단계로 진입하였다. 민진당과 차이잉원 정부가 모두 베이징과 소통을 위한 채널이 결여되어 있는 가운데 양안은 '오판'과 '뜻하지 않은 사고'로 인해 초래될 수 있는 위기를 신중하게 방지해야 한다.

향후 몇 년간의 양안관계에 대해 말하자면, 상술한 '투쟁'과 '지연전술' 그리고 '화해'라는 세 가지 방향에서 벗어나지는 않을 것이다. 뒤에서 결정하는 세력은 이전과 같이 대만, 중국, 미국의 삼대 요소이겠지만 이 세 요소의 비중은 이전과 같지 않을 것이다. 과거의 '꼬리를 가지고 몸통을 흔들었던' 대만은 수동적인 입장으로 전락할 것이며, 그 중요성은 감소할 것이다. 반면 과거에 수동적으로 화합하거나 배척되었던 중국은 점차 힘을 얻어 주도적이 될 것이며, 가장 중요한 추진력이 될 것이다. 게다가 국제사회(특히 미국)는 기본적으로 방관하겠지만 간간이 개입도 할 것이다.

중국 요소의 변화에는 몇 가지 중요한 원인이 있다. 첫째, 제18대 전인대 이후의 중국공산당 지도부는 새롭게 교체되었다. 새로운 총서기인 시진핑은 집권 이후 권력을 재편하였고, 기구를 개혁하였으며, 부정부패를 척결하였다. 또한 대외관계에서 보다 명확하고 능동적인 모습을 보였으며, 보다 자신감 있는 태도를 보였다. 이는 대만정책에서도 예외가 아니다.

둘째, 중국의 '화평굴기'는 이미 의심의 여지가 없는 것이 되었다. 중국의 종합경제력은 이미 지구상에서 두 번째로 자리매김하였고, 미국을 뛰어넘어 전 세계의 대다수 국가(모든 동아시아 국가들을 포함하여)들의 제1의 무역 파트너가 되었다. 군사적으로는 이미 제1열도선에서 관련국과 이미 수차례의 마찰을 일으켰으며, 외교적으로는 강하지만 여전히 낮은 자세를 유지해 오고 있다. 그러나 접촉하는 점과 선, 그리고 면은 상당히 방대해졌다. 이러한 상황에서 베이징은 자연스럽게 다시는 대만에게 주도권을 빼앗기려고 하지 않을 것이다.

세 번째로, 중국의 입장에서 대만은 민족주의와 전략적인 부분에서의 중요도가 더욱 강화되었다. 마침 시진핑이 '중국의 꿈'과 '중화민족의 위대한 부흥'을 민심에 호소하는 최신의 기조로 삼은 이상, 대만이 자연스럽게 가장 우선적인 문제가 되었다. 최근 동아시아에 영토분쟁이 끊이지 않고 있는데, 대만은 마침 우측으로는 동해에 닿아 있고, 좌측으로는 남해에 인접해 있기 때문에 전략적 균형에 있어서 그 중요성은 말할 나위 없었다. 게다가 시진핑 자신이 당내의 고위층에서 스스로 '대만통'이라고 공인하였기 때문에 대만문제에 있어서는 더더욱 져서는 안 된다는 심리적인 압박이 있다.

앞서 서술한 새로운 지도자, 국력 그리고 사상은 중국으로 하여금 대만정책에 있어서 큰 폭으로 개방을 할 수도 있고 혹은 닫아 버릴 수도 있으며, 유연한 접근을 할 수도 혹은 경직된 접근을 할 수도 있도록 하였다. 과거에는 주기를 꺼려 했던 것을 대만에게 줄 수도 있었고, 감히 제기할 수 없었던 것들을 제기할 수 있게 되었다. 대만이 미래에 발휘할 수 있을 영향력은 중국으로 하여금 유연한 방향으로 혹은 강경한 방향으로 발전할 수 있도록 재촉할 수 있다. 그러나 어떠한 방향으로 유연하게 발전할 것인지 혹은 강경하게 변화할 것인지 그리고 유연함과 강경함의 정도는 어느 정도일 것인지는 유감스럽게도 중국이 결정권을 장악하고 있을 가능성이 높다.

상대적으로 중국의 요소는 상승하고 있었고, 대만이 주도하는 스스로의 종합적인 환경에 대한 능력은 매일 조금씩 유실되고 있다. 2000년부터 약 10여 년간 대만의 경제는 쇠락해 갔으며 마잉주 정부 6년 동안도 호전의 기미가 보이지 않았다. 대만은 또한 중국과 군비경쟁을 한다는 것은 불가능하며, 또한 가까운 미래에 현재의 양안 군사력에 있어서 불리한 차이를 뒤집을 수도 없다.

만약 경기침체의 부분적인 요인이 사람에게 있어서 대만 내부의 정치에 의해서 좌우된다면 이는 대만을 더욱 가라앉게 만드는 최대 요인이라고 할 수 있다. 대만 20년의 민주화는 민중주의의 극단으로 치달았으며, 국가를 통치하는 모든 공권력, 즉 총통을 막론하고 정무관, 사무관, 입법원, 여야 정당, 언론, 나아가 사법 부문까지도 모두 사회의 신임과 존경을 잃었다. 상대적으로, 그들의 공공이익에 종사하는 열정과 능력도 점차 하락하였다. 가장 심각한 것은 대만 사회의 양분이다. 범남진영과 범녹진영은 서로를 원수로 보고 있다. 양대 정당 내부 역시 사람의 마음이 서로 달라 매우 혼란스러워졌다. 결과는 중국대륙의 굴기를 보게 되었으며, 대만은 '투쟁'을 하지도 혹은 '화해'를 하지도 못하고 단지 '질질 끌면서 변화를 기다리는 수밖에' 없게 되었다.

미래의 중국 요소와 대만 요소를 함께 놓고 본다면, 양안 상호 간의 모순과 함께 변하기 어려운 추세를 보게 된다. 그중 하나는 쌍방의 실력의 차이가 점점 더 중국에 유리하게 되어 가면서 통일에도 유리하게 변하고 있다는 점이다. 두 번째는 대만 내부가 점차 '대만 정체성'을 향해 감으로써 독립에 유리하게 변하고 있다는 점이다. 이 두 추세 중에서 전자는 베이징의 정책결정자로 하여금 신념과 인내심을 가지고 대만 관계 문제를 처리하도록 하여 양안 통일을 추구하려는 강박감도 비교적 낮아지게 될 것이다. 그러나 후자의 경우는 중국에게 곤혹스러움을 안겨 주어 오랜 기다림을 참지도 원하지도 않게 될 것이다. 이러한 두 가지의 모순된 추세는 미래의 수년간 서로 밀고 당기기를 하는 가운데, 잡아당길수록 더욱 팽팽해져서 서로 자극하게 되면 결과는 예측하기 어렵게 될 것으로 보인다.

장기적으로 보면, 실력의 추이는 정체성의 추이에도 영향을 미칠 것이다. 왜냐하면 이는 직접적으로 대만의 경제, 안전, 양안관계, 국제적 공간, 나아가 국내 정치에도 충격을 줄 수 있기 때문이다. 그러나 정체성의 추이는 대만 국내의 정치(특히 선거)에만 영향을 줄 뿐이다. 경제, 안전, 국제적 공간에는 거의 영향을 미치지 않는다. 설령 정체성이 양안관계 그 자체에 충격을 준다고 해도 이는 직접적인 것이 아닌 간접적인 것일 것이다. 중국으로 말하자면, 정체성은 중국이 이에 대해서 비관적이든 혹은 아니든 간에 관련된 해석을 해야만 정책적인 영향력이 발휘된다. 대만으로 말하자면, '대만 정체성'은 반드시 '대만독립'을 의미하지는 않으며, '현상유지'를 지지할 수도 있다. 따라서 양안 간에 놓여 있는 정체성의 추이는 모든 면에서 굴절되어 나타난다.

미래의 국제적인 요소의 분량에 대해 말하자면 이는 확실히 대륙 요소와 같지는 않을 것이다. 실력을 이야기한다면, 향후 전망 가능한 미래에서 미국은 여전히 세계 유일 초강대국일 것이다. 그러나 많은 힘의 요소로 구성되는 초강대국의 능력을 고려할 때 사실상 미국이 동아시아에 주의를 기울이려는 심리는 결국은 한계를 가지게 될 것이다. 더욱 중요한 것은 미국과 중국은 동아시아에 있으나 결국은 전 세계를 대상으로 하는 포석을 놓게 될 것이라는 점이다. 이는 종종 힘을 빌려서 행사하고, 먼거리에서 원격조정의 방식으로 상대를 공격하고 있지만 양측 모두가 다 서로 간의 관계가 이미 '대마불사(too big to fail)'가 되었다는 것을 잘 알고 있다. 따라서 직접적인 서로 간의 관계에서는 '대항하지 않고, 충돌하지 않는다'는 것으로 기본적인 행위의 준칙으로 삼았다. 이러할진대, 당연히 극도로 민감한 대만 해역에서 충돌이 발생하는 것을 원하지 않는다. 또한 중국의 의지력과 대만의 중국에 대한 이중적 가치를 다시 고려한다면, 미국은 더욱더 미래에 대만을 위해서 중국과 일전을 벌이고자 하지는 않을 것이다. 이는 곧 대만에게는 천수이볜 총통 시기에 그어졌던 것보다 더욱 깊고 선명한 레드 라인이 그어진 것과 같다.

따라서 미국과 다른 동아시아 국가들은 주도적으로 양안의 현 상태를 변화시키기 위해서 개별적으로 혹은 집단적으로 개입하려고 하지 않을 것이다. 만약에 대만이 일방적으로 '독립하지 않는다'는 현 상태를 바꾸고자 한다면, 이전보다도 훨씬 다른 국가들의 지지와 공감을 얻지 못한다는 것을 발견하게 될 것이다. 만약 중국이 일방적으로 무력을 사용해서 '통일하지 않는다'는 현 상태를 바꾸려고 한다면, 미국과 동아시아 국가들의 반응은 상당히 부정적일 것이며, 중국은 중대한 경제적 혹은 외교적 대가를 치러야 할 것이며, 중국이 오랫동안 구축해 온 이웃 국가와의 우호적인 환경에도 불이익이 있을 것이다. 따라서 양안관계의 평화로운 발전은 단지 서로에게 이익이 되는 것이 아니라 삼자 모두가 이익을 얻는다는 것을 보증해 주는 것이다.

세 강대국(미·중·일) 사이에서 약소국으로서의 어려움을 지니고 있는 대만은 반드시 이성(감성이 아닌)으로서 실리적으로(충동적이지 않으며) 당면한 복잡하고 다변하는 동아시아와 양안의 환경에 대처해야 한다. 그래야만 행운의 길로 나아가고 험한 길을 피할 수 있으며, 더욱 좋게는 대만 스스로의 미래를 장악할 수 있을 것이다. 이상의 3대 요소를 고려할 때 '투쟁'은 일부 감정적인 수요를 만족시켜 줄 수 있지만 대만이 더욱 큰 안팎의 곤경에 처하도록 할 수 있어 바람직하지 않다. 또한 '화해로써 변화를 만들어 내는 것'은 '지연전술로 변화하기를 기대하는 것'보다는 나을 것이다. 만약 대만의 분열이 여전하여 '지연전술로 변화하기를 기다린'다면 이는 일시적으로 마취제의 역할을 할 수는 있을 것이다. 따라서 보지도 않고 듣지도 않으며 사고하지도 않는 국면으로 악화될 것이고 대만의 미래의 담판능력은 더욱 약화시켜, 대만에게 더 불리할지언정 유리하지는 않을 것이다.

비교적 가능성이 있는 방법은 아마도 '화해로써 변화를 만들어 내는 것'이다. 이는 양안 모두 승리할 수 있도록 하여, 그 관계가 안정적으로 정비되고, 일방이 절대 투항하는 것이 아닌, 국제사회도 많은 긍정적인 평가를 내릴 수 있는 방안을 찾기 위함이다. 어떻게 하는 것이 '화해'인가? 민중들이 '화해'에 대해서 인식을 하는 것이 필요한 것과 별개로, 저자가 다시 한 번 지적하고 싶은 것은 대만 정당이 반드시 삼단계의 과정을 거쳐야 한다는 것이다. 첫째, 모든 정당이 '당내의 컨센서스', 즉 '당내 공식'을 형성해야 한다. 둘째, 정당들이 합의하는 '대만공식'을 만들어 내야 한다. 그리고 마지막으로 중국과 협상하여 정치적인 위치와 국제적인 공간 그리고 군사적인 상호신뢰 등과 같은 민감한 문제들에 있어서 '양안 공식'을 모색해야 한다. 이와 같은 일은 상당한 비용을 초래하는 일이며, 정치인들의 결심을 필요로 하는 일이다. 그러나 양안관계의 중장기적인 안정을 유지할 수 있도록 해 줄 가장 가능한 방법이다.[1]

1_'삼단계'에 대해서는 본서의 제5장의 각주 47을 참고하라. '대만공식'과 관련하여 필자는 2010년 2월 이 개념을 제시했고 조야의 협상을 호소했다; Ko Shu-ling, "Su Chi Urges DPP to Talk with KMT," *Taipei Times*, Dec. 7, 2010, p. 3. 2011년 7월에는 다시 '대만공식'으로 하여금 '삼 단계' 중 두 번째 단계로 삼을 것을 제안했다; 蘇起, 〈양안관계의 새로운 단계〉, 《聯合報》, 2011년 7월 3일, 제A4면. 약속이나 한 듯이 수전창과 차이잉원은 각각 2011년 2월과 8월

장기적으로 볼때, 양안관계의 최종적인 해결의 열쇠는 제도와 감성에 달려 있다. 또한 양자가 모두 시간을 필요로 한다. 마잉주 정부의 몇 년간 양안관계는 평화의 새로운 장을 열었으나 과거의 이러한 관계에도 반전이 있었고 더욱이 여러 차례 위기의 변경까지 다가갔었다는 점을 고려할 때, 우리는 안도감을 느끼는 즉시, 일정 정도의 공포와 경계심을 유지해야 한다. 또한 서로의 핵심 정치인들이 지속적으로 지혜와 인내를 활용하여 대만의 대다수의 민중의 생명과 생활과 관련된 일들 그리고 중화민족의 명맥인 양안관계를 처리해 줄 것을 기대한다.

에 '대만공식'이라는 개념을 제시하였다; 李欣芳, 陳璟民, 〈대만공식, 수전창의 2개 항, 양안의 마지노선을 지키다〉, 《自由時報》, 2011년 2월 16일, http://www.libertytimes.com.tw/2011/new/feb/16/today-p1.htm; 李欣芳, 吳政庭, 〈차이잉원, 92공식은 존재하지 않는다. 대만공식을 추천한다〉, 《自由時報》, 2011년 8월 24일, http://www.libertytimes.com.tw/2011/new/aug/24/today-t1.htm.

부록 1987-2008년 양안관계 주요 일지

1987	11.2	일부 대만 주민의 대륙 친인척 방문 허용
1988	1.13	장징궈 병사, 리덩후이 총통 취임
	2.5	베이징, 최초로 홍콩에 사람을 파견하여 난화이진 접촉. 그에게 리덩후이와 연결해 주기를 희망한다고 전달
	4.17	민진당, '인민은 대만독립을 주장할 자유가 있다'는 성명결의문 통과
	7.7	중국공산당, 대만 동포의 투자 촉진 규정에 관한 내용 공포
	7.17	국민당 13전회, 더욱 유연한 대륙정책과 외교정책 적용에 관한 정강 통과
	8.18	행정원, 대륙사무회보(大陸工作會報) 발족
	9.9	중국 국무원, 대만사무변공실(약칭 국대반) 설립 결정
1989	3.6	리덩후이, '대만에서 온 총통'의 신분으로 싱가포르 방문
	5.1	재정부 장관 권완롱, 팀을 인솔하여 아시아개발은행의 연례회의에 참석차 베이징 방문
	6.4	베이징, 천안문사건 발생
	6.10	양안해협 간의 간접 통화 개방 (보도)
	6.24	중국공산당 총서기 자오쯔양 하야, 장쩌민 취임
	11.9	장쩌민, 중앙 군사위 주석 취임
1990	5.20	리덩후이, 중화민국 제8대 총통 취임
	9.12	양안 적십자회, '진먼협의'에 서명, 범죄인 송환규범에 서명
	10.7	국가통일위원회 설립
	10.7	민진당, 우리 국가는 '실질적 주권'을 가지고 있으며 중국대륙과 외몽고는 포함하지 않는다는 성명 결의
	12.31	양안 밀사, 홍콩에서 제 1차 회동
1991	1.30	대륙위원회 설립
	2.3	국가통일위원회, 〈국가통일강령〉 통과
	2.19	대륙위원회, 재단법인해협교류기금회(약칭 해기회) 설립
	4.30	리덩후이 '반란세력 토벌을 위한 국가동원시기' 종결
	6.7	중국공산당 중대반, '평화통일, 일국양제' 방침 재차 강조
	7.23	입법위원 천수이볜, 베이징 방문
	10.13	민진당, 〈대만독립강령〉 통과, '주권이 독립된 대만공화국', '신헌법 제정' 및 '공민투표 방식으로 결정' 주장
	11.13	중화민국, 중화타이베이(中華臺北)의 명의로 APEC 가입
	12.16	중국공산당 중대반, 해협양안관계협회(약칭 해협회) 설립
	12.31	초대 중앙 민의대표 전면 퇴직
1992	5.27	총통과 성(省)시장 직선을 위한 개헌
	6.16	양안 밀사(왕다오한 포함), 싱가포르에서 최초의 구왕회담 개최결정
	8.1	국가통일위원회, '하나의 중국에 관한 함의' 통과
	8.22	타이베이, 남한과 단교 선포

	9.2	미국 부시 대통령, 150기의 F-16의 대만판매 선포
	9.18	〈양안주민관계조례〉 시행세칙의 시행 공포
	11.3	해기회, 쌍방이 '하나의 중국'의 내용에 대해 각자의 구두성명의 방식으로 표현할 것을 제의, 해기회의 표현은 8월 1일 국통회 결의에 근거
	11.16	해협회, 해기회가 제의한 각자 구두 방식으로 '하나의 중국'의 원칙을 표현하는 것에 대해 '충분히 존중하며 수용'
	11.18	대만, 프랑스와 60기의 미라주 2000 전투기 구매에 서명
1993	1.21	클린턴 미국 대통령 취임선서
	4.27	해기회 이사장 구전푸와 해협회 회장 왕다오한, 싱가포르에서 회담 진행하고 〈공동협의〉에 서명
	6.24	장쩌민, 중국공산당 중앙 대대만공작영도소조 조장 맡음
	8.31	중국공산당 국대반, 〈대만문제와 중국의 통일〉 백서 발표
	11.20	샤오완창, 최초로 '중화 타이베이' 대표로 APEC 참가
	12.18	해협회 관리, 최초로 대만 방문 대화
	12.28	중국 항공기, 대만으로 투항하는 올해 열 번째 사건 발생
1994	3.31	저장 첸다오후 사건, 24명의 대만 관광객 피살
	4.30	리덩후이, 일본 아사히신문에 '대만인의 비애'라는 표현 사용
	5.3	리덩후이, 하와이 사건 발생
	5.31	미국, 중국의 인권문제와 최혜국대우 문제를 연결시키지 않기로 함
	6.25	대만독립연맹, 새로운 국기와 새로운 국가를 만드는 〈대만공화국헌법초안〉 통과
	7.5	대륙위원회, 〈대만해협양안관계설명서〉 공포
	7.28	개헌, 광대한 총통의 인사임명권 수정
	9.7	미국, 〈대대만정책검토〉 공포
	10.27	미국 키티호크 항공모함과 중국의 기함, 군사적 마찰 일으킬 뻔함
	11.8	미 의회 선거, 공화당이 상원과 하원 모두에서 다수의석 차지
1995	1.30	장쩌민, '강팔점'을 대대만정책의 중요한 내용으로 발표
	4.8	리덩후이, 국통회에서 '이육점'을 발표하여 '강팔점'에 정식으로 대응
	5.22	미국, 리덩후이의 미국 방문 비자발급 동의
	5.27	탕수베이, 대만에 와서 협상
	6.7	리덩후이, 미국 코넬대 방문
	6.15	행정원장 롄잔, 오스트리아, 체코, 헝가리 등 국가주선의 학술행사 참가
	6.16	중국 해협회, 제2차 구왕회담의 개최 연기결정
	6.22	중국 외교부장, 첸치천, 베이징에서 〈첸7조〉 발표
	7.21	중국, 대만 부근 해역에서 제1차 미사일 발사 진행
	8.1	클린턴, 장쩌민에게 '대만독립을 지지하지 않는다'는 밀서를 보냄
	8.15	중국, 대만 부근의 해역에서 제2차 미사일 발사 진행
	9.23	타이베이 시장 천수이볜, 민선 총통 당선 이후 양안은 '일변일국'으로 발전할 것이라고 표명
	10.24	대만-홍콩 간 항공권 담판협의 달성, 12월 30일 정식 효력 발생
1996	3.8	중국, 지룽과 가오슝 인접 해역에 지대지미사일 시험발사

	3.11	미 국방부, 인디펜던스호와 니미츠호를 연속적으로 대만해역으로 이동하여 대만방위 입증
	3.12	중국, 푸젠의 동산, 광둥의 난아오 해역에서 해공실탄 연습
	3.18	중국, 푸젠의 핑단해역에서 육해공 연합훈련 실시
	3.23	중화민국 최초의 총통 직선, 리덩후이-롄잔이 제9대 총통, 부총통에 당선
	9.14	리덩후이, 대륙에 대한 투자는 필연적이며, '서두르지 말고, 인내하자'고 표명
1997	2.19	중국 원로 덩샤오핑 별세
	7.1	홍콩 주권이 영국에서 중국으로 이관
	7.2	아시아 금융위기, 최초로 태국 강타
	7.18	제4차 개헌, 성(省)을 동결시킴
	9.23	미국과 일본, 〈미일안보방위지침〉 수정,
	10.26	장쩌민 방미, 상호 간의 '건설적인 전략적 동반자 관계' 수립
	10.31	미 국무부 대변인 루빈, 최초로 공개적으로 '대만의 독립을 지지하지 않는다'고 선언
	11.6	해협회, 자오런훠 샤먼 방문 초청
	12.1	장쩌민, 멕시코 방문 중 '대만은 중국의 일개의 성(省)'이라고 선언
1998	1.7	남아프리카공화국, 중화민국과 단교
	2.20	타이베이, 베이징과 정치적 대화 진행에 동의
	6.27	장쩌민, 베이징에서 클린턴에게 "미국 정부가 이해관계를 잘 선별하여 중국의 통일에 대한 분명한 지지가 있기를 바란다"고 표현
	7.1	클린턴, 상하이에서 공개적으로 "대만의 독립을 지지하지 않는다"고 선언
	8.??	리덩후이, '중화민국 주권국가 지위강화 위원회' 설립
	10.14	해기회 이사장 구전푸, 대륙에서 '구왕회담' 진행, 장쩌민 등 일행 만남. 왕다오한, '하나의 중국'에 대한 80자 성명 발표.
1999	4.20	천수이볜, 대만과 중국은 반드시 '국제적인 특수한 관계'를 발전시켜야 한다고 발표
	5.7	미군기, 유고 벨그라드 중국대사관 오폭
	5.8	민진당, 〈대만의 앞날에 관한 결의문〉 통과
	5.25	미 상원, 〈콕스 보고서〉 공포
	5.??	'주권강화를 위한' 조직, '양국론' 보고서 제출
	7.9	리덩후이, '특수한 국가와 국가의 관계' 제출
	7.16	중공전투기, 해양으로 출격하여 대만해협 중간선 넘음
	7.21	클린턴, 워싱턴 정부에 '세 개의 기둥(three pillars)' 정책 제시
	8.1	대륙위원회 보고서, 양안이 '하나의 중국, 각자의 정의'로 돌아가야 한다고 호소
	8.2	중국, 사정거리가 미국 본토에 이르는 동풍 31형 대륙간 미사일 시험발사
	8.11	리덩후이, 국민대회 의장인 쑤난청에게 '양국론'은 헌법에 포함시킬 필요가 없다고 지시
	9.15	미국, 유엔에서 대만이 유엔에 가입하는 것을 반대한다고 최초 발언
	12.20	마카오, 중국으로 반환
2000	2.21	중국, 〈하나의 중국원칙과 대만문제〉 백서 발표. 대만에 대해 무력을 사용할 수 있는 '3가지 경우' 열거

	3.18	천수이벤, 뤼슈롄, 제10대 총통, 부총통에 당선, 직항과 평화협정에 관한 협상을 원하다고 선언
	3.21	입법원, '소삼통' 시험 실시 찬성
	4.24	리덩후이 임기 중 6차 개헌, 국민대회의 무력화
	4.28	대륙위원회 주임위원 쑤치, '92공식' 명칭 제안
	5.6	차이잉원, '양국론'을 말이 아닌 행동으로 보여 주겠다고 밝힘
	5.20	천수이벤, 총통취임식에서 '4불 1무' 발표
	5.24	미 상원, 중국과 '영구적인 정상 무역 관계(PNTR)'통과
	6.27	천수이벤, '하나의 중국, 각자의 정의'를 수용하기 원한다고 발표
	6.28	대륙위원회 주임위원 차이잉원, 천쉐이벤의 '하나의 중국, 각자의 정의' 담화를 인정하지 않음
	7.7	천수이벤, 가오슝 시장 셰칭팅의 샤먼 방문 금지
	7.13	신화사, 최초로 '92공식' 인용
	8.24	첸치천, '대륙과 대만은 하나의 중국에 속한다'는 '새로운 세마디' 제출
	9.19	미 하원, 중국과 '영구적인 정상 무역 관계' 통과
	11.26	초당파 집단회의, '3개 항 인지, 4개 항 건의'의 구체적인 합의에 이름
	12.31	천수이벤, 세기적 담화인 〈통합론〉제출
2001	1.20	부시, 미국 대통령 취임 선서, 공화당은 양원 다수의석 차지
	4.1	중국과 미군 군용기, 남중국해에서 충돌
	4,23	미국, 대만에 대량의 무기판매 동의
	4.25	부시, ABC와의 인터뷰에서 전력을 다해 대만을 방위할 것이라고 말함
	8.12	리덩후이를 지지하는 대만단결연맹, 정식 창당
	9.11	9・11사건, 미국 테러리스트의 공격을 받다
	10.21	천수이벤, 최초로 '92공식'은 중화민국을 소멸시키고, 대만을 팔아먹는 것이라고 말함
	11.7	행정원, 대륙투자에 대해 '적극 개방, 유효관리' 정책 통과
	12.1	제5대 입법위원과 현시장 선거, 국민당 대패, 민진당 제 1당이 됨
2002	1.1	타이베이, 국외거주의 대륙인들의 대만 단체관광 허락
	1.13	천수이벤, 여권에 'Taiwan' 추가
	1.24	중국 부총리 첸치천, 연설 시 대만의 독립 비판, '92공식'은 수긍
	2.21	부시, 베이징 방문 희망
	3.10	국방부 장관 양요우밍, 미국 방문
	3.17	천수이벤, 세계 대만인 대회에서 '대만의 정명, 국가의 신헌법'을 외침
	4.29	후진타오, 미국 방문
	5.5	천수이벤, '다잔담화' 발표: "삼통은 반드시 가야 하는 길"
	5.9	천수이벤, 후진타오를 '스스로 행동하기 어려운 사람'이라고 비난
	7.21	천수이벤, 민진당 주석직 맡음, '대만의 길을 간다'고 제시
	7.23	중화민국과 나우루 단교
	8.3	천수이벤, '일변 일국, 공민투표 시급' 제시

	9.17	부시, 〈미국 국가안보 정책〉 발표
	10.15	첸치천, 양안 상공에 직항을 실시하여 '양안항선'을 만들자고 제의
	10.25	장쩌민과 부시, 크로포드 농장에서 만남, 부시는 대만의 독립을 지지하지 않는다고 표시, 그러나 중국의 무력사용에 대해서는 반대
	11.8	중국, 16대 전인대 개회, 후진타오 중국 총서기에 등극
2003	1.26	양안, 구정 전세기 역사적인 최초 운항 시작
	2.14	국민당과 친민당 연합 선포, 공동으로 총통과 부총통 후보 추천
	3.16	원자바오, 주룽지에 이어 국무원 총리를 맡음
	8.15	행정원, 〈양안직항의 영향 평가〉 공표
	9.3	미 국무부 선임 부차관보 카이저, 비밀리에 타이베이 방문
	9.6	리덩후이, 대만정명을 위한 캠페인 주관
	9.10	대륙위원회, 항공 화물운송 간소화 정책 제출
	9.28	천수이볜, 2006년에는 새로운 헌법을 제정할 것이라고 선포
	11.11	천수이볜, 새로운 헌법을 위한 타임테이블 제출
	11.29	천수이볜, '방위성 공민투표' 실시를 선포
	12.9	부시, 원자바오에게 대만 지도자의 현상을 변경하려는 그 어떤 시도에도 반대한다고 표시
	12.11	AIT 이사장 섀힌, 부시 대통령은 대만의 '수호천사'라고 발언
2004	1.16	천수이볜, 두 가지 공민투표 항목 발표, '무기구매안'과 '양안 회담'
	2.11	미 국무장관 파월, 대만은 민주적인 곳인 만큼 그들이 공민투표를 하려 한다면 그렇게 하는 것이라고 발언
	3.1	천수이볜, 오랫동안 끌어 온 미국으로부터의 3개 항 무기구매안 비준
	3.19	천수이볜, 뤼슈롄, 타이난에서 총격을 당함, 두 사람은 경상을 입음
	3.20	천수이볜, 뤼슈롄, 0.12%의 차이로 승리하여 연임 성공
	3.27	50만의 인파가 타이베이에서 집회, 선거부정에 항의
	3.29	천수이볜, 〈워싱턴포스트〉에 개헌추진 표명
	4.21	미 국무부 차관보 켈리, '미국의 대만정책' 제출
	5.17	중대반과 국대반, 공동으로 '5·17성명' 발표
	5.20	천수이볜, 뤼슈롄, 제11대 정·부총통 취임
	7.29	천수이볜, 언론과의 티타임 중 입법원 선거 이후 개헌을 추진 표명
	8.21	행정원장 유시쿤, 뉴욕을 방문하여 중국의 의도는 '미-중 간의 대항'에 있다고 말함
	9.3	천수이볜, "중화민국은 축약해서 대만이라고 해야 한다"고 말함
	9.4	카이저 체포됨
	9.19	후진타오, 중국 중앙군사위주석직 승계
	9.25	유시쿤, 양안은 반드시 '공포의 균형'을 유지해야 한다고 제시
	9.27	많은 중국 전투기가 타이베이에서 펑후로 향하는 천수이볜이 탑승한 공군 1호기를 해협의 중간선을 넘어 위협
	10.10	천수이볜, 1992년 홍콩회담을 기초로 대화 재개 제의
	10.25	미 국무장관 파월, 베이징에서 '대만은 주권이 독립된 국가가 아니다'라고 표명

	11.10	천수이볜, 국가안보담화에서 대만해협에 〈군사완충지대〉와 〈해협행위준칙〉 설치 건의
	11.14	천수이볜, 롄잔과 송추위가 3월 선거 이후 '연성 쿠데타'를 발동했다고 주장
	12.10	미 국무부 차관 아미타지, '우리는 대만관계법의 요구하에서 태평양지구에 병력을 유지할 필요가 있다. 그러나 우리가 (대만을) 방위할 의무는 없다'
	12.11	입법원 선거, 민진당 과반의석 달성 실패
	12.14	천수이볜, 당주석직 사임 선포
2005	1.29	타이상을 위한 구정 전세기 직항 실시
	2.25	천수이볜-송추위 회담
	3.14	중국, 〈반분열국가법〉 통과
	3.28	장빙쿤, '얼음을 깨기 위한 여정'으로 중국 방문
	4.26	롄잔, '평화의 여정'으로 중국 방문, 롄잔-후진타오의 '5개 항의 공동희망' 발표
	5.5	송추위, 중국 방문
	7.6	신당 주석 위무밍, 중국 방문
	7.9	미 국무장관 라이스, 중국 방문
	7.26	마잉주, 국민당 주석 당선
	8.23	입법원 절반 감원 개헌안 통과
	9.21	미 국무부 차관 졸릭, '책임있는 이해 관계자' 제시
	10.18	미 국방장관 럼즈펠드, 중국 방문
	12.3	국민당, 현시장 선거 대승
2006	1.20	대만 거류 주민, 구정 전세기 직항
	1.29	천수이볜, 국가통일위원회와 〈국가통일강령〉 폐지 고려 선포, 이로써 대만 명의로 유엔 가입을 신청하고, 2007년에는 신헌법을 위한 공민투표 실시 추진을 선포
	2.27	천수이볜, 국가통일위원회와 〈국가통일강령〉의 운용을 '중지한다'고 선포
	3.19	마잉주, 미국 방문
	4.14	제1회 '양안경제무역문화논단'이 베이징에서 개최
	5.4	천수이볜, 중남미 우방국 방문, 미국은 국경 통과 시의 예우 규정늘 하향 조정, 이로 인해 '미항외교' 연출
	5.10	졸릭, 대만이 하나의 중국에 도전하는 것은 대만과 미국의 쌍방에게 불리하다고 표시
	6.22	천수이볜, '국무기요비사건' 폭로
	8.4	마잉주, '특별예산지출사건' 폭로
	8.12	스밍더가 이끄는 '홍삼군', 천수이볜 하야 운동
	10.15	천수이볜, '제2공화' 헌법 제정을 제시
	11.13	우수전, 기소당함, 천수이볜 역시 공동피고로서 기소를 늦춤
	12.9	타이베이와 가오슝 시장 선거
2007	1.8	천수이볜, 중남미 우방국 방문, 미국 로스앤젤레스 통과
	2.8	천수이볜, '정명' 선포, 국영기업, 재외공관의 법령 명칭을 모두 '대만'으로 개칭
	3.18	친범녹진영 학자, 중화민국 제2공화헌법 제출
	4.11	천수이볜, 대만 명의로 WHO 회원국 자격 신청을 선포

	4.28	제3회 〈양안경제무역문화논단〉 개최
	6.7	리덩후이, 방일 중, 야스쿠니 신사 참배
	6.28	국민당, 유엔에 재가입을 위한 공민투표 추진
	9.19	유엔대회, 대만명의 유엔가입안을 의사일정에 포함시키는 것을 부결
	9.30	민진당, 정상국가결의문 통과
	11.4	미국 국방장관 게이츠, 중국 방문
	12.21	미국 국무장관 라이스, 유엔가입을 위한 공민투표는 도발이라고 지적
2008	1.12	제7대 입법원 선거, 국민당 대승
	2.2	중대반, 국대반, '유엔가입을 위한 공민투표'는 '대만독립을 위한 공민투표'라고 지적
	2.26	라이스, 미국은 '유엔가입을 위한 공민투표'에 반대한다고 재확인
	3.4	후진타오, 대만독립을 주장하던 사람이 양안의 평화로운 발전의 길로 회귀하기만 한다면 환영할 것임을 거듭 주장
	3.22	마잉주-샤오완창 당선, 공민투표안 부결
	4.11	샤오완창, 보아오 포럼 참석
	5.20	마잉주, 샤오완창 총통-부총통 취임 선서

대만과 중국, 양안관계 20년의 기록

초판발행 1쇄 2017년 6월 30일

지은이 쑤치
옮긴이 지은주
펴낸곳 고려대학교출판문화원
www.kupress.com
kupress@korea.ac.kr
02841 서울특별시 성북구 안암로 145
02-3290-4230, 4232
Fax 923-6311

찍은곳 (주)동화인쇄공사

ISBN 978-89-7641-937-8 93340

값 27,000원